力量训练原理与实践

[美] 迈克·H·斯通、麦基·斯通、威廉姆·A·桑兹 著

李 山 译

人民体育出版社

图书在版编目(CIP)数据

力量训练原理与实践/(美)迈克·H·斯通,(美)麦基·斯通,(美)威廉姆·A·桑兹著;李山译. – 北京:人民体育出版社,2017(2018.10.重印)
书名原文:Principles And Practice Of Resistance Training
ISBN 978-7-5009-5025-7

Ⅰ.①力… Ⅱ.①迈… ②麦… ③威… ④李… Ⅲ.①力量训练–研究 Ⅳ.①G808.14

中国版本图书馆 CIP 数据核字(2016)第 197615 号

*

人民体育出版社出版发行
三河兴达印务有限公司印刷
新 华 书 店 经 销

*

787×1092   16 开本   26.5 印张   462 千字
2017 年 2 月第 1 版   2018 年 10 月第 2 次印刷
印数:3,001—6,000 册

*

ISBN 978-7-5009-5025-7
定价:79.00 元

社址:北京市东城区体育馆路 8 号(天坛公园东门)
电话:67151482(发行部)   邮编:100061
传真:67151483   邮购:67118491
网址:www.sportspublish.cn

(购买本社图书,如遇有缺损页可与邮购部联系)

绪 言

本书汇集了一个多世纪有关力量训练方面的知识和经验，内容涉及训练、教学和研究。作为教练员，三位作者指导过健将级运动员，其中包括多名奥运冠军。实践中，作者采用的训练方法和训练技术均建立在科学基础之上。科研上，作者的研究领域广泛，内容涉及从力量训练对健康的影响到爆发类项目高水平运动员训练计划的制订。作为训练专家，三位作者长期关注与提高运动表现息息相关的身体、生理及生物力学指标。在此基础上，他们给出了关于力量的训练适应，特别是训练计划制订与机能监控等方面独到的见解。《力量训练原理与实践》一书在章节内容排列上，对研究生自学是一种挑战，但它却更适合教练员阅读。书中既有客观的研究结果，也有源自实践的观察内容。关于书中那些悬而未决的问题，作者根据已有的可靠资料，给出了合理而慎重的解释，这样做是为了激发进一步研究与观察的动力，从而能获得更清晰的认识和解决问题的方案。

第一章主要介绍力量训练基本原理。为了便于读者更好地认识训练科学，本章先讲解力量训练的一般原理与过程结构，并对后续章节涉及的基本术语和概念进行了界定（第一部分到第四部分）。接下来书中的六个章节（第一部分和第二部分，第二章到第七章）涉及力量训练的基础应用科学，为读者提供相关的背景材料和用于指导实践的科学基础。第三部分（第八章到第十一章）内容涵盖了训练计划产生的各种训练适应以及对训练适应的测量、监控和评估。其中特别需要重视的是科学监控的重要性，以及如何通过监控获取反馈帮助教练员和运动员调整计划，以便更好、更有效地实现训练目标。第十二章至第十四章（第五部分）内容包括力量训练手段选择、力量训练原则及科学制订训练计划的方法。某种程度上，书中的每一章节各成体系，读者可以根据情况各取所需。

尽管本书也简要涉及了与健康有关的力量训练，但本书的目的还是想为教练员学和运动科学的发展尽一份力。作为训练专家，应该做好以下工作：

第一，为教练员和运动员提供坚实的理论基础和实践信息，以便他们用于训练计划的制订。这些科学知识给教练员和运动员提供了一种工具，可以为训练监控和训练计划制订中的决策提供帮助。

第二，为教练员、运动员与运动专家的交流构建基础，有助于专家更好地了解现实情况以及训练的方方面面，这通常是学院派教授无法获得的。

第三，让工作更具创新、更富成果。

第四，思考和积累学校教育收获不到的问题与经验。

真心希望这本书能够对读者有所帮助。

内容简介

《力量训练原理与实践》一书是力量训练计划制订及过程监控研究领域的一次突破。本书以研究为基础,对力量训练计划制订过程中所涉及的人体机能、生理及生物力学等因素进行了系统而详细的说明。作者根据多年教学、研究以及培养多名国家、国际级运动员的训练经验,与读者一起分享关于力量及体能训练适应的独特认识和观点。

在编写方式上,本书在兼顾学术性的同时更加注重可读性。本书以力量训练的科学基础为起点,使读者在理解的基础上快速掌握力量训练过程理论,实现制订和执行短期及长期训练计划的目的。书中,作者为如何测试、监控和评价训练适应提供了理论指导。力量训练过程监控的关键在于对训练做出正确的调整,保证训练目标的顺利实现。此外,作者通过实例介绍了训练手段的选择,这将有助于读者更好地设计力量训练计划。本书每一章都自成体系,读者可以从各章节的参考文献中获取相关资料。

《力量训练原理与实践》并非一般意义上的力量训练指导用书,而是更多地探索了训练背后的科学。如果教练员学会利用科学,并付诸实践,一定会帮助运动员在比赛中脱颖而出。

著者简介

迈克·H·斯通（Michael H. Stone），博士，美国东田纳西州立大学运动、休闲与体育科学系体育运动实验室主任，曾任美国奥林匹克委员会（USOC）首席运动生理学家和苏格兰爱丁堡大学竞技运动委员会主席及爱丁堡大学、澳大利亚艾迪斯库湾大学佩斯分校、美国路易斯安那州立大学什里夫波特分校教授。斯通博士服务及研究兴趣为力量及爆发力训练的生理学和竞技能力适应，迄今发表学术论文135篇，参与多本运动生物能量学、运动营养以及力量和爆发力训练等章节的教材编写工作。斯通博士协助创建了英国体能协会（UKSCA）和美国体能协会（NSCA），1991年被美国体能协会授予"运动科学家"称号，2000年荣获NSCA终身成就奖。在美国和英国，斯通博士培养了多名国际及国内高水平举重和投掷运动员。

麦基·斯通（Meg Stone），硕士，美国东田纳西州立大学竞技能力促进会负责人兼田径队助理教练。麦基曾是美国大学田径协会（NCAA）铅球和铁饼两项纪录保持者，两次代表英国参加奥运会（1980、1984）铁饼比赛，是1982年全英运动会铁饼金牌获得者。麦基是全美大学橄榄球联盟的第一位女性体能教练，曾分别任亚利桑那大学、德克萨斯理工大学体能教练和阿巴拉契亚州立大学田径教练，1999年任苏格兰国家田径队教练，成为欧洲第一位女性国家级教练。在美国和英国，麦基培养出了多位世界级运动员，包括4名奥运选手以及多名效力于NBA（美国篮球协会）、MLB（全美职棒联盟）和NFL（全美橄榄球联盟）的运动员。此外，麦基还通过"卡迈克尔训练体系"广泛参与公路自行车、残奥会运动员以及科罗拉多春田美国奥林匹克委员会（USOTC）的训练工作。

威廉姆·A·桑兹（William A. Sands），博士，美国奥委会运动生物力学与工程首席科学家，曾任美国田径、跳水队运动生理学家和普莱西德湖奥林匹克训练中心资深运动生理学家。桑兹博士曾任美国女子体操高水平教练员委员会主席，指导的体操运动员先后参加奥运会及世锦赛。现为国际运动生物力学董事会成员、美国运动医学学会成员。

目 录

第一章 导论——定义、目标、任务与原则 (1)
  一、训练的定义 (1)
  二、训练的目标 (2)
  三、训练任务 (3)
    (一) 个性培养 (3)
    (二) 专项体能 (3)
    (三) 神经肌肉的适应性 (5)
  四、训练原则 (6)
    (一) 超负荷原则 (6)
    (二) 持续训练原则 (8)
    (三) 周期训练原则 (8)
    (四) 主动训练原则 (12)
    (五) 系统训练原则 (13)
    (六) 讲解训练原则 (13)
    (七) 个性化训练原则 (13)
    (八) 多样化训练原则 (14)
  本章小结 (15)

第一部分 肌肉收缩与生物力学基础 (17)

  第二章 神经肌肉生理学 (19)
  一、肌肉的定义 (19)
  二、肌肉的结构与功能 (19)
    (一) 肌肉结缔组织接口 (22)
    (二) 肌肉纤维 (23)
    (三) 肌质与细胞器 (23)
    (四) 肌节 (28)
  三、肌肉收缩 (33)
    (一) 长度与张力的关系 (34)
    (二) 力与速度的关系 (37)
    (三) 躯体神经系统结构与功能 (38)

（四）本体感觉与动觉 ……………………………………………（50）
　本章小结 ……………………………………………………………（53）
第三章　力量训练的生物力学 …………………………………………（54）
　一、微观解剖与力的生成：肌节 ……………………………………（54）
　二、宏观解剖：肌肉 …………………………………………………（57）
　三、力量、功和功率 …………………………………………………（68）
　四、肌肉活动：收缩类型 ……………………………………………（70）
　五、肌力与质量（体重）比 …………………………………………（72）
　本章小结 ……………………………………………………………（72）

第二部分　肌肉能效学与代谢 ……………………………………………（73）
　第四章　生物能效学与代谢因素 ……………………………………（75）
　　一、ATP ……………………………………………………………（76）
　　二、生物能效系统 …………………………………………………（77）
　　　（一）磷酸原系统 ………………………………………………（77）
　　　（二）糖酵解系统 ………………………………………………（78）
　　三、燃料效率 ………………………………………………………（87）
　　四、能量生成率与能力 ……………………………………………（91）
　　五、底物亏缺与补充：恢复 ………………………………………（92）
　　　（一）ATP-PCr 的亏缺与补充 …………………………………（92）
　　　（二）糖原的亏缺与补充 ………………………………………（93）
　　　（三）能效限制因素 ……………………………………………（94）
　　六、运动能耗 ………………………………………………………（95）
　　　（一）恢复氧耗：能量恢复 ……………………………………（98）
　　　（二）代谢系统的专项化训练 …………………………………（102）
　　本章小结 …………………………………………………………（103）
　第五章　神经内分泌因素 ……………………………………………（104）
　　一、神经递质的释放 ………………………………………………（104）
　　二、激素的释放 ……………………………………………………（106）
　　三、激素的作用机制 ………………………………………………（107）
　　四、激素的功能与调节 ……………………………………………（110）
　　　（一）儿茶酚胺（拟交感神经胺）……………………………（112）
　　　（二）皮质醇 ……………………………………………………（113）
　　　（三）睾酮 ………………………………………………………（115）
　　　（四）雌激素 ……………………………………………………（119）
　　　（五）生长素 ……………………………………………………（121）

（六）胰岛素 ·· (122)
　　（七）胰高血糖素 ·· (123)
五、力量训练中激素的作用 ·· (124)
本章小结 ·· (128)

第六章　营养与代谢因素 ·· (129)
一、能量的支出与摄入 ·· (129)
二、热量密度和营养密度 ·· (132)
三、能量支出测量 ·· (133)
　　（一）恢复时的能量消耗 ·· (134)
　　（二）力量训练类型与能耗 ·· (134)
四、蛋白质 ·· (135)
　　（一）蛋白质的代谢与功能 ·· (135)
　　（二）蛋白质的组成 ·· (135)
　　（三）蛋白质的消化 ·· (138)
　　（四）蛋白质的代谢与控制 ·· (139)
　　（五）运动与训练对蛋白质合成的影响 ···································· (140)
　　（六）蛋白质的摄入 ·· (141)
五、碳水化合物 ·· (144)
　　（一）碳水化合物的消化 ·· (145)
　　（二）碳水化合物的代谢与调控 ·· (146)
　　（三）碳水化合物的摄入 ·· (148)
六、脂肪 ·· (149)
　　（一）脂肪的消化 ·· (150)
　　（二）脂肪转运和细胞吸收 ·· (151)
　　（三）脂肪代谢 ·· (153)
七、维生素和矿物质 ·· (154)
八、运动员的营养问题 ·· (158)
　　（一）赛前、赛后进食 ·· (159)
　　（二）食欲不振 ·· (159)
　　（三）水和电解质 ·· (160)
　　（四）增体重 ·· (161)
　　（五）减重与减脂 ·· (162)
本章小结 ·· (164)

第七章　增补剂 ·· (165)
一、环境增补剂 ·· (165)
二、心理增补剂 ·· (166)

三、物理增补剂 ……………………………………………………………（166）
　　四、药物和营养品 …………………………………………………………（167）
　　　　（一）药物 ……………………………………………………………（168）
　　　　（二）营养品 …………………………………………………………（171）
　　五、增补剂的热点问题 ……………………………………………………（176）
　　　　（一）健康问题 ………………………………………………………（176）
　　　　（二）"耍滑头" ………………………………………………………（177）
　　　　（三）什么算增补剂？什么不算？ …………………………………（178）
　　　　（四）检测问题 ………………………………………………………（179）
　　　　（五）最后的思考 ……………………………………………………（182）
　　本章小结 ……………………………………………………………………（183）

第三部分　力量训练的适应与益处 ……………………………………（185）

第八章　测试、测量与评价 ……………………………………………（187）
　　一、测试、测量与评价原则 ………………………………………………（188）
　　　　（一）服务与研究测试设计 …………………………………………（188）
　　　　（二）实验性设计类型 ………………………………………………（190）
　　　　（三）测量工具 ………………………………………………………（191）
　　　　（四）统计学分析 ……………………………………………………（192）
　　二、测试、测量与评价的实践应用 ………………………………………（199）
　　　　（一）相关术语 ………………………………………………………（199）
　　　　（二）运动表现的测量与专项化因素 ………………………………（203）
　　　　（三）力量及相关因素的测量 ………………………………………（204）
　　本章小结 ……………………………………………………………………（211）

第九章　力量训练的监控 ………………………………………………（212）
　　一、力量训练监控的重要性 ………………………………………………（213）
　　二、力量训练监控的目的 …………………………………………………（215）
　　三、力量训练监控的两个维度 ……………………………………………（215）
　　　　（一）训练质量监控 …………………………………………………（216）
　　　　（二）训练反应监控 …………………………………………………（216）
　　四、如何监控力量训练 ……………………………………………………（217）
　　　　（一）训练日记 ………………………………………………………（218）
　　　　（二）生理、心理、营养以及生物力学测试 ………………………（222）
　　五、训练监控数据分析 ……………………………………………………（223）
　　六、个体研究设计与监控 …………………………………………………（224）
　　七、制图、趋势分析和自相关 ……………………………………………（227）

八、统计过程控制 ………………………………………………………… (230)
　　九、专家系统 ……………………………………………………………… (232)
　　本章小结 …………………………………………………………………… (232)

第十章　力量训练的身体与生理学适应 ……………………………………… (233)
　　一、训练适应的概念和关键因素 ………………………………………… (233)
　　　　（一）遗传因素 ……………………………………………………… (235)
　　　　（二）训练级别 ……………………………………………………… (235)
　　　　（三）疲劳 …………………………………………………………… (236)
　　　　（四）年龄和发育程度 ……………………………………………… (240)
　　　　（五）性别 …………………………………………………………… (244)
　　二、影响力量和功率的神经、生物力学、人体测量学因素 …………… (246)
　　　　（一）神经因素 ……………………………………………………… (247)
　　　　（二）募集和神经编码速率 ………………………………………… (248)
　　　　（三）动员频率和同步化 …………………………………………… (250)
　　　　（四）任务专项化 …………………………………………………… (251)
　　　　（五）神经抑制 ……………………………………………………… (251)
　　　　（六）快速伸缩复合运动 …………………………………………… (251)
　　　　（七）运动单位类型 ………………………………………………… (252)
　　　　（八）生物力学及测量学因素 ……………………………………… (252)
　　三、力量训练的代谢与超微结构变化 …………………………………… (256)
　　　　（一）酶的变化 ……………………………………………………… (256)
　　　　（二）肌肉亚型 ……………………………………………………… (256)
　　四、不同训练安排的训练适应 …………………………………………… (257)
　　　　（一）爆发类项目的训练适应 ……………………………………… (257)
　　　　（二）训练专项化 …………………………………………………… (258)
　　　　（三）训练效果的成功迁移 ………………………………………… (262)
　　　　（四）普通人爆发力训练的专门适应 ……………………………… (262)
　　　　（五）运动员爆发力训练的专项性 ………………………………… (263)
　　五、影响力量及动作功率的因素 ………………………………………… (264)
　　六、力量训练损伤风险 …………………………………………………… (265)
　　七、力量训练对健康的益处 ……………………………………………… (265)
　　本章小结 …………………………………………………………………… (266)

第十一章　力量训练心理学 …………………………………………………… (267)
　　一、心理学与力量训练综述 ……………………………………………… (267)
　　　　（一）心理健康 ……………………………………………………… (267)
　　　　（二）自我概念、自尊和自我效能 ………………………………… (269)

（三）身体意象 ……………………………………………………（270）
　　（四）唤醒与焦虑 …………………………………………………（271）
　二、心理学技能 ………………………………………………………（272）
　　（一）目标设置 ……………………………………………………（272）
　　（二）放松 …………………………………………………………（273）
　　（三）专注 …………………………………………………………（274）
　　（四）表象 …………………………………………………………（275）
　　（五）仪式化 ………………………………………………………（276）
　本章小结 ………………………………………………………………（276）

第四部分　训练原则、理论与实践应用 ……………………………（277）

第十二章　力量训练的形式 …………………………………………（279）
　一、训练原则 …………………………………………………………（279）
　二、爆发力与功率 ……………………………………………………（281）
　　（一）静力（等长）训练 …………………………………………（282）
　　（二）关节角度专项化 ……………………………………………（283）
　三、动作专项化 ………………………………………………………（284）
　四、开链与闭链练习 …………………………………………………（284）
　五、器械练习与自由负重练习 ………………………………………（285）
　　（一）等动训练 ……………………………………………………（286）
　　（二）振动训练 ……………………………………………………（287）
　六、训练的迁移性效果 ………………………………………………（288）
　　（一）非稳态训练 …………………………………………………（289）
　　（二）训练形式比较研究 …………………………………………（290）
　　（三）训练效果的延迟 ……………………………………………（292）
　七、不同训练形式的利与弊 …………………………………………（293）
　八、普通人的自由负重训练 …………………………………………（295）
　本章小结 ………………………………………………………………（296）

第十三章　分期训练 …………………………………………………（297）
　一、恢复与适应 ………………………………………………………（298）
　　（一）普遍适应症 …………………………………………………（300）
　　（二）刺激—疲劳—恢复—适应（SFRA）………………………（301）
　　（三）适应与疲劳模式（Fit-Fat）………………………………（302）
　二、分期训练：概念的应用 …………………………………………（304）
　　（一）教练策略 ……………………………………………………（304）
　　（二）分期：决策与评估 …………………………………………（306）

（三）适应与疲劳 ……………………………………………………（307）
（四）负荷强度与负荷量 ……………………………………………（307）
（五）专项化与多样化 ………………………………………………（308）
（六）力量与耐力 ……………………………………………………（310）
（七）分期与训练计划制定 …………………………………………（310）
三、训练计划周期结构的基础知识与设计原理 ……………………………（311）
四、应用策略 …………………………………………………………………（315）
（一）初级训练策略 …………………………………………………（315）
（二）中级训练策略 …………………………………………………（316）
（三）练习手段的停用与再用 ………………………………………（319）
（四）次间间隔训练法 ………………………………………………（320）
（五）强化效应 ………………………………………………………（322）
（六）高级训练策略 …………………………………………………（323）
（七）训练策略小结 …………………………………………………（328）
本章小结 ………………………………………………………………………（328）

第十四章 力量训练计划的制定 ………………………………………（329）
一、训练计划的制定 …………………………………………………………（330）
二、集体项目训练计划的制定 ………………………………………………（337）
本章小结 ………………………………………………………………………（338）

缩略语 ……………………………………………………………………（339）

参考文献 …………………………………………………………………（345）

后记 ………………………………………………………………………（406）

第一章　导论——定义、目标、任务与原则

力量训练作为一般性概念，包括各种常规性练习形式与方法。力量训练形式有器械训练和自由负重训练。在运动训练过程中，力量训练的主要目标有：预防运动损伤及促进运动康复；一般性健康促进；塑形训练（健美）以及竞技运动需要。

本书主要针对竞技运动中的力量训练，该范畴下的力量训练主要有举重和力量举（卧推、硬拉、下蹲等），这些训练手段是满足竞技运动需要的工具。从健美的角度，力量训练可以用来打造理想的形体。此外，力量训练更是各类竞技运动不可或缺的组成部分，如美式橄榄球、田径、网球等。然而，竞技运动的成功不仅依赖于运动员的运动天赋和能力，如力量、爆发力、功率、耐力及灵敏，更离不开科学训练对这些天赋最大限度地开发。其中，力量训练扮演了重要角色，因为对某些运动项目而言，力量是最重要的运动素质。因此，如何制订训练计划就成为关键。这一章阐述了关于训练过程的基本定义、术语和概念，为更好地理解后续章节的内容提供了必要的前提条件。

力量训练涉及的因素众多。尽管人们提出了不少训练模式（Banister 1982，1991；Banister et al. 1986; Bondarchuk 1988; Calvert et al. 1976; Hugh Morton 1991; Luta 1990; Morton, Fitz-Clarke and Mekhrikadze 1986; Taranov, Mironenko and Sergejev 1995），但许多运动项目依然在寻找最理想的训练模式。作为指南，训练模式又是最容易掌握和最利于思考的方法。在运动科学研究中，模式尤为重要，其中包括科学的训练方法（Estes 1957; Shultz and Sands 1995）。本章将阐明训练模式中有关训练的定义、目标、任务与原则。

一、训练的定义

运动训练是通过培养运动员的体能、技能、战术和心智来创造最佳运动成绩的过程（Harre 1982）。运动训练明显和运动锻炼不同，锻炼无法让参与者获得最高水平的运动能力，当然，这里的最高运动水平是相对的。每个运动员在遗传上都有局限或极限，这是无法靠"合法"途径超越的。训练的目的就是通过安全、便捷以及符合伦理的方法尽可能地突破遗传能力的极限（Hoberman 1992; Pope, Katz and Champoux 1988; Yesalis 1993）。

二、训练的目标

训练目标极富探索性，其中含有积极的意味。训练是通过对已知物理学、生理学、心理学等相关知识的探索，帮助运动员获得更高的运动水平。教练员和运动员对训练原则与运动表现的探索，是为了将运动员的天赋和科学训练结合起来，不断创造好成绩。运动的最高水平是相对于运动员自身特性与能力而言的，同时也和年龄或运动生涯所处阶段（或二者兼有）有关。刚开始训练的运动员所能有的最高运动水平要远低于训练 5~10 年的运动员。

训练目标的另一个任务就是追求最优化（Banister 1982,1991; Banister and Calvert 1980; Calvert et al. 1976）。训练最优化是为了具备理想的竞技能力特征，而不是简单地加强或减弱某项竞技能力（Olbrecht 2000）。首先，训练负荷应该最优化。增加训练负荷并不总意味运动能力的提高（Olbrecht 2000），当其他条件相同时，一个每周训练 30 小时的运动员，运动能力的提高速度可能要快于每周训练 5 小时的运动员，但有时运动员训练过量反而效果不佳。可见，训练负荷需要在适宜区间。如果一名运动员的训练过于轻松，比赛失败很可能是因对手刻苦训练。但如果训练得过火，比赛失利多数是因为过度训练，训练过度会导致运动损伤或疲劳无法消除。因此，训练负荷的掌控好比是在把握"黄金分割点"，也就是说，运动员既不能训练过度也不能训练过少，而是要恰到好处。

训练最优化概念的外延有许多方面。例如，初级运动员的最佳训练负荷很可能与优秀运动员的大相径庭。在优化训练负荷时，教练员应考虑年龄、性别、现有适应水平、天赋、环境等因素，这样运动员的进步才会更快、更显著。最佳训练负荷的应用特别适合于身心尚未成熟的青少年运动员。

训练特定目标涉及运动员选材和青少年训练两个方面（Bloom 1985; Bompa 1985, 1990b; Drabik 1996; Matsudo 1996; O'Brien 1993; Sands 1993）。运动员选材及青少年运动员训练通常与年龄有关，但也和运动员的训练水平渐进发展规律息息相关。选好材可以节约时间、精力和经费投入。同时，运动员的天赋将会得到更好的利用，自身条件或特点也更容易与相应的专项达成一致（Bompa 1985; Drabik 1996; Sands 1993）。另外，运动员身上的许多特征具有高度的遗传性，在确定时应客观而准确（Masood 1996）。

运动员选材的重要性在于它和青少年训练息息相关。青少年的生长与成熟速度各有不同，因此，选材是一个过程，而不是一个结果，需要对青少年运动员进行长期监控，便于发现那些新获得的运动能力。选材指标应对运动员在特定条件下表现出的特质十分敏感。在训练要求和内容上要符合年龄特点，重在长远发展（Greenspan 1983; Hoberman 1992; Hodge and Tod 1993; Preising 1989; Press 1992）。还需要注意的是在青少年训练与研究过程中，教练员和研究者不能简单地套用成年人的训练，包括训练理念和训练过程。

由此可见，训练目标的范畴广泛而多变。训练目标会根据运动员、教练员、训练计划以及比赛目标等因素发生变化。训练开始前，首先明确每个运动员的训练目标，随后制订的训练计划应始终紧扣训练目标。

三、训练任务

理想的训练是通过安排各项任务来提高成绩，实现目标。这些任务包括运动员的个性、体能、技能、心智、健康生活习惯以及专项战术能力的发展与培养。上述任务的完成应符合运动员的年龄、经验及天赋特征，满足个体化需求的训练计划才能让运动员登上巅峰。

（一）个性培养

训练的首要任务是运动员的个性培养。运动员的个性，具体说是个性特征，需要依靠和通过训练进行培养。通过力量训练，可以培养运动员的自律、勇气、坚忍以及其他品质。长时间的艰苦训练能够让运动员感受到训练的不易，也能学会如何设定目标，体验在重压下工作的感觉，这些对运动个性的培养大有益处。训练经历不仅会给运动员运动生涯，还会给其整个人生产生深远的影响。尽管在现代体育界看来，这些理念似乎有些落伍，但它们却是培养运动员个性的坚实基础。近来，在业余训练中值得关注的问题是，对个性的培养是希望通过力量和运动训练来形成"品格而非个性"。这几年，人们议论的话题也大量集中在运动究竟能给青少年带来什么好处；竞技运动是不是在金钱、合约、广告代言、代理人、电视转播等面前已丧失了道德高地？（Editors 1985; Hill 1996; Hoberman 1992; Miracle and Rees 1994; Murphy 1991; Simon 1991; Telander and Sullivan 1989; Yesalis, Courson and Wright 1993）。在培养青年上，教练应通过力量训练计划的设计发挥其深刻的影响。此外，要让力量训练不断地激励国民通过锻炼实现强壮、健康的目的。

在考虑训练和比赛决策时，教练员和其他管理者应时刻铭记运动员全面、健康发展的理念。因为训练是一个精细过程，所有参与者在培养青少年运动员时有责任对所有未知情况做出预测和规划。

（二）专项体能

训练的第二大任务是发展运动员的一般体能和专项体能。本书所指的一般体能并不是普遍的运动适应，而是指运动员的训练要多元化，尤其是在训练初始阶段。多元发展是指在早期训练中重点发展构成运动项目所需的基础能力。在一般训练的同时，运动员还要进行专门化训练，这说明训练具有专项特征。运动训练所涉及的各个方面将在接下来的章节中进一步探讨，首先要明确训练适应性的限制因素，弄清这些因素会有助于认识和指导训练。

专项体能对各类层次的运动表现都至关重要。如果训练任务不同，运动员的训练适应也不相同。有人提出（图1.1）包括技术、力量、耐力、速度和柔韧在内的训练适应极值模型（Siff and Verkhoshansky 1993）。极值间相互作用所形成的各种复合能力反映了训练适应的融合性，复合能力有速度-力量、柔韧-力量、力量-耐力和速度-耐力。这种用连字符构成的能力便于认识某项运动所具备的主要适应或能力特征。例如，举重要求力量-速度，这不仅需要运动员强壮，还需要其在快速条件下移动重器械。举重动作生物力学的限制因素决定了对力量-速度的要求，即在瞬间的举重动作中（从地面开始到举过头顶），需要运动员用大力量来移动重物（体重和杠铃）。

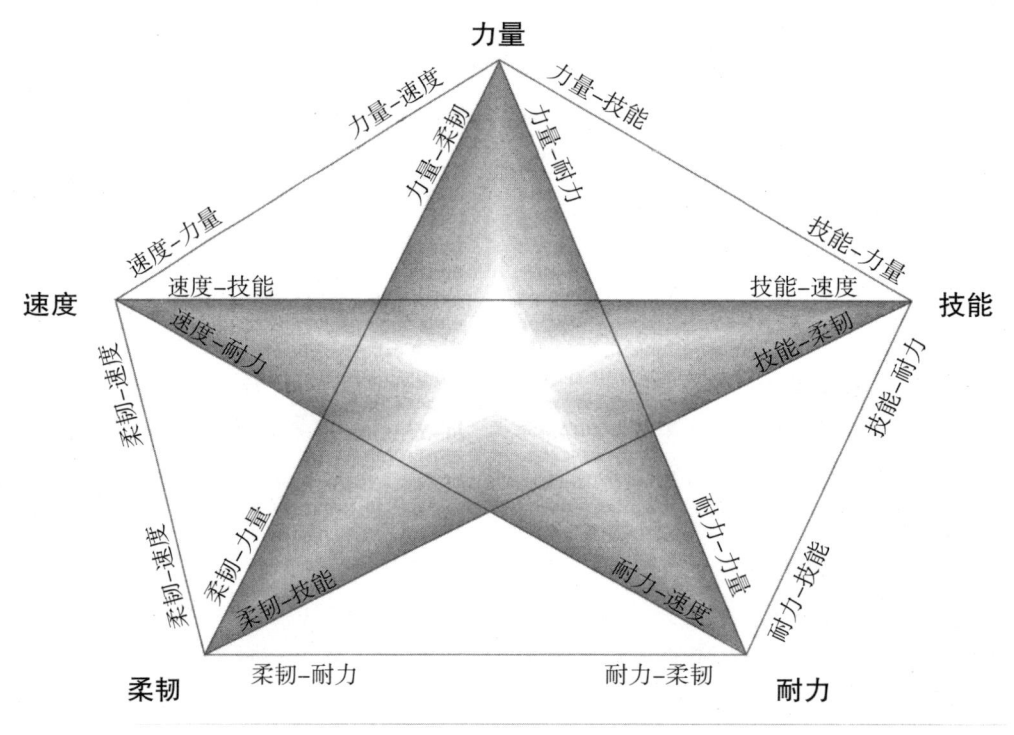

图1.1 体能构成要素间的相互关系

重印自：M.C. 斯弗，Y.V. 维尔霍山斯基. 超级训练［M］. 约翰内斯堡：金山大学出版社，1993.

事实上，运动员不可能同时将所有的运动能力都发展到极致。因此，在确定训练任务和训练顺序时必须考虑到运动能力发展的制约因素（Todd and Hoover 1979）。由于运动员运动能力构成要素之间发展的不均衡性，训练时必须做出明确的取舍。

（三）神经肌肉的适应性

力量训练最重要的适应来自神经肌肉系统，提出这一概念的目的是强调在力量训练中，技术动作、力量、速度以及柔韧性都与神经肌肉系统密不可分。为保证该系统良好运行，必须有充足的能量供应，但对于营养状况良好的运动员来说，能量供应显得并不那么重要。如果爆发类项目的运动员动作迅速、敏捷，身体强壮、富有爆发力，而且技术动作正确，那么比赛获胜的可能性就更大。所有这些因素都具有明显的专项特征，在很大程度上依赖于神经与肌肉系统的相互作用（Sale and MacDougall 1981）。神经肌肉系统的适应性也会因训练和比赛要求，表现出高度的专项特征。

专项化训练是在神经肌肉训练适应研究中，认识最深刻、讨论最广泛的部分（Morrissey, Harman and Johnson 1995; Sale and MacDougall 1981）。专项化训练原则可概括为缩写的"SAID"，指对特定刺激的专门性适应。训练的专项化，即"SAID"原则，是指神经肌肉系统将对所施加的训练刺激产生适应，这种适应会恰到好处。因此，适应空间会"窄"得出奇。例如，在某个关节角上的伸膝练习，神经肌肉系统会对用何种方式发力，动作从哪里开始，用多快的速度完成以及身体处于什么位置都高度适应。

1. 肌肉用力方式

向心用力，即肌肉缩短。向心用力时，肌肉收缩用力克服阻力，肌肉长度缩短。运动员进行单纯向心肌肉训练所获得的力量或功率对其他用力方式产生的影响不大。

离心用力，即肌肉拉长。离心用力常见于跳跃动作的落地缓冲以及放下重物时。肌肉离心用力时，肌肉力量不足以克服身体重量或无法缩短长度，因此，肌肉虽然产生张力，但会被动拉长。

静力或等长用力，即肌肉长度不变。静力（等长）用力是指肌肉在长度不变条件下，产生张力使物体维持静止状态，既不上升也不下降。

快速伸缩用力（如跨步跳）是一种特殊形式的神经肌肉活动，即在肌肉离心用力后紧接着进行向心用力。离心阶段，肌肉及肌肉连组织链被拉长，随后通过向心用力完成反向运动，肌肉中储存的弹性势能得以释放。快速弹跳或反弹跳都是运动员所熟悉的伸缩用力动作。需要强调的是"超等长"这一常用词，却被误认为是"快速伸缩用力"的同义词。超等长是利用伸缩用力原理进行的一种训练手段，而快速伸缩用力是超等长练习的内在机制。

等动用力是速度恒定的肌肉活动（Rasch and Morehouse 1957）。真正的等动用力是在不考虑动作幅度或阻力条件下，速度恒定的肌肉活动。等动用力通常需要特制的器械帮助实现，但是目前市场上没有真正意义上的等动训练器。

2. 动作位置或角度专项化

在特定关节幅度下进行的练习，会产生该活动范围内神经肌肉的专门性适应（Campney and Wehr 1965; Graves et al. 1989; Oda and Moritani 1994）。

3. 动作速度

动作速度训练过程中，特定速度下的训练效果容易向慢速动作迁移，但对高速动作却无影响（Moffroid and Whipple 1970）。简单地说，要想提高快速运动能力，必须在快速条件下训练。

4. 身体姿势

在某个身体姿势下训练的效果很难迁移到其他姿势上去（Sale and MacDougall 1981）。有趣的是，即便是身体姿势也会限制训练适应程度。例如，运动员站着训练，如果同样的动作躺着做，此前站着训练获得的适应并不会发生迁移。

因此，必须弄清楚训练的目标和任务是什么，明确力量训练对一般训练和专项训练的作用。为了更好地完成训练任务、实现训练目标，有必要熟悉训练原则。

四、训练原则

训练是一个复杂过程，在训练原则指导下可以集中训练精力，对各种训练任务进行归类。在每个原则里，都有更为具体的概念，保证每个训练原则都能发挥特定的作用。

（一）超负荷原则

超负荷原则的基本意思是，在训练中教练员必须不断提高对运动员的训练要求（Harre 1982）。当训练负荷增加时，运动员必须进一步挖掘潜力去适应训练（运动员在新刺激下需要产生新的适应）（Verkhoshansky 1985）。运动成绩的提高与变化训练内容、增加训练难度密不可分。有时训练适应会因为各种影响因素而表现出滞后效应，适应能力提高过程中出现的训练效果推后被称为"训练效果延迟效应"（LLTE）。"训练效果延迟效应"是指正在进行的某种目的性明确的训练，但在一段时间内看不出训练效果。可见，这种"训练效果延迟效应"是一种投资而不是获得。

通过增加运动量（做多少）和运动强度（参与程度或训练难度）可以提高训练负荷。但运动员和运动项目不同，训练负荷的增加不能一概而论，如何进行量化和施加训练负荷成为一个问题。田径运动中，公里数和速度是量化训练负荷的常用指标，而组数、次数和重量是举重运动员的负荷标准。也就是说，没有一种简单的负荷单位可以统一度量所有运动项目。另外，即便是两个运动员的专项或训练要求相同，也可能一个人练起来很轻松，另一个却因为经验不足而非常吃力，这样，差异自然就会表现出来。相比之下，面对相同的训练负荷，初级运动员付出得要更多。有些运动项目中，难以衡量运动强度和运动量的主要原因在于计算单位。例如，摔跤项目中的倒地次数，体操项目中完成规定动作的次数，表现"难美"性项目中通过难度系数来反映运动强度。无论怎样，训练中的负荷量与强度应在互动中不断增加，才有可能进一步开发运动员的适应性，最终提高运动能力。

训练负荷的调整可以通过以下途径来完成：第一，提高对动作协调性的要求，例如，在条件略有改变情况下完成动作；第二，增加比赛场次；第三，增加与高手同场竞技的次数；第四，减少外部助力，例如增加跳水板的硬度或撑竿的磅数；第五，延长训练时间或增加练习组数和次数；第六，增加训练难度，或训练负荷不变，缩短训练时间；第七，缩短训练间歇。

值得注意的是教练员不得随意提高训练负荷，改变运动负荷时要有目的性和计划性。研究表明，高水平运动员训练中，渐进或线性增加训练负荷不如突然增加负荷（有计划且合理）效果好。增加的训练负荷能够打破运动员原有状态，还要注意的是，训练负荷的增加与训练适应的形成并不同步，新适应的出现与增加训练负荷在时间上会有滞后（Stiff and Verkhshansky 1993；Verkhshansky 1985b；Verkhshansky, U.1981；Verkhshansky, Y.V 1977, 1981, 1985）。

由于运动项目和运动员不同，不能仅用常规负荷单位来衡量训练负荷的变化，也不能统一增加训练负荷的标准。研究发现，适度地增加训练负荷，并不能保证长期提高运动成绩。也就是说，训练负荷的增加应该突然、持续和系统。

增加训练负荷的基本途径有以下四种（Harre 1982）。第一，运动员必须有意识地投入训练。如果认为负荷只是完成规定的次数，那是远远不够的，运动员应该有意识地将精力集中到每项训练任务上去。第二，根据训练计划的整体目标和任务来增加训练负荷。如果不能确定某项训练任务能否实现训练目标，那么就要重新进行评估，既可以换别的任务，也可以放弃该任务。第三，训练负荷的增加应该足够大，即增加的负荷应能够刺激运动员的潜力来适应新的训练要求。第四，增加某项训练负荷要和其他训练相互配合。各种训练负荷不仅不能同时增加，还需权衡彼此间的关系。另外，牺牲其他必要训练而过度强调某项训练任务，会因为缺乏多样性而达不到预期的训练效果。

（二）持续训练原则

持续训练原则要求运动员应避免长时间停训（Harre 1982）。研究证实，长期间断训练会导致运动成绩下降（Fleck 1994; Graves et al.1988; Verkhoshansky 1985a, 1985b）。从某种程度上讲，当适应性提高了，运动员就像换了一个人。换句话说，运动员先前的内稳态的功能水平因适应能力的提高而得到提升，"非衡内稳态"可以用来解释这一现象。机体为了重新获得内部平衡，在"内驱动"作用下产生的适应性会因训练要求的持续增加而得到保持或提高（Siff and Verkhoshansky 1993）。虽然"内驱动"这个词有可能会引起歧义，但它概括了训练形成的适应性变化以及保持相对稳定的特性。

构成适应性的各种要素在时间上具有不同的特征（Verkhoshansky 1985）。训练中断对每个要素的影响程度是不一样的（Harre 1982），例如，力量训练中断 2 个月后，伸肌力量会下降 5%~6%，但屈肌力量会下降 15%~20%（Harre 1982）。一般来说，运动员持续训练的时间越长，运动成绩的稳定性越高。因此，训练中断对高水平运动员所产生的影响虽然不如初级运动员的严重，但是，突然中断训练会严重干扰到运动员的身心状态（Gilbert 1980; Johnson and Verschoth 1991）。

以下是贯彻持续训练原则的几点提示（Harre 1982）。第一，尽可能避免中断训练。第二，根据现有条件，设计运动员非敏感期的训练，通过强化训练使运动员得到进一步发展。第三，训练中断不包括恢复期。恢复期是长期训练的必要安排。恢复期应考虑到时间和内容，这样运动员就会有充分的时间休息和调整，达到恢复身心的目的。第四，运动伤病导致的训练中断是最严重的，而且最难克服。教练员应咨询队医的意见，看看能否在不加重伤病的前提下继续训练。

（三）周期训练原则

周期训练性原则有两层意思，即周期性和阶段性（Harre 1982）。训练的周期性安排的目的是通过穿插安排恢复期，来保证训练任务与训练负荷调控的系统性。一个完整的训练周期包括三个阶段：一是运动能力获得阶段；二是运动能力保持阶段；三是运动能力暂时消退阶段（Harre 1982）。实践经验告诉我们，运动员成绩的提高并非线性的，训练会导致运动员疲劳，并且需要机体休息与适应（LLTE）。此外，训练负荷也要按照上下起伏的方式进行周期安排。划分训练阶段同样是实践的结果，运动员不可能同时完成所有训练和竞赛任务。实际情况是，训练的内容太多，而时间无法满足。从现代训练方法学的角度分析，周期性和阶段性两个概念结合的结果就是分期训练。

分期训练最早出现在 20 世纪 20 年代（Nilsson 1987），分期模式也不下十几种。

由于分期训练模式大部分来自个案训练总结，而且多数分期训练模式也只经过粗略地检验，应用时要格外注意（Francis and Patterson 1992; Siff 1996a, 1996b; Siff and Verkhoshansky 1977, 1985; Viru 1988,1990,1995）。表1.1列举了各种分期训练模式。

表1.1 分期训练模式及其特点

模式	特点
马特维耶夫模式	负荷量和强度此消彼长
组合排序系统训练模式	通过排列组合不同训练任务来获得最佳训练效果
集中负荷训练	是组合排序训练系统的一部分（重叠），但自成体系。即在某一时期集中进行大运动量训练，随后积极恢复
大负荷模式	训练量与强度此消彼长，但均在高位震荡
弗朗西斯式	训练强度始终保持高位，训练量上下波动
强度变化式	训练量始终保持高位，训练强度上下波动
波浪变化式	训练量和强度按波浪方式同时增减
邦达尔丘克式	整个训练阶段以专项训练为主
斯里梅克式	主要针对耐力运动员
聚类式	主要用于发展相对力量
渐增式	训练量和强度逐渐增加，主要用于集体性项目
直觉式	非常规的训练，主要靠教练员和运动员训练时的主观感觉安排训练
以赛代练式	比赛安排密集，转战各地，备战时间短

1. 分期设计

制订分期训练计划的常用方法是将竞赛期划分为三种周期形式。一是大周期，持续数月到一年或以上；二是中周期，持续2~8周；三是小周期，通常持续7~14天。这三种基本形式可用"分解排序"法确定下来，即在特定时间段内将各种训练任务按一定顺序进行排列组合。然而，在这种方法的指导下，不同学者（教练员）在制定阶段、内容和目标时却有很强的随意性。以上三种基本形式，会集中反映在年度训练计划中。年度训练由准备期、竞赛期和转化期或恢复期组成。

如今，人们对于在不被某种疲劳影响前，运动员需要约22~25周的时间来获得最佳竞技状态（Verkhoshansky 1985）观点的认识并不深刻（Poliquin 1991）。经验表明，运动员的成绩通常在经过上述时间后会出现下滑，但下滑的机制还不清楚。这种受时间影响的适应特征引出了多周期概念，即将年度训练分成两个或多个周期，每个周期分别由准备期、竞赛期和转化期组成（Bompa 1990a, 1990b, 1993; Siff and Verkhoshansky 1993; Verkhoshansky 1985）。事实上，如今的训练计划正在过于频繁地"制造"运动员的最佳竞技状态。

准备期通常包括一般准备期和专门准备期。一般准备期主要进行全面或多元化准备（Bompa 1990b），训练任务为提高运动员的基础力量、柔韧性、耐力、协调性等运动能力。专门准备期的训练与专项结合得更紧，主要训练任务是提高专项能力或专项素质，例如，专项动作幅度内的弹跳力、柔韧性和力量或利用新获得的运动能力进行专项性训练。对初级运动员来说，准备期相对较长，便于更好地发展基础运动能力。而高水平运动员的准备期相对较短，主要因为频繁的比赛以及对保持全年高水平竞技状态的要求（Francis and Patterson 1992; Siff 1996b; Siff and Verkhoshansky 1993; Zatsiorsky 1995）。

竞赛期是指包含各种比赛的赛季或大周期里用来比赛的特定阶段。在这个阶段，运动员运动能力应相对稳定，主要训练任务是发挥或维持最佳竞技状态。设计准备期与竞赛期的目的是通过充分的准备性训练，让运动员逐步达到最佳竞技状态，并在竞赛期间获得更稳定的运动表现（Harre 1982; Siff and Verkhoshansky 1993; Verkhoshansky 1985）。在竞赛期里，如何稳定发挥运动表现十分重要，但由于运动项目不同，运动表现稳定性的方式也不相同。例如，撑竿跳运动员的保持方式就与跳水运动员截然不同。撑竿跳运动员挑战的高度也许会超过个人实际能力，即个人最好成绩，或是过去整个赛季的各场比赛中都在尝试未能逾越的高度；但对"新高度"的挑战，跳水队员只有在有保护的条件下才会去尝试之前的一套动作，跳水队员需要练成百上千次，而且必须在重大比赛中完成得精确无误，不得出现任何偏差或失误。因此，跳水运动员运动表现的稳定性和技术动作的稳定息息相关，但撑竿跳运动员需要在比赛中不断调整技术动作去创造新成绩。

过渡期或积极恢复期的目的是通过1~4周减量训练来消除运动员此前训练和比赛造成的身心疲惫，促进全面恢复（Bompa 1990a, 1990b; Harre 1982,1986; Siff and Verkhoshansky 1993）。过渡期的主要任务是保持体能、促进运动损伤康复、制定下一周期训练目标、评估上个赛季的表现以及保证运动员对下一赛季的训练充满热情。

2. 训练周期类型

训练周期类型应根据训练目标、赛季时间以及运动员的训练能力来确定。一般认为，大周期的设计主要针对整个赛季内的各项比赛或重大赛事。例如，由于奥运会的竞赛安排而形成的备战奥运大周期，另外，也有可能是泛美运动会、全美冠军赛或是以大周期内关键比赛为目标而设计的大周期训练。第二类训练周期是中周期，可以根据训练目标进行分类。大周期内的中周期训练目标相对类似，这样有助于保证各个中周期训练特征的内在一致性。中周期类似于计划中可相互调换的"部分"，这样就可以在不同大周期内使用和重复使用。表1.2列举了各种中周期类型及其主要训练任务（Harre 1982）。

表 1.2　中周期类型及其主要训练任务

分类	持续时间	主要训练任务
一般型	长度不等	基础性训练，作为一般准备期，主要发展基础体能
基础专项型	6 周	发展专项技能与运动能力，突出专项体能
准备型	6 周	强化训练（最大或次最大负荷），直接提高竞赛所需的体能和技能
直接准备型	2 周	减量恢复及最佳竞技状态调整，赛前调整或测试
稳固型	4 周	完善技术和体能，纠正技术和体能训练存在的问题
积累型	3 周	逐渐增加训练负荷，在准备期强化技能及体能基础，以一般性训练为主；是长期专项训练后的恢复训练
赛前型	6 周	为某场重要比赛或系列赛而进行的调整性训练；针对个体的专门训练；将体能和技能调整至最佳状态
竞赛累积型	3 周	在漫长的竞赛期恢复和保持体能
竞赛型	2~6 周	针对中周期内某一场特定比赛的训练安排
恢复型	1~4 周	以恢复和康复为主，安排在一系列比赛后或重大赛事期间（如世界杯足球赛）

表 1.2 中列出的中周期可以组成年度训练计划（Bompa 1990b），或组成某个大周期（Harre 1982, 1990; Matveyev 1977）。表 1.3 是上述中周期的组合实例（Harre 1982）。

表 1.3　串联式中周期范例

类型	持续时间	训练要点
1. 一般中周期	8 周	一般体能和技能训练
2. 专项中周期	6 周	专项体能和技能训练
3. 恢复中周期	2 周	积极恢复（即休息）
4. 基础中周期	4 周	恢复一般体能和技能训练
5. 巩固中周期	4 周	一般及专项技能巩固训练
6. 准备中周期	6 周	增加负荷，强化体能与技能
7. 赛前中周期	4 周	准备比赛
8. 赛中中周期	3 周	恢复并调整状态，备战第一个赛季（系列赛）
9. 赛季	3 周	备战排位赛
10. 赛前调整	2 周	备战下一赛季（系列赛）
11. 赛季	6 周	备战重大比赛
12. 恢复中周期	2~4 周	休息或修复，准备下一赛季或大周期训练

小周期是为期 7~14 天的训练周期。小周期是训练计划的基本单位，训练目标十分明确。训练课则是更小的训练单位，而且训练课目标有可能因为具体情况而定，但

小周期的训练目标一般不会改变。因此，训练课就可以围绕小周期的训练目标进行安排（Verkhoshansky 1985）。表 1.4 列出了不同类型的小周期及其训练要点（Kurz 1991）。

表 1.4 小周期类型及其训练要点

分类	训练要点
一般小周期	小周期的主要类型，多用于准备期开始阶段，主要发展一般体能和技能
专门小周期	专项训练比重增加，用于准备期结束阶段，主要发展专项体能和技能
一般与专门小周期亚型	
累积小周期	在小周期内，逐渐增加训练负荷
冲击小周期	突然大幅增加训练负荷，通过加深疲劳和强化训练效果延迟效应（LLTE），对运动员造成强烈刺激
模拟小周期	数天内模拟比赛负荷，调整状态或强化比赛生理和心理负荷
诱导小周期亚型	
调整小周期	降低训练负荷，促进恢复，形成最佳竞技状态
模拟小周期	通过增加训练负荷，让运动员体验即将比赛所带来的压力
竞赛小周期	赛前的准备、行程规划、熟悉场地、热身流程以及参加比赛
恢复小周期	安排在一系列冲击小周期或重大（或系列赛）比赛后，目的在于休息、恢复、康复以及准备下一阶段训练或比赛

如前所述，负荷的阶段性安排是指分期训练，包含两个概念的应用：第一个概念是通过交替安排训练负荷与积极恢复进行训练调节；第二个概念是与专项以及具体目标相关的训练阶段。分期训练的关键在于训练负荷安排的合理性和系统性。目前，分期训练这个概念被广泛认可，但个体训练的特殊适应性，以及从实验室角度对各种分期模式效果的检验很大程度上还未得到证实。实践中，分期模式之间的差异性说明人们对于分期训练的认识还不统一。因此，对于分期训练还需要大量的科学研究。

（四）主动训练原则

主动训练原则指运动员应该有意识、理性地进行训练（Harre 1982）。主动训练原则意味着运动员在参与训练的过程中，应该非常清楚训练的目标和任务。如果运动员明白训练计划的目的是什么，他们对训练计划的效果就会体会深刻。如果教练员未向运动员透露训练计划的设计思路与内容，运动员就无法获得有关训练进度与效果的重要信息。因此，需要运动员积极参与到训练计划的制订和实施过程中去，教练员要给运动员布置课后作业，让运动员一同担起科学训练的任务与责任。运动员参与训练计划的制订和执行意味着运动员将成为知情的参与者，同时也扮演了实习教练的角色。

（五）系统训练原则

训练并不是一个随意的过程，建立在科学训练基础之上的训练模式为科学训练计划的制订提供了重要帮助（Harre 1982）。训练环境相当于一个实验室，在任何情况下都必须仔细观察和记录。因此，训练管理和评估需要一种规范性模式，这样有助于理解训练过程的每一个方面。

进行个体训练时，教练员需要以整体训练规划和目标作指导。训练计划中，每个部分的安排在逻辑关系上都是建立在先前部分的基础之上。制订和执行训练计划时刻要以运动员长远发展的关键任务为指导方针。分期训练模式好比是有内在逻辑性的"烹饪手册"，通过合理的步骤达到系统提高运动成绩的目的。教练员积累的训练模式越多，在制订训练计划时就会有更多的选择，并且会更好地满足不同运动员个体的需要。长期训练过程中，教练员和运动员需要密切配合，共同执行训练计划，并对训练各个环节是否发挥作用进行监控。教练员制订出行之有效的训练计划的本领与"交往能力"一样重要，是教练艺术的主要组成部分。

（六）讲解训练原则

讲解训练原则指教练员与运动员之间的交流或教练员的讲解应生动、丰富和准确（Harre 1982）。教练员需花费时间和精力来掌握丰富、多样的讲解技巧和方法。这样，运动员可以通过教练员清晰、简洁的指导来理解如何掌握新技术。讲解在技巧类运动项目中的作用尤为突出，这些项目需要运动员在巨大比赛压力和可能受伤的情况下保证正确的身体姿态和空间方位，还需要不断增加动作难度。动作的运动学监控、可视反馈（通过镜子、影片和录像）、清晰的语言、计算机仿真、保护带以及其他手段可以帮助教练员向运动员讲解或教授技术动作要领。运动员不同，教练员的讲解方式也应有所不同，以此来培养教练员各种技能讲解方法或技巧（Cratty 1971; Jones 1988; Reeve and Mainor 1983; Sands 1991b）。

（七）个性化训练原则

个性化训练原则也许是现代运动训练的核心原则（Bompa 1990b）。个性化训练不只是简单地纠正专项技术中的错误动作，而且是帮助每个运动员达到最高运动水平的途径。教练员常常错误地把冠军运动员训练的方法或道听途说而来的东西简单地用在自己运动员身上，难度太大或不合理的训练计划不可能让运动员创造好成绩。如果运动员水平相近或都处于相同训练阶段，个性化训练的程度就会降低。另外，个性化训练时，需要考虑以下相关因素（表1.5）。

表 1.5 个性化训练需要考虑的因素

因素	训练要点
年龄与成熟程度	大多数训练方法和运动方式只适合生理上成熟的成年人，不适合少儿。由于少儿身心发育未健全，训练时必须考虑年龄和发育成熟程度。但仅仅将训练计划降低难度后来训练少儿往往不能满足正处于发育期的未成年人的特殊需要（应根据少儿身心特点进行专门训练）
训练年限	运动员的训练年限是指从事正规训练的年数。有些训练任务只适用于高水平运动员，在技巧类项目训练中尤为突出，运动员只有在掌握所有基本技术后，才能保证安全完成高难度的动作
训练能力	运动员之间训练能力差别很大，而且运动员对训练负荷、伤病以及挫折的承受能力各有不同。这些能力必须根据运动员特点得到强化，从而最大限度地提高运动成绩
适应性及准备性	适应能力强、训练水平高的运动员与训练水平低的运动员相比，能承受更大的训练负荷。有疾患的运动员不可能长期承受大负荷训练。运动员的疾患与生理潜质相互制衡，最终决定运动员能够承受多大的负荷以及成绩是否还能提高。施加在准备不足的运动员身上的过度及不合理训练负荷将不会产生良好的适应结果，甚至会导致灾难性后果
身体类型	运动员的身体形态会影响训练效果和运动表现。篮球比赛中，身材较矮的运动员在身材高大的对手面前会处于劣势；身材高大的运动员，也会因为动作不够灵活、快速而与跳水无缘。在选材上，身材矮小的运动员也可以根据体形"量身定制"适合的运动项目。因此，选好材能够事半功倍

（八）多样化训练原则

训练界有句谚语："教练好不好，看看运动员一年后的成绩"（与 Siff 的私人交谈，1997）。潜台词是说，在训练适应的开始阶段，无论采用什么样的训练计划，运动员的成绩都会提高。提高运动成绩在初级训练阶段是很自然的事，运动员需要做的只是学会如何提高成绩。若想长期提高成绩，则需要将大量精力和时间花在如何利用各种训练方法提高专项体能和技术上去（Bompa 1990b; Garhammer and Takano 1992; Poliquin 1988; Viru 1988,1995）。长期采用一种负荷模式会很快导致训练"瓶颈"或是收效甚微，这也是前面提到的为什么要增加训练负荷的一个主要原因。由于运动员需要用几天或几周来适应训练要求，因此，训练要求的变化应该足以引起运动员机体产生新的适应，产生训练效果的延迟效应（LLTE），从而提高运动能力。训练要求如果长期不变会导致运动成绩停滞，适应能力也不会提高。然而，和本章中其他概念一样，多元化训练原则实际上解决的是最佳化的问题。对新训练要求产生的适应多数在前 2 周就已完成，但其他一些适应则需要最多 6 周才能完全表现出来（Olbrecht 2000）。

本章小结

本章提到的训练原则可作为建立训练模式的指导方针，训练模式的调整可以满足特定训练计划的需要。训练原则也可以作为检验训练决策的行动指南，如果训练有悖于上述训练原则，就应该对训练计划进行重新评估。尽管遵循这些训练原则并不一定能保证成功，但这些原则提供了总体训练思路。因此，教练员的创新思维与个性特征会对运动员的最终成功产生巨大的影响。没有几个伟大的艺术家不是通过熟知并灵巧运用媒介（如画布、黏土、石头）走向成功的。因此，为了充分发挥聪明才智，教练员必须全面认识运动员和训练的本质。

第一部分 肌肉收缩与生物力学基础

这一部分主要讨论神经肌肉生理学的相关机制与原理以及生物力学的应用。第二章涉及躯体神经系统、骨骼肌结构及其功能（收缩和力的生成）的内在机制。第三章讨论力的生成、动作控制以及运动时骨骼与神经肌肉系统的关系。

对上述原理的掌握有助于读者对第三、第四部分有关实践内容的理解。教练员和运动专家只有掌握这些基础知识，才能科学地制订训练计划，从而保证短期和长期的训练适应。第一部分和第二部分内容为提高科学化训练打下了坚实的基础。

第二章 神经肌肉生理学

人除了思考，所有的活动都需要身体来运动。动物和人都要在运动中谋求生存。有时，人和某些动物的运动也是为了满足"娱乐"需要。典型的人体运动经常表现在竞技和体育活动当中。人体主要依靠神经肌肉系统产生运动。骨骼肌中水大约占75%、蛋白质占20%、其他物质占5%，例如矿物质、碳水化合物及磷酸原等。人体共有640块肌肉，其大小、形状各异。肌肉跨过关节连接在骨杠杆上的两个或多个接点上，肌肉收缩使骨杠杆两端靠近，产生运动和力。本章主要介绍骨骼肌的构成、骨骼肌的神经支配及其功能。

一、肌肉的定义

首先，肌肉的基本功能是产生力；其次，肌肉又是形体的重要组成部分。从解剖和功能学角度看，肌肉可以分为两个类型，即平滑肌和横纹肌（条纹肌）。横纹肌可进一步分成骨骼肌和心肌。无论类型如何，所有的肌肉都表现出以下基本特性(Gowitzke and Milner 1988)：

一是传导，肌肉能传导动作电位；二是应激，肌肉在收到刺激时会做出反应；三是收缩，肌肉可以缩短或在其两端产生张力；四是放松，肌肉在收缩后能够恢复到其静息状态；五是伸展，肌肉可因外力而拉长，如果不超过其生理极限，就不会损伤；六是弹性，肌肉会阻碍拉长，并且在主动或被动拉长后能够恢复到原始状态。肌肉弹性与其伸展性是相反的两个概念。

区分平滑肌与横纹肌的方法有很多，包括通过外表。例如，平滑肌由单核细胞构成，所有肌节（肌肉的功能单位）以斜角连接排列；在光学显微镜下，平滑肌由于肌节的排列方式而显不出什么特征。另一方面，横纹肌包含有蛋白质阵列的肌原纤维，彼此平行排列，呈横纹或条纹状。从外表和功能上，很容易分辨心肌和骨骼肌，如固有收缩特性（对此不做详细说明）。

二、肌肉的结构与功能

骨骼肌的大小和形状各异。眼部肌肉可能仅有数百个肌细胞，而股外侧肌可能含数十万个肌细胞。肌肉的形状由其基本结构决定，反过来，结构又决定了肌肉功能。有些肌肉，如臀肌很厚、缝匠肌长且细。其他肌肉，如手指伸肌有很长的肌腱。肌肉在形状和结构上的差异，可以使骨骼肌在各种任务中均能发挥效用。

此外，较厚的肌肉有较大的横断面积，因此可以生成更大的力；长肌肉收缩距离长，收缩速度快；肌腱长的肌肉可形成滑轮组，使肌肉和肌腱在相对较小动作中产生较大的外部动作（如手指的抓握）。一些长而细的肌肉，如缝匠肌和股二头肌被横纤维带隔成明显不同的部分或隔断（McComas 1996）。尽管人们过去认为，肌纤维贯穿整块肌肉，然而由于这些隔断的存在，人体最长的肌纤维可能只有12厘米（McComas 1996）。肌肉隔断内的肌肉类型以及横断面积各不相同（English and Ledbetter 1982），每个隔断都有独立的神经支配。不过，一个运动神经元通常支配邻近隔断内的肌纤维，但对肌肉隔断后功能的认识还不全面。隔断后的一种可能性是能保证肌肉沿肌腹同步、快速地收缩，但也有可能分别募集肌肉隔断内的肌纤维（English 1984）。

肌纤维基本排列结构有两种，即梭状肌和羽状肌。人体多数肌肉是梭状肌，大部分肌纤维沿肌肉纵轴平行排列。大块肌肉内的肌纤维沿一定角度斜插在肌腱内，这种排列结构好似羽毛（即羽状）。羽状肌内的肌纤维通常都要比梭状肌短。羽状肌肌纤维排列可以是单侧也可以是双侧，如前臂肌；或者呈多羽状，如臀大肌或胸大肌（图2.1）。

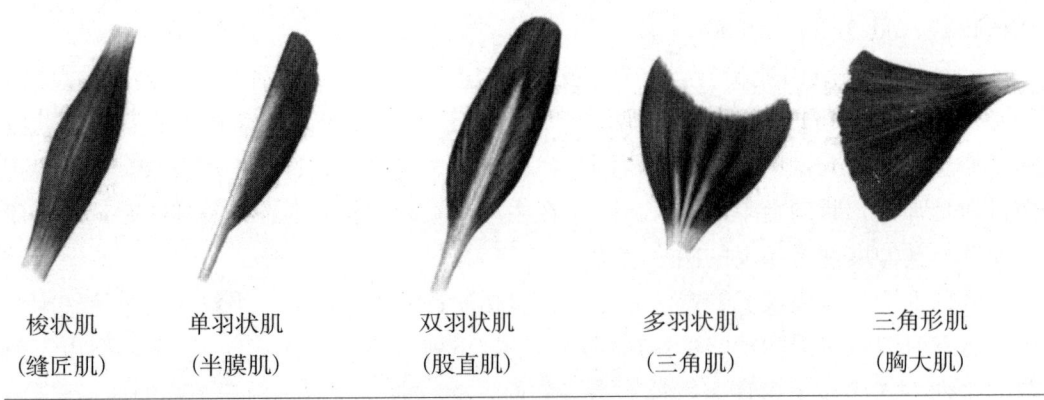

| 梭状肌 | 单羽状肌 | 双羽状肌 | 多羽状肌 | 三角形肌 |
| （缝匠肌） | （半膜肌） | （股直肌） | （三角肌） | （胸大肌） |

图2.1 肌纤维排列类型

重印，许可自：W. 怀廷，S. 罗格.动态解剖学［M］.伊利诺伊：人体运动出版社，2005.

羽状肌纤维按一定角度牵拉肌腱，因此产生的力基本上都施加在肌腱上，其大小可以用插入角度的余弦来计算。放松状态下，人体多数肌肉羽状角度都在10°或

10°以下，这对肌肉大多数特性，如力的生成似乎没什么影响（Roy and Edgerton 1992; Wickiewicz et al. 1983, 1984）。然而，当肌肉收缩时，羽状肌的角度会发生变化，一些肌肉功能指标也会发生变化（Fukunaga et al. 1997; Otten 1988）。肌肉收缩时，有可能肌肉羽状倾斜角增加后会降低收缩速度，同时提高肌力。另一种可能是，肌肉内平行肌节的数量随肌肉体积的增加而增加，而且羽状倾斜角也会发生变化，从而改变肌肉的功能特征（Binkhorst and van'tHof 1973; Tihanyi, Apor and Fekete 1982）。

羽状肌产生的肌力大于梭状肌的主要原因是，羽状结构中的肌纤维数量更多，有效横断面积更大。羽状结构还可以让更多的肌节平行排列（同时会减少肌纤维串联排列结构），引起肌力的增加（Gans and Gaunt 1991; Roy and Edgerton 1992; Sacks and Roy 1982）。此外，在肌纤维长度缩短方面，羽状肌中心腱移动的距离更大，这样可以保证肌纤维能够在"长度与肌力"曲线最优区内进行伸缩（Gans and Gaunt 1991; McComas 1996）。

肌纤维大约占肌肉质量的85%，其余15%主要是结缔组织。结缔组织决定了肌肉构造及形状，它由基质、胶原以及比重不同的网状和弹性蛋白纤维组成。肌肉中，结缔组织主要用来传力，例如，通过肌腱将力从肌肉传递到骨骼。结缔组织的弹性和伸展性有助于保证肌肉张力平稳传递，并协助肌肉拉长后恢复到原始状态。因此，结缔组织为肌肉内串联与并联弹性成分提供了基础性框架。当肌肉被动拉长或主动收缩时，开始时的张力主要来自结缔组织的弹性成分。肌肉收缩时，只有当弹性成分被拉长、肌张力与外部阻力（负重）相等时，肌肉才能主动用力或开始做功。

肌肉组织有三层，分别是肌外膜、肌内膜和肌束膜。每层由大小及排列方式不同的结缔组织纤维构成（图2.2），主要成分是胶原。肌肉外层由相对厚而坚实的结缔组织包裹，即肌外膜，主要用来区分肌肉。动脉和静脉血管从肌内膜中穿过。肌外膜的胶原纤维编织成坚固的束状，具有波浪状的外形，这些胶原束连接在肌束膜上。肌束膜将一块肌肉划分成束，通常含100~150根肌纤维，形成一个或多个肌纤维束。相比之下，控制完成小或精细动作的肌肉中肌纤维束小，肌纤维数少，结缔组织比重大（Gowitzke and Milner 1988）。肌纤维横截面呈多边状，可容纳更多的肌纤维（McComas 1996）。通常，肌纤维间距大约为1微米。肌纤维束也可形成结缔组织管，即肌肉内的纤维隔，这些细管穿过肌腹，为稍大些的小动脉、小静脉和神经提供通道。肌纤维束含有大量体积较大的胶原束，包裹在位于肌纤维束外的肌纤维周围。这些胶原束相互交叉，起到稳定肌纤维束结构的作用。结缔组织中，稍厚的肌纤维束膜下，是较为松弛的胶原纤维网，从不同方向与肌内膜相连。肌内膜由直径60~120纳米的胶原纤维构成，包裹每一根肌纤维，提高其稳定性。毛细血管贯穿于肌纤维间，位于肌内膜内。肌内膜起稳定毛细血管的作用。大量肌内膜纤维与肌束膜相连，同时也可能与位于肌细胞肌膜外的基底膜相连（McComas 1996）。

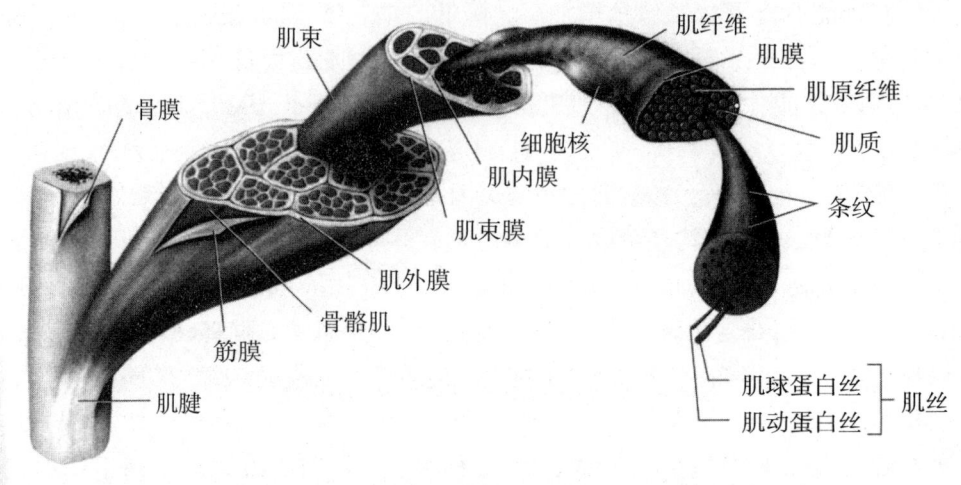

图 2.2　骨骼肌的构成

重印，许可自：W. 怀廷，S. 罗格.动态解剖学［M］.伊利诺伊：人体运动出版社，2005.

（一）肌肉结缔组织接口

肌纤维在靠近肌腱起点处会变得窄而细。在纤维末端，肌膜内出现大量皱襞，与包裹肌纤维的结缔组织皱襞交织在一起。皱襞及相互交织的组织可以保证肌力分配在较大的面积内，从而减少表面压力（McComas 1996）。此外，肌纤维与各层基底膜沿斜角相交，从而降低剪切力（Tidball 1983）。肌原纤维与肌纤维膜不直接连接，肌动蛋白丝附着在连接蛋白上，粘连着如斑蛋白、踝蛋白、桩蛋白和张力蛋白等，它们位于附着肌膜外部的基底膜内（McComas 1996）。

基底膜有三层，位于肌内膜和肌膜之间。基底膜由复杂糖蛋白组成，具有架构、营养和酶的功能。基底膜的主要功能有以下几种（McComas 1996）。第一，调节神经肌肉接点（NMJ）。主要包括：刺激皱襞突触发育及乙酰胆碱受体与肌膜结合；将再生轴突引到原始神经肌肉接点处；为专门运动终板结构发育提供信号。第二，终止突触传导［(基底膜含有乙酰胆碱 AChE)］。第三，将肌纤维附着在肌内膜上。第四，连接神经肌肉接点。第五，为肌肉细胞再生提供骨架。

（二）肌肉纤维

尽管肌肉的形态不同，但所有肌肉都由单个细胞或肌纤维组成。肌纤维向两头延伸逐渐变细。一般肌纤维直径约为 50 微米（10~150 微米），一些肌纤维贯穿整个肌肉或隔断（Feinstein et al.1955; McComas 1996）。因此，有些肌纤维看上去很长，最长可达 20 厘米（Roy and Edgerton 1992）。然而，对肌纤维的确切功能与解剖结构的认识还存在争议（Roy and Edgerton 1992）。

在哺乳动物的肌肉研究中，通常会截取一段连同结缔组织在内的具有完整功能的肌纤维进行分析，里奇蒙德、阿姆斯特朗（1988）及戈登等（1989）的研究发现，肌纤维一般长达 2 厘米。虽然此前认为肌纤维很长（Alexander and Vernon 1975; Sacks and Roy 1982; Spector et al.1992），但并未采用专门技术在剔除结缔组织后进行测量。这样看来，一般哺乳动物肌纤维长度有可能为 1~3 厘米。

（三）肌质与细胞器

骨骼肌细胞含有水、盐、蛋白质和各种其他物质组成的半流体胞质，统称为肌质。悬浮在肌质中的是各种细胞器，包括细胞核、线粒体、细胞骨架和细胞管状系统、糖原颗粒和脂质空泡。一般情况下，肌肉细胞蛋白可分为颗粒与细胞器、基质和细胞膜、肌原纤维、肌质类四种类型（Gowitzke and Milner 1988; McComas 1996）。肌质蛋白占据了肌原纤维间的空隙，包括肌球蛋白和糖酵解酶。

肌纤维包含具有各种特殊功能的细胞器，其中有用于细胞复制和能量生成的细胞器。肌细胞器都有专门术语，便于相互区分。

含肌质的细胞膜或肌纤维膜表现为流体性嵌入，厚大约 7.5 纳米，主要由脂质和蛋白质组成。与其他细胞膜一样，肌纤维膜的两大功能是包裹细胞物和调节各种进出细胞的物质。超微结构和生物化学分析表明，肌细胞膜是由垂直于肌纤维纵轴的双层磷脂构成（图 2.3）。亲水脂头形成了膜的内表面和外表面。亲水脂头主要由胆碱、磷酸盐及甘油组成，尾部含脂肪酸链（McComas 1996）。另外，磷脂分子间发现有胆固醇，这也增加了膜结构的稳定性和刚性。

因为有不少回和膜皱襞的存在，肌纤维膜的表面并不规则。在 α 运动神经元运动终板的突触区，连接褶形成了大量的回。一般来说，Ⅱ型肌纤维（快肌纤维）比Ⅰ型肌纤维（慢肌纤维）的连接褶多。肌肉放松时，膜表面区域覆盖着皱襞，但当肌肉收缩或拉伸时，皱襞会展平消失（McComas 1996）。口袋状的腔结构被称为"小窝"，小窝通过细小的颈连接膜的外表面。平滑肌上的小窝和骨骼肌中的 T 管有类似的功能。尽管骨骼肌中小窝的功能还不确定，它们可能为膜在拉伸展平时预留表面空间（Dulhunty and Franzini-Armstrong 1975）。此外，还有不同类型的蛋白镶嵌在双脂层中。

内在和外源性蛋白都存在于双脂层中（图2.3）。内在蛋白完全穿过双分子层，外源蛋白仅附着在肌纤维膜的内表面或外表面，容易用化学方法除去（McComas 1996）。大量蛋白被糖基化，糖基一直延展到基质膜。糖基的主要作用是捕获各种细胞外流体并将其引向膜内蛋白（McComas 1996）。以下为膜内外蛋白（McComas 1996）及功能：

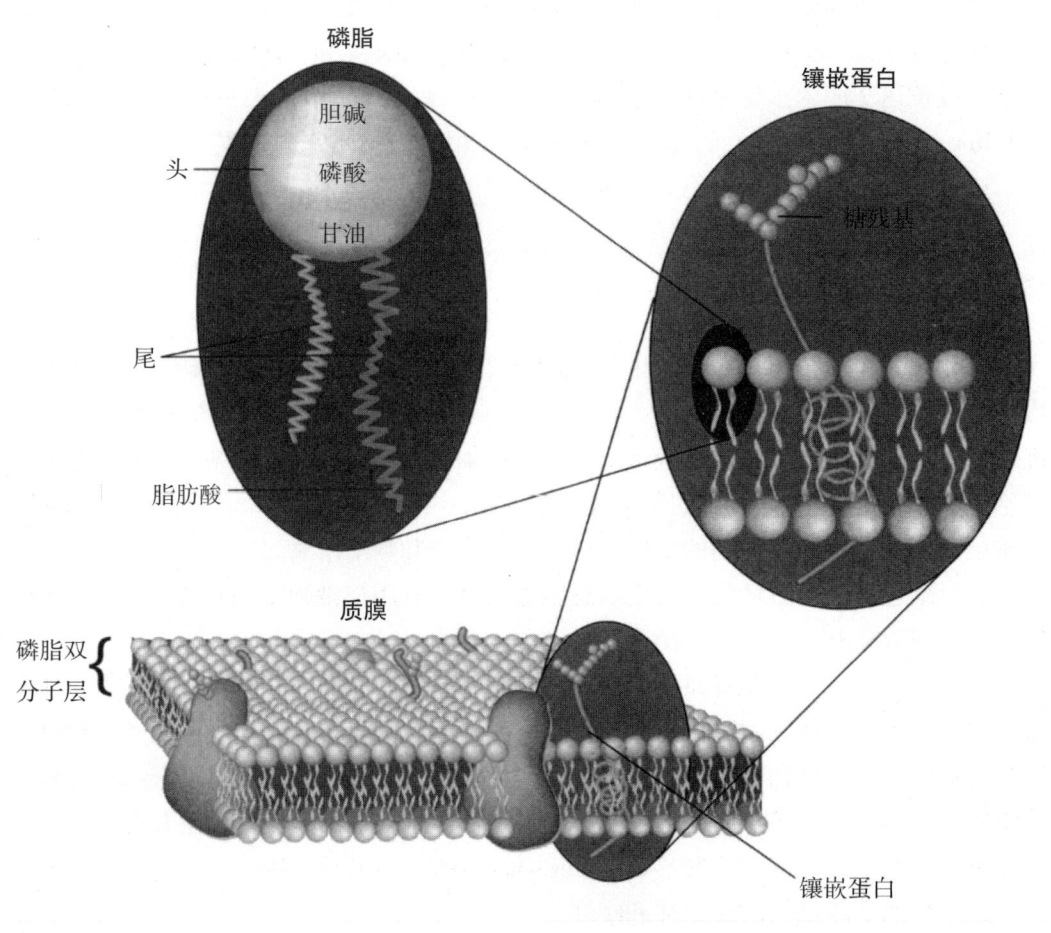

图2.3　肌纤维膜的基本结构

改编自：B.R.麦金托什，P.F.加德纳，A.J.麦克马斯. 骨骼肌［M］. 伊利诺伊：人体运动出版社，2006，12.

一是转运蛋白，在电解活动中发挥作用，如钠-钾泵、离子通道和神经递质受体（乙酰胆碱）；二是腺苷酸环化酶起催化作用，形成循环磷酸腺苷（AMP）；三是调节蛋白，如G蛋白，结合三磷酸鸟苷，参与激活腺苷酸环化酶；四是各种激酶，通过磷酸化激活蛋白；五是各种激素受体；六是整联蛋白，将基底膜与肌内膜连接到肌纤维膜和细胞骨架结构上。

尽管脂质在体内基本是流体状，但是蛋白相对稳固。另外，由于结合蛋白附着在内细胞或外细胞结构上，使得蛋白的活动受限。

细胞骨架是蛋白质网络系统，用于强化和稳定各种细胞内结构（McComas 1996）。细胞骨架蛋白，如抗肌萎缩蛋白、肌动蛋白以及血影蛋白支撑肌纤维膜，可以防止肌纤维膜在收缩时被拉断。结蛋白、连丝蛋白和波形蛋白包住靠近Z盘的肌原纤维，并将肌原纤维绑定在一起。另外，细胞骨架还支持和定位其他细胞器，如细胞核和线粒体。

1. 细胞管状系统

骨骼肌纤维的管状系统可以分为两个部分，即肌浆网和横管系统（T管）。肌浆网（SR）是纵向管网，类似于其他细胞中的内质网。这些管结构与肌原纤维平行且包裹在肌原纤维周围。肌浆网中的纵向结构含有钙离子ATP酶（三磷酸腺苷）泵和囊状终端池（图2.4a）。肌浆网的纵向结构通过侧通道与细胞内其余肌浆网相连，形成一个巨大的网络（McComas 1996），肌肉收缩时，纵向部分变得短而宽。同时，肌浆网还是钙离子的储蓄库，肌肉放松时，肌浆网内钙离子的含量大约为肌纤维膜周围的10000倍（Billeter and Hopoler 1992）。钙离子由于去极化，通过兰尼（RYR）通道流向肌浆，去极化是激活肌肉收缩的关键（Wagenknecht et al. 1989），而当钙离子重新回到肌浆网时，肌肉随即放松。

T管与肌纤维纵轴垂直。T管含有细胞间液，定时使肌膜入鞘，由此形成的狭长通道在肌节A与I带连接处包裹肌原纤维。横穿过肌浆网扩张部分的T管是终端囊泡。在T管中段肌浆网处形成由三元素组成的结构，称为三联体。电子显微镜下，T管和肌浆网被称为"接点脚"的大体积蛋白复合体连接（Eisenberg 1983）。接点脚是肌浆网中构成兰尼通道蛋白的一部分，很可能与嵌于T管内的二氢吡啶（DHP）通道相连（Wagenknecht et al.1989）。T管的作用是将肌膜产生的动作电位传导到细胞和肌浆网（图2.4b）。有人推测，一个动作电位刺激T管可以造成二氢吡啶通道变形，通道形变又导致接点脚的形变。镶嵌在钙通道旁肌浆网膜上的接点脚，具有门的作用，正常情况下，钙通道关闭，保证钙离子隔离在肌浆网内，当接点脚发生形变时，钙通道被打开，钙离子沿浓度梯度向肌浆移动，使肌浆内的钙离子浓度增加约100倍（Billeter and Hoppler 1992）。肌浆网内钙离子浓度的上升引发一系列调节蛋白反应，引起肌肉收缩。

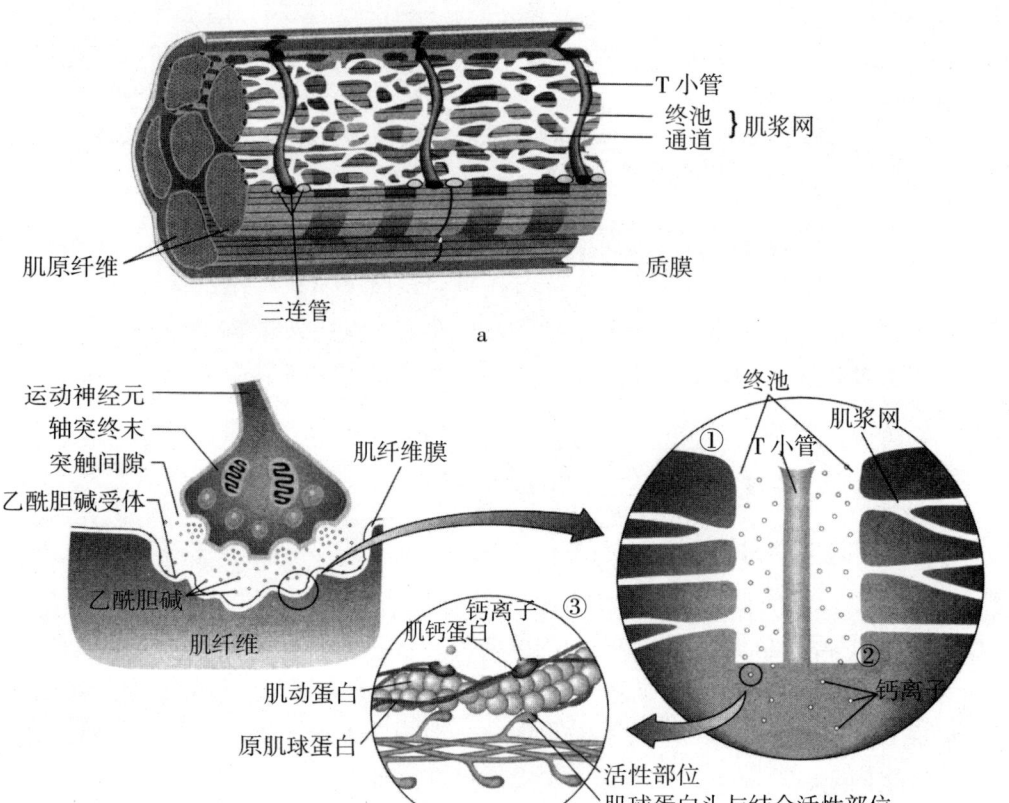

图 2.4 肌浆网与 T 小管

注：a 肌浆网与 b T 小管。第一步，动作电位穿过肌纤维膜至 T 小管。第二步，动作电位由 T 小管传导至肌浆网，引起钙离子的释放。第三步，钙离子与肌钙蛋白 C 结合，引发肌肉收缩。

a 改编，许可自：B.R.麦金托什，P.F. 加德纳，A.J. 麦克马斯. 骨骼肌 [M]. 伊利诺伊：人体运动出版社，2006，17.

b 重印，许可自：J.H. 威尔莫，D.L. 科斯蒂尔. 运动生理学 [M]. 伊利诺伊：人体运动出版社，2004，41.

2. 线粒体

线粒体通常为椭圆结构，长约 1.5 微米，由于含有肌原纤维和其他细胞器，肌细胞密度很大。线粒体（肌细胞线粒体或肌粒）的长度常常短于其他细胞，其所在之处有能量供应，例如，靠近肌原纤维的地方。线粒体为双层膜结构，内膜皱襞成嵴，因此表面积较大（图 2.5）。嵴内面积是指矩阵或矩阵空间。外膜含各种不同类型的嵌入蛋白，多数用来转运分子（McComas 1996）。转运蛋白会允许小于或等于 10 千道尔顿的分子在膜内外自由穿越。内膜也含转运蛋白，对各种从膜间进出矩阵空间的物质活动进行控制。

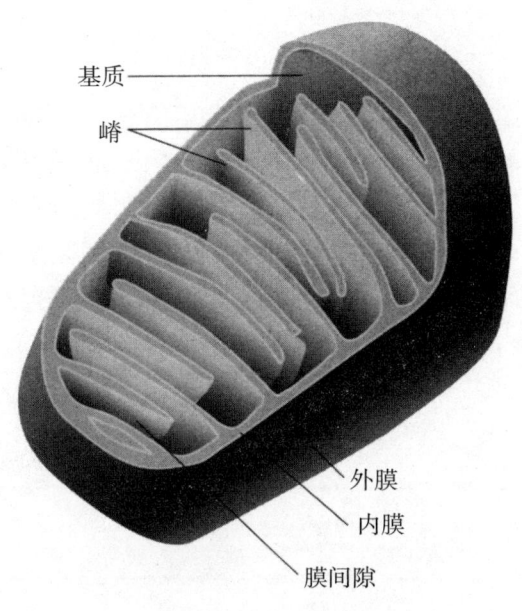

图 2.5　线粒体基本结构

改编，许可自：B.R.麦金托什，P.F. 加德纳，A.J. 麦克马斯. 骨骼肌 ［M］. 伊利诺伊：人体运动出版社，2006，19.

矩阵空间内的酶用来催化三羧酸循环、β 氧化以及通过丙酮酸形成乙酰辅酶 A（CoA）。位于内膜上的 15 个分子与细胞呼吸有关（McComas 1996）。内膜外含有合成脂质所必需的酶。另外，线粒体的不同之处在于它们也含有 DNA（脱氧核糖核酸），这是线粒体所特有的，而且直接来自母体（为此，应感谢母亲赐予你的线粒体 DNA），而线粒体 DNA 的作用是复制细胞器和生成线粒体内各种转运蛋白和酶蛋白。

3. 细胞核

肌细胞为多核细胞，人体细胞核含 23 对染色体，每个染色体上有数千个基因。细胞核位于双层膜内，正常情况下，分散在肌膜内表面附近。靠近运动终板处的细胞核密度会非常高，而肌细胞核内的染色体用于在肌浆内传递蛋白合成指令（参见第十章）。

电子显微镜下，我们无法区分肌细胞核与卫星细胞核。卫星细胞通过双膜附着在肌膜上，双膜将卫星细胞与肌纤维中的肌浆隔开（McComas 1996）。成人的卫星细胞大约占肌肉细胞核数量的 1%，肌肉因病或因伤后的再生过程中，卫星细胞发挥关键性作用（McComas 1996）。力量训练引起的肌纤维增生中，卫星细胞同样重要。

(四) 肌节

如前所述，肌节是肌肉的功能性单位。肌节由不同种类的蛋白质组成。

蛋白质阵列或肌原纤维主要由收缩蛋白、肌动蛋白和肌球蛋白，以及少量调节和结构蛋白构成。肌原纤维蛋白中 80% 是肌动蛋白和肌球蛋白（Gowitzke and Milner 1988）。肌球蛋白占肌原纤维的 60%~70%，粘度较高，肌动蛋白重量大约为 500 千道尔顿，占肌原纤维的 20%~25%，是低粘度蛋白，重量大约为 75 千道尔顿。肌球蛋白分子长约 150 纳米，由两个呈 α 螺旋式包裹的长尾重链连接到两个梨状头上（图 2.6）。

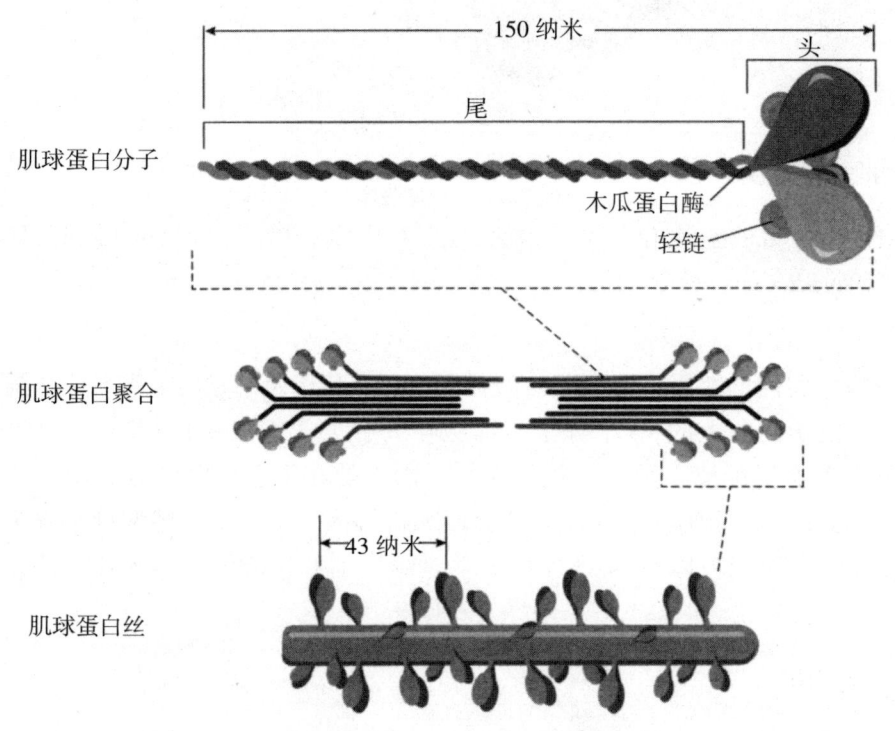

图 2.6 肌球蛋白和肌球蛋白丝的结构

改编，许可自：B.R.麦金托什，P.F. 加德纳，A.J. 麦克马斯. 骨骼肌 [M]. 伊利诺伊：人体运动出版社，2006，154.

胰蛋白酶可以将肌球蛋白分子分解为两个亚基，重酶解肌球蛋白（HMM）和轻酶解肌球蛋白（LMM）。通过木瓜蛋白酶对 HMM 进行酶处理会形成一个线性断片（HMM-S1）和球状断片（HMM-S2），其中包括两个肌球蛋白头。HMM-S1 断片含肌球重链（MHC），决定了 ATP 酶的活性；相连的"头"是肌肉产生力的位置。肌球重链是 ATP 酶活性的决定性因素，同时也决定了肌肉的收缩速度（Reiser et al.1985; Ennion et al.1995）。在分子颈部，每个头结合两个轻肌球蛋白（MLC），重约 20 千道尔顿，它们可能会通过控制肌肉收缩时的动力冲程速度而影响球状头部的 ATP 酶活性（Lowey, Waller and Trybus 1993）。MHC 和 MLC 亚型是人体骨骼肌类型的决定因素（Baldwin 1984; Billeter et al.1981; Gardiner 2001; Staron 1997）。本质上，MHC 有两种亚型，即快、慢亚型，而 MLC 至少有四种亚型（表 2.1）。按肌纤维类型排序，肌球蛋白 ATP 酶活性高低为ⅡB>ⅡX>ⅡA>ⅡC>Ⅰ。对于人体肌肉，MHC 类型上的划分还有一些争议。数据显示，人及灵长类动物仅含有ⅡX 而没有ⅡB。各亚型肌纤维相对收缩速度（未加负荷时）排序可能为Ⅰ<ⅡA<ⅡX<ⅡAB<ⅡB。

表 2.1　肌球重链（MHC）和肌球轻链（MLC）与肌纤维的关系

纤维类型	MHC	MLC
ⅡB	2FM（HCⅡb）	2F2, 2F3
ⅡA	2FM（HCⅡa）	1F1, 2F2, 1F3
ⅡC	1FM（HCⅡa）	2F1, 2F2
Ⅰ	2SM	2S1, 2S2

注：FM：快重肌球链；S1：慢轻肌球链Ⅰ型；SM：慢重肌球链；S2：慢轻肌球链Ⅱ型。
F1：快轻肌球链Ⅰ型；F2：快轻肌球链Ⅱ型；F3：快轻肌球链Ⅲ型。
肌球 ATP 酶活性排序为ⅡB>ⅡX>ⅡA>ⅡC>Ⅰ。
基于：比耶泰等 1981；鲍尔温 1984；佩特，斯塔龙 1990；佩特，斯塔龙 2000；圣安娜，佩雷等 1996；斯塔龙 1997。

肌球蛋白头有三种球状蛋白，即 20 千道尔顿、25 千道尔顿和 50 千道尔顿蛋白。MLC 连接在 20 千道尔顿蛋白上（图 2.7）。50 千道尔顿蛋白是开始部分，恰好附着在肌动蛋白上形成横桥，在 50 千道尔顿蛋白中像是有个大小可变的口袋或裂口。三磷酸腺苷（ATP）控制着口袋的大小及肌动蛋白的附着力（Rayment et al.1993）。

肌球蛋白丝含 200 到 400 个相互叠加的肌动蛋白分子阵列，肌动蛋白头指向外，LMM 部分相互平行叠加形成肌丝脊柱。肌球蛋白头构成肌节中的横桥。肌球蛋白分子在每半个肌球蛋白丝上反向排

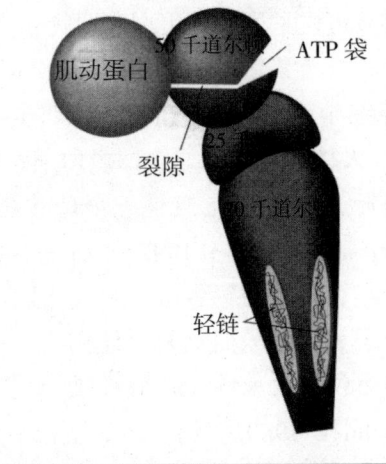

图 2.7　肌球蛋白头的结构

改编，许可自：B.R.麦金托什，P.F. 加德纳，A.J. 麦克马斯. 骨骼肌［M］. 伊利诺伊：人体运动出版社，2006，157.

列，LMM 尾指向中心。HMM-S$_1$ 和 HMM-S$_2$ 通过柔性接头附着在 LMM 上。这些头可以让横桥有相对较大的运动范围（Huxley 1969）。

肌动蛋白呈球状（G-肌动蛋白）及细丝状（F-肌动蛋白）（图2.8）。G-肌动蛋白由一个单肽链组成。F-肌动蛋白由两条相互缠绕的 G-肌动蛋白聚合物组成，构成了一个间隙为360埃的双螺旋体，形成肌节细丝。每个肌动蛋白细丝含350个G-肌动蛋白分子。在溶解状态下，肌动蛋白和肌球蛋白结合成肌动肌球蛋白，当有 ATP 时，该丝状体将会收缩（McComas 1996）。

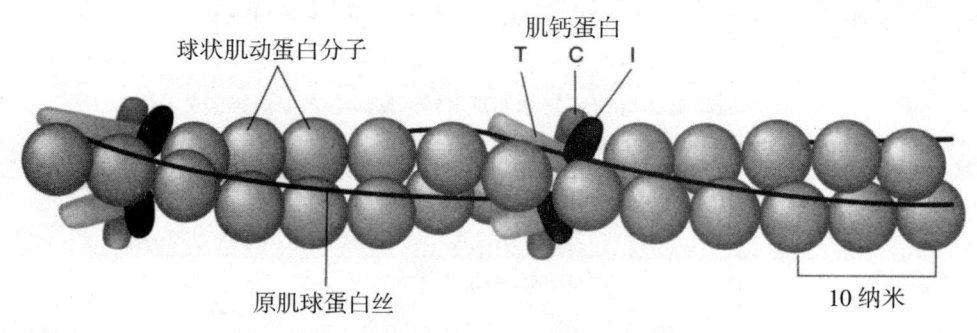

图2.8　肌动蛋白细丝和调节蛋白结构

注：球状肌动蛋白聚合物结合形成丝状肌动蛋白。两个丝状肌动蛋白以 α 螺旋方式相互缠绕形成一条肌动蛋白丝。由肌钙蛋白和原肌球蛋白组成的调节单位镶嵌在肌动蛋白丝上。

改编，许可自：B.R.麦金托什，P.F. 加德纳，A.J. 麦克马斯. 骨骼肌 [M]. 伊利诺伊：人体运动出版社，2006，159.

调节蛋白是原肌球蛋白和肌钙蛋白。原肌球蛋白是重约70千道尔顿的条状分子，由两条相互缠绕的 α 和 β 链构成 α 螺旋体，连接在肌动蛋白丝上。在Ⅰ型和Ⅱ型骨骼肌纤维中，α 与 β 链的比例不同，会影响到肌肉的收缩速度（Pette and Staron 1990）。人体肌肉中，原肌球蛋白横跨7个细丝 G-肌动蛋白基，附着在一个肌钙蛋白上。实际上，肌钙蛋白是三个球状蛋白组成的复合体，每个蛋白都有其特殊功能（Billeter and Hoppler 1992）。肌钙蛋白 T 将蛋白复合体结合在原肌球蛋白上；肌钙蛋白 C 结合钙；肌钙蛋白 I 在空间上阻碍肌动蛋白与肌球蛋白发生作用。一个原肌球蛋白分子和连接的肌钙复合体构成了一个调节单位。一个肌动蛋白丝（细丝）含52个调节单位，由大约360个 G-肌动蛋白分子组成（Billeter and Hoppler 1992; Payne and Rudnick 1989）。钙与肌钙蛋白 C 的结合导致调节单位形变，进而肌动蛋白激活肌球 ATP 酶，导致肌肉收缩（Ebashi and Endo 1968）。

光电显微镜下，肌节肌原纤维平行排列（图2.9）。每个肌节以 Z 带为边界。肌肉放松时，每条粗丝（肌球蛋白）的长度为 A 带宽，细丝（肌动蛋白）经 I 带、A 带至 H 带边界。H 带密度比 A 带小，因为前者仅含肌球蛋白丝。I 带在肌节中密度最小，因为不含肌球蛋白丝。H 带并非同质结构，其密度相差较大。体积较大的 M 区穿过 H 带的中心。M 区由直径约 5 纳米细的细丝（M 细丝）组成，不仅彼此相连，而且连接到肌球蛋白丝上。组成 M 细丝的蛋白并不完全清楚，但包括 M 蛋白、肌中线蛋白以及肌酸激酶。这些蛋白形成一个复式格，从而加固了肌节的立体结构（图 2.10）。

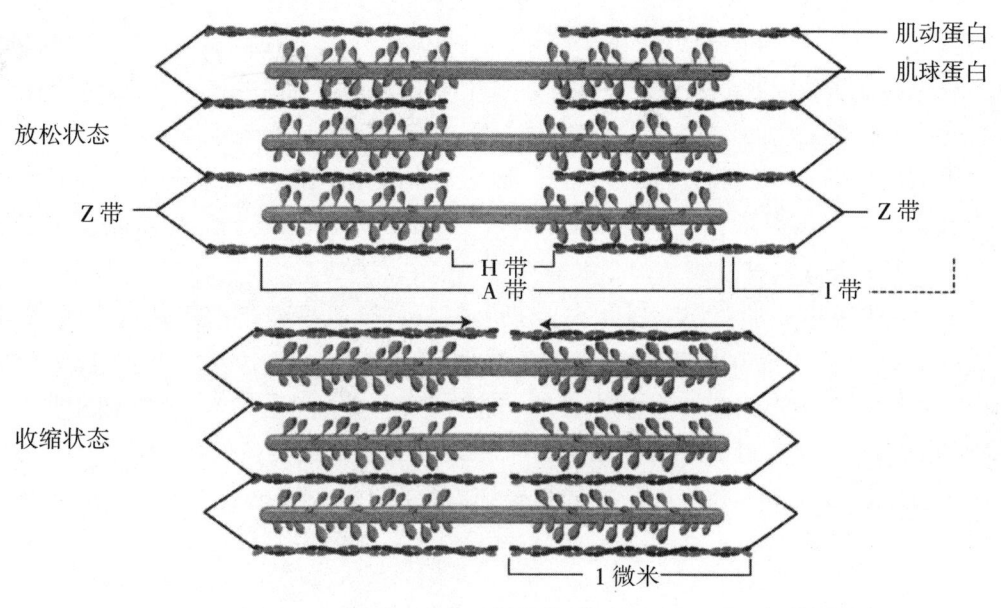

图 2.9 肌节的基本结构

改编，许可自：B.R.麦金托什，P.F. 加德纳，A.J. 麦克马斯. 骨骼肌 [M]. 伊利诺伊：人体运动出版社，2006，154.

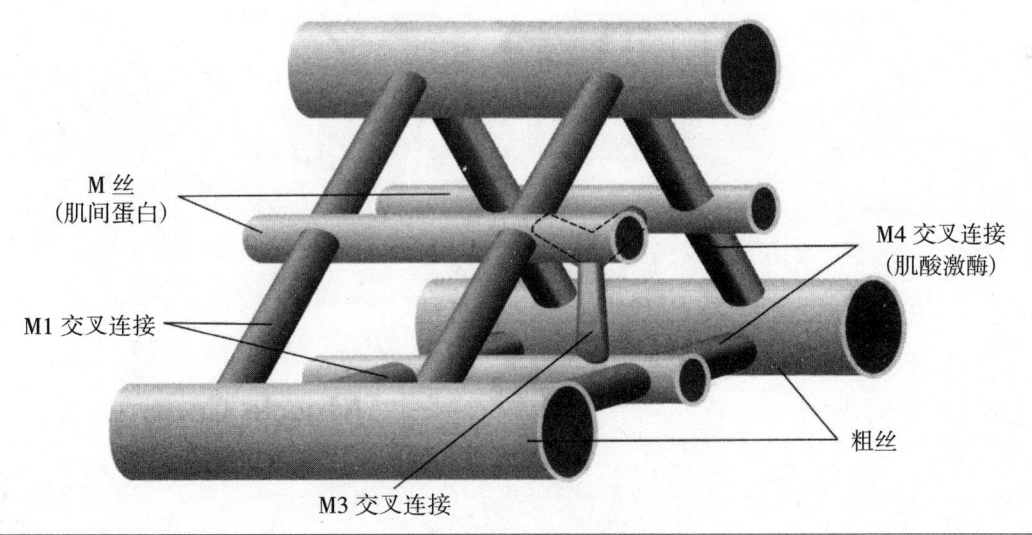

图 2.10 组成 M 线的蛋白

改编，许可自：B.R.麦金托什，P.F. 加德纳，A.J. 麦克马斯. 骨骼肌 [M]. 伊利诺伊：人体运动出版社，2006，15.

电子显微镜下,观察不同段落肌节的横断面可以明白肌动蛋白和肌球蛋白丝与肌纤维的结合关系(Gowitzke and Milner 1988; McComas 1996)。A带致密部分的横截面上,每个肌球蛋白丝都由肌动蛋白丝构成的六角形矩阵包裹。肌动蛋白丝中含有原肌球蛋白和肌钙蛋白两种调节蛋白以及结构性伴肌动蛋白。

肌联蛋白丝形成的次级列阵沿肌动蛋白丝纵轴对其进行加固。肌联蛋白是一种大型蛋白(3000千道尔顿),有粗丝那么长,与Z带相连(Trinick 1991)。肌联蛋白的主要功能是在肌肉收缩和放松时保证肌节中心部分肌球蛋白的稳定性,而伴肌动蛋白也有稳定肌动蛋白的作用。据猜测,肌联蛋白和伴肌动蛋白很可能是肌肉具有弹性的原因(McComas 1996; Trinck 1991)。肌肉内的蛋白质种类各异,尤其是伴肌动蛋白,决定了肌肉力量、功率(McBride et al.2003)及跑步经济性(Kyrolainen et al. 2003)上的差异,其功能与训练水平有关。

Z带主要由α肌蛋白、结蛋白、波形蛋白、抗肌萎缩蛋白以及血影蛋白组成。肌动蛋白肌丝通过α肌蛋白连接在Z线两端(McComas 1996),结蛋白、波形蛋白、抗肌萎缩蛋白构成一个结构性的"脚手架"(中间型细丝),缠绕在肌动蛋白丝和Z带上,这些蛋白共同保证肌动肌原纤维处于合适的位置。此外,这些蛋白形成Z带,连接在肌膜和基底膜上的骨架细胞蛋白上,最终连接到包裹肌纤维的肌内膜上(表2.2)。

表 2.2　肌节成分及其功能

成分	相关蛋白	功能
粗丝	肌球蛋白	与肌动蛋白发生反应;肌球ATP酶活性(MHC)
	肌联蛋白	与弹性特征有关;纵向加固粗丝;控制每条肌丝中肌球蛋白的分子数
细丝	肌动蛋白	与肌球蛋白发生反应
	伴肌动蛋白	纵向加固粗丝;控制与粗丝相连的G-肌动蛋白单体数
	原肌球蛋白	向肌动蛋白传递肌钙蛋白-原肌球蛋白构象变化
	肌钙蛋白	结合钙;抑制或刺激肌动蛋白和肌球蛋白反应
Z带	α-辅肌动蛋白	保持粗丝位置;将肌动蛋白连到Z带;I型肌纤维含有更多的α-辅肌动蛋白
	结蛋白	连接到肌节细胞骨架蛋白和基底膜上。基底膜附着在肌内膜上(波形蛋白、联丝蛋白、抗肌萎缩蛋白、血影蛋白)
M线	M-蛋白	保证粗丝阵列处于适宜状态
	肌间蛋白	连结和肌联蛋白
	肌酸激酶	肌酸激酶同时催化快速供能反应:ADP+PCr→ATP+Cr
C-条纹	C-,X-,H-蛋白	保证粗丝阵列处于适宜状态;控制粗丝里的肌球蛋白分子数不变

改编自:佩特,斯塔龙 1990;比耶泰,郝普勒 1992;麦科马斯 1996。

三、肌肉收缩

肌肉收缩是人体运动的必要条件。简单地说，肌肉收缩涉及肌球蛋白与肌动蛋白的相互作用和肌丝滑行（Huxley 1958; Huxley and Hanson 1954; Huxley and Niedergerke 1954）。尽管从分子角度研究肌肉已有50多年的历史，但很多细节还不清楚。

肌肉的随意收缩起始于中枢神经系统。简单讲，当一个动作电位达到运动终板后，通过神经递质乙酰胆碱传导至肌膜。随后，动作电位沿肌膜下行至T管，进入肌纤维内部（Gage and Isenberg 1969）。在终端囊泡，动作电位很可能通过DHP钙通道或化学信使，如三磷酸肌醇，传导至肌浆网（Nosek et al.1990）。去极化过程中，肌浆网的接点足发生形变，钙通过RYR钙通道释放至肌浆，进而钙浓度上升100倍，增加了钙离子与肌钙蛋白结合的可能。

肌球蛋白头与肌动蛋白的连接及肌肉收缩非常复杂，顺序可能有以下几步（McComas 1996; Rayment et al. 1993）。第一步，在放松状态，肌动蛋白和肌球蛋白之间不发生作用，因为受到覆盖在肌动蛋白结合点上的调节蛋白（立体状模型）的阻碍或抑制。第二步，四个钙离子与肌钙蛋白C结合，导致调节蛋白发生形变，并激活肌球蛋白头（图2.11）。在没有ATP的条件下，肌动蛋白与肌球蛋白之间可形成一个强键。第三步，强键形成后，ATP进入肌球蛋白头50千道尔顿的裂缝中，腺嘌呤环位于裂缝外部。ATP进入时，裂缝开放，形成一个薄弱的结合点位。第四步，裂缝变大时，ATP完全进入裂缝，导致肌球蛋白头与肌动蛋白分离，并向肌动蛋白丝方向移动5~11纳米。三磷酸腺苷水解后的终产物留在裂缝中，形成一个临时的中间复合体。第五步，50千道尔顿以下部分重新与肌动蛋白形成一个弱键，裂缝关闭，排出无机磷和二磷酸腺苷。第六步，无机磷和二磷酸腺苷排出时，肌球蛋白头的下面部分发生旋转，形成动力冲程，产生大约3~4兆帕斯卡的压力，并发生5~11纳米的位移（Finer, Simmons and Spudich 1994; Rayment et al. 1993）。第七步，重新开始上述步骤。

横桥的每次循环都需要水解一个ATP分子。为了使横桥持续产生力，必须不断补充ATP。为了维持这一功率，ATP补充速率必须与消耗速率相等。同时，会有分解产物二磷酸腺苷、无机磷和氢离子积累，它们会妨碍横桥活动。动态条件下，ATP水解总量与放热、做功大小成正比（Fenneffect; Fenn 1923）。

停止肌肉随意收缩也在运动终板。当动作电位不再到达终端时，突触裂缝中的乙酰胆碱酶会减少神经肌肉接点处的乙酰胆碱。乙酰胆碱浓度下降会减少肌膜中被激活的乙酰胆碱受体，肌浆网不再释放钙，动作电位停止。肌浆网将钙离子从肌浆中泵出，肌浆内的钙浓度和钙离子与肌钙蛋白C的结合力下降。调节单位构型恢复至静息状态，肌动蛋白与肌球蛋白不再发生作用，肌肉回到静息状态。

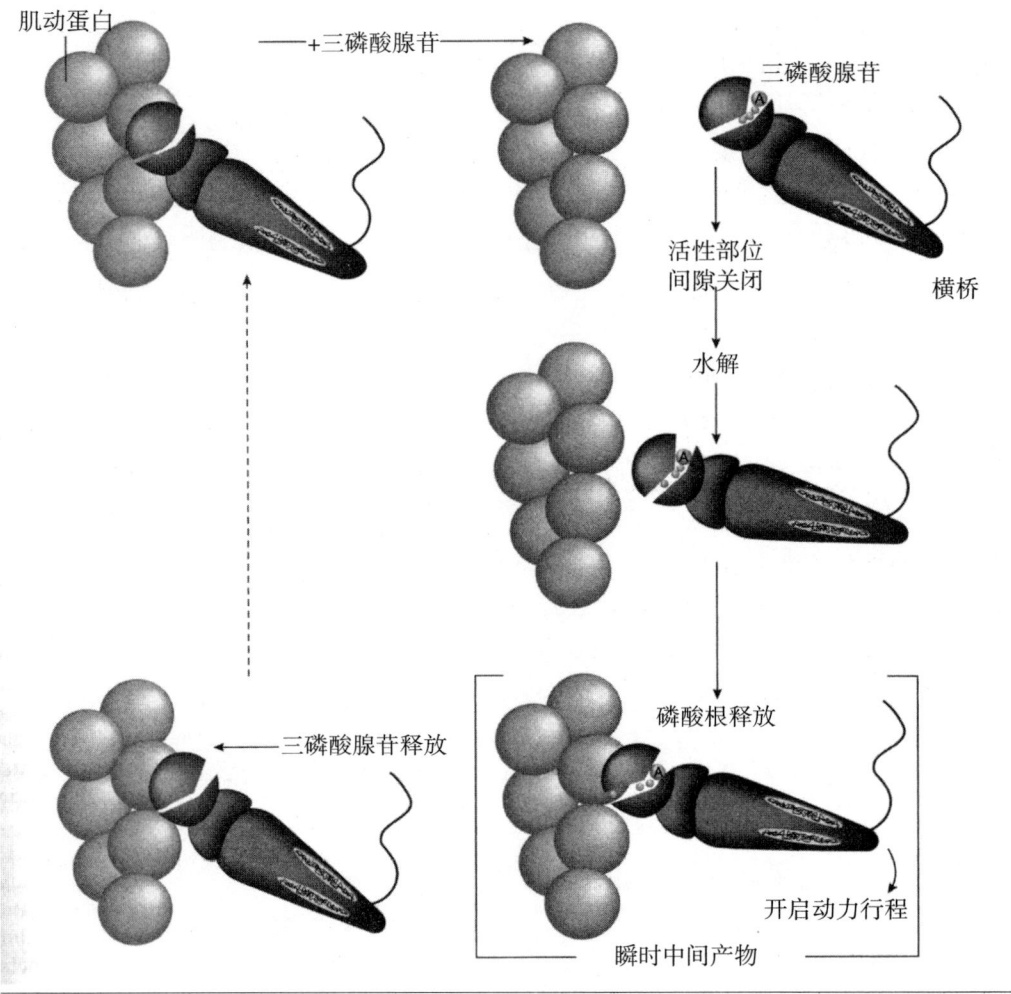

图 2.11 肌球蛋白头的激活

改编，许可自：B.R.麦金托什，P.F. 加德纳，A.J. 麦克马斯. 骨骼肌 [M]. 伊利诺伊：人体运动出版社，2006，160.

（一）长度与张力的关系

横桥数与因肌浆内钙离子浓度变化引起的肌球蛋白激活有关，并决定了肌动蛋白与肌球蛋白丝的重叠度。长度固定实验表明，肌节（及肌肉）具有产生最大力量的适宜长度（Edman and Reggiani 1987；Gordon, Huxley and Julian 1966）。等长力量大小与不同长度肌节下所形成的横桥数有关（图 2.12），最佳肌节长度大约为 2.0 微米（Edman and Reggiani 1987）。如果长度过长（>2.0 微米），横桥数会因肌丝相隔太远而减少；如果长度过小（<2.0 微米），横桥数也会因肌球蛋白丝超过另一半肌节而减

少。由于横桥会与肌球蛋白丝彼此牵拉，从而会降低肌肉力量。此外，整块分离的肌肉也同样具有类似的长度与张力关系。

将分离出的肌肉两端固定（图2.13），利用电刺激造成肌肉等长收缩（肌肉产生张力，但长度不发生变化）。在短间隔刺激（0.2毫秒）条件下，可形成一个等长收缩（图2.14a）。从生理学和生物力学角度，对等长收缩进行分析的指标有总张力、力、最大张力用时、放松时间以及力增速率等。通过这些指标，可以比较肌肉与肌球蛋白能力以及不同训练方式对肌肉的影响（Stone and Lipner 1978）。

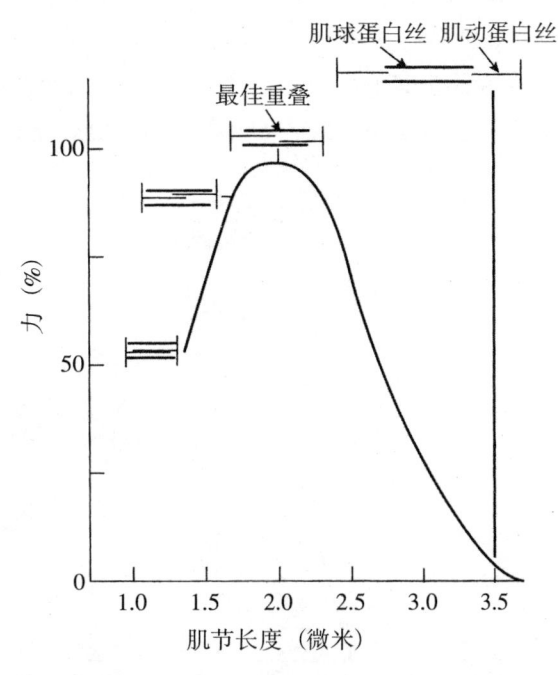

图2.12 肌节长度与肌力的函数关系

改编，许可自：K.A.P. 埃德曼，C. 雷贾尼. 青蛙短节段在体肌纤维肌节长度与肌张力间的关系［J］. 生理学报，1987，385：709-732.

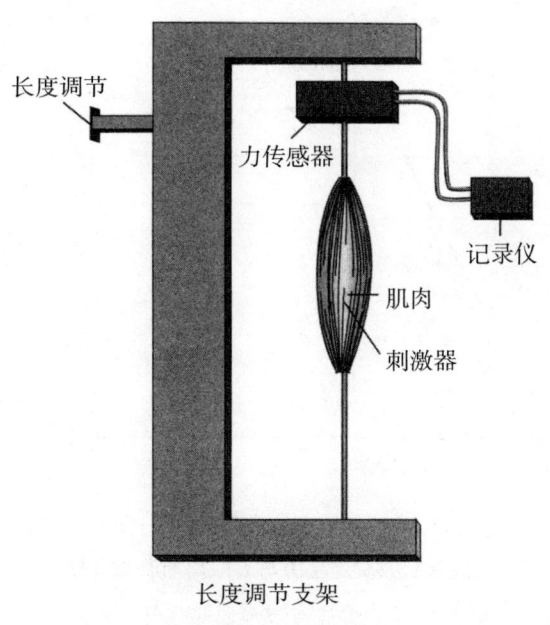

图2.13 离体肌肉长度—张力分析仪

肌肉产生的总张力与静息张力和肌力成函数关系。大体上，静息张力与肌肉弹性成函数关系，而肌力则是肌肉收缩的函数。等长收缩时，肌肉长度的变化会产生不同大小的肌力和总张力（图2.14b）。提高刺激的频率会导致肌肉强直收缩（图2.15），而强直收缩可能是肌浆网钙离子的泵出速度赶不上肌浆中钙浓度上升速度所致。

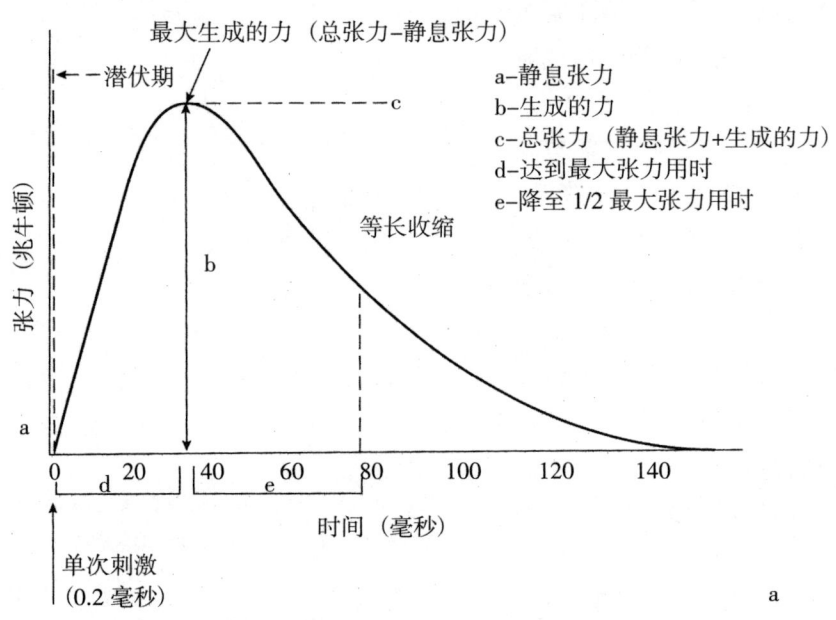

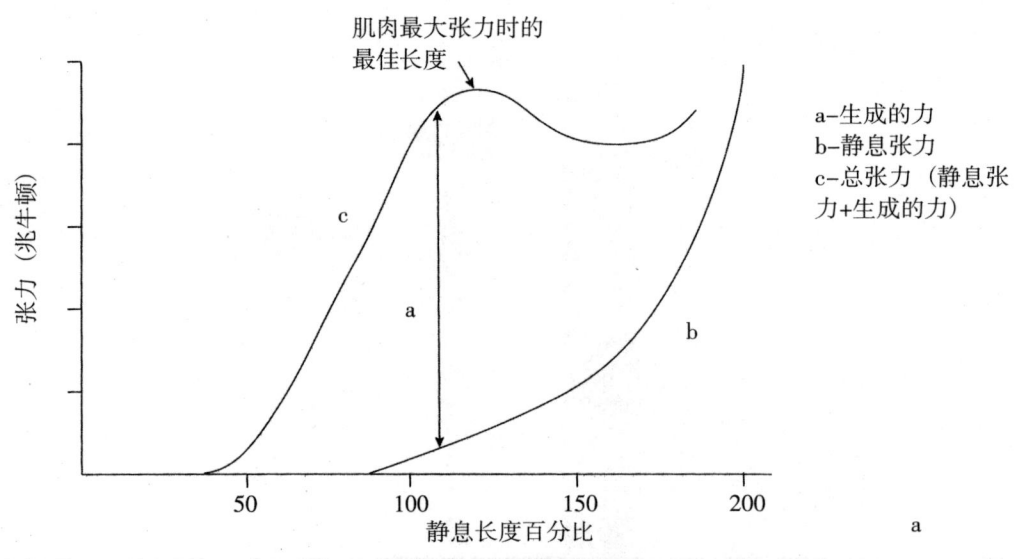

图2.14　a 肌肉等长收缩产生力与 b 肌肉肌长度与肌力的关系

b 改编自：A.C. 盖顿. 器官生理学：神经系统结构与功能［M］. 阿姆斯特丹：爱思唯尔出版社，1976，73.

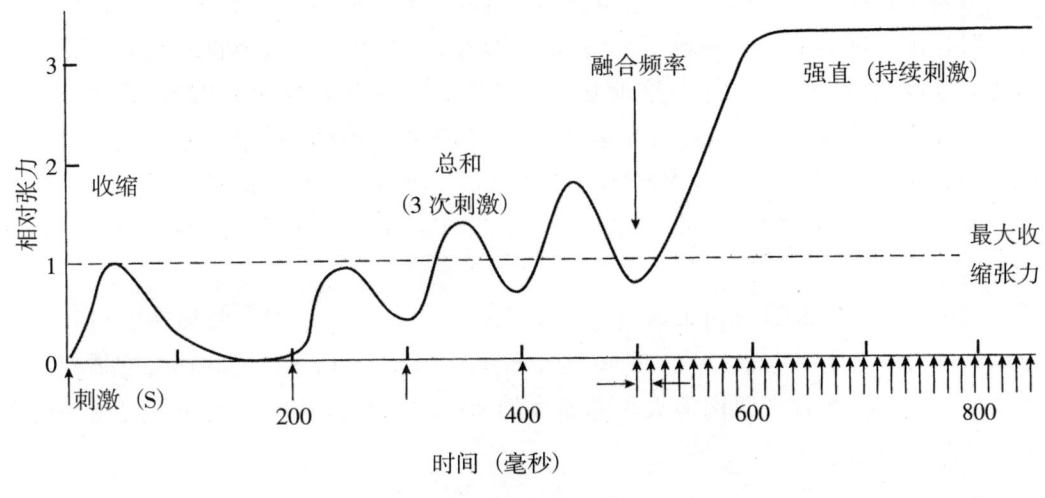

图 2.15 刺激频率增加时肌力的变化

改编自：A.J. 范德，J.H. 谢尔曼，D.S. 卢西亚诺. 人体生理学：身体功能的机制 [M]. 纽约：麦格劳-希尔公司，1980，228.

（二）力与速度的关系

等张收缩指肌肉的紧张度或力量不发生变化。离体肌肉的等张收缩有两种形式：一种是将肌肉缩短举起重物，完成做功（功=力×距离）的过程称为向心收缩；另一种是外部负荷大于肌肉最大等长肌力，肌肉被拉长发生反向运动的过程称为离心收缩。然而，有人对等长与离心收缩的名称提出质疑，因为在这两种肌肉活动中，并未出现真正意义上的收缩（肌肉缩短）。因此，建议使用肌肉动作概念而非肌肉收缩（Knuttgen and Kraemer 1987）。在肌肉向心收缩中，当负荷增加时，收缩速度降低。在离心收缩并且当负荷增加时，也有离心速度的变化（图2.16）。以下是根据肌肉最大力量进行的排序：向心收缩<等长收缩<离心收缩。

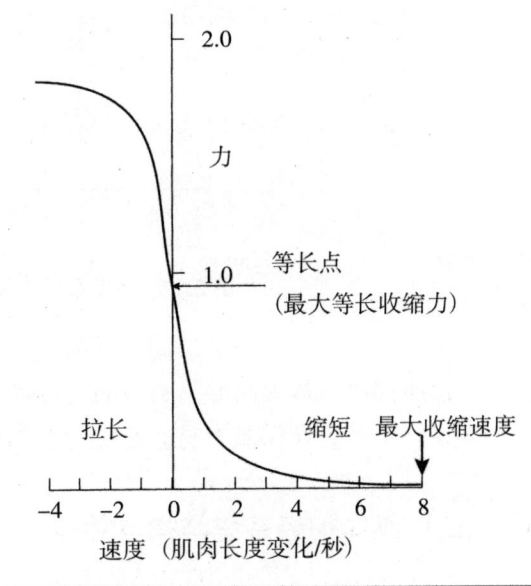

图 2.16 离体肌肉向心—等长—离心收缩力与速度的关系

肌肉向心收缩力与等长收缩力的差值主要原因是横桥数。当肌肉（肌节）开始运动时，由于附着点少，横桥很难附着在活动的肌纤维上。肌肉收缩速度与建立的横桥数之间具有密切的关系，这就是肌力产生的原因（Huijing 1992）。此外，肌肉弹性成分拉长时形成的弹力可以解释为什么肌肉在离心活动时会产生更大的肌肉力量（Huijing 1992）。肌肉收缩最大速度（图 2.16）对应着肌肉最快的横桥周期，并且与 ATP 最大水解速度高度相关（Barany 1967; Edman et al.1988; Pette and Staron 1990）。

肌肉收缩速度及肌力和肌球蛋白 ATP 酶的关系密切，同时，收缩速度与其他指标，如最大张力用时也有关系（Pette and Staron 1990）。功率是力和速度的乘积，可以得出离体肌肉大致在肌肉最大收缩速度的 30% 或最大等长肌力的 30% 时做功功率最大（图 2.17）。

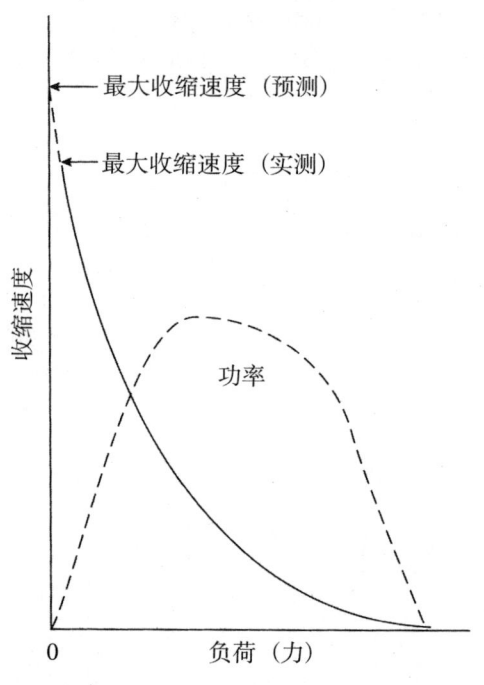

图 2.17　功率是向心收缩力与速度的乘积

在体肌肉中，最大内部张力或肌力的产生是不同长度肌节相互作用以及骨杠杆做功的结果。不过，在体肌力与速度特性和离体肌肉大致相同（参见第三章）。

（三）躯体神经系统结构与功能

简单地说，神经系统由大量神经细胞与支撑性结缔组织组成。对神经系统的评估可以从解剖或功能特征两个方面进行分析。从解剖学角度，中枢神经系统（CNS）包括大脑和中枢；外周神经系统（PNS）包括外周神经。从功能角度，中枢神经系统的功能表现为自主性或躯体性。自主神经系统负责"内务"，像心跳和血压调节等非自主性活动。躯体神经系统以综合方式调节肌肉系统，形成神经肌肉系统。

中枢神经系统包括神经元和神经胶质细胞。神经胶质细胞是专门化的神经细胞，并不传导冲动，对冲动的传导并无直接作用。在神经元控制由毛细血管向神经元环境进行物质传递时，神经胶质细胞提供结构性基质和能量（McComas 1996）。

神经系统的最小功能单位是神经元。功能上，神经元既可以是感觉神经元（传入神经），也可以是运动神经元（传出神经）。感觉神经元将来自感觉受体的信息传至中枢神经系统。运动神经元将来自中枢神经系统的信息传至效应器细胞。解剖上，神经系统由数亿个神经元细胞组成，大小和形状各不相同，信息则通过细胞电位进行传导。神经元解剖结构如图2.18所示。

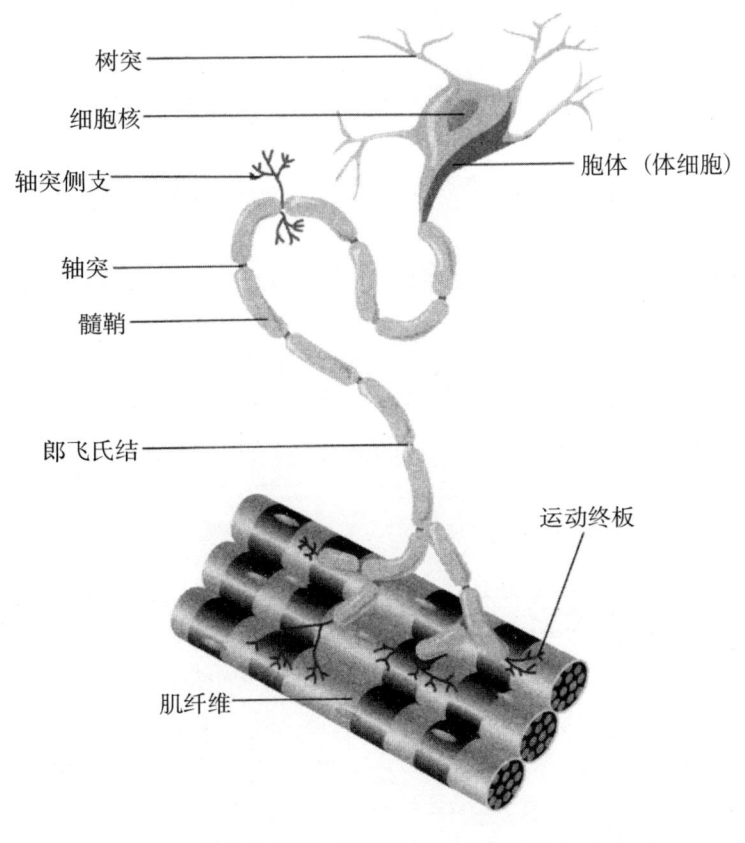

图2.18 神经元解剖结构

改编，许可自：J.霍夫曼. 运动训练与竞技表现生理学［M］. 伊利诺伊：人体运动出版社，2006，8.

安静状态，神经元及肌细胞内部为负电（相对外部），称为静息膜电位（RMP）。静息膜电位是由于膜内过量的阴极电子（负离子）与外部过量的阳极电子（正离子）相互作用的结果。静息膜电位是由肌浆膜选择性通透造成的，过量的正离子和负离子累积分布在肌浆膜窄带两侧，形成跨肌浆膜内外的静息膜电位。静息膜电位因膜内或膜外阴阳离子数量的变化而变化。

造成静息膜电位的机制有两个方面：一是离子穿过肌浆膜的主动运输；二是浓度梯度导致离子穿过膜扩散。安静状态，静息膜电位主要是钠、钾离子作用的结果。观察发现，钠离子在细胞外浓度相对较高（142 摩/升），钾离子在细胞内浓度相对较高（140 摩/升）。膜内外钠、钾离子的浓度主要靠肌浆膜内依赖 ATP 的电泵（Dean 1941）来维持（图 2.19）。相对于膜外，膜内电位一般为负的 70 毫伏到 85 毫伏。这一现象是因神经元等离子膜对钾离子的通透性是钠离子的 50~100 倍，使钾离子由细胞内液"漏"到细胞外液中去，造成细胞外出现更多的阳离子（Caldwell 1968）。

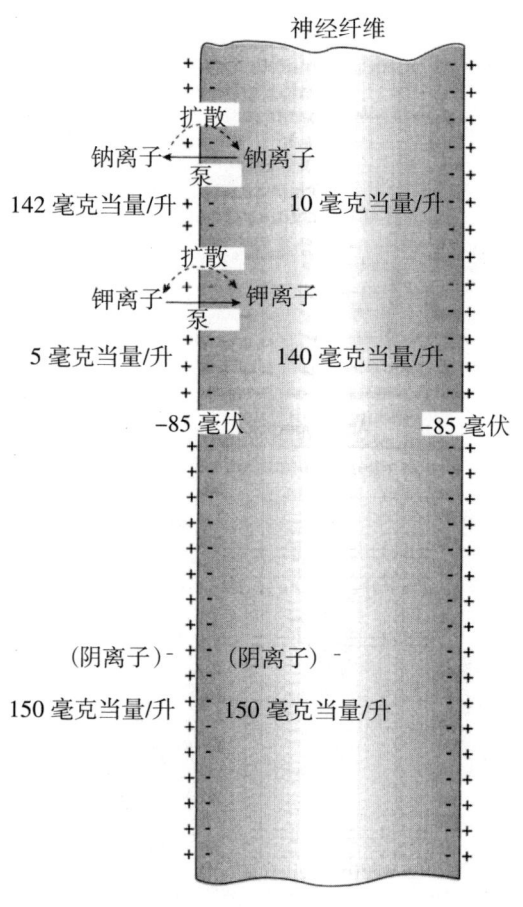

图 2.19　跨细胞膜离子动态平衡示例

改编自（爱思唯尔集团许可）：A.C. 盖顿. 器官生理学：神经系统结构与功能［M］. 费城：W.B. 桑德斯出版社，第 10 版，1976，8.

氯离子（Cl）很容易通过等离子膜扩散，并且不依靠电泵。因此，氯离子的流动由电位决定，氯离子受细胞内负电的排斥，造成细胞外的氯离子浓度升高（103摩/升）。可见，氯离子对静息膜电位会产生负向作用，而且快速流动的氯离子影响到动作电位的持续时间和大小。其他离子与钠离子、钾离子和氯离子形成的影响也相类似，例如，钙离子浓度的变化与钠离子相同。不过，等离子膜对这些离子浓度及通透性的要求低，因此对静息膜电位的影响不大，特别是钙离子和镁离子最重要的作用是影响其他离子的膜通透性。

1. 动作电位

动作电位是发生在可兴奋组织表面的一个去极化波，结果造成1秒内膜电位的系列变化。膜的去极化伴随静息膜电位迅速还原。动作电位与钠、钾离子膜通透性的快速变化有关，而不同离子膜通透性的快速变化又与离子门或通道开关有关。另外，电泵可以控制某些细胞离子的进出活动（Barchi 1988; Catterall 1988; Kamb, Iverson and Tanouye 1987; McComas 1996）。此外，还可以发现各种刺激，包括温度的急剧变化以及化学、物理和电刺激，都能产生动作电位。

动作电位的出现分两个阶段，即去极化和复极化（Guyton 1976）。这两个阶段均受钠、钾离子膜通透性变化的影响（图2.20）。

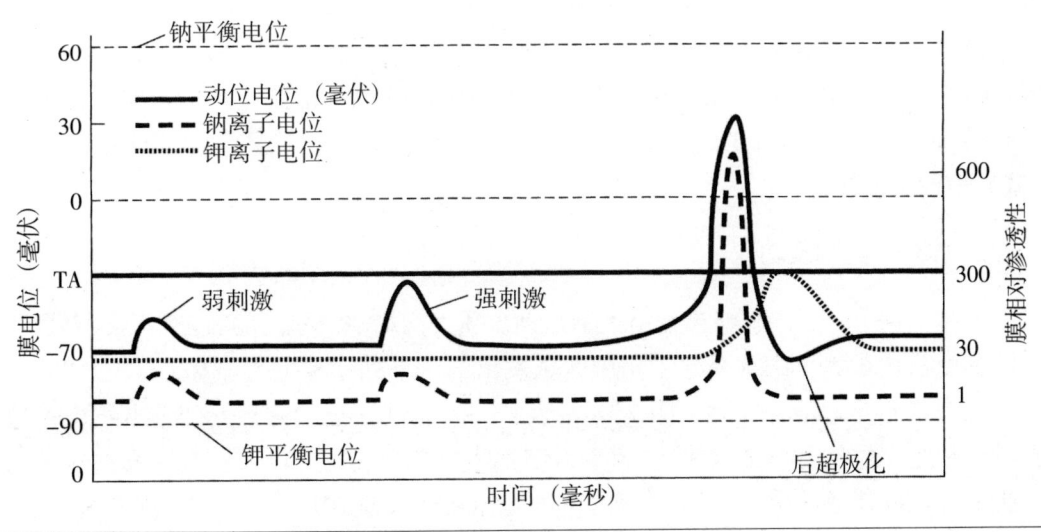

图2.20 动作电位的传播，TA=阈值激活

改编自：A.C. 盖顿. 器官生理学：神经系统结构与功能［M］. 费城：W.B. 桑德斯出版社，1976，58.

刺激造成钠离子膜通透性迅速升高，由于此前细胞内外存在浓度梯度，因此会有大量钠离子冲进细胞纤维内。净效应是指足够的阳离子进入细胞内使细胞内变为正极，外部变为负极，造成细胞的反向电位和去极化。

反向电位出现后，钠离子的膜通透性恢复到原有水平，同时伴有钾离子膜通透性的增加。膜通透性的变化使得大量钾离子扩散到细胞外，使膜电位恢复到负静息状态。

静息电位恢复时，钾离子的膜通透性恢复到静息水平。静息通透性恢复后，在电泵作用下，细胞离子恢复到静息浓度。

动作电位在细胞膜上的某一点出现，随后使该点周边部分兴奋，引起动作电位的传播，而动作电位的传播又形成局部电流回路（Guyton 1976）。动作电位的传播不是单向的，而是从发起点向四周传导。一旦动作电位发生，去极化波会传遍整个膜的表面（遵守"全或无"原则）。从生理学角度，在神经系统作用下，动作电位的传播方向受神经解剖结构影响，动作电位通常由神经细胞密质部分传导至神经突触。此外，动作电位强度受细胞内外生理环境的影响（如离子浓度和pH值）。动作电位在膜上每个点上的持续时间基本相同。复极化与去极化同步进行，在动作电位后复极化逐渐展开。因此，复极化和去极化传导方向一致，但滞后大约 0.002 秒。

要让神经元携带一个动作电位，静息膜电位必须增加 10~15 毫伏，达到激活阈值（见图 2.20）。神经元中，静息膜电位增加是由于钠离子膜通透性的提高，然而，如果钠离子流进量减少，无法达到阈值要求，那么就不会出现动作电位的传播。在体动物实验发现，该阈值可以通过提高来自同一神经元的刺激频率（时间累积）或大量神经元对传出神经细胞进行激活（空间累积）来形成。

神经元经常传导一系列动作电位，然而，如果膜因前一个动作电位发生去极化时，第二个动作电位就无法产生。无论刺激多强，动作电位在绝对不应期内都无法进行传导，绝对不应期在髓鞘纤维上持续 0.0025 秒，因此，最大冲动频率可达约 2500 次/秒。

2. 神经元结构及功能

活体动物中，肌肉收缩首先由大脑运动皮质发出指令。肌肉的收缩指令，来自位于脊髓腹灰内的大个细胞或脑干相应区域发出的一系列动作电位（McComas 1996），这些大个细胞是运动神经元。图 2.18 代表了一个典型 α 运动神经元的基本结构，包括神经细胞密质部分（细胞体）、树突（细胞体短小突起物）以及长突（即突触，与终板一起释放神经递质）。运动神经元的细胞体在柱状脊髓中纵向排列，通常情况下，同一个柱内的细胞支配相同的肌肉（McComas 1996；Romanes 1941，1951）。运动神经元有两类：γ 神经元和 α 神经元，前者支配梭内肌纤维（肌梭），后者支配梭外肌纤维。

活体条件下，树突和胞体在接收来自其他神经元的信息后，通过轴突向终板进行传递，终板所释放的神经递质使信息跨过突触，传至效应器细胞。效应器细胞可以是另一个神经元或肌纤维。神经元释放何种递质依赖于神经元的位置和功能。大脑中，该递质可以是乙酰胆碱、去甲肾上腺素、羟色胺或γ氨基丁酸。支配肌细胞的外周性α和γ运动神经元所释放的递质是乙酰胆碱。

α运动神经元胞体直径约为70微米，比γ运动神经元胞体直径大得多。胞体包括一个大神经核和一个突出的核仁。胞体内有各种细胞器，包括尼氏体（粗面内质网）、线粒体及复合细胞骨架系统。典型神经胞体的树突向各个方向发散。树突有大量树枝状分支，一直延伸至脊髓灰质，脊髓灰质则让这些树突分支接收来自其他神经元的信息（McComas 1996）。

轴突长在轴丘上，是神经胞体的一个椎体突出物，可延伸几厘米或超过1米，其长度由神经支配点和所支配的组织决定。轴突是一根延伸至肌肉的柱状体，轴突柱由等离子膜包裹，特性与肌膜类似。α运动神经元的一个长轴突含有细胞质的数量是胞体的100倍。轴突柱内，细胞质管与神经丝平行排列，贯穿整个轴突柱，具有支撑结构和突触运输的作用。

所有神经元在轴突柱外都包裹着一层脂质，是由雪旺氏细胞形成的髓鞘（Geren 1954）。神经元按鞘的厚度分为有髓神经元和无髓神经元，这与神经鞘磷脂的层数有关。无髓纤维由单层髓鞘包裹；胞体运动神经元由多层髓鞘包裹，属于有髓一类。髓鞘是非常好的绝缘材料，可以提高轴突带鞘部分的电容，阻止离子流动。有髓神经元的鞘厚度与轴柱相当（Guyton 1976）。成年人的轴突上每隔1000微米就有一个朗飞氏结，阻断髓鞘。朗飞氏结是一小块非绝缘体，离子可以很容易地在细胞间液及轴突等离子内膜内外流动（见图2.18）。由于离子在朗飞氏结上流动相对容易，（一个）动作电位可以在两个朗飞氏结间进行跳跃式传播（即跳跃传导）。跳跃传导比一般局部电路传导优势更大。首先，跳跃传导提高了动作电位的传播速度。在一个典型α运动神经元内，动作电位的传播速度约为40~120米/秒（Guyton 1976; McComas 1996）。其次，只有在跳跃传导时，朗飞氏结才可以发生去极化，仅有少量离子被转运，用于静息膜电位重建的能量就会更少。

轴突直径也会影响神经传导。一般来说，轴突直径越大，传导速度越快。在无髓纤维中，与感觉功能有关的纤维，传导速度与轴突直径平方根成正比。在有髓轴突中，传导速度与轴突直径（大致）成正比（Guyton 1976）。在靠近肌肉时，运动神经元轴突出现多条分支，这样可以支配数百根肌纤维。一条轴突分支终板与肌细胞间的突触形成一个专门区域，称为神经肌肉接点。

3. 神经肌肉接点的结构与功能

一个运动神经元与一个肌细胞的连接形成一个神经肌肉接点（NMJ）。当运动轴突进入肌肉时，髓鞘消失，形成多条分支或轴突枝（Guyton 1976; Hubbard 1973; McComas 1996）。轴突枝附着在肌膜凹槽内，在肌细胞表面形成一个圆形区（图2.21），这个圆形区被雪旺氏细胞帽覆盖，是一个电隔离区。轴突支末端有一些小的不规则突起物，即终结，与神经递质释放区相对。轴突终板含有大量小球体，周长约 55 纳米，外部包裹着衬膜。突触小泡含乙酰胆碱，突触小泡在胞体内生成后输送到终端。在终板等离子膜内陷挤压作用下也可形成突触小泡（Heuser and Reese 1973）。

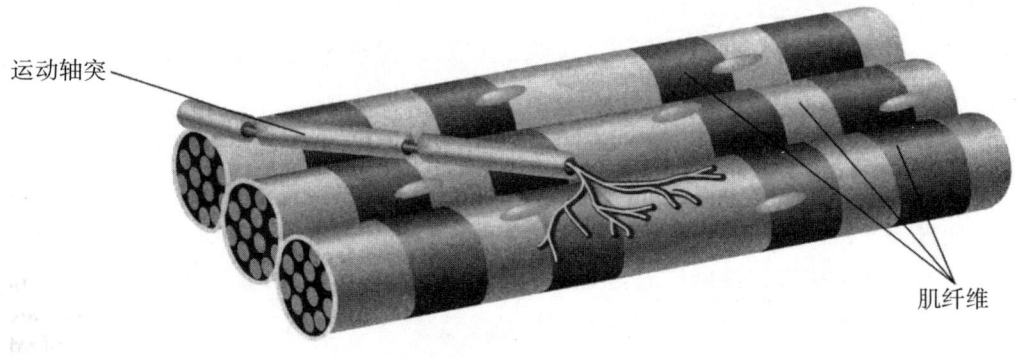

图 2.21　在神经肌肉接点的轴突分支

改编，许可自：B.R.麦金托什，P.F. 加德纳，A.J. 麦克马斯. 骨骼肌［M］. 伊利诺伊：人体运动出版社，2006，33.

有资料认为，乙酰胆碱是突触终端内的胆碱乙酰化的结果，由于氢离子（H⁺）梯度对乙酰胆碱的引力而使其进入泡囊中（Anderson, King and Parsons 1982）。每个泡囊含 10000 个乙酰胆碱分子（Kuffler and Yoshikami 1975）。终端含有高浓度的线粒体，可为新递质的合成提供能量。

运动终板是肌肉直接位于雪旺氏细胞帽下的区域，包括肌膜和称为底板的肌浆丘。底板内是高浓度的骨骼肌细胞核、线粒体、核糖体及胞饮小泡（McComas 1996）。宽约 70 纳米的突触间隙将突触终端与肌膜分开，肌膜褶皱和内陷能够伸入底板，形成深达 1 微米的次级突触间隙，增加了与乙酰胆碱结合的突触间隙面积。运动终板的肌膜衬要比细胞其他部分厚，主要是外膜上增加的乙酰胆碱受体数。入鞘不仅会增加乙酰胆碱酶数，用于乙酰胆碱反应，还增加了乙酰胆碱受体数。乙酰胆碱受体在肌膜中并非一成不变，而是不断更新替代，这一过程由底板内的肌细胞核进行控制。

乙酰胆碱是神经递质，其作用是将神经元产生的动作电位通过神经肌肉接点传导至肌细胞。当动作电位达到突触终板后，由于钾离子外流造成钙离子通道激活，发生去极化，钙离子沿浓度梯度进入突触末端。钙离子通道的激活导致乙酰胆碱囊泡附着在靠近钙离子通道的肌膜上，这些囊泡与肌膜融合，通过胞外分泌向神经肌肉接点处释放乙酰胆碱（Bennett, Callakos and Scheller 1992）。两个乙酰胆碱分子与一个乙酰胆碱受体附着在肌膜上，导致受体中心通道开放，该通道可让钠、钾离子按浓度和电位梯度流动，形成终板电位（EPP）。人体肌肉中，一个动作电位可以释放 25~45 量子（囊泡）（Engel et al.1990; Slater et al.1992）。如果乙酰胆碱量子释放量大，终板电位高，就可引起动作电位的传播。

肌膜基底膜内有乙酰胆碱酶，位于乙酰胆碱释放点和受体之间（McComas 1996）。虽然乙酰胆碱酶不断激活，但由于基底膜释放的递质分子数多于分解酶分子数，这样，乙酰胆碱就能与受体结合。在乙酰胆碱受体通道开放后，乙酰胆碱脱离受体并扩散至基底膜。在基底膜内，神经递质因水解而失活，最终导致递质传递停止。作为水解产物的胆碱和乙酸被突触末端吸收，转成乙酰胆碱，重新进入囊泡。

4. 运动单位

运动单位（MU）包括一个运动神经元和所有被支配的肌细胞（Sherrington 1929）。当一个动作电位在运动神经元内扩散时，会刺激所有神经元支配的肌纤维收缩。因此，肌肉和神经纤维是一个整体（遵守"全或无"原则）。中枢神经系统（CNS）按运动单位来组织和形成运动，而非肌纤维本身。因此，运动单位是神经肌肉系统的功能单位。本节将讨论用以支配骨骼肌梭外肌纤维的躯体神经系统大体积 α 运动单位。

一块肌肉中，肌纤维覆盖面积大，相邻肌纤维隶属不同的运动单位。一个 α 运动神经元与支配肌纤维之间的关系称作支配率，支配率根据肌肉功能特征的变化而变化。例如，一块肌肉可以控制非常精细的动作，如眼内肌，其支配率可以从 1:5 到 1:100；肌肉也可以产生很大的力量，但并不用来完成精细动作，其支配率可高达 1:2000（Gowitzke and Miller 1988; McComas 1996）。这可以看出肌肉的支配率差异较大，是由于每块肌肉所含的运动单位从 100 个（如第一蚓状肌）到股外侧肌的 3000 个不等。此外，肌肉中运动单位的体积差异也很大（McComas 1996）。

另外，运动单位还表现出明显的表型可塑性，结构为非静态性（Pette and Staron 1990）。运动单位对人体各种生理功能的需要，以及神经肌肉活动中所产生的神经、内分泌及代谢刺激都会产生适应。由于运动单位的动态特性，我们很难将其看作是特有、独立的实体。需要注意，运动单位内不同肌纤维以及每根肌纤维在基因表达上，因受到局部因素的影响，会增加运动单位分类的难度（Pette and Staron 1990）。即便如此，对研究运动的专业人士，分类方法是重要的工具，它们有助于将功能特征上类似的肌纤维群进行合理区分。

运动单位可以根据收缩特征进行分类界定（Burke 1981; Burke, Levine and Zajac 1971）。按收缩特征，运动单位可分为三种类型。

第一种是快缩疲劳敏感型（FF），是大体积的运动单位，主要在白肌中，它们达收缩峰力（最大力量）的时间最短，收缩速度和功率最大，但 FF 型运动单位在持续强直收缩时疲劳出现得也最快。

第二种是快缩抗疲劳型（FR），是体积较大的运动单位，主要在"混合"肌肉中，它们的收缩时间、力量、速度、功率及耐力处于中间水平。

第三种是慢缩型（S），是体积相对较小的运动单位，主要在红肌中，它们达收缩峰力的时间最长，肌力最小，收缩速度和功率也最低，但耐力最好。

这种分类体系（Burke 1981）适用于一些小型动物，对人体中的运动单位，这种分类标准会有很多问题，主要原因在于人体肌肉体积大小各异，同时还受到肌肉提取（侵入）技术难度的限制（Noth 1992）。

一般来说，构成运动单位的肌纤维之间具有生化同质性（Pette and Staron 1990, 2000）。因此，可以根据组织化学鉴定，改进对运动单位的分类。目前，有两种基本的组化分类。

第一种为肌球蛋白ATP酶及代谢特性（Barnard, Edgerton and Peter 1970; Peter et al.1972）。这种分类系统的命名，建立在肌球蛋白酶活性以及具体代谢酶活动基础之上。该分类标准按运动单位特性分为三类，这些特性与表现在FF、FR和S运动单位上的收缩特征有关（Burke 1981; Burke, Levine and Zajac 1971）。

其一是快缩糖酵解型（FG），这类运动单位的收缩特性与FF型运动单位类似，具有高糖酵解酶活性。其二是快缩氧化糖酵解型（FOG），这类运动单位的收缩特性与FR型运动单位类似，同时具有高氧化性和高糖酵解酶活性。其三是慢缩氧化型（SO），这类运动单位的收缩特性与S型运动单位类似，具有高氧化酶活性。

第二种为肌原纤维ATP酶。由于快、慢肌球蛋白表现出不同的酸碱稳定性（Seidel 1967），这一特征可改进肌球蛋白酶的组化定义（Brooke and Kaiser 1970; Gardiner 2001; Pette and Staron 1990; Staron and Hikida 1992）。这种分类系统可以根据MHC内容物，对肌球蛋白酶的运动单位序列进行分类（见表2.1）。有人想把肌球蛋白酶系统与代谢系统进行合并，但资料显示，这两种系统并不完全兼容（Pette and Staron 2000; Sant'Ana Pereira et al.1996）。正常动物的肢体肌肉中，ⅡB、ⅡA、Ⅰ型运动单位与Burke及其同事（1971）提出的FF、FR、和S型运动单位相对应。然而，一些小肌肉中的运动单位，例如手和脚部的肌肉，却无法完全对应（Brools, Fahey and White 1996; McComas 1996）。

此外，在代谢特性上，该分类系统（肌原纤维ATP酶）与Ⅰ型和Ⅱ型肌肉的划分相关性较高，即Ⅰ型肌纤维在代谢和酶特性上适合有氧运动，Ⅱ型运动单位适合无氧运动。在收缩速度和输出功率上，肌原纤维蛋白酶活性与肌球蛋白酶活性相关性高。因此，最大收缩速度和输出功率排序（由大到小的顺序）为：ⅡB>ⅡA>ⅡC>Ⅰ（McComas 1996; Pette and Staron 1990; Staron and Hikida 1992）。最近的资料表明，ⅡB型肌纤维仅在一些小型动物身上有（如老鼠），人体内有的是ⅡX型肌纤维（Gardiner 2001）。

运动单位收缩及代谢特征如表2.3所示。

表 2.3a 运动单位的收缩特性

特性	运动单位类型		
	FF,FG	FR,FOG	S,SO
收缩时间	快	快	慢
收缩力	高	中等	低
收缩速度	高	中等	低
收缩功率	高	中等	低
疲劳敏感度	高	中等	低
放松时间	快	快	慢

基于：伯克 1981；麦科马斯 1996；佩特，斯塔龙 1992。

表 2.3b 运动单位的代谢与生理特性

特性	运动单位类型		
	FF,FG	FR,FOG	S,SO
相对体积	大	大	小
糖原含量	无明显区别		
甘油三酯含量	低	中等-高	高
线粒体密度	低	中等-高	高
毛细血管密度	低	中等-高	高
肌红蛋白含量	低	中等-高	高
钙离子螯合力（SR）快	快		慢
肌酸磷酸激酶含量	高	高	低
糖原分解酶活性	高	高	低
氧化酶活性	低	高	高
运动神经元	α1	α1	α2
神经肌肉接点	大而复杂	大而复杂	小而简单
激活阈值	高	高	低

基于：伯克 1981；麦科马斯 1996；佩特，斯塔龙 1992。

人体肌肉组织在分类研究中，常采用活检技术（Bergstrom 1962）。活检技术不仅可以用于肌肉间和肌肉内的比较，也可对肌肉功能进行研究。研究显示，肌纤维类型通常和运动表现紧密相关。爆发类项目运动员Ⅱ型肌占主导，耐力类运动员Ⅰ型肌占主导。对于身体活动在多大程度上可以改变运动单位类型的认识还不清楚，而且观点并不统一。但是，肌纤维类型和MHC的变化只有在特殊条件下才会发生。神经肌肉活动增加，力学负荷提高及甲状腺功能减退可引起快肌向慢肌的转化。神经肌肉活动减少，力学负荷降低以及甲状腺功能亢进可引起慢肌向快肌的转化（Pette and Staron

2000)。

5. 随意运动

肌肉的随意收缩和单向运动由中枢神经系统（CNS）控制（Noth 1992a）。对躯体与躯体感觉神经系统分级体系的理解，有助于认识协调动作中运动单位激活的结构与方式（图 2.22）。下面将介绍随意动作产生的简化过程。

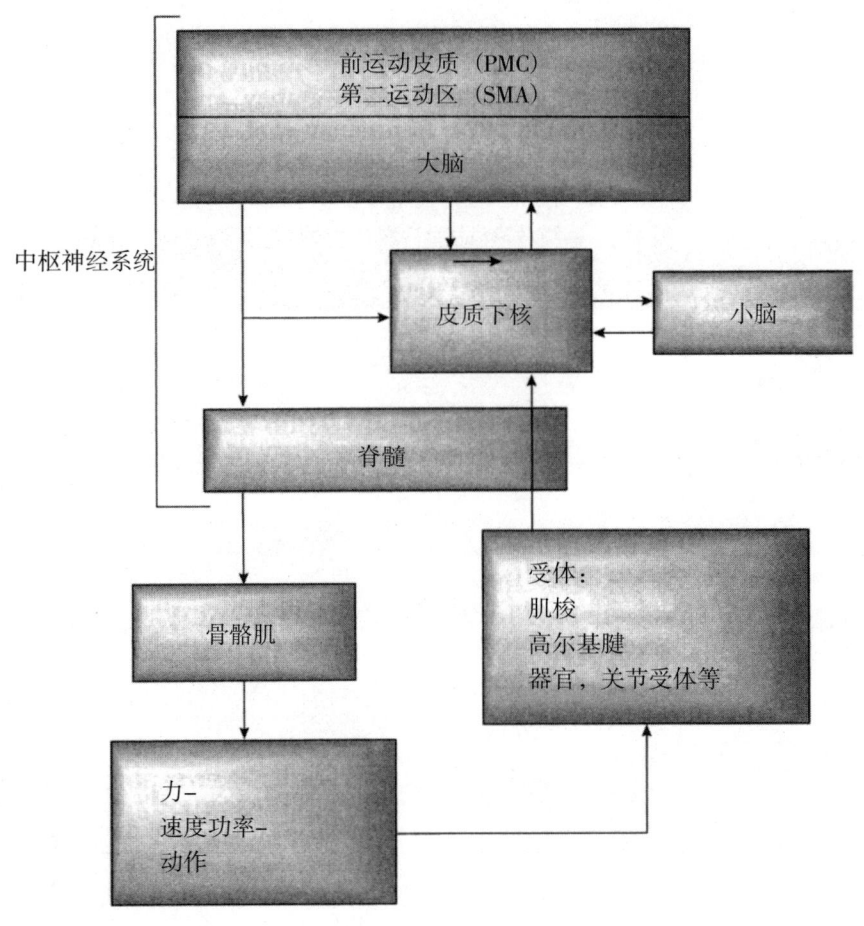

图 2.22 躯体—躯体感觉神经系统层次结构

改编自：J. 诺斯（P.V.科米主编）. 皮质与外周控制.（选自：竞技运动中的力量与快速力量）[M]. 伦敦：布莱克威尔科学出版社，1992，9-20.

运动编程首先出现在运动前皮层（PMC）和第二运动区（SMA）。运动前皮层从大脑皮层及皮层下神经核向主运动区传递信息。皮质下区向主运动皮层传递的感觉信息对协调动作形成非常重要。运动前皮层似乎在动作准备、姿势控制、动作视觉导航,以及运动时根据感官提示对动作进行快速纠错中发挥作用(Noth 1992a)。第二运动区的功能还不清楚,但与动作启动及内部引导有关(Wise and Strick 1984)。

主运动皮层(MI)位于中央回,伸展至大脑中央沟(Noth 1992a),它是皮层下感觉输入的终端焦点,主要输出沿皮质脊髓束进行,该结构源于主运动皮层中的贝兹细胞。主运动皮层的主要功能是在特定肌肉中,选择适合的运动单位来完成具体动作。主运动皮层中有多个离散且独立的神经核,它们与完成任务有关。也就是说,运动皮质根据肌肉间的相互关系,而不是靠单个肌肉来组织运动单位(Noth 1992a; Sato and Tanji 1989)。

小脑含有大脑50%的神经元(Noth 1992a)。与大脑大部分区域相比,小脑的神经基质为均质,表明小脑的内部功能是相似的。小脑的主要功能在于动作学习,学习过程中,所有反射和随意动作都需要小脑的信息输入。小脑接受各种感觉通路信息,并在动作学习过程中进行动作细化。当内外部限制因素发生变化时,小脑负责动作适应,这些动作往往是高度精细化的动作(Noth 1992a)。与小脑不同,基底神经节并不直接接收感觉输入信息。基地神经节则参与动作的程序输出,同时参与完成指向性动作时纵向和近端肢体肌肉的动员。此外,基底神经节在筛选与动作有关的内、外部信息时发挥作用(Kimura 1990; Noth 1992a)。

运动神经元位于脊髓(SC)和脑干,脊髓在中枢神经系统的最底部。脊髓的主要功能是在外周感觉信息输入的基础上,整合下行运动指令。脊髓同时加工感觉信息,并将信息传递至脊髓上区。脊髓的另一个功能是产生脊髓反射。资料显示,协调随意动作主要依赖于脊髓反射和形成的反馈通路(Soechting and Flanders 1991)。

6. 运动单位募集

神经肌肉系统通过两个途径来提高肌肉力量,即募集(运动单位激活)和编码速率。募集按递增方式提高肌肉力量(图2.23)。目前,募集方式主要遵循体积原则(Hannerz 1974; Henneman et al.1974)。一般来说,神经元胞体越小,激活阈值越低。因此,当肌力或功率增加时,小运动单位首先被募集,随后是体积稍大的运动单位(Brooks, Fahey and White 1996; Hannerz 1974; Henneman et al. 1974)。图2.24说明,一般情况

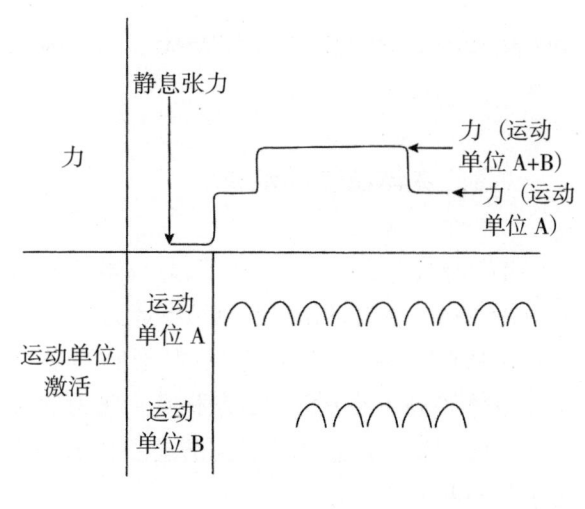

图 2.23 运动单位募集对肌力的影响

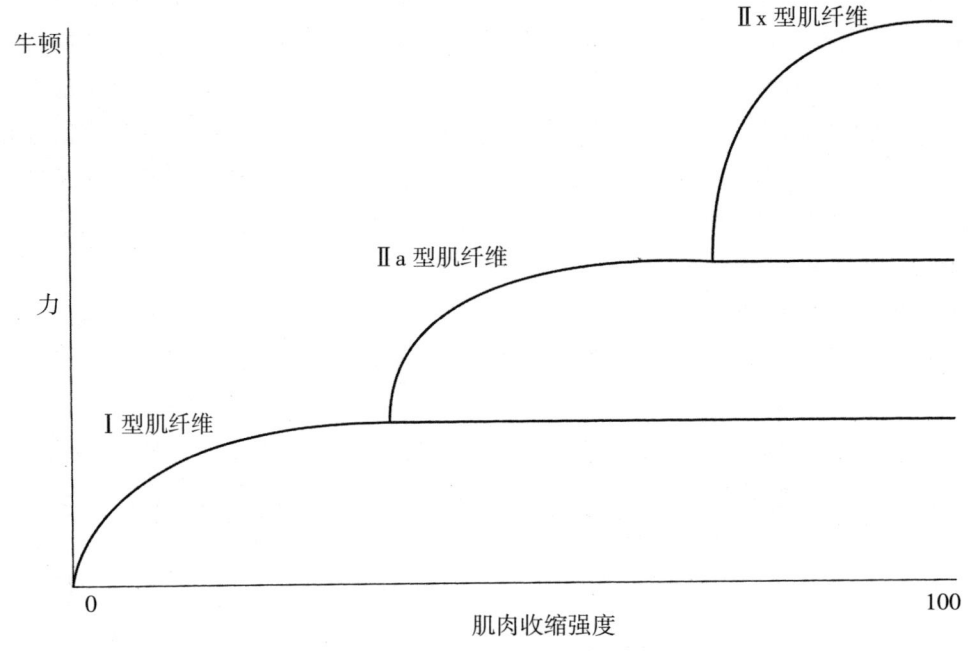

图 2.24　各种运动单位按神经元体积顺序进行募集

改编自：E.H. 海勒曼，等. 运动神经元募集顺序及组合规律［J］. 神经生理学报，1974，37：1338-1349.

下，按 S>FR>FF 的顺序进行募集。同时，在不需要大强度肌肉收缩的日常活动中，FF 和 FR 运动单位募集的次数较少或募集频率降低。当需要增加肌力或功率时，会募集到大体积运动单位，表现出Ⅱ型肌纤维的收缩与代谢特征。

编码速率是运动单位的激活频率。当激活频率增加时，肌力会增加。单个肌纤维、运动单位和整个肌肉都是如此（见图 2.15）。需要注意的是，肌肉之间的募集和编码速率各异（McComas 1996）。第三章将进一步讨论募集和编码速率对肌力的影响。

（四）本体感觉与动觉

本体感觉是人体对空间以及对身体各部分位置关系的感知能力。动觉常与本体感觉互用，指人体对动作精准调节的能力。

谢林顿（1906）曾指出，本体感觉器是受本体刺激的末梢器官。躯体感受器收集关于身体姿势、关节角、肌肉长度、张力、速度及与身体接触的物体等方面的信息，神经系统用这些信息调节肌肉活动。大部分信息参与逆向反馈回路（反射），进而完成动作自我调节。

肌梭和高尔基腱器官是影响肌肉功能特征的两种本体感受器。肌梭是一种梭形的充液（胶）囊，长约 2~20 纳米，含 5~12 条梭内肌纤维（Gowitzke and Milner 1988）。肌梭的主要功能与肌肉收缩时表现出的长度与速度特征有关（Grill and Hallet 1995; MaComas 1996; Noth 1992a），以下是肌梭的具体功能。

第一，肌梭具有伺服特性，可以减少大脑指挥肌肉随意收缩时消耗的能量；第二，在肌肉持续收缩或两次收缩之间，肌梭根据阻力的变化调节肌力；第三，牵张反射在一定程度上弥补疲劳导致的肌力下降；第四，合理利用牵张反射可提高肌肉向心收缩力（快速伸缩用力）。

肌梭位于骨骼肌纤维中（梭外纤维），与肌纤维呈平行关系。根据细胞核的数量及分布，梭形囊中有两类梭内纤维。核袋肌纤维一般有 2~4 个细胞核，细胞核基本位于核袋纤维中部。核链肌纤维通常由 8~12 个细胞核沿肌纤维均匀分布。与核链肌纤维相比，核袋肌纤维更厚、更长。核袋肌纤维受 γ1 运动神经元支配，核链肌纤维受 γ2 运动神经元支配（MaComas 1996）。Ia 组感觉神经元支配核袋肌纤维和核链肌纤维的中间部分，而 II 组感觉神经元支配两类肌纤维的两端。梭内肌纤维特征如表 2.4 所示。

表 2.4　肌梭梭内纤维特征

特征	核袋纤维	核链纤维
每囊数量	2~4	8~12
直径（微米）	20~25	10~12
运动神经元	γ1	γ2
感觉轴突	Ia, II	Ia, II
感觉反应类型	动态	静态

改编，许可自：B.R.麦金托什，P.F. 加德纳，A.J. 麦克马斯. 骨骼肌 [M]. 伊利诺伊：人体运动出版社，2006，154.

当梭外肌纤维用力或快速拉伸时激活 Ia 组纤维，随即引起肌动或牵张反射，随后产生的向心收缩会更加有力。牵张反射可以增强主动肌而抑制拮抗肌。慢速或静止性拉伸可以激活 II 组肌纤维，可以增强拮抗肌而抑制主动肌（图 2.25 a，图 2.25 b）。静止牵张反射原理有助于设计拉伸训练（Hutton 1992）。当梭外肌纤维收缩时，需要梭内肌纤维维持适宜的长度，否则梭内肌纤维对长度-速度变化的感知能力就会受到影响。当 α 与 γ 运动神经元同时激活时，梭内和梭外肌纤维一起收缩（Noth 1992a）。

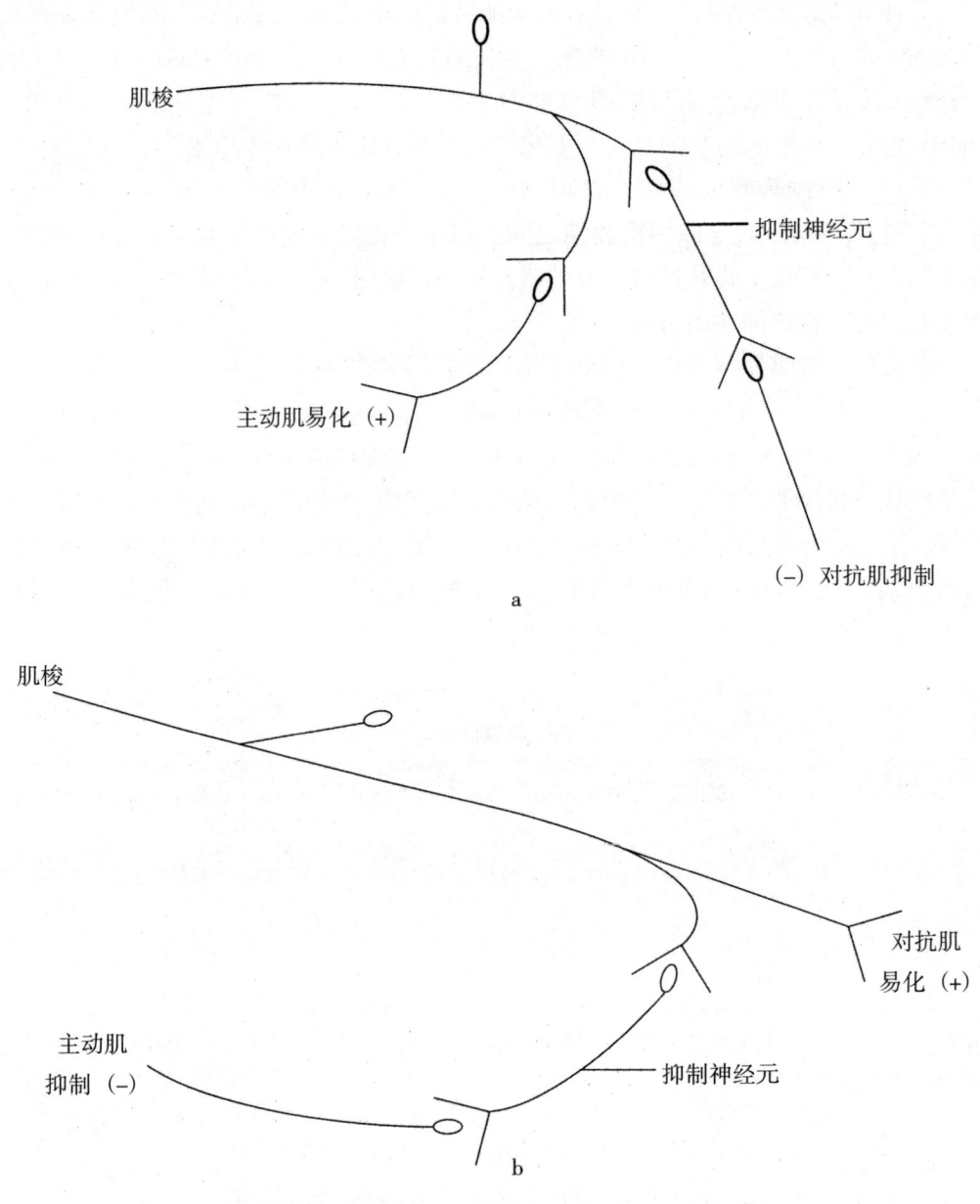

图 2.25　a 简化肌动（牵张）反射 –Ia 组神经元组 b 静态牵张 – Ⅱ 组神经元组

　　高尔基腱器官是椭圆形囊，位于肌肉与肌腱接点内。高尔基腱器官以串联形式与梭外肌纤维一起参与活动，对肌肉张力的变化反应敏感。高尔基腱含有一条 Ib 感觉神经纤维，与脊髓相连。动物研究显示（Eccles, Eccles and Lunbderg 1957; Granit, Kellerth and Szumski 1966; Green and Kellerth 1967），高尔基腱器官可以避免肌肉和肌腱受力过大。肌肉收缩用力过大时，可能导致组织损伤。高尔基腱器官的反射类似于Ⅱ型肌梭纤维反应,可以抑制主动肌,强化对抗肌。理论上,爆发力训练产生的适应可使高尔基腱器官"去抑制化"。近来,关于高尔基腱器官功能作用的研究表明,由于影响高尔基腱器官的因素不同,该器官激活后会产生不同的作用。这些影响因素包括:训练任务、力值、肌肉收缩、激活的肌肉(群)以及来自上一级控制中心的输入信息(Chalmers 2002; Duysens, Clarac and Cruse 2000)。

本章小结

本章内容涉及肌肉与神经生理学基础和神经肌肉系统功能。神经肌肉系统不仅能指挥身体的各种活动,同时也会影响心理活动。动作电位是神经间以及神经与肌肉间的信息传递。动作电位的产生与扩散依赖于细胞间电特性及电解质的作用与交换,主要是钠、钾离子。神经元是神经系统的功能单位,神经元与肌肉相互作用构成神经肌肉系统。

肌节包括必要的收缩和调节成分,是肌肉的功能单位。运动单位由运动神经元和所支配的肌纤维组成,是神经肌肉系统的功能单位。运动神经元支配的肌肉具有不同的收缩和代谢特征。运动神经元的激活方式与肌肉收缩及代谢特征相一致。皮质中的神经核负责运动单位的激活,会引起专门性的随意运动。对神经肌肉系统工作原理的认识有助于设计合理有效的训练计划。

第三章 力量训练的生物力学

生物力学是研究物理定律在生物体活动中的应用。人体生物力学则涉及骨骼与神经肌肉系统在动作形成中的相互关系（Harman 1994a，1994b）。肌肉通过肌腱向骨骼传递力量，形成肢体运动，进而产生速度和方向。在力的作用下，人可以走、跑、跳或举起重物，这为日常活动及专项技术动作提供了条件。物理定律和生物力学解释了支配肌肉力量传递和动作形成的原理。为了弄清动作是如何形成的，必须了解这些定律和原理，建立人体运动过程中的生物力学视角。在充分认识力学原理与定律的基础上，生物力学视角可以提高训练计划的合理性和训练效果。

第二章探讨了神经肌肉系统的基本功能，这一章将从生物力学角度进行深化。生物力学应用在两个层面：微观解剖层（细胞水平）和宏观解剖层。在微观解剖层，我们认识了肌节排列构造及其作用。宏观解剖层又可分为两个部分：第一是整体肌肉力学，第二是在体神经肌肉骨骼系统力学。另外，本章还涉及力、功和功率。由于很难将微观解剖层与宏观解剖层完全区分开，因此讨论时难免会有交叉。

一、微观解剖与力的生成：肌节

张力或力是指（一个）肌节或（一块）肌肉所产生的最大等长力。肌节大约能产生 23 牛顿/平方厘米的张力（Brooks, Fahey and White 1996; Edgerton et al. 1986）。肌节通过肌联蛋白以串联形式向 Z 盘传递力，力在肌节间依次传递，最后传递至肌腱。力可横向传递至肌内膜结缔组织（Street 1983），力的横向传递出现在多个层面，即通过连接 M 线与 Z 盘的中间纤维在肌原纤维间传递；通过肌节和细胞膜的连接结构、抗肌萎缩蛋白复合体，从肌原纤维传递至肌膜和基底膜，以及从肌纤维传到肌内膜。

力的纵向传递会在肌肉结构上形成冗余。如果串联的肌节整体和部分受损或失活，纵向力会由中间纤维横向传递到邻近的肌原纤维或结缔组织（Patel and Lieber 1997）。这一观点为发现肌肉损伤与肌肉功能缺失之间的关系提供了理论依据（Friden, Sjostrom and Ekblom 1981; Lieber, McKee-Woodburn and Friden

1991），同时，也解释了肌肉具有沿逐渐变细纤维（纤维两端平行排列的肌节更少）向肌腱传递力的能力（Patel and Lieber 1997; Roy and Edgerton 1992）。

肌肉收缩的结果是肌球蛋白和肌动蛋白相互作用形成横桥，并产生力和位移。肌力与环境条件（例如酸碱度、钙离子浓度）、肌节长度与张力特征有关。肌力的大小取决于形成的横桥数（Huxley 1957; Zahalak 1986），然而，横桥的排列，无论纵向还是横向，都会对肌力与收缩速度产生影响（Huijing 1992）。肌节中，横桥以串联的形式排列（图3.1），如果肌节两端的力和位移相等，那么横桥同时发挥作用。因此，半个肌节内串联横桥产生的力与整个肌节产生的力相等。为了使传递至两端Z盘上的力相等，两（半）个肌节内所形成的横桥数必须相等。

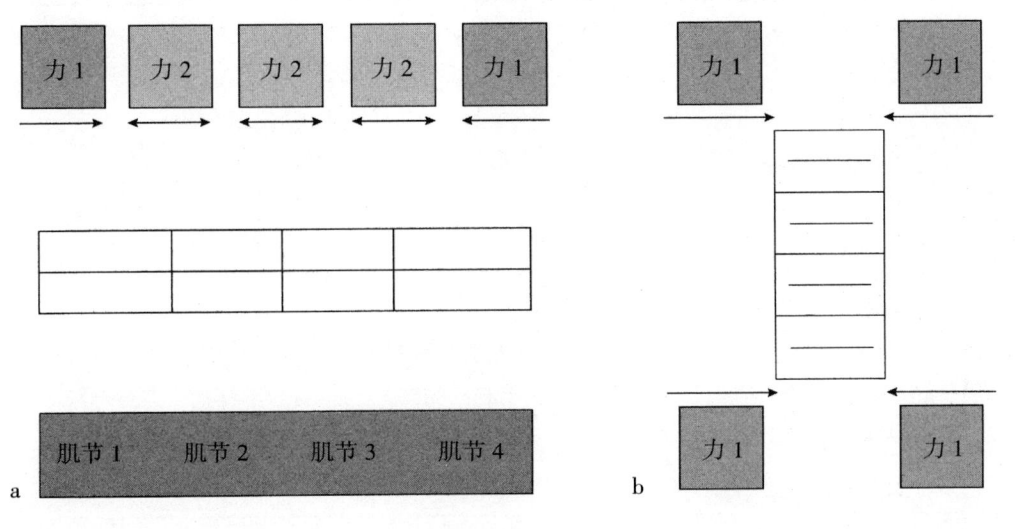

图 3.1　肌节的排列

注：a 四个串联的肌节。由于中间肌节产生的力（F2）彼此抵消，因此肌节产生的力等于F1+F1
b 四个并联的肌节。由于肌节各自独立收缩，因此产生的力为四个F1的总和。
基于：埃杰顿等 1986；惠京 1992。

肌节缩短的长度等于单个横桥周期缩短长度与周期数的乘积。因此，半个肌节所产生的位移相加是整个肌节的位移。

然而，如果肌节是并联排列，每半个肌节产生的力彼此独立，肌节产生的力就是每半个肌节力之和（Huijing 1992）。因此，无论是串联还是并联，肌节产生力的方式与单个肌节类似（Edgerton et al.1986; Huijing 1992）。

图3.1a和图3.1b代表了理论上的两块肌肉，分别由四个肌节组成。在数学建模基础上，如表3.1所示，两种排列方式（串联和并联）在最大刺激条件下，具

有不同的收缩特征（Edgerton et al.1986；Huijing 1992；Jones and Round 1990；Spector et al.1980）。虽然两种肌节排列形式产生的力、位移和速度不同，但功和功率相等。

同时，肌肉最大激活时，用于做功及功率的能耗也相等。在位移上，串联时的效率高，并联时力的生成效率低，效率上二者相互抵消（表3.1）。

表 3.1　理论上两种肌节排列形式的肌肉收缩特征

特性	肌节排列形式	
	串联	并联
收缩时间	1	1
特定张力	1/4	1
最大位移	1	1/4
最大速度	1	1/4
最大做功	1	1
最大功率	1	1
每公斤肌肉最大功率	1	1
ATP/单位力	1	1/4
ATP/单位位移	1/4	1
ATP/单位功	1	1
ATP/功率	1	1

重印，许可自：（N.L.琼斯，N.麦卡特尼，A.J. 麦科马斯主编）V.R. 埃杰顿. 骨骼肌功率输出的形态学基础（摘自：人体肌肉功率）[M]. 伊利诺伊：人体运动出版社，1986，45.

肌节激活时，两端产生的力相等，肌节间的排列方式会影响肌力。串联条件下，所有肌节同时激活，并联肌节中只有单个肌节被激活。力量相等时，串联肌节每单位力所需 ATP 更多，但位移和功率输出更大（Edgerton et al.1986）。

肌节的排列方式对功率的构成要素影响明显。串联条件下，最大功率对应的速度和运动幅度大约是并联的两倍（Edgerton et al.1986）。如果肌肉附着特征相似，两种排列的肌肉在功率与速度上差异较大。与短肌肉相比，长肌肉完成功率时形成的速度范围更大，并且可以在更大的速度区间内保持峰值功率。肌肉收缩速度增加时，由于长肌肉可以在更大范围内保持峰值功率，因此在短肌肉功率下降时，长肌肉将发挥作用，并保持功率不变（图3.2）。

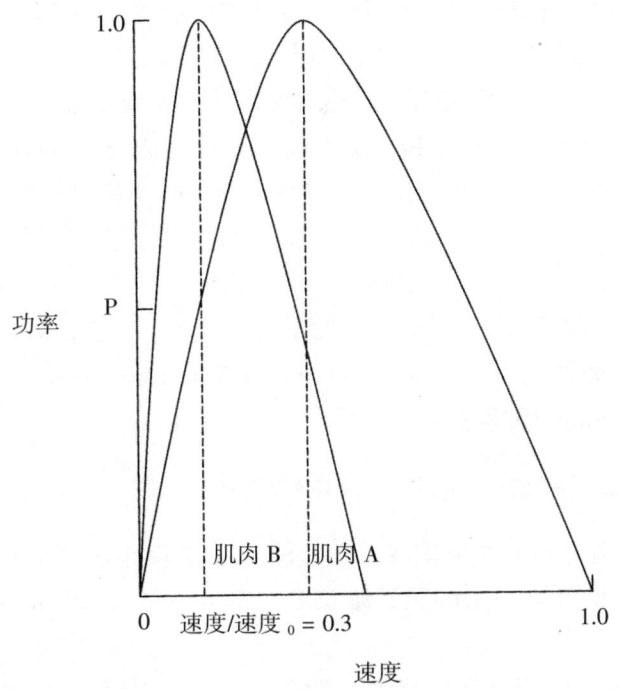

图 3.2　理论上，长度不同但肌节数量相等的两块肌肉的功率输出

注：较长的肌肉可以在更多速度下输出功率，此外，当一块肌肉输出功率下降时，另一块则开始接替做功，保持功率不变。

重印，许可自：（N.L.琼斯，N.麦卡特尼，A.J.麦科马斯主编）V.R.埃杰顿. 骨骼肌功率输出的形态学基础（摘自：人体肌肉功率）[M]. 伊利诺伊：人体运动出版社，1986，45.

二、宏观解剖：肌肉

资料显示，整块肌肉的力与长度、力与速度关系可通过肌节模型进行预测（Huijing 1992）。平行排列的肌节产生的力更大，这表明肌肉的横断面积与肌力大小高度相关。通过量化横断面积（PCSA），可进一步明确二者的关系。肌肉生理横断面积与非侵害性技术，如核磁共振成像（MRI）（Conley et al. 1997）测得的解剖横断面积并不完全一样，生理横断面积是个体肌纤维最大横断面积之和（Patel and Lieber 1997）。离体条件下，整块肌肉可以单独检测。通过提取技术，能够测量肌纤维的直径和长度。肌肉生理横断面积估算公式如下（Herzog 1996; Patel and Lieber 1997; Roy and Edgerton 1992）：

生理横断面积（PCSA）=肌肉质量（净质量）× cosine$v$/肌密度 p（克每平方厘米）×纤维长度（厘米）

其中 p 为肌肉密度（哺乳动物的肌肉密度 p=1.056 克×立方厘米），υ 为肌肉在放松状态下羽状（肌）角度。肌纤维长度为肌肉内肌纤维平均长度。

通过这种方法发现，不同肌肉张力的预测结果与实际测量结果高度相关（Patel and Lieber 1997; Powell et al.1984; Roy and Edgerton 1992; Spector et al.1980）。需注意的是比目鱼肌除外，因为比目鱼肌几乎含有 100% 的 I 型肌纤维（Powell et al. 1980）。但是，肌肉收缩时羽状角度会发生变化，而且肌纤维实际长度等问题会降低生理横断面积估算的准确性（参见第二章）。

多数情况下，侵入性研究技术开展的可能不大（人通常不愿意从身上取出肌肉来做研究，也不可能"完璧归赵"）。在体条件下，简单的估算方法如下（Fukunaga et al.1996; Roy and Edgerton 1992）：

生理横断面积=肌肉体积/肌纤维长度

其中，肌肉体积由核磁共振成像或其他非侵入性技术测得，肌纤维长度的预测可以采用此前肌肉解剖分段得出的肌纤维长度（Cutts and Seedhom 1993; Roy and Edgerton 1992）。

虽然肌肉生理横断面积都采用估算法，但结合离体和在体研究技术发现，并联排列下的肌节在肌力产生上具有优势。力量训练会引起增肌（肌肉横断面积的增加），并伴随平行肌节数的增加，因此可以提高肌肉的最大力量。根据肌节排列模型，肌肉位移、收缩最大速度以及功率输出区间与肌纤维长度或串联条件下的肌节长度有关（Bodine et al.1982; Edgerton, Roy and Gregor 1986）。生长发育以及长期拉伸肌肉可以增加串联的肌节数。如果肌肉在缩短状态下不活动，如骨折后打石膏，串联的肌节数会减少。

通过对动物模型研究发现，运动单位空间上的排列方式也会影响力的传递和位移。空间上，运动单位（MU）彼此间虽不直接接触，但相互交错叠加，扩展到整块肌肉都是如此（Bodine et al.1987; Ounjian et al.1991; Roy and Edgerton 1992）。募集时，运动单位的相互作用以及复杂的空间排列会影响肌肉的力学特征。如果含肌纤维数相等的两个运动单位同时募集，肌纤维的排列方式不同，功能表现就会不同。如果肌纤维串联排列，那么两个运动单位所产生的力与单个运动单位所产生的力相等，位移则是二者之和。如果两个运动单位并联排列，力为二者之和，位移则是单个运动单位的运动长度（Roy and Edgerton 1992）。如果运动单位串联排列，并不在同一时间募集，未激活的运动单位将会卸载激活的运动单位（Clamann and Schelhorn 1988）。由于运动单位排列组合存在无数可能以及对运动单位的募集顺序和肌力认识的局限，我们将无法准确预测在体肌肉收缩时的力学特征（Roy and Edgerton 1992）。

可以肯定的是，肌肉结构上的差异性决定了肌肉收缩时力、速度和功率的差异（Wckiewicz et al.1983,1984）。此外，肌肉的生化特性也会发挥重要作用。如果不考虑肌肉结构、肌肉内在特性，如肌纤维类型对于解释肌肉速度和功率间的差异就更为重要（Fitts and Widrick 1997; Spector et al.1980）。

将人体肌纤维束和单个肌纤维分离后进行研究发现，运动单位之间最大等长收缩力、强直力、力增速率以及功率输出各不相同。虽然最大输出功率出现在最大收缩速度的30%，但人体肌纤维束包含的同质运动单位类型（Ⅱ与Ⅰ）表现出的功率曲线却大不相同（图3.3）。肌肉张力与等长收缩力间的差值不大，不同肌肉类型间的差值排序为Ⅱx>Ⅱa>Ⅰ（Fitts and Widrick 1997; Powell et al.1984）。然而，不同运动单位类型在力与速度曲线和功率上的差异却非常明显（图3.4的a和b）。通过对人体不同类型单根肌纤维分析（Fitts and Widrick 1997）发现，最大收缩速度和最大功率差异十分明显，具有统计学意义（Ⅱx>Ⅱa>>>Ⅰ）。除了少数特殊的肌肉外（如比目鱼肌），绝大多数肌肉都由不同类型运动单位混合而成，因此，对混合型运动单位功能的认识十分重要。如果一块肌肉含50%Ⅱ型肌纤维和50%Ⅰ型肌纤维，那么最大功率大约是100%Ⅱ型肌纤维的55%。这种混合性肌肉在功率输出上，与Ⅱ型肌纤维的功率输出基本相等（Faulkner, Claflin and McCully 1986）。这说明在运动中，Ⅱ型肌纤维动员百分比高的运动员在爆发力项目中占优。

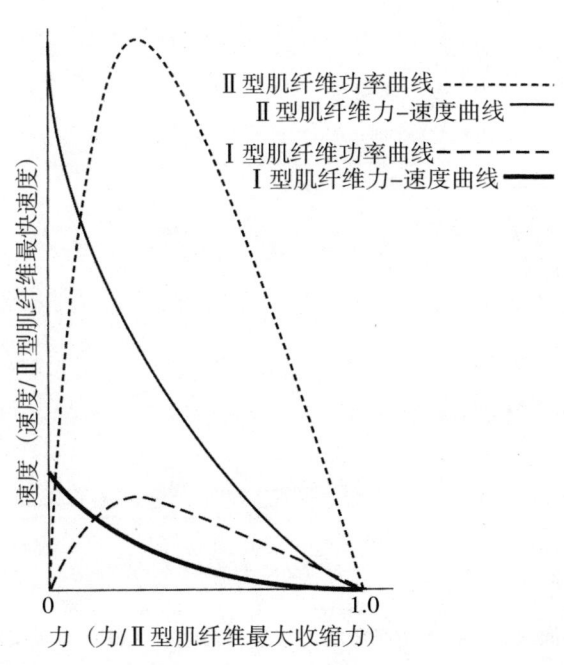

图3.3　肌纤维类型对肌肉力量、收缩速度及功率输出的重要影响

注：图中显示不同肌纤维组成的两类肌肉力-速度曲线和功率曲线。速度通过Ⅱ型肌纤维最快向心收缩速度进行了标准化处理（最快收缩速度）。力通过Ⅱ型肌纤维最大向心收缩力进行了标准化处理（最大收缩力）。

重印，许可自：J.A. 福克，D.R. 克拉夫林，K.K. 麦卡利. 人体骨骼肌快肌与慢肌纤维的功率输出（摘自：人体肌肉功率）[M]. 伊利诺伊：人体运动出版社，1986，84.

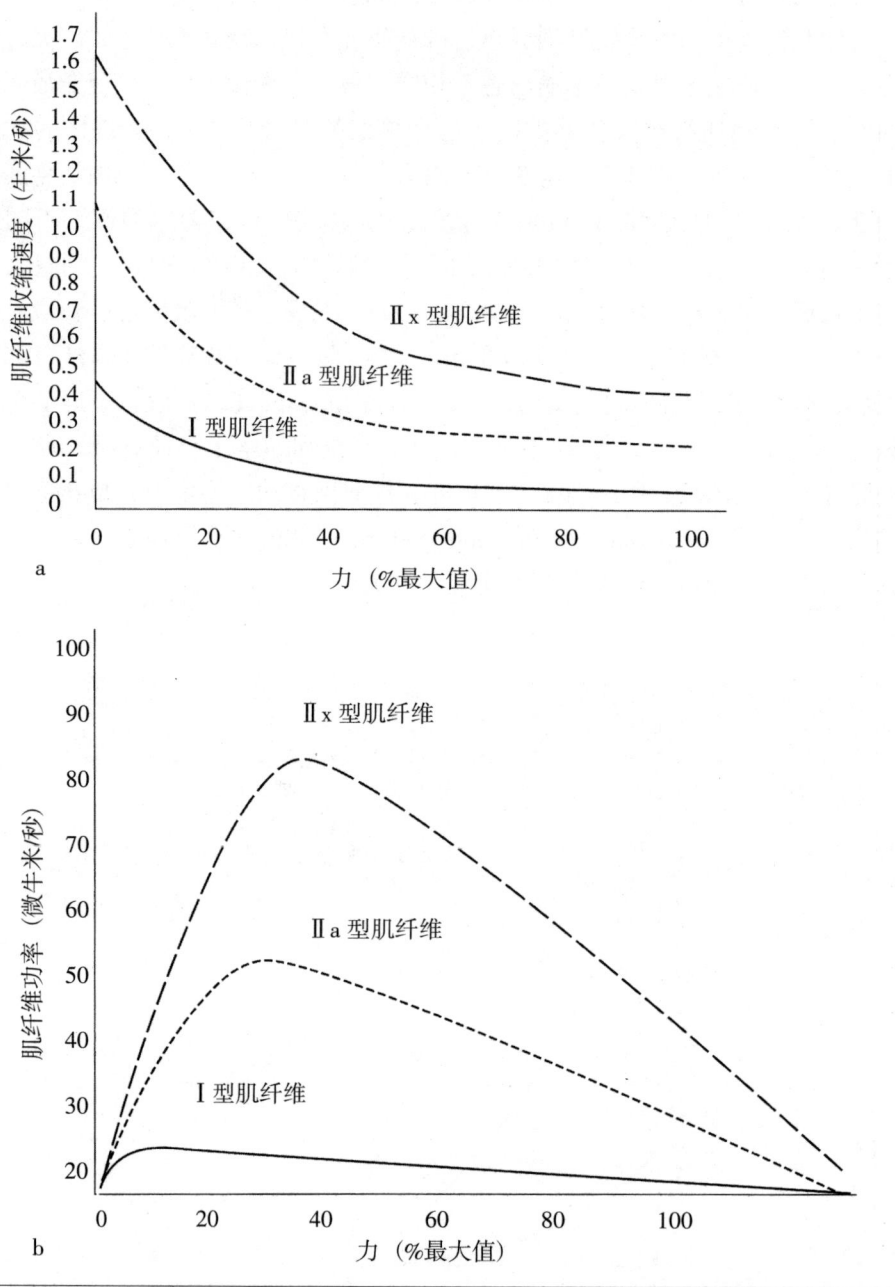

图 3.4 a 人体不同肌纤维类型腓肠肌的力 – 速度曲线 b 人体单个腓肠肌纤维的功率曲线

改编自：R.H. 菲茨，J.J. 威德里克. 肌肉力学：训练适应（摘自体育运动科学评论）[M]. 马里兰：威廉姆斯与威尔金斯出版社，1997，427–473.

表 3.2 显示了不同项目运动员和未训练对象在股侧肌中 II 型肌纤维的大致比例（Always, Grumbt and Gonyea 1989; Burke et al.1977; Edstrom and Ekblom 1972;

Holloszy and Coyle 1984; Komi et al.1977a; Miller et al.1993; Saltin et al.1977; Simoneau and Bouchard 1989; Tesch and Larsson 1982; Tesch, Thorsson and Essen-Gustavsson 1989; Thorstensson et al.1977)。一般情况下，耐力运动员含有更多的Ⅰ型肌纤维，爆发类项目运动员含有更多的Ⅱ型肌纤维（Miller et al.1993; Simoneau and Bouchard 1989）。尽管肌纤维类型很大程度决定于遗传（Komi et al.1976, 1977b），但通过力量和有氧耐力训练均可显著改变肌肉代谢和收缩特征（Adams et al.1993; Fitts and Widrick 1977; Schantz and Dhoot 1987; Staron et al.1989）。

表3.2　股侧肌Ⅱ型肌纤维平均百分比：久坐人士与优秀运动员

群体	男性	女性
久坐人士	52	47
越野滑雪运动员	35	35
长跑运动员（>5公里）	20	—
高山滑雪运动员	40	40
健美运动员	55	50
力量举运动员	57	50
举重运动员	60	—
短跑运动员	70	60

基于：奥维尔斯等 1989；伯克等 1977；艾德斯通，埃克布洛姆 1972；奥洛西，科伊尔 1984；科米等 1977a；米勒等 1993；萨尔廷等 1977；西莫诺，布沙尔 1989；特施，拉尔松 1982；特施等 1989；索尔斯坦松等 1977。

此前提到，肌力与长度、肌力与速度特征和肌肉结构及内在特性关系密切。运动时，肌肉特性决定了运动单位（肌肉内募集）以及整个肌肉（肌肉间募集）的募集方式。虽然会有特例（Grimby and Hannerz 1977; Nardone, Romano and Schieppati 1989），但运动单位通常按照体积原则募集（Bawa 2002; Henneman, Somjen and Carpenter 1965a, 1965b），这对研究运动代谢及力学特点帮助很大。通常情况下，体积大、爆发性强的运动单位会在大力量或大功率的无氧代谢动作中被募集（参见第二章）。研究证实，运动单位具有任务专项化特征，该特征有赖于肌肉活动时的收缩类型、动作形式、肌力、力增速率和速度（Fleckstein et al.1992; Desmedt and Godaux 1979,1981; Morrow and Miller 2003; Nakazawa et al.1993; Sale 1992）。例如，屈肘时肱二头肌收缩，肱二头肌长头外侧的运动单位优先激活。当前臂做旋后动作时，肱二头肌内侧的运动单位优先激活。屈肘时，二头肌和肱肌内的运动单位根据收缩类型或完成速度表现出不同的激活阈值（Tax et al.1989; Sale 1992）。

有不少研究能够证实肌肉具有任务专项化特征（Loeb 1985; Sale 1992; Tax et al. 1990; Yamashita 1988）。肌肉的激活、同步激活及放松方式与运动类型、速度、动作功率高度一致（Sale 1992）。关键问题在于，运动中如何激活、利用那些具有不同运动单位类型混合特征的肌肉。例如，考虑腓肠肌和比目鱼肌功能时，发现它们具有相同的附着点。哺乳动物中，腓肠肌含更多的Ⅱ型肌纤维，比目鱼肌含更多的Ⅰ型肌纤维，因此它们的做功功率不同（Roy and Edgerton 1992; Spector et al.1980）。猫在各种低速走、跑时，比目鱼肌或腓肠肌内侧优先激活，大部分腓肠肌的激活仅出现在快跑时（Roy and Edgerton 1992）。人在不同速度下骑自行车（Duchateau, LeBozec and Hainaut 1986）和单足跳（Moritani, Oddsson and Thorstensson 1990）也具有类似的特点。可见，这两种肌肉的选择性激活与身体姿势、收缩类型和速度有关（Nardone and Schieppati 1988）。

显然，运动单位和肌肉的激活决定了动作的力学特征。研究表明，力量和技术训练可以改变募集方式，动作力学特征的改进有助于提高运动成绩（Aagaard 2003; Bernardi et al.1996; Sale 1992; Schmidtbleicher and Gollhofer 1982）。

肌肉、肌腱与骨骼的互动形成了人体运动。运动基本过程是肌肉牵拉骨骼，肢体在关节处发生转动，力通过各种组织（包括皮肤）向外界传递（Harman 1994a）。肌肉收缩的外部表现是对外部物体的拉近或推远。

第二章已经讨论过肌肉的生理结构。成年男子的主要肌肉如图3.5所示。成年男子的骨骼系统如图3.6所示。通常，人体有206块骨头，该数字因个体差异会略有不同。骨功能主要在于支撑和保护内脏器官以及形成杠杆系统。中轴骨是组成头、脊柱、胸腔的骨头，附肢骨骼是组成手臂、肩胛、骨盆和腿脚的骨头。

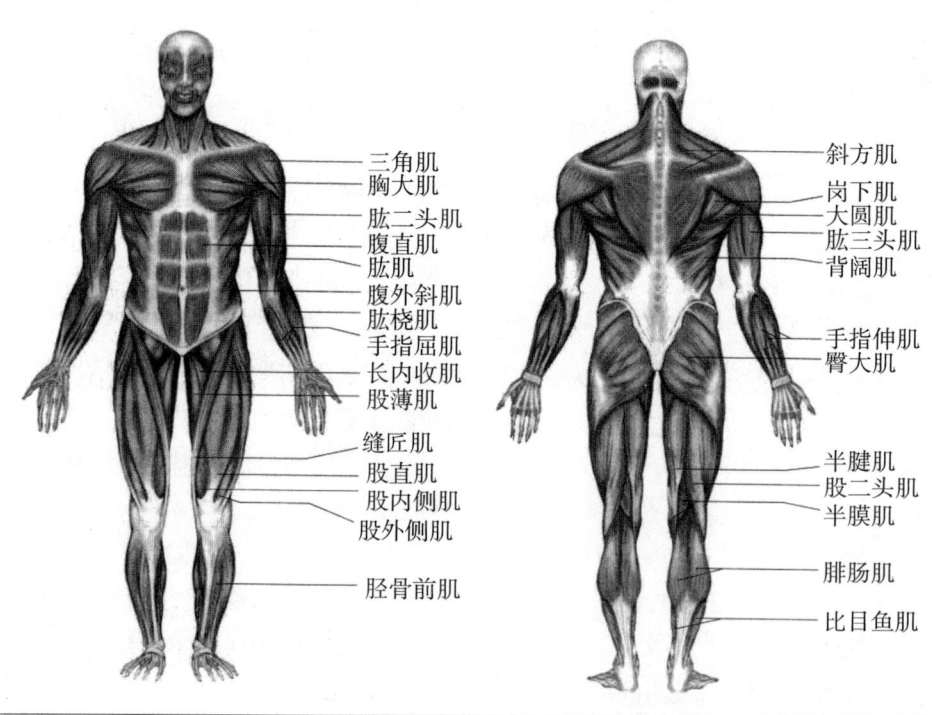

图3.5 成年男子身体前部与后部骨骼肌示意图

重印，许可自：美国体能协会. 体能训练概论（第2版）[M]. 伊利诺伊：人体运动出版社，2000, 29.

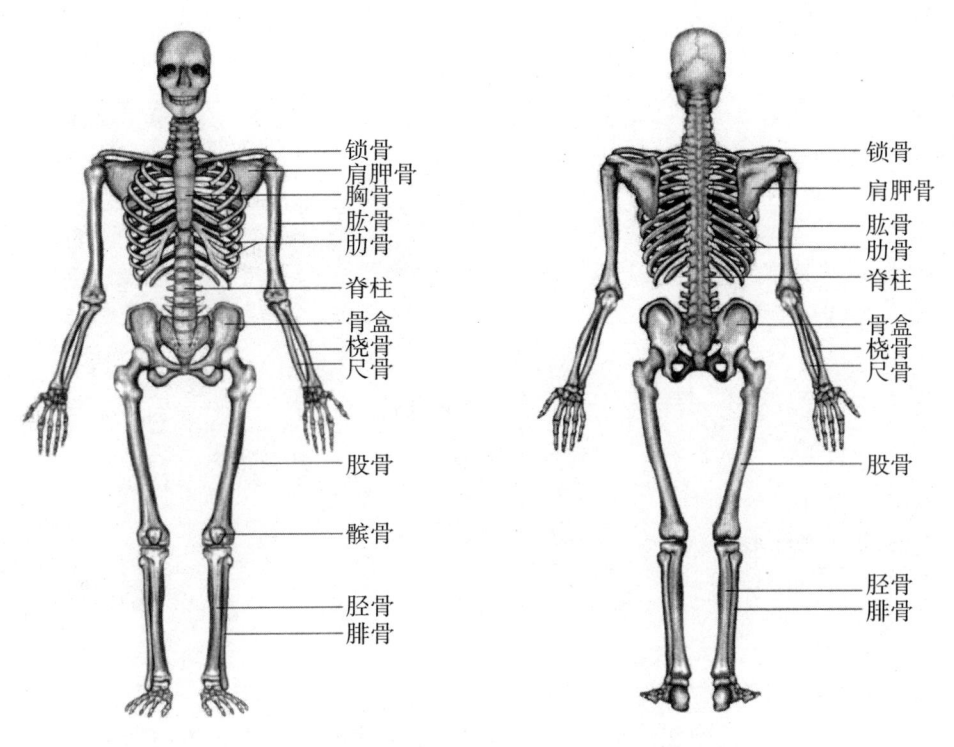

图 3.6　成年男子身体前部与后部骨骼示意图

重印，许可自：美国体能协会. 体能训练概论［M］. 第 2 版. 伊利诺伊：人体运动出版社，2000，27.

关节是骨骼形成接点或构成连接的部位。关节帮助骨骼旋转与骨系统运动。骨骼完成的运动幅度取决于关节类型（表 3.3）。

表 3.3　骨关节类型

关节类型	举例	相对运动幅度
纤维性关节	颅缝	有限
软骨关节	椎间盘	中等
滑液关节	膝关节	大

滑液关节中，关节骨的两端被透明软骨包裹，由含滑液的囊覆盖。滑液起到润滑和为关节提供养料的作用。骨骼由结缔组织（韧带）相连，中间也会有像膝关节中起支撑作用的半月板软骨连接。关节的旋转特征决定于能利用的轴数，根据轴数，可将

关节分为三类，即单轴关节（如肘关节）、双轴关节（如踝关节和腕关节）以及多轴关节（如肩关节、髋关节）。

> **补充阅读**
>
> 阻力的种类多种多样，如重力、惯性、摩擦力、弹性和液态阻力（Harman 1994b）。尽管这些阻力在日常生活和体育运动中经常遇见，但它们也可用来为力量训练提供阻力。力量训练是通过阻力设计来实现训练目标。训练目标包括改善体形（如健美）、提高体能、竞技比赛（如举重、力量举）、服务其他项目以及康复。力量训练采用的形式或器械就利用了一种或多种形式的阻力。力量训练形式不同，对神经、肌肉、骨骼系统的影响程度的差异性直接决定着训练效果。因此，训练模式不同，会引起不同的训练适应。第十二章将对各种力量训练形式进行详细比较。

肌肉通过起止点部位的纤维状结缔组织（肌腱）与骨骼相连。肌腱一直延伸至肌鞘和骨骼周围的结缔组织。肌腱纤维同时斜插固定在骨骼上，用以增加骨骼与肌腱接点的强度（Harman 1994a, 1994b）。

从解剖角度，关节周围的肌肉可分为三类。主动肌是主要负责关节转动的肌肉。拮抗肌负责动作减速以及在快速运动下保护关节，防止肌肉受伤，另外拮抗肌还有稳定关节的作用。协同肌具有配合主动肌或稳定作用。不同动作下，一块肌肉或肌肉群可以扮演的角色不同。例如，在快速伸膝时，腘绳肌是拮抗肌；但在屈膝时，腘绳肌是主动肌。测量条件（即测量方式、速度和收缩类型）不同，主动肌与拮抗肌的肌力比也随之变化。研究认为，二者的肌力比与运动成绩和运动损伤相关（Wathen 1992）。

然而，从解剖学角度定义主动肌和拮抗肌有些牵强。在多关节运动以及收缩速度变化时，肌肉的角色会发生变化（Zajac and Gordon 1989）。因此，除了一些单关节肌肉活动外，从动态优化角度对肌肉活动角色进行划分会更为准确。这样，肌肉角色不是简单地由解剖位置和肌力大小来界定，而是利用了肌肉活动任务的建模技术来确定（Zajac 2002; Zajac and Gordon 1989）。此外，从功能角度可将肌肉看作是主动肌和协调肌，而不是主动肌和拮抗肌，尤其是在多关节运动中。

力学是建立在牛顿三大运动定律之上（Barham 1978）。

第一定律：惯性。物体在没有受到外力作用时，总保持静止或匀速直线运动状态。

第二定律：加速度。当物体受外力作用时，加速度与物体质量成正比，方向与作用力一致（F=MA）。

第三定律：反作用。每个作用力总有一个大小相等方向相反的反作用力。当力施加在物体上，物体会产生一个大小相等、方向相反的反作用力。

这些定律都反映在运动生物力学和力量训练中，也可以根据线性和角性运动变换表述方式或进行修订。

从功能角度，骨骼是一个杠杆系统。杠杆是做功时的传力装置，为了认识杠杆系统，首先要明确一些相关概念（Harman 1994a）。

杠杆：半刚性或刚性物质（骨骼），当力的作用线未通过转动轴（枢轴）时，施加在该物体上的外力将阻止转动（趋势）发生。

支点：杠杆的枢轴点。

力矩臂（力臂、扭矩臂、杠杆臂）：力的作用线到支点的垂直距离。

作用线：通过力作用点无限延长的线，与施力方向一致。

力矩：在力的作用下，沿某一支点（轴）所产生的转动趋势；力矩=力×力臂长。

力：肌肉收缩产生的外力。

肌力：肌肉激活所产生的将（肌肉）两端向一起牵拉的力。

阻力：施加在杠杆系统上的外力（即重力、惯性、摩擦力），与肌力方向相反。

力臂：力的作用点与支点的垂直距离。

阻力臂：支点与阻力质心的垂直距离。

机械效益：动力力矩臂（动力臂）与阻力力矩臂（阻力臂）的比值；动力矩与阻力矩之间会出现平衡，即：

动力×动力机械效益=阻力×阻力机械效益=1.0（F×MAF=R×MAR=1.0）

其中，动力为肌力，动力机械效益为肌力矩臂，阻力（R）为阻力，阻力机械效益为阻力矩臂。

如果机械效益小于1.0，需要较大的肌力克服较小的阻力；如果机械效益大于1.0，则只需较小的肌力克服阻力。如果一个杠杆的阻力臂大于动力臂（RA>FA），在速度一定时，需要更大的动力；相反，如果动力臂大于阻力臂（FA>RA），当速度一定时，则更省力。同理，当机械效益小于1.0时，要用更大的肌力来保持动作速度；当机械效益大于1.0时，会用较小的力来保持动作速度。

杠杆可根据动力臂、阻力臂及支点位置的相互关系进行分类。

第一类杠杆是肌力和阻力分别作用于支点的两端。人体运动中，肱三头肌完成的伸肘是第一类杠杆（图3.7）。

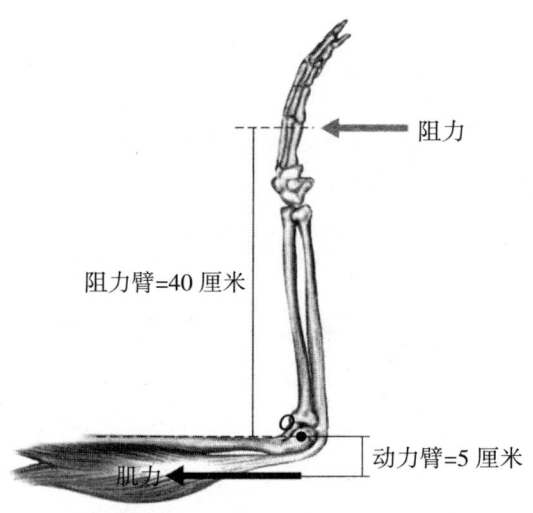

图 3.7 第一类杠杆示例：伸肘

注：其中 FM=肌力，FR=阻力，MM=动力臂，MR=阻力臂，机械效益 MA=动力/阻力。第一类杠杆的机械效益低（示例中的机械效益小于1）。肌力和阻力在支点的两侧。此外，动力臂明显小于阻力臂，因此，只有肌力远大于阻力时，才能产生伸肘（示例中虽然阻力相对较小，但需要的肌力却很大）。不过，由于杠杆长，运动速度会增加。

重印，许可自：美国体能协会.体能训练概论［M］.第2版.伊利诺伊：人体运动出版社，2000，31.

第二类杠杆是肌力和阻力作用在杠杆的同一端。第二类杠杆的动力臂总是大于阻力臂。因此，第二类杠杆侧重力量而不是速度。人体运动中，提踵是第二类杠杆（图3.8）。

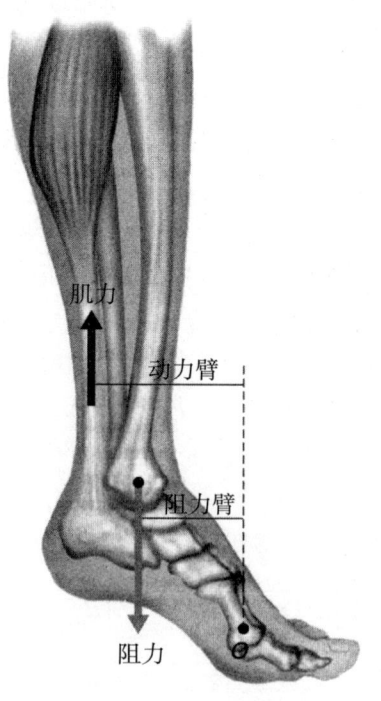

图 3.8 提踵属于第二类杠杆

注：其中 FM=肌力，FR=阻力，MM=动力臂，MR=阻力臂，机械效益 MA=动力/阻力。当以脚掌为支点进行跖屈时（提踵），动力臂大于阻力臂，肌力小于阻力，机械效益较大。

重印，许可自：美国体能协会.体能训练概论［M］.第2版.伊利诺伊：人体运动出版社，2000，31.

第三类杠杆是肌力和阻力作用在支点的同一端。第三类杠杆的阻力臂大于动力臂。因此，第三类杠杆侧重速度而不是力量。人体中，肱二头肌完成的弯举是第三类杠杆（图3.9）。

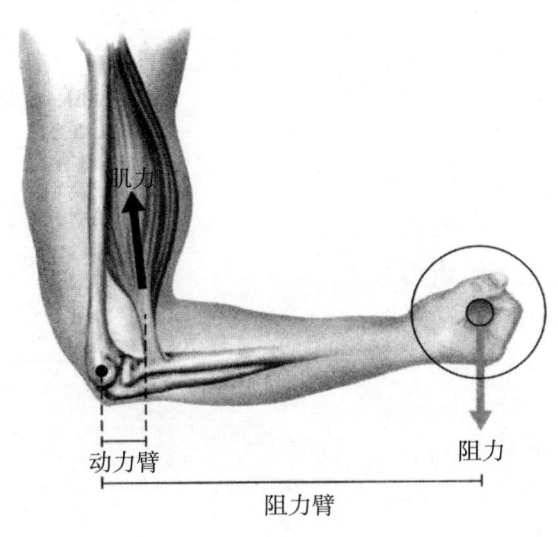

图3.9 肱二头肌弯举属于第三类杠杆

注：其中FM=肌力，FR=阻力，MM=动力臂，MR=阻力臂，机械效益 MA=动力/阻力。由于动力臂小于阻力臂，肌力必需大于阻力，产生的机械效益相对较小。
重印，许可自：美国体能协会. 体能训练概论［M］. 第2版. 伊利诺伊：人体运动出版社，2000，31.

肢体主要活动都属于第三类杠杆。因此，肌力必须大于阻力。在第三类杠杆运动中，肌肉用力大可能是肌肉和肌腱损伤的一个原因（Harman 1994a）。机械效益是非常重要的概念，便于理解动作对力和力矩的要求。人体运动时，机械效益不断变化（Gowitzke and Milner 1988; Harman 1994a, 1994b）。

屈膝和伸膝时，膝关节并非真正在做"合页"运动，因为在膝关节活动时，转动轴会发生变化，转动轴的变化将影响到力臂。

伸膝时，髌骨防止四头肌腱向转动轴靠近，这样会最大限度减小机械效益的变化。在屈（肘）膝时，由于没有籽骨控制肌腱到转动轴的距离，因此肌腱靠轴很近，关节活动时，靠近两端的力矩会下降。

力量训练中，阻力臂因重心到转动轴水平距离的变化而变化。因此，举重时，如果杠铃等重物与关节的水平距离不同（远或近），机械效益会有很大差异（图3.10）。

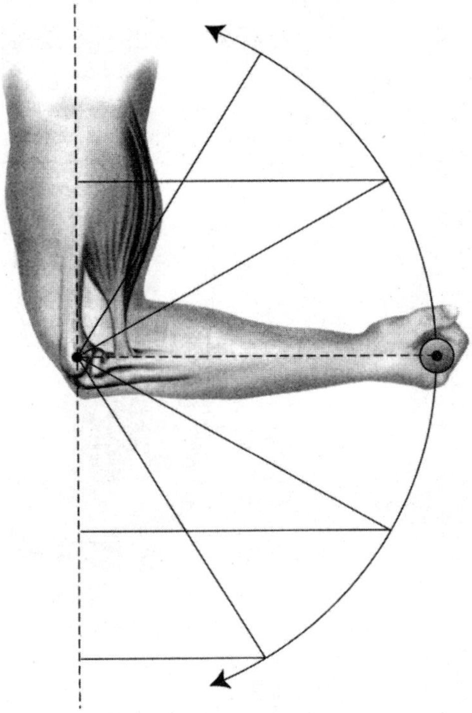

人体之间的结构差异会影响到机械效益。例如，如果肌腱附着点距离转动轴比较近或比较远时，会对肌力或速度有利；如果肌腱附着点距转动轴远时，机械效益就会增加。肌力臂长会产生更大的关节力矩，因此就会产生更大的外力。如果肌腱距转动轴近，机械效益会下降，这样阻力臂就会加长，则需要更大的肌力来克服阻力。需要注意的是，阻力臂长会有速度优势。

角速度和角位移与阻力臂的长度密切相关。当肌肉缩短到一定长度，阻力臂越长，所产生的角速度和角位移就越大。因此，角速度一定时，肌肉动力臂越长，收缩速度越快。肌肉收缩时，力与速度呈负相关，因此肌肉快速收缩时，肌力就会下降。然而，当要克服的阻力增加时，长阻力臂的速度优势就会下降，需要用更大的力来完成动作任务。

力量训练引起的增肌可以改变肌肉羽状角。羽状角的改变不仅可以影响肌肉的收缩速度，也能提高肌力（参见第二章）。推测认为，如果肌肉增大到一定程度，还会改变肌腱的附着角，从而影响最大力量。

图 3.10　举重时肌肉力量示意

注：当物体抬起时，由作用点（手握的物体）到支点（肘关节）水平距离的力臂不断发生变化。力臂越长，肌肉需要克服的阻力越大。相反，力臂变长，产生的外力就会下降（即"粘滞"范围）。

重印，许可自：美国体能协会. 体能训练概论［M］. 第 2 版. 伊利诺伊：人体运动出版社，2000，31.

很明显，无论是遗传还是训练所引起的肌肉结构的细微变化，都可能导致功能上的明显变化。例如，力量举运动员会因肌腱附着点远离转动轴而占优，但短跑运动员却恰恰相反。

三、力量、功和功率

力量是一种产生外力的能力（Siff 2001; Stone 1993）。力量范围从零到最大。施加在物体上的力能加速物体（力=质量×加速度），使其产生速度。在力的作用下，物体速度可能为零，可能有不同的速度。根据参与肌肉和身体环节的不同，形成的合力将决定运动方向。

在体条件下，力的生成受各种因素影响，包括力与速度、力与长度（关节角）特征、肌纤维类型、肌肉收缩类型、神经激活以及肌肉横断面积。对力的测量可以是静态（等长），也可以是动态。动态条件下，可以对肌肉离心、向心或超等长运动进行力的测量。常用的最大静力测试或最大力量测试（1RM）对预测或监控运动成绩帮助不大（Stone 1993; Wilson and Murphy 1996）。对力及相关指标的测量，如力增速率、最大力值获得时间等，扩大了动态或静态力量的测试范畴，更有助于监控运动成绩（参见第一章、第八章及第十二章）。

在力的作用下，物体产生运动和做功（用焦耳表示）。功是作用在物体上的力与位移的乘积。

$$功 = 力 \times 位移 \quad (W = F \times d)$$

W 代表功，F 代表力，d 代表位移。如果力与物体运动不在同一直线上，那么：

$$功 = 余弦力 \times 位移 \quad (W = F\cos v \times d)$$

$F\cos v$ 代表力的作用线和位移之间的夹角。这说明，如果力与位移在同一直线上，做功效率会增加。功与能耗直接相关，做功越多，能耗（千卡）越大。

动能是物体运动时具有的能量，计算公式如下：

$$动能 = 1/2（物体）质量 \times 速度^2 \quad (KE = 1/2 mv^2)$$

KE 是动能，m 是质量，v 是速度。人体动能越大，就越不容易停下。物体动能越大，减速时需要的力和功就越大。

功的完成速率称作功率（瓦特）。功率计算公式如下：

$$功率 = 力 \times 位移 / 时间 \quad (P = f \times d / t)$$

P 是功率，$f \times d$ 是做的功。公式也可以表达为：

$$功率 = 力 \times 速度 \quad (P = f \times v)$$

功率也可是外力与物体沿外力方向运动速度的乘积。功率与能量的利用率成正比，做功速度越快，能量利用的速度就越快，即在更高速度下完成动作的运动员优势更大。体育运动中，尤其是在爆发性运动中，功率是决定胜负的关键因素。

功和功率的计算公式都与物体的位移有关。人体由沿轴转动的杠杆系组成，需要考虑运动时发生的转动和角位移。角位移是物体转动时产生的角度（SI 单位=弧度=57.3°），角速度是物体转动时产生的速度，用弧度/时间（rad/s^{-1}）表示。力矩由力

(牛顿)与位移(米)的乘积表示(N×m)。因此,转动功和转动功率为:

$$功=力矩×角位移$$
$$功率=力矩×角位移/时间,或:功率=力矩×角速度$$

功和能的概念明确了,可以避免一些常见的错误。例如,与其他运动相比(包括举重),力量举是力量大、速度低、输出功率相对低的项目(Garhammer 1989)。因为功率是力和速度的乘积,所以,不能简单地认为速度低则功率低,速度高则功率高。关键是力要能满足运动项目对加速度、速度和功率的要求。

四、肌肉活动:收缩类型

肌肉有三种基本收缩类型。

向心收缩时,肌肉产生张力,肌肉缩短(收缩力>阻力)。

等长收缩是肌肉产生张力的同时,长度没有明显变化(收缩力=阻力)。

离心收缩时,肌肉产生张力,但被迫拉长(收缩力<阻力)。

不同关节角度下,长度与张力特征以及收缩类型的变化会引起肌肉外力和内力的变化。力量曲线是在转动时,各关节角所产生最大力矩的连线(Hay 1992)。对不同关节和动作进行测量发现,力量曲线有三类,即上升曲线、下降曲线和上升下降曲线(图3.11),这些曲线是在肌肉动态或静态活动下测得的(Asmussen, Hansen and Lammert 1965; Harman 1994a,1994b; Hay 1992)。力与速度、力与长度关系不变条件下形成的典型力量曲线显示,不同收缩类型的肌力排序为:离心收缩>等长收缩>向心收缩(图3.12)。等动力量曲线符合自由运动负重条件下的力量特征。然

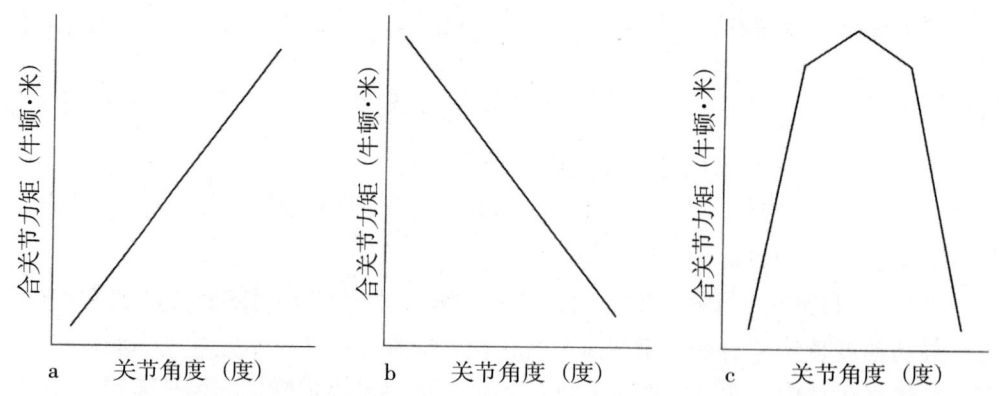

图3.11 人体关节力量曲线的三种普遍形式:a 上升型;b 下降型;c 上升下降型

重印,许可自:V. 扎齐奥尔斯基,W. 克雷默. 力量训练的科学与实践[M]. 第2版. 伊利诺伊:人体运动出版社,2006,40.

而，由于等动测力器的固有问题，在数据分析时要格外注意（Chow, Darling and Hay 1997; Hay 1992; Ostering 1986）。因此，在完成动作时，肌力受一些相互作用的因素影响。

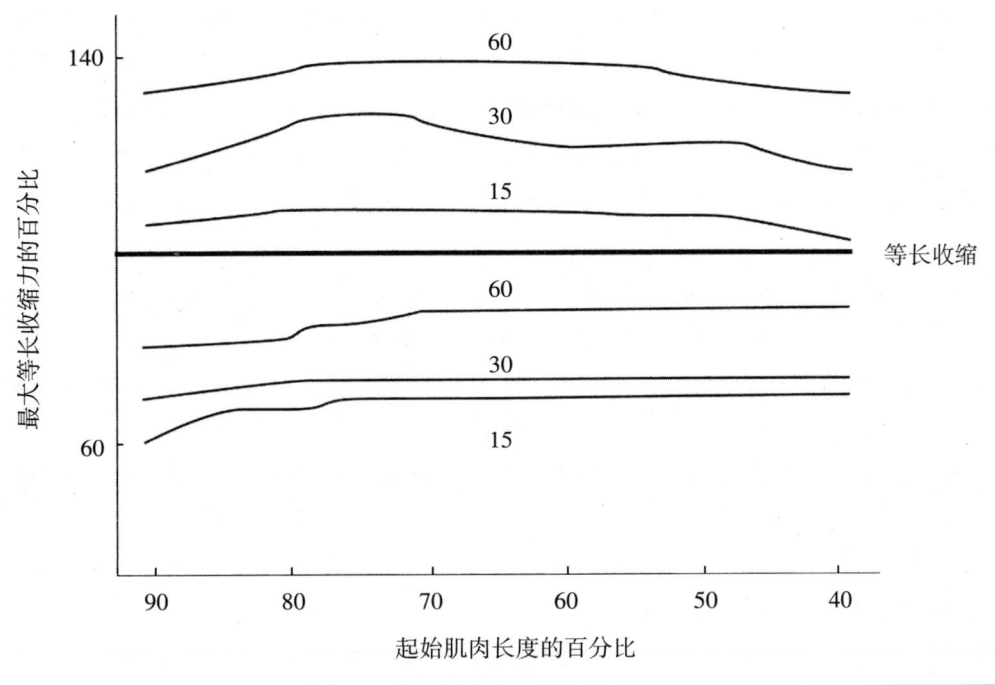

图 3.12　不同收缩类型肌力的力量曲线

注：即便是在体及自主控制条件下，肌肉最大程度的向心与离心收缩（屈肘）所表现出的序列也为离心力>等长力>向心力。

基于：P.O. 奥斯特兰德，K. 罗达尔. 劳动生理学教科书［M］. 纽约：麦格劳-希尔集团公司，1970.

　　此外，还有第四种肌肉活动，即伸缩复合（SSC）式的肌肉活动（超等长）。肌肉离心收缩后紧接着向心收缩，离心收缩与向心收缩的转化称为缓冲期，实际上是肌肉短暂的等长收缩，其中包含一种形式，即在幅度很小的超等长动作中，没有明显离心收缩，而是在等长收缩后紧接着进行向心收缩。在伸缩复合式肌肉活动中，重要的是肌肉向心收缩力会增加。确切的机制虽然还不清楚，但可能包括以下几个方面：一是储存弹性势能的再利用；二是牵张反射；三是肌肉与肌腱相互作用，肌肉接近最佳发力长度，能在更有利的速度下收缩；四是最佳的肌肉激活；五是向心收缩开始阶段，有更明显的预先加力（Bobbert 2001; Cronin, McNaira and Marshall 2000; Finni, Ikegewa and Komi 2001）。肌肉快速伸缩复合通常表现在走、跑、跳等运动中。

五、肌力与质量（体重）比

根据牛顿第二定律，力是质量与加速度的乘积。因此，加速度=力/质量。

运动中，运动员需要推动身体或肢体环节完成动作，力量与质量（体重）比是关键。该比值决定了运动员对身体的加速能力（Harman 1994a）。因此，这类运动员的训练计划必须以提高力量与质量比为目标。如果运动员体重增加而力量没有提高，运动能力就会受到影响。在力量举、举重和摔跤等按体重分级的运动项目中，同一级别的运动员体重是一样的，那么身体强壮、爆发性好的运动员则占优。

与体形小的运动员相比，大体形运动员力量与体重之比较低（Harman 1994a; Kauhanen, Garhammer and Hakkinen 2000; Kauhanen, Komi and Hakkinen 2002）。肌力与肌肉横断面积成正比，横断面积与肢体维度的平方相关。然而，肌肉体积越大，质量越大，肌肉质量又与人体纵向维度的立方成正比。因此，当身体体积增加时，身体质量增加的速度要比力量增加得快。如果身体质量不变，体积小的运动员每公斤体重对应的力量要比体积大的运动员高（即力量与体重比更大）。

另外，虽然体形大的运动员能举起的重量大，但对不同体形的运动员来说，可用相关指标来判断哪个运动员更强壮。如果按体重等级来衡量哪个运动员举起的重量更大时，对体形小的运动员来说有利，因为这种划分没有考虑到体形增加会导致力量与体重比下降。按照体重2/3的平方进行比赛分组是一种避免体形差异的办法。显然，这对中等体形的运动员有利（Hester et al.1990; Hunter et al.1990）。目前已研究出多个用于降低力量举和举重运动员体重差异的计算公式（Hester et al.1990; Hunter et al. 1990; Siff 1988; Sinclair 1985; Stone et al.2005）。通过公式，常常可以预测出谁是比赛中的佼佼者。

本章小结

无论是专业运动员还是健身爱好者，他们因为各种原因进行力量训练，有的为了健美，有的为了康复。加深对力量训练中生物力学因素和训练适应特点的理解，会制订出更科学的训练计划。

本章内容涉及了力量产生的微观及宏观解剖学知识。肌力的大小依赖于肌肉收缩特征（即力与长度、速度特征）、肌肉结构、肌纤维类型和神经因素。肌肉做功的速率称为功率，功率也是绝大多数运动中决定胜负的关键因素。认识力量和功率生物力学因素，为训练的专项化奠定了基础，保证了训练计划的有效性。

第二部分　肌肉能效学与代谢

　　第二部分同样会涉及基础与应用的科学原理。这一部分讨论了各种生理系统、营养元素以及增补剂在彼此作用下对代谢及代谢过程的影响，主要集中在生物能量系统如何为动作完成供应能量（第四章）、激素和神经内分泌系统如何在安静状态以及训练中发挥作用（第五章）、营养元素和增补剂对运动能力和代谢如何产生影响（第六章和第七章）等方面。第二部分和第一部分共同构成了制订力量训练计划的科学基础。

第四章 生物能效学与代谢因素

生物系统能量生成与利用的原理从代谢角度为训练及专项训练提供了基础。这一原理有助于对各种练习中能量的生成方式以及运动训练如何影响能量代谢有清晰认识,并对设计出效率更高、效果更好的训练计划有一定帮助。

能量可定义为做功的能力或大小。从势能(储存)或动能(做功)角度可以定义能量。能的存在形式多种多样,如核能、电磁能、机械能和化学能,都可以称之为能。代谢从本质上讲是生物化学的反应过程,在人体内通过加工、转化,进而满足各种活动(运动)的能量需求。生物能效学包括人体内能量的运动轨迹以及碳水化合物、脂肪和蛋白质转化成为化学能的机制与过程。势能是各种分子(即脂肪、碳水化合物、蛋白质)中化学键内储存的能量,化学能转化为机械能后产生动能。能量的转化伴有化学键的断裂及能量物质的释放,从而引起肌肉收缩。

大分子(食物和能量物质)向小分子的分解或解构过程伴有能量的释放,这一过程称为分解。释放的能量可以将小分子组合为大分子,这种合成或建构的过程称为合成。蛋白质分解成氨基酸是分解,氨基酸组成蛋白质则是合成。放能反应要释放能量,是分解的过程,需能反应则是吸能过程。生命活动包括合成反应和肌肉收缩。代谢是指生命系统放能分解反应、吸能合成反应的总和。如图 4.1 所示,放能分解反应所生成的能量不能被吸能合成反应直接利用。用于吸能合成反应的能量通过中间分子三磷酸腺苷(ATP)进行转化,之后通过 ATP 完成放能向吸能的转化或偶联。ATP 是能量转运物,对肌肉收缩和人体运动非常关键。

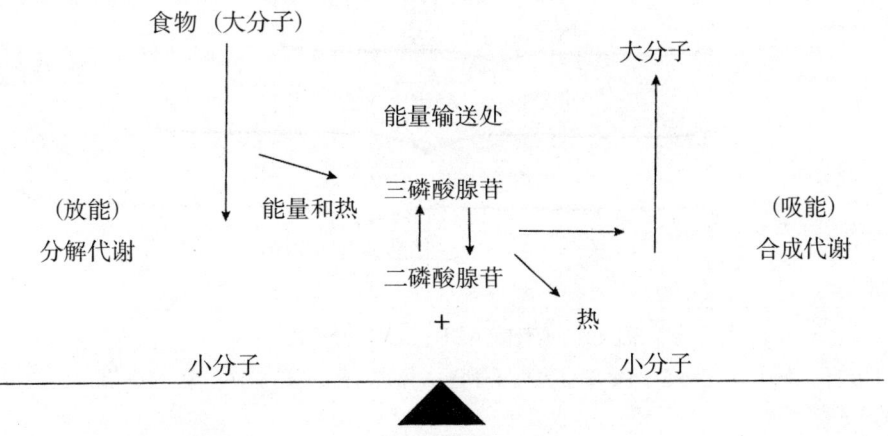

图 4.1 能量代谢概观

一、ATP

ATP 由含氮基腺嘌呤、核糖（五个碳）及三个磷酸基组成（图 4.2）。一个磷酸盐（P_i）水解或断裂后生成二磷酸腺苷（ADP），第二个 Pi 水解生成一磷酸腺苷（AMP）。每当一个 P_i 断裂水解后，会生成可被利用的能量和热（Brooka, Fahey and White 1996; Cain and Davis 1962; Lehninger 2000; McGilvery 1975）。通常情况下，最后一个 P_i 经酶化断裂（水解）后将促进吸能反应。这种酶化过程会大幅降低 ATP 含量，从而限制肌肉活动。肌肉内储存的 ATP 很少，而肌肉收缩需要不断供应 ATP，因此 ATP 的补充非常重要。肌肉收缩和能量消耗速率决定了肌肉的收缩强度，因此，要维持运动，ATP 补充必须与肌肉收缩要求相匹配。ATP 通过具有不同 ATP 生成速率及大小的能量系统来满足。

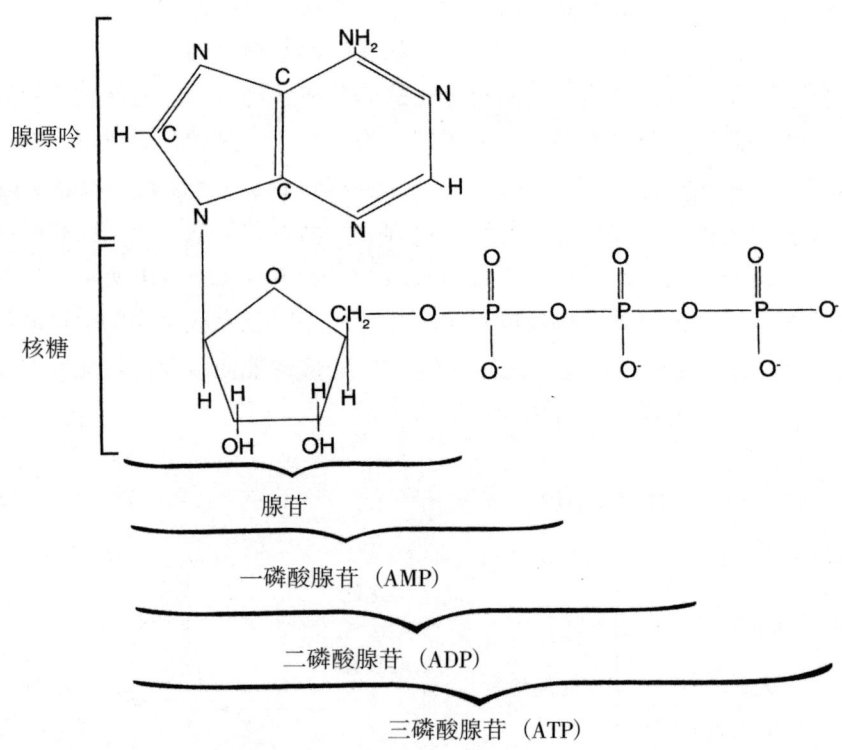

图 4.2 ATP、ADP、AMP 分子结构

重印，许可自：美国体能协会（主编：T.贝希勒）.体能训练概论［M］.伊利诺伊：人体运动出版社，1994，68.

二、生物能效系统

实际上，有三大能量系统同时工作补充 ATP。在三种主要食物来源中，只有碳水化合物可以在无氧条件下直接生成能量。因此，不能低估碳水化合物通过无氧代谢满足高强度运动的重要性。所有能量系统始终处于工作状态，每个代谢系统动员程度主要与运动强度及持续时间有关（Dudley and Murray 1982）。三大能量系统是：磷酸原系统（ATP-PCr 系统、肌激酶反应）；糖酵解系统（快和慢）；有氧系统。

（一）磷酸原系统

磷酸原系统主要为短时高强度运动，如举重和短跑提供能量。不管运动强度如何，该系统都最先动员（Brooks, Fahey and White 1996）。磷酸原系统的主要反应涉及磷酸原 ATP、肌酸磷酸盐（PCr）和两种酶，即肌球蛋白 ATP 酶和肌酸激酶（CK）。肌肉收缩时，肌球蛋白 ATP 酶催化 ATP 水解，生成 ADP 和 P_i。肌酸激酶催化反应中，肌酸磷酸盐向 ADP 提供磷酸基团，重新合成 ATP。这些反应能快速提供能量。

(1) ATP $\xrightarrow{\text{肌球蛋白 ATP 酶}}$ ADP+P_i+能量+热

(2) ADP+ PCr $\xrightarrow{\text{肌酸激酶}}$ ATP+肌酸

ATP 和 PCr 在肌肉内存量很少，每公斤肌肉中大约含 5~6 毫摩尔的 ATP 和 16~18 毫摩尔的 PCr（Cain and Davis 1962; Hultsmann 1979）。由于肌肉中磷酸原含量少，该能量系统不能满足长时间持续运动的能量需要（Cerretelli, Rennie and Pendergast 1980）。尽管磷酸原系统无法长时间维持运动（<15 秒），但 ATP 的释放速度非常快。通常情况，II 型肌纤维中磷酸原含量要高于 I 型肌纤维（Essen 1978）。

磷酸原的另一反应是肌激酶（或腺苷酸激酶）反应，对高强度运动非常重要（Brooks, Fahey and White 1996; Lehninger 2000）。

2 ADP $\xrightarrow{\text{肌激酶}}$ ATP+AMP

该反应的重要性在于不仅能够快速生成 ATP，而且 AMP 是蛋白质糖酵解的刺激物（Brooks, Fahey and White 1996; Lehninger 2000）。ATP-PCr 系统在所有运动开始时动员。磷酸原和肌激酶反应是举重、短跑等高强度运动的制胜因素（Boobis, Williams and Wooten 1983; Thorstensson 1976）。

ATP 含量的调控与负反馈有关。CK 的活性是 PCr 分解的主要调节因素。细胞内 ADP 含量的增加会提高 CK 活性，而 ATP 含量的增加又会抑制 CK 活性（Powers and

Howley 1997)。运动开始后会因为 ATP 的水解而增加 ADP 的含量，导致 CK 催化 PCr 分解合成 ATP。如果高强度运动一直持续，CK 将保持高度激活。如果运动停止或强度下降，糖酵解或有氧代谢系统用来满足运动所需的能量，细胞中 ATP 的含量将上升。ATP 增加会导致肌酸激酶活性下降，PCr 浓度会上升。

（二）糖酵解系统

糖酵解是葡萄糖分解生成能量的过程。人体中的葡萄糖是通过血糖和肌糖原分解而来的。糖酵解由细胞质内九个相互衔接的酶催化完成（图 4.3）。运动强度不同，糖酵解速度可快（无氧条件）可慢（有氧条件）。过去，人们根据丙酮酸最终的代谢结果将糖酵解分为有氧和无氧糖酵解。之后，人们认为用快和慢描述糖酵解过程更合适，因为糖酵解通路本身并不依赖氧气，和慢糖酵解相比，快糖酵解生成能量的速度更快（Brooks, Fahey and White 1996）。

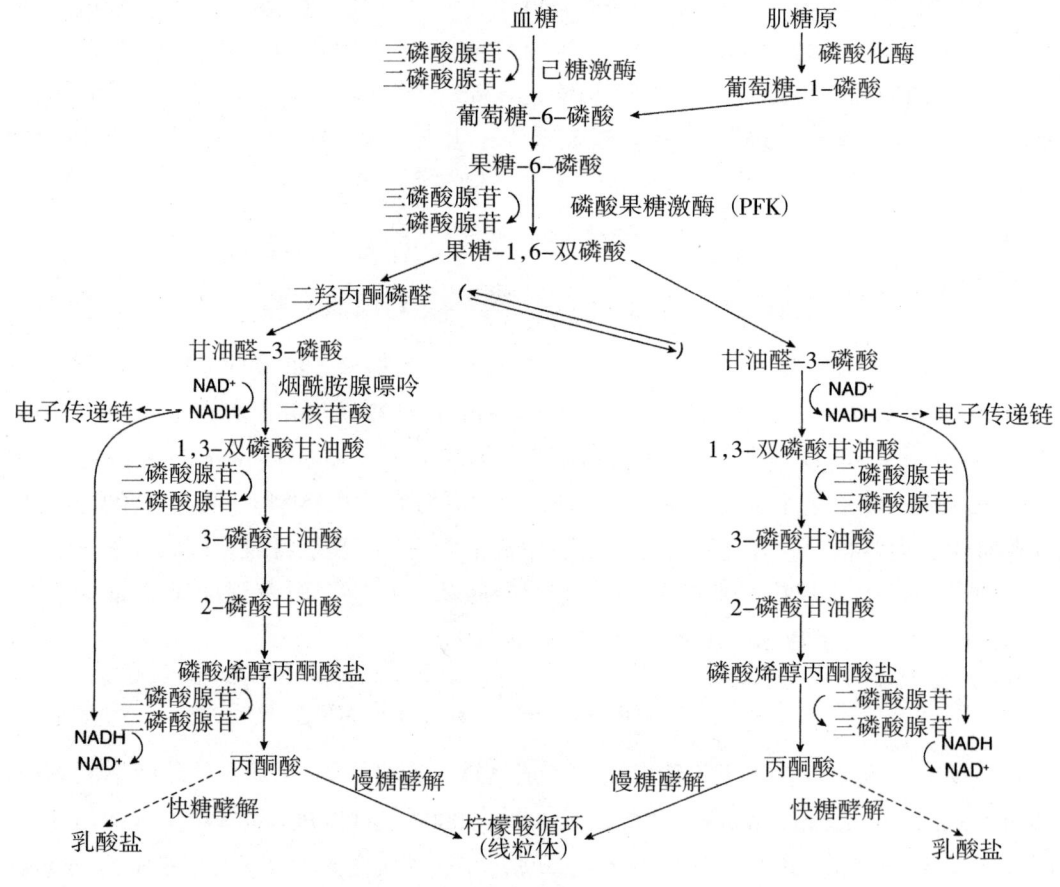

图 4.3　糖酵解路径

改编自：J.H. 威尔莫，D.L. 科斯蒂尔. 体育运动生理学［M］. 第 3 版. 伊利诺伊：人体运动出版社，2004，125.

1. 快速糖酵解

快速糖酵解中，丙酮酸转化为乳酸，快速生成 ATP。慢速糖酵解中，丙酮酸被转运至线粒体，还原为乙酰，参与有氧代谢。快速糖酵解中，肌糖原通路更便捷，但血糖或肌糖原都可以进行糖酵解（Brooks, Fahey and White 1996）。快速糖酵解对中等强度和高强度运动来说非常重要（Brooks, Fahey and White 1996; Powers and Howley 1997）。快速糖酵解的终产物是乳酸，乳酸堆积可能与疲劳有关。乳酸及烟酰胺腺嘌呤二核苷酸（NADH）与氢离子（H^+）浓度增加会降低 pH 值。大强度运动中，肌细胞内的 pH 值可能会降至 6.5 以下，氢离子浓度上升会通过酶抑制来降低糖酵解和糖原分解速度（Brooks, Fahey and White 1996; Butler, Waddel and Poole 1967; Plisk 1991）。氢离子浓度上升会直接抑制肌肉收缩，机制可能是肌钙蛋白与原肌球蛋白复合体的钙离子发生转移或横桥障碍所致（Fabiato and Fabiato 1978; Fuchs, Reddy and Briggs 1970; Hermansen and Vaage 1977; Nakamura and Schwartz 1972; Tesch 1980）。此外，氢离子浓度上升会刺激与疲劳反应相关的疼痛受体（Plisk 1991; Tesch 1980）。

乳酸通过肌肉和血液的缓冲系统转化为乳酸盐（Brooks 1986; Brooks, Fahey and White 1996），乳酸盐与疲劳并不直接相关。作为一种能量物质，在长时间运动及恢复过程中，乳酸盐是重要的葡萄糖异生前体（Brooks 1986; Mazzeo et al.1986; Plisk 1991）。

（1）乳酸堆积

血液乳酸堆积与乳酸生成、清除及运动强度有关。运动后的血液乳酸含量与运动对内稳态影响程度有关。血乳酸的清除速度反映了内稳态的恢复能力，直接影响机体的恢复。一般情况下，运动后 1 小时之内血乳酸恢复到基础值。强度不大的有氧运动（<70%最大摄氧量）有助于乳酸的清除（Gollnick, Bayly and Hodgson 1986）。

由于 II 型肌纤维需要的能量多，这类肌纤维中糖酵解酶及磷酸原系统酶的浓度或活性高（Barnard et al.1971; Burke and Edgerton 1975; Opie and Newsholme 1967）。II 型肌纤维（快肌纤维）所含的同工酶谱与 I 型肌纤维（慢肌纤维）不同。例如，II 型肌纤维内的肌乳酸脱氢酶（LDH_M）含量要比 I 型肌纤维内的高，心肌纤维和慢肌纤维中的心肌乳酸脱氢酶（LDH_H）含量更高（Barnard et al.1971; Burke and Edgerton 1975; Mazzeo et al.1986; York, Oscai and Penny 1974）。与 I 型肌纤维相比，II 型肌纤维产生的乳酸更多，速度更快。II 型肌纤维内乳酸生成的最大速度大约为每克溶（湿）肌 0.5 毫摩尔，I 型肌纤维乳酸生成的最大速度大约为每克溶（湿）肌 0.25 毫摩尔（Meyer and Terjung 1979）。I 型肌纤维和心肌因酶活性以及其他（如毛细血管化程度）差异而吸收乳酸，将其转化为丙酮酸，在三羧酸循环中进行氧化（Brooks 1986; Plisk 1991）。

除了缺氧或氧气不足外，还有一些原因可能导致乳酸生成。例如，有氧运动中，如果运动强度增加，糖酵解代谢开始加速，有氧系统暂时无法处理肌浆网内上升的还原型烟酰胺腺嘌呤二核苷酸离子（NADH$^+$）。因此，在有氧系统调整适应NADH$^+$浓度提高前，会产生一些乳酸。此外，乳酸含量保持不变并不意味着没有乳酸生成，也可能是乳酸生成与消除处于平衡状态（Brooks 1986; Brooks, Fahey and White 1996）。另外，有些因素会影响血乳酸的堆积。糖酵解因儿茶酚胺浓度上升而加速，Ⅱ型肌纤维募集数量增加、乳酸生成量大于排除量都会引起血乳酸浓度上升（Brooks, Fahey and White 1996; Plisk 1991）。血乳酸浓度也会随运动强度的增加而升高。

训练水平也会影响血乳酸堆积（Gollnick and Bayly 1986）。与无（有氧）运动经验者相比，耐力运动员在次最大有氧运动中血乳酸浓度更低（Plisk 1991），其原因在于线粒体活性的增加（Gollnick et al.1972,1973）、肌肉毛细血管密度的增加（Sjogaard 1984）、儿茶酚胺浓度的降低以及训练对同工酶谱的改变，如从肌乳酸脱氢酶（LDH$_M$）向心肌乳酸脱氢酶（LDH$_H$）的转化（Sjodin et al.1976）等。同样，运动员在次最大强度的力量训练中乳酸水平更低（Pierce et al.1987,1993; Stone et al.1987），这与短时无氧间歇训练后血乳酸变化特征类似（Roberts, Billeter and Howald 1982）。无氧训练可以引起次最大强度运动中乳酸含量降低的原因还不清楚，但一定程度上与乳酸阈的变化有关（Marcinik et al.1991; Stone et al.1991a）。

在最大运动强度下，爆发类项目运动员血液中血乳酸的浓度要比无训练者或耐力运动员的高（Jacobs 1986; Parkhouse et al.1983; Stone et al.1987）。无氧训练提高最大运动强度下血乳酸浓度可能与无氧酶活性增加、同工酶谱改变以及乳酸缓冲能力的提高有关。由此，运动员可以增加做功量或保持更大的运动强度（Bell and Wenger 1986; Parkhouse et al.1983; Stone et al.1987）。长时间高强度运动可使血乳酸浓度超过20毫摩/升（Hermansen and Stenvold 1972; Jacobs 1986）。多次高强度短间歇练习可以使血乳酸浓度达到最高水平（Hermansen and Stenvold 1972; Kraemer et al. 1987）。

糖原储备低也会影响血乳酸浓度（Gollnick and Bayly 1986）。如果运动前摄入的碳水化合物少，加之此前的运动已造成体内糖原储备下降，那么运动时血乳酸浓度不会升得很高（Asmussen et al.1974）。过度训练引起的慢性糖原亏缺也会造成运动时血液中低浓度乳酸现象（Stone et al.1991b）。

（2）运动后乳酸及乳酸清除

8分钟以内的短时间高强度运动会产生高浓度血乳酸（Gollnick and Bayly 1986）。多组高强度间歇运动会使血乳酸达到最高值（Hermansen and Stenvold 1972）。一般认为，在最后一组高强度间歇运动前，会出现最高浓度的血乳酸值（Gollnick and Bayly 1986）。事实上，血乳酸浓度往往会在运动结束后5~7分钟达到最高。

相比之下，肌乳酸浓度一般在运动开始后的 2 分钟之内达到最高（Hermansen and Vaage 1977; Jacobs, Kaiser and Tesch 1981; Karlsson 1971; Sahlin et al.1976; Sahlin 1978）。一定程度上，肌乳酸而非血乳酸会成为运动的限制因素。运动后，细胞的乳酸转运（Juel 1988）以及单羧酸转运蛋白是造成最高浓度血乳酸滞后现象的主要原因。乳酸的吸收和排除主要靠扩散，乳酸在进出细胞时，主要靠单羧酸转运蛋白（MCT，Billat et al.2003），在不同组织里的单羧酸转运蛋白不同。MCT1 可提高乳酸吸收，MCT4 能克服浓度梯度促进细胞内乳酸的消除。因此，耐力训练能够提高 MCT1 效能，而无氧训练可以提高 MCT4 效能（Billat et al.2003）。

虽然血乳酸与疲劳无直接联系（Bangsbo et al.1992），但高浓度的乳酸盐离子会影响肌力（Hogan et al.1995）。乳酸的清除反映了机体的恢复能力（Plisk 1991）。运动后，乳酸清除表现为一阶指数函数，该过程与起始浓度无关（Freund and Gendry 1978）。一般情况下，血乳酸浓度会在运动后 1 小时以内恢复到基础水平（Gollnick and Bayly 1986）。血乳酸清除率受到恢复方式和训练水平影响。耐力运动员在训练后采用 50%~70%最大摄氧量强度进行积极恢复，似乎能最大限度地加速乳酸清除（Freund and Gendry 1978; Gollnick and Bayly 1986; Hirvonen et al.1987; Plisk 1991）。兼顾有氧（Gollnick and Bayly 1986; Plisk 1991）和无氧训练（McMillan et al.1993; Pierce et al.1987,1993; Warren et al.1992）的运动员，乳酸清除率会增加。然而，运动后乳酸清除率高并不一定意味能提高随后进行的运动表现。邦德（Bond）及其同事（1991）研究发现，加速乳酸清除的积极恢复方式并不能影响最大等动力量和疲劳特征，这一发现与本书作者对自行车运动员以及高水平举重和力量举运动员的观察结果类似。研究发现，其他因素，如细胞内磷酸根（PO_4^{-4}）、钙离子（Ca^{++}）或钾离子（K^+）浓度的上升比乳酸对疲劳的影响更大（Nielsen et al.2004; Westerblad, Allen and Lannegren 2002）。

(3) 乳酸阈和血乳酸堆积

资料显示（Coyle et al.1984; Davis et al.1979; Kindermann, Simon and Juel 1979; Komi et al.1981），运动强度增加时，在乳酸曲线上会出现拐点（图 4.4）。运动中，乳酸值突然升高所对应的运动强度称为乳酸阈（LT, Yoshida 1984）。乳酸阈表明，随着运动强度的增加，机体会更多地依靠无氧代谢。通常情况下，未经训练者的乳酸阈对应的强度为 50%~60%最大摄氧量，运动员的乳酸阈是最大摄氧量强度的 70%~80%（Cerretelli et al.1975; Farrel et al.1979）。乳酸曲线中的第二个上升拐点出现在练习强度相对更高条件下，这个点被称作"血乳酸堆积"（OBLA），一般出现在血乳酸浓度接近 4 毫摩尔时（Hill 1924; Sjodin and Jacobs 1981; Tanaka et al. 1983）。研究认为，乳酸曲线中的拐点对应了练习强度开始增加以及中、大体积运动单位开始募集参与运动时刻（Jones and Ehrsam 1982）。与大体积运动单位相连的肌细胞通常是 II 型肌纤维，更适合无氧代谢和乳酸生成。

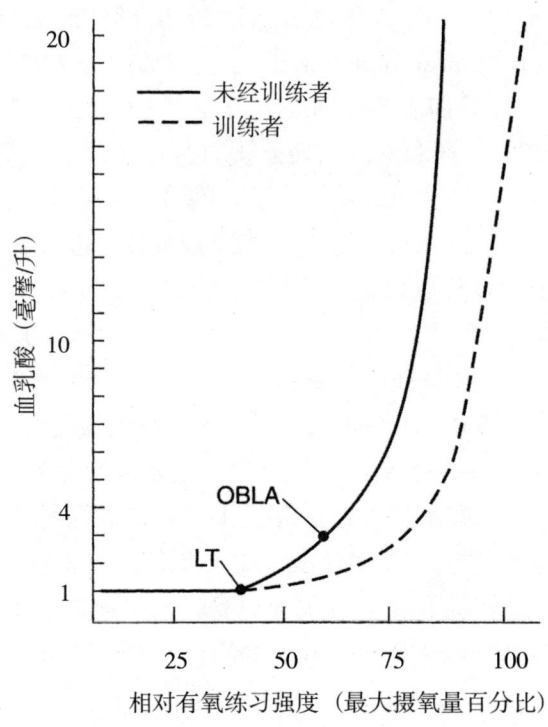

图 4.4　乳酸阈（LT）和血乳酸堆积（OBLA）

重印，许可自：美国体能协会. 体能训练概论［M］. 第 2 版. 伊利诺伊：人体运动出版社，2000，79.

研究认为，采用接近或超过乳酸阈或血乳酸堆积点的强度的训练可使两个拐点右移。这样，当乳酸堆积出现时机体能承受更高的练习强度。拐点移动机制可能有：一是激素分泌的改变，特别是儿茶酚胺浓度的变化；二是在某一强度下，Ⅱ型肌纤维利用率下降；三是乳酸清除量增加。无论机制如何，乳酸阈和血乳酸堆积的右移均可使运动员在更高最大摄氧量强度下运动，同时血液中没有过多的乳酸生成或堆积（Brooks, Fahey and White 1996; Davis et al.1979）。

在最大摄氧量相等的情况下，个体的耐力水平也会有很大差异。高强度耐力与乳酸生成和清除、糖原利用以及跑步经济性之间的联系，要比最大摄氧量更密切。研究发现，大运动量的力量训练可以在最大摄氧量保持不变的条件下延长高强度运动时间（Hickson, Rosenkoetter and Brown 1980; Hickson et al.1988; Stone et al.1983）。推测认为，针对性的力量训练可以通过引起相关因素的改变来提高耐力水平（Stone et al.1983）。横向（McMillan et al.1993; Stone et al.1987）及纵向（Pierce et al. 1987,1993; Stone and Fry 1997）研究表明，力量训练可以降低次最大运动负荷时的血清乳酸浓度。马其尼克等（1991）研究证实，力量训练能够改善乳酸阈，提高受试者功率自行车的骑行耐力。因此，训练形式不同，代谢系统训练效果的迁移方向也不同。

2. 慢速糖酵解

慢速糖酵解也是以血糖或肌糖原为能量来源。如果线粒体能吸收糖酵解产生的两个烟酰胺腺嘌呤二核苷酸（NADH），有氧糖酵解或慢速糖酵解随即开始（巴斯德效应；Krebs 1972；McGilvery 1975，见图4.3）。由于两个NADH进入电子转运系统，会额外生成6个ATP。慢速糖酵解中，丙酮酸通过膜外局部运输进入线粒体细胞基质（Brooks, Fahey and White 1996; Chappell 1968）。这种情况下，丙酮酸用来氧化。

（1）糖酵解能量生成

糖酵解如果由葡萄糖开始，那么糖酵解公式分别为：

快速糖酵解：葡萄糖+2P_i+2ADP→2 乳酸盐+2ATP+H_2O

慢速糖酵解：葡萄糖+2 P_i+2ADP+2NAD^+→2 丙酮酸+2ATP+2NADH+2H_2O

一分子葡萄糖进行的糖酵解，净产物为2个ATP。但如果糖原经磷酸化酶分解，形成葡萄糖-6-磷酸（G-6-P），则生成3个ATP（见图4.3）。由于省略了需要1个ATP的磷酸化过程（通过己糖激酶），会剩下1个ATP。对比快速和慢速糖酵解及通过肌浆网生成$NADH_2$的结果后有人会认为，如果糖原进行慢速糖酵解，会产生8个净ATP。与心肌不同，在骨骼肌中由$NADH_2$携带的质子可以在线粒体穿梭系统中转化为黄素腺嘌呤二核苷酸（FAD），因此将减少净ATP数。

（2）糖酵解的调控

糖酵解受氨、磷酸、ADP、pH值及AMP等影响，其中AMP最明显（Brooks, Fahey and White 1996; Sugden and Newsholme 1975）。低pH值、ATP、肌酸磷酸盐、柠檬酸以及自由脂肪酸（FFA）会抑制糖酵解（Brooks, Fahey and White 1996; Hermansen 1981; Lehninger 2000）。糖酵解的调控主要靠葡萄糖-6-磷酸在己糖激酶作用下的磷酸化完成（Brooks, Fahey and White 1996; Kerbs 1972; Lehninger 2000）。同时，要考虑磷酸化酶催化葡萄糖的分解速度（Brooks, Fahey and White 1996; Pike and Brown 1975; Richter, Galbo and Christensen 1981）。限速步骤如下：

$$F\text{-}6\text{-}P \xrightarrow{\text{磷酸果糖激酶}} F\text{-}1\text{-}6DiP$$

因此，磷酸果糖激酶（PFK）活性对调控糖酵解速度非常重要。磷酸果糖激酶活性主要受AMP影响。所以，磷酸原系统的激活以及通过肌激酶反应生成的AMP将刺激糖酵解来满足大强度运动时的能量需要（Brooks, Fahey and White 1996; Tesch, Colliander and Kaiser 1986）。大强度运动中，AMP脱氨或氨基酸脱氨所产生的氨也会刺激PFK活性（Sugden and Newsholme 1975），因此氨对PFK的刺激一定程度上可能抵消pH值下降所产生的影响，结果是H^+浓度随运动强度的增加而上升。质子数量上升将会抑制一些糖酵解酶，包括PFK和磷酸化酶。当pH值≤6.3时，这两种酶几乎完全被抑制（Hermansen and Stenvold 1972）。

3. 有氧能量系统

有氧能量系统利用蛋白质、脂肪或碳水化合物作为能源物质。人体在静止状态所产生的 ATP 大约 70% 来自脂肪，30% 来自碳水化合物的氧化。低强度运动时，脂肪和蛋白质提供的能量比重随运动时间的延长而增加。当运动强度增加时，能源物质转向碳水化合物，因为碳水化合物的能效更高（Brooks, Fahey and White 1996; Powers and Howley 1997）。

碳水化合物的氧化由葡萄糖分解开始。当线粒体活性很高时，丙酮酸脱羧（失去一个二氧化碳）成乙酰，随后与乙酰辅酶 A 结合，进入三羧酸循环（图 4.5）。糖酵解生成的 $NADH_2$ 在脂肪氧化降解中通过穿梭系统进入线粒体（Brooks, Fahey and White 1996; Chappell 1968; Kilngerberg 1970）。$NADH_2$ 通过电子传递系统（ETS）进一步反应，用于 ADP 再磷酸化（氧化磷酸化）。如图 4.5，葡萄糖完全氧化大约生成

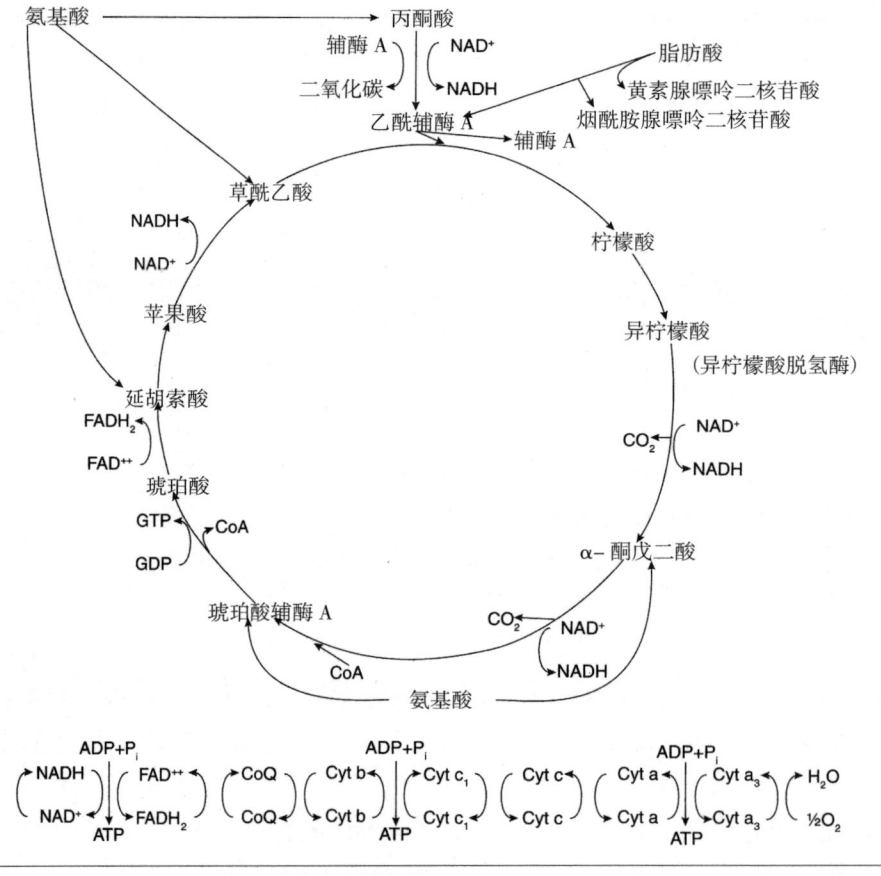

图 4.5 柠檬酸循环与质子／电子传递系统

注：FAD=黄素腺嘌呤二核苷酸；NAD=烟碱腺腺嘌呤二核苷酸；GTP=鸟嘌呤核苷三磷酸；GDP=鸟苷二磷酸；CoQ=辅酶 Q；CYT=细胞色素

重印，许可自：美国体能协会. 体能训练概论［M］. 伊利诺伊：人体运动出版社，1994，73.

38个ATP,这是一个大约值,因为其中一个穿梭系统运送NADH$^+$穿过线粒体膜时需要能量。此外,反应效率本身并不固定,而是根据代谢条件而定,例如pH值的变化等(Lehninger 2000)。

甘油三酯储存在脂肪细胞中,肌肉中也有少量甘油三酯。激素敏感型脂肪酶将甘油三酯分解为能源物质游离脂肪酸(FFA)和甘油。脂肪细胞内的甘油三酯分解后形成FFA和甘油进入血液,作为肌肉活动的能源物质(Boger et al.1992; Hermansen 1981; Jacobs 1981; Lambert et al.1991)。肌肉内含有少量激素敏感型脂肪酶,用于生成肌肉内FFA和甘油。甘油可被转化为甘油-3-磷酸,进入糖酵解。细胞质肌浆中,FFA与乙酰辅酶A结合。游离脂肪酸酰基辅酶A分子通过一个肉碱转运系统进入线粒体(Brooks, Fahey and White 1996; Chappell 1968; Hultsmann 1979; Jones et al.1980)。FFA进行β氧化生成乙酰辅酶A(进入三羧酸循环)和氢离子,通过烟酰胺腺嘌呤二核苷酸(NAD)和黄素嘌呤二核苷酸(FAD)运送至ETS(见图4.5)。上述过程对慢肌纤维尤其重要,慢肌纤维通常含有高浓度氧化酶(Brooks, Fahey and White 1996; Dufaux, Assmann and Hollman 1982)。

蛋白质由氨基酸组成,是含氮分子。蛋白质经分解形成氨基酸组分。骨骼肌用于储存氨基酸。通过转氨与脱氨反应,氨基酸可以转化成碳骨架,碳骨架可转化为葡萄糖(糖异生)(Brooks, Fahey and White 1996; Lehninger 2000)。大多数碳骨架和氨基酸残留物是丙酮酸或三羧酸循环的中间体(Brooks, Fahey and White 1996; Chappell 1968; Hultsmann 1979)。氨基酸降解产生的含氮废物主要通过尿及排泄物排出体外,同时释放少量氨(Brooks, Fahey and White 1996; Triplett et al.1990)。尤其是清除氨这类含氮废物非常重要,因为它们有毒,而且还会导致疲劳(Brooks, Fahey and White 1996; Triplett et al.1990)。研究表明,在长时间运动中(>90分钟),如果缺少碳水化合物作为能量物质进行消化,那么蛋白质的利用率就会增加,可达总能耗的15%~20%(Green et al.1979; Young and Torun 1981)(参见第六章)。

(1)有氧系统的ATP生成

由葡萄糖开始的氧化中,细胞质为每个葡萄糖分子提供2个ATP(从肌糖原氧化是3个ATP)。此外,细胞质内的2个NADH$^+$离子可穿梭进入线粒体。在线粒体内,H$^+$通过NADH$_2$或FADH$_2$进入ETS。有氧磷酸化的蕴藏量(P:O)为NADH$_2$提供3个ATP,为FADH$_2$提供2个ATP(Lehninger 2000; McGilvery 1975)。由于效率不同,慢速糖酵解和氧化反应最多提供38个ATP。葡萄糖的完全氧化以及相应的能量转化见表4.1。

表 4.1　葡萄糖氧化 ATP 的生成量

位置	反应	辅酶	ATP 理论生成量
细胞质	葡萄糖→丙酮酸	2NAD	2
细胞质	葡萄糖→丙酮酸	2NAD	6
线粒体	丙酮酸→乙酰辅酶 A	2NAD	6
线粒体	异柠檬酸→α-酮戊二酸	2NAD	6
线粒体	α-酮戊二酸→琥珀酰辅酶 A	2NAD	6
线粒体	琥珀酰辅酶 A→琥珀酸	2GDP	2*
线粒体	琥珀酸→富马酸	2FAD	4
线粒体	苹果酸→草酰乙酸	2NAD	6
			合计 38

* 底物水平转化。

基于：美国体能协会. 体能训练概论［M］. 伊利诺伊：人体运动出版社，1994，67–85.

(2) 氧化调控

三羧酸循环主要通过 $NADH_2^+$ 或 $FADH_2^+$ 生成反应进行控制。氧化辅酶与还原辅比决定了 ETS 氧化磷酸化所利用的 ADP 和 P_i。辅酶 FAD^+ 和辅酶 NAD^+ 如果无法获取电子（生物系统中的 H^+），三羧酸循环速度就会下降。

此外，当三磷酸鸟嘌呤（GTP）开始堆积，琥珀酰辅酶 A 浓度上升会抑制初始反应：草酰乙酸+乙酰辅酶 A→柠檬酸+辅酶 A。循环中的限速步骤为：异柠檬酸→α-酮戊二酸。异柠檬酸脱氢酶催化限速反应，其活性受 ADP 刺激，受 ATP 抑制。ETS 调控相对简单，它受 ADP 刺激，受 ATP 抑制（Brooks, Fahey and White 1996; Lehninger 2000）。

4. 能量代谢的激素调控

能量物质动员与能量释放在很大程度上依赖于激素作用。第五章会涉及运动中的神经内分泌系统，将会介绍与有氧、无氧运动有关，对生理及代谢功能产生影响的激素作用。

在肾上腺素等激素作用下，能量物质开始动员，完成产能过程。肌肉细胞膜上的肾上腺素受体发挥的一系列作用称为级联效应，如图 4.6 所示（Brooks, Fahey and White 1996; Lehninger 2000）。级联效应用于脂肪细胞中 FFA 的动员与释放、肝糖原的释放以及甘油三酯和糖原在肌肉内的分解产能。

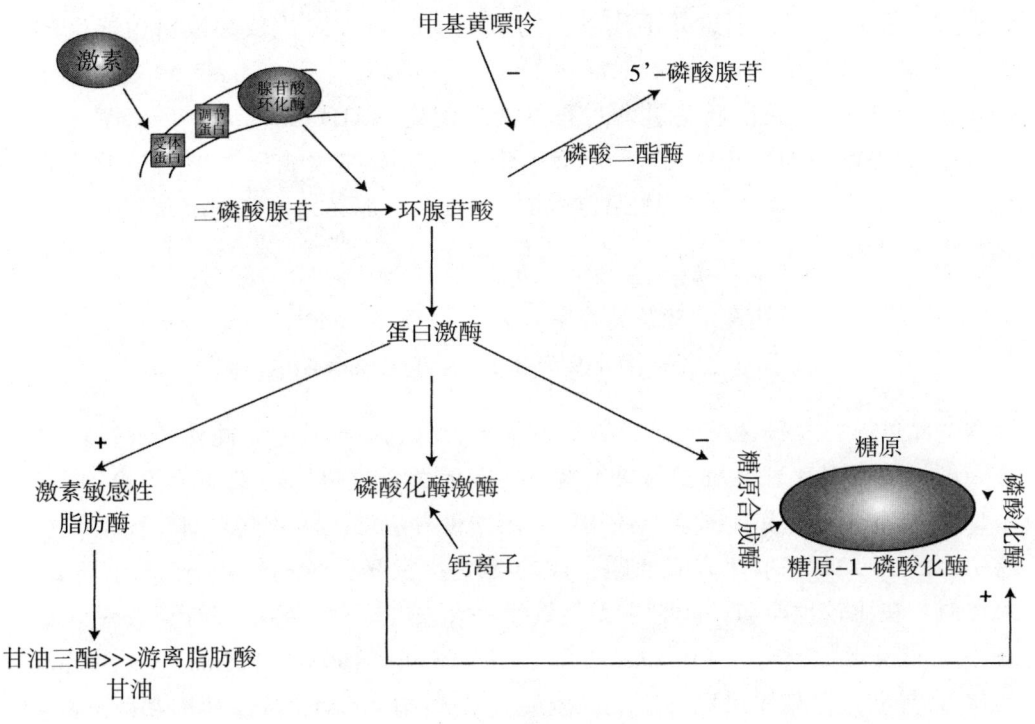

图 4.6 级联效应示意图

注：肾上腺素，作为一种激素与细胞膜上的受体蛋白（R）相结合。这种激素-受体反应改变了调节蛋白（G）的构象，该变化会激活酶（如腺苷酸环化酶）或钙离子通道。酶被激活后引发一系列级联反应。这个例子涉及第二信使环腺苷酸，该物质会对能量底物动员时的变化产生影响。

参考自：鲍尔斯，豪利 1997；盖顿，霍尔 2000；麦金托什氏，加德纳，麦科马斯 2006。

三、燃料效率

认识糖酵解和有氧代谢系统效率的角度有所不同。其中，对产能效率可以采用支出热量与分子热量之比进行估算，如下所示（Brooks, Fahey and White 1996; Lehninger 2000; Stone and O'Bryant 1987）。

ATP=7.3 千卡/摩；糖原=686 千卡/摩；硬脂酸=2100 千卡/摩。快速糖酵解=2ATP（14.6 千卡）；慢速糖酵解=38ATP（277 千卡）；硬脂酸氧化=148ATP（1080 千卡）。

支出热量与储存热量比分别为：快速糖酵解=14.6/686=2%；碳水化合物氧化=277/686=40%；硬脂酸氧化=1080/2100=51%。

计算结果显示，有氧代谢效率比无氧代谢效率高。一定程度上，脂肪代谢比糖原代谢效率高，但这并不代表生物系统整体的 ATP 生成率或自由能生成率。自由能是用于做功的"空闲能"（Brooks, Fahey and White 1996; Lehninger 2000）。糖原转为乳酸过程的能量变化（ΔH）约为–47 千卡/摩，形成 ATP 的势能（ΔG）约–7.3 千卡/摩。负号能表示在放能反应中用于做功的能。生物系统中，释放 ATP 的 ΔH 约–11 千卡/摩。那么，快速糖酵解与糖原氧化效率结果如下：

快速糖酵解的效率为 2×（–11）/47=47%

糖原完全氧化效率为 38×（–11）/686=61%

由此可见，无氧糖酵解效率并不明显低于有氧系统效率。此外，通过在递增强度运动中对比乳酸堆积与摄氧量下降间的关系也可以用来评价代谢效率。格拉登（Gladden）及其同事（1978）采用这种方法得出的数据表明，在无氧通路中合成的 ATP 并不比有氧通路合成的 ATP 少很多，这与利用 ΔH 计算的结果类似。在比较生能与耗能时，无氧效率（大强度运动）要低于有氧效率（稳态下的低强度工作）（Brooks, Fahey and White 1996; Gladden and Welch 1978），导致这一现象可以确定的原因要么是大强度运动会导致肌肉功效下降，要么是因为代谢不直接与做功增加相关联，或二者兼顾（Gladden and Welch 1978）。无论机制如何，当运动强度接近最大时，效率就会降低。另外，细胞环境的改变也会影响效率，例如，pH 值下降和 H$^+$浓度上升、细胞间及细胞内钾离子浓度变化以及 PO3^{+4} 和钙离子浓度的改变都会影响兴奋–收缩偶联和酶活性，这些将会改变代谢效率。此外，肌纤维类型也会影响效率，例如，因 ETS 中的紧密偶联，Ⅰ型运动单位的燃料效率更高。

决定生物能效的另一个重要因素是呼吸商（RQ）。呼吸商是食物（如蛋白质、碳水化合物或脂肪）在氧化过程中产生的二氧化碳与耗氧量之间的比率。通过弹式量热器可以测定每摩尔底物的呼吸商及千卡热量（Kleiber 1950），通过测量排出的二氧化碳与摄入的氧气量可以计算运动中的呼吸交换率（RER）（Brooks, Fahey, White 1996; Power and Howley 1997）。使用呼吸交换率的原因是在蛋白质消化时，少量额外消耗的能没有被呼吸商计算在内，同时，因换气过度或换气不足及缓冲作用会造成气体交换时的变化不成比例。缓冲系统功能对于高强度运动非常重要，呼出过量的二氧化碳会导致交换率上升，但食物氧化并不会引起呼吸交换率的变化。因此，呼吸商更适合细胞呼吸，而呼吸交换率更适合肺部气体交换。通过测热法和呼吸交换率，可以确定热当量（表 4.2）。

表 4.2 热当量

食物	测热法		生物学	
	（千卡/克）	（千卡/克）	(RER)	（千卡/升氧）
蛋白质	5.7	4.2	0.8	4.5
脂肪	9.5	9.5	0.7	4.7
碳水化合物	4.2	4.2	1.0	5.0

基于：美国体能协会. 体能训练概论［M］. 伊利诺伊：人体运动出版社，1994，67-85.

采用上述计算方法的前提是假设蛋白质不是主要的能量物质，这种假设对于长时间运动来说也许并不适合（Brooks, Fahey, White 1996）（参见第六章）。

计算呼吸交换率时会发现，碳水化合物是效率最高的"燃料"，消耗单位氧气下的能效要比脂肪高出约 6%，比蛋白质高出约 10%。可见，碳水化合物是更为理想的"燃料"（Brooks, Fahey, White 1996）。呼吸交换率从定性角度看，可以确定运动中主要的能源底物（食物）、预测运动的相对强度。低强度运动时，呼吸交换率会下降，当运动强度增加时，呼吸交换率会快速增加（图 4.7）。低强度运动中，呼吸交换率下降表明对脂肪供能依赖性的增加（当持续时间超过 90 分钟，可能依赖的是蛋白质）。当运动强度达 65% 最大摄氧量强度时，脂肪氧化达到最大，大约能满足 50% 的能量

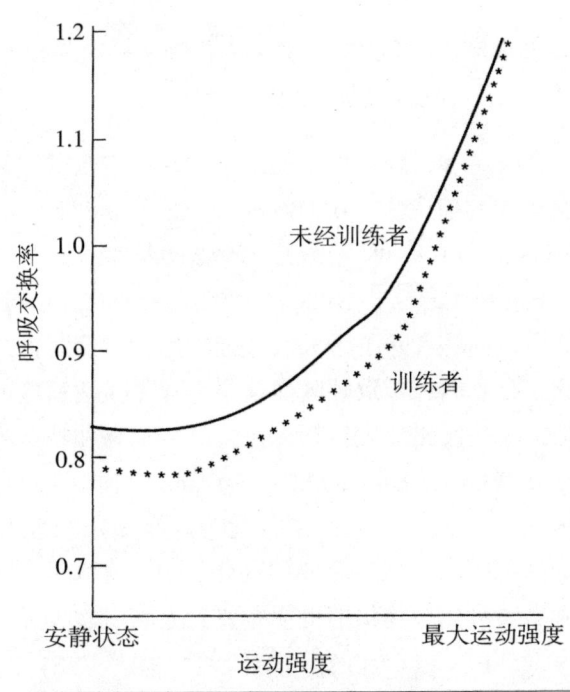

图 4.7 训练者与未经训练者在安静与不同运动强度时的呼吸交换率

重印自：M.H. 斯通，H.S. 奥布赖恩特. 力量训练：科学的方法［M］. 纽约：皮尔逊教育公司（上鞍河），1987，30.

需求，其余的主要靠碳水化合物提供（Romijn et al.1992）。长时间低强度运动造成脂肪使用量增加的原因有：一是在激素，特别是生长激素释放作用下，会动员自由脂肪酸（Brooks, Fahey, White 1996; Powers and Howley 1997; Terjung 1979）；二是与糖酵解相比，ETS处于加速状态，氧化能力超过丙酮酸的供应速度；三是自由脂肪酸会抑制糖酵解限速酶（磷酸果糖激酶）活性。

运动强度提高时，对能量快速补充的需求增加，ADP浓度也随之增加。当ADP浓度随运动强度增加而上升时，造成ADP重新磷酸化过程加强（Brooks, Fahey, White 1996）。因此，运动强度增加后，快速糖酵解供能比重提高。动物实验及文献综述指出，血乳酸浓度的增加会抑制自由脂肪酸动员（Gollnick and Hermansen 1975; Issekutz et al.1965; Jones et al.1980），进而影响氧化过程。这一发现主要来自对狗在安静状态下注射乳酸钠的实验观察（Issekutz et al.1965; Miller et al.1964）。不过，这类实验研究并没有将肌肉活动的整体生理环境考虑进去。最近，研究资料普遍认为，人体运动时血乳酸浓度上升不一定会抑制自由脂肪酸动员或限制其作为能量底物的利用（Boger et al.1992; McMillan et al.1993; Stone and Fry 1997）。激素影响可能造成对自由脂肪酸动员的抑制不足（McMillan et al.1993; Stone and Fry 1997）。

如果在非生物弹式量热器反应中达到最高值，呼吸交换率可超过1.0，这是因为快速糖酵解产生质子，从而增加血液及组织中H^+浓度，降低pH值。血液缓冲系统可以缓解这一过程（Brooks, Fahey and White 1996），如下所示：

缓冲反应：二氧化碳+水 ⇌ 碳酸 ⇌ 碳酸根+氢离子
提高练习强度=增加氢离子浓度

生成的质子会使反应左移，释放更多的二氧化碳。多余的二氧化碳通过肺呼气排除，这样使得呼吸交换率的值大于1.0（Brooks, Fahey and White 1996; Parkhouse et al.1983）。呼吸交换率超过1.0时可以预测，运动对人体的要求一定会很高（Brooks, Fahey and White 1996）。

系统的有氧训练后，训练者除了最大或次最大用力程度降低外，运动时呼吸交换率也要比未训练者低。有氧训练导致呼吸交换率下降是代谢适应的结果，训练者能够更有效地利用自由脂肪酸。代谢适应包括氧化酶活性提高和特殊同功酶的主导作用增强（Brooks, Fahey and White 1996; York, Oscai and Penny 1974）。例如，有氧训练者的心肌型乳酸脱氢酶（LDH_H）（将乳酸催化为丙酮酸）浓度升高。通过训练，可以增加对自由脂肪酸的利用率，减少糖原的使用，这对耐力性项目尤为重要。那么，省下来的糖原可以为靠碳水化合物供能的中枢神经系统提供能量（Brooks, Fahey and White 1996）。

无氧运动后，呼吸交换率通常会下降。举重运动员（Melby et al.1993）和力量举运动员（McMillan et al.1993）力量训练后的恢复期会出现呼吸交换率下降的现象，这一反应可以持续几个小时。运动后脂肪的动员与利用很可能与糖原亏缺及激素反应有关。这一现象说明，脂肪可用于无氧练习后机体恢复，同时对体成分也可能产生影响（参见第十章）。

四、能量生成率与能力

实际上，认识不同能量系统的工作特点对训练专家、教练和运动员来说非常关键。生物能效系统在不同运动强度和持续时间中的供能能力各不相同（表4.3）。康利等（1993）在功率自行车以及哈曼在跑台上的研究发现，最大摄氧量对应的动作功率仅为最大功率的25%~35%。因此，有氧运动即便达到100%最大摄氧量强度，也不应界定为高强度。最大速率的能量需求要有最大速率的能量供应，这种极限强度的运动主要依靠磷酸原供能系统。大强度运动由快糖酵解系统供能，而长时间有氧运动则需要有氧系统供能，有氧系统具有很强的ATP生成能力。由于不同能量系统之间的转化需要一定时间，因此在大部分运动开始时都会在一定程度上利用ATP-PCr系统（Brooks, Fahey and White 1996）。

表4.3 生物能效与能力

能量系统	ATP生成速率	ATP生成能力
磷酸原	1	5
快速糖酵解	2	4
慢速糖酵解	3	3
碳水化合物氧化	4	2
脂肪和蛋白质氧化	5	1

注：1=高，5=低。
重印，许可自：美国体能协会. 体能训练概论［M］. 第2版. 伊利诺伊：人体运动出版社，2000, 83.

可见，运动时能量系统的动员主要依赖于运动强度。因此，力量训练或短跑运动主要由无氧系统供能，而耐力训练大部分由有氧系统供能。根据运动强度和持续时间，供能主要在这两种能量系统之间转化。然而，任何运动，即便在安静状态下，都会以某一种能量系统为主。运动时，无氧或有氧系统主要根据运动强度及持续时间，按程度参与供能（Brooks, Fahey and White 1996）。这一理论成为间歇训练的科学基础。

时间是影响生物能量系统利用的主要因素。运动包括了从抓举、掷铅球（1~2秒）到马拉松（2小时以上）的各种项目。有些项目肌肉极限收缩持续的时间很短（<10秒），持续时间稍长的项目需要速度性耐力，并且要全力以赴。时间、相对强度

与能量系统的关系见表 4.4（Brooks, Fahey and White 1996; Edington and Edgerton 1976; Hermansen 1981; Robergs et al.1991; Tesch 1980; Thorstensson 1976）。

表 4.4 能量生成时间与运动强度

能量系统	运动持续时间	运动强度
磷酸原	0~6 秒	极限
磷酸原+快速糖酵解	6~30 秒	大
快速糖酵解	30 秒~2 分钟	较大
快速糖酵解+有氧氧化	2~3 分钟	中
有氧氧化	>3 分钟	小

重印，许可自：美国体能协会. 体能训练概论［M］. 第 2 版. 伊利诺伊：人体运动出版社，2000，83。

五、底物亏缺与补充：恢复

运动强度和持续时间不同的运动中，能量底物会出现选择性亏缺。底物亏缺是导致疲劳的主要原因，尤其是体内磷酸原和糖原的亏缺（Gollnick and Bayly 1986; Hermansen 1981; Hultman and Sjoholm 1986; Jacobs, Kaiser and Tesch 1981; Lambert and Flynn 2002）。其他底物，如氨基酸和脂肪酸的亏缺对运动表现的影响程度并不大。因此，磷酸原和糖原的亏缺与补充受到健身与运动训练学者的高度重视。

（一）ATP-PCr 的亏缺与补充

尽管运动疲劳的确切机制还不清楚（Bridges et al.1991），但它在一定程度上可能与磷酸原含量下降有关（Gollnick and Bayly 1986; Hultman and Sjoholm 1986）。与有氧运动相比，大强度无氧运动会导致肌肉磷酸原很快出现短缺。虽然大强度运动中，肌肉 ATP 含量不会显著下降（Henry 1957），即一般不低于起始含量的 60%（Jacobs 1986），但 PCr 会在高强度运动的开始阶段（5~30 秒）显著下降，在极限强度或力竭性运动中会降低至零（Hirvonen et al.1987; Jacobs et al.1983; Karlsson 1971; McCartney et al.1986）。另外，运动时肌肉做功会使用更多的能量，与肌肉等长收缩相比，消耗的磷酸原更多（Bridges et al.1991）。

运动中，由于 PCr 亏缺、肌激酶反应以及糖原或脂肪酸代谢生成 ATP，会造成肌肉中的 ATP 节余现象。运动后磷酸原的补充在很短时间内完成，ATP 再合成大致需要 3~5 分钟（Harris et al.1976; Hultman and Sjoholm 1986），PCr 再合成一般在 8 分钟内完成（Harris et al.1976），极限强度运动会延长再合成时间（至 15 分钟），这可能与 H⁺ 含量的上升有关（McCann, Mole and Caton 1995）。尽管快糖酵解可能参与大强度运动后的恢复（Cerretelli et al.1975; diPrampero, Peeters and Margaria 1973），但磷酸原补充主要靠有氧代谢来完成（Harris et al.1976）。

训练对磷酸原含量影响的研究结果还不明确，也不够深入。大强度运动中，AMP 向肌苷一磷酸的转化可能会消耗少量 ATP。大部分肌苷一磷酸会活化为 AMP（一磷酸腺苷），少量会被去磷酸化，从而产生次黄嘌呤和尿酸。大强度的训练适应会使 ATP 的消耗降至最小程度。有氧训练可增加安静状态下磷酸原的含量（Ericksson, Gollnick and Saltin 1973; Karlsson et al.1972），以及降低在特定次最大功率运动时的亏缺速度（Constable et al.1987; Karlsson et al.1972），但在相对次最大功率运动中（Constable et al.1987）却没有类似现象。

尽管训练适应会引起安静状态下磷酸原含量的上升（Roberts, Billeter and Howald 1982），但短期短跑训练（8周）并未使安静状态的磷酸原含量上升（Boobis, Williams and Wooten 1983; Thorstensson, Sjodin and Karlsson 1975）。不过，短跑训练会造成肌肉增大，从而增加总磷酸原含量。研究表明，5周力量训练会增加肱三头肌在安静状态下的磷酸原含量（MacDougall et al.1977）。磷酸原含量的增加可能是 II 型肌纤维选择性增大的结果，II 型肌纤维中的磷酸原含量高于 I 型肌纤维（MacDougall et al.1986）。

（二）糖原的亏缺与补充

用于运动的糖原储备是有限的，肌肉中大约存有 300~400 克糖原，肝脏中大约存有 70~100 克糖原（Newsholme 1986; Sherman and Wimer 1991）。训练和饮食方式都会影响安静状态下肝糖原和肌糖原含量（Friedman, Neufer and Dohm 1991; Sherman and Wimer 1991）。大量资料表明，无氧训练如短跑和力量训练（Boobis, Williams and Wooten 1983; MacDougall et al.1977）以及有氧训练（Gollnick et al. 1972, 1973）都会增加安静状态下肌糖原的含量。

糖原亏缺率与运动强度有关（Sherman and Wimer 1991）。在中等和大强度运动中，肌糖原的作用更重要。在小强度运动中，肝糖原似乎更重要。随着运动时间的延长，肝糖原参与程度随之增加。相对运动强度在 50%、70% 到 100% 最大摄氧量时，肌糖原分解速率分别为每分钟 0.7、1.4 和 3.4 毫摩/公斤（Saltin and Karlsson 1971）。当相对运动强度大于 60% 最大摄氧量时，肌糖原逐渐成为主要的能源物质，肌细胞内的总糖原量会在运动中出现亏缺（Saltin and Gollnick 1983）。小强度运动（<50% 最大摄氧量）中，对肌糖原消耗量不大，但血糖（Ahlborg and Felig 1967）会维持在较低水平。随运动时间的延长，肌糖原含量会在 90 分钟后下降，但一般不低于 2.8 毫摩/升。大强度（>50% 最大摄氧量 $\dot{V}O_2max$）长时间运动（>90 分钟）会因肝糖原亏缺而导致血糖含量大幅下降（Ahlborg and Felig 1982）。当运动引起的血糖值低于

2.5 毫摩/升时，会出现低血糖现象（Ahlborg and Felig 1982; Coyle et al.1983）。当血糖水平达到 2.5~3.0 毫摩/升时，会造成肝脏内碳水化合物含量减少及碳水化合物氧化能力下降，持续运动最终导致力竭（Coggan and Coyle 1987; Coyle et al.1983; Sherman and Wimer 1991）。

高强度的间歇训练，如在几组高强度力量训练（负荷量不大）后，肌糖原会明显亏缺（20%~50%）（Lambert et al.1991; MacDougall et al.1988; Robergs et al.1991; Tesch 1980）。少次多组的力量训练中，磷酸原是主要限制因素（MacDougall et al. 1988），多次多组的力量训练中，肌糖原会成为主要限制因素（Lambert et al.1991）。运动方式会导致选择性肌纤维糖原亏缺（Ⅱ型肌纤维亏缺得更明显），从而导致运动能力下降（Lambert et al.1991）。肌糖原分解速率与训练强度直接相关。在 6 组 6 次 70%1RM 伸膝训练中，肌糖原分解速率（每秒 0.46±0.05 毫摩/公斤）是 6 组 35%1RM 伸膝训练的 2 倍（每秒 0.21±0.03 毫摩/公斤）。然而，无论训练强度如何，如果总功相等，那么糖原亏缺量相同（Lambert et al.1991）。研究发现，腿部力量训练中的肌糖原分解速率与股外侧肌电刺激（Spriet, Lindinger and McKelvie 1989）、等动自行车极限强度间歇训练时腿部肌肉糖原的分解速率近似（McCartney et al.1986; Spriet, Lindinger and McKelvie 1989）。

运动结束后，肌糖原补充与碳水化合物的摄入有关。研究指出，运动后如果每 2 小时补充 0.7~3.0 克/公斤体重的碳水化合物，可使肌糖原补充达到最佳状态（Friedman, Neufer and Dohm 1991; Sherman and Wimer 1991）。碳水化合物的合理补充会使运动后 4~6 小时内，肌糖原水平恢复到每克湿肌 5~6 微摩尔的最佳程度。如果碳水化合物摄入充足，肌糖原水平将在 24 小时内完全恢复（Friedman, Neufer and Dohm 1991; Sherman and Wimer 1991）（参见第六章）。另外，练习中如果有大量离心运动，肌糖原恢复速率将会下降（Costill et al.1990; Doyle et al.1993; Widrick et al.1992）。但总体上看，离心练习后 6~48 小时，肌糖原补充速率呈线性变化，这与向心练习后肌糖原的补充速率并无差异（Widrick et al.1992; Doyle et al.1993）。运动结束后，肌糖原的恢复与训练水平和碳水化合物摄入密切相关，完全恢复最长可能需要 10 天（Doyle et al.1993）。肌糖原再合成速率的下降可能与糖原合成酶活性下降、胰岛素作用、葡萄糖摄入有关，也可能是肌肉损伤造成的（Doyle et al.1993）。一定程度上，糖原补充速率下降会因运动后即刻至 2 小时内摄入大量碳水化合物（至少 1.5 克/公斤体重）而得到缓解。这种补充方式会促使血液中胰岛素和葡萄糖水平稳定上升，加速糖原合成。

（三）能效限制因素

限制运动最佳表现的因素（Brooks, Fahey and White 1996; Brouha and Radford 1960; Ericksson, Gollnick and Saltin 1973; Hermansen 1981; Hultsmann 1979; Jacobs

1981; Powers and Howley 1997) 必须考虑训练造成的疲劳积累。表 4.5 列举的各种限制因素，主要基于能源或底物的亏缺和肌肉内 H^+ 浓度的变化。

表 4.5 能效与代谢的限制因素

运动类型	ATP-PCr	肌糖原	肝糖原	脂肪储量	H^+
小强度（马拉松）	1	5	4~5	2~3	1
中等强度（1500m）	1~2	3	2	1~2	2~3
中高强度（400m）	3	3	1	1	4~5
最大强度（铁饼）	2~3	1	1	1	1
*重复练习（大强度）	4~5	4~5	1~2	1~2	4~5

注：* 为多组 10 次 60%1RM 抓举；H^+ 浓度同时也反映了与疲劳有关的钾离子、钙离子和磷酸根离子的变化；1 为最低，5 为最高。
改编自：美国体能协会. 体能训练概论［M］. 第 2 版. 伊利诺伊：人体运动出版社，2000，83.

糖原是长时间低强度的有氧供能运动和重复性大强度无氧供能的主要限制因素。力量训练、短跑和无氧供能项目引起乳酸以及氢离子浓度的上升将间接或直接地影响肌肉收缩能力（Hermansen 1981）。

六、运动能耗

摄氧量是机体有氧活动能力的反映。每分钟摄氧量与中枢（心输出量）和外周（氧差）因素有关。修订后的菲克方程表达了上述关系：

$$摄氧量 = 心输出量 \times 氧差$$

因此，最大摄氧量（$\dot{V}O_2max$）与中枢和外周摄氧（最大）能力相关。

如果次最大强度运动中保持功率恒定，在开始的几分钟里，摄氧量会逐渐增加到稳态（Åstrand and Rodahl 1970; Hill 1924）。稳态条件下，需氧量与耗氧量相等（图 4.8）。然而，在稳态有氧运动开始的时候（3~5 分钟），必须通过无氧代谢来提供能量（Åstrand and Rodahl 1970; Brooks, Fahey and White 1996）。运动消耗的总能量中，无氧代谢所占的那部分称为"缺氧"（Hill 1924; Brooks, Fahey and White 1996）。根据运动强度和持续时间，运动结束后的一段时间内，摄氧量依然高于安静状态（图 4.8 和图 4.9）。运动后摄氧量（高于安静状态）称为"氧债"（Hill 1924）或"运动后过量氧耗"（EPOC），或简化为"恢复氧耗"（Brooks, Fahey and White 1996; Burleson et al.1998）。

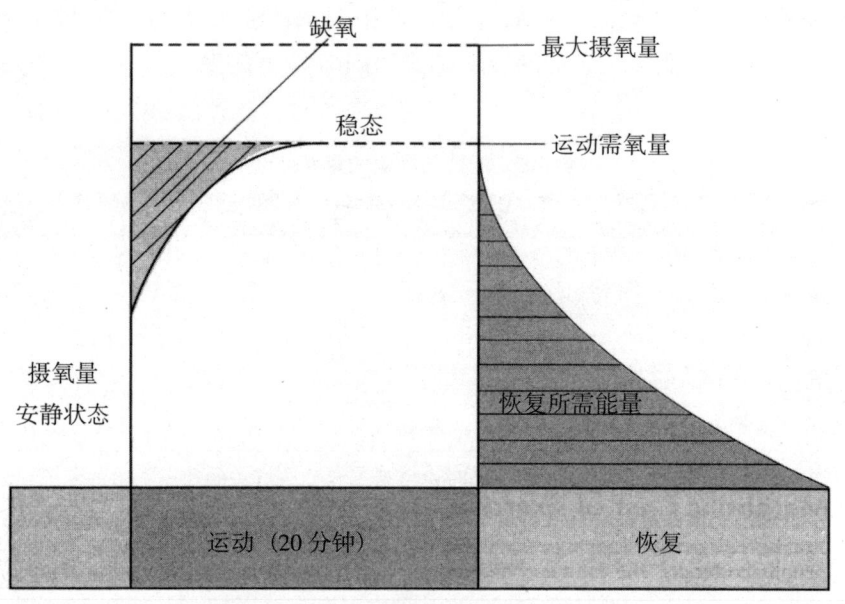

图 4.8　低强度稳态运动代谢示意图

注：图中最大摄氧量为 5 升/分钟，运动时的摄氧量为 4 升/分钟。

重印，许可自：美国体能协会. 体能训练概论［M］. 伊利诺伊：人体运动出版社，1994，77.

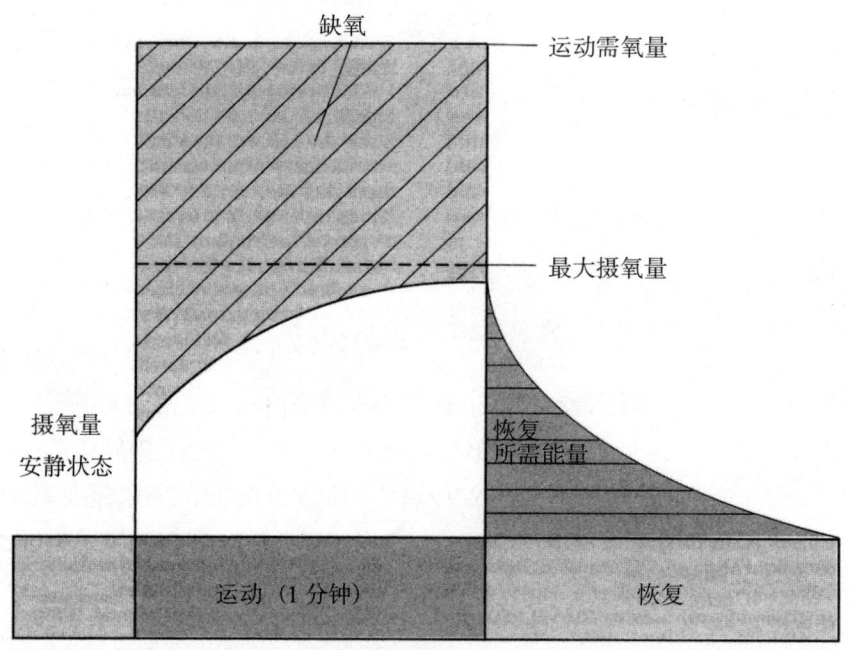

图 4.9　高强度非稳态运动代谢示意图

注：图中运动强度为最大强度的 75%，约为最大摄氧量强度的 2 倍。此时，机体的需氧量明显大于最大摄氧量。因此，缺氧在运动中始终存在，亏缺非常明显。

重印，许可自：美国体能协会. 体能训练概论［M］. 伊利诺伊：人体运动出版社，1994，77.

运动强度如果大于最大摄氧量强度，大部分做的功需要靠无氧代谢供能，如图4.9所示。一般来说，当无氧代谢供能比例增加时，运动持续时间就会减少（Hadmann 1957; Wells, Balke and Van Fossan 1957; Whipp, Scard and Wasserman 1970; Brooks, Fahey and White 1996; Powers and Howley 1997）。通过测量缺氧量大小，可以算出稳态运动及高强度运动中无氧代谢的参与程度（Medbo et al.1988; Olsen et al.1994; Tabata et al.1997）。

在功率自行车上进行的持续性全力运动中，无氧与有氧代谢供能比重如表4.6所示（Vandewalle, Peres and Monod 1987; Withers et al.1991）。最初的30~60秒主要靠无氧代谢供能，随后以有氧代谢供能为主。因此，持续全力至力竭的运动很大程度有赖于有氧代谢能力。这种运动中，无氧代谢所占比重代表了无氧能力（Medbo and Burgers 1991; Vandewalle, Peres and Monod 1987）。

表4.6 持续全力运动中无氧和有氧代谢比例关系

比例	运动时间			
	0~5秒	30秒	60秒	90秒
无氧代谢	96	75	50	35
有氧代谢	4	25	50	65
功率（%最大）	100	55	35	31

改编自：H.范德维尔, G.佩雷斯, H.莫诺.标准化无氧运动测试［J］.运动医学,1987（4）：268-289.
R.T.威瑟斯等. 气闸功率自行车30秒、60秒、90秒全力骑行的肌肉代谢特征［J］.欧洲应用生理学,1991,63（3）：354-362.

当有氧代谢供能比例增加时，动作功率会下降。在功率自行车上，最大摄氧量强度对应的短时输出功率要比最高输出功率低大约35%。因此，对于最大摄氧量强度而言，有氧供能只有在小强度运动时，才能维持下去。无氧或有氧代谢能力的提高，都能增强耐力及持续力竭运动的做功能力（Vandewalle, Peres and Monod 1987）。通过训练，可以提高无氧代谢或有氧代谢能力（Medbo and Burgers 1991）。合理安排训练负荷与间歇，可以达到同时提高有氧功率、无氧功率和无氧代谢能力的目的（Medbo and Burgers 1990; Tabata et al.1996; Tabata et al.1997）。

全力运动至力竭的项目或身体活动并不多见，大部分运动项目和运动训练，如橄榄球、间歇跑跳训练、力量训练的代谢特征与持续性高强度间歇运动时的代谢特征类似。这类运动中，运动强度（输出功率）要高于有氧代谢供能对应的最大功率。

有氧训练在提高有氧功率的同时对无氧功率及无氧能力产生负面影响，这对爆发类项目运动员的训练并无益处（Koziris et al.1996）。

间歇训练是针对某个能量代谢系统设计，相对于持续训练而言的一种训练方法。

目的在于保持相同或较低的疲劳水平下保证大强度运动（Brooks, Fahey and White 1996）。理论上，根据运动时主导代谢系统及底物恢复时间，通过不同运动负荷组合形式可以有针对性地发展有氧代谢、快速糖酵解和磷酸原供能系统。表4.7列举的负荷组合方式主要基于相对最大输出功率以及底物（磷酸原）恢复时间（Stone and Conley 1992）。

表4.7 负荷结构建议组合示例

最大输出功率百分比	主要系统	通常练习时间（秒）	练习与间歇时间比
90~100	磷酸原	5~10秒	1:12~1:20
75~90	快速糖酵解	15~30秒	1:3~1:5
30~75	快速糖酵解+有氧	60~180秒	1:3~1:4
20~35	有氧	>180秒	1:1~1:3

改编，许可自：美国体能协会. 体能训练概论［M］. 第2版. 伊利诺伊：人体运动出版社，2000，83.

然而，许多运动项目的动力学并不能直接确定运动负荷的组合形式。实践中，确定运动强度与持续时间是一种实用的组合方式。利用这种组合，可以模仿实际项目的运动强度和持续时间进行针对训练（Plisk and Gambetta 1997），也可以模拟比赛条件下的运动强度以及时间特征。以美式橄榄球为例，每个位置上的局数、跑动距离以及每局运动强度都可以在训练中进行模仿，从而保证运动员在比赛时具备充足的体能。

针对代谢系统的训练，需要确定合理的训练强度、持续时间和间歇时间。制订训练计划时，可以通过调整训练负荷结构和分期安排获得预期的训练适应。

（一）恢复氧耗：能量恢复

教练员和运动员常常会低估力量训练时的能量消耗。许多人认为，力量训练对体脂的作用不大或毫无影响。这种误解主要源自一个普遍的认识，即"有氧练习所消耗的卡路里会更多"以及"只有有氧运动才能燃烧脂肪"。然而，这些认识是片面，甚至错误的。

运动后恢复期能量消耗会影响体重、体成分以及随后进行的运动。运动耗能不能简单地用运动时间来衡量，而要延长到运动结束后的一段时间。目前，关于稳态运动对恢复期耗能及总能耗影响的研究已经非常普遍（Bahr et al.1987; Bahr and Sejersted 1991; Brehm and Gutin 1986; Elliot, Goldberg and Kuel 1992; Scholl, Bullough and Melby 1993; Sedlock, Fissinger and Melby 1989）。结果表明，运动强度比运动持续时间对运动后能耗的影响更大（Melby 1993）。如果增加低强度（<60%最大摄氧量强度）运动时间，那么运动后恢复能耗会呈线性增加（Bahr et al.1987; Bahr and

Sejersted 1991; Melby 1993),但运动强度提高后,恢复能耗则呈指数级增加(Bahr and Sejersted 1991; Melby 1993)。大强度运动对内环境的影响比小强度运动明显,因此运动后恢复能耗更大。这说明,非稳态的无氧运动,如力量训练或短跑,机体则需要更多的能量和更长的时间来恢复。

快速糖酵解会参与大强度运动后的恢复,但多数运动后的恢复还是依赖有氧代谢来完成。计算恢复能耗的一个重要方法是测量恢复氧耗(ROC)并将其换算成卡路里。"恢复氧耗"是指人体在基础氧耗之上,摄取用于恢复机体运动前状态的氧气量(Stainsby and Barclay 1970)。早期研究表明,恢复氧耗与氧债呈中度或高度相关,这是因为来自乳酸的糖原再合成(占80%)或乳酸通过丙酮酸和三羧酸循环及电子转运系统通路的进一步氧化(占20%)。然而,玛格丽塔及其同事(1933)发现,在恢复氧耗的开始阶段,血乳酸并没有下降,而且即便血乳酸水平无显著变化也会动用少量的恢复氧耗(2~3升)。由此推测,恢复氧耗由两部分组成,即非乳酸阶段和乳酸阶段。非乳酸阶段代表了用于恢复ATP和PCr储备、肌红蛋白和血红蛋白恢复的氧耗。乳酸阶段的恢复氧耗则是重新将乳酸转化为糖原所消耗的氧气。目前看来,这种认识并不准确。

也有研究发现,氧债与恢复氧耗之间仅存在低到中度相关(Berg 1947; Henry 1957)。尽管氧债影响总的恢复氧耗,但二者并不完全相等。此外,观测进入大鼠肌肉内放射性标记乳酸发现,75%标记的碳为CO_2(Brooks, Brauner and Cassens 1973)。这一发现表明,大部分堆积的乳酸可能在恢复期进行氧化供能。此外,血乳酸在运动停止后10分钟会大幅下降,但此时并未出现糖原的再合成(Weltman and Katch 1977)。因此,会有少量乳酸用于糖原的再合成。

运动中,人体生理活动持续增加直到恢复期的这一现象可用来解释大部分的恢复氧耗。体温上升会加速代谢、提高氧耗(Brooks et al.1971)。运动可引起呼吸肌和心脏功能的增加,对供能速率的要求也随之增加(Karlsson 1971)。理论上,仅用体温上升、心肺功能增加来衡量恢复氧耗的最大氧债不会超过3~5升(Brooks et al. 1971; Brooks, Brauner and Cassens 1973; Welch and Stainsby 1967)。报道称,稳态运动后(>1小时),恢复氧耗可达18升(Margaria, Edwards and Dills 1933)。研究指出,在持续30~90分钟的力量训练后恢复氧耗会更高(超过19升)(Burleson et al.1998; Melby et al.1993)。造成高水平恢复氧耗的原因有很多,包括磷酸原再合成、乳酸再合成糖原(<20%)、体温上升、呼吸做功、组织液再饱和、静脉及骨骼肌血液中氧气再饱和、肌红蛋白氧气再饱和、不同身体部位离子重新分布、钙离子对线粒体呼吸的影响、激素累积的余效以及组织修复和再建(Brooks et al.1971; Brooks, Brauner and Cassens 1973; Brooks, Fahey and White 1996; Welch et al.1970)。

1. 次最大强度运动后恢复

研究发现,2~3分钟次最大强度运动后的恢复氧耗大于同等强度下长时间持续运动时的氧耗（Whipp, Scard and Wasserman 1970）。这说明，其中一部分恢复氧耗与稳态有氧运动的氧耗相等。类似研究显示，中等最大摄氧量强度（50%~70%）的有氧运动后，恢复期的乳酸消除量会增加（Gollnick and Hermansen 1975; Plisk 1991）。

2. 间歇性无氧训练后的恢复

与非间歇练习相比，间歇非稳态运动的总功更大、动作功率更高，这是间歇训练的基本特征（Plisk 1991）。此外，间断训练会造成恢复氧耗上升及总能耗增加。相比持续训练，多组间歇训练中增加的能耗可用来维持更大的运动强度，因此所做的总功更大。

资料显示，力量训练可以明显打破人体内环境平衡。根据负荷量大小，力量训练会产生中等到高水平的恢复氧耗（Burleson et al.1998; Elliot, Goldberg and Kuel 1992; Melby, Tincknell and Schmidt 1992; Melby et al.1993; Murphy and Schwarzkopf 1992）。此外，相对一般有氧练习而言，力量训练产生的恢复氧耗水平更高（Burleson et al.1998; Elliot, Goldberg and Kuel 1992; Scholl, Bullough and Melby 1993），这对各种健身、竞技运动来说非常重要。

力量训练是否能用来控制体重及体成分存在很多争议（Melby et al.1993; Stone et al.1991a）。虽然力量训练比一般有氧练习后的恢复氧耗高，但高出的部分并不足以改变体重或体成分。例如，伯利森及其同事的研究发现（1998），在循环力量训练后的 30 分钟内，大致会消耗 95 千卡（19 升氧气）能量，即便一周重复数次这样的训练，这种能耗也并不会对体重或体成分产生明显的影响。可是，这种训练设计（Burleson et al.1998）强度不大（通常比 60%1RM 低），总负荷量也不高（<6000 公斤）。实际上，力量类运动员的力量训练课通常持续 60~90 分钟，每次训练课的负荷总量在 15000 到 40000 公斤，这种能耗如果在运动后完全恢复至少需要 15 小时（Melby 1993）。因此，力量训练的负荷量（加上其他形式训练）或许是影响恢复的关键因素。如果一周进行多次大负荷量的力量训练，所形成的累积效应会对运动员的体重和体成分产生深刻影响。对一天训练一次以上的运动员来说，更是如此。

据文献分析，力量训练能够提高瘦体重、降低体脂百分比以及增加总脂肪的消耗量（Stone et al.1991a）。力量训练后，作为能源物质的脂肪酸消耗量会增加（McMillan et al.1993; Melby et al.1993; Scholl, Bullough and Melby 1993）。增加脂肪酸动员（供能）可能与肌糖原含量降低及激素影响有关（McMillan et al.1993; Melby et al.1993）。这样看来，体重和体成分受恢复期能耗以及脂肪酸动员增加的影响（参见第十章）。

赛季或大周期训练中，高水平运动员每周训练均超过 3 次，许多运动员采用一天多练（多个训练单元或训练课）的方式。对爆发类项目运动员，准备期每周力量训练课可能超过 8 次（参见第十三章）。因此，高水平训练中的恢复问题显得非常重要（Stone et al.1991b）。

以举重为例，高水平举重运动员一天两练，每周训练 4~6 天，每周 30000~70000 公斤的举重量并不少见（Stone and Fry 1997）。在准备期，每周超过 90000 公斤的负荷量对应每小时的能耗可达 600~1000 千卡，每周的总能耗将超过 3000 千卡（Laritcheva et al.1978; Scala et al.1987; Stone and Fry 1997）。在竞赛期，能耗通常会随负荷量的降低而下降。力量或举重训练引起的能耗大部分出现在恢复阶段（Byrd et al.1996; Burleson et al.1998; Melby et al.1993; Schuenke, Mikat and McBride 2002）。训练负荷量越高，恢复阶段的能耗越大（Melby 1993），机体要完全恢复，则需要 38 小时之久（Schuenke, Mikat and McBride 2002）。因此，以大肌肉群练习为主的大负荷量训练课会导致恢复阶段能耗大幅上升。

为了保持体重稳定和训练能量，机体必须要摄入充足的能量。由于举重训练耗能大，食物热量（卡路里）摄入要足够高，因此，举重运动员的体形越大，需要的能量越多。举重训练属于高耗能训练，在恢复期脂肪动员与利用就会增加（Hunter et al. 2000; McMillan et al.1993; Stone and Fry 1997），这就解释了高水平举重和爆发类项目运动员的体脂百分比相对较低的原因（参见第六章和第十章）。

值得一提的是，上一次训练课之后的恢复情况会影响到下一次训练课的表现，未完全恢复所造成的影响会持续数小时或数天。我们知道，疲劳会影响与肌力有关的各种指标（Stone et al.1988），不过对一堂力量课产生的生理或代谢反应对接下来的力量训练或无氧性训练课会造成什么影响还不完全清楚，但可以肯定，训练负荷量会影响恢复过程及随后的训练表现（Behm et al.2002; Melby 1993）。此外，一堂力量课对力量相关指标的影响程度各不相同，例如，根据作者实验室未发表的数据显示，大负荷（量）力量训练课后的 4 小时，最大力量（1RM）和爆发力（纵跳成绩）所受影响程度要小于力量耐力。

关于力量训练对有氧运动能力影响的研究越来越多。克劳福德及其同事（1991）提出，力量训练对随后有氧练习（跑台跑步）的影响不大，但该研究使用的力量手段只做了几组，负荷量并不大。贝利及其同事（1996）的研究则选用了 9 个上、下肢的力量训练手段，负荷量要比克劳福德等（1991）人的大得多。贝利和同事发现，力量练习会影响心率与血压反应及心率与摄氧量的关系。以上说明，力量训练的负荷量会影响与恢复有关的生理反应。一般情况下，在训练安排中，很多运动员先进行力量训练，然后是其他体能训练，有的运动员安排的训练顺序正好相反。尽管顺序有先后，但两种性质的训练间歇时间都不长（只有几分钟），而且关于这类训练安排表现出的代谢效率的研究内容并不多。

逻辑上，训练课之间的不完全恢复会影响到机体的生理指标，造成随后训练课运动表现下降。从远期看，这种下降现象会对预期的训练适应产生影响，恢复不彻底容易引起过度训练（Stone et al.1990）。资料显示，上一堂训练课会影响接下来的训练，但关于如何促进恢复以及休息多长时间并不完全清楚。因此，教练员对于训练课之间的间歇时间，尤其是在力量训练后恢复时间的安排上要非常谨慎。

（二）代谢系统的专项化训练

合理安排训练强度、持续时间以及间歇时间可以有针对性地发展相应的能量代谢系统，从而产生专项化适应（Brooks, Fahey and White 1996; Koziris et al.1996）。间歇训练是力量训练的基础，也是无氧运动项目（如短跑和橄榄球）训练安排的基本形式。力量及其他形式的无氧间歇训练可以在短期内小幅提高有氧功率（4%~9%）（McCarthy et al.1995; Stone et al.1987），训练效应主要表现在与无氧有关的代谢指标上。力量训练、短跑训练和其他形式的无氧训练会增加磷酸原与糖原储备、提高肌红蛋白酶活性（Gollnick and Saltin 1982; Campos et al.2002），从而促进运动成绩的提高。

有氧代谢能力对于大强度无氧训练（如力量训练、短跑训练）后的恢复非常重要（Brooks, Fahey and White 1996），但在无氧训练计划中如何安排有氧训练需要格外小心。虽然研究结果并不完全一致（McCarthy et al.1995），但有证据表明，即便是小负荷的有氧训练也会对无氧运动能力，特别是大功率做功及速度能力造成负面影响（Hakkinen et al.2003）。

大鼠实验发现，有氧训练会削弱其无氧代谢能力（Vihko, Salmons and Rontumaki 1978）。还有研究报道，同期进行无氧与有氧训练会对肌肉纬度增加（Bell et al.1991; Craig et al.1991）、最大力量（Bell et al.1991; Buskirk and Taylor 1957; Craig et al.1991; Hickson 1980），特别是速度及动作功率等指标产生负面影响（Dudley and Djamil 1985; Hakkinen et al.2003; Hennessy and Watson 1994; Kraemer et al.1995）。这一实验的内在机制虽不十分清楚（Stone et al.1991a），但这种无氧与有氧同期训练对运动能力所造成的交互影响与肌纤维类型改变及睾酮、皮质醇等激素变化有关（Kraemer et al.1995）。虽然同期进行的有氧训练会对力量训练所引起的肌力及动作功率产生负面影响，但反过来并非如此。相关研究综述表明，无氧训练，包括力量训练可以提高小强度运动的耐力水平（Bastiaans et al.2001; Hickson, Rosenkoetter and Brown 1980; Hickson et al.1988; Stone et al.1983, 1991a）。

有人建议，加入无氧训练中的有氧训练主要是为了促进恢复（Plisk 1991），因为按常理，恢复过程主要依赖有氧代谢。然而，有氧能力对于促进恢复的程度有多大并不明确。有些研究认为，最大摄氧量与恢复指标，如与乳酸清除、PCr 补充、运动后氧耗相关（Hoffman 1997; Short and Sedlock 1997; Tomlin and Wenger 2001），但也有研究称并未发现存在类似关系（Bell et al.1997; Cooke, Petersen and Quinney 1997）。霍夫曼（1997）研究发现，有氧能力对恢复的促进十分有限。因此，增加有氧训练比例并无更多的益处。换句话说，有氧能力（最大摄氧量）的提高在促进恢复上存在"上限"，超过上限后，有氧能力对恢复促进并无额外作用（霍夫曼认为，对男性运动员来说，最大摄氧量的上限标准为：每分钟 45 毫升/公斤）。如果训练无氧比重非常大，安排一定程度的有氧训练对无氧与有氧代谢都会产生影响（Linossier et al.1997; Nummela, Mero and Rusko1996），包括提高最大摄氧量、PCr 和糖原储备及无氧、有氧代谢酶活性（Dawson et al.1998; Harmer et al.2000; MacDougall et al.1998; Rodas et al.2000）。然而仅从恢复促进角度额外安排的有氧训练，其比重非常有限。

综上所述，专门化的无氧训练一定程度上可以促进有氧功率提高及恢复指标的恢复（McMillan et al.1993; Stone et al.1987, 1991b; Stone et al.1997; Tabata et al.1996; Tabata et al.1997; Warren et al.1992）。横向（McMillan et al.1993）与纵向（Pierce et al.1987,1993; Stone 1997）研究发现，力量训练，尤其是大负荷量的力量训练可以促进恢复指标的恢复，如心率、血乳酸、血氨以及各种激素，并能够使指标快速恢复到基础水平。因此，对于加速无氧训练恢复而进行大量有氧练习并无必要，并且这类有氧练习对大部分爆发类运动项目还会造成不良影响（Koziris et al.1996）。

本章小结

这一章介绍了运动与专项训练的生物化学基础。肌肉收缩引起的身体活动需要能量，能量来自 ATP 的水解。肌肉收缩强度越大，能量消耗越快。供应 ATP 的能量系统有三个。这些能量系统生成 ATP 的速度及能力各不相同，在彼此作用下能够使能量消耗与生成相一致。能量储备的亏缺会引起疲劳，恢复用于补充能量，还原身体正常功能。专项训练引起的能量生成变化会提高训练的适应性。一般来说，训练计划中对训练强度、持续时间以及恢复时间的设计决定了训练手段与能量系统的选择，从而确保预期训练效果。

第五章　神经内分泌因素

神经内分泌系统一方面会影响身体形态和人体的内环境，另一方面对运动或训练引起的内稳态改变会形成长期适应。内稳态是身体均衡、稳定的内环境状态。内稳态不仅需要内环境（心血管、肾脏以及代谢系统）功能的控制与调节，还需要相应系统能够感知信息、建立反应，将反应传递至对应的身体组织。神经与内分泌系统的结构为内稳态的调控提供了基本依据。神经内分泌系统反映了两套系统相互影响、彼此依赖的关系（Powers and Howley 1997）。因此，维持内稳态是神经内分泌系统的主要功能。此外，神经内分泌系统还可以促进各种组织适应外部环境（如训练）的变化。

内稳态的调节既可以通过内分泌和各种激素参与循环系统，启动组织反应与适应来完成，也可以通过神经系统影响和释放神经递质来实现。内分泌的功能单位是内分泌腺感受细胞。内分泌腺属于无管腺，可以生成、储存和分泌激素。激素是化学信使，分泌量很少，对特定的靶组织产生作用。激素在细胞中生成并发挥作用（自分泌功能），激素也可以由一个细胞分泌但不通过循环系统而作用于另一个细胞（旁分泌功能）。神经元可以合成、储存以及释放神经递质，信息在神经元之间进行传递，信息也可通过神经元传递给效应组织（参见第二章）。另外，有些神经递质还具有激素作用。因此，内分泌和神经系统释放的物质（激素与神经递质）具有神经激素特征和整合功能。

一、神经递质的释放

通过举例，可简要描述出内稳态控制中自主神经系统形成快速应答的反馈回路。交感神经系统是重要器官活动（心脏、外周血管组织以及代谢过程）的调节器。具有激素活性的一大类神经递质是儿茶酚胺，儿茶酚胺主要有 EPI（肾上腺素）和 NEPI（去甲肾上腺素），它们由节后交感神经纤维分泌，对各种组织影响深刻。多巴胺是第三种自然形成的儿茶酚胺，存在于基底神经节中。

NEPI 由神经元负责分泌（80% NEPI 和 20% EPI），EPI 主要由肾上腺髓质分泌（Mayer 1980）。儿茶酚胺合成过程中，氨基酸苯丙氨酸通过四个步骤的酶化反应转化为 NEPI（图 5.1）。少量 NEPI 通过另外一步反应转化为 EPI。释放过程中，儿茶酚胺可以结合各类受体，从而对组织产生各种影响（O'Dowd et al.1989）（表 5.1）。与内分泌系统相比，交感神经系统释放的儿茶酚胺及生理效应要快得多。

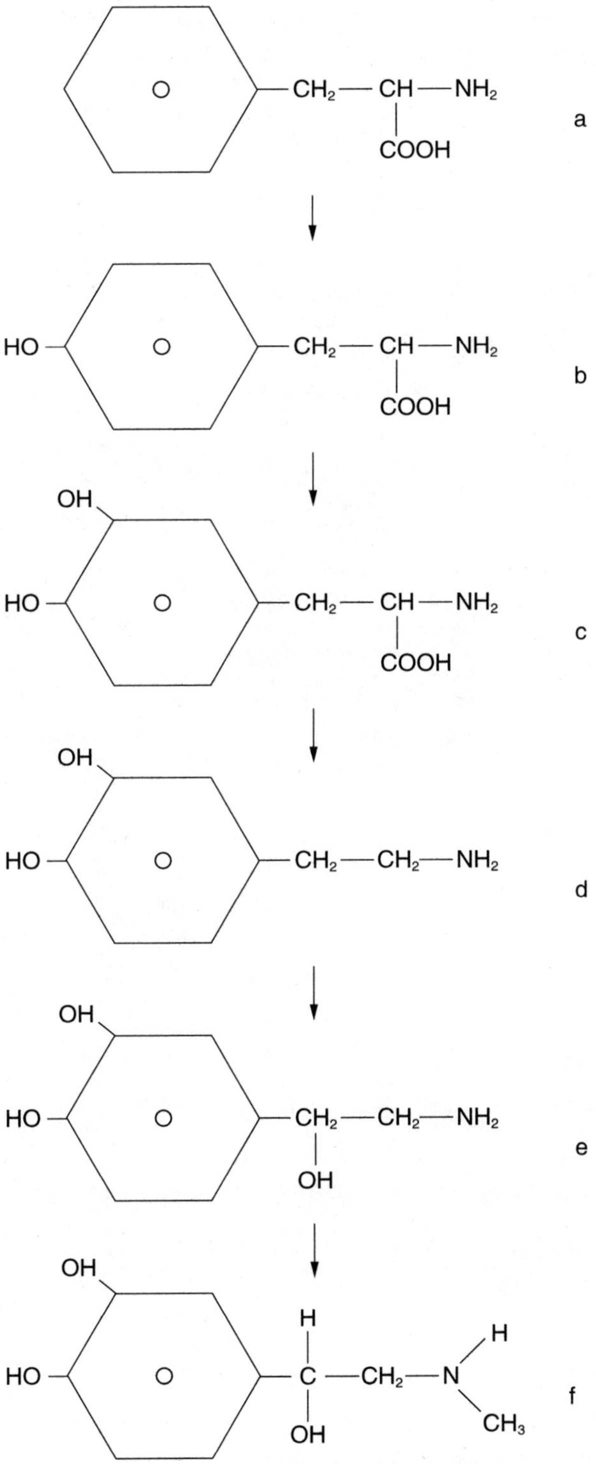

图 5.1　由苯基丙氨酸到儿茶酚胺的合成

注：a 苯基丙氨酸；b 酪氨酸；c 二羟基苯丙氨酸；d 多巴胺；e 去甲肾上腺素；f 肾上腺素。

表 5.1 人体组织中儿茶酚胺受体的作用与分布

膜受体类型	组织	反应	绑定酶	调节剂
α_1	血管平滑肌	收缩	磷脂酶 C	钙离子/肌醇三磷酸
	辅状肌、虹膜	收缩		
	立毛平滑肌	收缩，毛发竖立		
	心脏	增强收缩		
α_2	突触后中央神经系统、肾上腺素受体	多功能	腺苷酸环化酶	环磷酸腺苷
	肾上腺素与胆碱终板	抑制突触前神经递质释放；阻断 β_1 和 β_2 受体活动		
	血小板	聚集		
	有些血管平滑肌	收缩		
	脂肪细胞	抑制脂解		
β_1	心脏	增强收缩及时序变化	腺苷酸环化酶	环磷酸腺苷
β_2	呼吸、子宫及血管平滑肌	放松	腺苷酸环化酶	环磷酸腺苷
	骨骼肌	增加钾离子摄入		
	肝脏、骨骼肌	激活肝糖分解		
	脂肪细胞、骨骼肌	激活脂解*		
	骨骼肌	增加收缩力		
	胰腺	增加胰岛素释放		

注：*有可能是 β_3 受体。
改编，许可自：B.B.霍夫曼.肾上腺受体激活类药物（选自基础临床药理学）[M]. 第 5 版. 新泽西州：普林斯豪出版社，1992：114.

儿茶酚胺储存在突触小泡中，通过胞外分泌进行释放（Krnjevic 1974；Mayer 1980）。突触传递会因以下因素而停止：突触内浓度因扩散而稀释；突触内出现儿茶酚-O-甲基转移酶（COMT）；儿茶酚胺的再合成。

此外，细胞内和细胞间（各种组织内部）儿茶酚胺的流动以及代谢转运主要靠 COMT 和线粒体单氨氧化酶（MAO）完成（Mayer 1980）。

二、激素的释放

内分泌腺可受化学物质刺激（例如释放因子或神经递质），这种刺激将导致激素的释放，该过程具有以下特征：一是激素的分泌量非常少，内分泌腺将以脉动方式进行激素释放；二是激素对分泌腺并无作用，仅对靶组织发挥作用；三是靶组织要么互补相关，要么具有普遍性；四是激素会引起生化反应的变化，变化会一直持续到激素水平回落到基础值。

受体激素作用和激素血液浓度的影响因素决定了靶组织对激素的反应特征。这些因素包括：

血液浓度。血液浓度与激素释放量、清除率及血清量的变化有关。清除具有代谢失活和排泄作用。激素失活发生在受体上或受体附近，更多的会发生在肝脏或肾脏内。排泄通常发生在肾脏。血清量的变化会改变激素浓度，与激素分泌或清除率无关。运动引起的激素浓度大幅上升会造成血清量的变化以及血液腔失水。不管内在机制如何（分泌、清除、血清量），激素浓度变化都会影响受体与激素的相互关系。

以下是影响激素释放的三种因素。

第一，自由与结合转运蛋白。有些激素，包括类固醇激素、胰岛素、生长激素以及甲状腺激素在血液中与转运蛋白结合。结合后的转运蛋白防止激素受水解酶的侵蚀，同时发挥存储库的作用。当激素与受体发生作用后会表现出生物活性，激素将处于游离状态。游离激素量与蛋白质亲和力、可利用蛋白质数量以及结合力有关（Keizer and Rogol 1990）。蛋白质亲和力、数量和结合蛋白浓度的变化将使游离激素与结合激素的比值发生变化。此外，一些结合蛋白除了激素转运外，也具有生物功能（Kraemer 1992b）。

第二，靶组织的健康程度。靶组织如果出问题，会影响激素的生成和排泄。例如，睾丸肿瘤会导致睾酮水平比标准值高出数倍，从而引起促黄体激素的反应性增加。

第三，激素受体数量与活性。激素为了刺激靶组织，必须结合受体。尽管在激素群落中存在交互作用，但激素与受体的作用却是专门化的，类似"一把钥匙开一把锁"。受体为大体积蛋白质，镶嵌在细胞膜上，或与细胞的核膜相结合。有些受体上有变构结合点位，与辅因子相互作用，从而改变受体亲和力和细胞反应（Kraemer 1992b）。受体向细胞核直接传递信号或刺激膜结合调节蛋白，从而形成酶激活连带效应（参见第四章）。激素的受体亲和力会因慢性激素浓度的改变而发生改变。当受体暴露在激素下，会出现受体脱敏（降低受体与组织反应）现象。当达到峰值浓度水平后（即细胞环磷酸腺苷［cAMP］浓度和钠离子通量），在几秒或几分钟内，激素反应会逐渐降低（Bourne and Roberts 1992）。激素水平会在几分钟后消退，脱敏即可还原（可逆反应）。受体慢性饱和会启动"减量调节"，从而减少受体数量。然而，当受体长时间处于低水平激素作用下，反过来又会启动"增量调节"，引起受体数量的增加。增量或减量调节可以明显改变组织对激素刺激的反应。

三、激素的作用机制

激素至少可以通过三种途径（机制）刺激靶组织、调节细胞活性（Bourne and Roberts 1992）。这些机制包括膜转运改变和第二信使形成。

有些激素，如胰岛素会引起膜转运改变，主要机制是通过激活细胞膜内或细胞膜周围的载体分子而影响靶组织（Becker and Roth 1990; Powers and Howley 1997）。载体分子的激活可以对进出细胞的各种物质进行加速。

第二信使的形成机制主要是向细胞传递激素信号（激素与受体相互作用）。由于脂质不溶性，肽和多肽激素很难穿过细胞膜。这些激素与镶嵌在细胞膜上的内、外蛋白受体结合，最终形成第二信使。激素信号通过间接途径引发第二信使的形成，并导致膜结合蛋白结构的系列性变化（Bourne and Robert 1992; Freissmuth, Casey and Gilman 1989）。

激素→受体→调节蛋白（G 蛋白）→效应器元素

效应器元素（酶活钙通道）的激活会形成第二信使，并产生串联效应。嵌入细胞膜的 G 蛋白含有 α、β、γ 次级单位，是调节蛋白，用于调节酶或钙通道，对产生第二信使非常重要。根据目前的认识，主要存在两个能激活的第二信使系统，即 cAMP 和 Ca^{++}/IP3（图 5.2a 和图 5.2b）。腺苷酸环化酶的 G 蛋白激活可以导致 cAMP 的形成。在 Ca^{++}/IP3 系统中，G 蛋白同时激活并形成肌醇三磷酸（IP3），钙通道同时开放。在细胞中，cAMP 和 Ca^{++}/IP3 系统相互补充，但在其他组织中二者的作用正好相反（Bourne and Roberts 1992）。例如，肝糖原分解是互补的，但平滑肌的收缩与放松却需要不同的第二信使。第三种类第二信使"环鸟苷酸"（cGMP）仅在一些组织中才会形成（Bourne and Roberts 1992）。

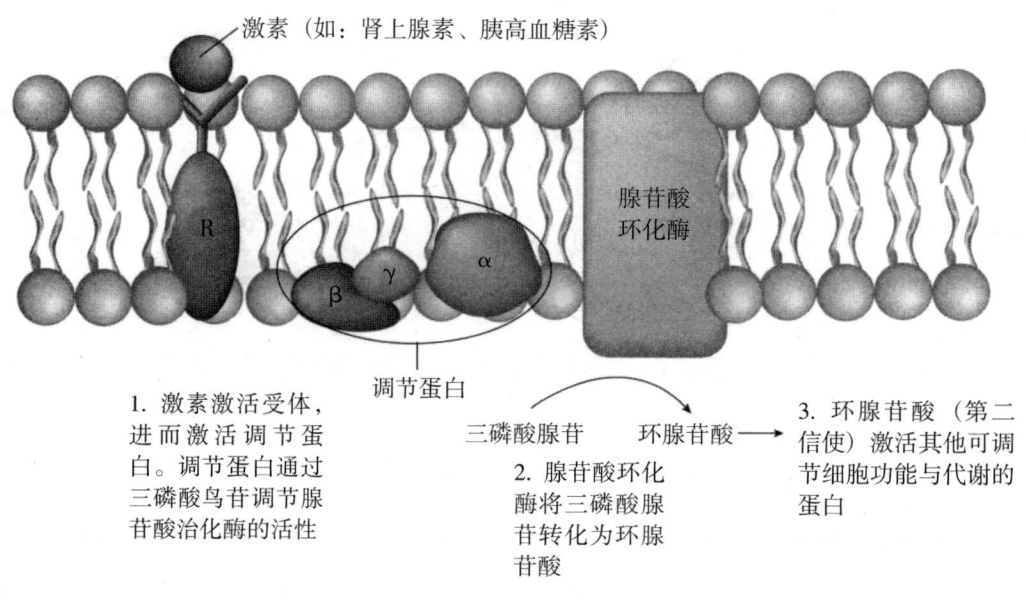

图 5.2 （a）环腺苷酸第二信使系统

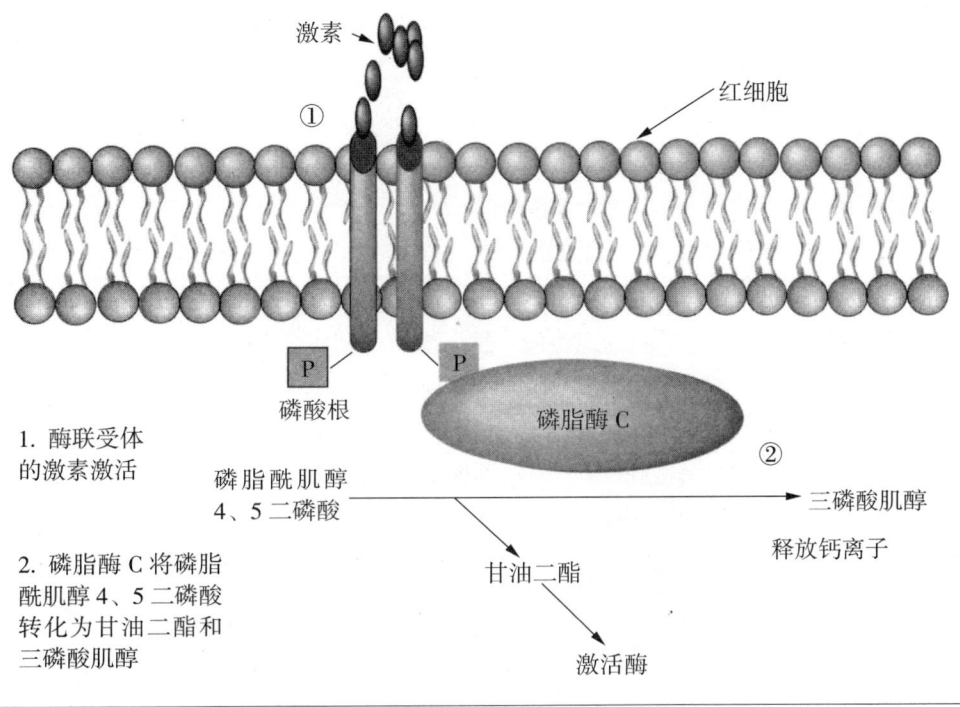

图 5.2 （b）三磷酸肌醇／钙离子第二信使系统

注：DAG=甘油二酯；PIP3=磷脂酰肌醇 4、5 二磷酸；IP3=三磷酸肌醇。

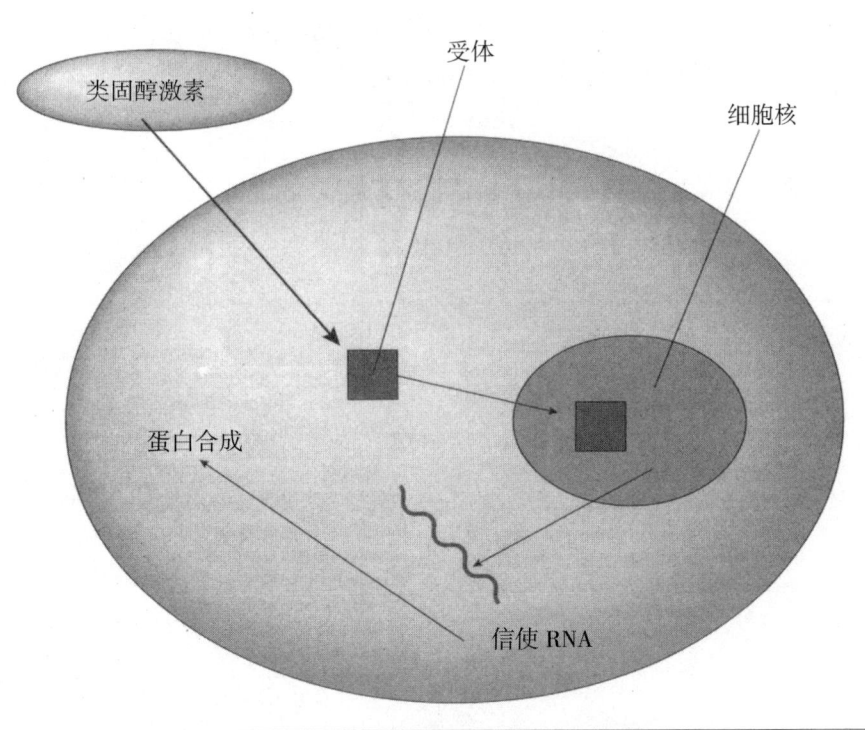

图 5.2 （c）类固醇激素的作用机制

第二信使的形成以及发生的串联反应涉及一系列可逆的磷酸化进程（Bourne and Roberts 1992）。磷酸化具有重要的调节作用，调节从作用受体开始，然后是蛋白激酶活化，最后是激酶在串联效应中发挥底物作用。磷酸化形成一个共价键，同时发挥两个主要功能，即扩增调节与柔性调节。扩增需要一个磷酸群附着在一个特定的氨基酸残基上，附着会形成分子记忆，导致通路激活，而磷酸群（组）的"解附"又会消除该记忆。然而，分子记忆会持续到激素和别构配体的完全清除，这是因为共价键的分裂和磷酸群的清除需要较长时间。柔性调节机制是指一个第二信使系统会对不同的细胞产生不同的效应，主要原因是在细胞中存在或缺少特定激酶或底物所致。

另外，还有一些激素是脂溶性的，可以穿过细胞膜并与细胞溶质或核受体发生作用（见图 5.2c）。这些"基因与激活"激素包括类固醇、维生素 D 和甲状腺素。上述激素的受体是细胞溶质的，在激素与受体结合的复合体上进入细胞核，这些激素不包括雌激素和甲状腺素，它们的受体已存在于细胞核内。

激素与受体的相互作用会形成蛋白激素复合体（被激活的受体），这样就可以与被称为"增强子"的特殊 DNA 序列相结合。DNA 的结合与"增强子"的激活可以引起特定基因转录（基因去抑制）与特定酶合成，这种酶又会引起细胞对激素信号的特别反应。

相比第二信使系统的快速反应，促进蛋白质合成的基因与激活激素需要 0.5 小时或更长的时间来发挥作用（Bourne and Roberts 1992; Powers and Howley 1997）。而且，激素作用可以持续几个小时或几天，直到血液中激素水平恢复为基础值。形成长效反应的原因主要有两方面：第一，受体对激素有很强的亲和力，因此分离很慢；第二，合成酶的周转率相对较慢。

四、激素的功能与调节

激素具有各种生物功能（表 5.2）。以下将讨论对肌肉生理特征、功能以及运动表现产生显著作用的内分泌腺和激素。

表 5.2 内分泌腺、激素与主要功能

内分泌腺	激素	靶组织	功能
垂体前叶	生长激素	多组织	促进各种组织生长发育；促进蛋白合成和正氮平衡；动员游离脂肪酸；间接减少对碳水化合物作为能量物质的利用
	促黄体激素	性腺	促进雌二醇分泌；促进排卵；促进睾酮分泌

(续表)

内分泌腺	激素	靶组织	功能
垂体前叶	促卵泡激素		促进卵泡生长和雌二醇分泌；促进与维持睾丸生精上皮生长；促进精子生成
	催乳素	乳房	乳房发育与分泌乳汁
	促肾上腺皮质激素	肾上腺皮质	控制皮质醇分泌
	促甲状腺素	甲状腺	控制三碘甲状腺氨酸和甲状腺素分泌
脑垂体	抗利尿剂	肾脏	控制身体水分；引起血管收缩
肾脏	肾素	肾上腺皮质	控制血压
肾上腺髓质	肾上腺素（80%）	多组织	糖原动员与游离脂肪酸释放；增加骨骼肌血流量；增强心脏收缩和心脏变时性；提高最大摄氧量
	去甲肾上腺素（20%）	多样性	与肾上腺素功能类似，引起血管收缩
肾上腺皮质	盐皮质激素	肾脏	增加钠离子滞留和钾离子排出
	糖皮质激素	多组织	能量底物代谢；抗炎
	雌激素、雄激素	性器官与肌肉	促进男女性征发育；增加肌肉质量
胰腺	胰岛素（胰岛、β细胞）	多组织	促进底物进入细胞
	胰高血糖素（胰岛、α细胞）	多组织	加速血糖和脂肪动员、蛋白质分解及糖异生
	生长抑素	胰岛、消化系统	抑制胰岛素和胰高血糖素分泌
副甲状腺	甲状旁腺素	骨骼、血液	增加血钙
甲状腺	三碘甲状腺氨酸	多组织	增加代谢率；能源物质动员；增加肌肉收缩和变时性
性腺、睾丸	睾酮（间质细胞）	性器官、结缔组织、肌肉	蛋白质合成；第一、二性征；生成精子；促进结缔组织和肌肉生长
甲状腺、性腺、卵巢	雌激素	性器官、脂肪组织	第一、二性征；储存脂肪；调节月经

基于莱夫科维茨，卡伦 1988；霍夫曼 1992；鲍尔斯，豪利 1997.

（一）儿茶酚胺（拟交感神经胺）

儿茶酚胺由肾上腺髓质分泌，是快速反应型激素，主要用于内稳态的中枢和外周功能调节，包括心血管反应、支气管气道发声、精神运动活力、碳水化合物与脂肪酸代谢及食欲（Weiner 1980；Viru 1992）。交感神经系统主要由 NEPI 控制；压力反应可以同时激活肾上腺髓质，导致循环系统中 NEPI 和 EPI 浓度上升（Weiner 1980）。肾上腺髓质会生成近 20% 的 NEPI 和 80% 的 EPI。尽管在某些地方 NEPI 和 EPI 发挥类似的作用，但是由于肾上腺素受体激活的类型和 α、β 激活比不同，两种激素的质和量各有不同（Kjer 1992；Powers and Howley 1997；Weiner 1980）。例如，与 NEPI 相比，EPI 对 α 受体的作用更强，对 $β_1$ 受体的作用相同，对 $β_2$ 受体的作用更强（Weiner 1980；Powers and Howley 1997）。以下我们主要讨论 EPI 和 NEPI 的功能。

儿茶酚胺是强效心功能刺激剂，在窦房（SA）结和传导组织上的 $β_1$ 受体的参与下，发挥"变时"和"变力"作用（Weiner 1980）。在心舒过程中，心率会随着窦房结缓慢去极化的增加而增加（Weiner 1980）。对于致敏心脏，因为儿茶酚胺，特别是 EPI 的内源性释放会导致心室早搏（PVCs）、心动过速、心房颤动（Dresel, MacCannel and Nickerson 1960；Weiner 1980）。血压（BP）上升是心肌敏感因素，会由于儿茶酚胺释放而导致心律失常。因此，运动等因素会同时引起儿茶酚胺和血压上升，会造成少数易感个体出现心率失常现象（Benfy and Varma 1967；Weiner 1980）。肾上腺素也会造成心电图（EKG）中 T 波波幅下降，如果剂量大会造成心电图中 S-T 部分缩短（Weiner 1980）。

儿茶酚胺在一定程度上可以调解血管收缩反应，调节的效果根据血管床上激活的 α、β 受体比例而定（Shepard 1982；Weiner 1980）。因此，儿茶酚胺对压力反应，包括运动反应（与其他系统一起）引起的血压和心率升高以及控制合理血流、调整血液再分布非常重要（Rowell 1974；Von Euler 1974）。训练或过度训练会引起血清中儿茶酚胺浓度或受体敏感度的变化，有可能造成血压异常或血液分布异常。

儿茶酚胺对于代谢，尤其是碳水化合物氧化、脂肪酸的代谢影响深刻。α 受体的激活会抑制胰岛素的分泌（Porte and Robertson 1973；Himms-Hagen 1967；Weiner 1980）。$β_2$ 受体会刺激糖原分解与糖异生化，并通过 cAMP 进行调解（Porte and Robertson 1973；Shepard 1982；Weiner 1980）。然而，克拉克及其同事研究认为，肝糖原分解是靠 $α_1$ 受体调解，这将导致细胞质钙离子浓度上升，激活磷酸化酶激酶（这种酶将会激活磷酸化酶）。此外，儿茶酚胺还通过刺激 α、β 受体来激活磷酸果糖激酶（Clark et al.1983）。

儿茶酚胺会通过 β 受体刺激激活 cAMP 和激素敏感型脂肪酶提高血液脂肪酸的浓度。这是有氧运动中或力量训练后，向肌肉供应脂肪酸底物的主要机制（和生长素一起发挥作用）。

儿茶酚胺的浸入还可以提高血浆胆固醇和低密度脂蛋白胆固醇浓度（Weiner 1980），这表明，长期上升的儿茶酚胺浓度可能会影响动脉粥样硬化。训练可以改变儿茶酚胺在内的激素反应，引起相关激素浓度慢性升高，从而降低高血脂对人体的负面影响。

儿茶酚胺通过 $β_2$ 肾上腺素调节中枢神经系统（CNS）的能量代谢，运动时，运动皮质能量需求增加，会在 CNS 的特定部位引起儿茶酚胺与 NEPI 的刺激反应（Bryan 1990; Scheurink, Stephens and Gaykema 1990）。

运动对儿茶酚胺的影响十分明显，即便相对运动强度很低（低于50%最大摄氧量强度），也会引起 NEPI 浓度的上升（Bloom et al.1976; Hartley et al.1972）。血清 EPI 在小强度运动中上升并不明显，除非伴有心理压力（Shepard 1982）。然而，高强度运动（>60%最大摄氧量强度）时，EPI 会突然上升（Bloom et al.1976; Hartley et al.1972）。无氧运动中，NEPI 和 EPI 的浓度可以提高 15 倍（Kindermann et al. 1982, 1987; McMillan et al.1993）。因此，儿茶酚胺对高强度运动的反应程度更加明显。通过合理的训练安排，可以降低某一运动强度下血清儿茶酚胺的浓度，这样可以减轻过高水平的儿茶酚胺浓度对机体生理产生的影响（McMillan et al.1993; Powers and Howley 1997; Tharp 1975）。

运动时，儿茶酚胺浓度上升会有助于调节心血管功能。一定程度上，儿茶酚胺可以通过提供葡萄糖来满足提高代谢率的需要，并参与糖原分解。因此，这一过程会导致糖原浓度降低。不过，儿茶酚胺的影响不仅限于参与活动的肌肉活动。博恩（1985）证实，肌肉在不运动时，肌糖原浓度也有下降，并认为这是儿茶酚胺调解作用的体现。另外，长时间糖原储备短缺有可能与过度训练有关（参见第十三章）。

（二）皮质醇

皮质醇属于类固醇激素，由肾上腺皮质中的网状带和束状带分泌。皮质醇的生成与分泌受 ACTH（促肾上腺皮质激素）刺激，ACTH 由垂体前叶分泌，受下丘脑与垂体反馈调节（Jones and Gillham 1988）。皮质醇是一种压力激素，参与燃料底物动员、糖原分解及免疫系统抑制。一般来说，皮质醇具有分解作用（Munck, Guyne and Holbrook 1984）。分解作用由基因去抑制和 RNA 合成调解（Shutz et al.1979）。下文将谈到关于皮质醇的主要功能。

皮质醇抑制免疫反应，包括对干扰素、淋巴因子以及白细胞介素 1 和 2 的抑制，对自然杀伤细胞活性也有压制作用（Munck, Guyne and Holbrook 1984）。皮质醇还具有抗炎作用，包括抑制组胺的生成。皮质醇对免疫系统的抑制可以避免"过冲现象"和压力反应造成的损伤（Munck, Guyne and Holbrook 1984）。血浆皮质醇的慢性上升形成的长期压力可能与免疫疾病、癌症等有关（Spiegel and Giese-Davis 2003）。

皮质醇通过动员脂肪与蛋白质来刺激糖原分解（Shepard 1982）。此外，皮质醇还能降低肌肉葡萄糖摄取率、促进水解脂肪酶合成、增加脂肪组织细胞分解（Shepard 1982）。

皮质醇是分解激素，服用皮质醇可以造成明显的肌肉萎缩、骨基质下降和钙流失（Kraemer 1992a, 1992b; Shepard 1982）。皮质醇还有抗合成代谢及阻碍睾酮生成的作用（Doerr and Pirke 1976; Kraemer 1992a, 1992b; Wilkerson, Swain, and Howard 1988）。

皮质醇有助于EPI的释放（一种cAMP激活物）。此外，皮质醇通过增加钠滞留，合并钾排泄影响体液平衡（Shepard 1982）。

皮质醇浓度的变化对行为有重要影响。例如，阿狄森氏病的患者（皮质醇减少）会出现缺乏兴趣、抑郁和易怒。然而，库欣病（皮质醇增加）则会出现异常兴奋、失眠和躁动不安（Haynes and Murad 1980）的状态。这些行为改变可能由受体与介导反应或大脑电解质平衡变化所致（Haynes and Murad 1980）。通过观察切除肾上腺动物的行为表现可以证实皮质醇的重要性。这些动物对任何形式的压力无明显反应，特别是运动或做功量的增减。如果不补充外源性皮质醇，它们会很快出现病状，生命周期会因此缩短（Haynes and Murad 1980; Shepard 1982）。

总体上，只有持续时间较长（>45分钟）（Brisson, Volle and Tanaka 1977）的有氧练习（<60%最大摄氧量强度）会引起血清皮质醇浓度轻微下降或无任何影响（Bloom et al.1976; Galbo et al.1977; Tabata, Atomi and Miyashita 1984）。一定程度上，长时间低强度运动所引起的皮质醇浓度上升可能是血糖下降的反应（Tabata, Atomi and Miyashita 1984）。强度超过60%最大摄氧量的有氧运动以及无氧运动可以造成皮质醇浓度显著增加（Kindermann et al.1982）。大运动量的力量训练会引起皮质醇浓度明显上升（Kraemer 1992a,1992b），特别是大肌肉群的力量训练（McMillan et al.1993; Pierce et al.1987）。运动结束1小时以上，皮质醇浓度会增加（McMillan et al.1993; Sutton, Farrel and Haber 1990），这种反应在下午更明显（Hakkinen and Pakarinen 1991）。与儿茶酚胺反应一样，情绪状态对皮质醇反应有调节作用（Mason et al.1973）。运动前异常焦虑（Sutton and Casey 1975）或存在心理压力（Hodges, Jones and Stockman 1962），会增加血浆儿茶酚胺或（及）皮质醇的浓度，增加幅度有可能达到"库欣氏病"水平。因此，为了降低这种反应造成的影响，有必要对肾上腺皮质系统进行针对性刺激，提高耐受力。

在运动实验开始的几周，受试动物会出现肾上腺肿大、血清皮质醇浓度上升现象（Shepard 1982）。随后，皮质醇浓度会恢复至正常或比正常值略低的水平，这说明动物对运动压力刺激产生了适应（Shepard 1982; Tharp 1975）。人体对有氧运动（Jovy et al.1965; Shepard 1982; Tharp 1975）和力量训练（McMillan 1993; Pierce et al. 1987; Stone and Fry 1997）同样会出现类似的适应变化。动物实验中，大运动量或大强度运动会造成肾上腺衰竭（Vernikos-Daniellis and Heybach 1980），表现出和运动员过度训练类似的症状（参见第十三章）。运动时，许多激素水平会发生变化。同时，安静状态激素浓度的适应性变化与运动量和训练强度有关（Fry and Kraemer 1997; Stone, Borkowski and Smith 2003）。

（三）睾酮

睾酮是主要的雄性同化激素，属于类固醇激素，也称雄性激素。尽管肾上腺皮质和卵巢可以产生少量睾酮（Stone 1993），但睾酮主要由睾丸中的间质（间隙）细胞生成与分泌。睾酮主要通过基因的去抑制发挥作用（Florini 1985; Mainwaring 1979）。男性睾酮的生成主要靠黄体化激素（LH）调节，促黄体激素由垂体前叶分泌。促黄体激素通过cAMP刺激睾酮生成（Dufaux and Katt 1978），一些生成的睾酮在睾丸内及外周转化为双氢睾酮（DHT）、雌酮和雌二醇（E_2）。这些睾丸代谢产物同时在下丘脑-垂体负反馈中发挥作用，导致释放黄体化激素和促卵泡素（FSH）（图 5.3a）。另外，女性雄激素的负反馈系统与男性相似（图 5.3b）。

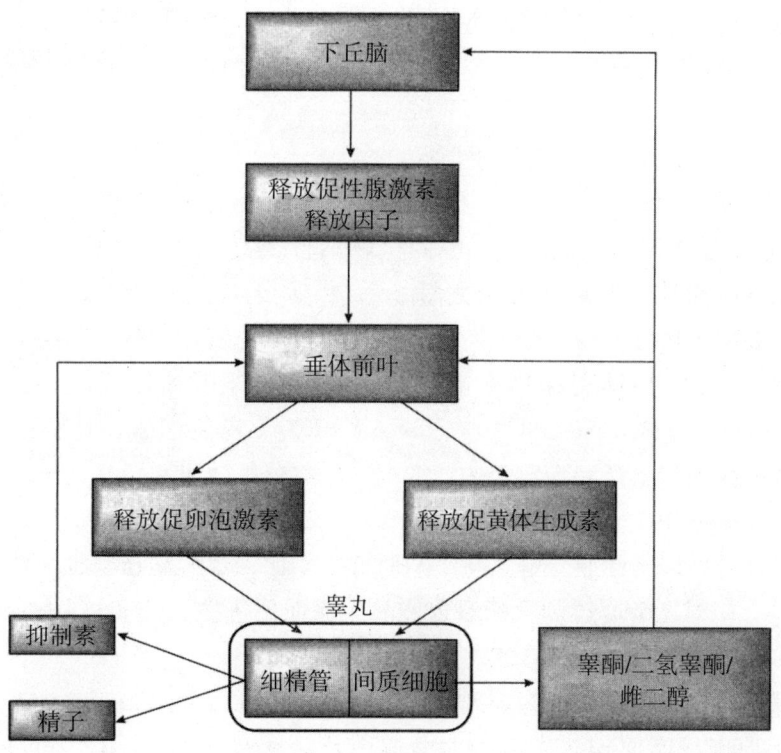

a

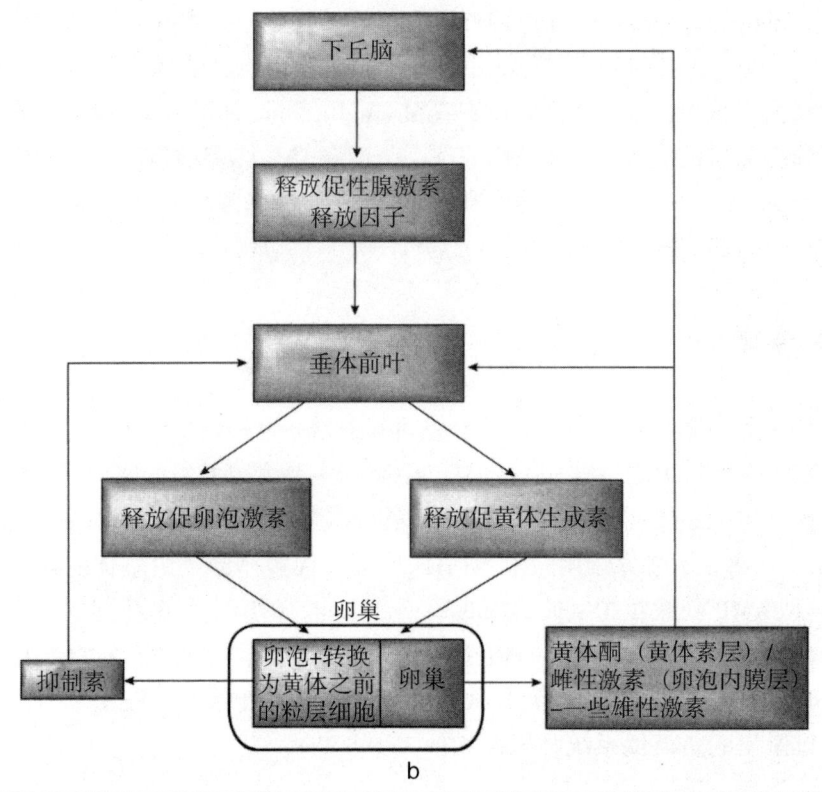

图 5.3　a 男性生殖激素反馈系统；b 女性生殖激素的反馈

参考自：S.K. 鲍尔，E.T. 豪利. 运动生理学［M］. 第 3 版. 爱荷华州（迪比克）：布朗基准出版社，1997，76.

对睾酮的神经性刺激主要用于释放雄性激素（Robaire and Bayly 1989）。人体内，与性别相关的组织内，二氢睾酮的生物活性要高于睾酮（Brooks 1984；Stone 1993）。睾酮的功能体现在以下几个方面。

睾酮主要用于男性第一、第二性征（雄性激素）的发育，对几乎每个组织和器官系统的蛋白质合成都具有深刻影响，包括中枢和外周神经系统（Arnold 1984；Kraemer 1992c；Sar and Stumpf 1977；Stone 1993）。雄性激素，特别是睾酮可以通过结合或改变糖皮质激素细胞质受体、抑制皮质醇分解效应和提高合成效应发挥作用（Meyer and Rosen 1975）。

睾酮可促进肌纤维糖原分解。与 I 型肌纤维相比，睾酮对 II 型肌纤维内糖原分解作用更明显，同时还会通过刺激糖原合成酶生成而促进糖原合成（Adolphsson 1973；Allenberg et al.1983；Kraemer 1992c）。

睾酮及其衍生物与各种行为表现有关，包括攻击性行为（Stone 1993）。

睾酮与肌肉横断面积、力值和力增速率及功率有关（Bosco, Tihanyi and Viru

1996; Hakkinen and Pakarinen 1993; Storer et al.2003）。年龄增长引起的睾酮水平下降与神经肌肉机能下降有关，女性表现得尤为明显（Hakkinen and Pakarinen 1993）。

长时间运动有可能会降低睾酮水平（Dessypris, Kuoppasalmi and Aldercreutz 1976）或提高睾酮水平（Galbo et al.1977）。研究发现，小强度有氧练习（<60%最大摄氧量强度）对血清睾酮水平影响很小（Wilkerson, Horvath and Gutin 1980）。研究认为，长时间小强度练习所引起的睾酮水平下降可能是因为睾酮生成量减少、皮质醇抵抗性激素结合球蛋白（SHBG）或睾酮-性激素球蛋白比下降，这会导致更多的游离睾酮暴露给水解酶（Kuoppasalmi et al.1981）。

一般来说，睾酮水平与有氧运动（Jezova et al.1985; Wilkerson, Horvath and Gutin 1980）、无氧运动（Jensen et al.1991; Kindermann et al.1982; Kraemer et al. 1990,1992; McMurray, Eubank, and Hackney 1995; Schwab et al.1993; Weiss, Cureton, and Thompson 1983）相对强度和负荷量及参与运动的肌肉体积（质量）大致成正相关关系。运动引起睾酮水平增加的主要机制并不完全清楚，有可能与睾丸中β_2受体受到儿茶酚胺的刺激（Eik-Nes 1969; Jezova and Vigas 1981; Jezova et al. 1985）、黄体化激素分泌水平增加（Galbo, Hammer and Peterson 1977; Jezova and Vigas 1981）或内脏血流量减少造成睾酮清除率下降（Terjung 1979; Cumming et al. 1989）有关。有研究发现，当耐力运动时间增加时，睾酮浓度表现为下降趋势（Galbo et al.1977），有时会降到基础安静值以下（Kindermann et al.1982）。

另外也有研究发现，训练后安静血清或血浆睾酮浓度会出现不降反升的现象。动物实验中，延长耐力运动时间会造成血清睾酮下降（Dohm and Louis 1978; Guezennec, Ferre and Serruier 1982）。对人体来说，有氧训练对睾酮浓度或无影响（Fellmann et al.1985）、或可以降低（Frey et al.1983; Young and Ismail 1978）、或可以提高安静状态睾酮浓度（Young and Ismail 1978）。力量训练对睾酮浓度的影响也存在差异。例如，力量训练对久坐或适度训练中青年男性安静睾酮浓度无影响（Niklas et al.1995），或浓度下降（Ostrowski et al.1997; Stromme, Meen and Aakvaag 1974）。也有研究发现，力量训练可以增加男孩（Tsolakis et al.2000）、青年男性（Staron et al.1994）、中年男性（Johnson et al.1983）以及青年女性（Marx et al. 2001）安静状态下的睾酮浓度。

然而，短期（1~4周）大负荷量力量训练可以降低举重运动员安静状态的睾酮浓度（Busso et al.1992; Hakkinen et al.1987, 1988a）。尽管负荷量的变化会造成浓度值的波动，但长期训练对举重运动员睾酮浓度的影响不大（Hakkinen et al.1987）。还有研究发现，降低举重运动员训练负荷量（最佳竞技状态调整期间）会造成安静状态睾酮浓度上升（Busso et al.1992）。短期（14~20天）和长期举重训练都可以导致青少年举重运动员安静状态下睾酮浓度以及睾酮对训练的反应增加（Fry et al.1994; Kraemer et al.1992; Stone and Fry 1997）。

弗赖伊和克雷默（1997）指出，长期训练所引起的激素浓度的变化可能很微妙。安静状态下总睾酮浓度即便出现微小的变化，也可能造成相关指标的显著变化，包括游离睾酮、游离睾酮与皮质醇比值以及总睾酮与皮质醇比值（Hakkinen et al.1988a; Fry et al.1994; Hakkinen et al.1985, 1987, 1988b; Stone and Fry 1997）。同时，还会发现总激素周转率上升和受体活性的改变（Alen et al.1988）。训练产生的适应性差异与训练水平、年龄、健康状况以及体能水平有关（Kraemer et al.1992; Young and Ismail 1978），也可能与训练类型（无氧训练或有氧训练）、强度（Blessing et al.1986; Johnson et al.1983; Stone, Byrd and Johnson 1984）、参与运动的肌肉体积有关（Kraemer 1992a; Kraemer et al.1992）。综合来看，训练负荷量的大幅或突然增加与安静状态睾酮浓度及其他相关指标之间存在负相关。

力量训练能够增加肌肉质量和肌力可能与睾酮浓度及相关因素，如睾酮与皮质醇比值（T:C）（Hakkinen et al.1989; Staron et al.1994）有关，女性在这一方面表现得尤为明显（Hakkinen et al.1989,1990; Hakkinen, Pakarinen and Kallinen 1992）。

T:C 不仅与人体合成、分解状态（Aldercreutz et al.1986）及瘦体重（LBM）有关，还与最大力量、功率测试结果相关（Hakkinen et al.1985; Koziris et al.1992）。一定程度上，这些关系描述和解释了长期力量训练中合成代谢活性（睾酮）与分解代谢活性（皮质醇）之间的平衡关系及其重要性（Alen and Hakkinen 1987; Stone et al.1991）。

运动似乎对 T:C 影响不大，因为两种激素的基础值、安静状态值与运动后的值近似（Fry et al.1994; Stone and Fry 1997）。研究表明，应激性力量训练（突然增加负荷量）会导致 T:C 比值以及 T:SHBG（性激素结合球蛋白）比值的下降，同时伴有 LH（黄体化激素）水平的上升（Hakkinen et al.1985）。在正常或减量训练阶段，皮质醇和黄体化激素水平会下降，但应激性训练会导致力量下降。

长期力量训练可能会提高安静状态以及运动反应下的 T:C 值（Fry and Kraemer 1997; Fry et al.1994; Stone and Fry 1997）。然而，T:C 变化（有时变化很小）、相关激素比值变化与力量之间具有高度相关性（Alen et al.1988; Busso et al.1992; Fry et al.2000; Hakkinen et al.1987; Hakkinen and Pakarinen 1991; Koziris et al.1992）。训练负荷量与强度对这些激素比值及运动水平的影响非常显著。例如，图 5.4 表明，美国国家级举重运动员在超过 12 周的训练中，T:C 的变化与训练负荷量之间呈负相关。由此可见，比值（T:C、T:SHBG）可以作为训练压力及综合压力的敏感指标。因此，个体 T:C、T:SHBG 可以成为过度工作或过度训练状态的评价指标（Alen and Hakkinen 1987; Hakkinen et al.1987）。此外，T:C 可以用作体能储备状态的监控指标。例如，如果 T:C 高，运动员取得优异成绩的可能性就大。最佳状态的调整可以提高 T:C 值，有时会超过基础值（如超量恢复）。因此，准备状态提高的可能性也越大（图 5.4）。

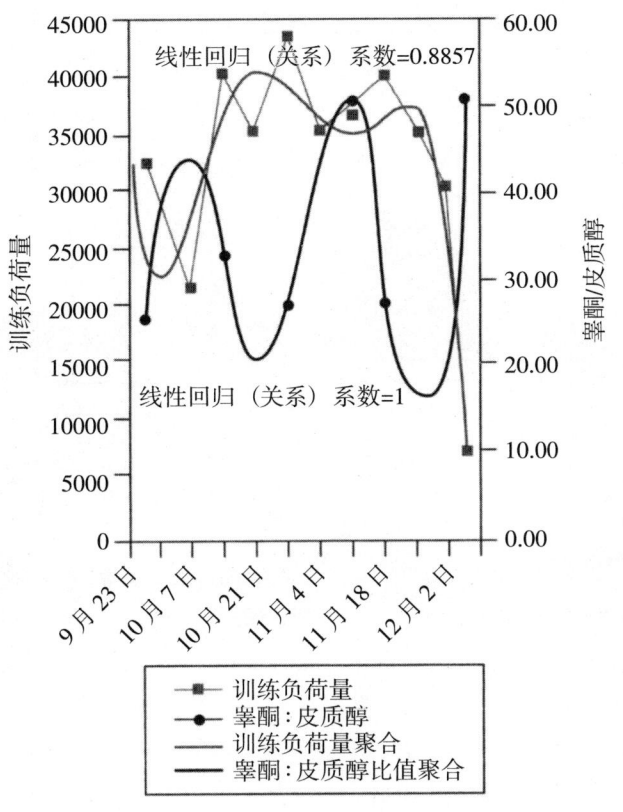

图 5.4 T∶C 与训练负荷的相关性

注：图为 4 名男子举重运动员 12 周睾酮与皮质醇比值（T∶C）与训练负荷量的相关性。一般而言，训练负荷量与 T∶C 比值成反相关。经赛前调整，T∶C 比高于基础值，可能表明出现了超量恢复。

（四）雌激素

雌激素是属类固醇族，尽管其他一些组织，包括胎盘、肾上腺皮质、肝脏、脂肪以及骨骼肌中也可以产生雌激素，但雌激素主要在卵巢中分泌生成（图 5.3b）。睾丸中可以生成少量雌激素（Murad and Haynes 1980; Bunt 1990）。雌激素主要靠基因的去抑制发挥作用。雌激素生成是雄烯二酮或睾酮 A 环的芳构化结果，该反应靠芳香酶来分解。主要的雌激素有：雌酮、雌三醇和雌二醇，后者的性能力（功能）最强。

月经期，卵巢生成的雌激素受垂体 LH（黄体化激素）和 FSH（促卵泡素）水平周期性变化的调节。卵泡期（第 1~13 天），LH 通过卵泡刺激雄激素生成；在排卵期（第 14 天），FSH 值大幅上升。随后的黄体期（第 15~28 天），FSH 通过黄体影响雄激素向雌激素的转化。因此，月经周期包含两个阶段，平均 28 天的周期内，雌激素浓度出现双高峰（图 5.5）。

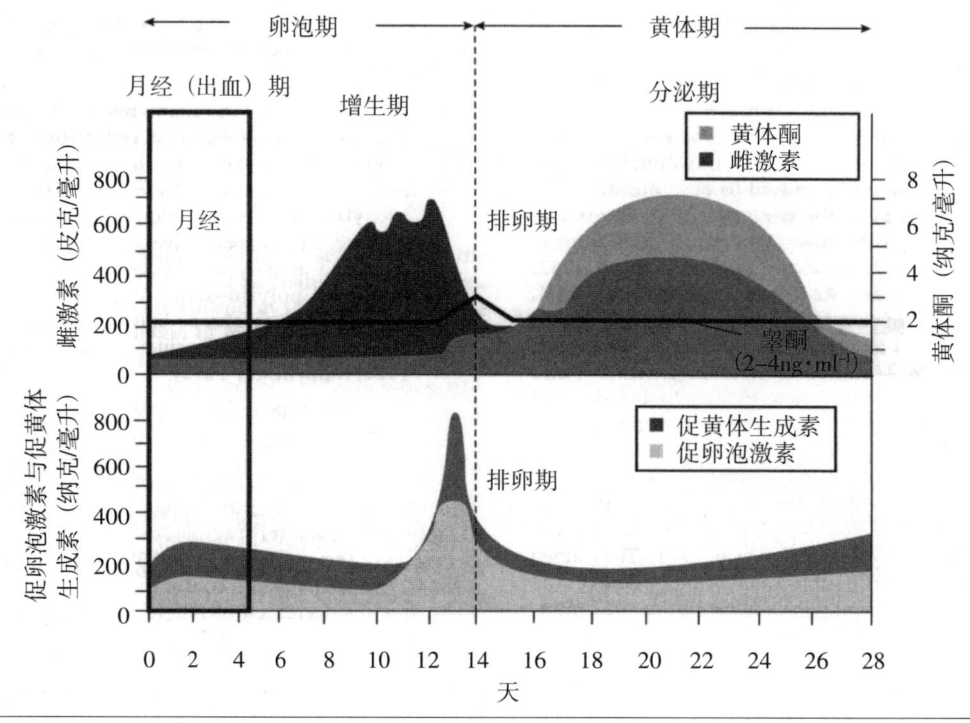

图 5.5　女性正常月经周期

注：除了排卵期，女性体内睾酮水平无变化。

改编，许可自：J.H. 威尔莫，D.L. 科斯蒂尔. 体育运动生理学［M］. 伊利诺伊：人体运动出版社，2004，584.

由于雌激素及其他激素的周期性波动，很难确定女性某一刻的雌激素水平（Bunt 1990）。雌激素用于刺激女性第一和第二性征发育、促进脂肪堆积和影响代谢（Ellis et al.1994）。下文将谈到雌激素的主要功能（Bunt 1990; Murad and Haynes 1980; Powers and Howley 1997）。

在青春期，雌激素对女性产生的影响主要表现在直接刺激女性第一和第二性征的生长与发育。雌激素会导致盐、水以及氮滞留，具有轻度的蛋白质合成作用。雌激素也会促进骨矿物质聚合，增加骨密度。雌激素可以调节血脂，降低总胆固醇，提高HDL_2胆固醇和甘油三酯浓度。此外，正常的雌激素生理浓度有助于提高葡萄糖耐受。雌激素对代谢的影响包括增加肌肉与脂肪组织分解、降低糖异生与糖原分解速率。雌激素对糖异生的影响与胰岛素和增加胰高血糖素比值（I:G）有关。

评价运动或训练对雌激素浓度的影响难度很大。通常情况下，雌激素（包括黄体酮和促性腺激素）在运动强度增加时，浓度会小幅上升，这与月经周期无关（Jurkowski et al.1978; Powers and Howley 1997）。雌激素上升可能是血浆容量变化和雌激素清除量增加，并非雌激素生成量的增加（Bunt 1986; Terjung 1979）。

研究发现，短期有氧训练对雌激素的影响并不明确（Bunt 1990; Powers and

Howley 1997）。长期力量训练并不能对女性雌二醇浓度产生明显的影响（Stoessel et al.1991）。然而，对有关女性进行大负荷量训练的观察研究（如长跑和体操）发现，雌二醇浓度会下降，这与运动性闭经有关（Highet 1989; Keizer and Rogol 1990）。运动性闭经（无月经）可能与血脂异常状况和骨矿物质丢失有关（Highet 1989; Keizer and Rogol 1990; Lamon-Fava et al.1989; Powers and Howley 1997）。

研究认为，男性雌二醇的生成与有氧训练所致睾酮浓度下降同时出现（Frey, Doerr and Srivastava 1983）。另外，久坐的中年男性进行短期力量训练后会出现体内雌二醇浓度下降现象（Blessing et al.1986）。有资料指出，雌二醇浓度上升或雌二醇与睾酮比值升高会增加男性心血管疾病的发生率（Phillips 1977）。

与男性相比，女性在有氧运动时动用的能源物质中，碳水化合物更少，而脂肪更多（Tarnopolsky et al.1990），这与雌二醇产生的影响一样。如果补充雌激素会增加上述影响（Bunt 1990; Ellis et al.1994），并且可以增加（被试）动物在跑台上的运动时间（Kendrick et al.1987）。女性在绝经后补充雌激素可以降低骨矿物质丢失，但影响程度具有明显的个体差异（Bunt 1990）。此外，同时补充雌二醇和黄体酮与女性力量水平增加有关（Heikkinen et al.1997）。这说明雌激素可成为一种强效助力（剂）。

（五）生长素

生长素（GH）是垂体前叶搏动式释放的多肽物质，对各种刺激源，如心理压力、禁食、睡眠、某些氨基酸、某些药物以及运动刺激反应明显（Stone 1995）。生长素释放由下丘脑生长素释放因子（GH-RF）激活。生长素与胰岛素样生长因子（IGF）发生反应，后者是蛋白质合成的主要效应激素，这两种激素通过反馈系统相互调节，作用于GH-RF和刺激下丘脑中的生长激素抑制素（SRIF）（Kraemer 1992b; Laron 1983）。

生长素刺激组织的代谢合成（Kraemer 1992b; Laron 1983）主要通过胰岛素样生长因子（IGF_1）或生长调节素C来完成（Borst et al.2001; Florini 1987; Laron 1983）。长期暴露在高浓度生长素下可能会导致肢端肥大症，表现为组织体积明显增大和畸形，有时会出现巨人症。生长素主要功能有：生长素促进组织的正氮平衡及生长（Florini 1987）。睾酮加速生长素的搏动式释放（Link et al.1986），这两种激素协同作用，共同促进肌肉生长（Scow and Hagan 1965）。此外，有资料表明，IGF_1在促进骨骼肌卫星细胞的增生中发挥作用（Dodson, Allen and Hossner 1985）。

生长素在cAMP作用下，通过激素敏感脂肪酶刺激脂肪分解。

生长素浓度会因有氧和无氧运动（通常在几分钟后）而上升20~40倍，血清中生长素的浓度与运动持续时间、强度以及参与运动的肌肉体积有关（Kindermann et al.1982; Kraemer 1992a; Shepard 1982; Vanhelder, Radomski and Goode 1984）。与其他运动方式相比，间歇式高强度运动可以明显提高生长素浓度（Fry and Kraemer 1997; Vanhelder, Radomski and Goode 1984）。研究发现，一天多练并不能改变生长素对训练刺激的反应（Hakkinen et al.1988a）。生长素在运动后 30 分钟或更长的时间内保持高水平状态（Fry et al.1990; Kraemer et al.1990; McMillan et al.1993）。训练水平对生长素运动中与运动后的反应影响明显，高水平耐力和爆发类项目运动员（举重运动员）体内的生长素对一般性训练的反应不大，而且恢复快（McMillan et al. 1993; Shepard 1982; Terjung 1979）。

（六）胰岛素

胰岛素是肽类激素，由胰腺内胰岛细胞合成和释放。胰岛素的生成与释放受营养素、胃肠道激素及其他激素影响，由神经刺激与抑制因子的相互作用来控制（Kramer 1992b; Larner 1980; Renold et al.1978）。葡萄糖是胰岛素合成与分泌唯一的生理刺激源（Larner 1980）。然而，这种作用由胃肠道激素，特别是抑胃肽的调解，抑胃肽的结构与胰高血糖素结构相似（Renold et al.1978）。选择性 β_2 激活可以刺激胰岛素分泌，EPI 和 NEPI 通过 α-肾上腺素调解可以抑制其释放（Larner 1980）。胰岛素的主要功能有（Kraemer 1992b; Larner 1980; Manchester 1972）：增加细胞膜对葡萄糖、氨基酸和游离脂肪酸的通透性以及促进能量底物的储存。胰岛素是一种合成激素，具有抗分解特征，能促进生长发育。

胰岛素的作用机制是胰岛素细胞膜通过受体与调解激活 cGMP、IGF 受体、激活磷酸二酯酶、降低腺苷酸环化酶和 cAMP 活性、提高糖原合成酶活性、增加聚合糖体合成以及激活膜结合脂蛋白脂肪酶（Hepp 1977; Kraemer 1992b; Larner1980; Manchester 1972）。胰岛素与胰高血糖素、生长素的作用相反（Larner 1980）。

5 分钟以内的有氧运动对安静状态血清胰岛素浓度影响不大（Lamb 1984）。长时间有氧运动可以使血清胰岛素浓度下降 50%（Wirth et al.1981a），主要原因是 α-肾上腺素引起（Jarholt and Holst 1979）胰腺分泌量下降以及工作肌肉对胰岛素的摄取量增加所致。短时间无氧运动（2 分钟以内）可以明显提高血清胰岛素浓度，但机制不完全清楚（Kindermann et al.1982）。然而，间歇性无氧运动（30 分钟力量训练）虽然能引起一定程度的葡萄糖浓度上升，但会导致胰岛素浓度下降，这与有氧运动的作用相似（McMillan et al.1993）。运动后胰岛素浓度的下降可能持续数小时或直至进食为止（McMillan et al.1993）。

长期进行有氧训练（Lamb 1984; Wirth et al.1981a）或力量训练（McMillan et al.1993）的运动员，安静状态和运动时血清中的胰岛素浓度较低。尽管对动物与人体短期训练的实验研究（Wirth et al.1981b）发现，胰岛素下降的程度不一致，但久坐人士在短期训练后并没有类似的反应（Gyntelberg et al.1977），这说明训练反应可能需要长时间来形成。运动引起的胰岛素浓度变化与受试对象体内儿茶酚胺的反应特征有关（Hartley et al.1972）。

无论是有氧（Bjorntorp 1981；Lamb 1984）还是无氧训练（McMillan et al.1993；Miller, Shermann and Ivy 1984；Yki-Jarvinen and Koivstro 1983；Yki-Jarvinen et al. 1984），都可能提高胰岛素敏感性和葡萄糖耐受力，具体表现在胰岛素受体数的增加、肌肉体积的增加以及体脂与瘦体重比值的下降（Miller, Shermann and Ivy 1984；Yki-Jarvinen and Koivisto 1983）。

（七）胰高血糖素

胰高血糖素是肽类激素，由胰腺胰岛中的α细胞分泌。胰高血糖素的主要功能是对能量底物的调控。胰高血糖素的调节作用是通过对营养素的刺激或抑制完成的。血清葡萄糖浓度的上升会造成血清胰高血糖素浓度的下降，反之亦然（Kijer 1992；Larner 1980）。动物实验中，脂肪酸和酮会抑制胰高血糖素的释放和葡萄糖代谢（Larner 1980）。胃抑制肽（GIP）和肠促胰液肽的释放是胃肠与激素发生作用的结果。GIP刺激胰高血糖素的分泌，肠促胰液肽可以降低胰高血糖素的分泌（Larner 1980；Unger and Orci 1976）。胰高血糖素同时受交感神经以及拟交感神经兴奋胺的刺激（Larner 1980）。胰高血糖素的主要作用如下（Larner 1980；Sutton, Farrel and Haber 1990；Unger and Orci 1976）。

胰高血糖素是与胰岛素作用相反的激素，用于动员能量底物（如葡萄糖和脂肪酸）。胰高血糖素所产生的影响由cAMP进行调解，胰高血糖素在肝脏和脂肪组织中的代谢作用与EPI基本相似。

动物及人体实验（Luyckx et al.1981；Kjer 1992）显示，血清胰高血糖素浓度随着有氧运动时间的延长（超过1小时）而上升。动物研究发现，儿茶酚胺反应会导致长时间运动中胰高血糖素浓度的增加（Terjung 1979），然而，对人体而言，血糖浓度的下降似乎更为重要（Lamb 1984；Terjung 1979）。短时间无氧运动对胰高血糖素浓度并无影响（Weicker et al.1981），或出现延迟性胰高血糖素浓度的上升（Galbo and Gollnick 1984），力量训练也可以造成延迟性胰高血糖素浓度的上升（McMillan et al.1993；Vanhelder, Radomski and Goode 1985）。

耐力及爆发类项目运动员在绝对和相对强度运动中，胰高血糖素浓度均无变化（Gyntelberg et al.1977；McMillan et al.1993；Winder et al.1979），其训练适应表现在，训练会引起血清儿茶酚胺浓度下降。然而，肾上腺素受体阻断剂无法改变胰高血糖素对运动的反应（Terjung 1979）。训练引起的血清葡萄糖适应性变化并不明显（Lamb 1984）。可见，训练后出现胰高血糖素无变化反应可能与血清儿茶酚胺或葡萄糖浓度变化无关，但确切机制还不清楚（McMillan et al.1993）。

五、力量训练中激素的作用

激素对运动,包括力量训练的基本反应是激素浓度的升高。升高幅度与运动强度、持续时间以及参与运动的肌肉体积有关。实际上,很多激素,如儿茶酚胺具有明显的运动强度阈值,当运动强度超过该阈值后,激素浓度会突然升高。但胰岛素是个例外,浓度通常随运动出现下降现象。一般情况,训练会造成激素对绝对次最大强度运动刺激无明显反应,激素浓度会在短时间内恢复到基础水平(Kjer 1992; McMillan et al.1993; Pierce et al.1987)。除了生长素,高水平运动员在相对强度运动时,激素反应和一般运动员表现的类似或略有提高(Kjer 1992)。然而在大强度运动时,高水平运动员的激素反应更明显(Kjer 1992; McMillan 1993)。可见,长期训练适应可以改变对某一次最大强度运动时的生理性反应,从而降低生理或心理压力。

激素反应在时间上会有明显的重叠现象,其功能有:底物控制和动员;合成与分解作用。

激素会影响力量练习中对底物的调控与动员,包括儿茶酚胺、皮质醇、胰岛素、生长素以及甲状腺素(表5.3)。在代谢控制上,合成作用的激素比值比单个激素更能说明问题。例如,胰岛素与胰高血糖素比值(I:G)在反映血糖控制上,要好于任意一种个体激素(Williams 1981; McMillan et al.1993)。力量练习中,血清乳酸和葡萄糖浓度会显著上升(McMillan et al.1993; Vanhelder, Radomski and Goode 1984),这是能量生成机制(快速糖酵解)以及糖原分解提高对葡萄糖的动员造成的。神经内分泌系统在这些反应中发挥推动作用(Kjer 1992)。参与力量练习中促进代谢适应变化的激素有儿茶酚胺、胰高血糖素、甲状腺素。另外,皮质醇也有可能参与其中,因为它能促进EPI的释放。

表 5.3 激素对代谢功能的影响

过程	强化激素	弱化激素
细胞葡萄糖摄取	胰岛素	胰高血糖素
血糖	胰高血糖素 儿茶酚胺 皮质醇	胰岛素
糖酵解	儿茶酚胺	胰高血糖素 生长素
肌糖原分解	儿茶酚胺	胰岛素 生长素
肝糖原分解	儿茶酚胺 胰高血糖素	胰岛素

(续表)

过程	强化激素	弱化激素
肝糖异生	儿茶酚胺 胰高血糖素 皮质醇	胰岛素
糖原合成	胰岛素 睾酮	儿茶酚胺 胰高血糖素
脂肪分解	皮质醇 儿茶酚胺 生长素 胰高血糖素 甲状腺素	胰岛素
甘油三酯合成	胰岛素	儿茶酚胺

基于：莱夫科维茨，卡伦 1988；霍夫曼 1992；鲍尔斯，豪利 1997。

运动后会引起游离脂肪酸（FFA）的动员以及糖原的补充。生长素、儿茶酚胺以及皮质醇都可能对脂肪酸的动员产生影响，而脂肪酸的动员在一定程度上有助于机体恢复（McMillan et al.1993; Melby et al.1993）。运动后，体内血糖平衡需要 I:G 比值下降来维持（Friedman, Neufer and Dohm 1991; Wolfe et al.1986）。运动后糖原补充需要胰岛素的参与。胰岛素增加（或运动刺激）会提高机体对葡萄糖的摄取，并且会刺激糖原和脂肪的储存。运动中和运动后胰岛素浓度因摄入的碳水化合物和蛋白质而提高，高水平胰岛素会加速糖原补充速度（Zawadski, Yaspelkis and Ivy 1992）。此外，睾酮可以影响运动后糖原的合成与恢复，因为睾酮可以提高糖原合成酶的含量。

在肌肉和结缔组织重建过程中，发挥作用的激素包括合成激素，即睾酮、生长素、胰岛素样生长因子1（IGF_1）、胰岛素、雌激素以及分解激素皮质醇。结缔组织和肌肉组织的重建包括修复与体积增大，这意味着非常复杂的营养学、免疫系统以及神经内分泌系统之间在相互作用。

由于肌肉横断面积与运动能力（即力量、功率）相关，运动或力量训练引起的激素适宜性变化主要反映在组织重塑和体积增大上。研究普遍认为，组间短间歇（≤1分钟）的多组、多次（8~15次/组）力量训练比其他形式的力量训练更有助于肌肉体积的增大。短期研究表明，采用多组、多次及组间短间歇的力量训练形式可以使一些合成类激素浓度上升，特别是生长素和睾酮（Gotshalk et al.1997; Kraemer et al.1990,1987; Smilios et al.2003）。与单组少次力量练习相比，单组多次数力量练习对快速糖酵解动员程度更大，会生成乳酸，并影响激素反应（尤其是生长激素）（Luger et al.1992; Vanhelder, Radomski and Goode 1985）。研究报道称，增加组数来提高负荷量所造成的激素反应要比增加单组次数的更明显（Craig and Yang 1994; Mulligan et al.1997）。证据表明，在未经训练或训练水平一般的男性中，中长期的多组、多次数（8~12次/组）力量训练对肌肉体积增大的刺激程度要高于多组少次数或每组重复次数非常多的训练安排（Stone and O'Bryant 1987）。此外，克雷默（1992）提出的合理观点认为，力量训练（造成肌肉损伤）与激素浓度变化之间的相互作用可以刺激蛋白质合成和组织重建。

另外，也有一些研究结果发现，运动所造成的激素反应与组织重建反应并不显著。多数力量训练造成的激素反应，在有氧练习中也会出现，特别是接近最大摄氧量强度的有氧运动。然而，有氧运动是否是组织体积增大潜在的刺激源并不清楚（Stone 1992）。但是，不同形式运动形成的刺激与激素适应性表现各不相同，因此组织增大或适应变化也不相同。

小肌肉群练习，如"肱二头弯举"与其他大肌肉群练习相比，并不能造成明显的激素反应（Kraemer et al.1992），但小肌肉群训练也会引起被训肌肉体积的明显增加。

健美运动员缩短组间间歇时间是为了更好地达到"泵血"效果。由此认为，多组、多次组间短间歇的力量训练可以促进增肌（Tesch 1992）。缩短组间间歇的原因还在于组间短间歇会促进激素对力量训练的反应程度（Kraemer 1992a），从而促进肌肉体积的增加。然而，并没有确切证据表明高水平健美运动员的肌细胞平均体积要明显大于高水平力量举或举重运动员，而且后者训练并不采用持续性短间歇或每组多次数的训练方式（Fry et al.2003; Stone et al.1996; Tesch 1992）。同时，也没有证据证实组间短间歇的训练方式更有利于肌肉体积的增加。例如，尼蒙斯（Nimmons 1995）以有一定训练背景的青年男子为受试对象，经过9周力量训练发现，大腿肌肉或大腿单个肌肉分别在组间短间歇（30秒）与组间长间歇（3分钟）训练方式下，肌肉纬度或横断面积（用磁共振成像进行测量）并无明显差异。如果说激素对组间短间歇训练的反应更明显，但上述研究表明激素反应并不能引起肌肉的适应性增大。

大量资料显示，激素参与运动代谢反应（Kjer 1992），运动引起的激素反应对肌肉体积无影响或影响不大。简单地说，在代谢活动中，某个激素分子会与某一受体发生作用，但不一定同时激活参与组织重塑的受体。因此，运动导致某些激素分子释放会和代谢反应调节"绑定"在一起。然而，激素种类不同，表现出的合成代谢特征或强或弱，并且对不同程度运动刺激（大强度与小强度）的反应也不同。

运动引起的激素反应与肌肉体积增大的研究结果并不一致。麦考尔等人（1999）以及希克森等人（1994）的研究结果发现，激素反应与肌肉体积适应性增大之间并无相关性。相反，阿赫蒂艾宁等人（2003）研究发现，安静及运动时激素反应与力量提高、肌肉体积增大之间均存在显著相关。

在没有更多研究数据证实前，我们认为运动引起的激素反应对于肌肉或结缔组织体积增大的影响甚微。换句话说，导致肌肉体积增大的关键并非激素反应，而是其他诸如免疫反应，尤其是旁分泌和自分泌反应（White and Esser 1989; Yamada et al. 1989）。尽管运动引起的激素反应不是改变组织大小及功能的关键因素，但这些反应并非无关紧要。强化激素反应对组织重塑可能发挥积极影响,这种强化作用至少由以下几个要素组成。

负荷量。短时间运动无法引起量变到质变(Ostrowski et al.1997),多数研究认为,做功量越大(常会导致更为明显的激素反应,Gotshalk et al.1997),训练产生的肌肉体积增加效果越明显(Fleck and Kraemer 1987; MacDougall 1986; Rhea et al. 2003; Stone and O'Bryant 1987; Williams et al.2002)。大负荷量做功通常采用多组、每组多次(6~12次/组)的训练设计(Stone et al.1996,1998)。

参与运动的肌肉体积。大肌肉群参与运动相比小肌肉群引发的激素反应更明显(Kraemer 1992a; Kraemer et al.1992)。

动作功率。运动中,高功率输出动作持续时间越长,体内睾酮生成量越高。多组、每组多次的力量训练会造成生长素的积累(Bosco et al.2000),这可能是乳酸盐堆积造成的(Gray, Telford and Weidermann 1993)。图5.6是力量训练引起肌肉增大过程中各种因素相互作用的模型。

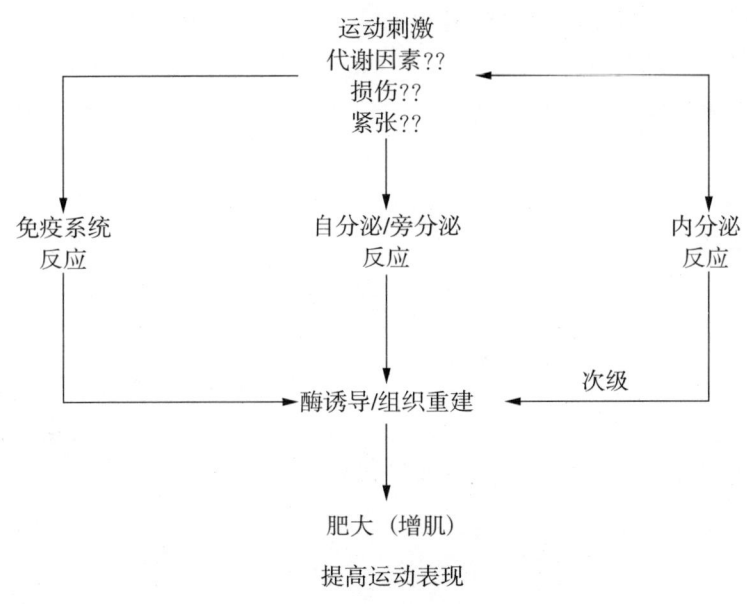

图 5.6　训练对组织重建和运动表现产生的影响

注:从理论上分析,训练引起内分泌、免疫及旁分泌或自分泌反应对组织重建和运动表现会产生影响。

长期性激素的变化在组织增大及力量、功率提高上可能发挥重要作用。激素长期适应性变化对组织增大的影响更为明显。安静状态下,睾酮浓度的适应性上升,或者分解激素浓度的下降都会为参与蛋白质合成以及肌肉重塑过程的受体暴露提供更多的机会。长期性激素浓度的变化以及周期性力量训练导致的肌肉(超微结构)损伤,会导致肌肉适应性增大。相关数据来自两个方面,一是研究发现,雄性激素浓度的缓慢提高可以改变肌肉体积和功能（Stone et al.2003）（参见第七章）；二是男、女性实验结果表明，安静状态下激素浓度小幅度增加与增肌和力量提高关系密切（Aizawa et al.2003），尤其是睾酮和T:C值（Fry et al.2000; Hakkinen et al.1989; Staron et al. 1994）。

本章小结

内环境平衡很大程度上依赖于神经内分泌系统的调节。神经内分泌系统通过释放神经递质和激素，并与特定受体相互作用来发挥特定功能。特定受体的激活会形成特殊的反应，从而引起代谢活动的改变。

激素由内分泌腺释放，其作用包括对能源物质的动员与储存以及合成与分解。一般来说，运动会引起激素浓度（除胰岛素）上升，上升幅度与运动强度有关。采用绝对次最大运动强度的训练通常可以抑制这种反应。全力运动时，运动员的激素反应有助于机体承受更高的运动强度，因此激素反应会更加明显。

训练会引起明显的机体生理性改变以及运动能力的适应性提高。这些影响反映了神经内分泌系统的作用方式（即弱化激素反应），或是因为神经内分泌系统适应性调节而导致生理指标及运动能力的提高。运动或训练通过神经内分泌功能变化引起的生理性适应是各种神经与激素因素综合作用的结果，而不是单独激素或神经递质作用的结果。

第六章　营养与代谢因素

目前，运动营养是运动科学最关注的研究领域之一。人们对"好营养"由来已久的诸多认识和概念正在受到挑战，这在运动营养上表现得尤为突出。自20世纪70年代末，科学家对满足运动和训练所需的维生素、矿物质、脂肪、碳水化合物，尤其是蛋白质等营养元素已进行了重新评估，并重新规划了运动员的膳食标准。

近来，关于运动员碳水化合物和蛋白质摄入、肌酸补充以及营养素对运动和训练影响的资料显示，许多运动员的膳食结构并不能满足高水平训练与运动表现的需要。例如，碳水化合物和肌酸被认为是强效剂，因为它们可以促进运动能力的提高。碳水化合物的摄取用于补充肝糖原与肌糖原，有助于体内合成环境的形成，这对有氧与无氧运动都有影响。几年前，多数营养学家和运动科学家还认为，按蛋白质推荐摄食量（RDA）可以完全满足运动员的需要。然而如今，他们建议无论是耐力项目运动员还是爆发类项目运动员，饮食中蛋白质的摄入量要比一般人群高。补充肌酸可以增加肌酸磷酸的储存量，加速机体恢复，这对于高强度的运动表现尤为重要。维生素和矿物质的作用也重新受到人们的关注和重视，它们主要用于大运动量训练和维持长期健康。另一方面，营养不良会造成各种不利于训练和健康的后果，包括恢复不够和过度训练。

运动员吃什么、怎么吃、何时吃以及吃多少对身体健康和运动表现有举足轻重的影响。本章目的就是梳理各种营养与饮食因素，重点探讨那些对运动成绩有影响的营养因素。

一、能量的支出与摄入

能量是指做功的能力或大小，其消耗的测量单位一般用千卡（kcal）表示。1千卡等于将1公斤水的温度提高1摄氏度所需要的能量。能量消耗速率以及总量与身体、生理和运动能力因素有关。运动强度和持续时间对能量消耗影响显著。当运动强度增加时，能量消耗速率也随之提高，需要做更多的功，因此会使用更多的卡路里（能量单位）。另外，运动导致的能量消耗直接或间接地受到体重、体成分以及能量底物动员效率的影响。

运动时消耗的能量对运动后能量消耗以及恢复指标也有影响（Burelson et al.

1997）。训练引起能量消耗的累积性影响与训练适应有关，包括体重和体成分的变化、血脂和心血管功能的改变以及运动能力的变化（Stone et al.1991a）。考虑到这些关系和影响，评估各种运动能量消耗速率以及消耗总量（总能量）对制订训练计划很有帮助。各种身体运动的能量消耗速率如表6.1所示，运动能量消耗范围很大。各种决定性指标，如体重差异、运动强度、间歇方式以及运动员位置（如橄榄球中的边线与后防队员）都将决定能量消耗程度。

表 6.1　各种身体运动的能量消耗速率

身体运动类型	能量消耗（千卡/分钟）
平躺	1
静坐	1~1.5
静站	1~1.5
篮球（平均比赛水平）	3~15
自行车（4公里/小时）	7~8
橄榄球	6~15
慢跑（160米/分钟）	7~9
短跑（极限速度）	18~22
排球（平均比赛水平）	3~7
力量训练（平均水平）	9~10
循环式练习	5~10
小肌群练习	3~7
大肌群练习	6~18
综合性练习（侧重大肌群练习）	9~10

基于：美国健康体育教育娱乐与舞蹈联合会 1971；亨特等 1988；尼科莱特 1993；斯卡拉等 1987；威尔莫尔 1994。

　　从健康角度考虑，有研究认为，降低退变性疾病，特别是心血管疾病发病率的下降与能量消耗速率以及总量增加有关（Stone et al.1991a）。此外，降低健康风险可能与运动强度及运动量的阈值有关（Morris 1987）。运动强度阈值建议为7.5千卡/分钟，运动量阈值从500千卡/周到2000千卡/周为宜。如果训练计划安排每周的能耗超过2000千卡，有可能会提高运动成绩，但对健康无益。能耗与各种身体活动、运动训练内容有关（见表6.1和表6.2），很明显，一些运动，如举重训练，如果训练强度大，并保持较高的运动量就可以满足上述运动强度和运动量的要求。也有人认为，在健康指标，特别是心血管疾病风险指标与能耗间存在一种"无症状"表现的渐进关系（Blair 1993，Blair et al.1989）。因此，在某种程度上，总能耗越大，能耗对健康潜在的保护性影响就越显著。

表 6.2 运动中的能量支出与消耗

运动类型	能量支出（千卡/公斤/天）	能量消耗（千卡/天）
不运动	<40	2000~3000
马拉松	50~80	2500~6000
篮球	55~70	5000~6000
短跑	55~65	4300~6000
柔道	55~65	3000~6200
投掷（场地类）	60~65	6000~8500
举重	55~75	3000~10,000

注：以上数据来自男性，女性会少 10%~25%。基于：麦克米兰等 1993；斯卡拉等 1987；威尔莫尔与科斯蒂尔 1994。

通常情况下，运动训练的能耗比保持健康运动的能耗高。运动员每周训练的课次多，而且经常一天训练不止一次。例如，许多高水平举重和投掷运动员在准备期训练中，一天训练 2~3 次，每周训练 4~6 天并不少见。在这些训练课中，做功量大，训练的积累性影响可以导致大量的能量消耗。为了减少训练可能引起的不良反应，如压力过度、过度训练（Stone et al.1991b）以及体重或瘦体重下降，必须补充大量的卡路里来平衡能耗。能耗与能量摄入如表 6.2 所示，值得注意的是，有些运动项目的能耗和摄入范围差异明显。与能量消耗速率一样，造成明显差异的原因是体重、运动（训练）强度以及运动量。例如，大级别举重运动员（>150 公斤）在完成相同的绝对或相对强度时，比体重小的运动员消耗的能量要多，而且能量摄入量也大。

其他因素也会影响能耗速率和总能耗，例如参与运动的肌肉体积和组间间歇时间。大肌肉群的训练或组间短间歇训练会增加能量消耗。另外，训练所造成的能耗总量也会影响到训练后的能耗。

一般来说，影响能耗的主要因素有：基础代谢率（BMR）、食物热效应（TEF）、身体活动热效应（TEA，即运动能耗）以及适应性生热（AT）。

BMR 在实验室条件下测试，要求受试者保持与外界隔离、禁食、安静平躺状态，没有服药及其他压力（Manore and Thompson 2000）。基础代谢率表示安静状态下维持内环境平衡所必需的能量。对于健康的不经常运动的成年人，基础代谢率占总能耗的 60%~80%（Manore and Thompson 2000）。由于测试要求测试者整夜呆在实验室里，测试并不方便，因此，常由安静代谢率（RMR）取而代之。安静代谢率的测试需要受试者（通常禁食）在代谢测试前的一段时间（较短）内处于安静状态。基础代谢率与安静代谢率之间的差异一般不超过 10%。运动员的安静代谢率要比不常运动的人所占的每日能耗比值低（会低 20%~45%）（Rontoyannis, Skoulis and Pavlou 1989; Thompson, Manore and Skinner 1993）。有些因素可以改变安静代谢率，包括年龄、性别、体重、瘦体重、运动水平以及遗传。

食物热效应（TEF）是白天人体在食物摄入、消化、吸收运输、代谢以及储存过程中，超过安静代谢率所需的能量。TEF 约占每天总能耗的 6%~10%。女性的食物热效应较低，一般比安静代谢率高出 6%~7%（Manore and Thomoson 2000）。测量 TEF 需要使用代谢仓。尽管 TEF 反映了白天进食的累积效应，但大部分研究测量的是每顿饭的热效应（TEM），因为这样更容易，也更省时间。TEM 在餐后可以持续几个小时，并与进食的食物结构有关。TEM 中碳水化合物大约占 5%~10%，脂肪大约占 3%~5%，蛋白质大约占 20%~30%（Flatt 1992）。此外，一次或长期运动及性别差异会影响 TEF 和 TEM。

活动热效应（TEA）表示在身体活动中超过安静代谢率以上的能耗。这些超出的能耗包括日常活动的能耗、运动时能耗，还有自主性肌肉活动，如颤抖等。TEA 是反映能量摄入的最佳指标，可占到缺少运动个体总能耗的 10%，最多占到运动员总能耗的 50%~60%（Manore and Thompson 2000）。

适应性生热（AT）通过多途径、多因素对三个主要热效应产生影响，包括生长、怀孕、环境温度、海拔、用药、毒品（例如酒精、甲基化黄嘌呤衍生物、烟）以及身体和心理压力（Manore and Thompson 2000）。

二、热量密度和营养密度

由于分子结构的差异，食物类型不同，蛋白质、碳水化合物或脂肪代谢所产生的能量不同。蛋白质和碳水化合物能量生成量大约为 4 千卡/克，脂肪大约为 9 千卡/克。食物热值称为生理热值（PFV），代表同一类食物的平均热值。利用热值可以通过进食消化的蛋白质、碳水化合物和脂肪量与生理热值的乘积来计算所摄入的能量。如果知道进食的总热值，就可以确定每一类食物摄入热量占总热量的百分比。例如，体重 100 公斤的运动员每日进食 120 克蛋白质、700 克碳水化合物和 150 克脂肪，那么摄入的总热量如下：

蛋白质=120 克×4 千卡/克=480 千卡
碳水化合物=700 克×4 千卡/克=2800 千卡
脂肪=150 克×9 千卡/克=1350 千卡
总热量=4630 千卡

每类食物的热量百分比如下：

蛋白质=480/4630=10.4%
碳水化合物=2800/4630=60.5%
脂肪=1350/4630=29.2%

有时，运动员可以通过具体热量摄入来确定每一类食物营养素的摄入量。例如，一名体重110公斤的运动员每天需要6000千卡热量，各种食物所占百分比要调整为20%蛋白质、55%碳水化合物以及25%脂肪，因此摄入量分别为：

蛋白质=6000 千卡×0.2×1 克/4 千卡=300 克

碳水化合物=6000 千卡×0.55×1 克/4 千卡=825 克

脂肪=6000 千卡×0.25×1 克/9 千卡=167 克

通过简便公式计算，运动员可以根据需要来调整饮食结构。

营养密度指食物中每卡路里所对应（宏量与微量）营养素的质量。肉类和多数蔬菜的营养密度高，因为它们含有高密度能量以及维生素和矿物质。然而许多精包装、深加工过含大量糖、盐及防腐剂食物的营养密度低。尽管营养密度对摄入大量食物的大块头运动员来说不是关键问题，但对于体形小的运动员在热量摄入较低的情况下，饮食必须注意营养密度及微量营养素的摄入量（维生素和矿物质）。

三、能量支出测量

最常见的能耗测量方法是间接测热法（Montoye et al.1996）。这种方法可以测得耗氧量和二氧化碳排放量。间接测热法既可以在代谢仓内进行测量，也可以对通过呼吸面罩采集的呼出气体进行分析（参见第四章）。耗氧量（VO_2）与二氧化碳排放量（VCO_2）之间的比值是呼吸商（RQ）。"非蛋白质"呼吸商代表碳水化合物与脂肪氧化的比值。

然而，非蛋白质呼吸商并不能通过分子水平直接测得，因此需要呼吸交换率（RER）。呼吸交换率反映了口中气体交换情况，在低于稳态强度的运动中，RER 能够较好地估测出呼吸商。呼吸交换率有赖于被氧化的底物，脂肪为 0.7，蛋白质为 0.8，碳水化合物为 1.0。当人体摄入混合食物（含蛋白质、碳水化合物和脂肪），安静状态下呼吸交换率一般保持在 0.80~0.72。呼吸交换率反映了被氧化的主要能量底物。正常情况下，蛋白质（来自酮酸）的氧化量很少，呼吸交换率主要反映了脂肪和碳水化合物的氧化。例如，运动员在训练中，增加脂肪代谢时的呼吸交换率为 0.72~0.77，禁食和饥饿状态下的呼吸交换率会降到 0.7。如果饮食中碳水化合物的比重高，那么呼吸交换率会增加。当提高运动强度时，呼吸交换率可达 1.0（或更高）。因此，RER 受饮食结构、体重以及运动负荷等因素的影响。

通过摄氧量可以反映能耗。通常情况下，消耗 1 升氧气等于呼吸交换率为 0.82 条件下消耗 4.8 千卡热量。当 RER 增加时，如运动强度提高，1 升氧气的热值也随着增加。这种方法被用来估算各种运动的热量消耗（见表 6.1）。

(一) 恢复时的能量消耗

考虑运动能量消耗时，人们常常忽略的一个因素是运动后的恢复能耗（参见第四章）。研究表明，有氧稳态运动对恢复能耗有影响（Bahr et al.1987,1991; Brehm and Gutin 1986; Scholl, Bullough and Melby 1993; Sedlock, Fisinger and Melby 1989）。研究普遍认为，运动强度（功率输出）对运动后恢复能耗的影响要比运动持续时间更明显。高强度运动对内环境平衡的扰乱程度高于小强度运动，因此机体需要更多的能量来恢复（Burleson et al.1997; Kindermann et al.1982）。这也就说明，运动强度大的运动，多属于无氧运动。因此，力量训练需要更多的能量来恢复，与有氧练习相比，力量训练后的恢复时间也可能更长。关于力量训练后能耗的一些研究证实了上述观点（Burhus et al.1992; Burleson et al.1997; Elliot, Goldberg and Kuehl 1992; Scholl, Bullough and Melby 1993）。

传统的健身力量练习由于负荷量小，无法有效提高运动后能耗，因此对体成分的影响十分有限，然而运动员的训练并非如此。研究发现，力量训练时的能耗与负荷量密切相关，大负荷力量训练需要的恢复能耗会更多（Melby et al.1993）。因此，爆发类项目运动员保持持续大负荷力量训练形成的积累效应，则需要更多的能量。恢复能耗通常不计入运动能耗中，也不在表 6.1 中。因此，有些运动员的能量摄入与消耗可能会比估算值高。对有些运动项目（见表 6.2）和个体运动员来说，运动后的能耗会成为影响运动表现的重要因素。

（二）力量训练类型与能耗

优先力量训练法是将与训练目标有关的重要手段安排在训练课开始部分进行训练的方法。一般情况是大肌群练习先于小肌群练习。采用优先训练法时，运动员先完成一个练习手段的训练后，再进行另一个练习的训练，练习间和组间安排充分的恢复时间，从而保证完成规定的次数和组数。

循环力量训练法通常将上下肢练习交替安排，组间间歇不足 1 分钟。组间短间歇的循环训练主要用来刺激代谢系统和提高能量消耗。与优先训练法相比，循环训练法通常针对小肌群练习。由于是小肌群练习，并且间歇时间短，因此训练强度比优先训练时的强度低。

循环训练中如果采用大肌群练习，那么能量消耗会非常大。优先训练法主要侧重大肌群练习，由于负荷强度较大，组间间歇时间相对较长，能量消耗也很大（Scala et al.1987）。

与有氧训练一样，力量训练的能量消耗与能量摄入有关（Campbell et al.1994）。因此，当训练负荷量增加时，则需要能量的摄入。由于大运动量训练会导致运动耗能增加,而且恢复时间长,作为体能教练应认真考虑训练手段、训练时间以及训练频率等问题。

四、蛋白质

多年来,运动员、教练员和运动专家一直高度关注蛋白质和蛋白补剂的作用。关于运动员蛋白质的摄入种类、摄入量等方面的问题至今还不太清楚。凭经验,我们认为,许多教练员和运动员对"摄入超过 RDA(推荐进食量)和 DRI(每日建议膳食参考摄入量)中蛋白质推荐量是获得最佳运动成绩或增加瘦体重所必需"的观点深信不疑。然而,专家却并不赞同运动员要额外补充蛋白质,对那些进行大强度或大运动量训练的运动员也不例外。教练员对蛋白质摄入的误解主要来自许多设计不够严谨的实验研究报道,尤其是短期实验或采用不合理训练计划的研究。另外,对蛋白质代谢缺少全面的认识也是造成误解的原因。以下内容会涉及蛋白质的主要代谢特征以及运动员在训练中对蛋白质的需求。

(一)蛋白质的代谢与功能

典型美国成年人摄入的总热量中,大约有 9%~16% 来自蛋白质(Hamilton, Whitley and Sizer 1985; NHANES Ⅲ 1988–2004; Pike and Brown 1984);许多运动员,特别是爆发类项目运动员总热量摄入中有 15%~25% 来自蛋白质(Ivy and Portman 2004; Tarnopolsky et al.1992, Tarnopolsky 2000)。蛋白质是相对复杂的分子,有酶化或建构作用,对于身体生长、维持与修复组织功能、促进合成与生物能效来说非常重要。安静状态下,蛋白质供能只占总能量需求的 1%~2%,其原因在于能量需求的优先功能。如果在碳水化合物和脂肪摄入不足时,大量蛋白质会成为能量物质(Hurton 1982)。骨骼肌的一个重要功能就是储存蛋白质,即当饮食摄入减少,如在饥饿状态时,人体会通过分解蛋白质来提供能量(Sparge 1979)。

肌肉蛋白具有恒定的周转率。肌肉中蛋白质的量主要由蛋白合成与分解状况来决定(Booth, Nicholson and Watson 1982)。如果人体摄入过量的蛋白质,要么会被氧化提供能量,要么会转化为脂肪(Hamilton, Whitley and Sizer 1985; Tarnopolsky, MacDougall and Atkinson 1988; Tranopolsky et al.1992)。因此,蛋白质摄入过量可能会增加体脂(碳水化合物也一样)。

(二)蛋白质的组成

蛋白质结构的基本单位是氨基酸,所有氨基酸都含氮。氮是肽键形成的必要元素，用于连接氨基酸。蛋白质是由肽键连接而成的基本氨基酸长链。此外（二级、三级、四级）蛋白质结构还以氢键和共价键形式构成。

由于氨基酸是基本结构单位，因此，蛋白质需求量与氨基酸的需求量有关。我们吃的食物中，只有少量的游离氨基酸。食物蛋白含有混合性氨基酸，只有当氨基酸释放出来，才能被消化和吸收。

蛋白质的生物价（BV）是对蛋白质吸收与利用的测量标准。蛋白质的生物价值越高，就会有越多的氮被吸收、利用和保留，而高生物价蛋白质对促进组织重塑和肌肉增长的效果更明显。成年人蛋白质的合成需要大约22种不同的氨基酸，其中9种是必需氨基酸（EAA）。EAA是那些不能在体内合成，必须通过食物获得的氨基酸（表6.3）。非必需氨基酸只要有丰富的氮（如其他氨基酸）能获取，就可以通过其他底物，如碳水化合物来合成。如果食物中含一种或几种必需氨基酸的蛋白被称作"不完全蛋白"。不完全蛋白一般源于植物，包括坚果、谷物、豆类和种子。然而，有些植物内的蛋白质，特别是豆类蛋白含量相对较高，一定程度上可以缓解或提高食物价。如果食物蛋白质中含所有用于人体组织合成的必需氨基酸则称作完全蛋白质，具有高生物价。完全蛋白质主要来自动物及蛋奶等，如红肉、奶制品、鸡蛋、鱼肉和鸡肉。

表6.3 氨基酸类型

非必需氨基酸	必需氨基酸
甘氨酸	亮氨酸
丙氨酸	异亮氨酸
天冬氨酸	缬氨酸
谷氨酸	苏氨酸
丝氨酸	赖氨酸
胱氨酸	蛋氨酸
酪氨酸	苯丙氨酸
精氨酸	色氨酸
脯氨酸	组氨酸*
羟脯氨酸	
天冬酰胺酸	
谷氨酰胺	

*有些成年人可以自身合成组氨酸。对大多数成年和婴幼儿来说，组氨酸是必需氨基酸。
改变自：M. H. 斯通，H.S. 奥尔布莱恩特. 力量训练：科学训练法［M］. 明尼阿波利斯：伯吉斯出版社，1987.

蛋白质的分解和周转会引起氨基酸脱氨，最终造成氮的排出。留在体内的蛋白质在不断的分解与合成过程中进行重建。营养丰富的成年人，每日蛋白质的重建量要达身体蛋白质总量的3%~4%（De Feo 1996）。如果运动量大，这个比重会更高。与碳水化合物或脂肪周转率相比，蛋白质分解与补充的效率较低，一般占安静代谢率的10%~25%（De Feo 1996; Reeds, Fuller and Nicholson 1985）。分析蛋白质周转率的方法有标定氨基酸输液法和氮平衡测量法。

标定氨基酸输液法基于同位素稀释和接下来的前体产物反应。这种方法可以用来跟踪全身蛋白质的运动以及确定特殊组织的混合蛋白质和单个蛋白质（Bier 1989; De Feo and Haymond 1994）。另外，这种方法还可以计算特定内源蛋白质中具体氨基酸的释放率。标定特定的放射性氨基酸（RLAA）需要静脉注射，然后在规定的间隔时间采集血样，通过对比内源性氨基酸，确定放射标定氨基酸的稀释程度。放射性标定氨基酸与内源性氨基酸的比称为放射性比度（SA）。内源性蛋白质氨基酸释放速率的变化可以通过下面公式计算：

释放速率（微摩尔/分钟）=放射性标定氨基酸的每分钟衰变率/血浆氨基酸放射性比度

氨基酸的放射性比度是放射性标定氨基酸每分钟衰变率与微摩尔的乘积。亮氨酸是在确定全身蛋白质周转率时最常用的氨基酸（De Feo 1996）。亮氨酸是必需氨基酸，很容易氧化，在骨骼肌中可以完全氧化。与氮平衡测量法相比，这种测定蛋白质周转率的方法能够更为直接地确定底物、激素或其他影响蛋白质代谢的刺激物所产生影响（De Feo 1996）。

氮平衡测量法通过估算氮摄入与丢失来测量蛋白质平衡。当氮流失大于氮摄入时会形成负氮平衡，表明身体蛋白质的流失。当氮摄入大于氮流失时会形成正氮平衡，表明蛋白质处于合成状态。氮平衡的公式如下。

氮平衡=氮摄入−（尿液、大便、皮肤以及汗液中的氮流失）

氮平衡受多种因素影响，包括人体的生理状态、健康水平、能量摄入以及必需和非必需氨基酸的摄入。

如果饮食中必需氨基酸摄入量低，将会降低蛋白质合成速率并对用于蛋白质合成的其他氨基酸产生负面影响。如果蛋白质合成降低，则分解效应占主导，这样会造成氮排出量增加。如果饮食中必需氨基酸比例不平衡，总体蛋白质摄入不足以抵消负氮平衡，那么就会导致负氮平衡。饮食中如果某一种必需氨基酸摄入不足，也可以导致蛋白质分解增加，出现负氮平衡（Pike and Brown 1984）。

体内如果缺少不同的必需氨基酸，通过同时摄入两种不完全蛋白质，可以构成完全蛋白质饮食，实践中称为"同补"。从健康考虑，为了让素食者获取充足的完全蛋白质，必须吃一些含有互补蛋白质的食物，这样就可以提供所有必需氨基酸。以下食物组合可以提供互补蛋白质：

大豆与大米、豌豆与小麦、豆类与玉米、扁豆与小麦或大米、燕麦与豆类、粗粮与葵花籽、花生与小麦（面包）等。

何时进食对蛋白质最优合成非常重要。数据表明，如果所有必需氨基酸进食时间相差 2 小时以上（Alfin-Slater 1973），那么蛋白质同补效果就不理想。虽然有人对这种观点提出了质疑，但如果两次含有不完全蛋白质的进食间隔过长，则不利于发挥最佳的同补效果。此外，在进食后立刻运动会降低氨基酸和其他营养素的吸收。因此，在运动员进行大运动量训练时，应考虑蛋白质（即氨基酸）的摄入时间。

"蛋白质量"是确定每日必需蛋白质时的重要因素。尽管许多食物（制品）声称富含高蛋白，但由于缺少一种或多种必需氨基酸而大大降低了其质量。保证进食的多样性可以增加摄入高质量蛋白食物的可能性，也会增加必需蛋白和其他营养素的可能。

（三）蛋白质的消化

蛋白质的消化由咀嚼和食物颗粒机械性分解开始。吞咽时，胃壁会分泌盐酸和胃蛋白，将食物颗粒分解得更小。对成年人来说，胃不吸收氨基酸。胰腺分泌各种不活性的消化酶，如胰蛋白酶、糜蛋白酶以及羧肽酶，分泌后进入小肠。在小肠中这些酶被激活，催化氨基酸，引发肽键水解，形成体积更小的肽和单个氨基酸。单个氨基酸由细胞黏膜吸收，通常以双肽或三肽形式被吸收。在吸收过程中，肽被分解成氨基酸，并释放到血液中。健康人群中，几乎所有的氨基酸进入小肠就会被吸收，仅有3%~5%的氨基酸能进入大肠（Pike and Brown 1984）。

氨基酸在小肠内的吸收速度较快，主要依靠特殊的活性运输系统。氨基酸（AAs）可按化学结构和功能进行分类。由于支链（R 基团）不同，氨基酸之间的区别很大。根据 R 基团（脂肪族、芳香族、醚或硫醚替代物、酸或酰胺功能族、基本功能族和异形族）的相似性，有 6 种结构上相关的氨基酸。结构相关的每种氨基酸由它自身的运输系统来促进其在小肠内的吸收（Hamilton, Whitley and Sizer 1985; Pike and Brown 1984）。同构族的氨基酸会争夺运输点，吸收遵循"先到先得"的基本原则（Bleich et al.1971）。例如，赖氨酸、精氨酸、胱氨酸、鸟氨酸的运输点相同，如果其中一种氨基酸过量，就会影响其他三种氨基酸的吸收。因此，在食物或蛋白质（氨基酸）补剂的消化过程中，如果一种或多种氨基酸过量，就会降低机体对其他氨基酸的吸收。

鉴于氨基酸的这种吸收方式，从食物中所获取的蛋白质要比游离氨基酸和某些蛋白质补剂在氨基酸的组合与比例上更合理。消化过程使得氨基酸和肽逐步吸收。根据消化与吸收基本原理，我们可以达到稳定但并不过量的氨基酸补充效果。有些蛋白质补剂中会添加大量消化蛋白和游离氨基酸，这样会占用可利用的运输系统，从而降低氨基酸的吸收量。

几乎所有进入胃和小肠的蛋白质都会被消化和吸收。口服酶或肽酶激素也会被消化，因此大部分会失活或疗效欠佳。替代合成类固醇的一些腺实质和含蛋白质物质，由于在进入血液之前会消化分解，效果也会"打折"。氨基酸被小肠吸收后进入门脉循环，然后运动至肝脏。氨基酸由肝脏进入血液，根据各种特定需要被不同组织利用。

（四）蛋白质的代谢与控制

美国人蛋白质的推荐摄食量（RDA）为每天 0.8 克/公斤（美国国家科学院 1989）。这个推荐量考虑了蛋白质代谢能力的个体差异、正常氮流失以及身体活动的安全边际。根据 RDA 及安全边际，健康人不需要在饮食之余额外补充蛋白质。不过，有些国家制定的蛋白质摄入标准要比美国的高，例如，德国采用每天 0.83 克/公斤的标准。某些情况下人体对蛋白质的需要量要高出国家标准，如高水平运动员等特殊人群，一般膳食营养素摄入标准无法完全满足实际需要。

假定认为，推荐摄食量受热能消耗的影响不大，前提是热量摄入必须充足或提高总蛋白需求量（Tarnopolsky 2000）。一般情况下，当训练量增加时，食物摄入与热量摄入也需要增加。为了维持正常的氮平衡，蛋白质摄入必须按热量消耗成比例地增加。不过，这种增加蛋白质的摄入并不是恰到好处。例如，当运动员从某一训练阶段转向另一阶段时，可能需要 2~4 周时间来重新调整能量或蛋白质摄入与消耗。如果需要增体重或减体重，需要的时间有可能会更长（Åstrand and Rodahl 1970; Pike and Brown 1984）。需要注意的是，如果伴随训练量或强度变化，饮食调整不合理（例如，热量和蛋白质摄入量不匹配），在调整时期会对体重、体成分以及蛋白质水平（身体蛋白质含量）造成不良影响。

蛋白质在肝脏和骨骼肌中降解为氨基酸。最终，氨基酸经过一系列反应将氨基（$-NH_2$）移至 α-酮戊二酸形成谷氨酸。哺乳动物肝脏负责降解和处理氨基酸式氮，这与谷氨酸脱氨以及生成氨有关。氨（NH_3^+）是有毒性物质，必须快速排除或缓冲。生成的氨大部分通过鸟氨酸与精氨酸代谢途径（尿循环）转化为尿素。尿素无毒，是尿液的主要成分。运动时，蛋白质分解与降解加剧，会导致氨和尿素浓度明显增加。

激素会影响蛋白质代谢（De Feo 1996; Goldberg 1980; Tischler 1981）。睾酮、胰岛素、胰岛素样生长因子以及生长素这些类合成激素可以直接增加蛋白质合成，抑制蛋白质分解。此外，肾上腺素通过降低蛋白质降解速度对蛋白质代谢产生"合成净效应"（De Feo 1996）。皮质醇是分解激素，可以加速蛋白质分解和抵消睾酮产生的作用。胰高血糖素和甲状腺激素具有分解作用。上述激素对人体代谢与生理反应影响广泛，它们不仅影响蛋白质的代谢，还会影响碳水化合物和脂肪代谢、水与电解质平衡、行为、生长以及其他与蛋白质密切相关的生理功能。运动和训练导致运动后和安静时激素浓度的变化对蛋白质合成与分解代谢都会产生重要影响。

（五）运动与训练对蛋白质合成的影响

一般情况下，运动时蛋白质合成处于抑制状态，非收缩性肌肉蛋白及肝脏中蛋白质的降解会根据运动强度和持续时间而提高或保持不变（Dohm et al.1985; Graham, Rush and MacLean 1995; Mero et al.1997）。通常，运动时收缩蛋白的降解会降低（Graham, Rush and MacLean 1995）。特别在有氧运动时，净效应表现为氨基酸的分解。恢复时，蛋白质分解回落到基础水平，蛋白质合成增加（Dohm et al.1985）。

对3-甲基组氨酸排泄情况进行观察发现，运动会加速蛋白质的降解。这种氨基酸主要是收缩蛋白降解的产物，无法参与新蛋白的合成和再利用（Booth, Nicholson and Watson 1982; Graham, Rush and MacLean 1995）。因此，3-甲基组氨酸排泄量和变化与运动时和运动后收缩蛋白的降解程度有关。动物（Bylund-Fellenius et al. 1984; Dohm et al.1982,1987）和人体实验（Rennie et al.1981）发现，在有氧和无氧运动（力量训练）时（Dohm et al.1982; Evans et al.1986; Pivarnik, Hickson and Wolinsky 1989），肌肉释放的3-甲基组氨酸会减少。然而，其释放量在运动后会明显增加，说明收缩蛋白分解明显。运动为何会引起蛋白质分解的确切机制还不清楚，但存在相关影响因素，包括运动量、运动强度和运动形式。利用3-甲基组氨酸反映蛋白质分解时应注意，肌肉以外的组织也含有收缩蛋白（肠道和皮肤），也可以明显增加3-甲基组氨酸（增加幅度可达25%）的排放量（Afting et al.1981）。

训练需要增加膳食蛋白质的摄入量（Lemon 1991; Lemon and Nagle 1981; Rozenek and Stone 1984）。是否需要额外补充蛋白质（补剂）应根据训练形式及训练计划而定。有氧训练会造成氨基酸（蛋白质）氧化供能的增加；无氧训练，特别是力量训练会引起氨基酸使用的增加，用于组织修复和增肌（Mero et al.1997; Lemon 1995; Tarnopolsky et al.1991; Tarnopolsky 2000）。

基于同位素稀释和氮平衡的研究发现，有氧（Friedman and Lemon 1985; Gontzea, Sutzscu and Dumitrache 1974,1975）和无氧（Lemon et al.1992; Mero et al. 1997; Tarnopolsky, MacDougall and Atkinson 1988）训练，包括举重训练（Celajowa and Homa 1970; Laritcheva et al.1978）可以造成蛋白质需求量的增加。各种程度及持续的负氮平衡会造成瘦体重下降，包括激素、结构性及酶体蛋白质、抗体和其他必需蛋白质的流失，这些可能会导致运动损伤、患病几率增加、运动成绩下降和过度训练（Mero 1997; Stone et al.1991b）。

关于训练引起负氮平衡的研究指出，大运动量的有氧训练和部分无氧训练（Pitkanen et al. 2003）会增加人体对某些特殊氨基酸的需要量。骨骼肌可以氧化的氨基酸大致有6种，即丙氨酸、天门冬氨酸、谷氨酸以及支链氨基酸（BCAA）的亮氨酸、异亮氨酸、缬氨酸（Babij, Matthews and Rennie 1983; Dohm et al.1985; Evans et al.1983; Hood and Terjung 1990）。支链氨基酸向丙酮酸提供氮，丙酮酸由葡萄糖或氨基酸生成（Galim, Hruska and Bier 1980）。丙酮酸和支链氨基酸结合反应为：

$$丙酮酸 + 支链氨基酸 \rightarrow 丙氨酸 + \alpha-酮酸$$

丙氨酸是无毒载体，可以将氨基转运至肝脏进行糖异生。通过糖异生，乳酸盐、甘油和氨基酸可转化为葡萄糖。有氧运动会明显加速糖异生速度，特别是在缺少外源性碳水化合物摄入的情况下（Felig and Wahren 1971）。α-酮酸的氧化可以为肝脏和肌肉的代谢提供额外的"养料"。肝脏和肌肉都可以分解大量蛋白质和释放氨基酸（Dohm et al.1977,1978; Lemon and Mullin 1980; Young and Munroe 1978）。运动引起蛋白质代谢改变对生理功能的积极影响至少有以下三个方面（Dohm et al.1985）：

一是氨基酸转化为三羧酸循环中间体，从而提高葡萄糖和脂肪酸氧化生成乙酰辅酶A（CoA）的速度。

二是氨基酸向葡萄糖转化的增加有助于预防低血糖。

三是某些氨基酸的氧化可以为肌肉收缩提供额外的能量。

净效应与加速糖异生有关，即糖异生过程的速度越快，蛋白质分解得越多。

影响蛋白质氧化的一个重要因素是起始肌糖原浓度（Lemon and Mullin 1980）。如果骨骼肌中的糖原浓度低，那么对蛋白质和蛋白质降解的依赖程度就会增加。有氧运动中，如果肌糖原不足，10%或更多的能量需求会来自蛋白质分解（Lemon and Mullin 1980）。如果训练负荷大，但膳食摄入量不足，会导致瘦体重下降加剧，这种情况持续下去的后果是过度训练（Stone et al.1991b）。因此，对运动员在大运动量训练，尤其是负荷总量增加阶段中或重体力劳动人群中，日常饮食中蛋白质应该占到总热量摄入的15%左右（Tarnopolsky et al.1992; Tarnopolsky 2000），碳水化合物应占到摄入热量的55%~60%，才能保证肌肉和肝脏中高水平的糖原浓度，这样才能避免蛋白质分解的可能（Rozenek and Stone 1984; Stone et al.1991b）。

长时间超负荷工作所导致的体重下降及体成分的不良变化也可能与心理因素有关，例如心情烦闷造成食欲下降（Ayers et al.1985; Stone et al.1991b; Yates, Leechy and Shisslak 1983）。这些变化会影响运动员的竞技水平，在爆发类运动项目中表现得尤为突出。

（六）蛋白质的摄入

关于蛋白质确切的摄入量虽然还存有争议，但多数资料证实，运动员需要的蛋白质要高于推荐膳食量（RDA），特别是在大运动量训练阶段（Brooks 1987; Butterfield 1987; Dohm et al.1978; Lemon 1987, 1995, 1996; Lemon, Berardi and Noreen 2002; Rozenek and Stone 1984; Wilmore and Freund 1984; Wolfe 1987）。实际上，蛋白质的需求量与下列因素有关：训练类型、训练量和强度、训练阶段持续时间、碳水化合物的摄入、环境因素、摄入时间、蛋白质的消化能力以及性别差异等（Lemon 1987; Lemon, Berardi and Noreen 2002）。虽然确切机制和原因有所不同（Lemon 1995,1996; Mero et al.1997），但无论是有氧训练还是无氧训练，都会增加对蛋白质的摄入量（Lemon 1987; Tarnopolsky et al.1992; Tarnopolsky 2000）。一定程度上，耐力运动员增加蛋白质的摄入量与组织修复有关，但主要还是增加对氨基酸的利用，尤其是将支链氨基酸作为燃料。另一方面，爆发类项目运动员对蛋白质摄入量的增加主要用于组织修复、重建和维持正氮平衡，这样才能最大程度地保证训练后的增肌（Lemon 1987; Tarnopolsky 2000）。

耐力运动员对蛋白质需求量大致要保证在每天 1.2~1.4 克/公斤（Fielding and Parkington 2002; Lemon 1995,1996）。之所以超出 RDA 蛋白质的推荐量，主要在于氨基酸氧化的增加，特别是支链氨基酸（Friedman and Lemon 1985; Lemon 1987,1995,1996）。理论上，补充支链氨基酸可以加强耐力表现（Bloomstrand, Celsing and Newsholme 1988）。主要原因是：第一，支链氨基酸增加会引起代谢功能的变化，这种变化可以提高耐力水平。例如摄入外源性支链氨基酸可以降低蛋白质分解，有助于能源物质脂肪酸的动员，从而可以节省糖原的消耗（Dioguardi 1997）。第二，支链氨基酸与大脑摄取色氨酸之间关系密切。色氨酸是芳香氨基酸，与嗜睡、昏睡、疲劳感有关，这主要是色氨酸转化为神经递质羟色胺造成的。另外，色氨酸与运动引起的疲劳及过度训练的诱因直接相关（Acworth et al.1986; Liberman, Corkin and Spring 1983; Newsholme 1990; Newsholme, Acworth and Bloomstrand 1985）。色氨酸与支链氨基酸在穿越血脑屏障时相互竞争（Newsholme et al.1985; Newsholme 1990; Yokogoshi et al.1987）。

动物（Acworth et al.1986; Yokogoshi et al.1987）和人体（Davis 1995）血清与大脑中的色氨酸浓度高度相关。运动时，大鼠血液中支链氨基酸浓度由于氨基酸的分解而降低，血液中的色氨酸相对浓度会因此上升（Acworth et al.1986），同样，大脑中色氨酸的浓度也会增加。动物实验中，增加大鼠大脑中色氨酸的浓度会引起神经递质羟色胺浓度的上升（Davis 1995），羟色胺浓度的增加会引起疲劳感，这样就会导致运动能力的下降（Newsholme 1990; Newsholme, Acworth and Bloomstrand 1985）。实验结果表明，长时间运动会导致大脑中羟色胺浓度的上升（Acworth et al.1986; Davis 1995）。尽管一些资料认为，羟色胺浓度的变化可以影响动物和人体耐力水平（Davis and Baily 1997），但这种观点并不能令人信服。此外，人体实验发现，增加运动量导致的疲劳加剧与色氨酸和支链氨基酸比例的变化有直接关系（Lehmann et al.1996; Tanaka et al.1997）。然而，目前还没有确凿的证据能够证明，因有氧或无氧训练引起羟色胺浓度变化导致的疲劳属于同一类型（Gastmann and Lehmann 1998）。

大鼠实验中，补充支链氨基酸产生的效果不同。一项研究发现，补充支链氨基酸可以提高耐力表现（Calders et al.1997），但其他研究并没有发现这种效果（Verger et al.1994）。人体实验发现，补充支链氨基酸可以提高（Bloomstrand et al.1991;

Mitchell et al.1991）或降低耐力表现（Petruzzello et al.1992; Vandewalle et al.1991），或无效果（Bloomstrand et al.1995; van Hall et al.1995）。耐力水平下降有可能与补充支链氨基酸后所引起氨浓度上升有关（Dioguardi 1997; MacLean, Graham and Saltin 1996; Wagenmakers et al.1991）。支链氨基酸转移酶活性增加会引起三羧酸循环中间产物的减少，因此导致运动能力的下降（Wagenmakers et al.1991）。动物研究发现，氨浓度上升与耐力水平下降有关（Alborn, Davis and Baily 1992）。另外，补充和吸收碳水化合物可以减少或显著降低运动时对支链氨基酸氧化的依赖（Davis 1995; Wagenmakers et al.1991）。很显然，这需要后续研究来进一步证实补充支链氨基酸在运动疲劳和长时间运动时发挥的作用。

莱蒙（1995,1996）、泰诺波尔斯基和同事（1992）以及菲尔丁和帕金顿（2002）建议，爆发类项目运动员的蛋白质需求量大致为每天1.4~1.8克/公斤。事实上，资料指出，尽管运动员蛋白质的摄入量会超过RDA的标准，但只要膳食中增加蛋白质摄入就可以满足力量性运动员对增力和增肌的需求。有报道说，罗马尼亚高水平举重运动员蛋白质摄入量由225%的RDA值增加到438%后（大约为每天3.5~4.0克/公斤），力量增加了5%，肌肉质量增加了6%（Dragon, Vasilu and Georgescu 1985）。然而，在这些变化的背后，运动员是否服用了雄性激素却不得而知。弗恩和同事（1991）发现，4周力量训练与补充蛋白质同步进行的结果是，每天摄入3.3克/公斤蛋白质的受试者体重与瘦体重的增加量要高于每天摄入1.3克/公斤蛋白质的受试者。结果说明，补充蛋白质配合力量训练可以促进肌肉生长和运动能力的提高。

另一方面，未经训练的受试者在补充蛋白质与力量训练过程中，当蛋白质摄入量为RDA标准的3.67倍时，发现这些受试者与对照组相比，体成分并未发生变化（Weideman et al.1990）。中等训练水平的受试者在力量训练的同时增加蛋白质和热量摄入，其体重、瘦体重和测试的力量指标均有提高（Nimmons et al.1995）。在大运动量训练阶段，高水平运动员用于力量和瘦体重增加的蛋白质摄入量会更高（每天2.0~2.2克/公斤）（Ivy and Portman 2004）。有些项目运动员会通过低热量饮食进行常规性减体重（为满足体重级别的项目要求），但有必要增加蛋白质摄入量来抵消减重引发的负氮平衡和瘦体重的流失（Walberg et al.1988）（参见第七章）。

补充氨基酸后产生的效果各有不同，其中包括增加瘦体重。20世纪90年代，在一些力量和健美运动员中补充氨基酸非常流行（Grunwald and Baily 1993; Philen et al.1992），但证实其有效性的资料却很少。例如，在高水平青少年举重运动员中，受试者分别补充一周（Fey, Kraemer and Stone 1991）和一个月（Fry et al.1993）的氨基酸，结果却并未发现其对检测的身体、生理以及运动能力指标产生促进作用（参见第七章），其原因有可能与总蛋白质补充量（Fry, Kraemer and Stone 1991; Fry et al.1993）无法有效促进恢复和生长有关。

虽然通过饮食可以满足能量需要，但训练初始阶段、增加运动量或强度时，有可能出现运动能力下降及负氮平衡（Gontzea, Sutzscu and Dumitrache 1974,1975;

Lemon 1987)。随着训练的推进，氮平衡会回到正值，这与运动强度的调整有关。运动中，蛋白质的利用与运动强度及相对强度（最大强度的百分比）有关（Butterfield 1987; Lemon 1987）。在训练保持阶段或身体适应后，相对强度有可能降低，从而减少了人体对蛋白质的依赖性（Lemon 1987）。提高运动量和强度可能伴有睾酮浓度的下降或皮质醇浓度的上升，会导致体内"合成环境"弱化（Hakkinen et al.1985）。优秀自行车运动员8周内明显增加负荷量的训练会导致睾酮浓度下降（Hackney et al.1989），然而，补充蛋白质可以抑制睾酮浓度的下降，还可以增加生长素浓度。补充碳水化合物对睾酮和生长素浓度变化并无影响（Hackney et al.1989）。在增加运动量或强度过程中，可能会出现短期的负氮平衡，即便每天摄入2克/公斤体重的蛋白质也不能有效维持正氮平衡（Butterfield 1987）。这一现象的主要原因可能是蛋白质补充得太少，特别是在低热量饮食中，这会引发或加剧过度训练症状。

关于蛋白质摄入的另一个问题是进食时间。研究综述指出（Fielding and Parkington 2002; Mosoni and Mirand 2003; Volek 2003），运动中和运动后即刻（尤其是力量练习）补充蛋白质可以刺激组织修复和蛋白质积累，特别是补充含大量必需氨基酸的乳清蛋白（Borsheim et al.2002; Tipton et al.2002）。因此，及时补充蛋白质饮料可以促进机体恢复和适应变化（参见第七章）。

显然，运动员的蛋白质摄入应该高于普通的摄食标准（RDA），在大运动量训练中更是如此。近来，美国运动医学会、美国营养协会以及加拿大营养师联合会公布了运动员蛋白质摄入标准，进一步确认了这一观点（2000），其中耐力运动员蛋白质推荐摄入量为每天1.2~1.4克/公斤，力量性运动员为每天1.6~1.7克/公斤。当摄入热量随训练需要而成比例增加时，蛋白质的摄入量应占总热量摄入的15%左右。如果热量摄入明显减少，那么蛋白质所占热量的比例要高于15%（Walberg et al.1988）。

五、碳水化合物

碳水化合物是由碳、氢、氧大致按1:2:1的比例构成的复合物，其中至少含3个碳原子。碳水化合物可分为三类（Pike and Brown 1984）：

第一类是单糖。单糖通常由3~7个碳原子组成。从生物角度看，重要的单糖是葡萄糖和果糖。

第二类是低聚糖。低聚糖由2~10个化学键连接的单糖组成。例如，蔗糖（食用糖）是由一个葡萄糖分子和一个果糖分子构成的二糖。

第三类是多糖。多糖是含10个以上按线性或复杂支链结合在一起的单糖（单位）碳水化合物。同多糖（一种多糖）中只含有一种类型的单糖。

糖原是一种重要的同多糖，糖原仅含有以支链结构排列为主的葡萄糖单位。糖原是动物代谢中唯一重要的同多糖。植物淀粉有两种，即直链淀粉（线性聚合物）与支链淀粉（支链聚合物）混合物。这两种物质是美国饮食中常见的多糖。杂多糖含有两个或更多不同结构的单糖，像粘多糖，它是结缔组织基质的组成部分。

从生物能量生成角度，碳水化合物是高效代谢燃料。在三种营养素中（碳水化合物、蛋白质和脂肪），碳水化合物是唯一不需要氧气参与而直接代谢供能的营养素。因此，不能低估碳水化合物的重要性以及它与无氧代谢的关系。此外，碳水化合物氧化可用于长时间运动供能。

碳水化合物对于长时间持续的有氧运动以及大运动量的重复性无氧运动来说尤为重要（Haff et al.1998）。碳水化合物可由氨基酸合成，生长发育对碳水化合物需求量不高，但饮食中额外补充碳水化合物可以促进生长发育。除了脂肪外，几乎所有食物中都有碳水化合物。低碳水化合物的饮食（不足总热量的30%），常常会引起疲劳，而且人体很难适应这种饮食结构（Brooks, Fahey and White 1996; Pike and Brown 1984; Stone et al.1991b）。

除了提供能量，碳水化合物还参与各种生理功能，具体包括（Brooks, Fahey and White 1996; Pike and Brown 1984）：防止生成酮（过度脂肪代谢会产生酮）、减少阳离子流失、形成细胞衣、形成软骨和骨骼基质、形成肝素和自然抗凝血剂。

肝糖原和肌糖原都是碳水化合物的储存形式。典型美国人饮食摄入的热量中，大约有45%~52%是碳水化合物。少数摄入过量的碳水化合物会转化为脂肪，而大部分摄入的碳水化合物主要生成高效能量，这样会减少机体对脂肪组织的利用（Horton et al.1995）。因此，碳水化合物摄入超标，同时缺乏运动就会导致肥胖。

（一）碳水化合物的消化

单糖、大多数低聚糖和淀粉可以被完全消化。不能消化的植物多糖包括果胶、半纤维素、纤维素。其他植物多糖，如半乳多糖、菊粉和棉子糖可以部分消化。复合碳水化合物的消化由咀嚼开始。口腔里的唾液淀粉酶可以将咀嚼分解的淀粉催化成麦芽糖（含两个葡萄糖的二糖），但前提是在吞咽前要充分咀嚼食物。维持淀粉酶活性的胃液 pH 值在 6.6~6.8。当胃酸分泌引起 pH 值进一步降低时，淀粉酶还有一定活性。尽管胃酸水解可以进一步消化碳水化合物，但大部分碳水化合物的消化是在十二指肠，那里胰腺会分泌更多的脂肪酶和胰腺淀粉酶。胰腺淀粉酶会进一步消化碳水化合物，生成麦芽糖、麦芽三糖、糊精混合物。肠壁上的酶将这些分子水解成葡萄糖（Pike and Brown 1984）。

二糖（无论淀粉消化还是单纯摄入）通过肠黏膜内的小肠二糖酶分解成单糖。例如，蔗糖酶分解蔗糖，乳糖酶分解乳糖。如果缺少小肠二糖酶，会导致二糖在吸收前不完全水解（Dalqvist 1962; Pike and Brown 1984）。乳糖酶（小肠二糖酶）会在乳糖吸收前催化乳糖分解为葡萄糖和半乳糖。乳糖酶不足相对普遍，这样会造成"乳糖不耐受症"。乳糖在消化道内如无法吸收则会在大肠中发酵，出现胀气、腹胀或引起抽筋（Dalqvist 1962; Pike and Brown 1984）。虽然这种症状因人而异，但有乳糖不耐受症的人要避免或明显降低含乳糖食物的摄入，如牛奶及奶制品。

对消化物的吸收主要在小肠的十二指肠。单糖被吸收后，几分钟之内（小于 20 分钟）就会进入血液。更复杂的碳水化合物，如淀粉通常在咀嚼下咽后 30~60 分钟吸收进入血液（Pike and Brown 1984）。

半乳糖和乳糖通过选择性离子主动运输系统吸收。由于主动运输系统的选择性不同，因此半乳糖和乳糖比其他靠扩散吸收的己糖吸收快（Pike and Brown 1984）。果糖通过易化扩散吸收，其进入血液速度比甘露糖、木糖、阿戊糖快。单糖被肝脏和其他组织吸收。大部分吸收后的果糖被运至肝脏，在肝脏中进一步转化为葡萄糖，葡萄糖会进入血液，或以糖原形式储存起来。

（二）碳水化合物的代谢与调控

肌细胞对葡萄糖的摄取靠葡萄糖转运蛋白或易化葡萄糖转运载体（GLUTs）蛋白调控（Banks et al.1992; Barnard and Youngren 1992; Friedman, Neufer and Dohm 1991; Houmard et al.1991; Slentz et al.1992）。正常条件下，葡萄糖转运由易化葡萄糖转运载体-1（GLUT-1）调控，该蛋白位于质膜和毛细血管内皮细胞上。葡萄糖转运载体易化葡萄糖转运载体-4（GLUT-4）是骨骼肌中更为重要的转运载体，其转运效率更高。GLUT-4 通常储存在细胞内池，在胰岛素或运动的刺激下会造成 GLUT-4 由细胞内池转移至质膜和 T 管。这种转移会导致葡萄糖摄取量增加。一旦葡萄糖进入细胞，可用于提供能量或根据细胞需要储存起来。碳水化合物的储存与分解有利于加深对肌肉收缩过程供应和维持充足能量物质的认识。尽管不同类型肌肉在易化葡萄糖转运载体调控特点上并不一致（Borghouts et al.2000），但 GLUT-4 在 I 型肌纤维中的浓度更高（Gaster et al.2002）。然而，运动程度（等级）对 GLUT-4 浓度的影响非常明显（Daugaard and Richter 2001）。

储存在肌肉和肝脏中的糖原与两种酶有关（Friedman, Neufer and Dohm 1991），即糖原合成酶（糖原形成）与磷酸化酶（糖原分解）。其他两种重要的葡萄糖和糖原调控酶是己糖激酶（在肌肉、肝脏和其他细胞中）和葡萄糖激酶（只在肝脏中）。这两种同工酶负责葡萄糖第六个碳的磷酸化：

$$\text{ATP} + \text{葡萄糖} \xrightarrow{\text{己糖激酶或磷酸化酶}} \text{ADP} + \text{葡萄糖-6-磷酸}$$

大部分细胞中（包括肝细胞和肌细胞），葡萄糖向糖原的转化需要上述反应，这也是葡萄糖进入糖酵解的"必经之路"。

当血糖浓度上升时，磷酸化酶活性增加，因此肝脏可以吸收更多的葡萄糖转化为糖原。降低胰岛素来提高磷酸化酶活性会造成磷酸化酶合成与浓度增加。另外，胰岛素浓度会因血糖浓度的上升而增加。当血糖浓度下降时，磷酸化酶活性降低，储存在肝脏内的糖原就会减少（Brooks, Fahey and White 1996）。

激素对碳水化合物的储存与分解影响深刻（参见第五章）。儿茶酚胺、皮质醇、胰高血糖素以及生长素都会直接或间接地引起血糖浓度的升高。胰岛素会降低血糖浓度。胰岛素和睾酮会增加肝脏与肌肉中糖原的合成和储存量。儿茶酚胺及胰高血糖素会动员糖原储存。碳水化合物作为能量底物，与蛋白质和脂肪一样，受神经内分泌调控，同时也受其他一些因素影响，如营养状况、体质水平及运动训练等（Brooks 1987; Brooks, Fahey and White 1996）。

碳水化合物消化引起的胰岛素和皮质醇浓度的变化对力量训练效果和身体适应影响明显。有氧运动（Sutton, Farrel and Harber 1990）和力量训练（McMillan et al. 1993）都会引起运动后胰岛素浓度的降低。胰岛素浓度下降会加强自由脂肪酸动员，使肝脏分解糖原、释放葡萄糖，从而向肌肉提供更多的能量底物（Sutton, Farrell and Harber 1990）。胰岛素浓度下降会减少安静状态下细胞对葡萄糖的摄取，而运动会增加肌肉对葡萄糖的摄取。耐力和力量性运动员在安静状态下和训练时，对胰岛素的敏感度都会增加。这样，也就会降低对维持能量底物利用的激素需求量（McMillan et al.1993; Sutton, Farrell and Harber 1990）。

胰岛素通过降低糖原合成酶活性和促进能量底物摄取来提高对糖原的储存。胰岛素是合成激素，会促进氨基酸摄取及蛋白质合成。运动中，尤其是运动后增加胰岛素的浓度可以加速糖原恢复，为增肌营造"合成环境"。因此，在运动中或运动后即刻摄入碳水化合物可增加葡萄糖底物供应以及刺激糖原恢复和蛋白质合成。在补充碳水化合物的同时摄入少量蛋白质可以增强碳水化合物发挥的作用（与胰岛素相关），而且还可以刺激生长素浓度提高（Chandler et al.1994; Fahey et al.1993）。当然，在饮食引起的胰岛素浓度上升过程中，应注意限制脂肪的摄入，避免增加脂肪的沉积（Conley and Stone 1996）。

皮质醇是由肾上腺皮质产生和分泌的一种糖皮质激素（参见第五章）。皮质醇的基本功能（Conley and Stone 1996; De Feo 1996）有：维持血糖浓度；通过抑制水分由血液向组织转移来降低炎症反应；将氨基酸转化为碳水化合物；促进蛋白水解酶；抑制蛋白质合成，加强通用蛋白的降解；对睾酮具有拮抗作用。尽管皮质醇在缓解压力方面发挥重要的协助作用，但皮质醇会引发相应的生理反应，这些生理反应则不利于训练适应的产生，尤其会对力量训练适应造成负面影响，这是因为皮质醇具有分解作用。皮质醇主要的代谢作用是糖异生，而糖异生需要蛋白质降解。因此，肌肉萎缩和力量下降与皮质醇浓度长期升高有关（Florini 1987）。

各种运动都会导致肌肉损伤，肌肉离心收缩时表现得尤为明显（Newman et al. 1983）。力量训练中，如果离心收缩多，肌肉损伤会更明显。免疫功能对运动后组织修复非常关键，同时对力量训练引起的增肌也有影响（Ryan 1977; Smith 1992; White and Esser 1989; Yamada et al.1989）。然而，大运动量或过度训练引起的皮质醇升高会抑制免疫系统，从而延长组织修复时间，并会阻碍组织增大。证据表明，摄入与消化碳水化合物可以抑制皮质醇分泌（Mitchell et al.1990），这有助于创建"合成环境"。长期而言，这种环境会促进力量训练的适应变化（Conley and Stone 1996）。

（三）碳水化合物的摄入

早在1901年，人们就认识到运动员摄入碳水化合物的重要性（Williams 1976）。有人发现，高比例的碳水化合物饮食会延长大负荷工作时间（Christensen and Hansen 1939）。研究综述指出，高含量的碳水化合物饮食与运动前糖原浓度、运动表现或耐力水平高度相关（Bergstrom and Hultman 1966; Conley and Stone 1996; Karlsson and Saltin 1971; O'Keefe et al.1987; Snyder et al.1983）。此外，肌糖原浓度与肌肉力量、短时间高强度（无氧）运动、重复性高强度运动能力有关（Conley and Stone 1996; Forsberg, Tesch and Karlsson 1978; Haff et al.1998,2003; Jacobs, Kaiser and Tesch 1982; Lambert et al.1991）。

摄入充足的碳水化合物有助于肌糖原和肝糖原的储存（Conley and Stone 1996; Simonses et al.1991），也有利于节省运动对蛋白质的动员，并保持高浓度的肌糖原（Lemon 1987）。因此，碳水化合物的摄入对运动员来说非常重要。碳水化合物摄入不足或训练导致的长期糖原储备低下很可能是造成过度训练以及运动成绩下降的主要原因（Stone et al.1991b）。多数情况下，运动员应摄入复合碳水化合物，而不是单糖（Pike and Brown 1984）。不过，运动中或运动后即刻摄入单糖更容易被身体吸收，刺激胰岛素释放的效果更明显。另外，建议每日碳水化合物的摄入量保证在每天6~11克/公斤，如果碳水化合物摄入量超过建议量的上限并无额外好处。大运动量训练的运动员需要摄入大量热量，饮食中应有55%~60%来自碳水化合物（Conley and Stone 1996; Strauzenberg et al.1979）。

适度增加碳水化合物摄入量，有助于延长有氧做功时间及规定时间内的做功总量（Conley and Stone 1996）。研究资料（Lamb et al.1990; Jenkins, Palmer and Spillman 1993; Maughn and Poole 1981）显示，摄入碳水化合物有利于间歇性无氧运动（如力量训练）表现。然而，关于碳水化合物的进食量、进食时间以及构成形式对力量训练的影响效果的研究还不多见。早期研究探索了碳水化合物摄入（运动饮料）与力量表现（多组间歇性伸腿）（Lambert et al.1991）之间的关系。研究采用双盲交叉实验设计，结果发现，训练前即刻摄入葡萄糖聚合物（1克/公斤体重）以及每5组训练后摄入0.17克/公斤体重的葡萄糖聚合物要比服用安慰剂的对照组完成的总组数（$p=0.067$）和总次数多（$p=0.056$）（Lambert et al.1991）。哈夫及其同事（2001）发现，补充碳水化合物会增加组数为16组，每组10次，以120度/秒角速度进行的等动力量训练的总功量。

然而，也有研究人员并未发现摄入碳水化合物对力量训练有促进作用。康利及其同事（1995）采用双盲交叉实验设计，让受试者训练前以及每组下蹲结束后分别摄入0.3克/公斤体重和0.15克/公斤体重的碳水化合物。该实验设计并未增加下蹲（多组、每组10次、65%的最大深蹲力量）做功总量。文森特及其同事的研究中（1993），自由力量训练前受试者摄入100克碳水化合物饮料，训练结束后紧接着进行等动力量测试（品牌为Biodex，下肢等动测试速度设定为75度/秒，上肢测试速度设定为90度/秒）。利用Biodex对上下肢力量、功率以及做功输出的测量发现，摄入碳水化合物并未对测试结果产生积极的作用。当运动持续时间超过55分钟，而且运动量非常大时，碳水化合物会发挥"强效"作用，但在短时间运动中并未出现强效作用。因此，研究表明，只有持续时间较长、做功总数较大的力量训练时，补充碳水化合物才会发挥类似"增补剂"的效果（Haff et al.2003）。观察发现，补充碳水化合物有助于高强度运动，如提升英式和美式橄榄球的运动表现。

对世界级和高水平运动员来说，一天多练的现象十分普遍。摄入和消化充足的碳水化合物，会影响第二次或第三次训练课的训练效果（Haff et al.1998）。

与单纯补充蛋白质或碳水化合物相比，运动前后补充蛋白质与碳水化合物的混合物，会形成更为有利的"合成环境"，并且会进一步促进糖原合成及组织重塑（Volek 2003）。如何混合两种营养素将在第七章"增补剂"中详细讨论。

六、脂肪

脂肪的生理功能多种多样，包括作为生理性结构和产生能量。生物活动时，脂肪可用于做功的能量储备最多。西方人典型膳食结构中，每天摄入的热量大约有35%~45%来自脂肪（Hawley 2000）。相比之下，脂肪（脂质）不溶于水，可以通过乙醚或丙酮等有机溶剂从生物材料中提取。不同温度下，脂肪有固态或液态两种形式。脂肪参与多种代谢过程，并与一些疾病，如心血管疾病和癌症有关。脂肪的具体功能有（Hawley 2000; Pike and Brown 1984）：能量来源、脂溶性维生素转运、细胞膜的结构组成部分、神经细胞髓鞘结构组成部分、胆固醇和相关类固醇合成产物。

脂肪存在于人体细胞内。储存脂肪的主要是脂肪细胞和肌纤维的脂质空洞（Hawley 2000）。脂肪可分为三类：简单脂肪、复合脂肪和衍生脂肪。

简单脂肪为脂肪酸和甘油三酯。脂肪酸（FA）是最简单的脂肪，包括有侧基长链烃的一元羧酸。脂肪酸可以是饱和或不饱和。不饱和脂肪酸可以是单或多不饱和。单不饱和脂肪酸在碳原子间仅有一个双键，但多不饱和脂肪酸在碳原子间仅为单键。常吃的食物里，大部分为直链饱和或含奇数碳原子的不饱和脂肪酸。美国人的日常饮食中，亚油酸、油酸、棕榈酸和硬脂酸占脂肪酸的绝大多数。人体只能合成极为少量的亚油酸、亚麻酸和花生四烯酸脂肪酸，它们被称为必需脂肪酸（EFAs）。出于健康考虑，膳食中离不开这些必需脂肪酸。

甘油三酯由三个碳分子、一分子甘油和三个脂肪酸构成。每个脂肪酸都会连接一个碳分子。甘油三酯是脂肪的主要储存形式，占到摄入脂肪的95%（Hawley 2000）。因此，大部分脂肪以甘油三酯形式被消化。室温下，含长链脂肪酸（8个或更多的碳）的甘油三酯通常为固态（如猪油）；含短链或不饱和脂肪酸的甘油三酯一般为液态（如玉米油），但也有例外，如椰子油含饱和脂肪酸。

复合脂肪为各种脂质与基团的结合物。复合脂质包括脂蛋白、糖脂和磷脂。脂蛋白是血液中不同脂质的转运载体。糖脂含碳水化合物，是各种细胞膜以及髓鞘结构的组成部分。磷脂的结构与甘油三酯相似，都有一个三碳磷脂酸核（PCA）。PCA中仅有两个脂肪酸和磷酸基与第三个碳结合。磷脂与磷酸基之间的结合方式有很大不同。磷脂是细胞和亚细胞膜的主要构成部分。磷酯有脂溶（脂肪酸的终产物）和水溶部分（甘油和有机底基部分）。因此，它们可以在穿过细胞膜的脂溶和水溶物质间进行转运。由于磷脂具有重要的结构和转运功能，因此磷脂几乎不用来生成能量。

衍生脂肪是由其他脂质产生或提炼而成。衍生脂肪包括酒精、甾醇、类固醇和碳氢化合物。这些脂肪功能不同，分别参与细胞膜整合、维生素D合成以及胆固醇合成。胆固醇（一种甾醇）是最为熟悉的衍生脂肪，它在组织的醋酸盐中合成。胆固醇通常为游离状态或与脂肪酸结合形成胆固醇脂。胆固醇是胆酸（一种胆汁酸）、维生素D和类固醇激素的前体。

（一）脂肪的消化

脂肪的消化从咀嚼开始。尽管甘油三酯不会在口腔内水解，但甘油三酯与其他脂肪会引起舌下部释放浆液腺舌脂酶，这种酶在胃里也具有活性。脂肪水解的最佳pH值为4.5~5.4（Hamosh and Scow 1975）。10%左右的甘油三酯可以在胃里消化。当脂肪进入十二指肠，胃排空速度降低，脂肪进入十二指肠的速度与胰腺酯酶水解脂肪的能力有关。甘油酯水解酶是主要的酯酶，作用在于将甘油三酯还原为脂肪酸、甘油和单甘脂。胆固醇酶可以将胆固醇脂分解为胆固醇和脂肪酸。胆固醇的分解依赖于胆囊释放的胆汁盐量。胆汁盐和胆固醇及脂肪酸一起发挥清洁剂的作用，且有助于甘油三酯颗粒的乳化。

脂肪水解颗粒产物称为胶束。胶束与小肠内的黏膜壁细胞发生作用，将脂肪送至小肠壁。根据链的长短，吸收后的脂肪酸的用途不同。短链或中链脂肪酸可以通过黏膜细胞吸收至门静脉，直接运送至肝脏。长链脂肪酸和甘油再次合成甘油三酯，并通过结合蛋白质和其他脂肪形成乳糜微粒和少量的极低密度脂蛋白（VLDL）。乳糜微粒和VLDL由淋巴系统摄取，并通过胸导管进入血液。在所有脂蛋白中，乳糜微粒含甘油三酯的比例最高（占85%）。

(二）脂肪转运和细胞吸收

进入血液后，乳糜微粒和 VLDL 可以被各种组织分解。这些物质的残余物可以被肝脏吸收并转化为其他脂质或胆汁盐。肝脏产生特殊脂肪、蛋白与脂肪复合体（如脂蛋白），并将这些物质释放入血液。脂蛋白由甘油三酯、磷酯和卵磷脂包裹的胆固醇及蛋白外壳以不同形式结合而成。蛋白外壳一定程度上发挥增加脂蛋白水溶性以及防止脂蛋白在血液转运过程中水解的作用（Leon 1985）。脂蛋白外壳含有一种或多种特殊蛋白，每种形式的蛋白都会使脂蛋白表现出不同特征。

为了保证细胞吸收，循环甘油三酯先要分解为甘油和脂肪酸。这一过程由脂蛋白酯酶进行催化，这种酶与毛细血管细胞内皮细胞相结合（Brown, Kovanen and Goldstein 1981）。脂肪酸和甘油重新转化成甘油三酯并储存在脂肪细胞中，类似过程也会出现在肌肉和其他组织中，但比例不大（Dufaux, Assmann and Hollman 1982）。因此，有三种可供使用的能源底物脂肪（甘油三酯）"储备池"，即循环甘油三酯（乳糜微粒）、脂肪组织和肌内脂肪。高水平耐力运动员的脂肪组织大约有 5000~10000 克，肌内储存量为 350 克（Hawley 2000）。脂肪进入循环系统时，脂肪组织中的激素敏感酯酶（HSL）将甘油三酯还原为甘油和脂肪酸。禁食或运动刺激释放的激素，如胰高血糖素和儿茶酚胺会加速脂肪酸动员（Hollet and Auditore 1967）。一旦脂肪酸进入循环系统，就会被其他组织吸收或用作能量，或以甘油三酯形式储存，或参与细胞结构（如细胞膜）的构建。肌肉含有 HSL 同工酶，可以催化线粒体内储存的甘油三酯发挥能量底物的作用（Dufaux 1982）。

肝脏释放的极低密度脂蛋白（VLDL）、一些低密度脂蛋白（LDL）和高密度脂蛋白（HDL）会进入循环系统。这些脂蛋白穿过组织时，脂蛋白酯酶会带走绝大部分甘油三酯，分解为脂肪酸和甘油，供组织吸收。当脂肪酸进入细胞，脂肪酸再次形成甘油三酯或被当作能量利用。极低密度脂蛋白"携走"甘油三酯后留在循环系统中的"残留物"被称为中密度脂蛋白（IDL）。大部分 IDL 可以在肝脏中降解，生成的胆固醇进入循环系统后转化为胆汁盐。有些中密度脂蛋白会失去大量的甘油三酯，从而形成低密度脂蛋白（Dufaux, Assmann and Hollman 1982）。

低密度脂蛋白是胆固醇的主要载体，可以和包括肝脏、肌肉和动脉壁等很多组织受体结合（Dufaux, Assmann and Hollman 1982）。在这一过程中，胆固醇会沉积在各种组织细胞内。一旦沉积，胆固醇会形成各种膜结构、生成维生素 D 或类固醇激素。但是，当胆固醇与动脉壁受体的结合失控而过度沉积时，会诱发动脉粥样硬化（Dufaux, Assmann and Hollman 1982; Goldstein, Kita and Brown 1983）。一些疾病或饱和脂肪摄入过多会造成肝脏内胆固醇浓度的升高，这样会导致中密度脂蛋白和低密度脂蛋白结合受体数减少（Goldstein, Kita and Brown 1983）。受体数减少会进一步加剧高密度脂蛋白向低密度脂蛋白的转化，出现动脉粥样硬化的可能性也随之增加。

高密度脂蛋白可以除去动脉壁上的胆固醇，并接受来自极低密度脂蛋白的胆固醇。胆固醇转化为高密度脂蛋白依靠卵磷脂胆固醇酰基转移酶的催化完成。肝脏中高密度脂蛋白的降解由肝酯酶催化反应完成。肝酯酶活性与血清高密度脂蛋白浓度呈负相关（Wood and Stefanic 1990）。

作为控制脂蛋白合成与降解的关键机制，血脂与心血管疾病（CVD）的发生有关。胆固醇总量、低密度脂蛋白胆固醇、极低密度脂蛋白以及甘油三酯与心血管疾病有密切关系。如果高密度脂蛋白胆固醇浓度高、低密度脂蛋白与高密度脂蛋白浓度比低、总胆固醇与高密度脂蛋白比值低会降低心血管疾病的发病率（国家胆固醇普及教育计划 ATP Ⅲ 2001; Shahar et al.2003）。与血脂相关的心血管疾病的发病风险如表6.4所示。研究表明，总胆固醇浓度、总胆固醇与高密度脂蛋白比值、低密度脂蛋白与高密度脂蛋白胆固醇浓度比与心血管疾病发病及死亡率有关。

表6.4 血脂与甘油三脂水平与心血管疾病风险（毫克/百毫升）

指标水平	相对风险
低密度脂蛋白胆固醇	
<100	无风险
100~129	基本无风险
130~159	有风险
160~189	高风险
>190	极高风险
总胆固醇	
<200	无风险
200~239	有风险
>240	高风险
高密度脂蛋白胆固醇	
<40	高风险
41~59	中等风险
>60	低风险
甘油三酯	
<150	低风险
150~199	有风险
200~499	高风险
>500	极高风险

注：总胆固醇与高密度脂蛋白胆固醇的比值应低于4.5，低密度脂蛋白胆固醇与高密度脂蛋白胆固醇的比值应低于5。

改编自：美国医学会.国家胆固醇教育计划，关于成人高胆固醇检测、评估与治疗的专家意见（成人治疗第三专家团）[J]. 美国医学会会刊，2001, 16 (285) :2486-2497.

E.沙哈尔. 血脂与突发缺血性中风：基于社区的动脉粥样硬化研究（ARIC）[J]. 中风，2003, 34：623-631.

对日常饮食进行调控会有益于改善血脂浓度。摄入高含量的饱和脂肪及反式脂肪酸将会增加总胆固醇和低密度脂蛋白胆固醇浓度。如果在低脂饮食中，用碳水化合物替代饱和脂肪，低密度脂蛋白和高密度脂蛋白会出现下降。同时，如果进食的升糖指数低，那么甘油三酯也会出现下降趋势（Sacks and Katan 2002）。实际上，碳水化合物摄入量高并缺乏运动的成年人中（男性为大于总能量的57.4%，女性为大于总能量的59.1%），低高密度脂蛋白胆固醇与高浓度甘油三酯表现出相关关系（Yang et al. 2003）。资料显示，有氧运动和力量训练（Stone et al.1991b）可以降低甘油三酯浓度与增加高密度脂蛋白胆固醇浓度。然而，如果运动量不大，对总胆固醇和高密度脂蛋白胆固醇浓度影响不大，除非伴有体重下降或减少脂肪摄入（Durstine et al.2002）。

研究显示，虽然在服用药物前，总胆固醇浓度与死亡率并不完全相关（Capurso 1992；Casiglia et al.2003；Neaton et al.1992），但可以利用这一指标对老年人的死亡率进行预测（Casiglia et al.2003）。文献表明，如果总胆固醇浓度低于160毫克，可能会与各种非心血管疾病，如肝癌、胰腺癌、消化疾病以及酗酒、自杀等失常行为有关（Capurso 1992；Casiglia et al.2003；Neaton et al.1992）。尽管低总胆固醇与高死亡率的因果关系还不清晰，但有必要将基础总胆固醇浓度降低至最小限度。

（三）脂肪代谢

内分泌系统对脂肪代谢影响明显。一般来说，胰岛素增加脂肪合成，生长素、甲状腺素、儿茶酚胺和皮质醇会加速脂肪分解（Hawley 2000；McMillan et al.1993）。脂肪代谢中最重要的代谢发生在运动中和运动后对脂肪酸的动员以及提供能量时。

游离脂肪酸动员是有氧运动重要的燃料来源（Hawley 2000），同时也是无氧运动、力量训练后可动员的能源物质（McMillan et al.1993；Petitt, Arngrimsson and Cureton 2003）。脂肪酸在线粒体中进行β氧化。β氧化有四个反应，包括脂肪酸衍生出的酰基辅酶A降解为乙酰辅酶A，随后进入三羧酸循环。脂肪酸氧化速度与丙酮酸衍生的乙酰辅酶A进入三羧酸循环的速度以及链长有关。中等链比长链脂肪酸氧化更快、更彻底（Hawley 2000；Rassmussen and Wolfe 1999）。

目前已有各种针对提高运动中和运动后的营养搭配方案。这些营养方案尽管在机制上类似，但目标各不相同。有提高脂肪氧化速度并且有利于长时间运动节省甘油的方案，也有促进脂肪消耗的方案。

理论上，甘油节省有助于延长耐力运动时间，可以通过服用咖啡因等甲基黄嘌呤实现（Hawley 2000），但效率会有不同（参见第七章），也可以通过补充脂肪实现。补充脂肪包括运动前和运动中摄入长链和中链的甘油三酯，由此可以提高脂肪氧化速度（访谈 Hawley 2000），但总地说来，这些做法不能提高运动成绩，有时还会影响运动成绩（Hawley 2000；Wee, Williams and Garcia-Roves 1999）。

其他提高脂肪氧化的饮食方案（可以节省碳水化合物）包括长期对高脂饮食的适

应。适应高脂肪、低碳水化合物饮食有可能在相对强度为40%的运动中，增加脂肪酸作为能源物质对总能量消耗的贡献率（Hawley 2000）。然而，饮食适应并不能改变肌糖原利用率或提高中等强度的耐力运动（Kiens and Helge 2000）。理论上，尽管长期高脂肪、低碳水化合物饮食可能有利于超长时间的耐力表现（很少有实验来证实），但由于对身体健康带来的潜在影响，所以不建议使用这种饮食方案。

提高长时间耐力表现的饮食方案还有"糖负荷"，即通过高脂肪、低碳水化合物饮食消耗肌糖原，并提高脂肪氧化速度。在第六天，进行高碳水化合物饮食，用以恢复肌糖原。在2小时中等强度运动中（70%最大摄氧量强度的自行车骑行），由于脂肪代谢适应而减少了对肌糖原的使用。不过，这种方案获得的运动成绩与高碳水化合物摄入的受试相比并没有明显区别（Burke et al.2002; Burke and Hawley 2003）。

另外，值得关注的还有通过相对低脂、高蛋白、低碳水化合物饮食结构来促进健美运动员减脂。这一饮食结构的关键是在于增加脂肪氧化（Hawley 2000），摄入的碳水化合物并没有以脂肪形式储存，因此体脂量下降。训练过程中，额外补充蛋白质将有助于保持瘦体重（Walberg et al.1988）。尽管这种健美运动员的饮食搭配可以在短期内发挥作用，但长期使用会出现疲劳、酮症、钙浓度下降及低血脂等问题（Bray 2003; Kennedy, Bowman and Spence 2001）。

如今，药物减脂十分流行。脂肪酸氧化与运动引起的体脂下降有关，因此，有氧和无氧运动都有减脂效果。如果运动量和强度足够大，数月的耐力训练和力量训练都可以有效降低体脂量和体脂百分比（Gippini et al.2002; Hickson, Roesenkoetter and Brown 1980; Hunter et al.2002）。理论上，增加脂肪酸动员（通过甲基黄嘌呤和麻黄）或提高脂肪酸（与L-肉碱）在线粒体内的氧化速度可以促进减脂。然而这些做法存在效率问题，而且如麻黄等药物还具有潜在危害（参见第七章）。

七、维生素和矿物质

维生素是有机复合物，虽然量不大，但对维持正常代谢功能非常关键。另外，人体自身不能合成维生素（除了维生素D），因此必须从食物中摄取。根据可溶特征，维生素可分为脂溶性维生素，包括维生素A、D、E和K以及水溶性维生素，包括维生素B族和维生素C。

维生素功能不一。大部分水溶性维生素发挥辅酶作用，辅酶是有机分子与酶松散结合体，是充分发挥酶活性的必要前提。脂溶性维生素通常具有抗氧化作用或类激素作用。维生素主要在肌肉收缩以及能量消耗中直接或间接地发挥作用，维生素同时还参与血红蛋白合成、免疫功能作用以及骨代谢（表6.5）。

矿物质是无机盐离子，具有"辅因子"作用以及作为矿化结构如牙齿、骨骼的组成部分（表6.5）。辅因子和辅酶有类似的作用。根据日常营养需要，矿物质可以分为常量元素（钠、钾、钙、磷和镁）以及微量元素（铁、锌、铜、铬和硒）。常量元素每日需要量应超过100毫克，微量元素则不大于20毫克（Fogelholm 2000）。维生素和矿物质对最佳运动表现或提高运动成绩具有重要作用。

表 6.5 部分维生素与矿物质的功能

营养素	能量代谢	神经肌肉功能	血红蛋白合成	免疫系统功能	抗氧化功能	骨结构及代谢	凝血
水溶性维生素							
维生素 B_1	√	√					
维生素 B_2	√	√					
维生素 B_3	√	√					
维生素 B_{12}	√	√	√	√			
维生素 B_5	√						
叶酸		√	√				
维生素 B_7	√						
维生素 C				√	√	√	
脂溶性维生素							
维生素 A				√	√		
维生素 D						√	
维生素 E				√	√		
维生素 K							√
矿物质							
钙		√				√	
钾		√					
镁	√	√		√		√	
钠		√					
铁	√		√	√			
锌	√						
铜		√			√	√	
铬	√						

改编，许可自：M. 福格尔霍尔姆. 运动员需要补充的维生素、矿物质和抗氧化剂（选自：临床运动营养，L. 伯克，V. 迪金主编）［M］. 罗斯维尔，新南威尔士：麦格劳-希尔公司（澳大利亚），2000:312-340.

显然，维生素和矿物质都是必需微量营养素。一般认为，这些健康必需的微量营养素可以从"均衡"的日常膳食中获得，但有些教练推荐运动员服用维生素和矿物质补剂。教练这样做是认为，额外补充有利于恢复和训练适应（获得高水平运动成绩）（Ronsen, Sundgot-Borgen and Maehlum 1999）。

关于摄入（大量）微量营养素与提升运动表现之间的研究结果（Brubacher 1989; Fogelholm 2000）并无高度一致性。有些微量营养素，如脂溶性维生素，如果摄入剂量大会有副作用（McMillan, Keith and Stone 1988）。尽管有些研究显示，补充微量营养素对运动成绩有积极影响（Dibbern 1981; Strauzenberg et al.1979），但多数研究却未发现该影响（Fogelholm 2000）。

如果维生素及矿物质每日摄入量不足，或运动员无法从日常饮食中摄入充足，那么补充维生素和矿物质就很有帮助（Short and Short 1983）。众所周知，缺乏维生素和矿物质会对运动成绩产生负面影响（Strauzenberg et al.1979）。如果运动员能够摄入足够的热量，饮食中也能摄入充足的维生素与矿物质，就不需要额外补充。然而，运动员无法始终保持均衡饮食，有些运动员经常要"减体重"。这些因素会造成运动员饮食中维生素和矿物质摄入不足。例如，盖拉德及同事（1989）对45名各项目的20岁男子运动员及20名久坐人士的血液进行检验后发现，两组人群维生素 B_1、B_6 和维生素 E 都低于正常值。但是，运动员人群中维生素缺乏频度和程度都比久坐人群明显。服用一个月维生素补剂后，久坐人群缺乏的维生素水平明显升高，但运动员体内的维生素却未恢复到正常水平。此外，控制热量摄入和减体重会对微量营养素状况产生不良影响（Fogelholm et al.1993; Fogelholm 2000）。

对运动员来说，微量元素的摄入在满足日常需要（RDA 和 DRI）的同时，还可以利用抗氧化剂影响运动成绩。运动会造成自由基和活性氧簇（ROS）的增加。理论上，这些物质解释了运动为何会破坏正常肌肉氧化还原过程，从而产生疲劳或细胞损伤（Powers and Hamilton 1999; Takanami et al.2000）。酶化与非酶化抗氧化剂会共同发挥作用来降低 ROS 对细胞造成的负面影响。抗氧化酶包括超氧化物、岐化酶、谷胱甘肽过氧化物酶以及过氧化氢酶。非酶化抗氧化剂主要有维生素 C、维生素 E 以及 β-胡萝卜素。动物研究发现（Asha Devi, Prathima and Subramanyam 2003; Hargreaves et al.2002; Hauer et al.2003; Scott et al.2001），补充抗氧化剂可以提高耐力水平。但通过补充抗氧化剂直接或间接促进人体耐力或力量表现的研究结果却十分有限（Avery et al.2003; Groussard et al.2003; Powers and Hamilton 1999; Rokitski et al.1994）。

尽管运动员满足了日常摄入标准（RDA），但训练会使微量元素在体内的状况发生改变（如组织中维生素和矿物质的浓度）。值得一提的是，人体内的有些微量元素和营养状况很难确定。由于无法确切知道个体营养素的需求量，而且饮食评价结果也欠准确，因此不能将评估饮食摄入作为评价营养状况的唯一标准。此外，血清和血浆中的微量元素浓度对于微量营养素少量不足并不敏感，而且必须确定其他的身体脏器或组织内的微量元素含量，才能更好地反映出人体微量元素状况。福格尔·霍尔姆（2000）指出，理想的营养状况评价必须结合临床、形态学、膳食以及生物化学等多项指标。因此，准确地评价人体微量元素状况并不容易。

有些维生素的摄入，特别是维生素 B_1、B_2 和烟酸应该与代谢需要保持一致。人体对维生素的需求量会随着身体活动增加以及训练积累的增加而增加（Bobb, Pringle and Ryan 1969; van der Beck 1991)。额外摄取微量元素来补偿运动引起的代谢需求增加的想法也许并不正确，因为大运动量训练或高强度训练对微量元素代谢的影响有可能会导致运动能力下降。此外，压力不断积累也会造成微量元素代谢状况改变，从而诱发过度训练。目前关于运动员，尤其是高水平运动员大强度或大运动量训练过程中微量元素摄入与身体状况的研究非常有限。

虽然关于某一微量元素变化导致运动表现下降的研究并不多，但现有的短期研究（Fogelholm 2000）发现，某些微量元素摄入不足会对运动成绩产生负面影响（Fogelholm 2000）。苏联一项研究指出（Dibbern 1981），人体在压力条件下，如环境变化、参加体育活动或军事任务等都会引起体内微量元素水平的下降，人体对维生素和矿物质，尤其是水溶性维生素以及维生素A、E的需要量会增加。扎列斯基（1977）指出，补充复合维生素可以提高运动员做功能力和"一般健康"水平。范德比克及其同事（1991）的研究发现，人体缺乏维生素B_1、核黄素、维生素B_6会影响微量元素整体水平、红细胞和转酮醇酶激活系数（E-TKAC）及有氧功率。

研究发现，运动员当中存在安静血清矿物质浓度低于正常值的现象。施特劳斯·贝格及同事（1979）的研究报道指出，有些运动项目的女运动员，体内的钾、镁浓度低于正常值。另外，即便缺乏少量如铁离子的矿物质也会对耐力产生负面影响（Deakin 2000）。也有研究报道，运动员尤其是女子运动员中会出现贫血以及铁离子和铁蛋白含量低的现象（Clement and Admundsun 1982; Deakin 2000）。铁蛋白是可以结合铁离子的蛋白，储存在肝脏、脾脏和骨骼中（Pike and Brown 1984）。铁蛋白是铁离子的储存形式。需要注意的是，尤其在伴有运动的情况下，素食者的饮食会改变铁蛋白特性。每周红肉（颜色呈红色）摄入量少于100克的女子长跑运动员与每周摄入充足红肉的女运动员相比，其安静血清铁蛋白含量和铁离子结合力会出现显著下降（Snyder, Dvorak and Roepke 1989）。研究发现，饮食中铁离子的摄入量会影响体内铁离子水平，当摄入的蔬菜中含丰富的铁离子（Snyder, Dvorak and Roepke 1989）时，体内缺铁的状况就会得到改善。

耐力运动员的铁离子不足会引起有氧功率（$\dot{V}O_2max$）下降，从而导致运动成绩下滑。如果有氧功率下降的同时伴有血红蛋白浓度的下降，可能会造成运动成绩的大幅下滑（Davies, Maguire and Brooks 1982; Davies et al.1984）。补充铁离子在一定程度或根本上可以恢复体内铁离子水平，而且补铁后有氧功率的恢复速度要快于运动成绩的恢复。如果体内缺铁，铁离子的摄取量就需要增加。然而，铁离子含量低并不能完全靠饮食补充，有些运动员还需摄入铁离子补剂（Risser et al.1988）。研究发现，与贫血并缺乏运动的个体相比，运动员所吸收的铁离子量不到前者的50%（Ehn, Carlwark and Hoglund 1980）。铁离子吸收不佳以及由于剧烈运动造成的溶血现象增加会导致运动性贫血。

钙和磷是骨骼和牙齿的主要成分。骨骼具有储存钙和磷的功能，并且会根据血液浓度和内分泌状况，储存或释放矿物质（尤其是钙），因此就会出现血钙升高或降低的现象。钙和磷具有很高的周转率，必须通过饮食不断补充或服用补剂。

骨质疏松是由于骨骼质量下降出现的问题。如果骨质疏松无法及时确诊，将造成骨骼结构性脆弱。骨质疏松有两种类型，Ⅰ型骨质疏松通常出现在 50~60 岁，女性发病率是男性的 8 倍，远端桡骨及脊柱骨折的可能性会增加。Ⅱ型骨质疏松中，女性发病率是男性的 2 倍，髋关节、骨盆以及肱骨远端骨折最为常见，尤其会出现在 70 岁以后（Johnston and Slemeda 1987; Kenny et al.2003）。女性的骨质疏松可能与绝经以及雌二酮激素水平下降有关，这是女性骨质疏松高发的主要原因。尽管女性绝经后补充雌二酮（疗法）无法重建骨质，但可以降低骨质流失速度（Lindsay 1987）。饮食补钙是防止骨质疏松的重要途径（Moyad 2003）。不同年龄段钙的饮食推荐量为：4~8 岁 800 毫克/天，9~18 岁 1300 毫克/天，19~50 岁 1000 毫克/天，50 岁以上 1300 毫克/天。对绝经前后的女性来说，实际的钙需要量应至少为 1500 毫克/天。有些女性可能在日常饮食中摄入的钙不足（Heaney 1987; Moyad 2003），因此增加钙摄入（并进行力量练习）将有助于缓解骨质疏松。

参加体育活动，尤其配合高钙饮食或服用钙补剂可以预防或改善骨质疏松。研究表明（Conroy et al.1993; Lane et al.1988; Shibata et al.2003; Seguin and Nelson 2003; Stone 1990; Stone and Karatzeferi 2002），身体活动，特别是克服自重的运动或力量练习可以增加结缔组织，包括骨密度和抗张力。与单一措施相比，补钙加运动更有利于防治骨质疏松。

一些长期大运动量训练的运动项目，如长跑有可能会降低骨密度，因此，在训练计划中必须加强监控。研究发现，男性长跑运动员（Hetland, Haarbo and Christiansen 1993）和女性长跑运动员（Suominen 1993）与不运动人群或运动量小的长跑运动员相比，骨矿物质密度和骨矿物质成分均有下降。女性运动员的停经与训练导致的骨密度以及骨矿物质成分下降有关（Drinkwater et al.1984; Lindsay 1987; Suominen 1993）。因此，女性运动员，尤其是长跑女运动员容易出现骨密度下降和骨质疏松的现象。这样看来，增加日常钙摄入量或钙与维生素 D 补剂，并同期安排力量训练，将有助于缓解上述问题。

八、运动员的营养问题

运动员经常会遇到一些特殊的营养问题。对运动员来说，吃什么、吃多少、什么时候吃同等重要。例如，如果运动员充分考虑进食成分、进食量以及进食时间，那么训练或比赛前后的进食将会发挥积极的作用。有一些项目（按体重分级的运动项目）的运动员常常会面临"减重"问题，他们必须高度重视体液平衡，最大限度地避免脱水和脱水带来的不良后果。

(一) 赛前、赛后进食

赛前进食，对运动员的生理及心理均有益处。某些条件下，训练前摄入蛋白质可以促进组织重塑以及肌肉体积增大（Volek 2003）。赛前数小时进食充足的蛋白质，虽说生理上并不能给运动员带来太大好处，但有利于心理满足。训练或比赛前摄入高脂肪食物会因延长胃排空而影响运动成绩。

由于碳水化合物与运动成绩关系密切，因此要特别注意训练或比赛前碳水化合物的摄入。然而，有数据表明，运动前 30~60 分钟如果摄入较多的葡萄糖或蔗糖可能会导致某些运动员胰岛素突然升高而出现血糖抑制（Foster, Costill and Fink 1979）。也有研究发现，训练或比赛前 30~60 分钟摄入单糖会产生更多的葡萄糖供肌肉在运动中利用，而不会出现"反弹效应"（Gleeson, Maugn and Greenhaff 1986; Hargreaves et al.1987）。训练或比赛前摄入的碳水化合物（和蛋白质）最好为液体形式。训练前即刻或训练中，如果碳水化合物以为固态形式消化则会导致运动不适。

在炎热环境中，长时间有氧运动（Lamb and Brodowicz 1986）和多次重复的无氧运动过程中（Lambert et al.1991），服含有葡萄糖或葡萄糖聚合物的饮料对降低心血管应激和体温紊乱的效果要比单纯补水好。液态碳水化合物的浓度可控制在 4%~20%，并保证每 15~20 分钟摄入一次。尤其是长距离比赛的后程，在血糖下降时，更需要及时补充液态碳水化合物。然而，如果碳水化合物溶液浓度大于 6%，会引起胃不适或增加胃排空时间而不适合某些耐力项目。尽管溶液中碳水化合物浓度增加会提高吸收量，但这种效果也会因胃排空时间增加而被抵消。因此，不建议使用超过 20% 的碳水化合物溶液，因为增加了胃的排空时间而无法有效提高血糖浓度。另外，运动中应避免服用果糖，这会导致胃部不适。

训练后进食高含量碳水化合物会加速糖原恢复。运动后 2 小时内摄入 1~3 克/公斤体重的碳水化合物以及运动后每 2 小时进食一次可以最大程度地补充糖原（Friedman, Neufer and Dohm 1991; Sherman and Wimer 1991）。资料显示，与复合碳水化合物相比，运动后 6 小时以内摄入单一碳水化合物（单糖）的糖原补充效果更好（Kiens et al.1990）。也有些资料指出，葡萄糖更容易促进肌糖原储存，而果糖更有利于补充肝糖原（Friedman, Neufer and Dohm 1991）。尽管研究结果并不一致，但总体上，额外补充蛋白质可以提高糖原补充，有助于组织修复和重塑，尤其是在训练前不久或恢复期内及时摄入（Ivy 2001; Volek 2003）。

(二) 食欲不振

食欲减退经常伴有疲倦、劳累过度或过度训练。食欲下降会导致能量摄入减少及其他营养素摄入不足（Jaquier 1987）。食物中摄取的能量及营养素减少会诱发"过劳"及过度训练，最终导致运动成绩下降。例如，16名少年举重运动员为期一周的集中训练普遍造成进食量改变（Stone et al.1989, 1991b），多数运动员表现出食欲减退的状态。尽管食物能量摄取中碳水化合物所占比重略有增加，但由于脂肪和进食量的减少而导致总能量摄入减少了大约350千卡。维生素B族的摄入量在一周训练内也有下降。如果这种能量及维生素摄入量下降现象持续下去，最终可能导致过度训练。因此，避免过度训练的一种方法就是摄入充足的膳食营养。

（三）水和电解质

人体成分中水最多（Herber 1983）。水约占男性体重的60%，女性体重的50%。水在人体细胞内占55%，细胞间占39%，血清和淋巴液中约占6%。细胞内水的作用是提供外形与结构支撑，并为各种生化反应提供媒介。细胞外水主要用于转运和生物物质交换，如营养素、代谢产物、各种气以及热交换。细胞内或细胞外水含量如果发生微小的变化都可能造成明显的生理功能改变，因为生物反应、体温调节以及电解质平衡都必须有充足的水。

脱水会造成多种功能障碍和健康问题，甚至会导致死亡。如果脱水量为人体体重的1%~2%，即便时间短，也会对生理、心理产生不良影响。轻度脱水（1%~2%）可导致人体生理功能下降，包括心血管功能（Maughn 2003; Saltin and Stenberg 1964）、间歇性自行车骑行能力（Walsh et al.1994）、肌力（Schoffstall et al.2001）以及记忆加工和认知能力（Wilson and Morley 2003）。实际上，持续轻度脱水与中枢神经系统受损有关（Wilson and Morley 2003）。脱水与体温调节也有密切关系。脱水会引起疲劳感、中度或重度中暑。因此，应该避免在运动前和运动中出现各种程度的脱水现象。

运动中，排汗速度受多种因素影响，包括温度、湿度以及穿着等。在典型的训练课中，尤其炎热环境下，体重会下降2%~3%，其中大部分是水。有报道称，如果补液不充分，超长时间的运动，如马拉松或多次重复性高强度训练，如橄榄球训练造成的体重下降会达8%（Bowers and Fox 1992; Roy and Irwin 1983）。实际上，口渴往往比缺水状态出现得晚（Engell et al.1987）。因此，运动员应在口渴前进行补液。一般来说，长时间持续运动以及间歇高强度训练，如橄榄球训练中每30分钟需补液450~600毫升。

运动中，特别是在高原或炎热环境下，运动员必须及时补水（Oppliger and Bartok 2002）。虽然血液测量补水状态非常准确，但会有微创，而且费用高。通过屈光计进行尿比重测定相对简单而且能够较好地反映出补水状况。实践中，测量训练前后运动员体重来判断补水效果也很实用，每下降1磅体重（0.4356公斤）应补1品脱（0.5506升）的水。

电解质是具有正电或负电荷的矿物质，可溶于体液，并且与细胞膜电位有关（Herbert 1983）。电解质的大量丢失会影响多种生理功能，包括主动、被动转运系统、体液平衡，同时会间接影响体温调节和各种代谢功能。运动排汗会造成电解质丢失，主要有钠离子、钾离子和氯离子（Maughn 2000）。钠离子和钾离子是阳离子（正电荷），氯离子是负离子（负电荷）。大部分电解质，包括这三种在内，很容易从日常饮食中获得。钠、钾离子与血压有关，高钠摄入会导致血压上升。然而，如果钾摄入量不足钠摄入量的40%，血压会下降。钠、钾摄入量可以调节血压，这对钠敏感个体非常重要（Geleijnse, Kok and Grobbee 2003; Kaplan 1986）。一般情况下，推荐的血清钠钾比为0.6，这样可以有效预防高血压。

电解质可以从运动饮料中获得，大部分运动饮料含碳水化合物。运动饮料可以预防脱水、缓解因运动出汗造成的电解质丢失以及促进恢复，特别是有助于糖原恢复。虽然运动时会丢失一定的电解质和维生素，通常情况并不严重，特别是在训练有素的运动员中（Herbert 1983）。汗液成分并不固定，与其他体液相比，汗液处于低渗状态，排汗会提高血清渗透压（Maughn 2000），因此没有必要刻意补充电解质。不过，从运动营养角度来讲，运动饮料至少在一定条件下会对运动有益。大部分运动饮料含少量的钠离子（10~25毫摩/升），其中一部分可以补充运动造成的钠流失，另外一部分可以促进体液在小肠内的吸收（Burke and Read 1993）。持续4小时以上的运动，如超级马拉松，若运动中补充的是低钠饮料（水或可乐），会因为血清钠浓度下降导致低钠血症（Maughn 2000）。炎热环境下训练也可能造成血清钠浓度下降，容易出现在未"习服"或"习服"程度不高的运动员中。研究显示，炎热环境下持续3~5天的训练会导致血清钠浓度下降（McCance 1936; Sohar and Adar 1962），但服用运动饮料会改善这个问题。

（四）增体重

有些运动项目，如美式橄榄球、英式橄榄球、投掷、重量级拳击、柔道、力量举和大级别举重运动员的体重一般在100~160公斤。运动员为了获得如此之大的体重，必须制订周密的训练和饮食计划，从而达到大幅增加瘦体重、最大限度控制脂肪增加的目的，这样才会为出色的竞技表现创造条件。对这些运动员而言，增体重过程中以下方面值得考虑。

尽管这些运动员增体重的目的是提高瘦体重，避免增加脂肪，但即便是高水平运动员增重的同时也会增加一些脂肪（Forbers 1983,1985; Forsberg, Tesch and Karlsson 1978），而且相当一部分增加体重的运动员都会伴有脂肪百分比的提高（Forbes 1985）。

虽然研究结果并不一致（Dich et al.2000），但数据表明，即使摄入的热量一样，但脂肪成分高的饮食结构会导致更多的脂肪积累，尤其长时间（几个月）保持这种饮食结构时表现得则更为明显（Bossonneault, Elson and Pariza 1986; Donato and Hegsted 1985; Tasi and Gong 1987）。造成体脂增加的部分原因在于饮食中摄入的脂肪量与脂肪类型有关。资料指出，单不饱和脂肪可以引起体内较少的脂肪积累，因为当热量摄入相等时，单不饱和脂肪比饱和脂肪的热效应高（Piers et al.2002）。因此，当运动员需要增加体重时，应将脂肪摄入热量控制在总热量的30%以下，并且增加不饱和脂肪的摄入（占总脂肪摄入的70%~80%）。满足低脂饮食并不容易，特别当运动员需要高热量摄入时（>5000 千卡/天）。此外，个体差异也会影响膳食结构。资料指出，在保持能量消耗大致相等条件下，虽然常量营养素摄入结构不同，但应该使脂肪摄入比例与体脂百分比近似（Whitley et al.1998）。因此，运动员应格外注意膳食结构与营养，如果遇到问题（如脂肪增加过多），就应求助营养师。

值得一提的是，在柜台里购买的一些特殊增重产品不一定有效。有些产品脂肪含量高，不建议购买。此外，也会有食物摄入过量而导致的热量摄入超标。然而，这常常会增加或引起不适的饱腹感，尤其在一次性摄入过多的食物后。如果因工作学习、训练安排、消费习惯、个人喜好等因素不便进行增重性饮食，也可以服用营养补剂。相对便宜的蛋白质是脱脂牛奶，脱脂牛奶中可以加入不同口味的食物或与其他食物（碳水化合物）混合搅拌，脱脂牛奶可以用液态，也可以用奶粉。在高水平运动员中，服用营养补剂将有助于促进大强度训练引起的适应变化（参见第七章）。

增重的最好途径是均衡膳食，同时要结合身体训练，特别是力量训练，这样可以有效增加瘦体重。体重的增加不应过快，每周可大约增加0.5~1.0公斤，因为这种增体重的方式可以控制体脂增加（Birrer 1984）。由于增重（6个月以内）阶段会导致体重增加较多，因此体重增加速度还要减缓。在长期增体重过程中，体重增加速度应控制在每周增加0.25~0.5公斤，并将脂肪增加控制在最小程度。

增重期间，应密切监控体重和体成分，可以每1~2周测一次，体成分可采用皮褶厚度或水下称重。如果体脂百分比提高明显，就需要调整训练和饮食计划。据观察发现，高水平运动员（美式橄榄球运动员、投掷运动员以及举重运动员）在大运动量和高强度训练下，体重每增加10公斤，体脂百分比就要增加1%~3%。

运动员退役后，应建议体重大的运动员减重。合理体重和体脂含量可以降低心脏病及其他退变性疾病的发病率。此外，即使在大学和专业运动员训练阶段，也有必要向相关人士咨询有关运动营养与健康方面的问题。

（五）减重与减脂

减（降）体重在严格要求体重级别的拳击、柔道、摔跤、举重运动员中十分常见。保持与降低体重需要正确的方法，否则会影响运动成绩。即便是对体重没有限制的运动项目，如体操，也有必要通过保持较低的体重和脂肪百分比来促进竞技能力的发挥。有些运动员，为了达到合理的体重和体脂标准常常需要大幅降低体重。因此，在实施减重过程中应注意以下几个方面。

初级水平的运动员由于热量摄入和训练刺激两个因素的作用，可以达到同步减脂与增加瘦体重的目的（Stone et al.1983）。然而，如果运动员体脂百分比较低，减重时瘦体重也会受到影响，尤其是通过控制热量摄入来降低体重时（Ballor et al.1988；Walberg et al.1988）。控制热量摄入而导致瘦体重下降可以通过力量训练以及高蛋白膳食得到缓解（Ballor et al.1988），但我们不建议完全采用液态的高蛋白饮食。

为取得优异成绩而进行的控制体重，并不是要让运动员把体重降到最低限度，处于半饥饿或脱水状态的运动员是不可能有出色的运动表现。过度限制热量摄入容易导致储存能量消耗、机体疲劳和过度训练（Stone et al.1991b）。资料显示，在儿童和青少年中，限制热量摄入会影响体形发育（Smith 1976）。

降体重的理想速度大约是每周降1%（体重）。对大部分运动员来说，大致为每周降0.5~1.0公斤，相当于每天减少500~1000千卡的热量摄入（Fogelholm et al.1993）。通常情况，减重的速度越慢，长期效果越好。这样来看，需要每天大约减少摄入100~400千卡的热量。如果体重降得过快，容易导致瘦体重下降、糖原储存减少、脱水以及维生素及矿物质的流失，同时还会增加过度训练的风险（Fogelholm et al.1993；Walberg-Rankin 2000）。如果节食与减重时间超过4周或短期（4周）体重下降超过5%，这样会影响运动员的营养状况，进而会影响到运动成绩（Fogelholm et al.1993）。需要指出的是，关于体形较小或较大运动员降体重的研究文献和报道十分有限。

另外，在减重过程中会出现体脂百分比较低的现象。男性体脂含量低可能与睾酮浓度低，损伤风险高有关（Strauss, Lanese and Malarky 1985；Vorobyev 1978）。运动中，接触性损伤和过度使用导致的损伤发病率会随着体脂含量的降低而增加（Nindl et al.1996；Wang et al.2003）。一般情况下，男性体脂百分比不应低于6%，女性不应低于10%。

短期通过限制补液可以达到快速降低体重的目的。实践中，体重快速降低可能会因为瘦体重相对增加而提高运动表现。虽然快速降体重的方法在实践中使用广泛，但它也会导致一些不良后果（Walberg-Rankin 2000），如肌力（除非体重下降非常快）和功率下降、低和高强度运动耐力下降、血清量下降、体温调节紊乱、肾功能下降、糖原浓度下降、电解质丢失。

竞技运动或训练中，运动员脱水经常会持续5个小时以上。实践中，脱水后补水在体重分级的运动项目中很常见，但脱水后补水对接下来的比赛影响却可能是负面的。观察发现，脱水常常对运动员产生负面影响（Vorobyev 1978；Stone et al.2005），尤其是脱水达到体重的2%时。此外，多次快速脱水所形成的累积效应也可能是负面的（Vorobyev 1978）。人为补水，如静脉输液有很大风险，应该避免。减重过程中，应避免摄入高盐和高纤维的食物。

本章小结

过去的 25 年间，营养学特别是运动员营养学取得了巨大的进步。诸多因素将营养和营养师推到了体育行业的风口浪尖，使运动员营养成为训练计划设计时必须考虑的问题，包括营养素的推荐摄入量，特别是蛋白质的摄入量（因为许多运动员的摄入量可能不足）、运动恢复饮料、增重和减重方法的应用等。目前，一些大学已设置了运动营养学专业，并能够授予相关学位。今后，随着研究的深入，运动营养将会在竞技运动中发挥更大的作用。

第七章　增补剂

　　增补一词来自希腊语，有"发功"的意思。因此，增补剂具有提高做功能力的特性。增补剂用来提高运动成绩已不再是什么新鲜事。增补剂也常用在工作或应激环境中，如战斗时使用。几个世纪来，南美的一些印第安人通过咀嚼可可叶来维持高强度的体力劳动。"维京战士"在打仗前会吃含有毒蝇碱的蘑菇来提高战斗力。

　　竞争是人类的一种本性。典型的竞争体现在竞技比赛中，运动员通过极大的付出来战胜对手，或者在同台竞技时创造个人最好成绩。在"竞争精神"的驱动下，人类发明了一系列用于提高运动表现的工具，这些工具就属于增补剂。在体育运动中使用增补剂的历史悠久，至少可以追溯到古代奥林匹克运动会中（Antonio and Stout 2001; Burks 1981; Catlin and Murray 1996; Grivetti and Applegate 1997）。提高运动成绩的增补剂可分为环境型、心理型、物理型、药物型和营养型。如今，增补剂在体育运动中的应用十分普遍。

　　这一章将简要探讨每项分类中的典型增补剂，但目的并不在于告诉大家详细的使用方法。至于详细的使用说明，尤其是营养型和药物型的增补剂，可以重点查阅相关的文献资料（Antonio and Stout 2001; Bohn, Khodace and Schwenk 2003; Corrigan 2002; Kreider 1999; Silver 2001; Stone 1993,1995; Thien and Landry 1995; Wagenmakers 1999; Williams 1984,1996,2000）。通过讨论，我们只想让读者思考增补剂的作用以及使用增补剂是否符合伦理标准。

一、环境增补剂

　　虽然环境因素通常并不被认为是一种增补剂，但环境有时会对运动成绩产生促进或削弱作用。有一种方法就是改变运动场地或运动表面来提高运动成绩（或抑制对手的优势），例如，利用修剪橄榄球场地的草坪来提高本队的跑动能力，或增加草的长度来抑制善于跑动队伍的优势。另外，将垒球场从罚球线起向内适度倾斜更容易造成犯规（或平局）。

　　通过改变气候条件也能影响运动成绩。例如，在铁饼比赛中，通过打开或关闭体育场大门来改变风速和风向，这样有助于运动员获得更有利的空气动力学条件。

　　另外，可根据环境条件的变化，通过调整器材装备来提高运动成绩。例如，通过为滑雪板打蜡来使其适应冰或雪地条件，或利用"高原帐篷"或"高原屋"来模拟"高住低练"（Saunders et al.2003; Wilber et al.2003）。

对于爆发类项目运动员，可使用增厚鞋或调整举重台面高度来进行力量训练，以提高训练效果或举重成绩，这也有利于运动员安全。

二、心理增补剂

通过训练可以从身体角度提高获得最佳竞技状态的准备程度，但很明显，精神或心理因素对运动成绩有着深刻的影响。实际上，"最佳竞技状态"作为运动员追求的目标（Williams 1993），在心理方面具有以下特征：良好的时空感知觉、出色的自我控制感、最佳的身体轻松感、高度的注意力、自动化的动作模式以及不必担心出现疲劳。

尽管这些特征常常与比赛联系在一起，但也表现在训练中。这些特征的获得具有内在性，但外部因素也可以发挥助力作用，主要有动机激发（McClelland et al.1953; Whitmore 1992）、正强化或负强化（Martens 1975）、唤醒（Hanin 1989）、放松、心理表象（Sinclair and Sinclair 1994; Wilkes and Summers 1984）等技术。

这些技术可以认为是潜在的增补剂，因为它们可以帮助运动员在比赛或训练中发挥出色。因此，从某种程度上说，当运动心理学家给运动员施加这些心理技术并且能够提高运动成绩时，也可将其称为增补剂。第十一章"力量训练的心理因素"中将详细介绍相关的心理因素以及它们对运动成绩的影响。

三、物理增补剂

经过多年发展，人们发明了各种有助于运动成绩提高的物理型增补剂，它们大致可分为提高训练效果的装备和提高比赛成绩的装备。

训练装备包括负重物、负重背心、力量训练器、肌肉电刺激仪、锁链或弹力带、心率监控器等。

锁链或弹力带通过增加或减少某一点（段）的负重来改变"自由"阻力。例如，在深蹲架两端固定弹力带，可以改变下蹲过程中的外界阻力，杠铃下降时，弹性阻力减小，当杠铃上升通过粘滞点至身体直立过程中，弹性阻力逐渐增加。这种形式的附加阻力比传统训练更有利于刺激到局部。锁链也可以在力量训练动作的全程中使用，但这种训练形式的阻力是否有效并不十分清楚（Ebben et al.2002）。

近来，振动训练已用于对神经的肌肉训练中，爆发类项目运动员中应用最为普遍。通过振动，可以放大肌肉传入信号、调节激素释放（Gosselink et al.2004）、增强反射性以及增加血流量，这些将会改变肌肉的活动能力（Bosco, Cardinale and Tsarpela 1999; Delecluse, Roelants and Verschueren 2003; Rittweger, Beller and Felsenberg 2000）。研究显示，一次性振动练习可以提高大众受试者（男性和女性）的最大力量、爆发力（跳跃）（Bosco et al.2000; Torvinen et al.2002; Warman, Humphries and Purton 2002）。此外，振动练习可以提高血清睾酮、生长素的浓度，降低皮质醇的浓度（Bosco et al.2000）。研究发现，有研究者认为通过振动台进行的全身性振动练习可以（Delecluse, Roelants and Verschueren 2003; Roelants et al. 2004）提高普通人的最大力量、爆发力及功率；也有学者认为通过此种练习不能（De Ruiter et al.2003）提高普通人的最大力量、爆发力及功率。如果振动与力量训练相结合，有研究者认为力量增长幅度会更明显（Delecluse, Roelants and Verschueren 2003）；也有学者认为力量增长幅度无差异（Roelants et al.2004）。

为保证振动训练对运动表现产生积极影响，应控制振动的频率和振幅以及持续时间（Cardinale and Lim 2003; Cardinale and Pope 2003; Warman, Humphries and Purton 2002）。因此，振动有助于提高运动员，尤其是爆发类项目运动员的神经肌肉能力（Cardinale and Pope 2003）。长期进行振动训练应注意避免对软组织可能造成的损伤（Cardinale and Pope 2003）。

提高运动表现的器材还包括开合式冰刀、增速性服装及填充物。另外还有一些被禁止使用的物理增补剂，如软木棒球棒、加长链球链和雪橇加热刃。

各种物理增补剂在比赛之中也被使用，包括举重台和举重鞋。例如，"连体服"和"卧推衫"可以明显提高深蹲和卧推力量。

从根本上说，作为物理增补剂的装备或器材是科技进步、教练员与运动员付出和精妙工程学的产物。

四、药物和营养品

对这一类增补药物或物质进行归类实属不易。为了便于讨论，首先要明确药物和营养品所涉及的问题，以及各自准确的概念。药物是改变生理或生物化学过程的物质。营养品是正常生理或生物化学过程的组成部分。

然而，简单的定义却为争论和质疑留下了巨大空间（特别是从法律的角度），因此有必要进行更为细致的解释。根据美国食品药品管理局（FDA）规定，药物是用于诊断、治愈、缓解、治疗或预防疾病的任何物质（包括器材），或任何（除了食物）用来对身体结构和功能产生影响的物质。FDA要求，在任何一种药物上市销售前必须进行评估，评估包括药效的临床研究、对其他物质的潜在影响、安全性及合理的用药量（Antonio and Stout 2001）。FDA并未要求对药物在营养上进行预先评估。美国国家健康协会与食品局对营养品的定义是，一种（除了烟草）旨在补充含有一种或多种主要营养成分（维生素、矿物质、氨基酸、草药或其他植物、增加总饮食摄入量的营养物质或各种成分的混合物）的产品。营养品以液体、胶囊、粉状、软胶囊或软明胶胶囊形式进行消化吸收，但营养品并不代表日常食物或一顿饭（Antonio and Stout 2001；膳食营养健康与教育方案［DSHEA］1994）。

（一）药物

根据对药物的定义，作为增补剂的药物可分为两类，即用来促进蛋白质合成类的药物及兴奋剂。由于它们是常用增补药物，因此从两个方面分别介绍典型的增补类药物。

1. 雄性激素

蛋白质合成加速剂包括可以直接刺激蛋白质合成的药物，也包括那些具有抗分解特性的药物。这类药物中，最为我们熟悉的是雄性激素。希腊语中，雄性激素的意思是"雄起"。雄性激素是类固醇激素，睾酮是最主要的雄性激素。男性睾丸中睾酮生成量较大，肾上腺也产生微量睾酮。女性卵巢和肾上腺可以分泌少量睾酮。雄性激素的主要功能涉及生长发育以及维持男性第一、第二性征。睾酮具有合成和抗分解功能（参见第五章）。睾酮生成的路径如图7.1。合成类固醇（AS）是睾酮合成衍生物，被广泛使用在医疗和运动中，特别是爆发类项目和健美运动中（Kicman and Gower 2003; Silver 2001; Stone 1993）。尽管有人试图将合成作用从雄性激素的作用（影响）中分离出来，但成效不大。通过查阅文献可知，即便功效不强的雄性激素也具有合成代谢作用（Stone 1993）。

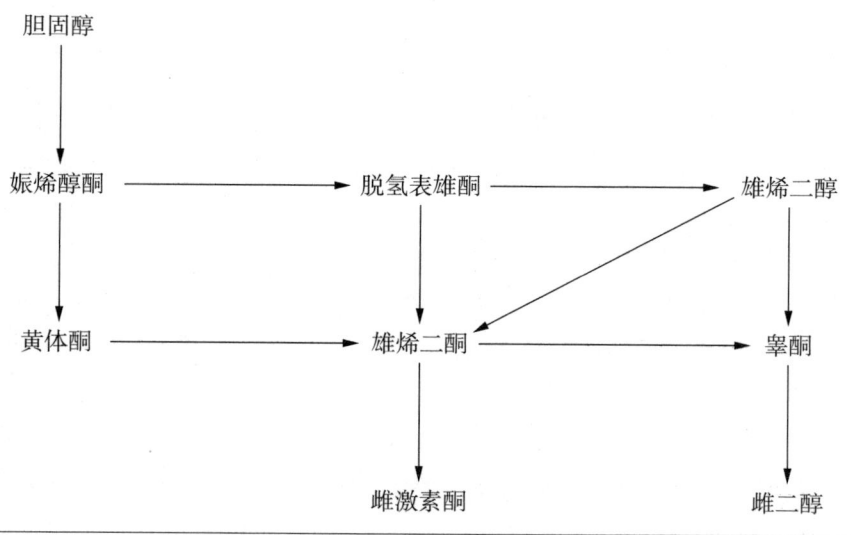

图 7.1 睾酮的生成路径

雄性激素增补效果明显（Kuhn 2002; Sliver 2001; Stone 1993），可以促进蛋白质合成（Hartgens and Kuipers 2004），具有抗分解作用（Hickson et al.1990），在力量训练后的恢复期表现得尤为突出。服用雄激素后，增肌效果更明显，卫星细胞的作用也会增强，特别出现在训练有素的运动员中（Kadi et al.1991）。雄性激素可以促进糖原补充（Ustunel, Akkoyunlu and Demir 2003）、提升睾酮与皮质醇比值、降低乳酸盐浓度以及减轻疲劳感，这些均有利于机体恢复和产生训练适应。雄性激素有助于改善体成分、降低脂肪含量以及增加瘦体重，特别是与高强度力量训练相结合时（Bhasin 2003a,2003b; Stone 1993）。从竞技的角度，雄性激素对力量和爆发力影响深刻（Alen, Hakkinen and Komi 1984; Bhasin et al.1996,2001），服用量会直接影响力量与爆发力的表现效果（Bhasin et al.2001; Stone et al.2003），同时可以提高机体的耐受力（Tamaki et al.2001）。此外，雄性激素会增加运动员的攻击性和训练欲望（Salvadora et al.1999; Stone 1993）。当看到雄性激素有如此之多的强力功效，不难理解为何有些运动员会对这类药物趋之若鹜。

近年来，将激素原作为增补剂的现象越来越普遍。激素原包括脱氢雄表酮（DHEA）、雄烯二酮、去甲雄甾烯醇酮和孕烯醇酮，它们都可以在营养品市场上买的到（DSHEA 1994）。这些激素是功效不强的雄性激素，但它们是睾酮的前体（图7.1）。目前，有人认为（如Mark McGwire）这类激素原的效果不大（Brown et al. 1999; Earnest et al.2000; King et al.1999）。对正常男性而言，其实这类激素原只能一定程度上提高雄性激素浓度（King et al.1999）。

大剂量或长期服用雄性激素，会引起很多健康问题，包括女性男性化、患癌症、心血管疾病及肝病等（Kieman and Gower 2003; Silver 2001; Stone 1993; Wu 1997）。雄激素主要的负面影响与17-α-烷基化类固醇消化代谢有关，它们通常是口服制剂（Kopera 1993; Stone 1993）。此外，和大部分其他药物一样，随着服用剂量的增加，副作用就会增强。虽然雄性激素存在副作用，但如果剂量不大，实际反应并没有想象中那么明显（Evans 2004; Street, Antonio and Cudlipp 1996）。

2. 生长素

生长素是垂体前叶以脉冲式分泌的多肽激素。生长素具有多种功能，包括刺激蛋白质合成及动员脂肪酸供能。生长素对蛋白质的合成作用主要受胰岛素样生长因子1（IGF1）的调节（参见第五章）。

运动员和教练员认为，在力量训练的同时服用人体生长素（hGH）对肌肉质量和最大力量的促进作用更明显。由于很难精确、可靠地检测外源性人体生长素，因此，在过去十多年间生长素在运动界被非法滥用。

服用人体生长素后的短期功效在于刺激氨基酸吸收及蛋白质合成（Fryberg, Gelfeld and Barrett 1991）。在人体生长素缺乏的患者中，采用该激素进行治疗可以增加患者的肌肉质量和力量（Cuneo et al.1991）。一些研究表明（Rudman et al.1990；Svensson et al.2003;Lange et al.2002），长期人体生长素疗法可以增加老年男性和女性患者的瘦体重与肌肉质量。成年人中，当出现人体生长素缺少时，采用人体生长素补剂可引起肌肉力量增长，但这种疗法并不能适用于各类人群，而且患者会出现骨骼肌质量增加，但肌肉力量却没有变化的结果。此外，生长素可以改变肌球重链特征，导致肌球重链异构体数量的增加（Lange et al.2002）。

值得一提的是，关于生长素对正常垂体功能的成年人强效作用的研究并不多。不过动物研究表明（Bigland and Jehring 1952），生长素激素能够增加年轻大鼠肌肉的横断面积，但每克肌肉对应的等长力量却不及未服生长素的大鼠。另外，老年大鼠在两个半月的时间里，服用生长素并结合跑台训练可以增加肌肉横断面积，小腿三头肌最大强直力量提高了23%。人体研究发现，虽然生长素有强效作用，但对年轻运动员产生的效果与老年人不一样。

肢端肥大者表现为巨人症和明显的肌肉增大。然而，肢端肥大症患者的肌力与肌肉体积并不成正比（Lombardo, Hickson and Lamb 1991; Nagulesparen et al.1976），这与先前的动作实验结果一致（Bigland and Jehring1952）。肢端肥大症患者的结缔组织发育异常，这就是他们肢体硕大的原因（Nagulesparen et al.1976）。6周里，受试的年轻人服用人体生长素的同时进行力量训练可以造成瘦体重增加和体脂的明显减少。然而，研究并未提及是否发生肌肉功能性改变（Crist et al.1988）。在年轻受试者进行为期12周的力量训练中，服用人体生长素会造成全身蛋白质合成显著增加（Yarasheski et al.1992），但肌肉质量或肌肉力量并没有增加，这一发现与肢端肥大者结缔组织增加结果类似。目前，很少有研究结果支持在年轻人中使用生长素来作为增补剂（Frisch 1999）。

服用生长素带来的风险包括骨骼和结缔组织的过度生长、器官变大、心肌病、胰岛素敏感性下降及胰岛素耐受（Frisch 1999; Lombardo, Hickson and Lamb 1991）。

通过摄入大剂量氨基酸（如精氨酸、赖氨酸）可以"自然"地提高人体生长素的分泌量（Besset et al.1982; Isidori, Lo Monaco and Cappa 1981）。因此，许多运动员试图通过服用氨基酸营养品来增加人体生长素分泌。然而，调查发现运动员在力量训练（Lambert et al.1993；Walberg-Rankin et al.1994）或爆发类项目运动员在大运动量训练（Fogelholm et al.1993; Fry et al.1993; Gater et al.1992）时进行几天或数周大量摄入氨基酸之后，并未发现安静或训练后人体生长素浓度有明显的变化。由此可见，利用补充氨基酸来提高运动员体内生长素浓度的做法并不可靠。

3. 刺激剂

刺激剂是能够促进适应、唤醒以及降低疲劳的物质。刺激剂有拟交感神经兴奋剂，如肾上腺素、甲氧胺（美速克新命，用于血管加压）和中枢神经系统刺激剂，如咖啡因、麻黄生物碱和伪麻黄碱，这些都是病患人群常用的刺激剂。目前，麻黄及其大部分复合物被许多运动管理组织列为违禁药物（兴奋剂）（包括国际奥林匹克和世界反兴奋剂组织［IOC/WADA］）。实践中，大部分刺激剂很容易被检测出来，很少再有运动员使用。

不过，对有一些刺激剂的使用尚存较大的争议，如可可碱、茶碱、咖啡因等。可可碱是咖啡、茶和巧克力内的天然甲基黄嘌呤。茶碱的衍生物（氨茶碱）常用来治疗哮喘。咖啡因是世界范围使用最普遍的刺激剂（Paluska 2003）。咖啡因作为一种增补剂，主要功能是通过抑制糖原亏空和抑制环磷酸腺苷失活来加速游离脂肪酸供能，从而增加长时间运动的耐力水平（Conway, Orr and Stannard 2003; Ryu et al.2001）。然而，咖啡因可以穿过血脑屏障，阻碍腺苷与其受体结合而抑制腺苷发挥作用（Paluska 2003; Spriet and Gibala 2004）。咖啡因对大脑中腺苷的抑制，会使模拟性神经递质浓度上升（EI Yacoubi, Costenin and Vaugeois 2003）。因此，训练或比赛中服用少量咖啡因可以提高运动强度（Spriet and Gibala 2004），促进高强度训练的适应性。

伪麻黄碱（PSE）是拟交感神经刺激剂，外周效应与肾上腺素类似，神经效应与安非他明类似，但强度较小。伪麻黄碱及麻黄生物碱都是增补剂，常被运动员和健身人群使用（Bohn, Khodace and Schwenk 2003）。

伪麻黄碱口服液具有降低充血的效果，但常被列为处方药。作为刺激剂，伪麻黄碱具有强效功能，但如果运动员以医疗为目的进行服用时常常会受到质疑（DeMeersman, Getty and Schaefer 1987; Swain et al.1997），因为处方药确实含有足量的伪麻黄碱，会使尿液浓度在十几小时内会超过12微克/毫升（此前 IOC/WADA 曾将伪麻黄碱从兴奋剂名单中删去）（Chester et al.2004）。过去，运动员若检测出伪麻黄碱阳性（与药物服用量一致）将会受到警告或给予轻度处罚。

有趣的是，2004年1月1日，IOS/WADA 将咖啡因和伪麻黄碱从违禁药物名单中删去，主要是咖啡因特性普遍（非特殊），伪麻黄碱作为减充血剂的使用也非常普遍。如果是这样（从违禁药物名单中删去），有人会问，对此前因少量服用这类药物检测为阳性而被没收奖牌的运动员来说，这些药物为何之前被认定是非法增补剂（如2000年奥运会女子体操比赛中出现的问题）。

（二）营养品

营养问题已在第六章"营养和代谢因素"中做过介绍，在这需要重点强调的问题是：营养品对恢复和适应是否真正发挥促进作用。

肌酸（Cr）是氨基酸衍生物，主要在肝脏、肾脏和胰腺中合成，成人平均每天生成1~2克（Loike, Somes and Silverstein 1986; Walker 1979）。以70公斤体重的成人为例，体内储存的肌酸总量（游离和磷酸化形式）大约为120克（Balsom, Soderlund and Ekblom 1994）。其中约95%的肌酸池储存在骨骼肌中。骨骼肌中，约60%~66%

的肌酸为磷酸肌酸。肌酸在肾脏通过单向转化和肌酐酸形式清除，每日清除率约 1~2 克（大约占总肌酸池的 1.6%）。大约半数的肌酸需要量可以从日常饮食中获取，主要来自动物肉和鱼肉，其余的通过体内甘氨酸、精氨酸和蛋氨酸合成内源性肌酸来满足（Kreider 1999）。

肌酸是磷酸原系统的组成部分，主要用于 ADP 的快速磷酸化。短时无氧运动，特别是在完成爆发力动作时，满足 ADP 磷酸化为 ATP 的能量来源主要取决于肌肉内储存的磷酸肌酸。如果磷酸肌酸短缺，无法快速合成 ATP 满足肌肉收缩时，运动表现就会下降（Balsom, Soderlund and Ekblom 1994）。可利用的磷酸肌酸量决定了肌肉短时间高强度运动的供能能力，通过营养途径不仅可以增加肌肉肌酸的含量，也能提高磷酸肌酸的动员效率。相反，如果运动后磷酸肌酸储存量增加会提高 ATP 的合成速度（Balsom, Soderlund and Ekblom 1994）。虽然研究结果并不一致（Delecluse, Roelants and Verschueren 2003; Finn et al.2001; Wilder et al.2002），但多数研究认为，补充肌酸可以增加肌肉中肌酸含量、提高爆发力和连续爆发力水平（Ekerson et al.2004; Haff et al.2000; Kirksey et al.1999; Koak 2003; Rawson and Volek 2003; Schedel, Terrier and Schutz 2000）、促进肌肉力量、动作功率以及瘦体重的增加（Rawson and Volek 2003; Stone et al.1999）。如果连续服用 5 天肌酸，那么营养与训练相结合就能提高爆发力的测试成绩（Eckerson et al.2004）。

有资料表明，男性补充肌酸获得的增补效果要比女性明显（Ayoama, Hiruma, and Sasaki 2003），而且力量和动作功率提高幅度与摄取的肌酸量成正比（Kilduff et al.2003）。研究还发现（Kilduff et al.2003），虽然肌肉原有肌酸含量较高，但还可以从额外补充的肌酸中获得额外的效果，这也解释了为什么肌酸是一种有效的增补剂。此外有资料指出，补充肌酸后，大肌群练习的效果要比小肌群练习更明显（Urbanski, Vincent and Yaspelkis 1999）。

补充肌酸通常分两步，即加载期与维持期。肌酸加载是增加膳食中肌酸的含量，从而快速增加肌肉中总肌酸和磷酸肌酸含量。5~7 天的加载期内，每天摄入 0.3 克/公斤的肌酸，此后数周为维持期（每天 0.03 克/公斤），用来保持肌酸饱和状态。如果短期要实现肌肉肌酸饱和，则需要通过大剂量加载的服用方式，但长期按维持期剂量服用，也可以达到饱和，但可能会需要几周的时间。

社会上有些议论和一些研究认为，服用肌酸会有损健康，如会造成热病、肌肉痉挛、肾病以及肝病（Juhn 2000）等。一项研究报告指出，大量补充肌酸会对人体产生负面影响。施罗德及同事（2001）研究发现，补充肌酸会引起安静和有氧运动后胸压异常升高。随后研究认为，这种压力的变化只是短暂的，并不会造成有害症状（Hile et al.2006）。实际上，大部分动物和人体实验研究结果并未显示连续数天，甚至数年补充肌酸会导致热病、肌肉痉挛、肌肉损伤、心脏病、肾病、肝病或引起血液指标异常变化（Farquhar and Zambraski 2002; Kreider et al.2003; Mendes and Tirapegui 2002; Poortmans and Francaux 2000; Robinson et al.2000; Schilling et al.

2001; Taes et al.2003a, 2003b)。相反，有资料表明，补充肌酸可能会降低热病、肌肉损伤以及肌肉痉挛的发生率（Greenwood et al.2003; Schilling et al.2001)、提高糖原耐受（Derave et al.2003)、增加糖原储备（van Loon et al.2004)、加快头脑反应速度（Rae et al.2003）以及预防神经性和心血管疾病或动脉粥样硬化（Taes et al.2003a; Wyss and Schulze 2002)。

另外，补充肌酸可能出现的副作用是水滞留（Demant and Rhodes 1999; Kutz and Gunter 2003)。由于肌酸摄入量不同及运动员个体差异，水滞留会导致体重增加1%~3%，在补充肌酸开始的几周内会出现水滞留现象（Brilla et al.2003; Demant and Rhodes 1999; Kutz and Gunter 2003; Powers et al.2003; Saab et al.2002)。水滞留的真正机制（细胞内与细胞外）还不完全清楚（Brilla et al.2003; Powers et al.2003; Saab et al.2002)。然而，细胞内水增加可能会刺激蛋白质合成（Brilla et al.2003; Haussinger and Lang 1991; Haussinger et al.1993)。因此，肌酸就成为运动员中最常见、最流行的营养品（Schilling et al.2001)。

营养品对恢复与适应的作用是增补剂重要的研究领域。恢复不仅与运动员是否能还原到训练前状态有关，还与训练过程中身体、生理性增强及运动成绩提高有关。研究发现，营养在恢复与适应过程中发挥着极其重要的作用，不仅关系整体营养素的摄入，还与具体营养素及何时摄入关系密切（Lemon, Berardi and Noreen 2002)。艾维和波特曼（2002）研究指出，在力量训练适应过程中应考虑三个阶段：能量供应阶段、合成阶段与生长阶段。

能量供应阶段是训练时能量的供应与利用。从生理角度，训练课目标是释放和供应充足的能量满足训练需要。运动时，肌肉组织对皮质醇、儿茶酚胺及营养素的摄取量增加，会引起胰岛素浓度和能量储备下降。由于胰岛素对肌肉合成有调节作用，因此，运动中或运动后保持高浓度胰岛素可以产生明显的合成环境。合理的营养补充可以控制血液胰岛素浓度的下降，还可以为肌肉提供更多的营养素（如碳水化合物、氨基酸和维生素）。在能量供应阶段之前和实际过程中，补充碳水化合物与蛋白质有助于减缓糖原储备的降低速度、加速糖原合成（Conley and Stone 1996; Haff et al.2003; Zawadzki, Yaspelkis and Ivy 1992)、抑制分解反应（如抑制皮质醇上升）、降低免疫抑制反应（Gleeson, Lancaster and Bishop 2001; Lancaster et al.2003)、提高后续训练强度（如降低疲劳感）（Conley and Stone 1996; Haff et al.2003）以及通过调节神经肌肉系统促进恢复和适应。在能量供应阶段补充抗氧化剂有助于降低肌肉损伤（Rokitzki et al.1994)。

合成阶段是在训练结束后的30~45分钟，此时肌肉对营养素的吸收依然处于上升状态，表现为合成反应，包括糖原、蛋白质的合成。尽管蛋白质合成一定程度上有赖于激素影响，特别是胰岛素，但对血液氨基酸浓度的变化也很敏感（Biolo et al.1995; Biolo et al.1997; Fafournoux, Bruhat and Jousse 2000; Rasmussen et al.2000; Van Loon et al.2000a,2000b; Volek 2004)。合成阶段（运动导致）对肌肉营养素的摄取仍处于上升状态。运动结束 45 分钟时，营养素的吸收程度开始下降，肌肉表现出抗胰岛素特性，合成环境开始减弱（Ivy 2001; Ivy et al.1988; Levenhagen et al.2002）。这一阶段补充碳水化合物、蛋白质及抗氧化剂可以促进糖原和蛋白质合成（即组织修复和肌肉增大），减轻免疫性抑制（Ivy and Portman 2004）。

生长阶段持续时间最长，从合成阶段结束一直到下一次训练课开始。这一阶段神经肌肉系统表现出适应性变化。艾维和波特曼（2004）根据合成速度将这个阶段分为两个部分：一是快速生长阶段，表现为明显的合成性，如果在这一阶段及时、合理地补充各类营养素，那么合成阶段会一直持续到运动后 4 小时；二是维持或慢生长阶段，是合成性相对缓慢阶段，该阶段主要受日常饮食的影响。食物中是否含有充足的蛋白质就成为主要影响因素（Forslund et al.1998,1999）。在这一阶段，只要营养素摄入充足，就会形成正氮平衡，刺激肌肉生长（参见第六章）。因此，有必要摄入充足的蛋白质（Ivy and Portman 2004; Volek 2004）。例如，弗恩及同事（1991）研究发现，健美运动员和健身人群中，按每天 3.3 克/公斤摄入蛋白质的增肌效果要好于每天 1.3 克/公斤，这说明，大量摄入蛋白质可以刺激瘦体重的增长。然而他们也发现，补充的蛋白质中有相当一部分被氧化而并非用于促进生长。泰诺波尔斯基（1999）研究发现，与每天 0.9 克/公斤蛋白质摄入量相比，每天每公斤体重摄入 1.4 克蛋白质对瘦体重增长促进效果更为明显，但是当蛋白质摄入量达到每天 2.4 克/公斤时，对瘦体重的增长不会有额外的影响。资料证明（Lemon 2000），每天蛋白质的摄入量必须达 1.6~1.8 克/公斤，才能有助于形成正氮平衡。此外，研究发现（Forslund, 1999），在 24 小时内，每公斤体重摄入 2.5 克蛋白质不仅会实现正氮平衡，而且会产生负脂肪平衡（加速减脂）。

补充营养品的形式和时间对于每个阶段的补充效果至关重要。资料显示，营养品通常为液态而不是固态形式（Dangin et al.2001）。一般来说，液态营养更容易消化，吸收速度也更快。因此，液态营养补剂更符合进食计划。在能量补充阶段，合理的营养摄入形式为：高升糖指数的碳水化合物（葡萄糖、蔗糖、麦芽糊精）、乳清蛋白（富含大量必需氨基酸）、维生素 C（30~120 毫克）及维生素 E（20~60 国际单位），因为抗氧化剂可以预防肌肉损伤，缓解免疫抑制。另外，钠（100~250 国际单位）、钾（60~120 毫克）及镁的添加有助于改善口味以及加速恢复。

碳水化合物应和蛋白质以 4 或 5∶1 的比例进行混合。例如，用 25 克的葡萄糖与 6 克乳清蛋白混合，并加入 500 毫升水进行搅拌。实际用量要根据体重、需要程度和口味而定。此外，液态有助于预防运动引起的脱水问题。

研究人员建议（Ivy and Portman 2004），营养补剂中可加入 1 克亮氨酸，亮氨酸会刺激释放胰岛素，有助于蛋白质合成。大约 30%~50% 的运动营养饮料应在训练前摄入，还有少部分应在训练中摄入。需要注意的是，力量训练中，一次摄入（消化）的营养总量不应过多，这样会避免负面影响。

合成阶段的营养补充方式有：高升糖指数的碳水化合物（葡萄糖、蔗糖、麦芽糊精)、乳清蛋白（富含大量必需氨基酸）、肌酸（0.3 克/公斤）、亮氨酸 1 克、谷氨酰胺（Ivy and Portman 2004）1~2 克（缓解免疫抑制）、维生素 C（60~120 毫克）及维生素 E（80~400 国际单位）。

碳水化合物与乳清蛋白应以 4:1 方式混合，并加入 500 毫升水进行搅拌。例如，50 克葡萄糖和 12 克乳清蛋白混合液，液态补剂还有助于运动后补水。

以下营养摄入计划有利于促进快速生长。碳水化合物（高血糖指数，2~4 克/公斤）、乳清蛋白（10~20 克）及酪蛋白（1~3 克），加入 500 毫升水后进行搅拌，这样有助于保持胰岛素高敏感性及创建合成环境（Ivy and Portman 2004）。这种营养搭配应在运动后 2~4 小时内摄入，需要有一定量的碳水化合物刺激胰岛素分泌。然而在生长阶段，大量消化的碳水化合物（用于运动中和运动后恢复的能量供应）或蛋白质可能会转化为脂肪。各种蛋白质的消化、吸收速度不同，会影响合成能力（Boirie et al.1997; Dangin et al.2001; Fruhbeck 1998）。乳清蛋白消化和吸收快，但酪蛋白慢。在快生长阶段，加入酪蛋白可以延长蛋白质合成时间（Ivy and Portman 2004）。另外，也可以同时加入亮氨酸（2~3 克）和谷氨酰胺（1 克）。

慢生长阶段持续时间最长，需要通过饮食摄入大量热量。由于该阶段持续时间长，热量摄入多，因此对肌肉生长的影响也最明显（Ivy and Portman 2004）。虽然在这一阶段胰岛素浓度已经下降，但还能维持较明显的蛋白质合成水平，通过控制合理的进食时间，可以维持体内正氮平衡的环境。

常规训练中，各种营养素的摄入比为：蛋白质 15%、碳水化合物 40%~50%，脂肪 25%~35%（多为非饱和脂肪）。如果处于大运动量训练阶段（2 周以上），总热量摄入（应增加 100~200 千卡）和碳水化合物摄入比例要相应增加（大于 45%）。

如果以提高肌肉力量为目标，饮食结构为：蛋白质 20%~25%，碳水化合物 45%~50%，脂肪 25%~35%（多为非饱和脂肪），每餐应增加热量摄入（50 千卡）来保证正氮平衡。如果以增加体重和瘦体重为目标，那么每天应增加 100~200 千卡的热量。

如果以减脂、保持瘦体重为目标，饮食结构为：蛋白质 25%、碳水化合物 40%~45%，脂肪 25%~30%（多为非饱和脂肪），同时应减少热量摄入（每天减少 100~200 千卡）。

每餐之间的小吃（或加餐）应以高蛋白、低碳水化合物和极少量脂肪为主。如，乳清蛋白加少量酪蛋白溶解在运动饮料中进行加餐补充。这种加餐不会引起明显的胰岛素浓度变化。如果胰岛素长期上升，同时伴有高碳水化合物或高蛋白质摄入，会造成脂肪堆积、胆固醇上升以及诱发代谢类疾病。因此，通过一日多餐的方式摄入蛋白质要比三餐大量摄入蛋白质的补充效果好。

以上是膳食营养品摄入的常规性建议。由于个体间的差异，最佳营养补充方案还需量体裁衣、因人而异。合理的营养膳食方案，有助于运动员在训练中产生积极的适应变化。

五、增补剂的热点问题

虽然对增补剂的讨论众说纷纭，但毫无疑问的是运动员今后会继续使用增补剂。但是，教练员和运动员在决定使用增补剂之前应注意以下几个问题：一是哪些增补剂真的有效？二是哪些增补剂可能有效？三是哪些增补剂压根没用？四是哪些增补剂禁用或非法，并会引发道德伦理问题？

然而，这些问题可能很难回答，但运动科学教育可以帮助教练员和运动员认识增补剂的效用。前三个问题，借助运动科学可以得到肯定的答案。实际上，虽然有大量以"尖端成果"著称的研究成果问世，但没有多少能对运动成绩有所帮助。可惜的是，在运动营养品问题上，教练员或运动员对哪些是科学的、哪些是跟风的、哪些是营销噱头、哪些是误导的信息缺乏判断。总体印象是，运动员使用的营养补剂太多，但真正发挥作用的却很少。

现实中，有不少"玩意"（运动装备）被吹得神乎其神，但大多数并非物有所值。其中有科学与方法论发展滞后的原因，也有运动科学家自身的原因。除运动界外，运动专家的行话很难被大家完全理解，而且，当前所谓"大师"的数量与日俱增，使得教练员和运动员弄不清到底该听谁的。鉴于此，建议教练员和运动员做以下努力：第一是要学习科学语言，学习如何评价研究成果，第二是积累丰富的知识，增强对厂商宣称的增补剂产品具有批判和鉴别能力，第三是与运动营养专家合作，评价可能成为增补剂的事物，并共同推动该事业的发展。

对于前面谈到的第四个问题，要弄清哪些增补剂是禁用的倒不难。例如，世界反兴奋剂组织（WADA）以及类似的国家级机构，如美国反兴奋剂组织（USADA），已公布了违禁药物名单，很容易在相关网站查到（如，WADA 的网址为：www.wada-ama.org/en/prohibitedlist.ch2）。

然而，围绕增补剂使用的伦理道德问题却并不简单。以下的讨论并不想面面俱到，只是想提出普遍存在却又十分重要的几个问题。

（一）健康问题

高水平竞技运动中，每位选手和他们的支持者都想在比赛中取胜。有些国家，银牌选手被称为是"第一失败者"。首先，竞争是体育运动的固有本质，运动员有竞争的意愿，也有取胜的动机，他们常常不愿失利。此外，还有外部因素影响着运动员，如胜负背后的社会、经济及政治因素（如 1980 年和 1984 年奥运会中的抵制事件）。所以，内外因素促使每个优秀运动员都希望自己能成为胜者。在这种背景下，不难理解为什么运动员会使用增补剂。然而，很多增补剂是被禁用的，主要原因来自健康和公平竞争（违规服用增补剂的运动员破坏了公平竞赛的基本原则）的考虑。虽然这看似简单，却无法彻底杜绝。IOC 和 WADA 组织禁用兴奋剂的主要原因是为了保护运动员的身心健康。然而，竞技运动，特别是高水平竞技运动本身就蕴含着危险和不健康的成分。如果健康是一个因素，为何某些具有高损伤率及外伤的运动，如拳击并没有被取消。体重过大或脂肪过多可引起各种代谢或退化性疾病，包括心血管疾病和有些癌症（Hubbard et al.2004; Jeffreys et al.2003）。但是，为了保证某些运动的出色表现，大体形却是必要前提（例如，美国大学联盟锦标赛和美国职业橄榄球联赛中的前锋、超重级举重运动员以及某些投掷运动员），但这些项目并没有被取消，对选手也没有重量和脂肪的限制。值得一提的是，多数运动组织并没有在如何帮助这类项目退役运动员成功减重上有所作为。

至今，还没有针对运动中采用增补剂导致不良结果的对比研究。不过，对于增补剂的负面影响，特别是有关雄性激素的报道却有些言过其实（Street, Antonio and Cudlipp 1996）。然而，这并不意味使用增补剂不会造成什么损害，而是需要将增补剂放在适宜的背景下看待。通过合理的逻辑推理，对诸如雄性激素合成特性与预防损伤等问题展开争论。实际上，对雄性激素及其他增补剂的错误信息、传播和影响常常骇人听闻，竟然会有人想走进运动馆或健身俱乐部探个究竟，甚至想看看会不会有人因服用增补剂而倒地不醒。对服用雄性激素负面影响的恐惧感、媒体的大肆宣传以及对药检阳性的担心已经远远超出了对药效本身的关注，如加速损伤康复等方面的积极作用（Beiner et al.1999）。

另外，有人会提出疑问，运动健康标准常常与健康标准大相径庭，那么是否有必要重新审视健康与运动之间的关系？

（二）"耍滑头"

如果确实迫不得已，说谎常被认为是不诚实或不道德的，但在运动界这个概念常被故意误导。就像运动项目中出现许多鼓励说谎的现象，甚至有些人认为这就是比赛的一部分。例如，田径比赛中，即便铅球运动员知道犯规了，但这一投成绩很好，而且被裁判判定为成绩有效。此时，运动员会告诉裁判自己犯规了，并放弃这次成绩吗？那么究竟什么是正确答案？什么答案符合道德标准？回顾过去 40 年与田径、举重打交道的历程，作者仅发现一次运动员主动告诉裁判他犯规了。有人可能会反驳，这完全在于个人良心或比赛就是裁判和运动员在玩"猫捉老鼠"的游戏（即"耍滑头"）。然而如果这种思想一旦被接受，是否也可以在裁判不知情的情况下把轻器械带入投掷比赛场地呢？尽管在第一种情况中，运动员很难主动告诉裁判实情，如果这种行为被认可了，必定与公平竞争的竞技精神背道而驰。同样，相同的心理也会出现在药检中，难道运动员可以想方设法违背兴奋剂控制而去耍滑头吗？

或许，最头疼的问题是管理组织，如 IOS 和 IAAF（世界田径联合会）对增补剂的态度和行动。作者认为，任何接触运动时间足够长的人，不管来自哪个国家的运动员都在有意使用各种违禁药物，其中包括雄性激素，并且想办法不被查出。鉴于此，很多管理组织给出的建议是，只要运动员刻苦训练、合理饮食、充足睡眠……他们就能成为冠军。事实上，所谓这些"干净"的运动员不大可能胜过那些服用雄性激素或采用其他增补剂，同时也在刻苦训练、合理进食、有充足睡眠的运动员。大多数高水平运动员清楚地认识到，要想胜过那些使用增补剂的运动员难度太大（虽然不是没可能）。

然而，这种令人痛心的情况常常被轻描淡写。如果教练员被运动员问起，不用增补剂，尤其是雄性激素是否也能取胜时可谓正中要害。有趣的是，国家管理部门（NGB）在偷服兴奋剂大背景下谈伦理道德和那些比赛中"作弊"的运动员，却没有意识这些言论产生的误导。

男子举重就是一个例子。一段时间，某些国家的举重运动员常常被怀疑用药，尤其是东欧举重运动员在训练中服用少剂量的雄性激素。加拿大、英国、瑞典、挪威以及美国有接近7000名现役举重运动员，他们在多数国际比赛，包括举重世锦赛和奥运会中无功而返。然而，东欧国家的运动员在基因特性上并无什么优势可言，而且也并未发现东欧国家在举重训练计划上有何过人之处，但这些训练计划被"密封"了25年之久。有趣的是，过去25年，加拿大、英国、芬兰、瑞典、挪威及美国对兴奋剂控制格外严厉。举重获得的经济利益（大部分来自NGB组织）与其他运动项目一样，比赛级别越高（例如，世界举重锦标赛和奥运会），金牌的含金量就越高。因此，管理部门有理由相信，那些疏于管理的运动员绝对不是在公平竞争条件下去争金夺银的。可以肯定，有些国家对举重的投入非同一般，而且上述问题也在时刻影响着项目的发展，但这个问题并非举重界所特有。

（三）什么算增补剂？什么不算？

谈到增补剂时，常常听到"我的增补剂很管用，你的怎么会没用？"目前，究竟什么作为增补剂，在运动科学家和管理者中间尚存争议。围绕增补剂的使用大体有三种争论。一是有些体育官员认为，只要不是天然存在的营养品都应该被禁止，这将包括维生素补剂和人工包装或提炼的物质，当然也包括运动饮料。二是有人极端地赞同可以使用任何对提高运动成绩有帮助的手段。尽管这种观点非常明了，但首先应该被否定，因为这不需要明确界定什么才是增补剂。三是，虽然多数运动权威人士和专家的观点并不极端，但他们却有明显的个人偏好。显然，三种观念的支持者在增补剂使用问题上都未达成一致。这一切难度在于对增补剂的最终界定上。

有些国家，包括美国，雄烯二酮、脱氢表雄酮（DHEA）以及其他一些激素原没有医生处方也能买的到，但它们能否作为增补剂使用却受到广泛的质疑（King et al.

1999）。这些药物或复合物与雄性激素有关，奥委会和相关部门明确禁用。如前所述（2005），迫于来自美国国会的压力，美国职业棒球、职业橄榄球和少数职业运动管理部门在过去并没有将这些激素原作为违禁药物。1998 年，男子铅球世界纪录保持者兰迪·巴恩斯因服用雄烯二酮被终身禁赛。此外，曾打破沉寂多年国内全垒打的马克·麦奎尔承认服用过雄烯二酮。媒体对此有这样的评价，兰迪·巴恩斯是丢了面子的作假者，而马克·麦奎尔却是英雄。那么到底哪种评述正确呢？

IOC/WADA 对兴奋剂的基本定义是禁止使用以提高运动成绩为目的"有利的物质或方法"，然而其并未禁止女性运动员利用避孕药在训练或比赛期间调节女性运动员月经周期，显然这种做法使女性运动员获得了非自然状态下的有利条件。支持者认为，通过避孕药物调节激素，从本质上是一种替代性疗法（Reis, Frick and Schmidtbleicher 1995）。研究发现，增加训练强度和运动量可以降低男子睾酮浓度，同样会表现出过度训练的症状（Hakkinen et al.1987; Stone et al.1991）。然而，男性服用外源性睾酮，尽管也是一种替代性疗法，却被禁用。由此是否可以认为，激素疗法对女性来说可以接受，但对男性却行不通？

高原训练对耐力运动员而言是一种切实可行的增补剂，特别是当比赛地点也在高原环境中。近来，多数研究结果证明，"高住低练"的训练方式可以提高海平面或近海平面的运动成绩（Levine and Stray–Gundersen 1997; Saunders et al.2003; Wilber et al.2003），除非原本就居住高原的运动员，满足这种增补剂需要大量资金。运动员要么个人"埋单"，要么有人资助（通常来自 NGB）。如果运动员（或 NGB）没有经费支持，他们就不可能利用这种高原或模拟高原条件下的增补剂。因此，与具备这种增补剂的运动员相比，他们就会处于劣势。促红细胞生成素（EPO）是肾脏生成的一种激素，通过外源性可以模拟红细胞生成，并产生近似高原的影响效果，但 EPO 被所有业余运动组织禁用，而高原或模拟高原训练却没有。如果运动员认定服用了 EPO，特别是在比赛中取胜时，会常常受到那些拿着大把经费和时间进行高原训练或久居高原运动员的指责。不过，有人会问为何一种增补剂可以接受，但另一种却不能。

（四）检测问题

人们对检测的主流态度是："不管检测程序有效或是无效，毕竟还是有用的。"在讨论增补剂和兴奋剂时，必须考虑检测及程序。科学或建立在科学基础上的检测程序具有可行性，而并非绝对，检测过程中总会存在一些误差。

1. 我们从未犯过错？

由于误差在所难免，就会出现一些假阳性或假阴性的结果。可惜的是，到目前为止，IOC 以及下属机构仅公布了少数检测数据，而且已公布的大部分检测数据，特别是有关合成类固醇（AS）的样本更是少之又少。对科学家来说，如果一种检测方法无法确定误差程度，则不能直接应用到药检中。为了便于争论，有人可能会说，假阳性的可能性为 0.0015%（Dehennin and Scholler 1990）。虽然这种可能性很小，但如果每年检测 1 万名运动员，至少会有 15 名运动员药检呈假阳性（同一类样本中）。如果是这样，将会有 15 名运动员因作弊而受到"起诉"，他们的人品和名誉会因媒体曝光而备受影响，收入剧减或分文不值。而且（如 1996 年），在 IOC 六个实验室之间在检测上会存在一致性的问题（Catlin et al.1996）。这说明，实验室间的误差度并不一致，一些实验室检测假阳性或假阴性的几率会更高，这会使问题变得更严重。虽然误差可能会得到纠正，但并没有报道说这一问题已得到解决（英国运动理事会 2003）。

2. 天然或非天然？

某些药物，如可卡因在人体中不能自然合成。因此，对这些物质的检测相对容易。然而很多激素被用作增补剂时，却很难发现，生长素就是个例子。雄性激素是男性激素，具有合成特性，睾酮是自然性雄性激素中作用最明显的。合成类固醇通常被认为是合成雄性激素。合成类固醇在化学结构和功能上与睾酮类似。近来，已发现有天然的合成类固醇（即诺龙），因此药检名单必须重新修订。

在运动界，特别是田径界出现了不少震惊世人的诺龙药检阳性案例。田坛巨星克里斯蒂（Linford Christie）和奥蒂（Merlene Ottey）都榜上有名。诺龙常以"油基"形式注射，发挥合成代谢作用，运动员很难侥幸逃脱药检，因为即便注射数月后，也很容易在血液中找出诺龙的踪迹（Kintz, Crimele and Ludes 1999）。在过去两三年中，诺龙最终认定为能自然合成的类固醇，奥委会也取消了原有的 2 纳克/毫升违禁标准（Dehennin, Bonnaire and Plou 1999; Kintz, Crimele and Ludes 1999）。有趣的是，很多药检呈阳性的诺龙浓度一般在 8~12 纳克/毫升（英国运动理事会 2003）。这就存在三种可能，一种是检测手段更为灵敏（即 IOC 标准），说明运动员真正服用了诺龙。第二种可能是药检并没有真正起作用，只是假阳性或其他因素，如运动导致尿液中诺龙代谢物浓度上升（一些运动员、教练员和专家的看法）（Kohler and Lambert 2002）。第三种可能是运动员在不知情下服用了（合法途径）处方补剂，其中含有雄烯二酮，可能会产生诺龙代谢物（Kohler and Lambert 2002; Pepin, Vayssette and Gaillard 2001; 英国运动理事会 2003）。

运动员药检阳性数量居高不下，让人们对检测有效性提出了质疑，该问题已经上升到国家政府层面，如"审查药检的呼声与日俱增"（1999）、"对伪安全药检的呼吁"（1999）。目前，IOC/WADA 已启动有关检测程序独立核查工作。

另外，在雄性激素、睾酮（T）检测中还存在一些问题。由于自然睾酮生成量相对较大，因此不能简单地通过检测结果超过睾酮平均值来判定是否呈阳性。很明显，有些运动员自身睾酮量比其他人要高很多（甚至被认为是不公平竞争）。如今，对外源性睾酮的检测主要采用睾酮与表睾酮的（T：E）比值来反映。普通成年人中，两者的比例大致为1:1。该比值会因饮酒（尤其是女性）、年龄增长（Karila et al.1996; Starka et al.1996）、身体活动或性行为而发生变化。目前，规定阳性检测值为6:1，但药检采用这个比值会遇到困难，因为资料显示，2000名男性中（0.0005%）至少会有1人出现"表睾酮生成酶缺乏症"（Eichner 1997），而检测结果往往会大于6:1。

瑞典反兴奋剂计划中举出运动员具有高T:E比值的可能性。如1996年的报告中指出，8946名运动员样本中有28人的（0.003%）比值高出6:1，其中只有一名运动员被认定为服用了外源性睾酮（Garle et al.1996）。该结果说明，确定使用外源性睾酮的难度较大。而且，在实际操作中，男女运动员中出现正常高T:E比值的概率也在0.003%的允许范围内。如果运动员同时服用了表睾酮，那么对外源性睾酮的检测就会变得更为复杂（Dehennin and Peres 1996）。由于通过比值来区分自然与合成睾酮的难度很大，所以应考虑替代或附加检测方法，如采用睾酮与促黄体激素的比值（Perry et al.1997）。另一种替代方法是采用碳同位素比值。因为合成睾酮与自然生成睾酮间的碳同位素比值不同。但目前通过这种同位素比值法来区分两种睾酮的准确性还不如T:E。另外，碳同位素比值（C12:C13）会受到饮食的影响（Shackleton et al. 1997）。

3. 在旁观者眼中是公平竞争吗?

过去的40年，作者有机会在各种比赛中与教练员、运动员、运动专家、运动管理者及药检工作人员广泛讨论运动员的药检问题。药检被认为是一种确保公平竞争的手段。药检人员在"寻觅"作弊者这件事上的热情令人吃惊。关于药检，作者训练过的不少运动员都会提到药检人员常说的那句话——"我们相信你在作弊，我们要抓到你"。这似乎削弱了科学药检的客观性，而且也会令人对合理检测程序产生质疑。一种有趣的现象是，有些运动员药检的次数要比其他运动员多。运动员的不幸在于对药检产生的焦虑以及带来的不便等问题。运动员会因药检阳性而面临终生禁赛，这会使他们陷入深深的焦虑。可以想象，让运动员在规定时间内必须赶到某某检测点所带来的种种不便。也许，药检人员会在下午5点突然出现在运动员的房门外（这确实发生过），或因运动员在赛后没有足够药检的尿液而被扣留几个小时，但最重要的是，运动员还不得不放弃他们的法律和民事权利。

在美国，有关民事和法律权利的问题已在第四和第十四次美国宪法修正案中提及过（例如，财政部雇员诉讼Von Raab案，1989; Larry诉讼Lockney案，2000; Veronia诉讼Acton案，1995; 教育委员会诉讼Earles案，2002）。第四次宪法修正案涉及非法和非合理方式的搜查及没收。第十四次宪法修正案涉及美国公民法律和民事权利及正当法律程序。美国法院（包括最高法院）对药检，包括尿样和搜查取证（Veronia诉讼Acton案，1995）具有裁决和管理权。然而，那些支持药检的人士认为，某些条款保证了对全部物品的搜查权（例如，航空旅行中或运动竞赛时）。运动员进行的随机或全面药检的根本原则是对某人可能会违规使用违禁药物的认定。然而，对药检的争议在于，对许多运动员的检查并无合适的理由，运动员还有可能遭受"假"阳性的判决（Yamaguchhi, Johnston and O'Malley 2003）。虽然法院的裁决通常狭隘地支持运动竞赛中的药检，但问题是参与者必须放弃民事权。此外，争议还有在多大程度上会限制某类药检以及剥夺某种违禁药物的使用（Yamaguchhi, Johnston and O'Malley 2003）。

药检时，会收集保存两个尿样。如果一个尿样（A）检测阳性，NGB以及媒体就会认定该运动员违禁。运动员或他/她的代表可以查看另一尿样（B）的检测。通常情况，当某运动员被贴上"丢脸的作弊者"的标签时，媒体就会开始疯狂报道，而且媒体还会将过去发生的类似事件或涉案运动员旧账重提。运动员有申诉仲裁权，通常会交由审判机构。"审判"是控辩双方经历的仲裁过程，一般双方都有代理律师，同时会有仲裁小组行使法官和陪审团的职能。

多数运动中，会有两个审判机构。首先是运动员所属管理机构或兴奋剂控制组织（例如，USADA）；然后有可能是国际相关组织的审判。这种体系会使运动员与所属国家的管理机构相互对立。例如在田径界，国际田联（IAAF）是国际管理组织。运动员首先要接受所属国家管理机构的仲裁（英国田联或美国反兴奋剂机构），随后，审判结果会提交国际田联。然而，国际田联很少接受国家管理机构判定运动员无罪的仲裁结果（例如，Dennis Mitchell案和Dougie Walker案）。缘由是国际田联认为，运动员在证明其无辜之前是"有罪"的，而且对为何会检出这种药物的解释都是无用的。因此，极少数情况下，国际田联进行的第二次审判会接受运动员的无罪的证明（例如，Dennis Mitchell案和Dougie Walker案）。同时，运动员可将自己的案子递交给位于比利时的国际体育仲裁法庭，但需要呈交书面陈述。书面材料中可以列举造成药检阳性的各种可能性原因，成为处理过程中的考虑因素。这些原因包括个体代谢差异、在不知情下服用含违禁药物的合法补剂以及遭人陷害等。但在IOC/WADA或其他国际管理机构，如IAAF看来，这些原因中没有一个是证据确凿的。

最终的结果是运动员荣誉扫地，并且会搭上大量的时间、金钱和精力，所涉及的法律事务也需要付出时间、精力和经费。目前IAAF以及IOC已受到保护，但如果运动员胜诉（如Diane Modahl案），国家管理机构会损失一大笔钱。即便国家法院会支持运动员（如Butch Reynolds），IOC/IAAF以及其他组织都不会公开或完全地行使义务，而是以对运动员所属的运动联合会进行处罚或制裁相威胁。然而，这些做法都会认为是在保护运动员。

（五）最后的思考

经过讨论，我们相信，除了其他问题暂且不谈，至少在反兴奋剂程序上存在问题。主要问题不在于对兴奋剂控制的一纸起诉，而是要指出其中的不足之处。

我们对增补剂的继续使用并无太多疑惑（想一想围绕2004年奥运会及奥运会田

径比赛审理过程中存在的争议）。如果运动员认为比赛是公平的，我们坚信大部分运动员并未使用违禁药物。我们也相信目前的检测方法并未达到应有的标准。我们不应提倡使用违禁药物；但我们也不容忍使用不恰当的检测方法以及将无辜运动员身陷危险处境的程序。以下是值得考虑的建议：

第一，IOC/WADA 检测程序应由独立机构审核（英国体育理事会 2003）。可以在大学建立实验室（一家或联合）对检测过程（结果）进行审核。IOC 应向独立机构公布检测结果（特别是睾酮和诺龙），用于评估和验证。

第二，IOC/WADA 应重新考虑及修正对非故意兴奋剂的相关规章制度（例如，许多诺龙药检阳性案例）。

第三，在发现睾酮更为可靠的检测方法之前，应考虑将睾酮从禁用名单中删除。

显然，目前的兴奋剂控制还不完善。不过，正如斯威尼（2004）所说，这需要等到基因兴奋剂技术成为可能吧！

本章小结

由于竞技体育及运动训练中增补剂的使用越来越多，人们对增补剂的使用也充满了争议。增补剂有不同类型，包括环境型、心理型、机械型以及药理和营养补剂型。体育运动中使用增补剂已有很长的历史，至少可以追溯到古希腊奥运会。在运动员中，增补剂的使用十分广泛。常见的增补剂包括刺激剂、蛋白质生成剂和营养补剂等。使用增补剂的问题和争议主要在于伦理，特别是在其合法性上。同样，问题和争议还出现在限制使用增补剂的药检上。

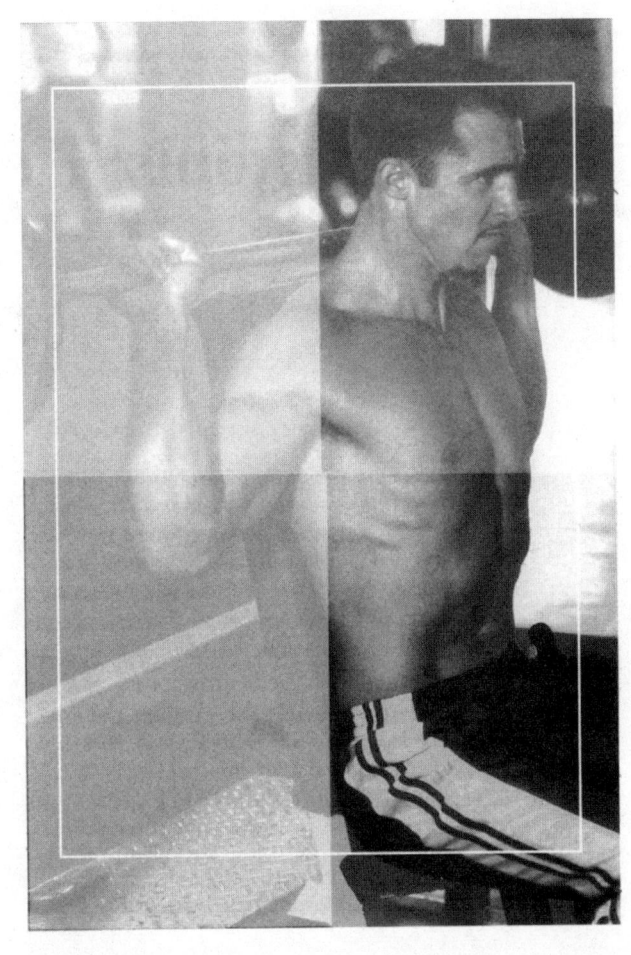

第三部分　力量训练的适应与益处

适应是训练的结果（第十章、十一章）。适应可能是生物力学、身体、生理或是心理特征上发生的变化，但最终会反映在对运动成绩积极或消极的影响上。训练过程中非常重要却常被忽视的部分是对适应特征的监控与评价（第八章、第九章）。监控与评价适应过程需要有效且可信的测试流程或步骤（第八章）。如果将适宜的监控与训练过程有机地结合起来，将会产生更多积极的影响，负面影响会随之降低。本部分将着重介绍如何利用重要的测试技术监控训练中的运动员。

第八章 测试、测量与评价

在讨论力量训练适应与益处、力量训练原则与理论之前，首先要着重谈一谈测试的重要性、必要性以及各种测量与评价方法。如果缺少这些"工具"，将无法测量适应、监控进步。运动科学范畴内的测试研究主要针对运动特征、运动员特点以及对运动相关测试设备的检测。测试可分为生物力学测试、生理学测试、心理学测试和运动测试。

测量是对运动相关特性或特征的量化过程。评价是在测量基础上对显著性或运动特性的判断结果。评价源自对测量结果认真、细致的理性思考。运动中的评价与专门性测量直接相关，这种评价既能反映训练中的积极适应，也可反映消极适应。只有周密的测试与测量才能获得准确的评价。

由于测试与评价和运动科学紧密相连，任何从事测试工作的人士都必须对运动科学有所了解。斯通及其同事（2004）对运动科学及运动科学家有关的概念进行了界定。基本概念包括以下几个。

生物学是生命跨学科的研究。运动科学是关于运动及训练所引起的生物反应与适应的知识体系。运动科学建立在生物力学、生理学、心理学、社会学等学科基础之上。运动科学也涵盖各种特殊的研究领域，如老年运动健康、成年人运动健康与健身、人体工效学、婴幼儿运动健康等。目前，运动科学主要关注健康和与健康有关的运动能力以及内部机制。运动科学与竞技科学虽然存在交叉或重叠现象，但多数是间接的。

竞技科学关注如何通过科学的方法与原理的应用提高竞技运动成绩。与运动科学一样，竞技科学具有教育这项基本功能。不过，与运动科学不同的是，竞技科学不仅包括实践或应用性研究，同时也涉及各种系统或常规性的运动测试与反馈。尽管竞技科学间接强调健康和运动促进机制，但竞技科学重点在于运动能力。

因此，从概念学角度看，运动科学家是通过运动和训练认识人体生物学，而竞技科学家是利用生物学了解运动与训练。

可见，竞技科学的主要目的是搭建科学与运动间的桥梁。

本章分为两项内容，一是对测量与测量技术的总体概述，二是针对力量及与力量有关的参数指标如爆发力（力递增速率）、功率等指标的专门性讨论。第九章将具体探索如何成功追踪与监控运动成绩和训练过程。

一、测试、测量与评价原则

竞技科学与教练员学中，最重要的一项工作能力就是进行准确测量（Hopkins，2000）。主要原因来自两个需要：一方面是准确对事物特征及价值测量的需要。针对某个具体问题给出答案或解释，例如，一个物体有多重？一个物体有多长？体积有多大？完成任务要多长时间等。另一方面，是区分以及客观评价差异的需要。通过评价，可以确定径赛或投掷运动员获胜的可能性，教练员可以判断运动训练计划是否实现了预期目标。

竞技科学主要有两个领域需要准确测量与评价，即科技服务与科研攻关。服务是为教练员和运动员提供训练前运动员的即时状态。也就是说，服务性测试要发现训练计划产生的积极或消极适应。服务性测量包括生物力学、生理学以及心理学方面的测量。这些测量指标不仅要能满足教练员和运动员的专项需要，还要便于理解、反馈及时。教练员需要根据及时反馈的信息来调整训练负荷，从而避免劣性适应造成过度训练、运动损伤的出现，因此，快速反馈显得非常重要。也就是说，数据分析必须快速完成。

测量的频率取决于是否有运动员配合测量、测量是否熟练、测量的复杂程度以及反馈时间等。住在大学里、奥林匹克训练中心的运动员，测试的频率会更高，并可作为常规性测试。但对于有些项目，运动员居住分散，那么需要安排一些经常性的集训才能满足测试的需要。如果测试结果不能及时反馈（通常是从即刻到3天时间），那么教练员就不能对训练负荷做出及时调整来实现预期目标。当然，某些测试，如技术分析需要用到录像解析，可能要一个星期以上，尤其是测试多名运动员时更是如此。医学测试往往需要穿刺，如血液、内分泌指标的测试需要数天或数个星期。这种测试结果滞后的情况应在测试前向教练员和运动员说明。相比之下，投入少、操作简便、反馈迅速的测试应该更加频繁。

研究是对真相和确定性的探索。在运动领域，研究是竞技专家和教练员通过努力不断推动竞技运动科学前进的探索。竞技科学研究是应用科学，是以提高运动成绩作为最终目标的科学活动。对某些运动项目而言，研究过程则是不断加深对服务性测试需求认识的过程。科技服务计划往往与研究探索同步进行，但无论从事服务还是研究，制订合理的方案设计都是必需的。

（一）服务与研究测试设计

合理的方案设计应满足以下几个因素，即研究问题或课题性质与范畴、调查形式、调查方法、方法论立场、政治立场、研究对象、研究经费、科研设备与仪器等。

霍普金斯（2000）对这些影响研究计划的因素做过详细的解释。

1. 研究问题或课题的性质

研究或服务性课题源自对将要解决问题的确认（即，明确研究问题或目的）。例如：提高运动成绩需要什么？某个运动项目的特点是什么？某种营养补剂真的有用吗？对于某项运动而言，最有效的测量工具是什么？预期课题的特性涵盖了自身体研究到社会学研究的整个范畴。如图 8.1 所示：

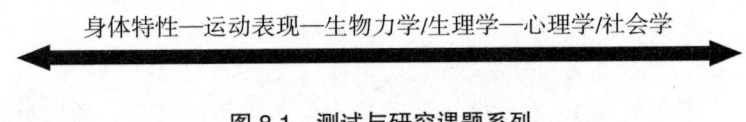

图 8.1　测试与研究课题系列

2. 调查的范畴

研究设计需要考虑的范畴。例如，调查涉及的是个案或是群体样本？个案研究的是"当下发生了什么？"群体研究则是通过确定共同特征来进一步扩大其普适性。

3. 调查的形式

调查的形式可以是观察，也可以是干预。在观察性调查中，无论采用何种方式进行观察，结果都不受影响。大部分服务性课题都以观察性调查为主。在干预或实验性调查中，主要特点是调查者通过施加干预而产生反应或适应。

4. 调查的方法

调查可以是定性或是定量的。定性的方法是调查者通过书本、对话或结构松散的访谈等形式收集信息或确定主题。定量的方法是通过测量工具，如计时器、测力台或结构式问卷来获取数据，并对数据进行量化与分析，试图发现变量间的关系。

5. 方法论立场

研究者的立场可以是客观或是主观的。多数研究者认为，他们通过获得或共享数据来解决问题，且并不背离事物的本来面目或现实情况。而有些调查者则更加关注事物或真相的主观性。

正如霍普金斯（Hopkins, 2000）所说："立场是研究范式的主要特点，主流研究范式的实证主义表现出客观性，但随后发展起来的后结构主义、解释主义和明智理论则表现出主观性。"

由此可见，多数定性研究来自后现代主义理论，他们认为所有事实都是被过滤的。

6. 政治立场

调查者可能是中立的，或有党派之分。绝大多数研究者对待问题会尽量做到公正。不过，一些人通过选择特定的数据或在争论中带有个人偏见，而表现出党派倾向或政治立场。这种隐含价值判断的主观性研究发展为社会科学中批判性或宗族性研究范式。然而，这种设计范畴有时也会出现在物理和生物科学中。不同的是，理性科学允许不同的观点同时存在。一名优秀的教师、科学家、教练员不会将两个相左的观点混为一谈。科学的客观性不在于争论与辩解，而在于对真理和确定性的追求。

7. 确定研究对象

如果调查人希望研究12岁女体操运动员，但条件不能满足，研究计划就应调整。此外，即便一组受试或研究对象样本居住不是很分散，但由于工作、学习或训练安排，也不能保证长期、连续的测试。因此，采用纵向研究就不合适。

8. 经费、场地及设备仪器

显然，如果经费、场地、设备仪器等无法保证，那么研究计划只能根据现有的条件来定。

（二）实验性设计类型

确定实验性设计主要依赖于课题性质、经费、受试对象等。一般来说，有三种实验性设计，即横向研究、跨时段研究和纵向研究（图8.2）。

如图8.2所示，对22~26岁短跑运动员体成分进行研究时，一种方法是对受试者在同一时间内统一进行测试。这样做的优势在于省时，不同年龄间的对比不必等上几年的时间。同时不足也很明显，即同一时间测试只能在同一时间进行比较，但短跑运动员的体成分会随时间而发生变化。

在跨时段的研究中，对特定人群（如图8.2所示，25岁群体）的测量经历了一个

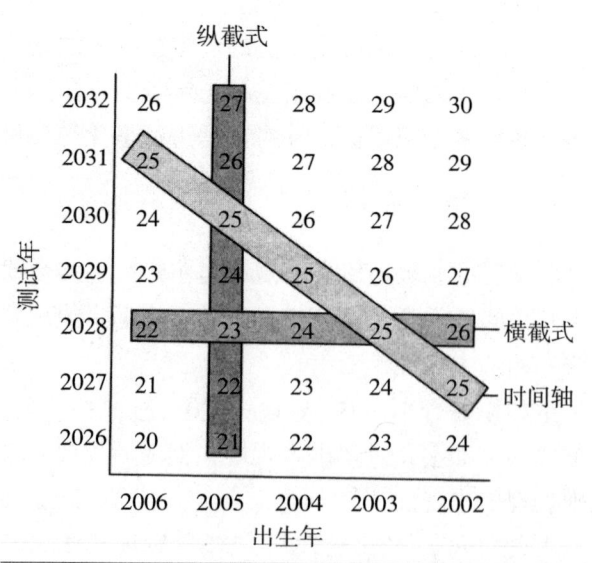

图8.2 三种研究设计：横向、跨时段与纵向研究

时间跨度，实例为 5 年，也就是说，等 20 岁的受试者长到 24 岁为止。这种设计的优势是在几年中对该受试者可以进行（年度的）跟踪研究。但不足在于样本间存在的差异，而且研究工作需要几年的时间才能完成。

纵向研究主要是对相同受试群体在一段时间内进行的一系列测量工作。实例中，21 岁的受试者从 2026 年开始，保证每年测量直到 6 年后。这种研究的优势在于相同的受试者按照时间推移来进行测量，因此测量不仅反映了环境的变化，也记录了个体的发育过程。

（三）测量工具

无论一个项目属于研究型还是服务型，或二者兼有，用来测量变量的工具必须有效、可靠。有效是指测量工具能够测量到想要测量的目标。一般有三种测量有效性。

一是内部有效性。它是指测量工具对相关变量（如力量、功率、速度、耐力）测量的准确性。

二是外部有效性。它主要考察测量工具对群体变化趋势的预测。例如，研究者测试一组受试者的力量水平，然后推算出另一组受试者的力量水平。

三是预测有效性。它是指一个变量对另一个变量的预测能力。例如，研究者通过测试力量来预测受试者的纵跳能力。

测量必须可靠。可靠性是指测量的一致程度，也就是说，测量中存在的误差有多大？运动专家和教练员必须考虑"测与再测"间的可靠性。"测与再测"是指同一测量工具在不同时间、相同条件下是否能测出相同的结果。建立可靠性的方法包括组间相关（ICC）、变异系数（CV）以及平均数标准差（SEM）（Hopkins, 2000）。

计算可靠性是必要的。否则，进行运动成绩的组间比较或长期（纵向）变化跟踪将无法得到保证。若测量工具不可靠，那么该工具的测量数据将不可信，因为它不可能确保运动成绩或生理指标的变化是真实发生的还是测量误差造成的。

实践中，研究者可能会遇到因测量误差超出实际偏差而造成的测量不一致问题。通常情况下，运动员生理指标的变化程度要比实验室测量的结果小。高水平运动中（世锦赛和奥运会），第一名和第四名的差距常常不足 1% 到 1.5%，而他们生理指标上的细微差异很难用仪器测量出来。

测量时，为保证高度有效性和可靠性，应考虑以下几个问题：

第一，测量工具是否适合被测人群？是否考虑年龄、性别和运动级别？如果测试过难，或者不适宜特定人群，那么测量的有效性和可靠性就有问题。

第二，测量是否和被测项目或活动有关？如果一项测试不具备测试的专门性，或者与运动成绩的相关性不高，那么就应寻找更为适合的测试工具或手段。对某个项目而言，如果不能发现最合适的测试手段，那么在对运动员进行长期监测前需要确定测试手段的专项化程度。

第三，是否考虑运动员此前具备的测试经验？由于测试项目众多，在测试前有必要花些时间让受试者去熟悉测试内容和方法。否则，先前测试结果仅仅反映了受试者的学习过程，而非测试本身。

第四，是否考虑测试环境？测试前应该对测试环境进行严密控制，便于运动员有机会创造最佳的测试结果，而且下一次测试的环境应与上一次保持一致。测试环境不仅包括测试时的温度、湿度，还包括诸如测试人员测试的一致性、测试时间、测试日期、外界噪音、灯光以及衣着等因素。

第五，测试仪器是否进行准确校对？测试仪器的校对是测试可靠性和有效性的必要保证。如果测试仪器未经准确调校，那么测试结果会出现很大误差。因此，测试者在测试前应对所有测试仪器进行准确校对。

第六，是否消除偏见？为了尽可能消除测试的主观性（先入为主或主观意愿），应保证所有受试者拥有相同的测试机会。此外，测试者对测试仪器的选择以及测试结果的处理或解读也要保证客观性。

第七，是否出现了"地板或天花板效应"？如果测试过易，所有受试者都能达优（即，"天花板"效应），或测试过难，所有受试者均表现不佳（即，"地板"效应），那么测试将无法保证受试者（组间）之间的差别。

第八，测试的最佳顺序是什么？如果同一时间安排多个测试项目，应尽量控制先前测试产生的疲劳不会对后续测试结果造成明显影响。如果下蹲最大力量、纵跳和静止纵跳在同一天测试，合理的测试顺序应该是纵跳→静止纵跳→下蹲最大力量。因为下蹲最大力量测试最容易产生明显疲劳，若将其放在前面，将会影响后两项测试结果。此外，以上的测试安排可将纵跳和静止纵跳当作下蹲最大力量测试前的热身活动。另外，测试顺序的一致性也同样重要，由于疲劳和后效影响，如果测试顺序在不同测试时间内发生改变，将会影响到测试的有效性和可靠性。如果对上述因素重视或控制不够，那么将会影响测试信度。

（四）统计学分析

有差异的特性或事物被称为变量。研究者通过实验确定或研究变量。自变量可由研究者控制，因变量是由自变量变化而引起的变量。由于变量可以被量化，变量值可以是断续或连续的，断续变量具有确切而非连续的值。例如，父母能有1个、3个或6个孩子，但不可能有2.34654个孩子。当用量表等来量化变量时，该变量为连续变量，其值不会割裂。例如，100米跑的成绩区间。变量具有分布频率特征，一般的分布呈正态分布（类似摆钟形状），如图8.3所示。

为了进行辨别和评价，需要采用合理的统计方法。事实上，正确的辨别和评价来自正确的统计方法。简单的统计有平均数或平均分布，这类数据处理最为常见。这种趋中式统计处理可以让研究者对某个数据是否偏离中心值（平均数、中位数或众数）

以及偏离程度做出判断。在正态分布中,平均数、均值或众数值相等。因为分布性或可观察到的随机事件频数会在分布均数左右出现数值变化。

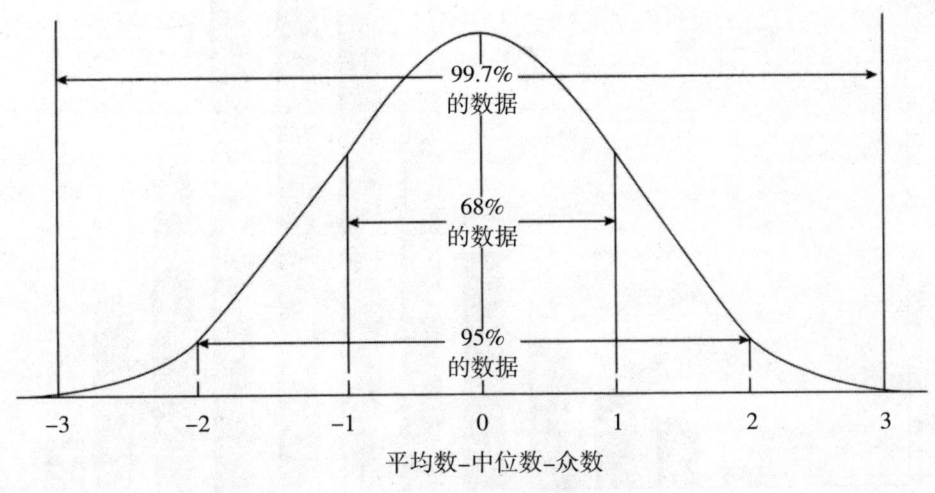

图 8.3　频率分布曲线

实际上有可能出现数据的偏态分布。图 8.4 是偏态数据的两个例子。图 8.4a 中的曲线代表正偏态(曲线尾部向右),图 8.4b 代表负偏态(曲线尾部向左)。在偏态分布曲线中,中心趋势的测量与正态分布的测量不同。图 8.5 是一个偏态分布的例子。这些数据为直方图,表明所有于 1991 年注册的女子体操运动员不同年龄所出现的随机频率(百分比)(Sands, 1991)。

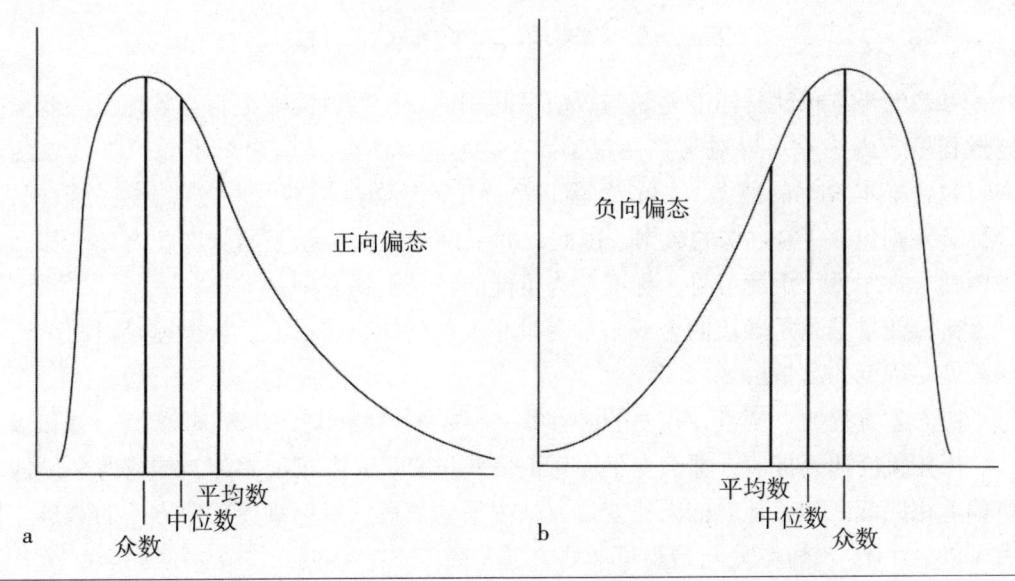

图 8.4　偏态频率分布曲线

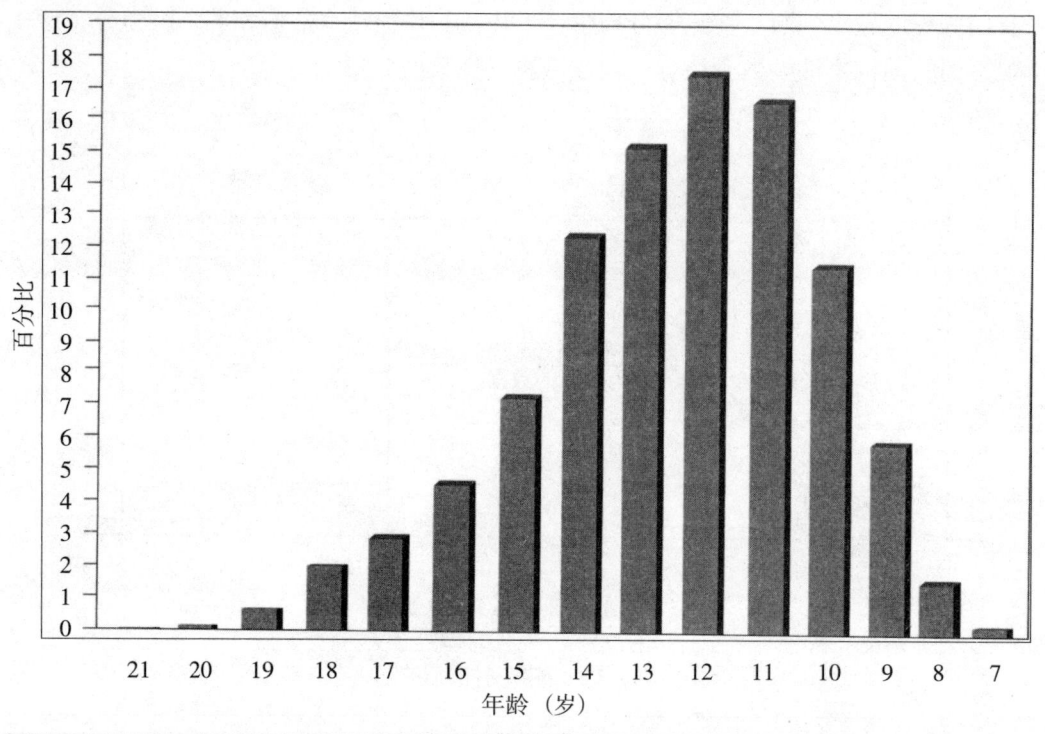

图 8.5 偏态频率分布示例：1991 年美国女子体操运动员年龄分布

一种描述分布变异特征的简单方法是采用数值区间，或最小到最大分值。偏差是对数值变化的测量，等于一个变量（X）值减去它的平均数（$X-$平均数$_X$）。标准差（SD）是对观察数据平均数分散差异度的总体测量（Hopkins, 2000）。

标准差可以通过方差来计算。

$$方差 = \Sigma（平均数_1 - 平均数_2）^{-2}/_{n-1}$$

方差的平方根就是标准差。与数值区间相比，标准差能够更为有效地反映变量的离散程度，因为它可以对某一变量偏离平均数进行判断。一个标准差（平均数的左右）包含样本 67% 的数据。1.96 个标准差（几乎是 2 个标准差）包含 95% 的数据；3 个标准差则包含了 99.7% 的数据。因此，如果一个数据位于 3 倍标准差之外，那么则说明其非常罕见。由此可见，标准差为可能的计算提供了限制。

比较变量偏差是确定两个或多个变量相关程度的重要过程。协方差是对两个变量匹配偏差程度的测量。

协方差方程为：变量 a 和 b 的协方差 = [（$a-$平均数$_a$）（$b-$平均数$_b$）] 总和

当相关度达到极值，那么变量 a 高正偏差与变量 b 高正偏差相匹配或两变量的高负偏差相匹配。相关是对标准化变量（减去平均数再除以标准差）协方差的测量。相关可以为 1.0，当协方差与最高可能协方差一致时，表示两个变量顺序完全匹配。如果相关值为 −1.0，则表示完全负协方差，这种情况下，一个变量的最高正值与第二个变量最高负值相匹配。0 相关是指两个变量之间是随机关系或无相关。因此，相关是两个或多个变量相关程度的数学表达。科恩（1988）和霍普金斯（2000）已对相关系数的强度进行了赋值（表 8.1）。

表 8.1　相关系数的相对强度

强度	值
无相关	0
低相关	0.1
中相关	0.3
高相关	0.5
很高相关	0.7
近完全相关	0.9
完全相关	1

改编自：J.科恩. 行为科学的统计能力分析［M］. 第 2 版.希尔斯戴尔，新泽西：劳伦斯艾尔伯出版公司，1988.
W.G. 霍普金斯.统计学的一个新视角［EB］. 运动科学网络协会，www.Sportsci.org/resource/stats/.2000.

从实用角度，相关反映了对特殊变量的影响程度。例如，由此确定对运动竞赛获胜起决定性作用的因素，或找出那些较为适合选材的测量因素。图 8.6 的 a 和 b 分别表示可观察到的散点强或弱的相关。

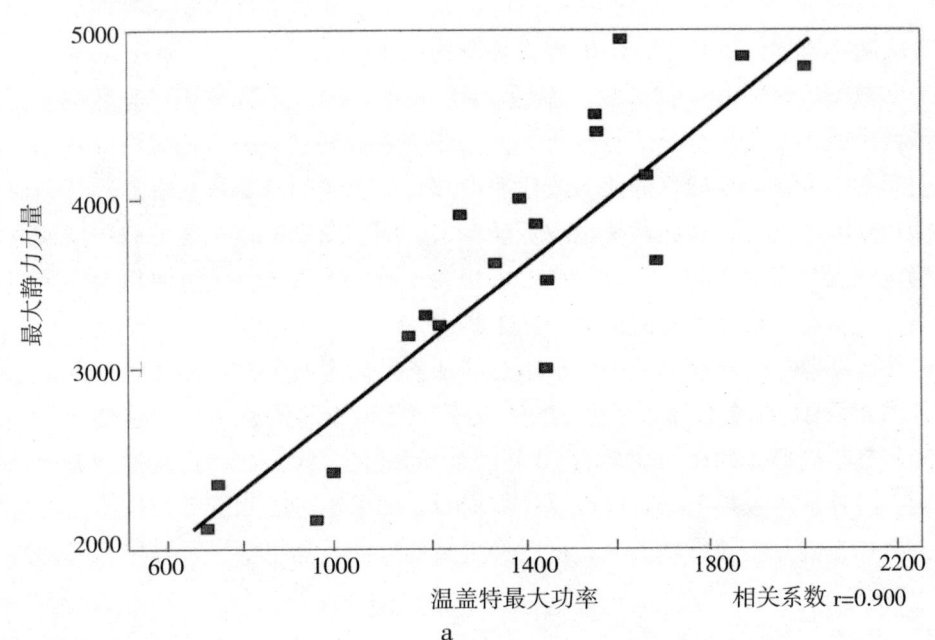

a

相关系数 r=0.900

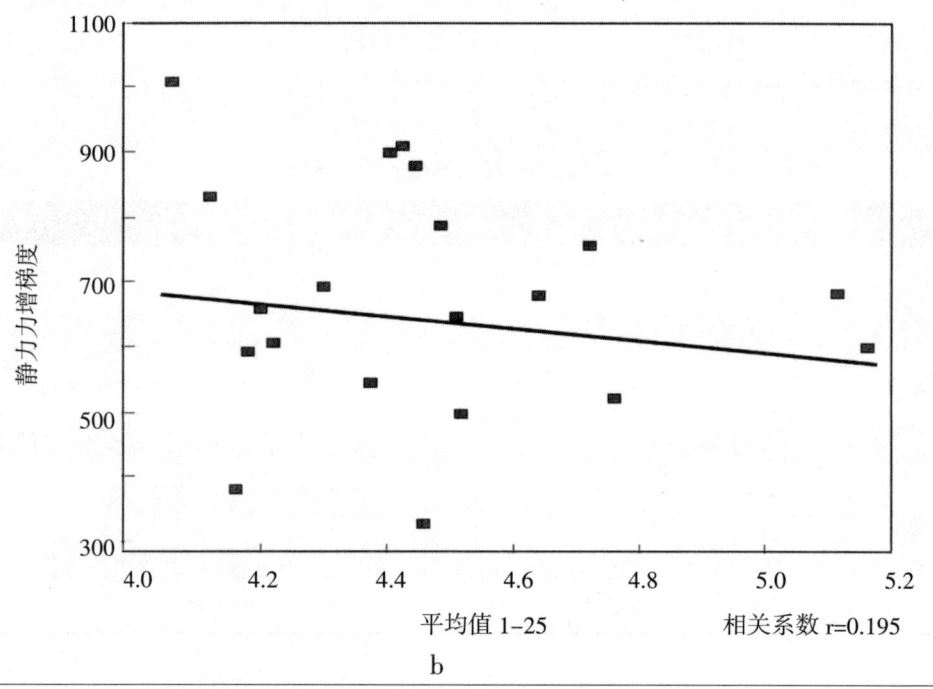

图 8.6　高度与低度相关散点示意图

注：a 高度相关散点图示例：标准化的最大静力力量（屈蹲杠铃静力上拉）与温盖特最大功率之间的相关关系；

b 低度相关散点图示例：标准化的静力力增梯度（屈蹲杠铃静力上拉）与 25m 自行车冲刺成绩之间的相关关系。

屈蹲杠铃静力上拉（midthigh pull）：是在双腿屈蹲条件下，双臂伸直，双手握住位于大腿中部固定的杠铃，向上静力提拉的动作。

多数情况下，相关值由决定系数（r^2）表示。决定系数是相关系数的平方。r^2 代表了两个或多个变量变异的百分比。由于相关系数是双向的，相关可以表示由自变量所引起的因变量的变异百分比，或代表由因变量引起的自变量共享方差百分比。相关不能预测因果关系，因此教练员或运动专家必须试图根据相关之外的数据或逻辑假设来确定原因性质和方向，并进一步寻求相关支持。因此，相关可以作为确定因果关系的第一步，也是很有用的假设性研究工具。

在运动监控研究或服务中，最重要的任务是确定两个样本分布是否真正不同。例如，图 8.7 中的频率分布可以代表同一时间收集两个不同群体的同一变量，或在不同时间收集相同群体的相同变量的不同分布。问题是，我们如何肯定地知道运动员是否不同。此外，当收集数据研究或监控数据时，如果不可能测量整个群体，但有可能测量一个样本群并将其结果进一步推广到更大的群体。如果要进行推广，必须有足够大的样本量，而且要使用推论统计。

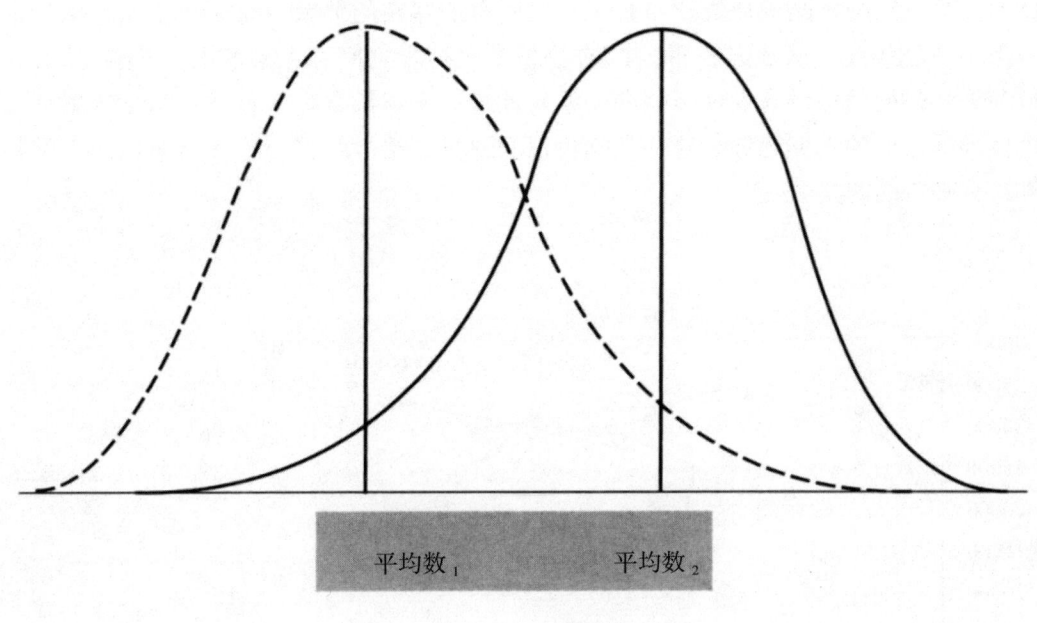

图 8.7　不同分布

推论统计主要依靠概率，即计算一个组或频率分布不同于另一个的概率。组间差异的概率越高，那么一般性或由研究结果进行推断的能力就越高。通常，概率检验包括效应量。效应量（EF）可以由下列公式计算（Rhea，2004）：

$$平均数_1 - 平均数_2 / 最大标准差 = EF$$

效应量越大，两个样本分布平均数不同的概率就越高。计算概率的检验有：

T检验、方差检验（ANOVA）、协方差检验（ANCOVA）、重复测量（G×T）因子方差检验、多元方差分析（MANOVA）和元分析（多个研究结果的量化分析方法）。

本质上，这些检验是计算两个频率分布概率是否达到统计学显著差异的过程。统计学显著差异是指两个分布平均数不同的可能性很大。为了确定统计学差异，需确定概率值（P值）。例如，一个P值为0.05（$P=0.05$），或标准差为1.96是指两个样本群平均数真正相同的可能仅有5%。

尽管这些统计技术可用来研究运动的长期适应，但在运动监控研究中还有一些技术可能会更有用。这些技术包括：单受试者设计、趋势分析、自相关（循环趋势）、频率分析（数据模式）、统计过程控制。

例如，趋势分析为教练员和运动员训练适应提供了更为清晰的分析效果。图 8.8 的 a 和 b 分别描述了 6 名备战 2002 年全美举重锦标赛的女子举重运动员在做功量（负荷量）与睾酮皮质醇比（T：C）之间可能存在的关系。每一个变量可以形成一条多项趋势线。该数据表明，T：C 比值和负荷量之间存在负相关，但在 T：C 比值和训练强度间却没有发现类似的关系。此外，个体数据可以让教练员发现群体和个体训练适应的总体趋势。这些数据可以很快反馈给教练员，这样就可以对训练计划进行必要的调整。

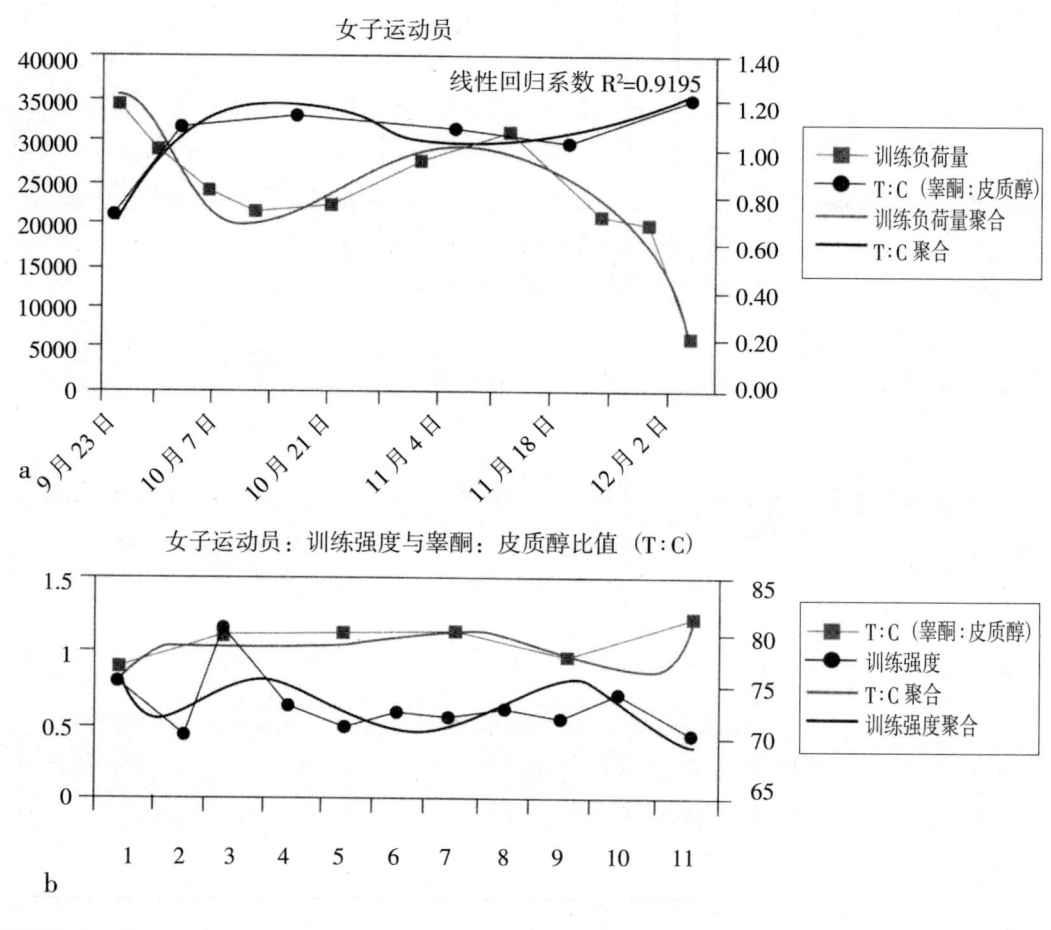

图 8.8　安静状态下的激素水平

a 睾酮–皮质醇（T：C）与训练负荷量的关系　b T：C 比值与训练强度的关系

另一种对运动监控非常有用的统计方法是统计过程控制（SPC）（Shewart 1986）。其实，这种统计方法能够让教练员或运动专家对离群数据进行自动监控。图 8.9 表示了 SPC 的基本内容。总体上，频率分布曲线会落在一侧，随着时间推移，通过采用之前建立的公差范围来确定离群数据。公差范围由先前经验以及文献搜索来确定。这一过程可以用计算机进行处理，通过电脑编程确定离群数据，从而大大加快了处理速度。一旦极值被确定，信息可以快速反馈给教练员和运动员。

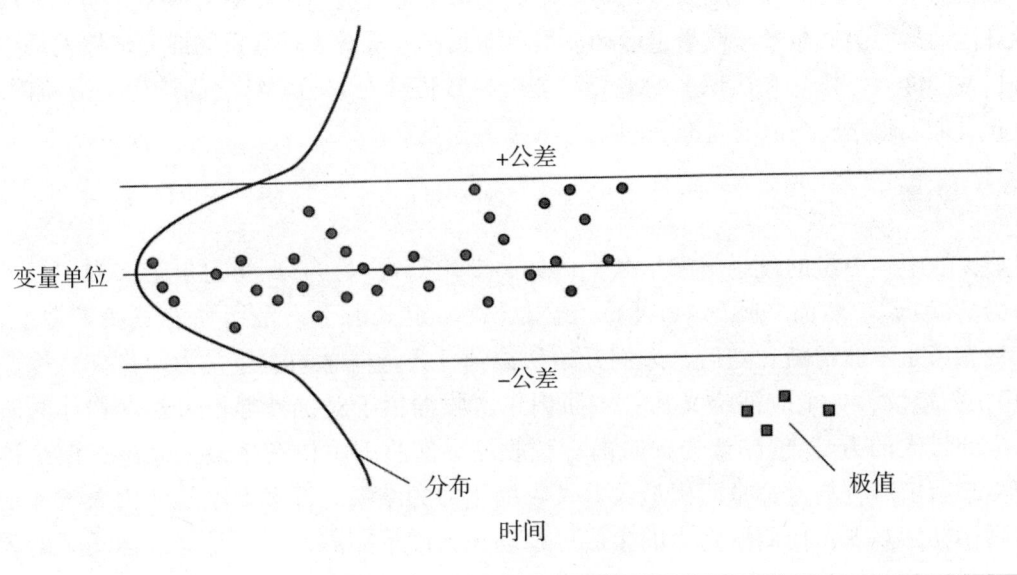

图 8.9 统计过程控制示例图

公差外的数值标记为极值。
改编自：W.A.休哈特.质量控制视角下的统计学方法［M］.纽约：多佛，1986.

二、测试、测量与评价的实践应用

运动时，力会不断发生变化，创造运动成绩则需要高强度用力。因此，最大力量和力量训练是不可或缺的训练部分。尽管耐力是许多运动项目的主要制胜因素，但运动员相对力量的重要性要远超过许多教练员和运动员想象的那样（Bastiaans et al. 2001; Bosco 1982; Paavolainen et al.1999）。运动中，力的特征还包括力的生成速率及相关变量，如功率，它的重要性甚至超过最大力量。实践证明，力量训练可以提高上述特征。所以，将力量和体能训练融入整体训练计划会产生更好的训练效果。本节主要探讨力量及相关变量的测量和评价。在阐述力量相关概念的同时，我们还会简要介绍这些概念对运动项目的重要性。此外，力的特征及各种变量的测试与评价方法也是后文将要谈到的。

（一）相关术语

教练员、运动员、医务人员以及运动专家经常在一些术语，尤其是科研界和训练界共用术语上无法统一，如力量、功率和耐力。事实上，不少教练员和运动员认为力量就是对抗阻力的大小或难度，径赛运动员却常常将力量当作做耐力或力量耐力，而投掷运动员、美式橄榄球或举重运动员很可能又将力量看成举起重物或完成爆发动作所具备的能力。概念和认识上的差异可能会导致运动专家与教练之间产生交流障碍。由此看来，建立一组清晰而准确的概念体系十分必要。

1. 力量

文献中，力量的概念由来已久，例如，斯坦德雷（1935）将力量定义为"最大马力的发挥"。然而，阿萨（1981）指出，这一定义由于只是用马力替换了力量，其概念还是不够清晰。随后，人们开始认识到，力量概念的本质是力。例如，穆勒（1970）建议，力量应被定义为："肌肉单次收缩用于对抗外界不可移动物体时所产生的最大的力。"穆勒认为，肌肉等长收缩会使收缩单位产生最大动员，但这种定义暗示了所有力量都是肌肉最大等长收缩用力的结果。许多专家及业内人士并不赞同穆勒的观点，他们认为力的生成可在动态条件下完成，力量是动态运动时的重要因素。例如，长久以来我们都认为力的生成与肌肉耐力和动作速度有关（McCloy 1934; Nelson and Fahrney 1965; Nelson and Jordan 1969）。此外，力量对功率而言是一个重要概念（Berger and Henderson 1966）。研究发现，最大力量的测量包括1RM测量结果与最大动作功率密切相关（Moss et al.1997; Robinson et al.1995; Stone et al.2002）。因此，将力量定义为最大等长收缩显得过于简单，并未将动态条件下产生的力量考虑进来。也许，将力量看作是一种能力更便于理解。这些观察和争论形成了以下关于力量的定义（Siff 2001; Stone 1993）：力量是神经肌肉系统产生能够克服外界阻力的能力。

这一概念说明，力量实施的最终结果是力，由此避免了此前在等长条件下的限制，同时也满足了特定条件下（例如，某种动态速度下）所具有的特性。力是一个矢量，有大小，也有方向，我们也可以在静态或动态条件下来描述力。因此，力值存在特定区间（0%~100%），还有特定肌群动员产生力的方向，并形成0%~100%的速度区间。

扎齐奥尔斯基（1995）认为，运动中存在三种最大力量，重要的是，对这三种最大力量产生的条件要加以严格界定。绝对最大力量（AMS）是指一块肌肉，或一个或多个肌肉群所能产生的最大力值，产生条件可以是静态或是动态的。如果在肌肉最大自主用力的同时额外对肌肉进行电刺激，可以提高运动单位募集数量，从而形成绝对最大力量（Westing, Seger and Thorstensson 1990）。最大自主力量（MVS）是在无电刺激的条件下，肌肉主动收缩用力产生的力值。在一定条件下，最大自主力量与绝对最大力量间的差值被定义为"力亏"（Zatsiorsky 1995）。尽管存在电极片放置位置、疼痛感、动机、肌肉体积等限制因素，未经训练的受试者在离心收缩时，"力亏"可高达20%（Westing, Seger and Thorstensson 1990），但在等长和向心收缩时，"力亏"会减小（Westing, Seger and Thorstensson 1990）。同时，高水平运动员在离心和向心收缩时"力亏"则更不明显。

通常情况下，绝对最大力量的测量是在单关节运动及单独肌肉用力条件下获得的。正如斯弗（2001）指出，想要安全测得多肌群参与多关节复杂性运动下的绝对最大力量是非常困难的。另外，测得的单独肌肉收缩下的绝对最大力量与多关节多肌群实际运动联系不大（Stone et al.2003a; Zajac and Gordon 1989）。因此，对运动实践而言，测量绝对最大力量并不实用。

最大自主力量是指最大自主用力下所产生的最大力值，静态或动态条件均可。重要的是，最大自主力量受心理状态的影响（如唤醒）。考虑到心理状态，扎齐奥尔斯基（1995）提出，在运动实际中，最大自主力量可进一步分成竞赛最大力量（Cmax）和训练最大力量（Tmax）。这种划分主要基于对运动实践的观察，训练中的最大力量（1RM）通常会小于竞赛最大力量，这是由于动机和唤醒水平不同造成的。训练中，很难达到竞赛时所具备的唤醒水平和神经兴奋性。因此，一般情况下，训练中的最大力量等于所举起的最大负重或产生的最大力量，心理或情绪上并没有额外的兴奋。例如，高水平举重运动员训练中的最大力量与比赛中的最大力量会相差12%，重量级别越大，其差值越明显（Zatsiorsky 1995）。虽然举重运动员的训练最大力量和比赛最大力量会持续数周、数月不变，但入门或初级运动员的差值却不稳定。值得一提的是，一般运动员特别是入门级运动员，其训练最大力量和比赛最大力量的差值会非常小。差值的存在，对测量和训练安排来说具有重要的启示。

有人会根据牛顿第二运动定律对力量的定义产生质疑。牛顿对力的特征描述如下：

$$F=M \times A + W$$

其中，M指物体质量，A指施加的力克服重力所产生的加速度，W指物体重力。

因此，提高加速度则需要更大的力。由于加速度最终会形成一定速度，力越大，产生的速度就越大。由此可见，速度要快，需要的力也就越大。此外，功率大小也与力的大小有关，其中包括最大力量。

力量的重要性表现在优秀短跑运动员所需要的力。有人质疑，垂直方向的力是否是竖直方向短跑的限制因素（Mann 1994；Weyand et al. 2000）。世界级短跑运动员在跑动中与地面接触的时间大约为0.087秒。跑的周期中，身体质心平均向上移动速度为0.49米/秒，向下移动的速度为0.49米/秒（Mann 1994）。以体重79.5公斤的男

子运动员为例,可由牛顿第二定律计算出最大垂直力为:

垂直力（Fv）=质量×垂直速度变化/接触（地面）时间。即:

Fv=79.5（0.98 米/秒）/0.087 秒

=91.4 公斤（9.8 米/秒2）

=896 牛顿

垂直合力（Ft）=垂直力+体重

=896 牛顿+779 牛顿

=1675 牛顿

=171 公斤

一名世界级短跑运动员短跑时,单腿（膝角为 135°~140°）所产生的力高达 1675 牛顿。从上述例子可以看出,高水平短跑运动员不但要强壮,还要在快速条件下产生巨大的力（在 0.087 秒以内）。在多数运动项目中,力增速率甚至比最大力值（即最大力量）更加重要。因此,力增速率是一个重要的测试指标。

2. 力增速率

力增速率是单位时间内力的变化,它与神经系统对肌肉动员的速率直接相关（Komi and Viitasalo 1976; Sale 1992）。尽管力是使物体产生加速度的直接原因,但力产生的速度越快,物体所获得的加速度就越大。因此,最大的力增速率（爆发力）与加速度大小直接相关。力增速率可以在静态和动态运动中测得。

3. 功率及构成要素

功率是运动中最重要的特征。因此,测量功率尤为重要。首先,要明确什么是功率以及功率的构成要素。

速率是标量,它代表了速度的大小。速度既有大小也有方向。在牛顿第二定律中,力被定义为导致或试图导致物体移动的外部作用。功是力在其作用方向上的累加,与时间或速度无关。在线性关系中,功（W）的方程表示如下:

$$W = F(\cos v)s$$

其中,F 为施加在物体上的力;v 为力与移动方向所形成的夹角;s 为在力的作用下所产生的位移。

然而不是所有的功都呈线性关系。转动运动中,如沿某一关节转动时,肢体所做的功（W）为:

$$W = Frv$$

其中,F 为施加在物体上的力;r 为转动半径;v 为角位移。

功可以通过不同的测量仪器来反映。例如功率自行车仪,其中位移由飞轮的旋转圈数求得。在典型的杠铃动作中，肌肉向心收缩所做的功可以由杠铃重量与垂直移动距离的乘积进行估算。不过，要更为精确地计算出举起杠铃或其他动作所做的功，需要细致分析关节力矩、肢体位移以及动作效率。

功率（P）是做功的速率，公式为：

$$P=W/T=F\times V$$

其中，W为功；T为时间；F为施加在物体上的力；V为物体运动的速度。

功率可以是物体移动过程的平均功率，也可以是其中特定动作的瞬时功率。峰值功率（Peak Power）是在特定条件下（如训练状态下、特定练习或比赛中等），运动时产生的最大瞬时功率。最大功率是在最佳条件下所能产生的最高峰值功率。此前，有研究指出（Schmidtbleicher, 1985, 1992），最大力量是影响功率的根本性因素，最大力量对功率的影响具有等级性，即当外界阻力（负荷）减小到一定程度时，最大力量的影响程度就会降低，其他因素如力增速率（RFD）随即变得重要。然而，关于功率与最大力量之间的关系还未完全清楚（Stone 1993; Stone et al.2003 a&b）。

功率输出很可能是区分运动能力最重要的指标之一。因此，作为训练目标，如何有效地提高功率变得至关重要。虽然，平均功率输出与耐力联系更大，但对于一次性全力完成的动作，如跳、短跑和举重等运动，最高功率往往是获胜的关键（Garhammer 1993; Kauhanen, Garhammer and Hakkinen 2000; McBride et al.1999; Thomas, Fiataron and Fielding 1994）。

（二）运动表现的测量与专项化因素

在设计训练计划和选择力量与功率测试工具时，特别是为了提高运动表现而进行测试时，测试手段与训练专项化是需要考虑的关键因素。专项化包括能量代谢以及生物力学两个方面（Stone and O'Bryant 1987; Wilmore and Costill 1994），这里主要讨论力学专项化问题。

专项化并不意味两个指标完全一致，而是涉及练习指标之间的相关程度。因此，如果指标间的相关程度越高，那么专项化程度就越高。"训练效果的迁移"也说明了某个训练手段产生的训练适应与专项之间的联系程度。

力学专项化是指训练手段与运动专项之间在动力学和运动学指标上的关联程度。因此，专项动作特征分析是形成最佳训练迁移的必要前提。这些特征包括（Siff 2001; Stone 1993; Stone, Plisk and Collins 2002）：动作形式（动作的复杂性、身体位置、动作幅度和力的生成阶段、肌肉活动类型）、力的大小（平均值和最大值）、力增速率（平均速率和最大速率）、加速度和速度指标、弹射性运动及非弹射性运动。

大量研究证实，在专项化条件下进行合理的超负荷训练，可以增加训练效果的迁移（Behm 1995; Plisk and Stone 2003; Sale 1992; Schmidt 1991; Stone, Plisk and Collins 2002）。为了提高力量与功率（或其他相关指标）的可测性，测试手段应尽量与训练迁移特征相同或相似。如果测试手段的力学特征与实际运动相差越大，那么观测到的训练适应的可能性就越小。也就是说，为了使某个测试手段适用于另一运动项目，那么该测试就应该在动力学和运动学指标上与该运动项目高度相似。

（三）力量及相关因素的测量

为了客观评价训练计划对运动表现的影响效果，应对力量及相关指标，如最大力值、力增速率和功率进行测量。反映与测量力量的途径各不相同，而且如前所述，如果测试手段与实际运动在力学特征上保持高度一致，那么该测试手段就适用于对力量、功率及耐力等指标的测量（Stone, Plisk and Collins 2002）。换句话说，不是所有最大力量、速度或功率的测试手段都能满足测试要求。测试专项化还表现在肌肉活动类型上。力量等指标的测试，特别是最大力量测试中，应包括肌肉不同活动类型的测试。肌肉活动类型包括：等长活动，肌肉收缩但长度不变，关节角度不变；向心活动，肌肉在缩短时紧张并产生力；离心活动，肌肉在被动拉长时紧张并产生力；超等长活动，肌肉离心活动后紧接着进行向心活动（即快速伸缩活动）。

其中，上文所说的后三种肌肉活动类型是动态的，可在不同速度和功率下完成各种运动。等长肌肉活动可在不同身体位置、姿势及力增速率下表现出静力力量。以上这些肌肉活动会使得力量测试变得复杂。因此，选择正确的力量测量方法或手段尤为重要。

本节中，力量被定义为肌肉产生力的能力。正如牛顿第二定律，力与加速度有关。也就是说，力可使物体产生速度。因此，力可以在不同运动形式中使物体获得速度，其中包括人体。

最大力量与运动表现或其他运动表现的决定要素息息相关（Stone et al.2003a）。因此，最大力量的测量常用来评价力量训练效果，并由此假设，最大力量的提高能够对实际运动产生影响。然而，只有在测试力量时需要满足一些测量标准或要求，才能收到良好效果。

任何一种运动能力的测试，包括力量或其他任何指标都必须事先进行信、效度检验。提高信度的一个途径是熟悉测试过程，或让受试者适应测量手段。测试开始前，熟悉测试过程涉及几个不同环节。这一过程中，重要的是要明确运动员已熟知测试要领，并且能够熟练掌握测试流程。如果已熟悉测试过程，并且满足测试专项化要求，那么力量测试就会有较高的信、效度。

可见，突出力学专项特征的目的（Siff 2001; Stone 1993; Stone, Plisk and

Collins 2002）是为了提高测量的信、效度。掌握影响测量信、效度的专项特征对选择或设计力量测量方法大有帮助。

1. 肌肉活动

过去 50 年，静力力量测试一直用于研究。如果测试位置合适，那么等长力量测试的信、效度都很高。然而，静力力量测试的外部及预测效度却受到质疑（Wilson and Murphy 1996）。外部及预测效度不高的主要原因与神经、力学及方法学有关，这些因素会降低或干扰静力测量对动态运动的评价效果。因此，专项性不高的静力测量仅在多角度动作测试时有帮助，相关问题将随后讨论。

有些人支持单纯向心收缩测试。就像很多由静止开始的运动（如，短跑起跑、橄榄球边线运动员的启动），这种对由静止状态发起的运动项目进行的力量测试与评价很有意义。同时，肌肉向心收缩测试有助于对收缩成分单纯收缩能力的评价。此外，向心运动与超等长运动（SSC）（Cronin, McNaira and Marshall 2000）的向心部分以及含有超等长运动的项目高度相关（Stone et al. 2003b）。另外，对于那些相对训练能力不高或力量较弱的受试者，他们对肌肉离心收缩过程的控制能力有限，因此向心测试会有效控制实验过程。

对肌肉离心活动的测试非常重要，原因在于，肌肉离心收缩时所产生的最大力量要比静力或向心收缩时的最大力量大。离心最大力量与静力或向心最大力量之间的差值可看作是一种"力亏"形式，训练形式会影响到运动员的"力亏"（Gohner 1994; Zatsionrsky 1995）。如果亏缺大，说明采用的力量训练对运动项目并不合适。许多项目需要在运动中具备高水平的离心力量，例如，举重运动员在挺举下蹲过程中需要下肢具备非常强的离心力量（用于缓冲和支撑）。因此，如果在离心阶段没有足够强的离心力量，会对随后的向心收缩造成影响或过度依赖。离心力量测试可以发现离心阶段肌肉用力所存在的问题。

超等长测试是力量测试最常用的一种手段。常见的力量测试包括在实验室和场地条件下进行的蹲跳等。这种测试利用了神经肌肉组织的牵张反射，这也是多数运动项目的显著特征（Asmussen and Bonde-Petersen 1974; Bobbert et al. 1996; Komi and Bosco 1978; Newton et al. 1996, 1997）。最大力量测试（1RM）是最常用的力量评价方法。1RM 准确地反映了动态最大力量，原因在于它和克服的外界阻力成正比。因此，大部分教练和运动员用 1RM 测试来评价力量训练效果。此外，超等长测试对评价举重、投掷和跳跃运动的爆发力和功率也很重要。

2. 位置与动作专项化

位置与动作专项化是力量测试时常常被忽视的问题。测试的专项化表现在肌肉内和肌肉间的动作任务中，这意味着，在完成某一动作时，肌肉中特定的运动单位会按照固有时间序列动员，主动肌、协同肌和稳定肌具有特定的募集模式。这些募集模式甚至会因为动作微小的变化而发生改变（Stone, Plisk and Collins 2002; Zajac and Gordon 1989）。因此，力量测试过程与实际运动的相似度越高，所选的力量测试就能更好地反映运动能力。因此，位置和动作的专项化是在选择测试手段以及确定是否进行单关节与多关节或静态与动态测试时需要着重考虑的问题。

（1）单关节与多关节测试

尽管单关节因为可以很好地控制条件而被很多研究所采用，但多关节测试对大多数运动员更为合适。对多关节力量（或其他相关运动指标）进行评价是因为绝大多数的运动是多关节参与完成的。需要指出，多关节活动中的肌肉功能性活动形式，特别是在变速情况下，与单关节条件下的肌肉功能性活动差异非常明显（Zajac and Gordon 1989）。

（2）等长（静力）力量测试

等长最大力量与身体姿势和关节角呈函数关系（随姿势和关节角的变化而变化）。因此，等长最大力量关键的是要选择与专项动作相关的身体姿势（或位置）。身体姿态专项化是为了提高静态与动态活动的相关程度（Haff et al. 1997; Stone et al.2003b; Wilson and Murphy 1996）。这就是说，测试时身体姿势应与实际动作姿势一致或近似，而且关节角应是运动时产生力量最大时的角度。因此，等长力量测试应在动作幅度范围内进行。资料显示，测试最大等长力量的最佳角度是实际动作中力量最大时的关节角（Murphy et al. 1995; Stone et al.2003b），这样的位置角度可以更好地反映出动态活动特征（Haff et al.1997; Stone et al.2003b; Wilson and Murphy 1996）。例如，短跑时，当膝角（与竖直向上的躯干）为135°~140°时，垂直方向的力最大。因此，如果在这个角度下对短跑运动员进行力量测试，就会提高测试效果。图 8.10 是用来测试各种等长力量，如半蹲、提拉和推举等动作下的力量架。通过测力台可以测量出这些动作的力与时间特征。横杆的高度可以通过千斤顶及水平尺任意调节。因此，这种测试装置可满足和提高动作姿势的专项化程度。

需要注意的是，最大力量并非测试的唯一或最佳指标。为了提高外部有效性，应该考虑其他力量相关指标，其中最为重要的指标是时间和力增速率。

（3）力增速率

大多数运动项目中，快速力量要比最大力量更重要。因此，力增速率应作为重要的测试指标。力增速率指在单位时间内力的变化量。力增速率是神经系统对肌肉动员的函数（Komi and Viitasalo 1976; Sale 1992），与加速物体的能力密切相关。测量力增速率需要专门设备，通常情况下，测力台可以用来测量各种动作的力增速率。例如，当运动员在测力台上进行静力蹲跳或蹲跳时，就会得到力与时间曲线（图 8.11a，图 8.11b，图 8.11c）。

图 8.11a 是典型的等长力量与时间曲线（F-TC）。在 30 毫秒内所产生的力称作"启动力量"，这与起始力增速率有关（Schmidtbleicher 1992）。最大力增速率（PRDF）称为"爆发力"（Schmidtbleicher 1992, Stone1993）。最大力值（PF）是测

图 8.10　力量 / 功率架

注：运动员站在一块大型测力台上，听到指令后，运动员（不得采用反向回弹借力）全力快速上拉金属横杆，形成静力与时间曲线。横杆的位置可以根据测试者身高通过插销和卡扣随意调节。此外，下蹲、推举动作也可在该框架中进行测试。

照片由迈克·斯通提供

试时所产生的最大的力。也就是说，那些小负重条件下快速运动的项目，如击剑和拳击，极佳的启动力量和静态、动态条件下的最大力增速率是取胜的关键。当负重增加（如铅球项目）时，最大力增速率或爆发力的重要程度加大，当负重接近极限时，最大力量至关重要（如力量举）。通过测力台，可以在不同身体姿势下（包括各种推举、下蹲和提拉动作）测得等长力与时间曲线。

图 8.11b 为向心动态力与时间曲线。和等长测力一样，在动态条件下也可以测得启动力量、爆发力和最大力值。需要注意的是，当负重降低时，最大力值也会相应下降。尽管不是所有的研究结果都趋于一致，但资料显示，动态测力时，最大力值与最大力增速率呈负相关，尤其表现在大肌肉群完成的动作中（Haff et al.1997; Stone et al.2003b）。因此，小负重比大负重所产生的最大力增速率高。也有资料表明，最大力量（通过 1RM 测试获得）在静态及动态条件下与最大力增速率和最大功率相关（Aagaarf et al.1994; Haff et al.1997; Stone et al.2003b）。由此认为，最大力量和最大力增速率可以通过力量训练同时提高。事实上，合理的力量训练计划可以同时提高未经训练受试者（Aagaard et al.2002）以及力量训练的运动员（Stone et al.2003b）的最大力量和最大力增速率。由于存在上述关系，因此在测量中有必要同时考虑这些测

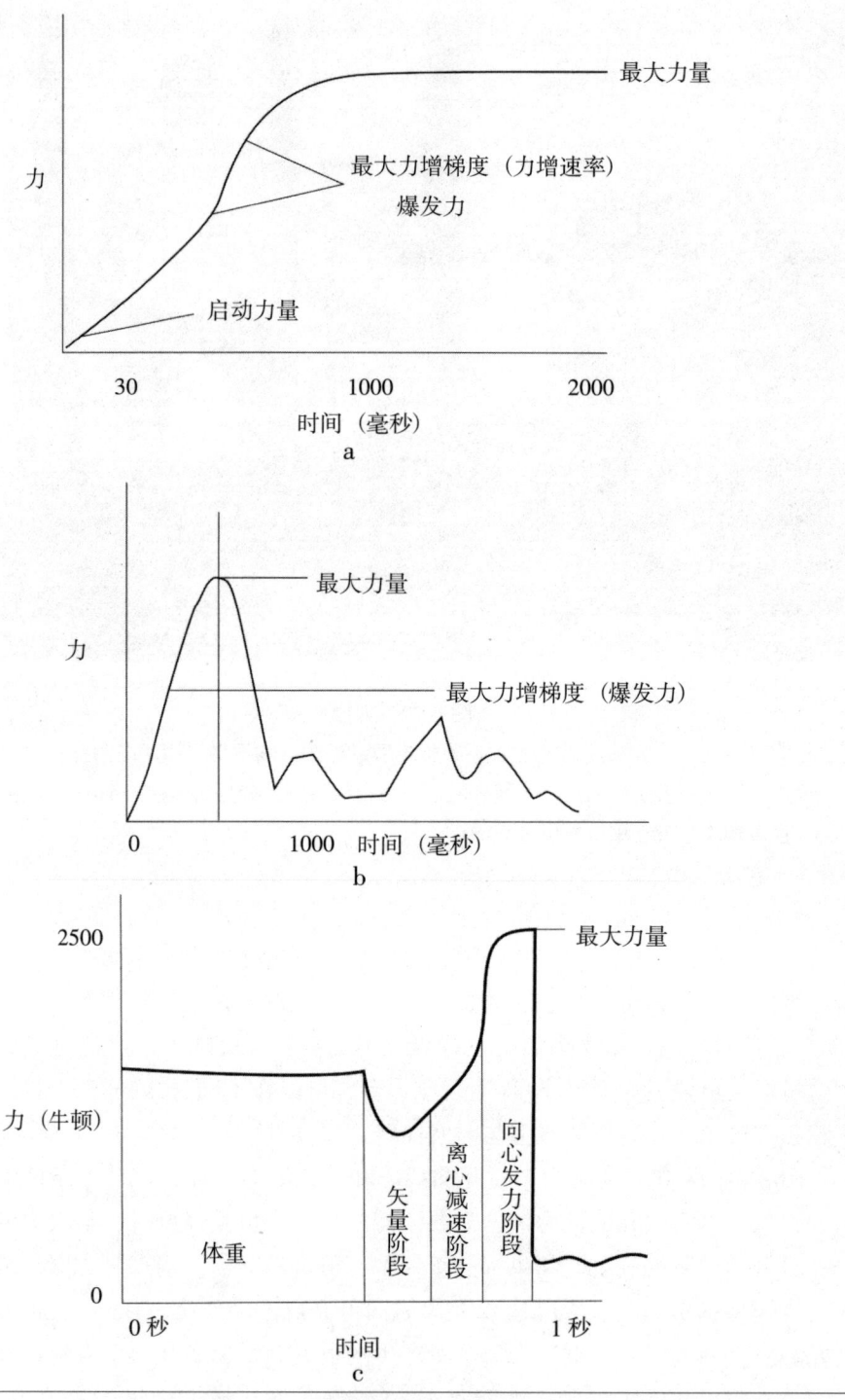

图 8.11 对爆发性动作的测量

注：a 等长力与时间曲线。"启动力量"是在 30 毫秒时产生的力；"爆发力"是最大力增梯度（力增速率）；"最大力量"是特定条件下产生的最大力；

b 单纯向心力与时间曲线；

c 超等长动作（反弹式纵跳）。

试指标。向心力与时间曲线可以通过推举、提拉、半蹲以及跳跃测试获得。此外，进行不同负重条件下的测量可以更全面地了解力量特性。

图 8.11c 是超等长动作的力与时间曲线。很多动作含有超等长动作，即肌肉完成快速伸缩复合运动。图 8.11c 中的跳跃动作（反弹式纵跳）形成了典型的力与时间曲线。纵跳时，快速伸缩复合由失重（快速下蹲）开始，进而完成一个超等长动作。垂直方向的力因肌肉拉长而增加。向心收缩力会因肌肉快速拉长而增大，可能的机制包括：肌肉的弹性特征、肌肉的牵张反射、肌肉最佳长度恢复和肌肉动员的最佳化。与向心测试一样，这一测试可以测量各种动作及负重条件下的超等长动作。

3. 功率

对绝大多数运动项目而言，功率是最需要提高的运动指标（Garhammer 1993; Kauhanen, Garhammer and Hakkinen 2000; McBride et al.1999; Schmidtbleicher 1985, 1992; Thomas et al.1994）。我们可以通过"做功速率"来定义功率，从而加深对其重要性的认识。多数情况下，获胜的运动员能够以最快速率完成额度做功量。因此，采用科学的方法测量功率尤为重要。测量功率可分为两类：一类为单次全力爆发用力动作测试，如纵跳；另一类为在一段距离内，多次全力克服阻力，如爬楼梯测试，或在规定时间内的全力克服阻力，如温盖特（Wingate）功率自行车测试。

这两类测量都可以测得平均功率和最大功率。从能量代谢角度来讲，功率与肌肉内 ATP（能源物质）的利用率直接相关。因此，测量功率也是肌肉收缩强度及 ATP 利用率的反映。平均功率是 ATP 的平均利用率，最大功率则是 ATP 最大利用率。和力量或耐力测试一样，科学有效的功率测试应体现出专项化特征，例如，反弹纵跳可以用来测试排球运动员，温盖特功率自行车可用于测试短道自行车运动员。

另外，通过简便仪器或方法也可以较准确地估算出功率来。下面的两个例子中，一个是单次最大用力测试，另一个是多次最大用力测试。

单次最大用力测试可以通过纵跳摸高或纵跳垫反映出跳起高度和体重得到功率。平均功率可以通过以下公式进行估算：

$$平均功率（AP）= 跳起高度（m）\times 体重 \times 2.21 \times 9.8 m/s^2$$

赛耶及其同事（1999）提出的最大功率计算方程也有较高的信、效度，而且计算方法不受性别影响（Carlock et al.2004; Hertogh and Hue 2002; Sayers et al.1999），公式如下：

$$最大功率（PP）=（60.7）\times（跳起高度 cm）+ 45.3 \times 体重 - 2055$$

由于最大单次用力测试可在不同负重或百分比条件下完成，因此可以得出最大功率值曲线（McBride et al. 1999; Stone et al. 2002）。

多次最大用力测试中，爬楼梯可以测得平均功率（Margaria, Aghemo and Rovelli 1966; Stone and O'Bryant 1987）。测试时，运动员需要全力跑上一段台阶（通常为 5~6m 长）。上升时间可以用秒表或计时装置得到，下面公式可以算出平均功率：

平均功率（AP）=力（F）×距离（D）/时间（T）

其中，力与体重成正比，距离为台阶的垂直高度，时间为完成上台阶的时间。

卡门台阶测试已标准化，不同年龄男女性均有标准化常模（Stone and O'Bryant 1987）。

功率也可用更为复杂的仪器测量。例如，高度仪与测力台同步使用可以同时测得位移和力，也可以测得单位时间内的位移变化，进而得出动作速度。功率可通过计算力和速度乘积得到。如图 8.10 和图 8.12 所示的力及功率测试架可以测量各种拉、跳、推举的动作功率。高度仪安装在架子的顶端，与每个杠铃两端的锁扣相连。通过两个高度仪可计算出杠铃运行中段的平均速度。因为在很多动作中，特别是跳跃动作，结束部分的动作速度会比开始部分快，这样会降低测量的可靠性。因此，通过该装置及配套软件可以准确地计算出力、速度和功率的变化（图 8.13）。

图 8.12　力及功率测试架中的负重反弹纵跳

注：通过使用两个高度仪（图中未显示）及测力台，可计算出横杆的运动功率。

照片由迈克·斯通提供

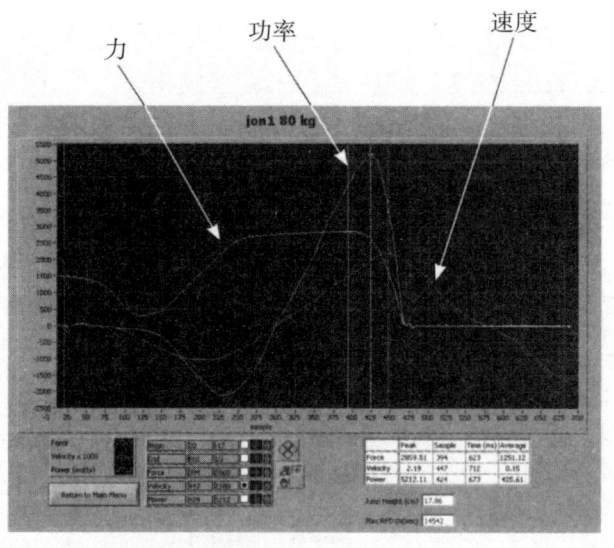

图 8.13　负重反弹纵跳过程中力、力增梯度、速度、功率曲线及纵跳高度

除了测量一次最大用力动作外，该设备还可以测量多次动作中的每次动作功率及力量指标。多次测量能够反映出疲劳以及短期高强度耐力水平。

本章小结

竞技体育科学关注的是如何通过科学方法与原理来提高运动成绩。运动专家为此进行了各种努力，包括科研和服务性测量。为了保证服务和研究发挥作用，测量必须科学、有效、可靠。

文献明确指出，科学训练与测试对耐力、力量、速度及功率等运动指标的影响反映出测试手段与训练手段的相似性（Stone, Plisk and Collins 2002）。例如，如果运动员进行下蹲训练，那么下蹲最大力量（1RM）测试所反映的训练适应要好于坐姿伸腿测试，这涉及测试手段专项化问题。

信度反映了测试结果的可重复性或一致性，效度反映了测试手段是否能够真实地反映出要测量的内容。如果无法保证信度和效度，就无法对运动专项及相关指标进行客观评价。

力量测试和评价结果一般在3天内反馈给教练员和运动员较为合适，这样也便于在较短的时间内合理调整训练计划，从而避免训练失误。

因此，在评价运动员体能状况或对训练适应进行跟踪记录时，保证测试的专门化、有效性和可靠性是关键。另外，测试结果还必须便于教练员和运动员理解。

第九章　力量训练的监控

训练监控是通过系列工作来认识训练和运动表现变化的过程。训练监控可以简单到对训练心理反应的观察，也可以复杂到用电子显微测试血液、内分泌、免疫系统。监控工作短时间内就能完成，但通过测量检查训练任务完成情况以及了解运动员训练反应的过程却是长期的。为了加深对训练监控的理解，首先要明确什么是训练。以下是对训练所下的不同定义：

"为快速提高身体、心理、智能或运动能力所设计的指令"（Harre 1982）、"使运动员达到最高运动表现的准备过程"（Harre 1982）、"通过练习对运动员身体、技术、智能、心理和思想品质的培养过程"（Harre 1982）、"为运动员达到最佳运动表现进行完整而系统的培养"（Harre 1982）等。

综合来看，训练是促进或提高"准备"的过程。准备状态提高了，运动员的运动能力也会随之提高。训练监控试图在不同阶段反映运动员的准备状态和变化情况，通过身体、心理、智能和生物力学等几个角度可以对准备状态进行监控。运动员会通过完成更高要求的任务来提升准备状态。将各项任务综合起来便形成了压力，运动员通过训练来提高适应水平，目的是完成更高、更难的训练任务。作用在运动员身上的压力可称作"用量"，压力所形成的适应被称为"反应"。监控通过测量、记录、对比和描述"用量"与"反应"的关系来认识训练。

训练会涉及训练任务，界定训练任务时又会涉及"训练负荷"。当然，运动员也会承受来自其他方面的"负荷"或压力，如来自社会、家庭、学校、工作等方面的要求。这些要求会进入运动员的适应系统，分别发挥作用，最终形成运动员的反应。赛利（1956）将压力定义为任何能使机体发生反应的事物，并进一步将压力分为"良性"与"不良"压力。各类压力会同时作用于运动员的适应系统。这里的适应系统类似于维尔霍山斯基（1985）提出的"积累性适应储备"和赛利（1956）提出的"适应能量"概念。

训练由各种对运动员产生反应的训练任务组成。训练量是"用量与反应"关系中的输入部分，会对运动员产生影响。大部分的训练要素可由教练员和科研人员掌控，但对生活因素的控制却没那么容易。虽然生活因素或压力难以控制，但运动员的准备状态会因为这些非训练性因素的积累而对训练任务产生重要的影响。因此，运动员的适应就是对各种压力、任务及要求的反应结果。

运动员对训练及生活压力的反应就是"用量与反应"关系中的输出部分。运动员对训练和生活压力的接受能力不是无限的，因此需要训练和生活压力与运动员当前状态相吻合，这样运动员才能对训练负荷产生最佳反应。如果两者达不到平衡，那么运动员会因为训练量过小或对手准备得更好而失败，要么会因为运动员承受的训练和生活压力过大导致运动伤病或过度疲劳而失败。

训练监控的目的是对训练量与反应进行分析，并根据生活情况，安排适宜的训练任务，从而产生最佳的训练适应。运动员提高成绩的最佳途径是避免运动伤病和过度训练。对于相同的训练要求，运动员的能力各不相同，教练员和科研人员有必要了解这些差异。同样，只有通过细致入微的监控才能避免运动伤病和过度训练，保证形成最佳训练适应。相反，监控反馈信息有助于调节训练与生活压力，从而使运动员获得最佳运动表现。

一、力量训练监控的重要性

监控用测量途径来控制训练计划中的各种要素。很难想象，缺少规划的设计或安排能够成功。在西方，训练原理和分期训练（参见第一章和第十三章）是重要的方法论，保证了训练过程的合理性（Bompa 1984a, 1984b, 1990a, 1990b, 1993; Bondarchuk 1988; Charniga et al. 1986a, 1986b, 1987; Fry, Morton and Keast 1992; Matveyve 1977; Stone, O'Bryant and Garhammer 1981; Verhoshansky 2002; Verkhoshansky 1998）。分期训练的支持者已经将该理论作为长期训练计划制订方案应用于现代教练员与运动专家培训系统之中。然而，分期设计依然处于起步阶段，设计本身也无法直接提供训练计划。此外，大量不可预知的事情会使运动员适应发展的理论轨迹偏离至未知方向。疾病、伤病、能力高估、胜利、失败以及竞赛日程的变更都是有可能成为完美计划的影响因素。

多数情况下，形式简单、成本低廉的测量可以为确定"用量与反应"关系提供大量的重要信息，例如，训练时间对运动伤病的影响。图9.1和图9.2反映了美国排行榜上大学女子体操运动员在单位时间内伤病次数的情况。由于伤病情况各不相同，因此伤病总数包括新近伤（首次记录）和陈旧伤（后续重复记录）。这里，伤病定义为任何对训练当日产生影响或缩短训练时间的身体损害（Sands, Shultz and Newman 1993）。图9.1和图9.2中的数据是通过简单记录每名运动员每日受伤情况获得的。图9.3为每名大学女子体操运动员练习前心率和体重的监控结果，数据是通过简单观察与评价得来的。然而，教练员根据这些数据所反映的结果来调整训练、降低损伤却没那么简单（现在，教练员对何时有可能出现损伤已有自己的判断）。另外，教练员对运动员心率与体重的关系也有了新的认识。今后如果遇到类似情况，教练员在安排训练时就会格外谨慎。

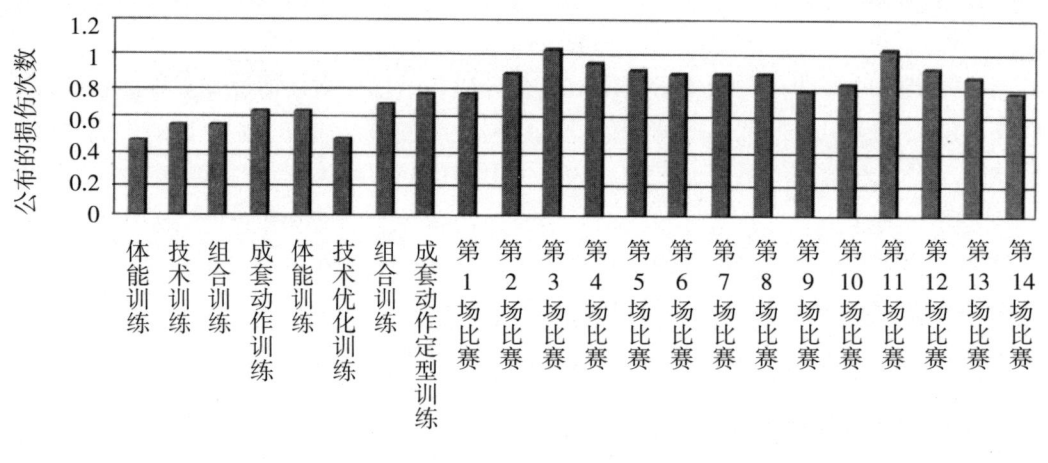

图 9.1　一支美国高水平女子体操队 5 年间训练和比赛中公布的运动损伤统计

注：数据由 5 年压缩而成，并得出每个训练阶段的损伤均值。

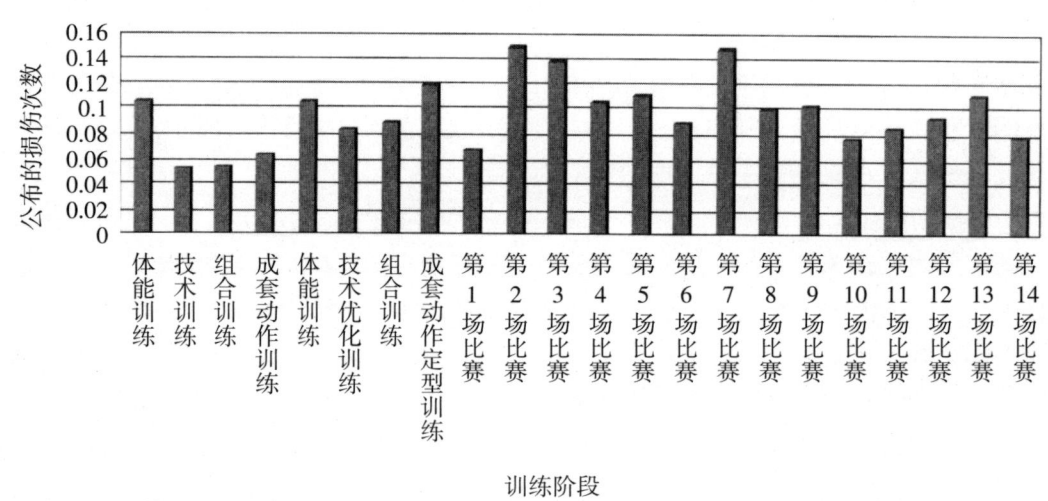

图 9.2　一支美国高水平大学女子体操队 5 年间训练和比赛公布的新发损伤统计

注：数据由 5 年压缩而成，并得出每个训练阶段的损伤均值。

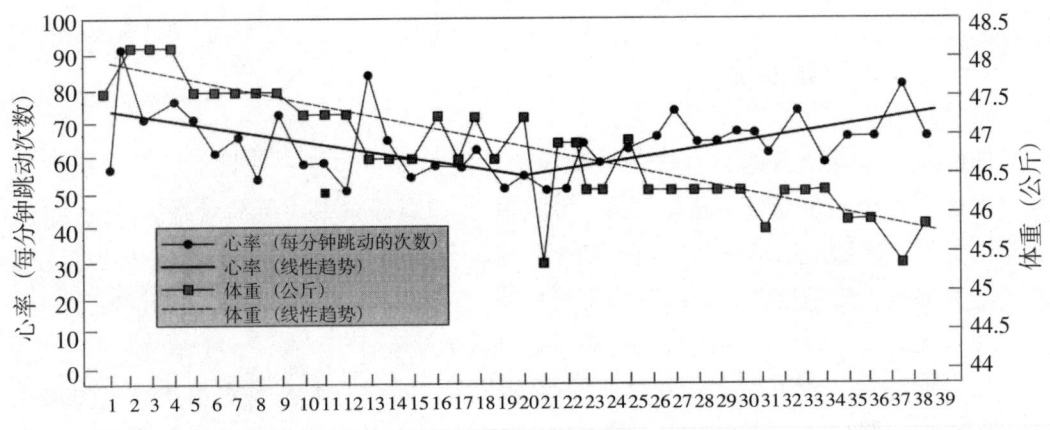

图 9.3　典型的过度训练曲线

注：这名运动员的心率和体重在近 20 天内持续走低，此后运动前心率开始逐渐上升。心率增加和体重降低是交感神经过度训练的典型表现。很不幸的是，这名大学生运动员在第 39 天时由于严重受伤而告别了体操运动。

二、力量训练监控的目的

总体上，力量训练监控有两个主要目的：一是进行一般性监控，二是进行专门性监控。一般性监控主要对运动员在训练与生活压力下的"用量与反应"关系进行总体上的监督与控制。专项性监控主要是针对短期，尤其是对某项训练负荷或任务所形成"用量与反应"的关系进行监督与控制。例如，训练日记中记录的晨脉、睡眠质量及心理状态常常用来监控训练的总体反应，而最大力量测试则是用来监控运动员对某个力量训练手段的专门性适应效果。当然，监控目的也会有重叠，主要区别在于测试次数和测量间隔。重复次数较少的测试主要用来评价运动员的准备状态，但长期经常进行的测试常用于训练反应的一般性测量。因此，两种训练监控的目的分别是对长期和短期训练效果进行评价。

三、力量训练监控的两个维度

为了满足现实训练的要求，我们需找到既有效又可靠的训练状态监控指标。因此，霍普金斯提出训练中什么是值得监控的问题（Hopkins 1991，1998b）。同时，维鲁也曾提到，尽管监控训练的可测指标不在少数，但并不是所有指标都适合用来反映特定时间内运动成绩或适应的变化情况（Viru and Viru 2001）。可见，在确定具体测试指标前，有必要弄清监控的真实目的。

（一）训练质量监控

训练质量是最为普遍、合理并且简单的监控内容，包括一般性监控和专门性监控。训练质量包括负荷量、负荷强度、训练密度和训练频率。负荷量是训练的量化，通常用组数、次数或运动员所完成的功来衡量。负荷强度是力的大小、做功速率或训练难度。训练密度是指在特定时间内训练的密集程度。一天训练两次的密度要比一天只训练一次的大。频率简单地说就是训练课的次数。

力量训练中包含了很多相对简便的可测指标，如练习类型、重复次数、阻力大小、最大力量百分比、动作速度、动作幅度、组数、组间间歇时间、身体姿势、练习顺序、训练时间、手段特点、训练间歇中的活动等，这些指标都可以进行记录和评价。同时，这些指标还会影响训练性质和运动员对训练的最终适应。力量训练中最常监控的指标有组数、次数、重量、最大力量（1RM）百分比及组间间歇时间。然而我们知道，尽管这些指标都很重要，但有时并不能完全反映运动员的训练（Abernethly and Wilson 2000; Harman 1995; Logan et al.2000; Sands 2000）。另外，功率、力增速率、动作速度及爆发用力时的力与时间特征都可用来监控力量训练。

（二）训练反应监控

与监控训练质量相比，确定训练反应的有效指标会更难（Hopkins 1991）。困难主要来自三个方面。

第一，专项训练有可能产生非专项化的生理反应（Cannon 1928; Cohen and Williamson 1991; Hatfield and Landers 1983; Kellmann 2002c; Lacey, Bateman and VanLehn 1953; Obrist 1968; O'Leary 1990; Steinacker and Lehamann 2002; Tucker 1990）。

第二，训练反应有可能与训练量不呈线性关系（Viru 1995, 1994; Viru and Viru 2002）。

第三，训练反应有可能会延迟出现（Verchoshansky 1999; Verhoshansky et al. 1991; Verkhoshansky 1985）。

尽管确定有效而可靠的训练反应指标已成为运动生理学界广泛关注的问题，但在任何情况下，哪个是运动员训练反应的最佳监控指标却未能达成一致。

选择一个或多个有效且可靠的训练反应指标依赖于监控的目的（即，想要知道什么）、影响程度（例如，血液测试或问卷调查）、测量频率（如测试难度大、造成疼痛或导致敏感等问题）、测试经费（有些指标测试费用高）以及数据分析难度等。

训练反应的监控指标主要有两个作用：一个是对体能变化的监控；另一个是对疲

劳或恢复情况的监控。体能指标的下降可能是疲劳造成的。然而，近来研究者开始将恢复过程与训练反应分别进行监控和研究。例如，运动员有可能体能状态很好，但会因为局部或短期恢复不好而在测试时表现不出来。对恢复的测量监控受到广大研究者的普遍重视（Beckmann 2002; Davis, Botterill and MacNeill 2002; Hanin 2002; Kallus 2002; Kellmann 2002a, 2002b, 2002c; Kenttä and Hassmén 2002; Steinacker and Lehmann 2002）。

如果训练监控得以持续，几乎每天都可以进行，那么对体能和恢复的监控就能成为一个过程。另一方面，间歇性测试也可按规定时间重复进行，但频率会降低（例如，每月、每个季度或每半年一次），这类专门性测试可以对一段时间内的恢复情况进行评价。另外，测试需要运动员在不同阶段的恢复状态下进行，换句话说，这类测试要保证不受近来出现的或局部性疲劳的影响，从而能够反映出运动员体能的变化规律。例如，运动员需要充足补液，但若在测试前发现运动员尿液比重结果显示为严重缺水，那么测试应推迟到充分补液后再进行，因为我们都清楚，体内缺水会干扰测试。其他监控实时疲劳或准备状态的测试包括马尔加利亚测试、安静血乳酸测试以及鲁斯科心率测试。值得注意的是，所有这些测试结果应该和基础值进行比较。

通过研究我们发现，传统训练监控方法存在问题，而且与训练实际严重脱节。原因在于监控完全依赖于集体数据，即对一般规律的研究，而不是对个体运动员进行的监控、研究和分析。由于训练反应具有特异性，也就是说，虽然运动员对某种训练或生活压力的反应有相似性，但运动员之间的差异却显而易见（Barlow and Hersen 1984; Bates 1996; Bryan 1987; Cooper 1981; Dishman 1983; Jacobson 1967; Lacey, Bateman and VanLehn 1953; Lacey and Lacey 1958; Newshan-West 2002; Nourbakhsh and Ottenbacher 1994; Ottenbacher and Hinderer 2001; Riddoch and Lennon 1994; Shephard 1998）。即便个案研究设计已提出多年，但通过研究方法培训出的运动科学家却为数不多（Barlow and Hersen 1984; Bates 1996; Bithell 1994; Bryan 1987; Cicciarella 2000; Cooper 1981;Dunn 1994; Duquin 1984; Hrycaiko and Martin 1996; Kinugasa et al. 2002; Maas and Mester 1996; Mueser, Yarnold and Foy 1991; Newshan-West 2002; Nourbakhsh and Ottenbacher 1994; Riddoch and Lennon 1994）。此外，由于训练反应指标的特异性，传统推论性的统计方法会因为样本配对、对照组条件无法满足以及运动员差异，尤其是高水平运动员特征等因素出现诸多问题（Hopkins 2002; Hopkins, Hawley and Burke 1999）。因此，那些取代传统推论性统计的分析方法可用来对力量训练进行监控。这些分析方法包括单样本实验设计、曲线分析、统计过程控制、趋势分析以及时间序列分析。

四、如何监控力量训练

对于力量训练的监控首先应选择最为便利的监控指标。一旦确定了测试指标，就应在满足测试条件情况下使数据采集常态化。通过训练日记或问卷，可以每天采集训练量与训练反应数据。如果训练量的数据采集难度大、付出多或成本高，那么这类测试无需过于频繁，而是间隔进行。如果是损伤性测试指标，如血液采集、肌肉活检等，也要尽量控制，因为这类测试会带来损伤和疼痛。如果测试对训练的干扰过大，那么就应避免或提前安排。如果某种测试需要付出极大的体力或恢复时间较长，那么就需要在该测试前安排一个特殊训练小周期，从而保证在每次测试时运动员的恢复程度近似。

如果计划进行长期训练数据采集，首先在通过"人体实验审查委员会"许可过程中就会遇到障碍（Stone, Sands and Stone 2004）。因为持续时间超过一年、且需要不断测试的研究对审查委员会来说，他们无法在规定的测试前后及对照组设计范式中找到相应条款。此外，由于运动员训练反应的差异性，很难确切了解运动员的训练反应，因此单变量测试无法保证其准确性。最后，训练监控的意义是给教练员充分的证据来调整训练计划，从而保证运动员始终能够处于最佳适应区间内。这就是说，教练要时常根据监控结果调整训练安排，科研工作者在分析数据时也要"边走边看"。如果"假设性测试"在实际中不能发挥作用，研究者在向"人体实验审查委员会"提交研究方案时就会面临很多未知数，最常见的问题主要是"人体实验审查委员会"的授权和对人体研究的控制上。

监控通常有两种获取途径：一是通过训练日记、问卷或调查类工具；另一种是根据需要，在不同阶段对运动员进行生理、心理、营养或生物力学方面的测试。每个途径都有其优缺点。训练日记提供既快又多的训练信息，但却不够具体，具体信息只能通过损伤性或更复杂的测试才能获得。相反，生理测试比较费时，常会干扰训练，而且花费高，无法常测。不过，针对性强的生理、心理和生物力学测试通常可以获得很有价值的信息。

（一）训练日记

教练员和运动员在日记中记录训练的方式由来已久（Hopkins 1998a, 1998b; Kellmann 2002c; Kenttä and Hassmén 2002; Mackinnon and Hooper 1994; Sands 1990b, 1991b, 1991a; Sands, Henschen and Shultz 1989）。训练日记的记录方式包括记在书上、纸上或计算机里（图 9.4、图 9.5 和图 9.6）。实践中，训练日记是最简单、最省钱和最便捷的监控方法。训练日记可以记录训练和竞赛的方方面面，它所提供的信息最密集，解决问题的效率也最高。不过，训练日记需要持之以恒。因此，训练日记中最大的问题是运动员要养成记日记的习惯以及能够将记录的数据转化成便于分析的形式。杂乱单调的数据录入很容易在坚持一段时间后半途而废。目前，已经出现新式的记录方法，可以通过训练日记有效地监控训练，并获得便于分析的结果（Sands, Henschen and Schultz 1989; Sands 1990b, 1991b, 1991a, 1992）。

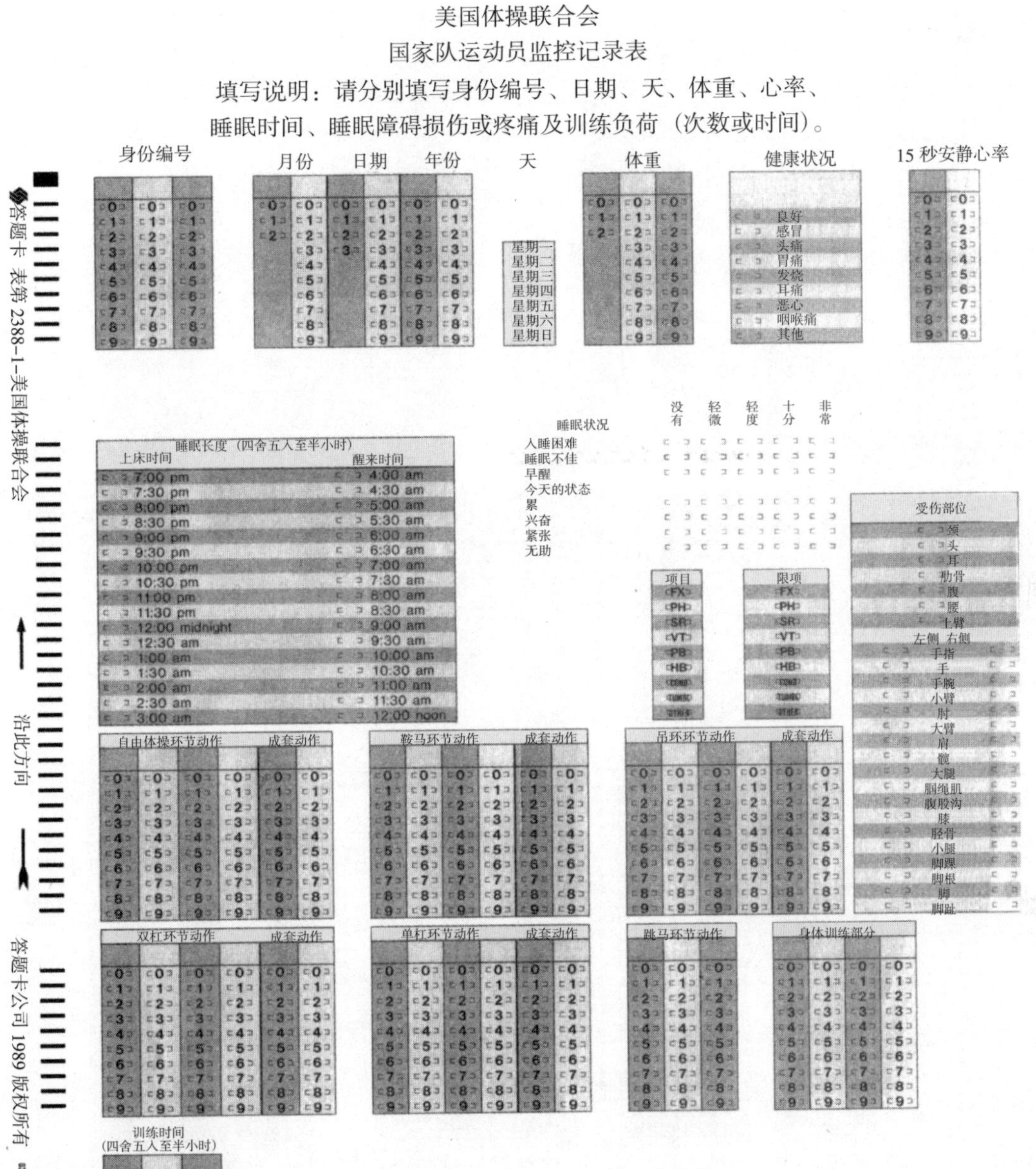
美国体操联合会
国家队运动员监控记录表
填写说明：请分别填写身份编号、日期、天、体重、心率、睡眠时间、睡眠障碍损伤或疼痛及训练负荷（次数或时间）。

身份编号　月份　日期　年份　天　体重　健康状况　15 秒安静心率

0 1 2 3 4 5 6 7 8 9

星期一
星期二
星期三
星期四
星期五
星期六
星期日

良好
感冒
头痛
胃痛
发烧
耳痛
恶心
咽喉痛
其他

睡眠长度（四舍五入至半小时）
上床时间：7:00 pm　7:30 pm　8:00 pm　8:30 pm　9:00 pm　9:30 pm　10:00 pm　10:30 pm　11:00 pm　11:30 pm　12:00 midnight　12:30 am　1:00 am　1:30 am　2:00 am　2:30 am　3:00 am
醒来时间：4:00 am　4:30 am　5:00 am　5:30 am　6:00 am　6:30 am　7:00 am　7:30 am　8:00 am　8:30 am　9:00 am　9:30 am　10:00 am　10:30 am　11:00 am　11:30 am　12:00 noon

睡眠状况：入睡困难　睡眠不佳　早醒
今天的状态：累　兴奋　紧张　无助
没有　轻微　轻度　十分　非常

项目：FX　PH　SR　VT　PB　HB
限项：FX　PH　SR　VT　PB　HB

受伤部位：颈　头　耳　肋骨　腹　腰　上臂
左侧　右侧：手指　手　手腕　小臂　肘　大臂　肩　髋　大腿　胭绳肌　腹股沟　膝　胫骨　小腿　脚踝　脚根　脚　脚趾

自由体操环节动作　成套动作
鞍马环节动作　成套动作
吊环环节动作　成套动作
双杠环节动作　成套动作
单杠环节动作　成套动作
跳马环节动作
身体训练部分
训练时间（四舍五入至半小时）　½

答题卡　表第 2388-1-美国体操联合会
沿此方向
答题卡公司 1989 版权所有

图 9.4　美国国家男子体操队训练监控表

注：表中记录了各种训练量（表的下半部分）及各种训练反应（表的上半部分）。每天表格记录完毕后，教练会发给每个运动员。

资料由比尔桑兹提供

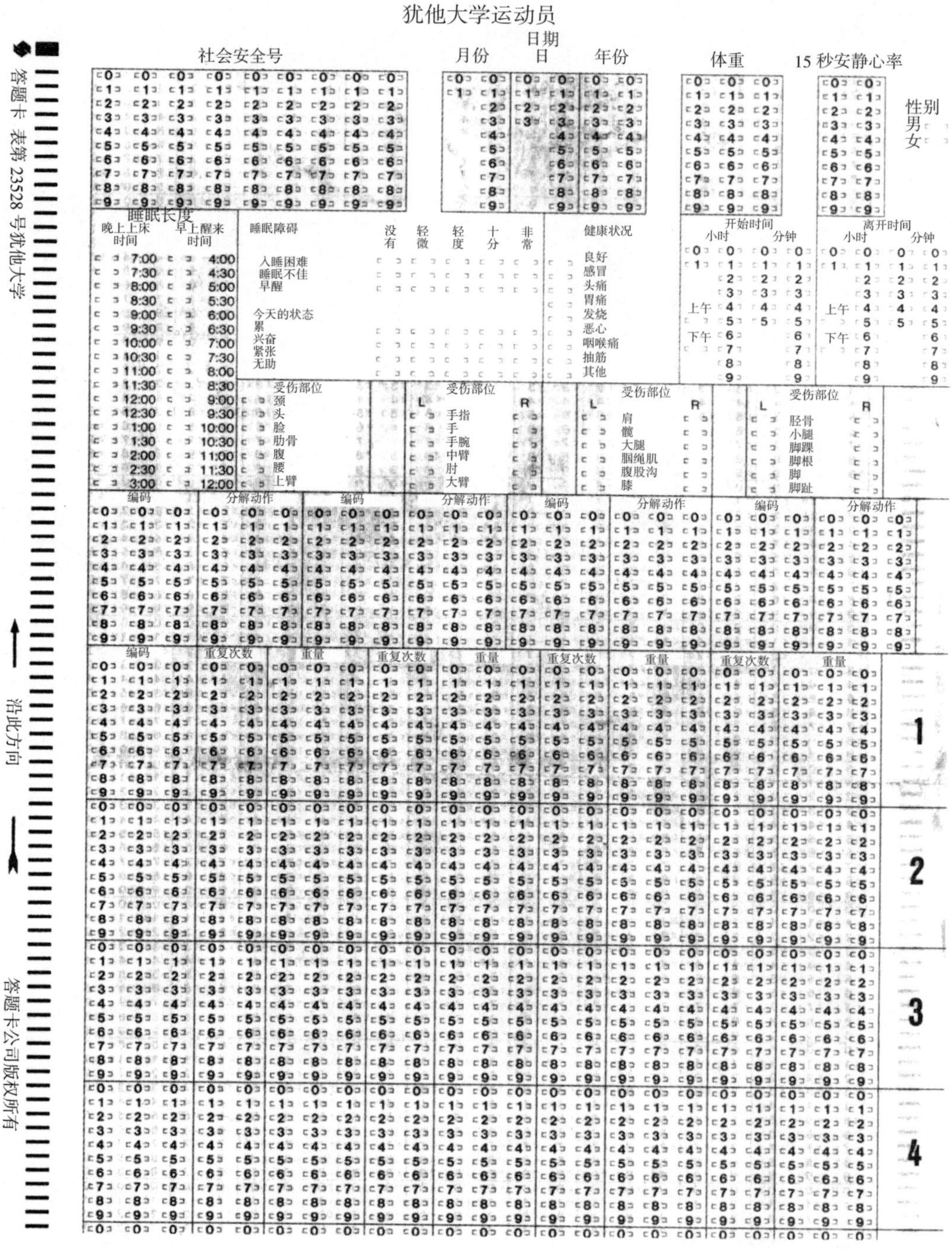

图 9.5　力量训练监控表

注：原表是一张 11×18 英寸（28×46 厘米）的双面表格。所有练习动作均有一个编码。表格上半部分记录训练反应，下半部分记录训练负荷量。

资料由比尔桑兹提供

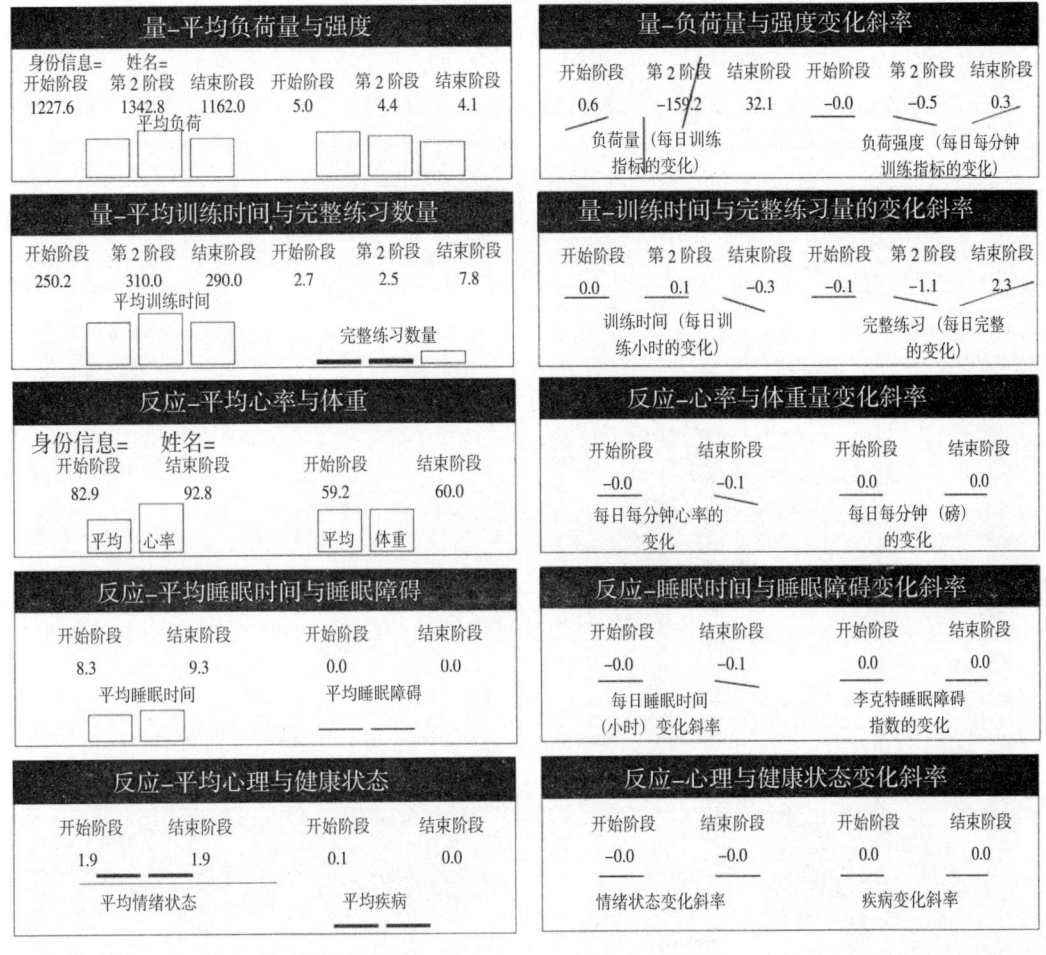

图 9.6　反馈给教练员的图表

注：左边最上方为训练量的均值。例如，"负荷量"下面的三个方格分别代表最后 7 个训练日（最右侧方格），第 2 个 7 个训练日与最后 7 个训练日之间（中间方格）及最后 14 个训练日之前总平均训练量，14 天结束后，开始下一个大周期的训练。左边下半部代表身体的反应情况。反应信息由两个部分组成，分别是最后 10 个训练日（右侧方格）及其余训练日的反应均值（左侧方格）。右边图表为各训练指标的变化斜率（即每个训练指标的变化特点，用斜线表示）。

图 9.4 是计算机"答题卡"，可记录男子体操运动员训练中的各种数据。这种答题形式也被用在国家女子体操队和犹他大学女子体操队训练中。值得一提的是，犹他大学女子体操队在 5 年间积累了 5000 份这样的训练日记，并多次证明了记录的好处（Hopkins 2002; Hopkins, Hawley and Burke 1999; Sands 1990a, 1990b, 1991b, 1991a, 1992; Sands, Henschen and Schultz 1989; Sands, Shultz and Paine 1993）。

（二）生理、心理、营养以及生物力学测试

生理、心理、营养及生物力学测试的目的是针对具体训练或运动表现发挥作用。通常情况下，采集数据需要计算机协助，过程也较为复杂，还需要相关专家解读。由于是特定测试，需要特殊的测试仪器，因此，获得数据需要几个小时到数周不等。图9.7是测试力量和功率的特殊装置。这个多用途设备可以用来测量各类力量与功率指标。然而测力台和杠铃移动传感器的造价较大，通常情况下，数据分析会在一天后反馈给教练员，进一步的分析可能会花费更多的时间。测试结果如图9.8所示。

图 9.7　功率测试架

注：运动员站在测力台上，杠铃两端固定有势位仪（由于连接线很细，照片中看不见），由计算机记录所有测试数据。

照片由迈克·斯通提供

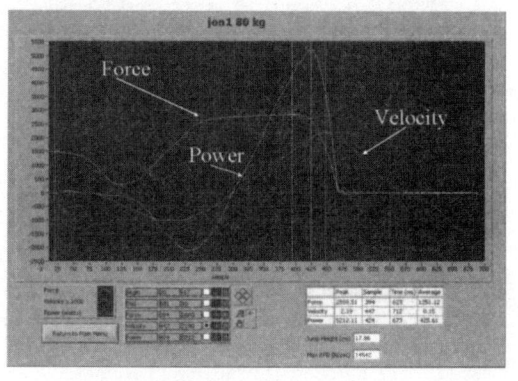

图 9.8　利用功率测试架记录的负重纵跳时的力、功率及速度与时间曲线

纵跳测试可以评价跳起高度、最大力值、功率以及力增速率。利用便携测力台可以测量从静止纵跳、反弹纵跳到负重或不负重条件下跳跃动作中的力量、功率等数十个指标（图9.9）。通常通过该设备在几小时以内就能快速获得数据，但该设备需要花

费数千美元,并且需要计算机和配套软件(Major et al.1998)。虽造价高昂,但运动员得到的反馈数据会十分精确而丰富(图9.10)。

图 9.9 利用便携式测力台对一名举重运动员进行纵跳测试

照片由迈克·斯通提供

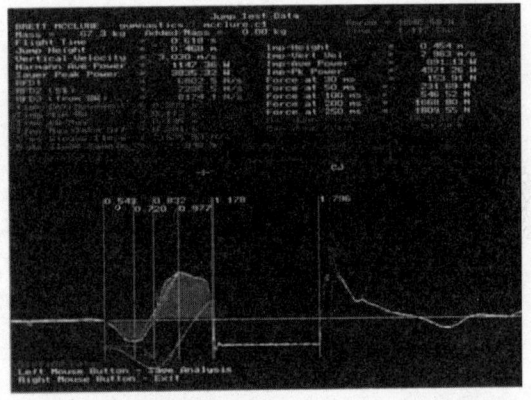

图 9.10 测力台上单次反弹式纵跳所得各种数据的电脑屏幕截图

如果专门化测试应用得好,将有助于解释和发现某些具体问题,可以分别从生理、心理、营养以及生物力学等方面进行深入的研究。

无论采用什么方式,训练日记或是专门测试进行监控,它们在规定的时间进行数据分析的目标是相同的。从长期监控力量训练的角度,可采用常规法、统计法以及制图法进行记录分析。

五、训练监控数据分析

训练过程中,运动员无论在何种训练模式下取得进步,都应在预定时间内进行数据分析。然而,训练监控结果可由多个相互连贯的测量结果构成分析维度,即时间序列分析。时间序列分析像数据制图一样常见,能够反映出某些变量是否持续增加、降低或保持原有水平。时间序列分析也可以像利用某些周期性变量的重复特征来推测今后这些变量的走向。自从计算机问世以来，人类发明出了很多分析工具，例如通过时间序列分析作为基本分析手段开发出的运动成绩预测模型。

时间序列数据是按照时间先后顺序组合而成的一些数据列。序列组合中的数据按顺序排列。监控数据通过序列进行收集、组合、排列，其中每个位置代表一个特定时间。因此，每个变量在序列组合中都有一个值或位置，一个位置代表一个时间点。变量的重要性体现在序列和时间点两个方面。与实验设计中测试前、测试后及对照组设计相比，时间序列数据以群组数据、个体数据及先后排列的数据进行分析。例如，运动员想要连续记录十天的晨脉，所得数据是由 10 个心率值构成的序列组合。这个数据序列可以利用各种统计方法进行分析处理，从而计算出序列数据的平均数、中位数、众数、标准差，通过方差分析可以得到线性趋势。前文中的图 9.3 为一名体操运动员的心率、体重变化曲线及线性趋势。图 9.11 为年度训练的心率变化图，其中包括平均数和标准差。

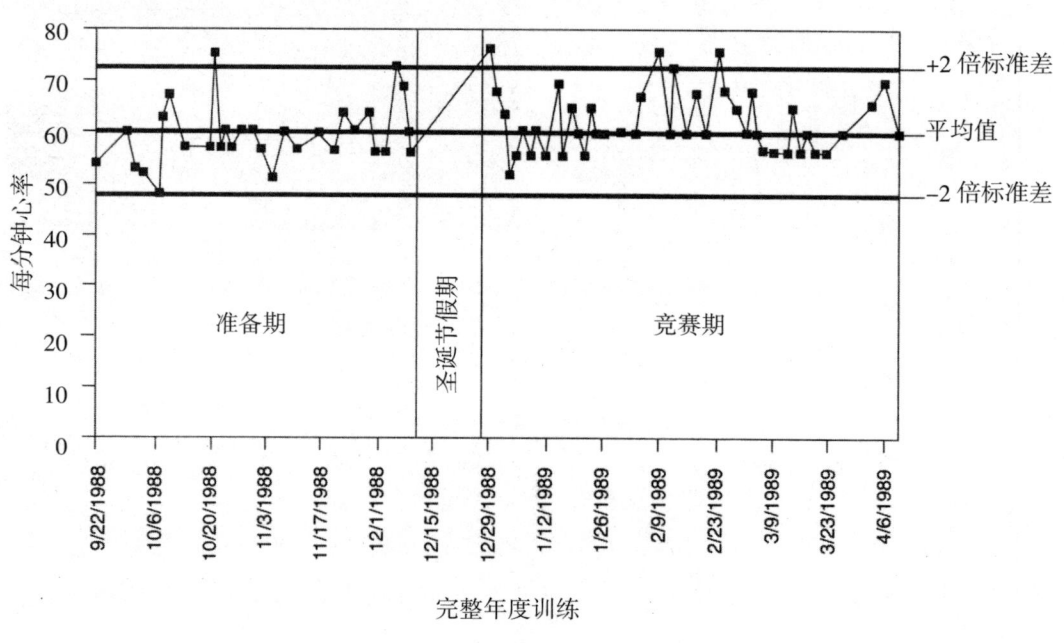

图 9.11　一名大学女子体操运动员年度不同训练阶段监测日运动前心率波动曲线
注：分别用平均值、正负 2 倍标准差作为心率数据的限度线。

六、个体研究设计与监控

力量训练是帮助每个运动员提高力量和功率的基本途径。然而，个体分析由于现代研究重"通用规律"、轻个体特征的倾向而饱受争议。对个体进行的研究称为个体研究，是单样本研究设计。对一组个体进行普遍特征的研究称作群体特征研究。有趣的现象是，19世纪大部分科学研究都以个体研究为基本方法。20世纪，由于推理统计的出现，使得研究重点由个体研究转向群体研究（Barlow and Hersen 1984）。然而需要指出的，一些杰出的科学研究发现都是通过个体研究方式取得的，例如，布洛卡关于大脑语言区的研究成果来自一名患者，巴普洛夫（刺激与反应）提出的条件反射是通过拿一只狗做实验而得出的（Barlow and Hersen 1984）。

有些人认为，个体设计有悖于对普遍规律的研究，这种误解主要是因为对研究方式的优劣缺乏全面的认识。临床上的干预研究因两种研究方式的结合而显得更加科学，即通过群体研究总结普遍特征，随后在个体研究中进行有效性验证（Dunn 1994）。其实，训练实践与临床研究十分相似。

个体研究主要是对个体进行的系统研究。"个案研究"是与个体研究非常接近且容易混淆的概念。个案研究通常包含两个阶段，即基础阶段（主要进行测试或假设工作）和实施阶段。实施阶段可以是对结果的观察（研究者在适宜的位置与恰当的时间对实施结果进行观察），也可以是研究者产生的影响（Hrycaiko and Martin 1996）。然而，个案研究设计相对薄弱，因为除了那些随意或简单观察条件下确定的变量外，还有很多变量或因素会对观察结果产生影响。相对而言，个体研究是在较长时期通过对一个或多个施加变量的控制、实施的基础上进行的观察和记录。在取消施加变量后，可通过重新确定施加变量，在相同的时间内再次对结果进行观察和记录。个案研究一般可看作是"A–B"设计，A是指基础条件，B是指施加条件。个体研究设计可以采用其他方法，这种方法可看作是"A–B–A–B"设计（Barlow and Hersen 1984），A是基线或未施加作用，B为施加作用。

对接受经典统计推理方法的学院派来说，个体研究设计也许既陌生又不科学。然而，不加慎重考虑就否定这种研究方法是教条的，而且对两种研究方法的发展并无好处。关于个体设计的不少偏见需要澄清。支持个体设计的主要原因是用平均数来说明问题的惯性思维，但你也许会发现，在群体研究中没有单一个体会与群体的平均数一模一样（Dunn 1994）。另外，有一种现象并不少见，即群体水平上升了，但某些个体的观测指标并未提高，甚至还不如以前。这是因为平均数会趋向极端数，导致群体指标有明显差异是由于少数个体指标的大幅度提高，但其他个体的表现也许并不明显甚至出现下降的现象。当然，对于教练员来说，并不希望看到个体出现反应不明显或水平下降的现象。训练目标应该是提高运动员的运动成绩。正如临床医学中，如果患者的病情没有改善，那么可以说医生的付出是失败的。尽管患者群体病情改善的平均效果很重要，但医生的重点还是要放在每个患者病情的改善或变化上。同样，教练的任务是让每个运动员提高成绩，特别是尖子选手。

此外，还有一些关于个体研究设计的误解。个体研究不像普遍规律研究，前者通常会经历多次验证或考察。个体研究设计依赖于逻辑性而非样本的可能性。

通过纵向研究以及重复性数据收集，可以发现运动员个体在运动成绩上的变化特点。群体研究常看重平均数，却忽视了个体的可变性，因此会丢失一些重要信息。如果将推理统计应用在群体研究中，受试样本就会相对较大（Hopkins 2002; Hopkins, Hawley and Burke 1999）。然而涉及顶尖运动员（例如奥运参赛选手或获奖运动员）的研究就不可能采用群体研究，因为每个运动员都很独特。一般情况下，个体研究设计会在1~5名运动员中进行。个体研究设计可以保证对运动员的全程研究与评价。个体研究设计不需要对照组，每个运动员均参照自己。因此，个体研究设计便于对每名运动员进行控制和施加影响，也不存在对照组运动员没有施加某种影响的问题（Hrycaiko and Martin 1996）。虽然这些都是个体研究设计所具有的优势，但需要足够长的时间来确定运动员的基线数据。这是因为只有长期监控某一指标的变化情况，才能确定该指标的可变性和稳定性，从而能够准确判断出那些超常变化。

在考虑如何对力量训练过程进行个体研究与监控时，可以用一个研究假设作为开始。假设提高臀肌及腰部柔韧性的拉伸训练可以提高4名奥运举重运动员的抓举成绩，因此，我们决定采用A-B-A-B研究设计。开始阶段，研究人员每周收集2次运动员拉伸总量及类型的基本信息。在经过4周基线期的拉伸训练后，运动员完成了坐位体前屈、托马斯测试以及抓举和辅助性测试，即下蹲、高翻、固定角度下的最大硬拉测试，并通过录像分析得到身体各关节角度的信息，这是第一个"A"。然后，运动员正式开始拉伸训练计划，同样每周收集2次信息，共持续8周，这是第一个"B"。接下来，停止拉伸训练4周，但继续记录上述指标测量数据，这是第二个"A"。最后，再开始8周的拉伸训练，继续监控所有测试指标，这是第二个"B"。

图9.12绘制了几名队员在24周内，坐位体前屈和杠铃速度的变化情况。为了简便起见，这里只选用了两个指标来说明。需要注意的是，4名运动员中有3名的成绩出现上升趋势。在A或基线期，抓举成绩有一定提高但不明显，在B或作用施加期，柔韧性和杠铃速度均表现出上升趋势。然而有一名运动员并未表现出类似的变化，训练反应和其他几名队员不同，可能是伤病或柔韧性难以改变等造成的。图9.12并未显示这名运动员的情况。不过，柔韧训练对3名运动员均发挥了积极作用。

以上分析的优势在于可重复性。进行拉伸训练后，运动员的柔韧性和杠铃运动速度有了提高。当停止拉伸训练后，运动员的柔韧性和杠铃速度则有所下降。然而一名运动员未表现出上述特点值得教练员和科研人员深入研究并找出答案。这一测试也为科研人员和教练员今后对其他相关问题的差异诊断以及如何进行针对性训练提供了思路。显然，对该问题如果采用普遍性研究方式，那么第4名运动员的偏差就会因计算平均数而被掩盖。如果受试样本足够大，那么采用普遍性研究可能会得出柔韧性对杠铃速度的提升具有显著差异的结果。然而，这种研究却会掩盖个体受试无反应或表现不佳的问题。

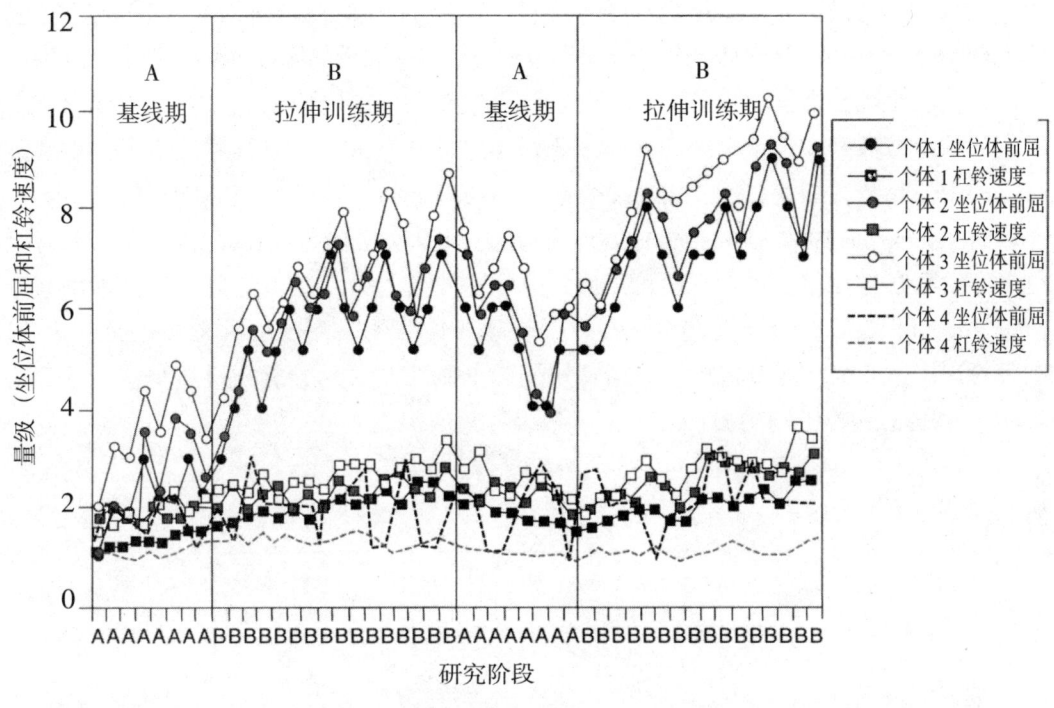

图 9.12　举重运动员拉伸训练假设性单体设计数据

注：图中阶段 A 为基线期，期间未进行拉伸训练。阶段 B 为拉伸训练期。可见，在训练期，运动员 1、2、3 的柔韧性有改善趋势，并伴有举重时杠铃速度的提高。此外，个体样本 4 并未表现出类似的变化。

个体研究设计能够在运动员力量训练监控中发挥作用。与普遍性研究相比，个体研究可基于不同的研究假设，并更适用于个体的纵向评价。

七、制图、趋势分析和自相关

最简便的力量训练监控方法是制图。根据数据简单制图以及趋势分析看起来并不复杂，不过简单的统计计算有时也具欺骗性（Hrycaiko and Martin 1996）。在分析不同群体具有"暗示性"数据建立的散点区间之后，所得出的高相关性往往是夸张且脱离实际的（Vincent 1995）。因此，虽然相关的散点图表现出不同群体之间在数据上的匹配，但相关系数本身可能具有迷惑性。常见的电子制表软件和统计软件包提供了各种制图选项。研究表明，数据制图比制表或文字更具启发性（Tufte 1983, 1990）。

监控可以获得各类数据，数据能够反映趋势。趋势包括线性、曲线或周期循环几种形式。线性趋势获得途径各有不同，例如，可使用来自个体研究方法中的拆分分析法，用该方法可以计算出发展趋势的平均斜度。为了计算分裂中值，数据序列由中间分为两个部分，并可分别计算每个部分的中位数。然后，数据序列可分为四份（即每份1/4）。后半部分数据序列的中位数位于整个数据序列的75%的点位上，前半部分数据序列的中位数则在整个序列的25%的点位上。两点连成一条直线，代表中位斜度或数据的中位趋势（图9.13）（Barlow and Hersen 1984）。通过回归分析，也可得到线性趋势（Jackson 1989; Vincent 1995）。利用这种方法也能分析出曲线趋势，但需要更复杂的数学运算。通过人工，可以确定分离中段线的中点，方差分析软件可用来分析线性回归和曲线拟合。上述方法在软件自动分析时间序列数值时非常有用。不过，在力量训练过程的实际监控中，常会使用简单的制图及线性分析为科学调整提供支持（Sands 1991a, 1991b, 1992）。

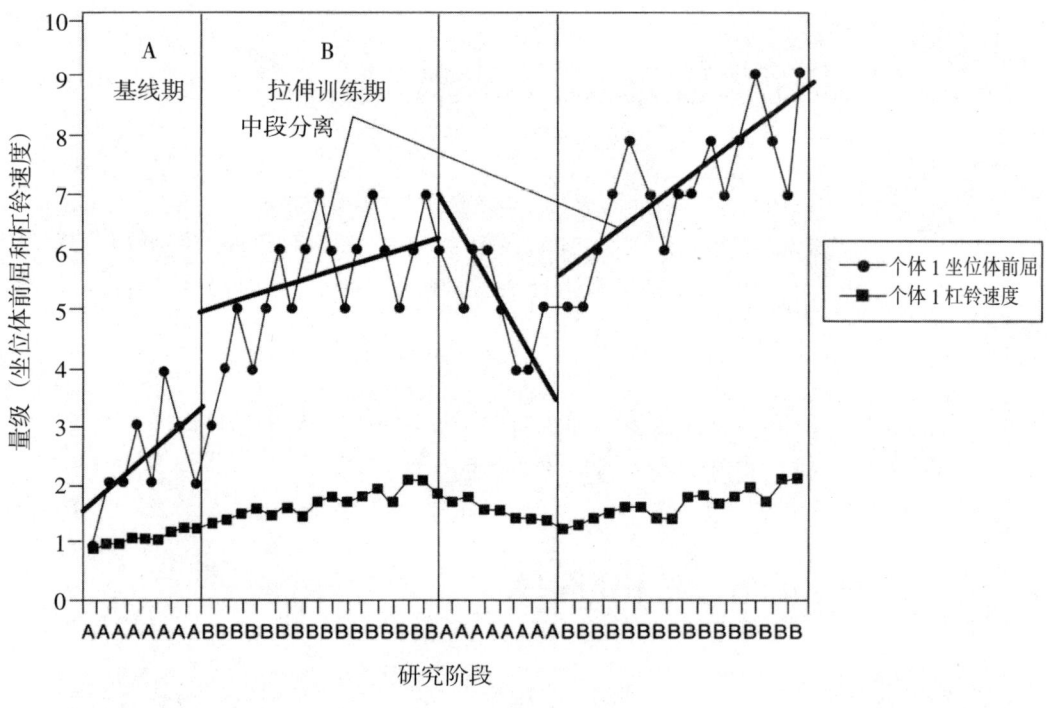

图9.13　单体设计数据

注：假设性坐位体前屈的数据呈现出中段分离特征（中位数斜度）。要注意的是，数据的中位数（分离中段线的中点）及分离的中段表明，对个体研究对象而言，虽然需要谨慎对待阶段A出现柔韧性增加的特点，但拉伸训练对柔韧性及杠铃速度的提高会有帮助。

自相关是检验与描述周期性数据时二元相关的一种特殊形式。皮尔森积差相关系数属于统计学范畴，但也有其附加维度。皮尔森积差相关系数常称作"零阶相关系数"，表示两个相关变量并未同时出现或测量时间不具重要性，例如，可以计算身高与体重间的皮尔森积差"零阶相关系数"。用同样的方法可以计算自相关的相关系数，但相关数据始终代表同一变量。时间或序列差称作"时滞"。例如，计算位置 1 和 2、2 和 3 间、3 和 4 之间的相关系数中有 1 个延迟的自相关，而计算序列值 1 和 3、2 和 4、3 和 5 时，有 2 个延迟的自相关系数（图 9.14）。在一个完整数据序列中，可以利用理论上存在的"时滞"进行反复计算。图 9.15 为自相关图。需要注意的是，最高自相关系数的延迟是 2 和 10。趋势预测时，在数据序列中，仅在数据 2 或数据 10 上具有最高协方差或预测性。然而当前还很难为这种周期性行为特征找到一个有力的理论依据。

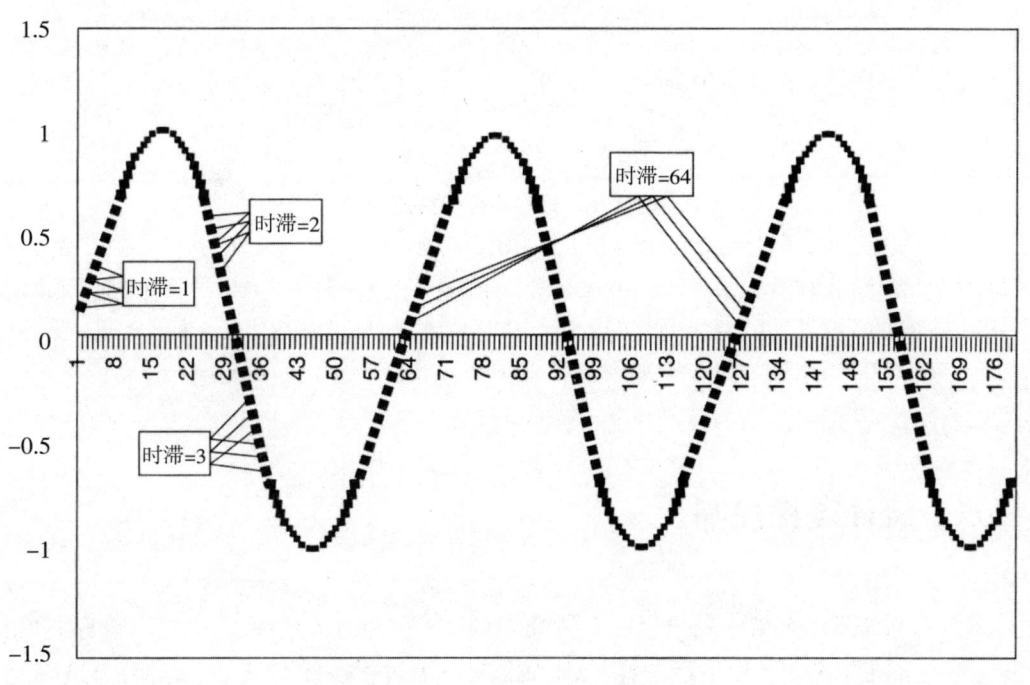

图 9.14 相关系数与时滞

注：图 9.14 描绘了自相关的大体计算方法。时滞代表的数组距离或位置点用来计算相关系数。需要注意的是，当时滞值在周期性数组曲线上形成的位置点相似时，相关系数就高。通过这种方法，研究人员可以判断是否存在周期行为，以及最佳时滞或数组位置点的最佳距离。由此可以发现周期行为的时间特征。

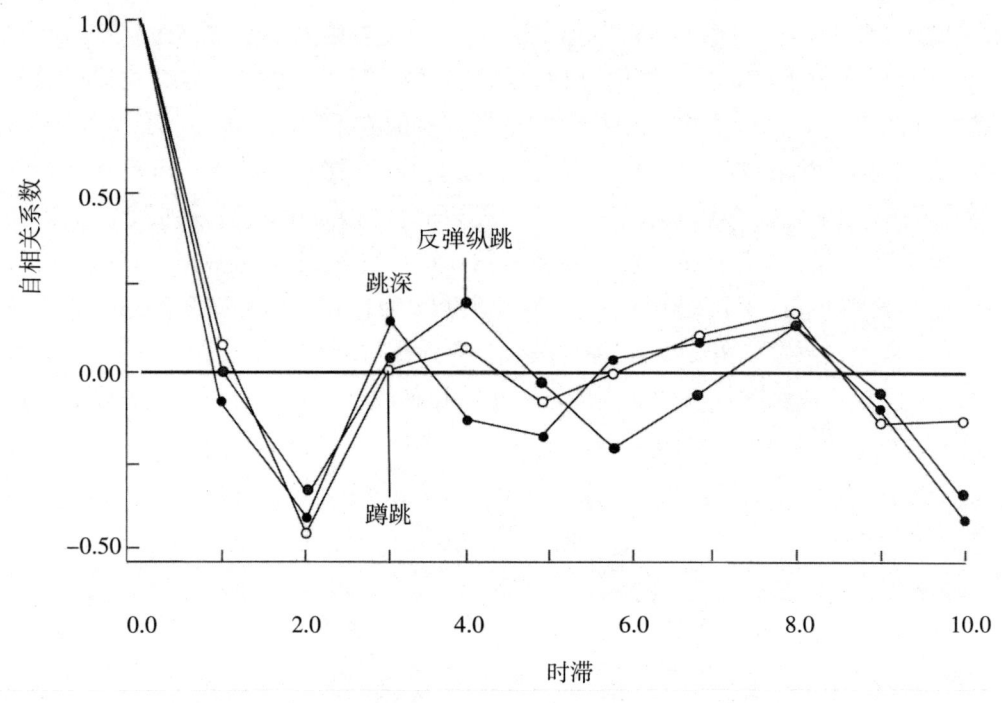

图 9.15　纵跳高度相关图

注：图 9.15 是由大学女子田径运动员各时滞点的纵跳数据绘制而成。目的是通过一系列测试发现是否存在周期行为。由图可见，第 2 到第 10 次测试之间的自相关系数较高，其时滞单位为周。在第 2 周到第 10 周间的纵跳成绩可能存在周期变化特征。然而，如果自相关系数出现负值则表明，当运动员某一周的纵跳成绩较高时，那么在接下来的 2~10 周内，成绩有可能下降。

八、统计过程控制

统计过程控制（SPC）是一个独立研究领域，在工业生产中的应用相当普遍（Pitt 1994; Shewhart 1986）。和生产一样，训练也是一个过程。统计过程控制为力量训练监控提供了强有力的统计学工具，借助它可以对纵向数据进行分析。实际上，SPC 有很多应用工具，监控力量训练只需要为数不多的几个即可。

SPC 的基本应用前提是在进行总体分析时，纵向的数据分布特点满足统计标准。例如，在进行为期数月的安静心率监控时，若发现心率逐渐下降，数据接近正态分布特点，此时就可用正态分布特征属性来确定数据的"相对稀有度"。我们可以通过平均数和标准差来计算 Z 值，得出心率对应的概率。图 9.16 为运动前的安静心率。统计过程控制利用平均数和标准差在控制限内对分数进行分类。平均数上下一个标准差代表第一控制限，平均数上下两个标准差是第二控制限，依此类推。利用这种参照标准，可以确定是否对罕见心率进行必要解释，例如，当数值超出了两倍标准差，发生概率小于或等于5%，这种罕见现象就需要解释或探究。如果安静心率超出了两倍标准差，很可能说明出现了什么问题。图9.16中，所有超出第二控制极限（即超出两倍平均数的标准差）的安静心率值（除一例外）均与身体病态症状同时出现。

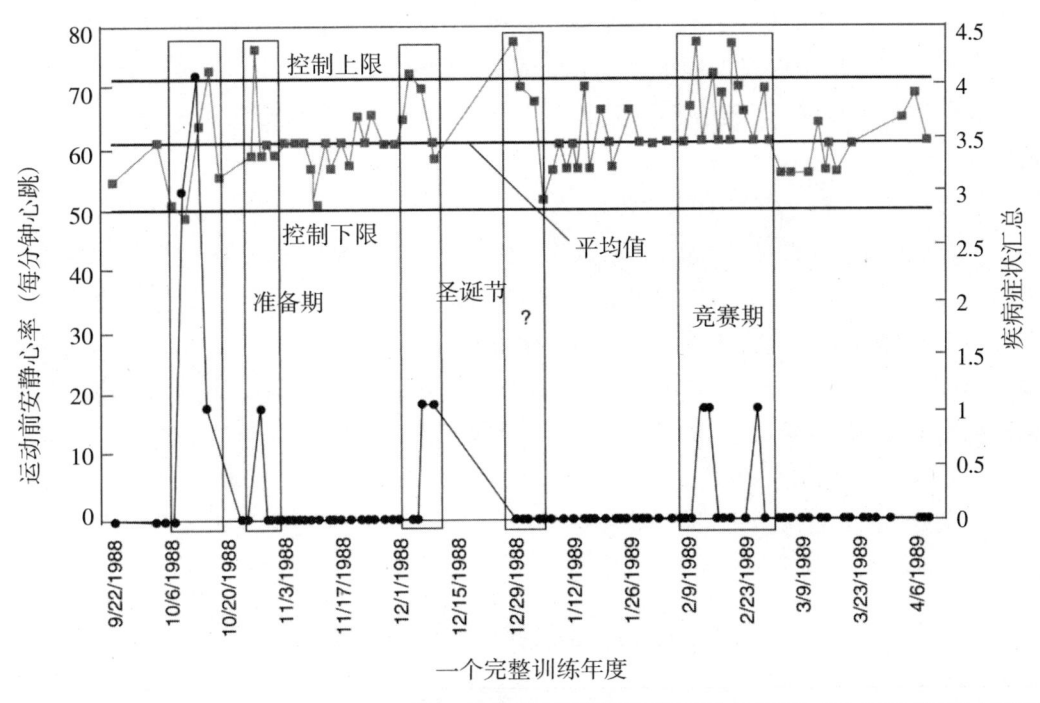

图9.16 运动前安静心率与疾病症状汇总

注：图9.16数据来自一名大学女子体操运动员。由图可见，除一次例外，当运动员运动前安静心率超过控制上限（2倍标准差）时，会出现某些明显病症。上下限形成的区间占数据的95%，并呈正态分布。应注意的是，运动前安静心率超过上下限的可能性只有5%，但这些数值并不常见，需做进一步解释。

需要注意的是，图9.16的数据表现为相对正态特征，若使用该正态分布，应经过统计检验，因为根据概率进行决策时，或许有一个值会明显地偏离正态假设。所以，有必要预先对安静心率进行检验，明确心率上升趋势大于下降趋势的特征，并会对数据分布的基本假设进行修订。

纵向数据经平均数和标准差分析后，若数据呈正态分布，可以判断数值是否罕见或常见。作为过程分析的一部分，罕见数值需要做进一步解释。如果某训练方法对运动成绩的提高超出了两倍标准差，应充分肯定训练而无需调整。若测试数据在一倍标准差以内，可知约68%的数据会在正负一个标准差范围内，数据出现罕见的可能性不大。在中间范围内，也可以确定在什么程度下需要对可能的罕见数据做出解释。通过长期分析，可建立训练决策、运动成绩与罕见数据之间的联系。

九、专家系统

按计划对训练进行监控时，会遇到一个很现实的问题，那就是需要处理一大堆的数据。对训练日记而言，无论手写还是计算机录入，都很难快速发现细微的变化。训练数据的计算分析不仅仅是用来建立一个数据库那么简单，而训练监控的目的也并非只是简单的数据存储。理想的训练监控是通过计算机对数据的处理发现数据中存在的重要关系。

值得一提的是，用于训练数据分析的电脑程序已经面世（Sands 1991a, 1991b, 1992, 2002; Sands, Shultz and Paine 1993, 1994）。这些程序被称为人工智能型"专家系统"。"专家系统"是计算机编程人员开发的让计算机像专家一样对数据进行判断的智能系统。专家系统通常包括很多指令性程序，会对数据输入一组指令。将指令用于训练监控，可以发现和力量训练有关的过度训练或其他问题，例如，过度训练常见的症状是安静心率上升并同时伴有体重下降（Nye 1987; Rusko et al.1989; Sands 1990b, 1991a, 1991b, 1992, 2002; Sands, Shultz and Paine 1993, 1994; Uusitalo 2001; Yushkov, Repnevsky and Serdyuk 1986）。因此，基于计算机的专家系统可以在数据分析时，输入下列指令：

过度训练=安静心率上升+体重下降

专家系统可以通过程序设计分析相关数据，并用便于理解的语言描述运动员的训练状态。

利用计算机制图工具、统计软件和人工智能途径，可以研发出各种数据汇总和制图方法。此前虽然也有过"让计算机思考"等舆论宣传造成的尴尬局面，但人工智能科技已经成功地打入主流商品行列。然而，让计算机像人类一样思考要比想象的难得多。对于解决一些小问题，人工智能科技的确给人们带来了很多惊喜。训练监控上，利用人工智能技术可以为教练员和科研人员在那些费时难懂的数据前发挥"决策支撑"的作用（Bahill, Harris and Senn 1988; Bailey, Thompson and Feinstein 1989; Graham and Jones 1988; Lane 1989; Menzies 1989; Parsaye and Chignell 1988; Sherald 1989）。

本章小结

训练监控是高水平竞技运动成功的关键。通过建立"用量与反应"关系、分析变化趋势、关注异常数据以及在文献查阅中发现规律特征等途径对每个运动员的训练过程进行记录分析，从而更好地达到研究与控制训练和竞赛的目的。体能教练、运动专家、教练员可以利用训练监控提高对每位运动员训练过程的控制能力。

第十章　力量训练的身体与生理学适应

在探讨力量训练适应之前，区分健康体适能与运动体适能非常重要。毕竟健身锻炼和竞技训练不是一回事。实际上，为提高运动成绩而进行的竞技训练，对健康可能是一种损害。例如，140 公斤的体重并不是健康的标志，但这样块头的身体可以在全美橄榄球联赛中赢得百万美金或是能成为铅球奥运冠军。

一、训练适应的概念和关键因素

练习手段即身体活动。一般情况下，练习结束后会出现生理的急性反应，例如，在完成一组重复 10 次的杠铃负重半蹲或跑完 2 英里后，心率和血压都会上升。训练则是有规律的练习，目的是让身体及生理产生适应。

专项化是运动科学的重点。专项练习将产生专门反应，专项性训练会产生专门性适应，例如，铅球的训练适应与 10000 米跑的训练适应就截然不同。从概念上，体能对每个运动项目都有特殊的意义。因此，铅球运动员的体能明显有别于长跑运动员的体能。

图 10.1 反映了理想状态下运动成绩的提高过程。不管意识与否，各种生理因素都会对运动成绩的提高产生影响。理想的训练能够促进蛋白质合成、提高酶含量、调节同工酶水平及组织重建。蛋白合成会最终作用在提高成绩上。为了能有效促进蛋白质合成，实现训练目标，训练时必须考虑恢复与适应过程。

恢复即失而复得，简单地说，恢复是运动员机体还原到原有水平的过程。适应则涉及专项训练计划的长期规划与调整。因此，教练员和运动员不能仅仅满足于恢复，而是必须促进"恢复与适应"水平的提高（参见第十三章）。

影响训练适应的因素有很多，如遗传、年龄、发育、性别、心理状态、营养、环境以及教练员和运动员的关系等（图 10.2），其中遗传是众多影响因素中最重要的（Huygens et al.2004; Rotter et al.1985; Simoneau and Bouchard 1995）。练习反应及训练适应与训练水平、运动量及运动强度、练习手段选择及疲劳程度密切相关。

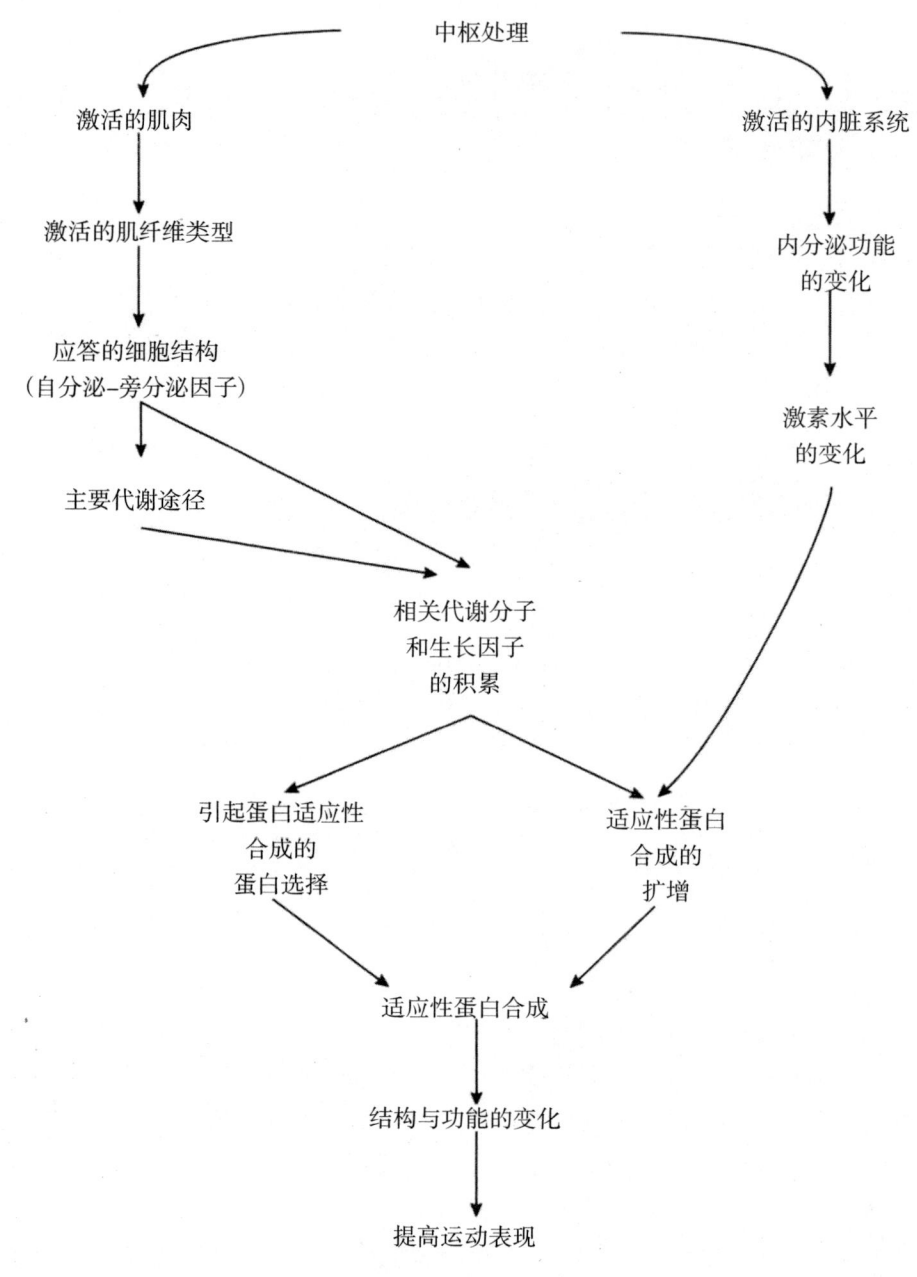

图 10.1　理想状态下运动成绩的提高过程

注：训练计划的目的是产生适应，提高成绩。训练时，机体各系统会同时参与其中，如中枢神经系统、心肺系统、神经内分泌系统、旁分泌-自分泌系统和免疫系统。这些系统联同代谢系统调节蛋白质的合成，影响酶的生成和肌肉等组织的重建。训练引起的适应具有专项性，可以改善功能，提高运动技能和表现。

改编，许可自：A. 维鲁，M. 维鲁. 训练效果的本质（选自：J. 邦斯博主编. 体育运动科学）[M]. 马里兰州巴尔的摩：利平科特，威廉姆斯与威尔金斯出版社，2000：68.

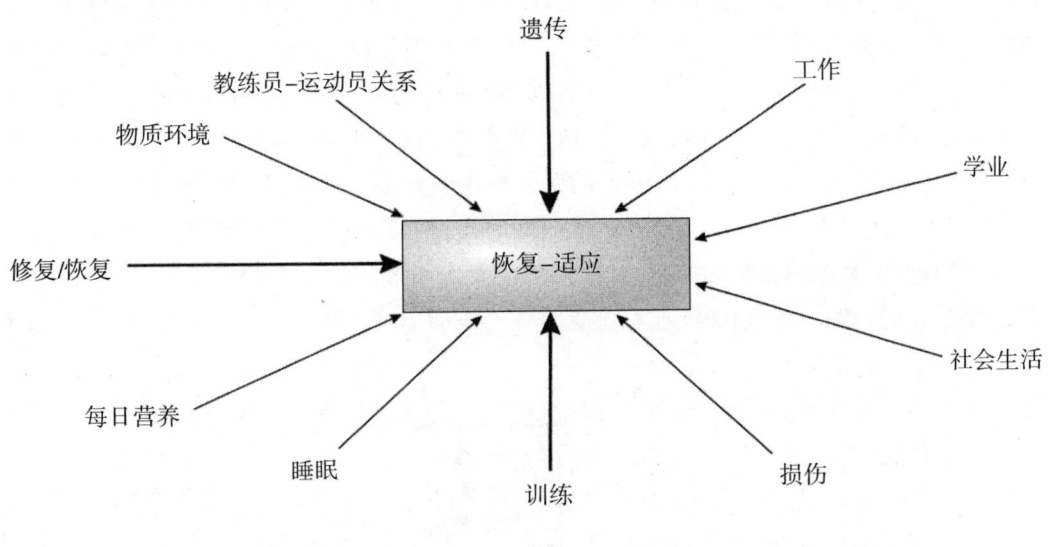

图 10.2　影响运动表现的因素（压力源）

（一）遗传因素

遗传决定运动成绩的原因有两方面：一是研究证明，基因类指标与专项运动成绩关系密切（Huygens 2004）；二是基因决定了适应潜力。相比之下，有些运动员的适应潜力更大（Bouchard et al. 1992; Klissouras 1971）。

安静状态下血睾酮水平（Harris, Vernon and Boomsma 1998）、α-辅肌动蛋白 3（Yang et al.2003）的遗传性、快速条件下动作控制能力与爆发性运动员的运动表现密切相关（Missitzi and Klissouras 2004）。慢肌纤维数量（Jones 2002; Zhang et al. 2003）、心脏适应能力（Hernandez et al. 2003）具有高度遗传特性，决定了最大摄氧量和长时间耐力项目的获胜几率。因此，遗传因素可以解释为什么有的运动员很难提高成绩，而有的运动员却比较容易。例如，体型具有的遗传特性，对力量训练中力量增长和体积增加有重要影响（Van Etten, Verstappen and Westerterp 1994）。除了与遗传有关的机体和生理指标会决定运动员的运动水平，心理因素在比赛获胜中也会发挥至关重要的作用（Klissouras et al.2001）（参见第十一章）。

（二）训练级别

对影响训练计划效果的相关研究表明，初级运动员的进步会更加明显（Sale 1988; Stone et al. 1998）。图 10.3 代表了理论上经训练后力量增长的规律。然而要注意的是，影响运动成绩的提高有两个重要因素，即肌肉因素和神经因素。神经因素主要用来解释力量训练初期力量或动作功率显著增加的原因,而肌肉横断面积(增肌)的增大则出现在训练后期(Sale 1988)。这并不是说,神经因素在力量训练后期就不能改变或者是肌肉体积增大就不会出现在力量训练初期,而是说神经因素在力量训练初期占主导作用。从训练角度看,在进行大量高强度力量训练前运动员必须具备最大或次最大用力的能力,给肌肉足够大的压力刺激其生长。不管适应机制如何,初级或一般水平运动员的适应空间大,但随着训练的推进,适应空间就会明显减小。任何设计合理的训练计划对未经训练的人来说都会产生积极效果,但对于高水平运动员而言,却需要更高级别的刺激和训练调整。

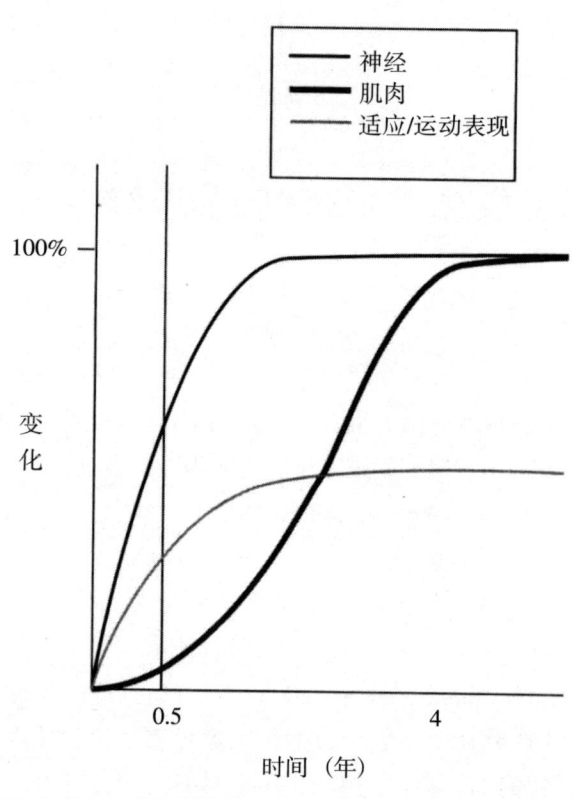

图 10.3　理论上力量的适应性变化过程

注:图 10.3 可以看出初学者力量增长速度要快于训练者。初始阶段主要是神经适应,后期主要是肌肉体积的增加。

(三)疲劳

疲劳分为急性疲劳和慢性疲劳。急性疲劳出现在训练中或训练后,表现为机体保持最大用力或动作功率能力出现下降,急性疲劳取决于训练任务(Hunter,

Duchateau and Enoka 2004)。因此，即便是训练任务发生了微小的变化，也可能引起疲劳特性的改变。急性疲劳与氢离子增加造成的兴奋偶联分解（Stackhouse et al. 2001)、细胞内外的钙离子浓度变化（Allen, Kabbara and Westerland 2002; Carins et al. 1998; Stackhouse et al. 2001)、磷酸肌酸（PCr）分解引起的无机磷含量上升（Wseterland, Allen and Lannergren 2002）等有密切联系。

神经系统在急性疲劳中占多少比重还不清楚，因为神经与肌肉之间的信号传导难以准确衡量（Gardiner 2001）。有人认为，高强度训练会导致神经疲劳，但支撑材料十分有限。实际上，在大负重力量训练时，神经系统动员与做功呈函数关系（Behm et al. 2002）。也有资料显示，完成高强度爆发性或高功率动作时，如多次重复50%1RM纵跳（Linnammo et al. 2000）或重复跳深（Skurvydas et al. 2002）造成的神经系统疲劳要比传统大负重力量训练明显得多。另外，长时间持续运动引起的疲劳也会涉及神经系统（Millet and Lepers 2004）。力量训练可以提高抗疲劳能力（O'Bryant, Byrd and Stone 1988; Robinson et al. 1995）。急性疲劳后机体恢复快慢与训练性质（如大强度冲击性的跳深、耐力运动或短跑）或主导肌纤维类型有关（Skurvydas et al. 2002）。

慢性疲劳是由于身心无法完全恢复导致的持续性运动表现不佳或成绩下降。慢性疲劳可能是过度训练的先兆或症状（参见第十三章），并与能量储备亏空、内分泌反应变化（Busso et al. 1992; Stone and Fry 1997)、内质网钙离子调控能力（Li et al. 2002）和神经疲劳有关（Linnammo et al. 2000）。慢性疲劳会引起力量、动作功率、力增速率、动作控制以及技术质量下滑，而且慢性疲劳也可加剧疲劳感和延长恢复时间。

慢性疲劳会导致练习反应以及训练适应能力下降。因此，需要特别注意慢性疲劳对训练适应带来的负面影响。然而这并不意味训练从不产生疲劳，而是说要控制训练不能对恢复与适应造成负面影响。

如果运动员的压力过大，容易引发过度训练。过度训练常常表现为运动成绩徘徊不前或是下降，阶段训练目标将无法实现。另外，这种现象无法通过训练负荷安排直接解释。应注意的是，训练本身不可能导致问题，原因在于压力的积累。根据症状类型和反应程度，过度训练可以有不同分类（图10.4）（Stone et al. 1991b）。简单地说，过度训练可分成单一训练和过度工作或过度压力。单一训练并非指疲劳程度深或与过度训练有关的一般性症状，而是中枢神经系统对反复重复的相同（或类似）训练结构的"过度适应"（参见第十三章），结果会造成成绩停滞或小幅下降。过度工作或过度压力是由压力日积月累（包括训练）所造成的，当这些压力非常大时，恢复与适应过程就会出问题。

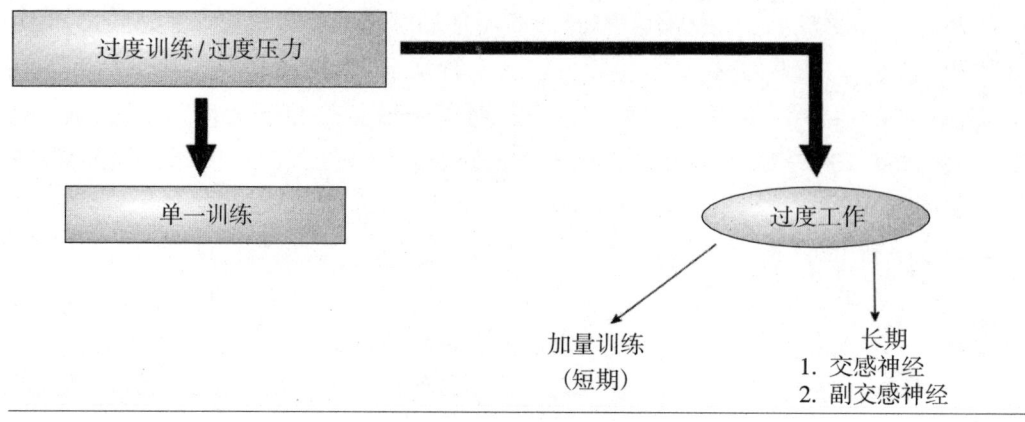

图 10.4　过度训练的类型

改编自：M.H. 斯通，等. 过度训练迹象、症状及成因综述 [J]. 应用运动科学研究，1991，5（1）：35-50.

过度工作或过度压力可进一步分为短期（冲击训练）和长期（慢性）两种。冲击训练被定义为短期集中增加训练量或强度（或同时）造成运动成绩暂时下降的训练安排。冲击训练的表现和症状不像过度训练表现得那么广泛、严重，重要的是，运动成绩会在几天或几周之内恢复。运动成绩通常会在冲击训练后的 2~4 周内出现增长（Stone et al. 1991b）。长期过度工作或过度压力的表现及症状更为严重，并且与中枢神经系统有关。这些症状类似交感神经系统或副交感神经系统过度刺激后产生的症状，它们会或多或少地在运动中表现出来。过度压力形成的交感神经性过度训练可能是副交感神经性过度训练的诱因（图 10.5）。

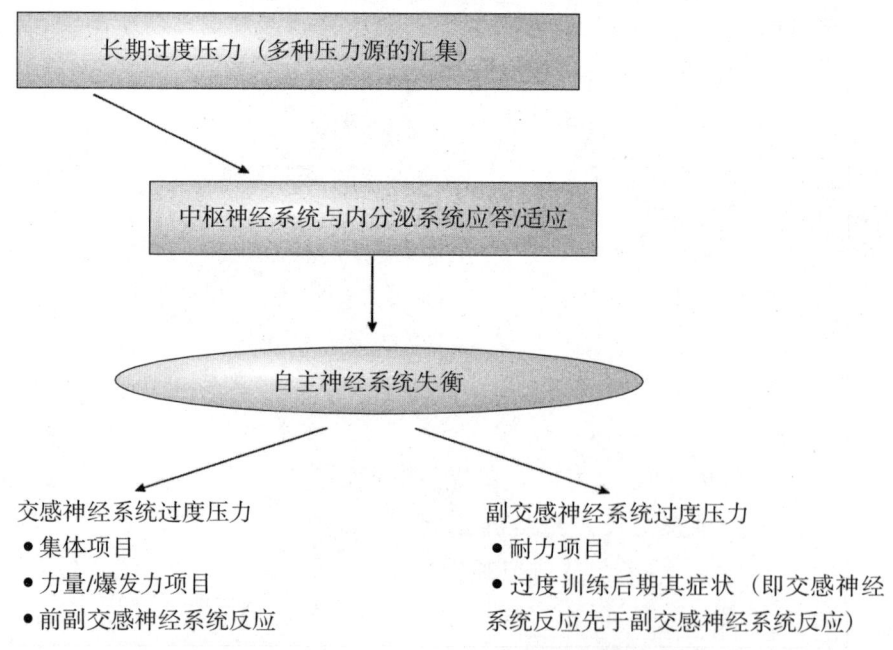

图 10.5　长期过度工作或过度压力中枢神经系统与运动专项特征

改编自：M.H. 斯通，等. 过度训练迹象、症状及成因综述 [J]. 应用运动科学研究，1991，5（1）：35-50.

第十章 力量训练的身体与生理学适应

过度工作或过度压力表现为综合症状，其严重程度会随训练负荷，尤其是训练量的增加而加剧（Stone et al. 1991b）。图 10.6 是理论上过度工作或过度压力加剧引起的症状变化。爆发类项目运动员中，过度训练的表现起初为神经系统出现问题，随后是动作控制和动作技术的变化以及更广泛的内分泌系统变化（图 10.7）。过度训练的确切机制（图 10.8、图 10.9）还不清楚，但可能与生理系统复杂变化中的细胞因子合成有关（Armstrong and VanHoost 2002，McKinnon 2000，Smith 2000）。

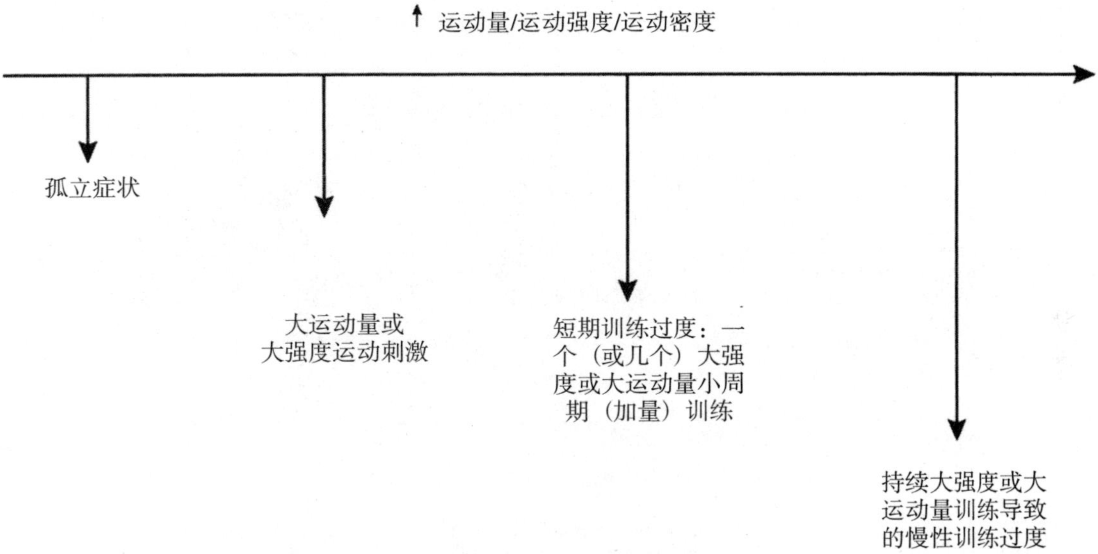

↑ 运动量/运动强度/运动密度

孤立症状

大运动量或大强度运动刺激

短期训练过度：一个（或几个）大强度或大运动量小周期（加量）训练

持续大强度或大运动量训练导致的慢性训练过度

图 10.6　训练引起的过度工作或过度压力的系列症状

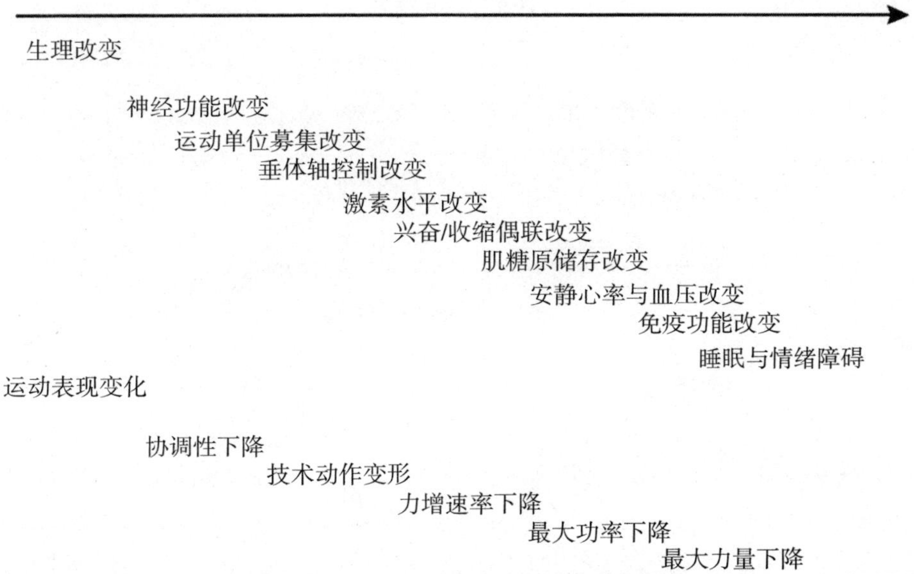

生理改变
　　神经功能改变
　　　运动单位募集改变
　　　　垂体轴控制改变
　　　　　激素水平改变
　　　　　　兴奋/收缩偶联改变
　　　　　　　肌糖原储存改变
　　　　　　　　安静心率与血压改变
　　　　　　　　　免疫功能改变
　　　　　　　　　　睡眠与情绪障碍

运动表现变化
　　协调性下降
　　　技术动作变形
　　　　力增速率下降
　　　　　最大功率下降
　　　　　　最大力量下降

图 10.7　爆发类项目运动员过度训练症状发展进程

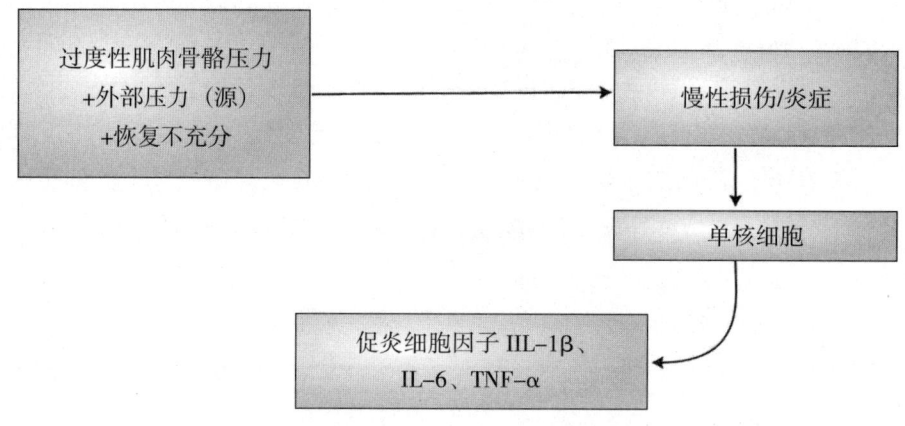

图 10.8　过度训练的理论机制：过度压力导致促炎蛋白（细胞因子）生成

改编，许可自：L. 史密斯. 过度训练的细胞因子假说：过度压力下的生理性适应？[J]. 竞技与运动医学和科学，2000，32（2）：317–331.

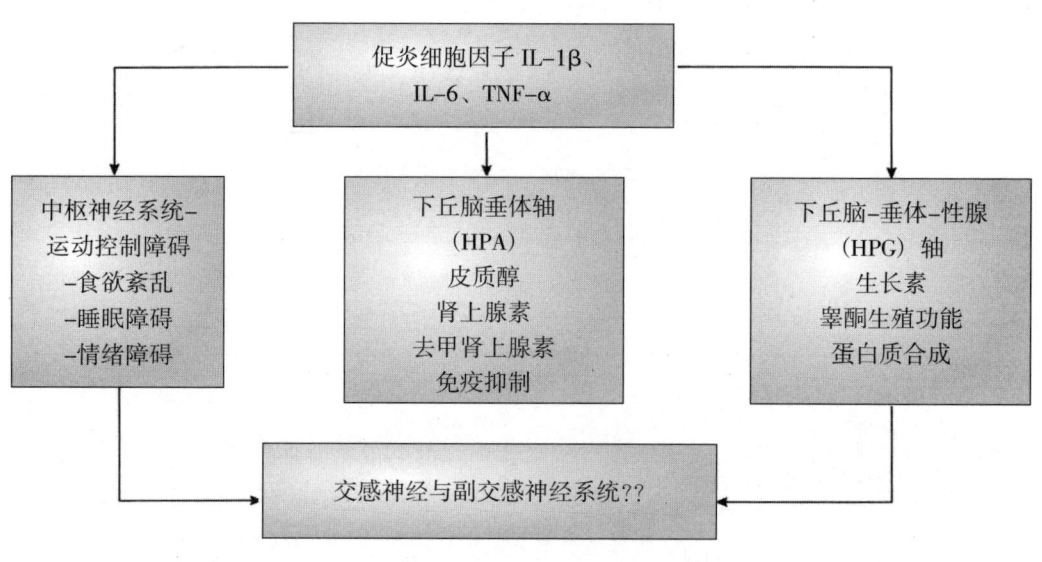

图 10.9　细胞因子生成导致机体各系统功能改变

改编，许可自：L. 史密斯. 过度训练的细胞因子假说：过度压力下的生理适应？[J]. 竞技与运动医学和科学，2000，32（2）：317–331.

（四）年龄和发育程度

运动成绩最终会因年龄的增长而下降。研究发现（Åstrand and Rodahl 1970），在普通人群中，男性等长收缩力的峰值大约出现在 20 岁，女性为 18 岁，随后等长力量逐年下降，70岁的等长力量与15岁时相当。未经训练的男女受试者中，年龄超过40岁后，每10年等长和动态最大力量下降幅度约为11%（Harries and Bassey 1990; Lindle, Metter and Lynch 1977）。相比之下，单块肌肉或肌群的收缩力下降幅度并不完全一致（Amara et al. 2003）。

力量举运动员的多关节（下蹲、卧推、硬拉）基础力量，从40到50岁平均每年下降1%~3%，此后每年下降1%（Galloway, Kadoko and Jokl 2002）。尽管男子举重运动员爆发力的下降并不是连续的，但从40岁后每年也会下降1%~1.5%（The and Ploutz-Snyder 2003; Meltzer 1994）。老将级田径运动员的运动成绩也会因年龄增加而下降（Baker, Tang and Turner 2003; Fung and Ha 1994）。女性的爆发力因年龄增长的下降幅度会更加明显（Baker, Tang and Turner 2003）。例如，1997年5个重量级女子抓举、挺举纪录平均是男子纪录的68%（Rozenek and Garhammer 1998）。在45~50岁年龄段，这个比例会下降到50%，而在55~59岁年龄段，比例则会下降到30%。举重是爆发类项目，研究发现，女子举重动作速度和功率随年龄增长而下降的速率更为明显。由于参加老将组女子举重运动员样本较少，因此，很难得出老将级女子举重运动员动作速度和功率下降的确切数据。

假设普通人与运动员的力量及爆发力水平随年龄下降的速率相似，那么经常进行力量训练的受试者的健康水平和运动能力要比缺乏运动或久坐的人高，这是因为在任何年龄段，经常参加力量训练人的身体会更加强壮。年龄增长导致的力量和动作功率下降的主要原因有：久坐的生活方式、肌丝及体成分的改变、Ⅱ型快肌运动单位的优先退化、特定类型肌纤维最大收缩速度的下降（Evans 1995; Krivickas et al.2001; Lasson and Karlsson 1978; Proctor, Balagopal and Nair 1998）、神经系统退化（Ward and Frackowiak 2003）、内分泌，特别是胰岛素样生长因子、睾酮、脱氢表雄酮与硫酸盐含量的改变。随着年龄的增长，耐力水平也会下降，但下降速率要比最大力量小（Baker, Tang and Turner 2003; Galloway, Kadoko and Jokl 2002），这也许和随年龄增长慢运动单位萎缩程度小、运动能力保持时间长有关（Larsson and Karlsson 1978）。

力量训练对由年龄增长引起的耐力、力量和动作功率下降趋势具有延缓作用（Bemben 1998; Lemmer et al. 2000）。力量训练能够增加肌肉体积、保持快肌纤维的收缩能力、增加结缔组织强度以及提高动作控制和内分泌水平，同时对健康水平和运动能力也有促进作用（Johnson et al. 1983; Stone 1988; Stone et al. 1991a; Stone and Karatzeferi 2002）。如果年龄太小或太大，其适应水平不及少年和年轻人。随年龄的增长，肌肉维度以及最大力量都会降低，但单位肌肉横断面积内的等长力量却不受影响（Johnson et al. 1982, 1983; Welle, Totterman and Thorton 1996）。

老年人在力量锻炼时，要更加注意循序渐进，保证更长时间的热身活动，以及减缓锻炼进度。在进行最大力量测试时，要更加注意安全，并且应通过大量练习来熟悉测试程序，从而保证测试的可靠性（Phillips et al. 2004）。

过去，尽管儿童的力量训练存在争议，部分争议集中在儿童力量或动作功率提高的可能程度及安全问题上，但资料显示，少年儿童进行力量训练会有不少益处。

不建议儿童（少年前期）进行力量训练的人士认为，训练导致的最大力量增加只会超过儿童自然发育的最低程度，这是因为儿童时期合成激素水平低，力量训练会影响肌肉生长（Katch 1983；Legwold 1982）。在青春期，力量会因为肌肉增加以及合成激素水平上升而显著提高。实践发现，进行体操训练的儿童比同龄未经训练的儿童更强壮，动作功率更大。虽然儿童时期有助于肌肉生长和提高运动能力的激素刺激及合成能力非常有限，但力量增长很可能是神经系统适应的结果。

图 10.10 为儿童、少年以及成年男性身体、生理发育模型。从图中可见，儿童时期运动单位以及神经系统的发育已足够成熟，即便是七八岁，神经系统也可以对力量训练产生适应。最近有资料表明，力量训练会引起安静激素水平，如青春期前期（11~13 岁）以及青春期男孩（14~16 岁）睾酮水平的上升（Tsolakis, Messinis and Apostolos 2000）。相关研究表明，力量训练会造成青春期的力量水平、运动技能、心血管指标以及体成分的适应性变化（Blimkie 1993；Byrd et al.2003；Faigenbaum 2000；Falk and Tenenbaum 1996；Lillegard et al.1997；Payne et al.1997；Sothern et al.2000）。实践证明，力量训练有助于青少年相关运动能力的提高（Byrd et al.2003；Drozdov and Petrov 1983；Dvorkin and Medvedev 1983）。

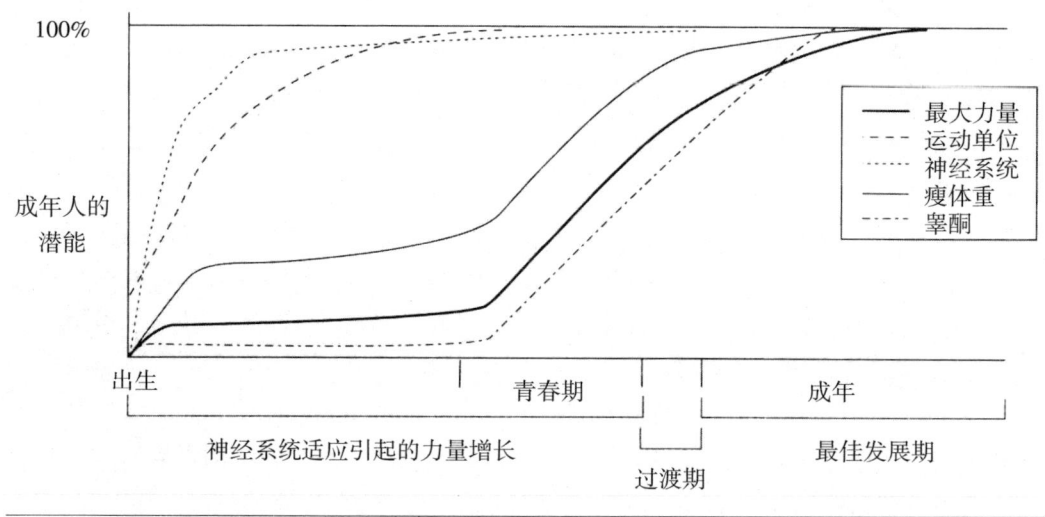

图 10.10　男性力量发展的理论模型

注：该模型代表了男性身体与生理的成熟过程。虽然最大力量（ST）和瘦体重（LBM）与激素（T）水平有关，但神经系统（NS）、运动单位（MU）及肌纤维类型的发育成熟在先。因此，神经系统功能的变化是青春期前少年力量训练的主要适应结果。
改编，许可自：W.J. 克雷默. 力量训练与青少年 [J]. 少儿运动科学, 1989, 1:336–350.

安全是儿童尤其在青春期前进行力量训练时主要考虑的问题（Blimkie 1993）。尽管儿童在力量训练中出现过受伤现象，但概率相对较低，受伤严重的十分罕见

（Byrd et al. 2003; Drozdov and Petrov 1983; Dvorkin and Medvedev 1983; Hamill 1994）。然而值得注意的是骨骺（生长板）损伤。虽然儿童出现的骨骺损伤通常是因为高强度运动所致，尤其在接触性运动中，但很少出现在安排合理的力量，包括在举重训练中（Hamill 1994）。此外，当生长板损伤出现后，如果治疗得当就不会留下后遗症（Maffulli 1990）。

数据显示，高强度运动中，儿童的疲劳程度不及成年人。在短跑和短距离自行车骑行中，成人比儿童的最大和平均动作功率下降的幅度更大，儿童的疲劳程度更低（Ratel et al. 2004），其原因是否与成年人（与儿童相比）在高强度运动中更有可能接近本人极限有关还不得而知。

体育运动中，早期发展运动技能或技术动作尤为重要。儿童期（或初学者）掌握正确的技术动作和力量训练可以减少潜在运动损伤、增加技能保持的时间、保证长期训练进步、提高长期训练适应、增强训练迁移（即促进力量训练效果向运动专项的转化）。

有证据证明，如果儿童正确掌握一项运动技能，那么这项技能就会保持得非常牢固。安德朗·桑德伯格（1998）指出："青春期前通过训练获得的运动技能将长久保持，但对成年人来说，这种因力量或体能训练促进所获得的运动技能若不能经常保持，就会很快消退。"这说明了两点问题，一是如果技能已经达到很高的水平，总是持续进行技术训练某种程度上会起反作用。相反，促进或保持专项体能训练会起到更好的效果。二是掌握技术就像痕迹刻画般根深蒂固。技术一旦学会就很难改变，因此要在儿童（以及其他初学者）运动技术学习上花大气力。

儿童时期开始力量训练应注意以下几点。首先，儿童要身（坦纳氏分期）心发育成熟，而且要区分其生物年龄、身体及生理年龄。例如，一些11岁的儿童身体发育程度和14岁一样。奈姆·苏莱曼诺尔古（60~64公斤，Bulgaria, Turkey）10岁开始举重训练，15岁就首次创造了成年组纪录。此后，他连续获得了4次世界冠军和3次奥运冠军。如果他生活在英国或美国的大多数州，那么15岁前一定会被力量房拒之门外。其次在心理方面，衡量成熟程度相对容易，有些可借用心理测试的辅助工具，如贾纳斯和奥福德研制的早期发育测量工具。然而这些工具是针对适龄儿童能否达到入学标准而设计的，对能否进行运动或力量训练却不得而知。因此，训练指导者有责任和义务对儿童在心理上是否达到训练标准作出判断。

力量训练器材基本上都是为成年人设计的，如果采用器械训练，应符合儿童实际需要。相比之下，自由负重练习更适合儿童。训练时，教练员和儿童必须明确每个练习的正确做法。在掌握正确动作前，儿童不应增加负重。同时，教练和儿童都要知道如何正确使用保护技术以及何时使用。

虽然在儿童力量训练计划选择上还存在争议，但教练员有责任为儿童设计力量训练计划。在青春期前，初始阶段的力量训练以每周安排2次训练，每次训练多组，每组重复10~15次为宜（Byrd et al.2003; Faigenbaum et al.2002）。虽然没有证据显示最大力量测试会对儿童不利或造成伤害，但儿童在进行最大力量测试时要格外注意

(Byrd et al.2003; Faigenbaum, Milliken and Wescott 2003)。此外，教练员还要清楚力量训练计划可能对儿童产生的效果。

（五）性别

虽然体形不是关键因素（Batterham and Birch 1996; Vanderburgh et al.1997），但在一定程度上说明了男女之间在力量和动作功率上的差异（Van Den Tillaar and Ettema 2004）。

没有训练背景的普通男女，在最大力量上存在差异（Lewis, Kamon and Hodgson 1986; Miller et al.1993; Sanborn and Jankowski 1994），女性最大力量占到男性最大力量比例的平均值如下：全身为64%，上肢为56%，下肢为74%。以上数据是各种收缩形式及器械、自由负重力量测试的综合结果。因此，不同测试仪器测得的结果会有差异。另外，上述测试并未考虑体成分，如果考虑体重和瘦体重，那么男女之间的力量差异就会缩小。

对于上肢，女性每公斤体重的最大力量大致是男性的60%，每公斤瘦体重的最大力量大致为男性的70%~75%。对于下肢，女性每公斤体重的最大力量约为男性的80%~85%，每公斤瘦体重的最大力量约为男性的95%~100%。

虽然有关高水平男女运动员力量差异的数据很少，但爆发类项目运动员，包括举重和力量举（Kraemer and Koziris 1994）健将，以及高水平投掷男女运动员（Stone, Triplett-McBride and Stone 2001）之间的力量差异似乎与未经训练男女之间的力量差异类似。表10.1a是美国优秀男女举重运动员杠铃提拉时静力力量的差异，表10.1b是举重成绩（包括抓举和挺举）和相关力量指标。表中的数据为绝对值，也可以进行标准化处理，一般可用每公斤体重力量、每公斤瘦体重力量、标度律（力量/体重$^{0.67}$）以及辛克莱方程（多项回归=力量×系数）表示（参见第三章）。

表 10.1a 美国优秀男女举重运动员静力最大力量及相对静力最大力量（杠铃提拉）

性别/指标	IPF	IPF/kg	IPFa	IPFs	IPF/LBM
女运动员（6人）					
平均值	3424	47.0	193.5	3753	61.4
标准差	593	6.6	28.7	587	7.6
男运动员（9人）					
平均值	5127	54.0	241.6	5746	63.4
标准差	1056	5.1	25.8	774	6.5
女/男（比）	67%	87%	80%	65%	97%

注：数据由平均值和标准差表示。IPF：静力最大力量（牛顿）；IPF/kg：每公斤体重静力最大力量（牛顿/公斤）；IPFa：静力最大力量标度律（牛顿/体重$^{0.67}$）；IPFs：辛克莱方程（牛顿）；LBM：瘦体重（公斤）。

表 10.1b 美国优秀男女举重运动员举重成绩及相关力量表现

性别/指标	SN	SN/kg	SNa	SNs	SN/LBM	C&J	C&J/kg	C&Ja	C&Js	C&J/LBM
女运动员（6 人）										
平均值	92.5	1.29	5.3	101.5	1.66	112.9	1.57	6.4	123.8	2.03
标准差	6.8	0.11	0.4	6.3	0.10	8.9	0.14	0.4	7.7	0.10
男运动员（9 人）										
平均值	146.9	1.57	7.0	165.8	1.84	176.9	1.86	8.3	198.1	2.19
标准差	16.9	0.17	0.4	8.6	0.15	33.6	0.16	0.9	23.5	0.23
女/男（比）	63%	82%	75%	61%	91%	64%	84%	77%	63%	93%

注：SN：抓举（公斤）；SN/kg：每公斤抓举力量（公斤/公斤）；SNa：抓举标度律（公斤/体重 $^{0.67}$）；SNs：抓举辛克莱方程（公斤）；LBM：瘦体重（公斤）；C&J：挺举（公斤）；C&J/kg：每公斤挺举力量（公斤/公斤）；C&Ja：挺举标度律（公斤/体重 $^{0.67}$）；C&Js：挺举辛克莱方程（牛顿）。

数据显示，如果用静力测试及举重反映下肢力量，男运动员要比女运动员强壮。尽管通过各种方法试图消除体重或体型对男女力量差异的影响，但这种差异依然存在。值得注意的是，如果考虑瘦体重，女运动员静力上拉最大力量占到男运动员的97%。这说明，体脂是力量差异的主要原因之一（表 10.1a）。在举重等爆发性测试成绩上，男女运动员之间的差异会缩小。对瘦体重处理后，女运动员抓举和纵跳分别占男运动员最好成绩的91%和93%。这说明，除了瘦体重外还有不少因素会决定男女在动态爆发力指标上的差异。

许多运动中，动作功率与运动成绩密切相关，功率是获胜的标志。动态爆发力是一种功率测量形式。男女性别间的动作功率差不能只靠体型（身体大小）来解释（Garhammer 1991）。女性的抓举、高翻（Garhammer 1991）和各种跳跃动作（Fleck and Kraemer 1997）的最大功率大约为男性的65%。无论是否经过训练，女性单位肌肉体积所产生的功率以及最大力增速率都低于男性（Komi and Karlsson 1978; Ryushi et al.1988），而且男女性绝对功率上的差异也存在决定性影响因素。

除了体型和力增速率，影响男女性动态爆发力的差异还有：内分泌差异、上肢力量的相对差异、女性骨盆前倾斜度更大及其他生物力学因素，如女性骨盆更宽，无论训练与否，男女性别间均有类似差异（Batterham and Birch 1996; Vanderburgh et al. 1997）。

对大学优秀男女投掷、力量举及举重运动员的测试数据分析发现：一是最大力量与动作功率以及最大力量与小负重运动表现之间呈高度相关（Stone, Triplett-McBride and Stone 2001; Stone et al.2003a, 2003b）；二是男女性在上肢力量上的差异更大（Stone, Triplett-McBride and Stone 2001）；三是与优秀运动员相比，低水平男女运动员之间的力量差异更大（Stone, Triplett-McBride and Stone 2001）。

因此，要想让女性在爆发类运动项目上有更出色的表现，就需要提高爆发力水平。男女在上、下肢力量上的差异与男女性肌肉分布有关。男性上肢肌肉比例要大于女性（Janssen et al.2000）。

另外，训练时应考虑女性特点，如运动损伤特点、上下肢力量以及月经周期等。特别是在有体接触或有跳、剪切等突然变向的爆发类运动项目中，女性前十字韧带（ACL）损伤几率是男性的6倍（Zelisko, Noble and Poter 1982; Zillmer, Powell and Albright 1991）。其主要原因与女性力量弱（绝对及相对力量）有关，力量不足会影响身体姿势、力增速率（女性用时更长）（Bell and Jacobs 1986），也会降低动作平衡以及大腿后群肌的动员能力。因此，在着地缓冲时，女性大腿前侧肌肉占主导，会使胫骨平移更加明显（Huston and Wojtus 1996）。此外，女性在单腿下蹲动作中身体姿势也与男性不同（如踝关节背屈、髋关节内收、屈髋以及髋关节外旋更明显 [Zeller et al.2003]）。可见，在下蹲或跳跃动作中，女性发生前十字韧带损伤的风险更高。

由于女性上肢绝对力量和相对力量都要弱于男性，因此，有建议称要重点提高女性上肢力量（Gotshalk et al.1998）。训练中，加强女性上肢力量训练，会相应提高上肢的运动表现。重视上肢力量，可以弥补因上肢力量弱而造成的下肢力量或全身力量（下蹲、高翻）的不足。

女性月经周期会导致一些激素出现较大波动（如黄体酮、雌二醇）。月经期还会伴随情绪波动、认知变化以及出现生病感。有趣的是，未经训练女性与女运动员相比，月经期出现的问题更多，如注意力不集中、痉挛等（Golub 1992）。此外，还需要注意女性运动员经期对训练的干扰，可以通过调整训练等策略减少经期问题。

内分泌变化会影响一些生理学指标，进而影响到力量指标（Kraemer 1992; McMillan et al.1993）。实际上，女性力量的增长和血清总睾酮及游离睾酮含量有关（Hakkinen et al.1990）。月经周期会引起激素水平的规律性显著变化。因此，这些激素（雌二醇、黄体酮等）会影响代谢和神经肌肉系统功能，因此训练和运动成绩很可能会受到月经周期的影响。尽管大多数研究并没有发现月经周期对各种运动指标的综合影响，但有些资料（Reis, Frick and Schmidtbleicher 1995）显示，早卵泡期对力量增长有负面影响，晚卵泡期和黄体早期会促进力量的增长。在晚卵泡期和黄体早期的力量增长与血清雌二醇及睾酮含量上升有关。赖斯等认为，在月经周期不同阶段（黄体期减少训练课），对训练课数进行调整可以提高训练效果（即最大力量提高更加明显）。显然，这一观点还需要更多的研究进行证实。由于每个运动员的月经周期都不一致，而且服用避孕药会影响正常月经周期和激素变化，这些都会增加月经不同阶段对训练适应影响的研究难度。

二、影响力量和功率的神经、生物力学、人体测量学因素

影响力量的基本因素包括：运动单位的募集、运动单位动员频率（神经编码速

率)、同步化、运动单位动员方式、肌肉活动方式、弹性势能和条件反射的利用（快速伸缩复合)、神经抑制、运动单位类型（肌纤维类型)、生物力学、形态学因素及肌肉横断面积等。

这些因素大致可分为三类，即神经、肌肉力学和人体测量学。前文所提到的图10.3是训练引起力量提高的神经、肌肉因素的变化示意图。需要注意的是，神经系统在训练适应初期占主导，而肌肉体积增大在训练适应后期占主导。一种解释是，在肌肉和结缔组织产生适应前，人体必须学会如何使用神经肌肉系统（即学习效应)。

(一) 神经因素

图 10.11 为神经系统和肌肉组织间在肌肉收缩以及力量生成中的基本关系。动作意图首先在大脑中枢形成，然后传导到运动皮质。运动皮质通过脑干和脊髓将信号传递至相应的运动神经元。神经系统活动的这种基本形式称作"动作控制"。

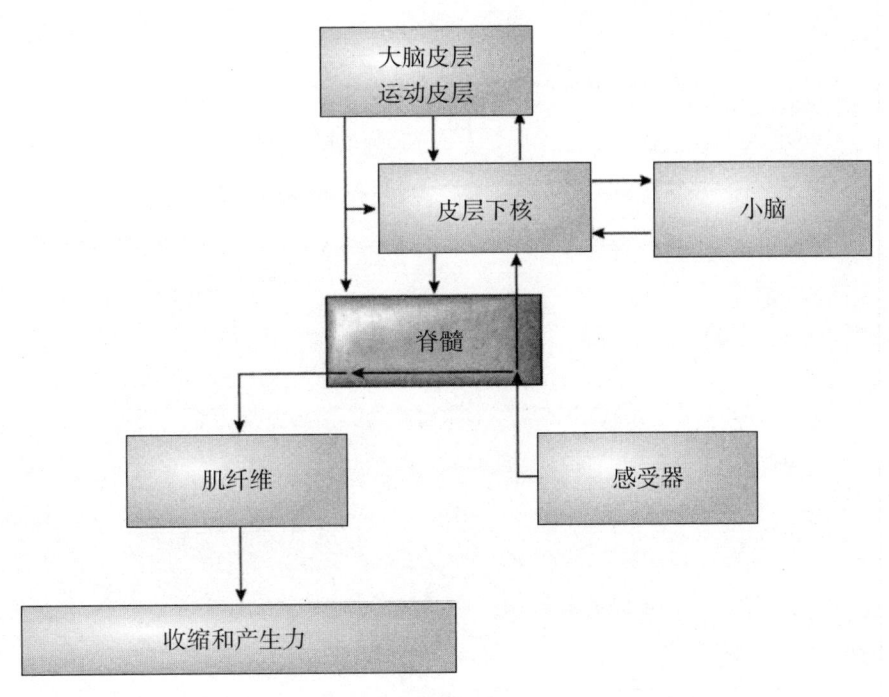

图 10.11 随意动作的神经系统理论性机制

注：肌纤维收缩产生力，同时刺激组织重建及肌纤维的选择性增大，进而提高机能。

虽然力量训练对神经系统的影响毋庸置疑，但神经系统的区域细化及影响程度并不完全清楚。绝大多数有关神经因素的研究都是间接的，而且对很多因素进行了限定,例如,在训练初期,力量、功率和力增速率等指标比肌肉或瘦体重提高得更明显(Hakkinen et al.1998; Ploutz et al.1994)。因此,力量增长会有一个或多个神经相关因素发挥作用。如高水平或优秀爆发类运动项目运动员很难再增加瘦体重和肌肉体积,特别是有重量分级的举重和力量举等运动项目。然而,这些运动员在体成分或肌肉体积变化很小或无变化的情况下,还可以提高力量,也说明神经系统的适应性变化所发挥的作用(Stone et al.2000, 2003a)。

(二)募集和神经编码速率

肌肉力量的变化主要与募集运动单位数量、类型以及编码速率有关,图10.12描述了这一关系。肌肉的动员机制及程度依赖于力量性质和所动员肌肉的体积与类型(Gardiner 2001)。此外,对于未经训练的肌肉能够在自主收缩条件下被完全募集的观点还存在分歧(Aagaard et al.2000; Semmler and Enoka 2000)。力量训练可以募集更多的肌纤维,在力量生成过程中参与做功。

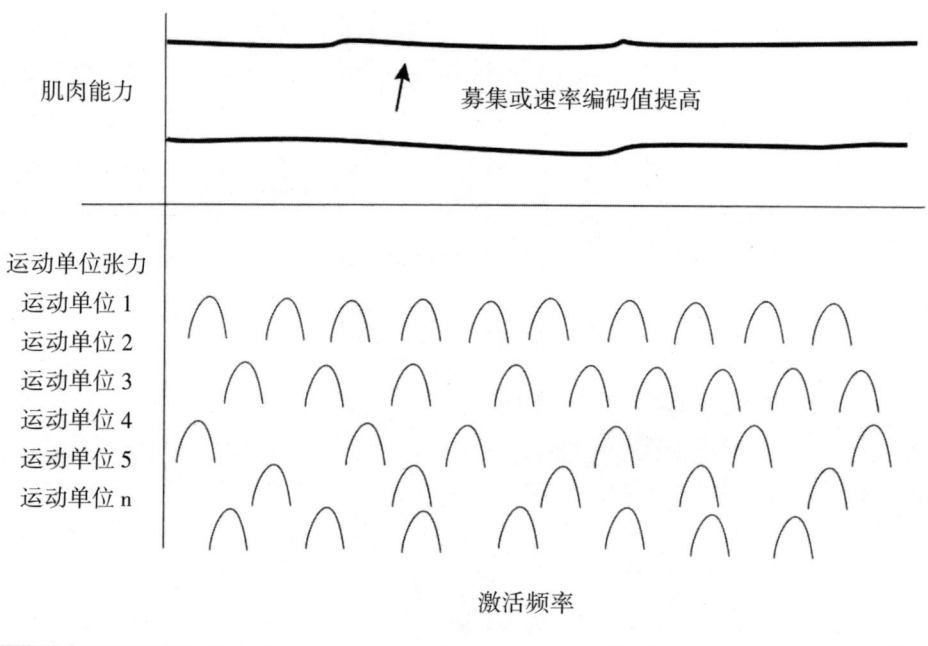

图 10.12 肌肉力量变化与募集、类型和编码速率的关系

注:肌张力(肌力)生成时的募集程度及速率编码与激活的运动单位数及激活频率有关。体积较大的运动单位激活频率较高。

1. 运动单位募集

一块肌肉中运动单位(MU)的募集一般按照运动单位体积大小的顺序募集

（Henneman, Somjen and Carpenter 1965; Henneman 1982）。运动单位的体积可以说明其动员的阈值，体积大的运动单位动员阈值高。运动单位大小与类型具有同步性（Gardiner 2001），也就是说大体积、用于爆发用力的运动单位在混合肌肉中最后被募集。即便在只有一种肌纤维占主导的肌肉中，募集时依然明显表现为体积原则（Blinder et al.1983）。

2. 神经速率编码

神经速率编码指运动单位被动员时神经冲动的发放频率。通常情况下，快运动单位动员的频率高。速率编码对运动单位速率和整块肌肉动员有很大影响，它也是影响力增速率的主要因素（Komi and Viitasalo 1976）。维塔萨洛和科米的研究（1981）明确指出，肌电图中运动单位动员程度的提高与肌力增加密切相关。这一关系从图10.13中可以得到证实。需要注意的是，曲线 A 开始阶段的动员和力增速率要大于曲线 B。力增速率代表了神经系统对肌肉的动员能力。高水平的力增速率表现在爆发类、高功率运动中，是短跑、投掷和举重获胜的必要条件。另外，最大力量与力增速率高度相关，可见，发展最大力量是多数运动项目获得高水平力增速率或爆发力的重要前提（Andersen and Aagaard 2005）。

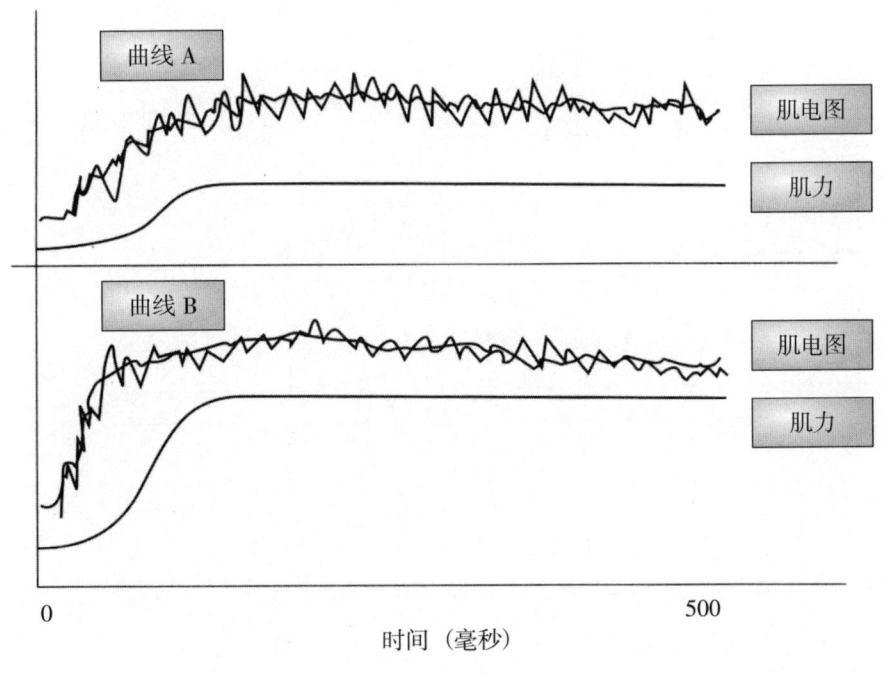

图 10.13　神经速率编码对力增速率的影响

注：肌肉激活（肌电图，EMG）的速度越快，力增速率就越高。

改编自：P.V.科米，J.H. 维塔萨罗. 肌肉不同张力肌电信号特征［J］.斯堪的纳维亚生理学报，1976，96：267-276.

(三) 动员频率和同步化

运动单位的同步化是影响肌力的另一个重要机制。典型的运动单位募集像短暂的"动态"收缩。图 10.14 为运动单位的非同步动员形式。在非同步动员中，当一个运动单位完成动员后，另一运动单位随即动员，这种动员可以形成相对平稳的肌力和平稳的动作。提高募集或编码速率可以增加动员程度，提高肌力。

通常在低强度的肌肉动员中，运动单位为非同步激活。然而在接近最大肌力水平时，某些运动单位会在同一时间与另一些运动单位同步动员。当肌力增加时，同步化水平也会提高。由于肌肉类型和活动强度不同，在低阈值运动单位动员时，最大动员频率在 30~50 赫兹，而高阈值运动单位最大动员频率则要达到 100 赫兹。力量训练可以提高运动单位同步化数量，并且可以在肌力不高时达到同步化（Semmler and Nordstrom 1998）。同步化对肌肉最大静力收缩的影响程度最小（Yao, Fuglevand and Enoka 2000），但在爆发类动作中发挥重要作用。

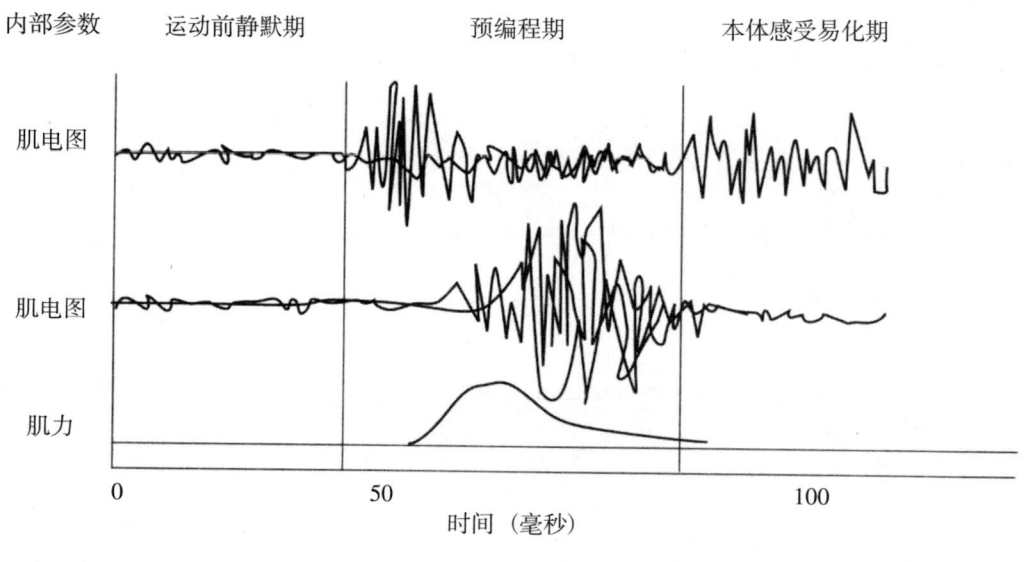

图 10.14　爆发性动作三个阶段的肌电图特征

改编自：E.P. 策尔，D.G. 萨尔. 爆发动作：肌肉激活与神经肌肉适应 [J]. 加拿大应用生理学报，1994，19（4）：363-378.

图 10.14 是肌电记录的肌肉动员过程。第一阶段为"运动前静默期"（大约 50 毫秒），该阶段的运动单位有充足的不应期。运动前的静默期出现在主动肌动员之前，该阶段可使大量运动单位同步化，使第二阶段（预编程期）产生短暂而明显的神经冲

动。在主动肌爆发式活动后，对抗肌动员发挥缓冲作用，控制动作速度，降低损伤风险。第三阶段为本体感受易化期，主动肌再次激活，在动作即将结束阶段发挥精细调节的作用。爆发类动作通常会经历上述三个阶段，通过合理的训练，可以使动作完成得更加精确。

（四）任务专项化

目前，研究大量集中在肌肉内和肌肉间的任务专项化上。肌肉内任务专项化与运动单位动员形式有关，肌肉间任务专项化与在完成专项动作时肌肉动员形式及相互作用有关。解剖学意义上划分的肌肉，会在不同任务中被动员（Wickhham and Brown 1998）。神经元会从功能性角度对任务进行分类细化，神经元的激活与专项性任务直接相关（Loeb 1987）。肌肉间任务专项化可以解释局部肌肉体积增大现象（Abe et al.2003; Antonio 2000; Daneels et al.2001; Tan 1999），即专门练习会使特定区域的肌肉体积增大，而其他练习却无法达到。任务专项化是健美运动员遵循的主要原则，他们为了更有效地发展某一块肌肉，必须通过各种专门练习来实现。

肌肉内和肌肉间动员会因为动作形式、收缩形式或动作速度的变化而变化（Semmler amd Enoka 2000; Zajac and Gordon 1989）。由于动员形式会发生改变，在选择爆发性训练手段时，应从动作专项化出发，而不是简单地针对某块肌肉。提高肌肉内和肌肉间的动员效率意味着协调能力及肌肉力量的提高（Semmler and Enoka 2000）。

（五）神经抑制

神经抑制会影响肌力。神经抑制有两种主要形式，即意识抑制和躯体反射。意识抑制是对负重可能导致受伤的知觉。例如，如果从来没有练过杠铃负重下蹲的人，却要尝试300公斤的下蹲，他肯定会下意识地摇头，但经过系统训练，也许蹲起300公斤杠铃是有可能的。

躯体反射性神经抑制是来自肌肉和关节内受体的反馈信息，也可认为是一种保护机制（见图10.14）。这种保护性抑制可以减少肌肉最大或接近最大用力时的张力。力量训练可以降低受体的敏感性以及抑制阈限，达到可以产生更大肌力的目的（Aagaard et al.2000）。

（六）快速伸缩复合运动

利用反射原理和快速伸缩复合（SSC）也可以提高肌肉力量（Bobbert et al.1996; Cronin et al.2000）。快速伸缩复合是超等长肌肉活动，即在肌肉离心收缩后紧接着向心收缩。肌肉向心收缩能力得到强化的机制可能是弹性势能的利用、牵张反射、肌肉长度以及肌肉动员的最佳化（Bobbert et al.1996; Bobbert and Van Soest 2001）。有效利用 SSC 可显著提高肌肉力量。资料表明，提高最大力量对 SSC 中的离心和向心收缩均有强化作用（Aagaard et al.2000）。

（七）运动单位类型

运动单位类型会影响肌肉力量，特别是动作功率。研究表明，由于综合肌肉构造等因素，如果肌肉中快肌纤维（Ⅱ型肌纤维）的百分比和横断面积大，那么在动态收缩能力上更占优势（Hakkinen 1994; Powell et al. 1984）。与未经训练的人相比，爆发类项目运动员的快肌纤维比例更高，Ⅱ$_X$型的快肌纤维横断面积更大。力量训练，特别是爆发力训练，可以增加快肌纤维与慢肌纤维的横断面积比，促进力量与动作功率的提高（Hakkinen 1994）。当增加力量训练量时，研究人员通过观察肌肉肌球蛋白重链变化发现，Ⅱ$_X$型快肌纤维横断面积相对减少，Ⅱ$_A$型快肌纤维横断面积相对增加（Adams et al. 1993; Kadi and Thornell 1999）。这种改变（Ⅱ$_X$：Ⅱ$_A$）会降低肌纤维中肌球蛋白的 ATP 活性、影响功率输出和其他训练适应。为了避免这种退行性变化的发生，可以从神经系统和肌肉系统两方面的训练着手。因此，在最佳竞技状态调整时，短期降低训练负荷量可以促进肌纤维向Ⅱ$_X$型的转化，引起动作功率的小幅提高（Ross and Leveritt 2001）。

（八）生物力学及测量学因素

从力学角度看，肌肉结构、羽状角度、肌肉附着点、身高、肢体长度以及力臂等因素会影响肌肉杠杆系统功能。例如，与普通人或其他项目运动员相比，举重运动员体重与身高的比值更大，可以产生更大的肌力（参见第三章），主要原因在于肌肉生理横断面积与最大肌力间存在高度相关性（Semmler and Enoka 2000）。如果两个运动员身高和肢体长度不同，但肌肉质量和体积相同，那么小个头运动员的肌肉横断面积和肌力更大。

肌肉对力量训练的适应表现为横断面积的增加（即体积增大），肌纤维中会增加更多的肌原纤维参与收缩，但其内在机制还没有完全弄清。增肌的刺激源主要来自肌张力和机械拉力的增加，它们会引起肌肉微创（Goldspink 1999; Nosaka et al.2003）。此外，肌肉反复收缩引起代谢因素改变也会刺激增肌（Armstrong, Warren and Warren 1991; Nosaka et al.2003）。图 10.15 描述了刺激所产生的各种影响。

肌节长度与短肌节比例以及肌肉离心牵拉引起的肌浆膜改变有关（Proske and Morgan 2001）。资料表明，肌肉离心收缩会造成肌肉损伤和延迟性肌肉酸痛（Gibala et al.2000），增肌程度比向心收缩更加明显（Higbie et al.1996; Hortabagyi et al. 1996）。研究显示，如果增加离心阶段的动作幅度或离心肌力，肌肉损伤程度会更严重，增肌效果也会更明显（Nosaka and Newton 2002; Nosaka and Sakamoto 2001）。上述结果有助于解释静力力量对增肌效果不明显的原因（Ishii 1994; Conley et al. 1997）。此外，快速伸缩复合训练要比单纯向心训练的增肌效果更明显（Hortabagyi et al.2001）。大负重的离心训练会导致更明显的肌肉损伤和增肌。此外，在慢速半等动训练器上的离心训练也会比向心训练的增肌效果明显。然而如果做功的功率相等，向心与离心练习在增肌效果上并无差异（Mayhew et al.1995）。研究发现，快肌纤维比慢肌纤维更容易损伤（Friden and Leiber 1998），这也是力量训练中为何快肌纤维体积增加更为明显的原因。

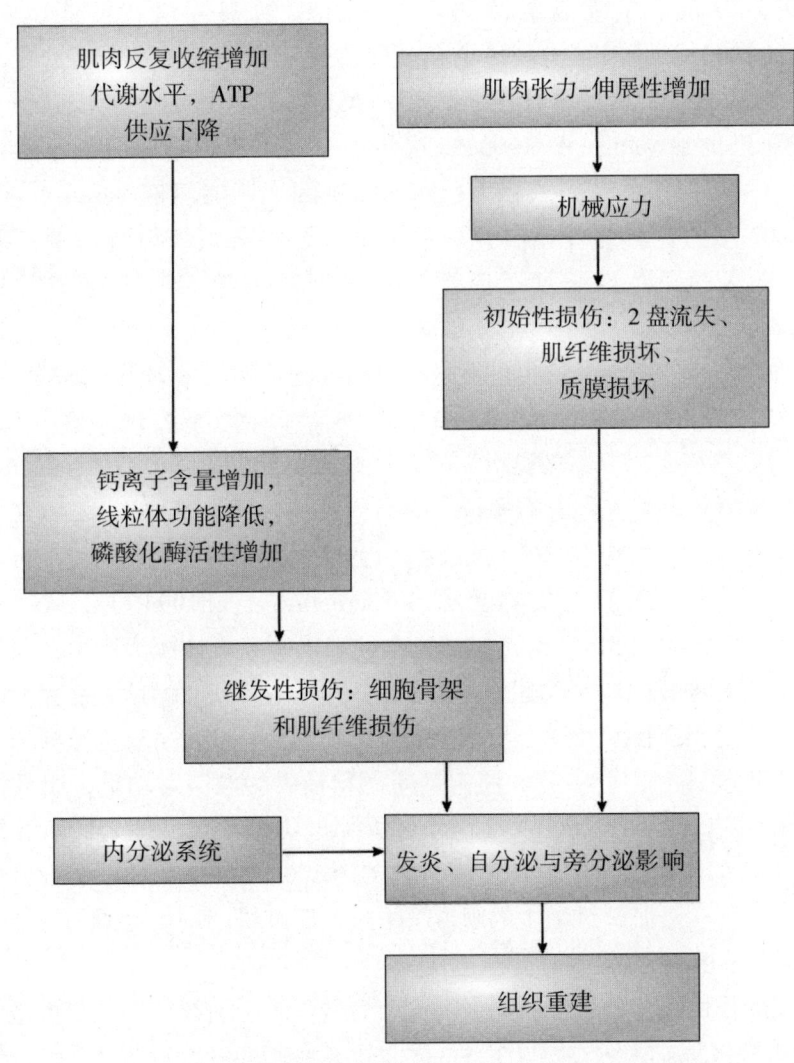

图 10.15　刺激肌肉组织重建与增大的潜在机制

改编自：K.野坂，A.拉文德，P.萨科. 力量训练中的肌肉损伤，肌肉损伤会引发增肌吗？［J］. 国际竞技运动与健康科学，2003，1：1-8.

肌肉反复收缩时，细胞溶质中钙离子浓度会超过阈限值（即>0.1毫摩/升），由此引发钙离子敏感型的降解通路（Armstrong' Warren and Warren 1991; Clarkson and Sayers 1999; Friden and Leiber 2001）。这样一来会产生次级损伤，该损伤一定程度上是由非溶酶体钙离子激活钙蛋白酶所引起的，钙蛋白酶分解细胞骨架酶，并且导致肌原纤维结构降解（Friden and Leiber 2001; Goldspink 1999）。次级损伤后会出现炎性过程，这是组织再造所必需的（Armstrong 1991; Clarkson and Sayers 1999）。炎性过程包括巨噬细胞和嗜中性粒细胞浸润，损伤蛋白降解（Armstrong 1991; Pyne 1994; Stauber and Smith 1998）。炎性过程也会导致细胞活素的释放，刺激卫星细胞的活化与掺合（Stauber and Smith 1998）。大量的肌肉损伤会引起卫星细胞的活化、与肌纤维的融合以及可能出现的增生（Nosaka et al.2003）。肌肉结构破坏也会刺激自分泌和旁分泌系统释放促细胞分裂原或肌肉生长因子，如胰岛素样生长因子（IGF_1）和机械细胞生长因子（MGF），从而加速增肌进度（Goldspink 1999）。这些生长因子或促细胞分裂原就像是连接机械性刺激（引起损伤的牵拉或张力）与激活基因表达的纽带（Bickel et al.2003; Goldspink 2002, 1999）。此外，内分泌系统不仅会影响组织再造（参见第五章），合成与分解激素的急性或长期适应性变化对训练引起的增肌与增生都有影响（Ahtiainen et al.2003）。

增生是细胞数量的增加。增生可能是对肌肉细胞长期大量刺激的结果，并与卫星细胞激活有关（Gardiner 2001; Nosaka et al.2003）。动物实验发现，超负荷运动会引起肌纤维的增生。相比之下，鸟类增加的肌纤维数要比哺乳类动物多（Kelly 1996），而在人体肌纤维增生问题上还存有争议。有研究支持短期力量训练（2~3个月）会引起一定程度肌纤维增生的观点（McCall et al.1996）。关于健美运动员的研究认为，长期力量训练是肌肉增生的主要刺激源（Abernethy et al.1994; Larsson and Tesch 1986; MacDougall et al.1982）。X光扫描技术可用来研究人体肌肉增生，肌纤维数量可用平均肌肉横断面积除以平均肌纤维面积获得（Gardiner 2001）。麦克杜格尔及其同事（1984）通过扫描技术发现，与单个肌纤维横断面积相比，肌肉横断面积与肌纤维数量的相关度更高。由此推测，肌肉横断面积最大的健美运动员，肌纤维数也最多。拉尔森和特施（1986）指出，肌肉块越大的健美运动员，他们的肌纤维数也越多。通过肌肉内部肌电图（EMG）发现，健美运动员的高密度肌纤维（运动单位内的肌纤维数）也证实了肌纤维增生的观点。不过，肌纤维的增生对肌肉横断面积的影响并不大（Abernethy et al.1994）。

结缔组织的作用是传递骨骼肌产生的力。力量训练会引起结缔组织再造，内在机制与骨骼肌类似（Nosaka et al.2003; Stone and Karastzeferi 2002）。然而，伴随卫星细胞的激活，结缔组织再造很大程度上依赖于训练引起的肌肉损伤，而且对离心收缩的反应要比向心收缩明显（Ishii 1994）。

重要的是，多大程度上的肌肉损伤才能引起肌肉增大或肌肉增生。资料显示，单次离心练习对运动员或健身人士而言，对蛋白合成的刺激并不明显（Phillips et al. 1999）。在运动负荷相似的条件下，运动员或健身人士肌肉损伤更小，肌肉酸痛也不强烈，因此增肌效果也会降低。应注意的是，普通受试者在训练初期的增肌效果并不明显。这可能是因为他们所能承受的训练负荷对组织再造和增肌无法产生足够的刺激。因此，对未训练过的普通人，在没有掌握如何进行最大肌肉动员之前，不会出现明显的增肌现象。虽然肌肉向心收缩引起的肌肉损伤不像离心收缩那么明显，但向心肌肉收缩依然可以引起增肌（Housh et al.1992），因此，肌肉损伤在此并非是增肌的必要条件，结缔组织同理。表10.2说明了从理论上不同肌肉收缩类型相对于肌肉增大和肌纤维增生的影响程度。

表10.2 肌肉收缩类型对肌肉增大和肌纤维增生的影响程度

肌肉收缩类型	肌肉横断面积	肌纤维增生	结缔组织横断面积
静力收缩	无影响，+	无影响	无影响
向心收缩	++	无影响，+	无影响，+
离心收缩	+++	+	++
快速伸缩	+++	+	+

注：+数量指影响程度。
改编自：K.野容，等.力量训练中的肌肉损伤，肌肉损伤是增肌的必要条件吗？［J］．世界运动与健康科学，1994（1）：1-8.
N.石井.力量训练与增肌（选自力量训练）［M］．东京：朝仓，日本运动训练科学学会，1994.

肌纤维达到的横断面积极值还不清楚（Gardiner 2001）。根据训练类型和持续时间不同，肌纤维的横断面积可增加30%到70%（Alway, MacDougall and Sale 1989; Staron et al.1989; Thorstensson, Sjodin and Karlsson 1975）。力量性项目的高水平运动员平均肌纤维横断面积会比久坐人群高出2~3倍（Alway et al.1988; Fry et al. 2003; Hakkinen et al.1987; Prince, Hikida and Hagerman 1976; Tesch and Karlsson 1985）。一般来说，快肌纤维的横断面积要比慢肌纤维增加的速度快，因此，爆发类项目的运动员快肌纤维体积会明显增大（Fry et al.2003; Hakkinen et al.1987）。

决定最大力量的相关因素中，最重要的是肌肉生理横断面积和快肌纤维横断面积（Thorstensson, Sjodin and Karlsson 1975）（参见第三章）。实际上，如果横断面积不是绝对最大力量最重要的影响因素，那么就不会有诸如拳击、柔道、摔跤或举重项目中的重量级的划分了。肌力和肌肉生理横截面的关系基于平行肌节数量，平行肌节的数量越多，（一块）肌肉最大力量越大。力量训练引起的增肌主要是平行肌节数量的增加，由此提高肌肉的收缩力量（Goldspink 1999）。资料认为，力量训练引起的增肌会小幅提高肌原纤维密度（Jones and Rutherford 1987）。

三、力量训练的代谢与超微结构变化

通常情况下，力量训练会引起肌纤维无氧代谢成分的改变，但对有氧成分的影响却十分有限。

（一）酶的变化

力量训练引起酶的变化种类不多。大鼠实验发现，静力练习会引起肌酸激酶和肌激酶的上升（Exner, Staudte and Pette 1973）。人体实验中，肌激酶活性与肌力相关（Borges and Essen-Gustavsson 1989），力量训练一定程度上会提高肌激酶活性（Thorstensson 1977）。有氧代谢相关酶，如琥珀酸脱氢酶在动物实验（Exber, Staudte and Pette 1973）和人体（Grimby et al.1973）中发现，静力训练后该酶活性有所提高。然而，大强度的力量训练总体上不会影响酶的活性（Tesch 1992b），但大运动量的力量训练（即多组、每组多重复次数、组间短间歇）会引起部分无氧和有氧代谢酶的变化（Costill et al.1979; Tesch 1992b）。这也说明，训练形式会影响酶的改变。实际上，长期大强度的肌肉训练，如多次数的力量训练或短跑训练会改变一些酶的活性，特别是那些与无氧代谢有关的酶（MacDougall et al.1998; Thorstensson, Sjodin and Karlsson 1975）。同工酶变化与长期训练的关系是一个特别却未深入研究的领域，例如，某些形式的力量和短跑训练会引起乳酸脱氢酶（LDH）、同工酶及比例的变化（LD1/LD5）。因此"力量型"的同工酶（LD5）就会得到强化刺激（Karlsson et al. 1989），而耐力训练会提高"耐力型"同工酶（LD1）的活性（Apple and Tesch 1989）。虽然训练对总体酶活性的影响可能并不明显，但同工酶的改变会促进运动成绩的提高。

（二）肌肉亚型

磷酸原储备（ATP 和 PCr）是大强度力量训练的关键。力量训练虽然可以提高最大功率以及抗疲劳能力（对磷酸原的利用效率），但力量训练是否能显著提高动物（Hornberger and Farrar 2004）或人体（Tesch' Thorsson and Colliander 1990）磷酸原储备的证据并不多见。

人体（McMillan et al.1993）和动物（Yaspelkis et al.2002）实验发现，力量训练时肌纤维对血糖摄取量增加。研究表明，力量训练会提高人体对血糖的摄取、转运以及转运蛋白（GLUT-4）（Yaspelkis et al.2002）的含量。因此，力量训练对血糖摄取具有积极作用。

力量训练时并未发现血糖明显提高，这说明血糖的摄取量与供应量相当。然而，一堂力量训练课后，糖原储备会大幅下降（Conley and Stone 1996；Haff et al.2003）。这说明，血糖并不是力量训练的限制因素，力量训练主要依赖于肌糖原。因此，训练所引起的糖原增加将在训练中发挥积极的作用（Conley and Stone 1996）。研究发现，5个月的大负重力量训练会引起糖原储备显著提高（MacDougall et al.1977），但3个月的一般力量训练却没有引起糖原储备的明显提高（Tesch'Thorsson and Colliander 1990）。

尽管力量训练主要以无氧代谢为主，但有不少研究发现力量训练后脂肪代谢水平会增加（Binzen, Swan and Manore 2001；McMillan et al.1993；Petitt, Arngrimsson, and Cureton 2003），而且力量训练一定程度上能降低餐后血脂及甘油三酸脂基础值（Petitt'Arngrimsson and Cureton 2003）。因此，研究者建议可以通过大运动量的力量训练来改变脂肪含量。究竟力量训练时会动员多少甘油三酸脂还不清楚，但用量可能会很少。研究发现，短期力量训练会导致肌肉中甘油三酸脂储备水平的提高，但整个肌群中的含量并未发生类似的变化（Tesch 1992a）。也就是说，力量训练对甘油三酸脂储备水平的影响可能会非常有限。

营养及训练计划决定了力量训练与能量储备之间的关系。因此，合理的训练及营养计划对能量储备会产生积极的作用（参见第六章和第七章）。

四、不同训练安排的训练适应

这一节内容主要讨论训练适应的影响因素及专项化训练适应。训练方法对教练员和运动员来说是训练适应的关键问题。因为不同的训练方法会产生不同的训练适应。

（一）爆发类项目的训练适应

影响训练适应的因素有很多，包括运动量和强度、专项手段的力学结构以及训练水平等。长期来看，训练方法决定了训练适应结果，例如，大负重力量训练可以提高力量与时间曲线的末端走势。动态爆发力训练会影响启动力量，但对最大力量的影响不大。从长期适应的角度看，教练员和运动员应考虑训练负荷结构安排的专项性。

哈基宁及其同事（1987，1988）通过对优秀举重运动员两年的研究发现，最大力量的大小依赖于肌肉的最大动员（激活）。只有训练强度不低于80%最大力量（1RM）时，才能达到肌肉最大动员（EMG反映）。当平均最大训练强度下降到80%1RM以下时，最大力量随之下降，肌肉最大动员也会随之减小。这说明，优秀举重运动员维持或提高最大力量的训练强度阈值约为80%1RM。该研究结果证实了那句谚语："要想壮，举重物。"

然而哈基宁与其同事（1987，1988）也发现，如果较长时间保持大强度（>80% 1RM）的举重训练，最大力量和动作功率反而会下降。弗莱伊及其同事也发现了类似的结果，即持续2~4周的大强度力量训练，会造成最大力量和爆发力水平的下降。另外即使每周2次大强度的力量训练也会导致这一现象的发生（Fry et al.2000），主要原因可能是神经疲劳和训练缺乏变化。因此，训练量中的类似情况值得研究。

（二）训练专项化

第一章和第八章中涉及了专项化概念。训练专项化强调了训练手段与专项构成要素之间的相似程度。训练效果迁移是训练手段在提高专项成绩上产生的效果，它与训练专项化密切相关。力学专项化指训练手段与实际运动在动力学和运动学指标上的相似程度。力学的专项化包括动作形式、最大力值、力增速率、加速度和动作速度等指标。训练手段与实际运动的相似度越高，训练效果迁移的可能性越大（Behm 1995; Sale 1992; Schmidt 1991; Stone, Plisk and Collins 2002）。教练员和运动员试图通过各种力量训练方法提高专项成绩，但训练方法对神经肌肉生理学和专项指标所产生的影响各不相同。下面将分别讨论静力训练、大负重训练、速度力量训练以及超慢速训练对神经肌肉系统产生的影响（Hakkinen 1994; Hunter, Seelhorst and Snyder 2003; Jones et al.1999, 2001; Morrissey et al.1998; Stone, Triplett-McBride and Stone 2001）（表10.3）。

表10.3 专项化力量训练对神经肌肉系统的影响

训练类型	增肌效果	Ⅱ/Ⅰ肌纤维横断面积	神经适应
静力训练	+	+	+++
大负重训练	++++	++	+
速度力量训练	+	+++	++++
超慢速训练	++	+	++

数据基于：哈基宁 1994；亨特等 2003；琼斯等 2001；基勒等 2001；麦克布莱德等 2002；莫里西等 1998；奥尔森和霍普金斯 2003；斯通 1993；斯通，屈普莱特·麦克布莱德和斯通 2001。

静力训练在20世纪60年代最为流行，但这种训练对增肌无明显效果。大负重训练的外在动作形式并不是爆发式的，强度通常不小于80%1RM，每组重复5~8次。尽管在训练中有爆发用力的意识，但由于接近最大负重，动作相对缓慢。除了训练初期以神经系统适应为主，如长期采用大负重训练，增肌效果明显。速度力量训练主要是高功率训练，一般不会引起增肌反应（缺乏运动者例外），但会引起神经系统的适应变化。近年来，超慢速力量训练在健身俱乐部中流行起来。超慢速力量训练一般采用较轻的负重，在离心和向心收缩中均有意放慢动作速度（Keeler et al. 2001）。超慢速力量训练会造成非常明显的运动单位疲劳，因此有人认为这样会募集更多的运动单位。超慢速力量训练的支持者相信，长时间的肌肉持续紧张会引起肌肉增大和力量提高。超慢速训练时，每个练习通常只做一组。虽然目前关于超慢速力量训练对增肌影响的研究并不多，但有证据表明，这种训练会有一定程度的增肌效果，但不及大负重训练那么明显（Keeler et al.2001）。

不同训练方法形成的训练效果主要表现在肌纤维的适应性变化上。如前所述，虽然对机制的认识还不完全，但快肌纤维增大的速度要快于慢肌纤维。表10.3显示，虽然各种力量训练方法都会引起肌纤维增大以及快慢肌纤维横断面比值的增加，但增加程度与训练方法密切相关。资料显示，速度力量训练对快慢肌纤维横断面积比值的提高效果最明显（Fry et al.2003; Hakkinen 1994），比值的提高有助于提高爆发力和动作功率。

表10.4是不同专项化力量训练法对各项运动表现指标的影响。虽然需要考虑训练中角度专项化的问题，但静力训练可以在相对较大的角度范围内提高最大力量，且等长收缩时最大力量提高幅度最明显。静力训练能提高未经训练受试者有意快速运动时的动作速度。然而，与其他训练方法相比，静力训练对高水平运动员动作功率和速度的影响微乎其微（Olsen and Hopkins 2003; Hakkinen 1994; McBride et al.2002）。大负重训练对最大力量的影响较为显著。此外，这种训练方法对初学者或一般水平运动员的动作功率、力增速率和动作速度的促进效果非常明显（Hakkinen 1994）。超慢速力量训练似乎对最大力量的影响最大，但对力增梯度、动作功率和动作速度的影响却很小，甚至会产生负面影响。

表10.4　专项化力量训练对神经肌肉系统的影响

训练类型	IPF	1RM	IPRFD	DPRFD	PP	Max vel
静力训练	++++	+++	++	+	+	+
大负重训练	+++	++++	++	++	++	++
速度力量训练	+	++	+++	++++	++++	+++
超慢速训练	+++	++	?	+	+	+,-

注：训练时间长度和训练水平是影响效果的关键因素。IPF=静力最大力量；1RM=动态最大力量；IPRFD=静力最大力增速率；DPRFD=动态最大力增速率；PP=最大功率；Max vel=最大动作速度。数据来自：阿加德等 2000；哈基宁等 2000；琼斯等 1999；琼斯等 2001；基勒等 2001；麦克布莱德等 2002；莫里西等 1998；奥尔森和霍普金斯 2003；珀森等 2004；瑞亚等 2003；斯通等 2001。

哈基宁和科米（1985a，1985b）对大负重训练与速度力量训练的一系列比较研究涉及了训练专项化问题（图10.16）。熟悉练习手段和测试方法的两组体育教育专业学生，一组采用大负重半蹲训练，另一组采用30%最大半蹲重量的弹跳训练。受试者训练前后的等长力量时间曲线反映出不同的训练适应。大负重训练组最大力量提高了

27%，最大力增速率提高幅度不大。肌电图（EMG）也同样反映了这种变化，即最大力值区肌肉激活水平增加3%，而力增速率却无明显变化。大负重训练组最大力量提高的主要原因来自增肌。相比之下，速度力量训练组力与时间曲线中的最大力量提高了11%，最大力增速率上升了24%。同时，肌电图的变化与最大力量和力增速率的变化趋势一致。这也说明，速度力量训练组神经系统的适应变化更明显，而大负重训练组的增肌更显著。

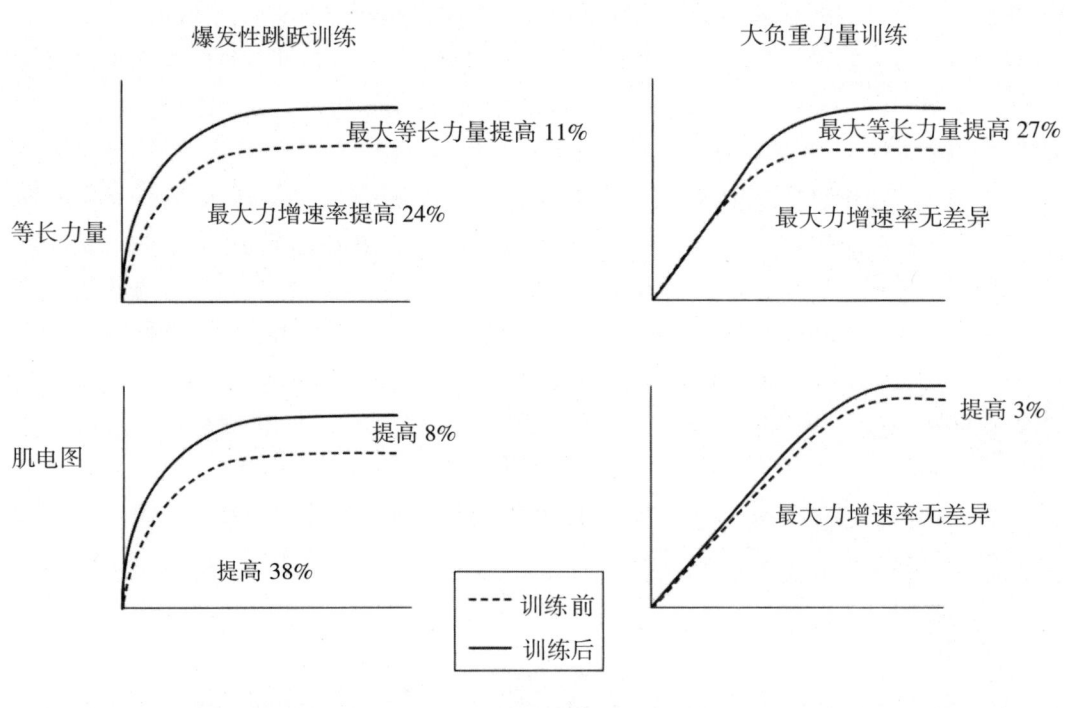

图 10.16　大负重与爆发力训练引起的等长最大力量、力增速率及肌肉激活的变化

改编自：K.哈基宁，P.V.科米. 大负重量训练中腿部伸肌电信号与力学特性的变化［J］. 斯堪的纳维亚生理学报，1985，125:573-585.

K.哈基宁，P.V.科米. 爆发力训练对腿部伸肌在向心及各类拉伸缩短复合运动时肌电与肌力的影响［J］. 斯堪的纳维亚生理学报，1985，125:587-600.

动作形式是影响训练效果迁移的另一个重要因素。如果动作正确，则能够保证力在合理的方向上产生最佳效果。动作形式专项化包括肌肉内和肌肉间两个方面。

1. 肌肉内动作形式专项化

众多研究表明，肌肉内存在高水平的任务专项化（Sale 1992）。在做某一动作时，会有一组运动神经元按特定激活方式来完成指定的任务。如果任务改变，当动作形式或动作速度变化时，对应神经元的激活方式也会发生改变。健美运动员在实践中用各种手段充分发展某一块肌肉的做法也肯定了肌肉内动作形式专项化（Antonio 2000）。

2. 肌肉间动作形式专项化

完成动作时的肌肉动员会利用各种反射，如快速伸缩复合（SSC），也存在专项化特征。动作完成过程中，分别有主动肌、对抗肌、稳定肌发挥功能性作用，但这种划分来自解剖学。然而肌肉的功能会随着单关节到多关节以及动作速度的变化而改变（Zajac and Gordon 1989）。另外，体育运动和日常活动常由多关节动作组成，而且很多动作要求快速完成，由于多关节练习在动力学和运动学特征上有更高的专项性，因此训练效果迁移更容易产生。

专项力量的提高受动作关节数、动作速度以及身体位置等因素影响（Rasch and Morehouse 1957; Stone, Triplett-McBride and Stone 2001; Zajac and Gordon 1989）。索斯坦森（1977）安排体育教育专业学生进行8周的半蹲训练，训练前后分别测试了半蹲、静力蹬腿以及坐姿伸膝力量。8周训练后，最大半蹲成绩（1RM）提高了近75%，静力蹬腿提高了40%，但坐姿伸膝力量却没有提高。半蹲训练虽然锻炼了测试需要的所有肌肉，但由于动作形式不同，力量提高的程度却有明显的差异。因此，研究者指出（Rasch and Morehouse1957; Thorstensson 1977），训练手段与专项动作形式越接近，训练效果迁移越明显。

3. 训练专项化

多数运动项目为了提高动作速度，会采用"速度力量"类训练手段。速度力量练习时会要求尽全力，力增速率和动作功率都很大。通常情况下，这类练习会采用中小负重来保证最大动作功率。研究显示，单关节和小肌肉群练习中，当负重为最大静力力量的30%时动作功率最大。多关节练习中，由于在跳跃或举重动作中涉及身体重量，最大动作功率可能出现在负重为最大静力力量的10%~50%时。然而具体负重大小与训练水平、练习类型以及动作是否需要身体整体参与等因素有关（Stone et al. 2003a）。

速度力量训练中，练习手段是否为爆发式用力也非常关键。爆发式练习的特点是动作末端不减速，不像卧推或半蹲等练习需要在动作结束阶段减速（Newton et al. 1996）。爆发式练习包括各种形式的投掷、跳跃和举重动作。爆发式练习既可以是单纯向心，也可以是快速伸缩复合（SSC）形式。实践表明，如果专项运动为爆发式的，那么大部分训练也要保证是爆发式用力（Newton, Kraemer and Hakkinen 1999）。

提高动作功率和速度的练习可以根据动作快慢和是否含快速伸缩复合进行分类。例如，提高跳跃能力可以采用大负重半蹲，也可以采用速度力量练习，但这两种练习都要先进行离心收缩。有些动作只有单纯向心收缩，例如短跑的起跑。为了保证训练专项化，练习手段应模仿这种动作形式。因此，根据阶段性训练重点，在进行大

(小）负重半蹲时，下蹲至最低点时可暂停几秒钟，再进行向心收缩或者在力量架上进行专门膝角下的向心半蹲练习，用来模仿和强化起跑动作。

（三）训练效果的成功迁移

训练手段只有满足一些重要标准，才能实现训练效果的成功迁移。这些标准包括动作形式、肌力生成与变化及动作速度。然而手段只有通过超负荷训练才能提高专项成绩。训练如果无法超负荷，专项练习也无法产生适应改变和提高专项运动成绩。为了让训练手段达到训练效果迁移的目的，应注意以下几点（Stiff and Verkoshansky 1998; Stone, Triplett-McBride and Stone 2001）：第一，动作形式专项化，包括肌肉活动形式（离心或向心或快速伸缩复合）、肌力生成特点、动作的复杂性、幅度和方向以及区分爆发式与非爆发式练习；第二，超负荷安排，包括增加负重和动作功率以及缩短形成最大力量的时间；第三，根据训练水平确定训练手段及要求。

图 10.3 是对力量适应性变化及内在机制的描述。适应性变化分为神经和肌肉两个方面。训练初期，神经适应速度快于肌肉适应，是训练初期力量增加的主要机制。后期训练力量适应性提高更多地依赖于肌肉横断面积的增大。然而，适应程度受基因和训练水平的限制。因此，高水平运动员要想持续提高力量或动作功率会变得非常困难。

也就是说，任何设计合理的训练计划都可在初始阶段因神经系统的适应变化而提高普通受试者的最大力量、动作功率和动作速度（Peterson' Rhea and Alvar 2004; Rhea et al.2003）。然而高水平运动员的训练却需要更多的变化以及方法手段创新来提高运动成绩。

（四）普通人爆发力训练的专门适应

表 10.5 列举了三种训练方法在训练初期对普通人（未训练过）产生的影响。研究认为，大负重训练可以明显提高最大力量，以及提高力增速率和动作功率。速度力量训练可以明显提高力增速率和动作功率。超慢速力量训练可以提高力量，但对力增速率和动作功率的提高却不明显（Hakkinen 1994）。

表 10.5　普通人力量及爆发力训练的适应变化

训练类型	主要适应
低速大负重训练	提高力量、力增速率、负重下动作功率
速度力量训练	提高力增速率、动作功率、小幅度提高最大力量
超慢速训练	提高力量、小幅度提高力增速率和动作功率

数据来自：赛尔 1988，1992；哈基宁，科米 1985a，b；斯通，强森和卡特 1979；斯通等 1993；哈基宁 1994。

（五）运动员爆发力训练的专项性

高水平运动员需要明显的训练变化和方法创新来提高运动成绩。例如，威尔逊及其同事（1993）在一项研究中探索不同力量训练方法对大负重训练者腿部最大力量和爆发力的影响。55 名受试对象被分为 4 组。对照组继续进行大负重训练，负荷结构不变。第二组进行大负重训练，但采用超负荷训练安排。第三组停止大负重训练，改为跳深训练，跳深高度从 0.2 米逐渐提高到 0.8 米。第四组停止大负重训练，改为负重跳跃训练，负重为 135°膝角最大静力力量的 35%。

实验前后受试对象分别进行下蹲纵跳、静止纵跳、角速度为 400°的坐姿伸膝等动力量及温盖特自行车最大功率测试。10 周后测试结果发现，对照组在上述测试指标上无任何变化。超负荷力量训练组（第二组）下蹲纵跳、静止纵跳和自行车最大功率提高。跳深训练组（第三组）仅提高了下蹲纵跳成绩。然而，负重跳跃训练组（第四组）的所有测试指标均有提高。此外，负重跳跃训练组测试成绩的提高幅度等于或高于其他训练组。测试结果表明，速度力量性练习可以提高此前有训练经验受试者的爆发力水平。威尔逊等认为，这个结果主要是因为此前大负重训练为爆发力和动作功率的提高提供了基础。这种从力量训练转化为速度力量训练的分期训练模式会产生更明显的训练效果（参见第十三章）。

这种分期力量训练效果在高水平举重运动员的训练中也得到了验证。梅德韦杰夫及其同事（1981）将数百名苏联举重运动员分为三个训练组。第一组在为期数月的训练中采用大负重（>80%1RM）力量训练模式，主要突出训练强度和提高最大力量。第二组主要采用高功率力量训练，负重约为 70%~80%1RM。第三组采用分期式力量训练，在开始阶段（约一个月）进行大负重力量训练，随后进行速度力量训练。实验结束时（三个月后），第三组的举重成绩提高幅度最大，尤其是抓举成绩。此外，与另两组相比，第三组运动员在其他运动能力，如短跑、投实心球等运动成绩上提高得也更明显。结果表明，在开始阶段进行强化力量训练，随后进行高功率训练的分期模式能产生更好的训练效果，特别是在爆发力指标的提高上。

为进一步验证分期训练理念的实用性，哈里斯等（2000）对 42 名高水平橄榄球运动员进行了不同力量训练模式的对比研究。力量训练的主要目标是提高腿部和髋部的最大力量与爆发力。开始阶段（第一个 4 周）所有运动员均采用高负荷力量耐力训练计划（多组数，每组重复 10 次）。接下来，根据最大半蹲成绩和体重，运动员被分成三组。第一组在随后的 9 周时间里进行大负重训练（>80%1RM）。第二组采用速度力量训练，负重为 30%~40%最大半蹲。第三组采用分期训练，前 5 周的训练（在 4 周力量耐力训练后）与第一组类似，区别在于在该阶段采用大小负重交替的训练模式，即小负重训练日比大负重训练日的负重强度低 20%。剩下的 4 周里，第三组采用大负重训练与速度力量训练相结合的训练方式。例如，半蹲训练时，在热身后先做

1组负重为85%~90%1RM半蹲，接下来3组为30%1RM负重的半蹲跳，蹲跳时要求运动员以最快速度或最高动作功率来完成。

实验前后分别测试各种最大力量、下蹲纵跳、纵跳功率以及马尔加利亚爬楼梯功率测试、30米跑、9.1米灵敏测试以及立定跳远。结果发现，大负重训练组（第一组）以及混合训练组（第三组）最大力量的提高幅度最大。在功率和爆发力测试指标上，速度力量训练组（第二组）和混合训练组（第三组）的测试结果最好。混合训练组（第三组）在多数测试指标上都比其他两组好。研究结果表明：混合式训练组在提高运动能力上的范围更广，效果更好。分期训练按照力量耐力训练阶段→力量训练阶段→速度力量训练阶段的程序模式能够取得最佳的训练效果。

教练员最为关心的问题是如何持续提高运动员的成绩。表10.6列出了运动员长期进行力量及爆发力训练适应性变化的基本特征。例如，持续大负重训练可能会造成最大力量、力增速率或动作功率的下降或很小幅的提高。超慢速力量训练很可能会明显降低训练适应。如果力量训练采用超慢速训练则会造成最大力量，特别是力增速率和动作功率的下降（基于本书作者实践观察以及与哈曼的个人交流）。然而如果从大负重训练转为速度力量训练却能产生明显的训练效果，力增速率和动作功率都会显著提高（Harris et al.2000; Wilson et al.1993）。

表10.6 运动员力量及爆发力训练的适应变化

训练类型	主要适应
低速大负重训练	小幅提高力量、力增速率、动作功率
速度力量训练	提高力增速率和动作功率
超慢速训练	力量下降或小幅增加、力增速率和动作功率下降
分期式训练	提高训练适应能力

数据来自：赛尔 1988，1992；哈基宁，科米 1985a, b；斯通，强森和卡特 1979；斯通等 1993；威尔逊等 1993；哈基宁 1994；哈里斯等 2000。

五、影响力量及动作功率的因素

运动员的专项能力，特别是动作功率或爆发力，不仅受专项化训练影响，最大力量、疲劳程度和跨专项训练等也是重要影响因素。

最大力量与动作功率和动作速度的密切关系对大部分运动员来说都非常重要。研究表明（Stone et al.2002; Stone et al.2003a, 2003b）：第一，最大力量、爆发力与动作功率或速度力量之间具有显著或非常显著的相关关系；第二，最大力量与动作功率之间的相关性依赖于测量手段与实际动作的相似度；第三，最大力量对小负重的动作功率也有明显影响，但影响程度会随着负重的增加而增加；第四，提高最大动作功率和速度仅靠大负重训练是不够的。程序化的分期训练以及训练变化有助于实现运动成绩持续提高的目的。因此，动作功率与爆发力的提高不能简单地通过发展最大力量来实现，分期训练在提高动作功率和爆发力上具有巨大潜力。

除了最大力量外，疲劳和跨专项训练对爆发力也会产生负面影响。制定训练计划时，应充分考虑训练课形成的疲劳程度以及训练课之间的疲劳累积。疲劳会造成最大力量、力增速率和动作功率的下降。疲劳不仅会引起专项能力下滑，还会影响动作学习和技术稳定性。所以，疲劳状态下不宜进行爆发力训练。

有证据表明，传统的小强度有氧训练，如长跑与力量训练相结合的训练模式会降低增肌效果，引起最大力量、动作功率和动作速度的下降（Hakkinen et al.2003; Izquierdo et al. 2004）。可见，为了提高最大力量，尤其是提高动作功率和动作速度时，应尽量限制或避免有氧训练。

六、力量训练损伤风险

众所周知，与其他健身（Powell et al.1998）和竞技运动（Hamill 1994）相比，举重项目的受伤概率是比较低的。虽然很多人认为，自由负重类训练要比器械训练更容易受伤，但缺乏确凿的证据（Requa, DeAvilla and Garrick 1993）。然而重要的是，自由负重训练特别是在爆发力上，产生的训练迁移效果更快、更明显（Stone, Triplett-McBride and Stone 2001）。因此，运动员的训练应该以自由负重训练为主（参见第十二章）。

还有观点认为，包括举重在内的爆发式训练都有很高的受伤几率，但综合研究结果发现，支持爆发式训练会造成高风险（严重）损伤观点的数据十分有限。哈米尔（1994）对英、美两国各种运动项目损伤几率的调查显示，在每 100 小时的运动时间内，举重和力量训练的受伤几率基本是受调查运动项目中最低的。因此，无论是举重等爆发式训练，还是力量举等非爆发式的力量训练具有高受伤风险的观点都是站不住脚的。

七、力量训练对健康的益处

本书主要讨论竞技运动中的力量训练，但力量训练也有益健康。以下简要介绍力量训练为健康带来的好处。

力量训练是一个广义概念，具有不同的目标导向。例如，可以提高专项运动成绩、增肌（即健美运动）、促进健康体适能、预防伤病、加速康复（Stone et al.

1991)。此外，力量训练还有助于改善内分泌和血脂、增加瘦体重、减少脂肪、加强组织强度（包括骨组织）、缓解压力等（Conroy et al.1993; Johnson et al.1983, 1982; McMillan et al.1993; Poehlman et al.1992; Stone et al.1991a）。力量训练还可以成为代谢综合征、糖尿病等消耗性疾病的重要辅助治疗手段（Jurca et al.2004, 2005）。目前已经证实的是，力量训练可以降低血脂和血红蛋白含量、提高胰岛素对血糖的调节能力、增加葡萄糖转运蛋白4的含量以及改善Ⅱ型糖尿病症状（Cauza et al.2005; Holten et al.2004）。此外，与有氧训练相比，力量训练对能量消耗具有明显而深刻的影响（Cauza et al.2005）。研究表明，力量训练量与健康促进有关（Stone et al.1991a），在一定程度上，随着力量训练量的提高，健康改善程度也会随之提高。

人体运动能力的提高与力量训练密不可分。力量训练是体能训练不可或缺的部分，通过完成功能性动作，如将箱子举到不同高度来提升运动能力（Asfour et al.1984; Genaidy et al.1994），进而改善健康体适能。

本章小结

作为训练计划的科学组成部分，力量训练发挥着重要作用。训练计划保证了长期的专项化适应，训练水平影响训练适应。全力以赴地投入训练是获得最大训练适应的必要前提。高水平运动员的训练计划更需创新性，训练设计还需具有分期程序化结构（参见第一章和第十三章）。

第十一章　力量训练心理学

谈到运动训练，有人就会把身体看作是一部机器。然而，运动与环境、文化、传统及个性都有关系，这些因素影响着运动表现。技术动作的出色完成需要指令和调控。因此，运动员应通过合理的方式来提高动作完成质量。运动员进行长期力量训练的目的就在于保持高水平体能状态，并且能够在决定胜负的关键时刻完成高质量的技术动作。显然，力量训练要求的不仅仅是一部动力十足的机器。

运动心理学是健身科学的一个分支，用来探索行为对技能的影响规律（Hatfield and Brody 1994）。本章主要内容涉及力量训练的心理学基础以及提高力量水平和运动能力的心理学技术。

一、心理学与力量训练综述

关于心理学与力量训练的文献并不多见。现有文献趋向于研究力量训练对改善精神健康和运动心理的影响，涉及心理健康、自我概念、自尊和自我效能和价值、身体意象、唤醒与焦虑等。力量训练应用的心理学技能则包括目标设置、放松、专注、表象和仪式化（Ogilvie and Henschen 1995）。

（一）心理健康

尽管没有直接关于力量训练与心理健康的研究，但对学校体育相关领域的研究综述发现，体育对年级与课程选择、作业、教育与职业理想、自尊、申请高等教育、高校录取以及最终教育成就等方面都有积极的影响。另外，校外体育活动的益处要大于学校体育，在消除干扰因素后，这种积极影响将会长期持续（Marsh and Kleitman 2003）。

力量训练通常是各种体育活动的组成部分。调查表明，参加体育活动有很多好处，最明显的益处就体现在对精神健康、心理健康和个人成就的积极影响上。

力量训练对年轻人的影响也十分显著。英国运动与竞技科学协会指出，对年轻人来说，力量训练对心理会有积极影响（Stratton et al.2004）。该协会认为，力量训练对心理的影响源于力量训练中短、长期的目标设置，训练中相互"搭伴"以及集体性参与都是社会化活动，训练也会让青年人懂得人体是如何工作的。因此，青少年在力量训练中会受益匪浅。此外，诸如跳绳、游戏等体育活动也会吸引青少年积极参与运动。与此同时，因动机问题，力量训练给儿童带来的益处却未达到预期。为数不多的关于运动与少儿心理的研究表明，运动对少儿的心理产生了积极影响。青少年儿童进行力量训练时，练习动作不仅要和年龄相符，而且要易于完成。

心理健康中也有精神因素，例如，患有厌食症的病人之所以常进行有氧运动主要是担心体重会增加。研究人员（Szabo, Green 2002）通过力量训练对住院治疗厌食症患者心理健康及体成分的影响进行了研究。结果表明，力量训练与体成分和心理健康的改善相关。虽然并未显示出力量训练具有突出作用，但研究建议将力量训练作为有效治疗厌食症的辅助手段。对两名患厌食症病人的个案分析发现，力量训练对2年以内患厌食症的患者具有积极影响，有助于其康复愿望的产生（Phillips 1988）。力量训练会增加瘦体重但也可能会引起厌食症患者的担忧，而对处于即将康复的患者，肌肉锻炼却能起到促进作用。随着训练计划的推进，厌食症患者担心体重增加的程度会逐渐降低，进而可以保证运动与营养的干预效果。

对老年女性（75~80岁）进行力量训练的研究发现，受试者的自信心有了提高，敢于尝试过去认为不可能的活动（Bracewell et al. 1999）。另外，在研究过程中，女性受试者的活动程度有所增加。研究人员还发现了一个有趣的现象，那就是当受试者的自信心增强后，有些人的训练更加刻苦了。另外，在为期3个月的一项实验研究中，研究者发现参与力量训练的女性受试者（75~80岁）的综合健康水平有了提高（Taunton et al. 2002）。

在一项临床治疗抑郁症的研究中，研究人员对长跑和力量锻炼的干预效果进行了比较（Doyne et al. 1987），结果在不同群体间表现出了高度一致性。不同运动组实验后经三种抑郁量表测量后发现，抑郁症状均出现明显减轻的情况。尽管长跑等有氧运动是大多数研究者采用的干预形式（Tucker 1987），但多因及其同事研究表明，抑郁症状减轻并非单纯有氧运动的影响。因此，对那些由于受环境、体成分或其他限制因素不能进行长跑锻炼的抑郁症患者，力量训练可以发挥积极的辅助治疗效果。同类研究也发现，女性抑郁症患者通过运动锻炼表现出"自我概念"提高的现象（Ossip Klein et al. 1989）。虽然在不同运动干预形式组之间并无显著差异，但与滞后性治疗的对照组相比，两个运动组的"自我概念"均有提高。

根据自我效能理论，尤尔特（1989）研究了力量训练对心脏病患者心理因素的影响。研究中，作者强调了"自我知觉"在运动投入与收益、练习选择与坚持两方面的重要性。同时，自我效能理论也强调自我评价对完成任务意愿的显著影响。尽管个体效能在不同任务之间没有进行标准化处理，但个体效能形成过程会涉及四个方面的因素：第一，此前类似任务的完成；第二，其他个体任务完成情况或社会化模式；第三，权威人士的帮助；第四，对当前身心状态的反应。在力量训练中，这些因素发挥着重要作用，久而久之，通过进一步明确任务来达到发展个体运动能力、提高唤醒水平的目的。尤尔特指出，对待练习活动上，有很多主观性偏好与反应，例如在循环力量训练中，情绪状态指标与力量性测试相关，与跑台耐力测试无关。

一篇有关力量训练与心脏康复的文献指出（Vescovi and Fernhall 2000），患者从心脏突发疾病到康复过程中，自我效能是帮助康复的一个重要因素。因此，心脏康复计划的重要目标是为患者提供大量与日常活动相类似的练习任务。这样做有助于患者建立自我效能，积极参与康复计划，对举、推、拉等力量练习不过分担心。

在一项涉及力量训练对执法者心理健康影响的研究中，研究者采用循环力量训练方案（Norvell and Belles 1993），对 43 名此前未受正规训练的司法官员进行了为期 4 个月的实验研究。结果发现，受试者心脏机能和力量指标均有显著提高，另外还表现出情绪状态的改善，包括躯体化水平、焦虑、抑郁、敌意以及身体症状等指标的下降。同时，他们对工作的满意度也有所上升。研究期间，一些退出实验的受试者在实验前则表现出更明显的敌对情绪、抑郁以及焦虑状态，这说明那些受试者出现了自我选择性心理反应。最后研究认为，循环力量训练对执法工作者的心理会产生积极影响。

塔克及其同事的系列研究表明（Tucker 1982b，1982a；Tucker 1983a，1983b；Tucker 1987），力量训练对各类群体的心理健康均有积极影响。综合研究成果发现，尽管受其他因素的干扰，但力量训练对受试者心理状态的影响依旧十分明显。

柯林斯（1993，1994）把力量训练对心理状态产生影响的被调查者分为三类，即力量爱好者、包含力量训练的运动员和举重运动员。当力量爱好者关注自己的力量和肌肉块时，力量训练会对心理产生积极影响。初级水平的运动员在训练初期，力量水平提高得很快，进步速度会引起广泛关注。因此，柯林斯建议，教练应给予这类运动员大量的积极反馈，并循序渐进地设置目标。很多项目的运动员都会通过力量训练来促进运动成绩的提高。这类运动员一般属于中胚体型，体型上的改观要比内胚型或外胚型的运动员快，也更容易"沉溺"于训练获得的身体"成就"中。此外，作者提醒，力量训练效果既可能显而易见，也容易停滞不前。训练中，常常可能因追求更高的目标而导致过度训练和力竭性疲劳。有些运动员在创造最好成绩后，训练进步会变得异常缓慢，他们更容易因无法实现预期目标而产生强烈的挫折感。举重运动员的心理状态特征与其他进行力量训练的运动员类似，但表现得更为显著。柯林斯认为，由于举重训练比较枯燥，容易引起疲劳，运动员需要学会专注和利用表象技术来维持正常训练和比赛。

（二）自我概念、自尊和自我效能

自我概念是自我产生的关于精神、心理以及身体方面的一系列想法。自尊是个体对自我概念的评价。自我效能与自信心类似，是个体完成任务或发生行为的确定性（Ewart 1989）。

特鲁斯洛（1983）用"田纳西自我概念量表"分别对长跑爱好者、力量爱好者以及无身体锻炼人士进行了调查比较。其结果显示，长跑和力量爱好者在自我概念上并无显著差异，但他们的自尊水平均高于无身体锻炼的群体。

凡沃斯特及其同事（2002）发现，自我概念的变化可能与肌肉力量"增幅阈值"有关。即在肌肉力量水平的提高上可能存在一个阈值，当超过该阈值时，肌肉力量的变化会影响到自我概念。反之，如果低于那个阈值时，肌肉力量的变化是不会引起自我概念的明显变化。穆尔和巴塞洛缪（2003）在测量自尊与躯体认知时发现，力量训练引起的身体变化比心理变化更明显。

有研究者（Black，Gibbons，Blassingame 1993）对高中男生不同学期自我效能的研究发现，力量训练经验与躯体自我效能无关。然而，学期间的比较会因控制条件宽松而无法对问题进行深入有效的研究。一项对大学生力量训练的投入与自尊的研究发现（Melnick and Mookerjee 1991），与不运动的对照组相比，进行力量训练的大学生投入程度和自尊水平都很高。肌肉力量的提高是出现这些变化的主要原因。该研究支持"多维度自尊结构"观点，自尊在一定程度上依赖于"身体自我"的改变。塔克（1982a，1983b）的研究分别对力量训练群体和无锻炼群体的心理变化进行了比较。结果是，力量训练者在每项自尊变量上均为高分，但一些变量之间表现出非线性关系。由此塔克认为，后续研究应建立运动对心理影响的高级模型。

（三）身体意象

一项关于力量训练初期男生与非锻炼对照组的比较研究（Tucker 1987）表明，随着力量训练时间和次数的增加，男生的身体意象满意度显著提高。同时发现，实验前受试者的心理特质能够预测参与力量训练课后心理状态的变化，例如，那些此前力量水平不高的男生，训练后"身体投入"程度明显提高。相比之下，身体素质好的男生开始训练时的自信心和身体意象满意度会更高。然而，这些受试在因力量训练引起的身体意象变化上可能出现"天花板"效应。

另一项研究中，塔克利用运动员原有体型及体能水平与训练引起的身体意象变化间的相互作用再次证明，身体意象是十分复杂的心理特质（Tucker 1983b）。研究发现（Tucker，Mortell 1993），对力量健身和步行健身人士的比较发现，步行者的耐力水平得到了提高，力量健身者的力量水平有了增长，但后者对身体意象的增加趋势要明显高于前者。塔克和麦克斯维尔（1993）还发现，在进行 15 周力量训练后，受试者不仅力量增加了，而且一般性健康水平和身体投入均有显著提高。由此，作者提出健康水平的预测依据有：收入高低、体重变化以及皮脂厚度变化趋势。身体投入的预测依据有：有无力量训练经验、参与程度、体重变化、身材变化以及皮脂厚度变化趋势。

研究人员（Bietz Hilton 1997）在有、无力量训练指导的练习者之间进行了身体意象满意度的调查。结果表明，有训练指导的练习者在身体满意度的 10 个指标中，有5个都得到了明显改善，而无训练指导的练习者在身体满意度上却无显著变化。斯托塞尔对举重运动员身体意象的研究中，也发现了类似的结果（Stoessel et al.1991）。

（四）唤醒与焦虑

唤醒是行为或生理强度的水平。焦虑有状态焦虑和特质焦虑之分（Hatfield and Brody 1994）。状态焦虑是恐惧或忧虑的主观体验。不确定性常伴随状态焦虑。状态焦虑表面看是消极的，但它对运动成绩的影响可以是负面的，也可以是中立或积极的。竞技运动中，如去冲击新高度或完成新动作时会出现一定程度的状态焦虑。运动员普遍相信，在创造最佳成绩冲刺时需要一些焦虑。特质焦虑是更为稳定的心理特征，是个性的组成部分。特质焦虑是出现状态焦虑的"背景"焦虑。焦虑也可分成认知焦虑（忧虑的想法）和躯体焦虑（肌肉紧张、心率上升、烦躁不安及紧张等）。

在创造最佳运动成绩时，会涉及唤醒和焦虑水平的优化。换句话说，唤醒和焦虑水平只有处于最佳水平，才能保证取得最好的运动成绩（Hatfield and Brody 1994）。"倒U理论"中谈到了唤醒和焦虑水平应处于不高也不低的状态（Hatfield and Brody 1994；Yerkes and Dodson 1908），而且存在"个体最佳功能区"（IZOF，Hanin 1995）。在唤醒和焦虑优化问题上，两个理论是一致的，但"个体最佳功能区"模型还包括任务难度、先前经验和技术水平等。然而，关于两种理论的功效还存在争议（Arent and Landers 2003）。力量训练对唤醒和焦虑会产生积极影响。

焦虑和唤醒常与压力联系在一起。压力是任何能引起人体应对的事物（Selye 1956）。状态焦虑与唤醒是由压力引起的心理反应。每个人都应学会应对压力的方法，并通过控制唤醒水平来影响特质焦虑。一项关于不同项目运动员应对焦虑与唤醒策略的研究表明，在受调查的所有运动员中，举重运动员"回避式"应对策略得分最低（Antonini Philippe, Seiler and Mengisen 2004）。另外，应对策略具有性别差异，女性更多采用情感导向的应对策略，男性则更趋向于问题导向的应对策略。"回避式"应对策略要么表现为寻求他人的帮助，要么简单地去做另一件事，或二者兼顾。运动心理学家认为，回避式应对在竞争环境下其功能会降低。因此，如果在这种应对策略上得分较低，会为竞争中能否取胜提供更全面的预示及特征描述。还有观点认为，为了避免失误，采用回避式应对能帮助诸如网球运动员将注意力再次快速移回比赛。回避式应对策略得分高低表明运动员对控制比赛局势的相信程度。显然，举重运动员对比赛局势的把握能力更强，不会采用回避式应对策略。

对8~13岁女子体操队员力量训练的研究发现，运动员各项力量测试指标均有提高，经比赛焦虑量表（SCAI）测量发现，运动员的比赛特质焦虑有所降低（Henderson 1995），比赛状态焦虑水平却没有变化。测量发现，比赛特质焦虑下降出现在20周力量训练的前10周。研究中，当统一比赛条件时，研究者遇到了一些不可控的复杂变量。欧南等人（2000）也研究了青春期前的女子体操运动员力量训练与比赛状态及比赛特质焦虑的关系。研究结果虽然不具统计学意义，但是研究者发现当运动员的力量水平提高时，特质焦虑水平则会出现下降。此外，优秀男子举重运动员也表现出低水平的特质焦虑（Hall, Church and Stone 1980）。

在力量训练与焦虑、情绪状态之间的关系研究上，里昂（1995）探索了6周有氧运动、力量训练及压力管理分别对认知压力下受试者体能、心理、生理学反应的影响。结果发现，所有运动手段都有效降低了受试者的状态焦虑和愤怒情绪。然而有趣的是，非运动组受试者和其他两个运动组一样，状态焦虑和愤怒情绪也出现了下降。一项关于（Koltyn 1995）单次力量训练对状态焦虑和身体意识影响的研究表明，单次力量训练不能降低状态焦虑，但身体意识水平却有了显著提高。通过情绪状态量表，另一项有关（Tharion et al. 1991）不同负荷形式对初级举重运动员情绪影响的研究发现，5RM训练引起的情绪下降程度要低于大运动量训练，而且男性运动员的情绪反应要好于女性。黑尔和雷格林（2002）研究了力量训练和有氧健身操对状态焦虑的影响。结果显示，力量训练和有氧健身操都可以短时降低受试者的状态焦虑，而且其水平在实验期间（8周）均保持稳定。

力量训练对心理的影响虽然谈不上巨大，但对精神健康、自我概念、焦虑和唤醒等均有潜在益处。力量训练可以成为促进心理发展、维持心理健康的重要手段。

二、心理学技能

运动心理学可以为从事力量训练的运动员提供不少帮助。运动员为了获得最佳竞技状态，需要心理和生理高效工作，达到完成任务时能量节省化的目的（Hatfield and Brody 1994）。在心理上，最佳竞技状态通常表现为无惧、注意力的适度集中、积极的自我暗示、高水平的自我效能和动作自动化。因此，运动员应该掌握应对各种情况和环境的心理学技能，这些心理学技能包括目标设置、放松、注意力集中、表象和仪式化。

（一）目标设置

目标设置是一个不断选择和接受挑战的过程。目标设置有助于通过完成目标的行为结果来提高运动表现（Gould and Vory 1995）。目标设置将注意力集中在非常重要的事物上。目标设置看上去简单，但实际操作却很复杂。由于力量训练具有可测性，如组数、次数、重量、间歇时间、速度等，因此便于设置目标。

为了实现目标，必须设置有效的目标。力量训练中的目标设置应注意以下几个问题。

第一，设置切实可行的目标。目标既要富有挑战，也要符合实际。不切实际的目标经常会使人丧失动机。切实可行的目标设置会增加新目标实现的可能性。

第二，短期目标与长期目标相结合。明智的做法是设置少数几个长期目标（1~3个），并将长期目标拆分成多个短期目标。连续的短期目标构成了长期目标。目标要便于测量和操作，不能含糊不清、泛泛而谈。在任何一个训练阶段，运动员设置的目标都不应该超过 3 个。

第三，划分操作目标与结果目标。操作目标也称"过程目标"。结果目标也称"效果目标"。操作目标多数是集中在"提高什么"上，结果目标通常是在特定比赛中取胜。运动员应该更关注操作目标而不是结果目标，因为操作目标便于控制，结果目标的不确定性更大，环境、作弊、"黑哨"等都可能干预结果目标。

第四，目标设置要灵活。设置的目标要有弹性，便于运动员把握进程，可以根据实际情况对目标做出适当的调整，提高目标完成效率。目标设置并非万无一失，在设置之初，运动员或许并不知道完成目标的难度有多大，哪些资源利用非常有限。受伤、疾病等因素会导致目标重设。

第五，设置个性化目标。目标应尽可能个性化。当然，集体有可能追求相同的目标，此时设置个体目标就没有必要。然而在力量训练中，个体之间的经验和能力各不相同，因此，设置个性化目标会更普遍、更常见。

第六，对目标进行评价。教练员或运动员应定期对目标进行测量。缺少监控和测量的目标设置并不能发挥作用。目标设置和目标评价过程应有阶段性，每当一个目标实现后，就要设置新目标。

目标设置是心理学技术在力量训练中的典型应用。这项技术可以保障运动员的进步持续不断而又清晰可测。

（二）放松

放松是心理技能训练的基本技能。在谈力量训练的书中谈放松似乎有点"跑题"，实际上，动作协调不仅要求某些肌肉收缩用力，还需要另一些肌肉充分放松。另外，一块肌肉的各部分也要学会在同一时间按不同程度收缩用力。

放松技术主要用来降低焦虑症状，调节唤醒水平，在关键时刻运用放松技术会让运动员赢得比赛（Dishman 1983; Drozdowski et al.1990; Hardy and Jones 1994; Hatfield and Brody 1994; Henschen 1995b; Ogilvie and Henschen 1995; Orlick 1980; Weiss 1991）。放松技术建立在放松与紧张相对且无法同时出现的基础上，运动员学习放松技术也可以在需要时保持适度紧张（Henschen 1995c）。放松或许是最古老的心理训练技术，可以追溯到中国古代的气功和印度传统的瑜伽。放松技术包括以下几种。

一是呼吸。常见的呼吸放松为"膈式呼吸"，也称"腹式呼吸"（Hafield and Brody 1994）。这种"慢吸长呼"的方式可建立脑干心肺控制中心反馈通路，反射性降低心率和肌肉紧张度（Hafield and Brody 1994）。总体上，呼吸放松可以提高迷走神经张力、降低唤醒水平，达到完全放松状态（Henschen 1995c）。通过练习可以培养呼吸意识与习惯，这种练习可随时进行。当运动员适应这种呼吸方式后，就能自然地应用到训练和比赛中去。

二是渐进式放松。放松与紧张交替是渐进式放松的主要特征（Henschen 1995c）。运动员应记住放松和紧张时的身体感觉，通过两者对比，帮助运动员在完成某项技术或任务时形成适度的放松与紧张感。这种方法简便易行，练习时，运动员常采用仰卧姿势，然后逐一收缩和放松每块肌肉，例如先从下肢开始，分别交替收缩与放松脚、小腿、大腿、躯干、上肢等每块肌肉，最后是整个身体放松。这种方法可以每天重复多次，也可作为辅助催眠技术。

三是自发训练。自发训练最早出现于20世纪30年代的德国。该方法利用程序化引导达到自我催眠的目的。练习者在进行"膈式呼吸"的同时不断重复自发性惯用语。惯用语可以是"舒服沉重""舒服温暖""心跳平静""呼吸平静""腹部舒服温暖""额头清爽舒服"等。想象和感觉身体因暗示而感到温暖和沉重（Henschen 1995c）。自发式放松法对那些在渐进式放松中有肌肉不适反应的运动员来说更具吸引力（Hatfield and Brody 1994）。

当然，也有其他一些方法有助于放松，如按摩、水疗、催眠以及冥想。放松技术可以作为训练课之间加强恢复的"加速剂"（Drozdowski et al.1990；Lidell 1984）。放松技术不仅有助于运动员提高运动成绩，也可成为一项基本生活技能。

（三）专注

专注是注意力集中在合理暗示上，并根据暗示进行有效行动的能力（Henschen 1995a）。专注几乎成为注意的同义词。注意是通过感觉暗示形成意识的过程（Hatfield and Brody 1994）。专注是进行合理注意的行动。例如，一项对多种体育运动的研究发现，经验丰富的运动员与训练不久的运动员相比，在对相关任务暗示的集中或根据信息做出重大决定的能力上表现更为突出（Nougier, Ripoll and Stein 1989）。

纳德菲尔是注意力及注意类型的研究专家（Hatfield and Brody 1994；Nideffer 1985, 1990），他利用两个交叉领域的注意描述将专注分为广泛与狭窄型专注、内部与外部型专注。广泛专注是对环境和其他暗示所具备的宽阔视域能力。狭窄专注是运动员使其注意力以较小的视域更为专注地持续或局限在更小空间内的能力。外部专注是对除自身之外事物的自觉意识。内部专注是指自身意识。对上述专注进行排列组合后有广泛外部专注、广泛内部专注、狭窄外部专注和狭窄内部专注之分。此外，运动员应能够通过转换专注的方式来满足运动时的不同需要。例如，橄榄球四分位队员在接对方开球传来的球之前面对中场时应具有狭窄外部专注，一旦其得球，在后退时对防守做出判断过程中，则需要广泛外部专注。接下来，在准备投球时采用专门技术的过程中则需要狭窄内部专注。最后，在选择接球队友及最终完成传球时则需要狭窄外部专注。

力量训练时，运动员通常根据完成动作的方式来确定广泛或狭窄维度下的内部专注。另外，应该清楚的是，专注或注意控制具有被动性，如果总是想着改变或监控这种注意控制，对目标任务的专注或注意力就会受到影响（Henschen 1995a）。教练员和运动员可以通过将注意集中在特定技术或完成动作时的动觉上（或两者兼而有之）来提高专注能力。

（四）表象

表象是竞技运动最常用的心理技能，是运动员运用感官在特定时间，采用一定方式形成对技术或运动的心理经验（Hatfield and Brody 1994）。表象可涉及各种感官感觉，包括视觉、听觉、嗅觉及肌肉动觉等，是对某项技术的心理预演。表象是一种心理过程，可引起心理变化。研究表明，表象会对肌电产生影响（Bakker, Boschker and Chung 1996）。对肱二头肌电活动的研究中，黑尔（1982）发现，头脑中表象肱二头肌弯举动作时，肱二头肌电活动的强度比表象其他动作时高。康沃尔等人（1991）研究指出，对股四头肌收缩进行表象的实验组的静力力量增长幅度要比对照组高出 12.6 个百分点。教练员和运动员关心的是如何正确运用表象技术，从而根据能力来进行表象训练（Hall, Buckolz, and Fishburne 1992）。表象有助于运动员和学龄儿童等完成正确的动作。

表象有不同的维度和变化形式（Heil 1995）。表象根据感觉形态进行调节变化，如视觉、动觉、听觉、嗅觉、触觉、味觉、脏腑感觉及痛感。运动员可以选择性地利用这些感觉形态，并形成某些感觉偏好。结构上，表象可分成内部表象和外部表象。内部表象是感觉自己像在完成动作。外部表象常以视觉为特征，像是正在观看自己的动作录像。换句话说，外部表象中，运动员可以通过似乎能观察到的影像来重现动作。

运动员可按正常速度、慢速或快速方式进行表象。表象主要采用实际动作速度，但慢速表象更有助于运动员看到或感觉到技术细节。快速表象可帮助运动员迅速回顾动作顺序以及比赛的"彩排"等。表象时的注意集中可以与实际动作相关，也可以无关。相关集中最为常见，是对技术动作的直接注意。无关集中出现在某些项目中，如长跑时，运动员有意不集中在跑步上而是想象其他事情。无关集中可能会降低运动员的疼痛或疲劳感。

为了提高表象效果，应该做到使用多种感觉形态、增加训练和比赛经验、掌握熟练的表象技能、多采用闭链动作进行表象训练，如举重而不是足球（有可能的话），不断练习和实践，每次练习持续 1~5 分钟。

表象适用于各年龄段人群（Howe 1991）。在表象效果上可能存在性别差异，相比之下，男性更为有效（Lovell and Collins 1997）。

（五）仪式化

仪式化源于"脚本"，是力量训练的高级心理技能。运动"脚本"（Ogilvie and Henschen 1995）代表了心理最佳准备状态。奥格尔维与汉许恩指出："理想运动表现的脚本语言是运动员对每个想法的心理确认与联系，归功于对最佳运动成绩的知觉。当脚本成为习惯性的内部对话，则会发挥积极的暗示鼓舞作用。"这种心理技能可以让运动员简单地按脚本操作，从而控制情绪、注意和紧张感，避免不必要的情绪变化和注意集中。通过脚本的仪式化也可以避免自我言语的发生。与之类似，运动"意识流"需要运动员在运动前和运动中形成"常规"，这些"常规"随着运动员经验和运动水平的提高会逐步形成自动化（Gordin and Reardon 1995）。

运动员利用力量训练提供的持久、简单和易控的机会可以创建运动脚本，练习仪式化技术。力量训练环境相对封闭、固定，因此运动脚本执行起来更为简单。这样一来，运动员所学习到的心理技能便可应用到实际运动和生活中去。

本章小结

运动员不是机器。运动心理学的目标是发现心理倾向及技能对运动成绩的影响。力量训练使运动员身心受益。力量训练过程中应用的心理技能有目标设置、放松、专注、表象以及仪式化等，这五种心理技能与运动员的全面发展紧密相关。在力量分期训练时，这几种心理技能练习可开始于一般准备期，在运动员进入竞赛期时基本结束。无论是准备期还是竞赛期，当需要时，运动员都可利用这些心理技能来促进训练水平和比赛成绩的提高。

第四部分　训练原则、理论与实践应用

第四部分是本书的核心。前三部分主要介绍了科学理论基础、训练适应以及适应的测量方法。第四部分将详细介绍如何实现训练目标。完成训练目标的过程中，只有选择合适的训练形式（第十二章），使用合理的训练方法（第十三章），才能取得更大的成功。最后，第十四章举例说明如何将基础知识应用到训练计划制定与实施中去。

第十二章　力量训练的形式

提高运动成绩需要从整体上制定训练计划。适当的力量训练有助于增加运动表现的提高幅度，包括提高最大力量、爆发力和完成特定负荷下的耐力水平（McGee et al. 1992; Paavolainen et al. 1999; Robinson et al. 1995）。以上这些表现将直接影响运动能力，如纵跳高度、短跑或长跑成绩及灵敏性（Harris et al. 2000; Paavolainen et al. 1999; Wilson and Murphy 1996）。这些指标的改善说明力量训练的"迁移效应"对专项成绩的积极影响。

如果力量训练方法合适（合理的次数、组数、动作速度、训练分期等），就能收到良好的训练效果（Fleck and Kraemer 1997; Garhammer 1981b; Harris et al. 2000; Stone and O'Bryant 1987; Stone et al. 1999a, 1999b）。例如，负荷量小但训练强度大的训练对最大力量的促进效果要远优于大负荷量小强度的训练。然而，与小负荷量相比，大负荷量的力量训练对体成分、耐力指标的影响效果更明显（McGee et al. 1992）。此外，力量训练的形式（如训练器械的类型）很大程度上影响着训练适应。

在讨论各种训练器械特点前，首先会涉及以下相关概念（Stone et al. 2002）。

自由重量练习时是在身体自由活动中所产生的阻力。自由重量包括各种杠铃、哑铃、瑞士球、投掷物、自重、附加重量（如负重背心、肢体环节负重等）等。自由重量练习时，肌肉用力程度与阻力相对应，例如，举重运动员需要挑战如何在自由重量下控制、稳定及完成动作。

器械练习时的阻力在规定或受限条件下产生。器械可以是片类负重，也可以是选择式、电子阻力式、弹簧类或弹力带类。然而器械练习时，在动作的控制、稳定和方向上没有什么挑战。

以下讨论建立在训练原则、研究基础和训练实践基础之上，将对器械与自由重量训练对提高运动表现或能力的有效性进行辨析。

一、训练原则

训练原则包括超负荷原则、多样性原则和专项化原则。

超负荷原则旨在通过适当增加刺激，使身体、生理及运动能力产生专门性适应。超负荷原则利用训练手段和训练要求来达到让运动员超过原有运动能力的目的。超负荷刺激表现在负荷强度、训练频率及训练时间上。在力量训练中，超负荷刺激因素包含绝对负荷强度、相对负荷强度、训练频次和训练总时间。训练强度与动作速率及耗能速率有关。训练量则是对训练总功及总能耗的测算。训练量与每个练习完成次数与组数有关，具体到训练手段的数量、类型（大肌群或小肌群训练手段）和每日、周、月的训练课次数及所有手段的练习次数。计算负荷量（次数×重量）是估算训练做功的最好方法。

训练强度和训练量与竞技表现直接相关。例如，备战2003年世界举重锦标赛过程中，运动员的训练强度及训练量与比赛成绩均显著相关。需要注意的是，虽然练习次数影响训练量，但练习次数与运动成绩没有必然联系。原因在于，单纯计算练习的重复次数并不能准确估算做功大小（表12.1）。

表12.1 美国优秀举重运动员训练强度与训练量的关系

	AREP	TREP	%–75	%PL–75	AVL	TVL	TI	TI–75
男子	339	3729	59.8	84	33,515	369,667	101	141
女子	338	3713	58.8	91	24,566	270,221	74	99
全美冠军赛相关系数（N=10）								
APEP	−0.19	AVL	0.72	TI	0.96			
TREP	−0.03	AVL–75	0.74					
AREP–75	0.13	TVL	0.73	TI–75	0.91			
TREP–75	0.19	TVL–75	0.70					

注：追踪的练习手段有下蹲、提拉、抓举、挺举。对10名举重运动员在2003年锦标赛前进行为期11周的追踪研究。次数（REPS）与举重成绩的相关性非常低。平均及总训练量（VL）与成绩的相关性高。结果表明，统计训练量与统计练习次数的意义更大，训练强度与举重成绩的相关性更高。AREPS:每周平均次数；TREPS:总练习次数；%–75：总次数中超过75%1RM次数的比例；%PL–75：强度在75%次数所占比例；AVL:每周平均训练量（以公斤表示）；TVL:总训练量；TI:平均负荷；TI–75:超过75%强度的平均负荷。

计算训练强度和训练量可应用在某阶段全部或某个手段的训练中。掌握超负荷原则的基本要点后，有助于选择训练手段和器械。例如，体成分的改变，特别是体脂下降与运动的总能耗（训练总量）直接相关。除了少数练习外，多数器械都是为单关节或是小肌群练习设计，练习能耗低于大肌群。因此，建议多采用大肌肉群练习手段和自由练习手段来达到增加耗能、改善体成分的目的。另外，相对单关节、小肌群练习，多关节、大肌群练习对运动和日常活动的影响会更明显。

多样性训练原则是对训练量、训练强度、训练密度、动作速度、训练手段选择等各要素的协同设计（参见第一章和第十三章）。合理的多样性是确保长期产生训练适应的基本前提（Kramer et al. 1997; Kramer 1997; Stone et al. 2000a, 2000b）。分期训练中，合理安排训练量、训练强度以及选择训练手段（包括速度力量训练手段）等要素有助于各种运动能力的提高（Harris et al. 2000）。尽管器械训练也可以调整训练量和训练强度，但在动作模式、速度力量及速度训练手段设计上却有很大的局限性。因此，训练多样性的限制很大程度上来自训练计划中动作模式与训练器材的局限。

专项化概念包含生物能效和力学两个方面（Stone and O'Bryant 1987; Wilmore and Costill 1994）。在此，讨论专项化主要集中在力学专项化，特别是动作专项化上。在选择训练器械时，尤其是以提高运动成绩为目的时，首先要考虑手段或训练专项化的问题。力学专项化的重要性体现在它会直接影响力量训练手段的设计和选择。

训练迁移关系到运动适应，适应程度决定于训练手段，并与专项化密切相关。力学专项化指训练中所采用的手段与实际运动在动力学和运动学上的关联度或一致性，包括动作形式、肌肉运动类型、最大力值、力增速率、加速度以及速度等指标。训练手段与实际动作越相近，迁移的可能性越大（Behm 1995; Sale 1992; Schmidt 1991）。

斯蒂夫（Stiff, 2000）、维尔霍山斯基（Stiff and Verkoshansky, 1998）、斯通（Stone, 2002）及其同事指出，训练迁移的大小取决于"动态一致性"。也就是说，只有动作的力学特征而非单纯的外在形式与实际运动接近，才能保证最佳的迁移效果。例如，短跑不仅需要水平方向的力，还需要垂直方向的力（Weysand et al. 2000）。因此，垂直方向的力量训练，如下蹲、杠铃提拉等练习能产生效果更明显的训练迁移。短跑的例子说明，在选择训练手段时，只有符合运动力学特征才能获得有效的训练迁移效果。

为实现最佳的训练迁移效果，训练手段必须考虑以下几个要素：肌肉动作形式（离心、向心及超等长）；力的大小（用力过程）；动作幅度与方向；动力学特征（动作的动态或静态特征及功率输出）；最大力量生成速率与时间。

为了持续产生训练适应，训练指标（尤其是力、力增速率和功率）的安排必须遵循超负荷原则。

二、爆发力与功率

了解爆发式练习手段的结构特征是选择训练方式的重要基础。力量是肌肉产生力的能力（Stone 1993）。"爆发力"是肌肉产生最快力增速率的能力，它与物体的加速度密切相关（Schmidtbleicher 1992; Stone 1993）。爆发力在静态和动态下均可产生（Stone 1993）。动态爆发力训练（速度力量训练）有助于提高力增速率和动作功率，是各项运动员训练的关键（Schmidtbleicher 1992; Stone 1993）。

功是力与力的作用下物体直线位移的乘积。功率是做功的速率（功率=力×距离/时间），也可用力与速度的乘积表示（功率=力×速度）。功率既可计算移动物体在某一段运动的平均值，也可计算即刻值功率。峰值功率是运动过程中最大的即刻功率。最大功率是指最高峰值功率的输出值，大小与训练状态、练习类型有关。在完成一般动作时，最大向心功率出现在 30%~50% 的最大静力范围内。

可以肯定的是，决定运动成绩的关键因素是功率的输出。对耐力项目，平均输出功率与运动成绩有关；对跳跃、短跑、举重等爆发式项目，峰值功率与成绩密切相关（Garhammer 1993; Kauhanen, Garhammer and Hakkinen 2000; McBride et al. 1999; Thomas, Fiataron and Fielding 1996）。

无训练者在经过一段时间大负重力量训练后，其"力与速度"曲线会出现整体右移（Hakkinen 1994; Stone and O'Bryant 1987）。"力与速度"曲线发生的变化说明，受试者的动作速度与功率都得到了提高。也有研究发现，训练有素的受试者在进行快速力量训练后，"力与速度"曲线会出现高速段右移的现象（Hakkinen 1994; Harris et al. 2000; McBride et al. 2002; Stone and O'Bryant 1987）。

（一）静力（等长）训练

对无训练背景的受试者，静力训练已证明可以提高峰值力增速率（PRFD）和动作速度（Behm 1995），但该结果只有在肌肉等长状态下进行爆发式收缩时才能发现。静力训练对动态爆发力的影响十分有限，特别在多年训练的爆发类项目运动员身上更是如此（Hakkinen 1994）。其实，将静态动作峰值力增速率（PRFD）与爆发式动作进行比较，为的是再次重申"只有快速动作或高力增速率的训练才能提高动态爆发力"的观点（Haff et al. 1997; McBride et al. 2002）。

研究证实，快速训练的主要效果是提高力增速率和动作速度，而传统大负重训练主要是增加最大力量（Hakkinen 1994; Harris et al. 2000; McBride et al. 1999, 2002; Sale 1988）。此外，与传统大负重训练相比，高动作功率训练可以在更大范围内改善竞技运动能力指标，这对那些具有一定最大力量训练基础的运动员来说，效果更为明显（Harris et al. 2000; Wilson et al. 1993）。在提高力量、功率和可测运动指标上，串联式训练（即力量→爆发力→速度）较单纯大负重力量训练或快速力量训练的效果更明显（Hakkinen 1994; Medvedev et al. 1981; Stone 1993）。一项美国高校橄榄球运动员的追踪研究表明（Harris et al. 2000），"组合性训练"（大负重训练后接爆发力或速度的组合训练）效果表现在与运动成绩相关的一系列可测指标均有显著的提高。这些指标包括最大力量、纵跳、立定跳远和 10 米折返跑（Harris et al. 2000）。

因此，在制定训练计划时，为了有效提高动作功率和速度，必须安排发展动作功率和速度的训练手段（且要有合理的变化与调整）。显然，对于快速或高动作功率训练来说，静力训练和多数器械训练具有很大的局限性，表现在不相符的加速特点（尤其在使用可调阻力和半等动设备时）、摩擦力、不合理的动作结构以及受限的动作幅度上（Cabell and Zebas 1999; Chow, Darling and Hay 1997; Harman 1983）。因此，建议在提高动作功率的训练中，在采用动态爆发式练习时，使用自由重量和克服体重类练习。

（二）关节角度专项化

对伏案久坐的受试者，静力训练可以提高不同关节角度下的力量（Marks 1994）。对于经常从事体育活动或训练的受试者，静力训练会存在关节角度专项化的现象，即在训练角度下或接近该角度的静力力量提高最明显。与训练角度相差越大，静力力量产生的效果就越小（Atha 1983; Logan 1960）。

为保证良好的训练效果，训练时应创造出最佳的"力与长度"及杠杆特征，使整个动作范围内的力量均能提高。虽然可变阻力训练器可以通过使用各种凸轮和杠杆系统来模仿肌肉用力特征（人体力量曲线），但研究证实，这类训练器械只能在一定程度上模拟人体力的变化曲线（Cabell and Zebas 1999; Harman 1983, 1984），主要原因有两个方面。

第一，人体之间的差异非常明显（如肢体长度、力臂等）。因此，器械只能大体模仿力量变化的普遍特征，对个体力量曲线来说就不一定适用（Cabell and Zebas 1999; Harman 1983, 1984）。此外，即便在阻力上能模仿个体力量（力与长度）曲线，但"力与速度"的关系是复合的。也就是说，在整个练习过程中，动作速度必须恒定，这样才能达到对动作全程施加最大负荷的目的。实际上，练习中很难达到这样的要求，而且神经特点与实际运动也不一致。

第二，研究并未证实可变阻力训练器在模拟人体的力量曲线上具有准确性（Cabell and Zebas 1999; Harman 1983, 1984）。另外，很多动作都是复杂动作，是由多关节、多肌群参与而非单关节、单肌群完成的。因此，每块肌肉都有各自的收缩力臂，也就没有所谓统一的"力与速度"或"长度与力"的关系。这样，恒定速度下的收缩未必适合每个参与用力的肌肉。结果是，这类可变阻力训练器与"自然动作"无法保持一致，并非真正的力量训练，训练适应也十分有限。

基于此，在使用可变阻力训练器时，只有在某个关节角度，当阻力达到最大时，力量增加幅度才最明显，而其他关节角度却不明显（Atha 1983）。在器械训练时，力量表现出的关节专项性也不明显（Kovaleski et al. 1995; Nosse and Hunter 1985）。

使用链条、弹力带进行力量训练已不是什么新鲜事，现在也渐渐流行起来。在阻力特征上，它们与可变阻力训练类似，主要区别在于前者为自由负重形式。例如，链条固定在杠铃两端的下蹲训练，在向下运动时，负重会减轻，上升阶段负重会增加。理论上，这样训练可以达到强化的效果，因为当膝关节角逐渐增大时，外界阻力也随之增加，这样就会形成"超负荷"。同时要注意外界阻力施加的方式，由于"粘滞区"是力学效能的降低阶段，如果在"粘滞区"之前增加阻力，这样会限制"超负荷"效果。因此，在"粘滞区"应尽量减少附加阻力，从而便于顺利通过该区域。杠铃平行下蹲练习中的肌电（EMG）结果显示，有无链条或弹力带负重，肌电活动并无显著差异，但垂直反作用力会显著增加。因此，使用这类负重形式来提高力量还值得推敲

(Ebben and Jensen 2002)。应注意的是，艾本和詹森（Ebben and Jensen 2002）只采用了某一类的链条或弹力带，因此今后还需更多的后续研究。

三、动作专项化

以往的研究认为，最大力量提高的幅度有赖于测试手段与练习手段间的相似度（Abernethy and Jurimae 1996; Behm 1995; Fry, Powell and Kraemer 1992; Rasch and Morehouse 1957; Rutherford and Jones 1986; Sale 1988, 1992; Stone et al. 2000a; Stone, Plisk and Colllins 2002）。

通过观察，发现特别是爆发类项目运动员的训练，自由负重训练是力量训练的核心。从实用角度看，与器械训练相比，自由负重式训练更具优势。进一步说，自由负重下的专门练习与各种实际动作（如纵跳等）在动力学和运动学上高度相关（Canavan, Garret, and Armstrong 1996; Garhammer 1981a; Stone, Plisk, and Colllins 2002; Stone et al. 2002）。因此，可以相信，自由负重训练比器械训练的迁移效果更好。从力学角度分析，自由负重的练习动作对实际动作的刺激或作用更强。然而训练器械之间对促进运动成绩的比较研究还非常有限。

综上所述，训练专项化应保证在动力学和运动学参数上的适宜超负荷，这样才能对运动成绩产生明显作用。对专项化问题研究较多的领域有举重动作、举重训练与纵跳的研究。通过训练，一般举重运动员在提高成绩的同时会伴有纵跳高度与动作功率的提高（Stone et al. 1980）。举重健将运动员的下蹲纵跳和静力纵跳成绩均与抓举和挺举成绩相关（Carlock et al. 2004），也就是说，可以通过纵跳成绩来区分举重水平（举重成绩越好，纵跳成绩越突出）（Stone and Kirksey 2000）。此外，与其他运动员相比，无论负重还是不负重，举重运动员的纵跳成绩及功率输出均能略胜一筹（McBride et al. 1999; Stone 1991; Stone et al. 2003），这主要与举重训练形式与方法有关。尽管训练适应表现在多个方面，但举重动作（如抓举、挺举和相关动作）与纵跳在垂直方向的力学特征相似度高（Canavan, Garret and Armstrong 1996; Garhammer 1981a, 1981b），如功率大、力增速率高、动作速度快等，而这些通过器械训练均无法轻易"复制"。

要保证训练效果的有效迁移并最大程度地作用于实际运动，动作专项化至关重要，它主要体现在：动力链、肌肉收缩形式、稳定和不稳定条件以及振动等方面。

四、开链与闭链练习

开放式及闭合式运动链练习概念在研究领域已得到广泛的关注，相关概念更多应用于康复训练中（Beynnon and Johnson 1996; Fitzgerald 1997; Palmitier et al. 1991）。尽管学界对各类动作的确切定义还争论不休，并存在概念的"灰色地带"（即某些动作不能被确切定义或分类）（Blackard, Jensen and Ebben 1999; Dillman, Murray and Hintermeister 1994），但练习手段大致可分为末端肢体可自由活动动作以及末端肢体被固定的动作。换句话说，闭链练习是那些手脚被固定，力直接通过手或脚传递的动作，如腿蹬伸、下蹲或卧推等练习；开链练习是手脚没有固定，如坐姿伸腿或末端肢体可自由活动的动作（Palmitier 1991; Steindler 1973）。

开链与闭链练习在肌肉募集和关节活动上有明显差别（Stensdotter et al. 2003），如单关节坐姿伸膝与多关节的下蹲练习有很大区别。虽然人体运动中（如走、跑）既有闭链也有开链动作，但闭链练习对运动能力，尤其在提高运动成绩上更为重要（Palmitier 1991; Steindler 1973）。由于很多器械是开链设计，因此不可能达到闭链动作训练与测试的专项化程度（Abernethy and Jurimae 1996; Augustsson et al. 1998; Blackburn and Morrissey 1998; Palmitier et al. 1991）。

因此，虽然肌肉收缩形式各异，但重要的是由于动作类型（闭链或开链动作）不同，在比较不同训练形式时，结果可能会有很大差异。训练中，不同动作形式所产生的适应性主要体现在神经系统上。可以肯定的是，单关节或小肌群练习无法满足实际动作专项化的需要。事实上，动作决定了肌肉的活动。单关节动作中的肌肉活动与多关节动作大不相同（Zajac and Gordon 1989）。因此，半等动器械与自由负重练习（Abernethy and Jurimae 1996）之间的差异主要在于动作形式，而不是肌肉收缩形式。如果保证了训练动作与实际动作的相似性，那么不同动作的训练结果就更具可比性，同时避免了形式上的明显差异。

五、器械练习与自由负重练习

不少研究发现（Boyer 1990; Jesse et al. 1988; Stone, Johnson and Carter 1979; Wathen and Shutes 1982），在各种力量训练形式对最大力量影响的实验研究中，自由负重练习的训练效果最明显。有研究显示（Boyer 1990; Jesse et al. 1988; Stone, Johnson and Carter 1979; Wathen and Shutes 1982），青年男性受试者中，在测试最大力量时，自由负重训练后在器械测试上成绩要好于器械训练后在自由负重测试上的成绩。另外，也有实验室（Brindell 1999）对女性受试对象的研究得到了相似的结果。

然而，非专门化的力量测试（即力量测试与训练不一致）却并未发现不同训练形式在力量增长上存在的差异（Messier and Dill 1985; Saunders 1980; Silvester et al. 1982）。例如，桑德斯（Saunders 1980）、西尔维斯特（Silvester et al. 1982）与同事的研究中，力量训练中采用动态练习手段，但测试采用非专项关节角度下的最大静力力量测试。类似的研究结果发现，这种研究设计可能会降低最大力量的增长幅度或组间的差异性（Wilson and Murphy 1996）。

在非专项化的动态手段测试力量中，无论是自由负重训练还是器械训练，都获得了较好的测试效果。原因在于，动态测试可以是自由负重形式也可以是器械形式，要么是开链动作，要么是闭链动作，这样会使测试器械（手段与训练器械或形式）更加相似（即偏离数据）。例如，梅西耶与迪尔（Messier and Dill 1985）在变阻器械训练与自由负重训练的对比研究中，测试采用 Cybex II 型半等动力量测试对伸膝力量进行测试，属于开链测试动作。变阻器械训练组采用坐姿伸膝（开链动作）进行训练，自由负重组进行下蹲训练（闭链动作）。可见，变阻器械训练组在测试中占有优势，因为测试动作与练习动作具有力学相似性。有趣的是，尽管训练中的差异可通过非专项化力量测试进行"遮盖"，但两种训练形式都获得了测试力量增长的"训练效应"。这说明，无论训练形式如何，测试力量均能得到增长。

（一）等动训练

有些临床医生和健身专家认为，等动训练和测试是特殊的训练形式，具有明显的优势，但科学研究的结果并不支持这个观点。有证据指出，等动训练和测试的优势站不住脚，甚至有些研究认为，等动训练效果还不及其他训练形式或方法（Augustsson et al. 1998; Hakkinen 1994; Kovaleski et al. 1995; Petsching, Barson and Aldrecht 1998）。

从字面上看，等动是等速的意思，指在器械杠杆臂作用下，整个用力过程中，角速度保持恒定。理论上讲，等动装置可以使适应力生成并保持恒定速度，因此能保证全程最大用力。然而，至今还没有商家能够实现全程等速，特别是在高速条件下（Chow, Darling and Hay 1997; Tunstall, Mullineaux and Vernon 2005）。动作开始阶段的加速和结束阶段的减速特性决定了全程等速是无法实现的（Chow, Darling and Hay 1997; Murray and Harrison 1986）。因此，等动训练器充其量是"半等动"训练设备，其测试可靠性一般（Abernethy and Jurimae 1996）。支持者认为，与自由负重测试动作相比，利用半等动仪器进行测试的优势主要在于测试动作相对简单，便于操作。基于此，该测试在不同训练水平受试对象中，都能得到较高的信、效度。然而实际上，半等动测试的外部和预测信、效度却值得商榷（Abernethy and Jurimae 1996; Augustsson et al. 1998; Fry, Powell and Kraemer 1992; Issifidou and Baltzopoulos 1998; Kovaleski et al. 1995; Tunstall, Mullineaux and Vernon 2005）。这说明，半等动训练并不具备良好的迁移效果。因此，通过自由负重或可变阻力训练所增长的最大力量和动作功率在半等动测试中的表现并不明显（Abernethy and Jurimae 1996; Augustsson et al. 1998; Fry, Powell and Kraemer 1992）。

比较半等动力量训练与其他力量训练形式发现，力量训练存在专项化特征

（Hakkinen 1994; Morrissey, Harman and Johnson 1995）。例如，在半等动训练器上，同样的肌肉在等速收缩条件下产生的力与自由运动中的力不同。研究者（Bobbert and van Ingen Schenau 1990）对比纵跳中背屈与半等动训练器背屈动作时发现，纵跳背屈产生的力要明显高于后者，在肌肉活动时序上也有明显差别（Bobbert and van Ingen Schenau 1990）。

实际运动中，很少有动作是全程等速的。肌肉活动的自然状态反映在克服阻力及移动物体上（Stone and O'Bryant 1987）。比较负重恒定的伸膝训练与半等动伸膝训练可以发现，非等动力量训练在提高最大力量和动作功率上的效果更好，影响范围更大。

进一步分析可知，自由负重等形式的力量训练中表现出的动作速度特征与半等动训练器上的大不相同，前者可以在快速用力的条件下实现"超负荷"（Watkins and Harris 1983）。然而目前市场上绝大多数半等动训练器所能测得的最大等动速度范围在 400~500 度/秒，这种角速度远低于实际运动的（最大）角速度（Colman, Benham and Northcutt 1993）。自由负重动作，特别是多关节动作，如抓举、挺举或负重与不负重下的跳跃动作的角速度均大于半等动训练器所能提供的角速度。

最大重量抓举时，髋关节和膝关节运动的角速度都能超过 500 度/秒（Baumann et al. 1988）。次最大重量抓举时，两个关节也能产生很高的角速度。因此，训练时要考虑能否在快速运动下实现超负荷。鲍曼及其同事（Baumann et al. 1988）研究了抓举动作中的力和速度。结果发现，在最高角速度时，依然有力作用在杠铃上。这表明，类似抓举这样的自由负重动作依然有超负荷刺激的能力，这是在半等动训练器上无法实现的。

基于半等动训练器并不理想的训练迁移效果，我们认为，与自由负重练习，尤其是多关节的自由负重练习相比，这种训练器不可能在发展专项速度力量素质上提供有效帮助。

（二）振动训练

在提高力量或动作功率上，振动训练是新颖并具前景的训练概念。这种训练通过振动产生力学刺激，通过调整强度、频率以及振幅可以改变振动刺激。

低频振动（小于 60 赫兹）分为短时应用和长期应用。短时振动训练通过振动频率和振动时间能增强神经肌肉系统功能。短时振动训练效果体现在神经肌肉系统做功效果，即功率及速度指标的提高上（Gullich and Schmidtbleicher 1996; Torvinen et al. 2002, 2003）。此外，低频短时振动训练还可以提升睾酮水平、降低皮质醇和对抗肌抑制水平以及提高力量等相关指标（Bosco et al. 1998, 2000; Cardinale and Bosco 2003; De Ruiter et al. 2003; Issurin and Tenenbaum 1999）。另外，短时振动还可用于热身和恢复训练。

长期振动训练结果体现在以下几个方面。研究发现，数周的振动训练可以提高人体生长素、睾酮水平，同时降低皮质醇水平（Bosco et al. 2000）。有研究证实，长期振动训练能够提高力量及相关的指标，如纵跳能力（Delecluse, Roelants and Verschueren 2003; Roelants et al.2004; Torvinen et al.2002,2003）。然而，长期振动训练对体成分并无明显影响（Roelants et al.2004）。另外，一段时间内，对此前无训练者进行的振动训练所产生的效果与中等负荷力量训练效果类似（Bosco, Cardinale and Tsarpela 1999; Delecluse, Roelants and Verschueren 2003; Rittweger, Mutschelknauss and Felsenberg 2003; Roelants et al.2004）。

振动训练形成的适应性机制还不是很清楚，但可能与神经系统适应有关，如振动训练提高肌肉动员，动员程度可从肌电信号（EMG）变化上反映出来（Bosco, Cardinale and Tsarpela 1999; Bosco et al. 2000; Cardinale and Bosco 2003）。肌肉动员增强可能是肌肉强直性反射的结果。肌肉被拉长时，肌肉内的肌梭同时拉长（参见第二章）。梭内纤维的中央感觉区可将肌肉长度及张力突然变化的信息快速传至脊髓。"核链纤维感觉区"由一组传入神经终板支配。传入神经纤维会与α运动神经元相互作用，从而通过降低激活阈值来增加拉伸肌肉的运动单位动员和减少对抗肌抑制。因此，快速拉伸引起的α运动神经元动员能够加强神经冲动，提高运动单位动员，从而快速产生力量。这种反射性活动被称作牵张反射或强直反射（Bove, Nardone and Schieppati 2003）。

肌电可用来评价运动单位的动员程度。通过调整振动训练的频率和时间，既可增加也可降低肌肉动员（Bosco, Cardinal and Tsarpela 1999; Cardinale and Bosco 2003）。研究认为，运动单位同步化提高是肌电活动增加的主要原因（Bosco, Cardinal and Tsarpela 1999）。由于训练水平不同，肌肉最大动员的振动频率也会不同（与卡迪纳尔交谈中得知）。因此，为保证振动训练的最佳效果，应同时记录肌电，这样才能够保证肌肉最大程度动员。需要注意的是，有些频率的振动训练会对人体不利，例如，高幅低频振动（小于1赫兹）可能会造成"晕动"（类似晕船反应）。有趣的是，人体自然共振频率，身体内各组织的共振频率也不一样。例如，视网膜的共振频率大约为15赫兹。如果振动训练频率在15赫兹左右，振动会直接作用于视网膜，长时间振动会造成视网膜损伤。另外，每天长期处于振动工作环境下的人士，应注意由此引发的健康问题。例如，从事链锯工作或气钻工作，由于上肢长期处于高频振动状态，因此容易引起关节、肌肉、骨骼及内脏损伤（Mester et al.1999）。虽然目前还没有对健康长期影响的研究报道，但进行振动训练时应格外注意健康问题。

六、训练的迁移性效果

目前，除了一些有关训练方式对跑、跳以及力量素质影响的研究外，还没有研究针对训练对人体功效性的影响进行探索。此外，关于自由负重和器械训练对运动能力的比较研究也为数不多（Augustsson et al. 1998; Bauer, Thayer and Baras 1990; Jess et al. 1988; Silveater et al. 1982; Stone, Johnson and Carter 1979; Wathen 1980; Wathen and Shutes 1982）。上述研究以纵跳高度或功率作为测试指标，选择纵跳来反映爆发力是因为：第一，纵跳是许多运动项目的主要动作形式（如，篮球、排球运动）；第二，各种爆发类项目运动员（如短跑、跳跃运动员的跑跳能力）的纵跳与运动水平存在密切联系；第三，纵跳（包括纵跳速度与功率）与多种运动能力存在相关性（Anderson, Montgomery and Turcotte 1990; Barker et al. 1993; Carlock et al. 2004; Stone et al. 1980; Thissen-Milder and Mayhew 1991）；第四，纵跳测试不易疲劳，而且便于测量。

研究表明（Augustsson et al. 1998; Bauer, Thayer and Baras 1990; Slivester et al. 1982; Stone, Johnson and Carter 1979; Wathen 1980），与器械训练相比，自由负重训练更有助于纵跳能力的提高。不过，也有研究发现（Jesse et al. 1988; Wathen and Shutes 1982），尽管自由负重训练对纵跳能力的影响程度更大，但在统计学上与器械训练无显著差异。同时，没有研究证明，在提高纵跳能力上，器械训练比自由负重训练效果好。尽管上述研究普遍支持自由负重训练对纵跳会产生更明显的迁移效果，但并不是决定性的。也就是说，还需要更多的研究来证实器械训练和自由负重训练效果的差异性。

在器械与自由负重训练比较上存在一些误导性假设。例如，有人假设，投掷动作中躯干的扭转动作在自由负重训练中无法模仿或训练，因此，必须靠器械训练完成。然而，持这种假设的人很可能缺乏自由负重的训练经验，没有从自由负重训练与器械训练的固有特征出发来考虑问题。首先，绝大多数投掷动作是在站立姿势下完成的，但大部分扭转类器械需要运动员在坐姿中完成。多年来，特别是田径投掷运动员，通常用竖直方向的投重球和重器械来模仿投掷动作。此外，可以通过走动中扭转与投重球来模拟躯干扭转动作以及满足超负荷训练的要求。其次，大部分投掷项目中，投掷动作由髋部扭转，而非躯干扭转开始。此外，利用平板或鞍马等器械，在不同姿势下投重物、实心球可以从不同角度达到强化躯干扭转的效果，这是器械训练无法比拟的。

（一）非稳态训练

近年来，非稳态训练十分流行，在核心训练中尤为常见。多数情况下，这类练习是在瑞士球等不稳定器械上或条件下完成的。支持非稳态训练的人认为，该训练会使更多的肌肉参与运动，从而会提高训练效果。然而，关于稳态与非稳态训练效果的比较研究还不多见。已有研究发现，在非稳态下进行的伸膝和趾屈练习中，稳定肌的激活水平有所提高（Behm, Anderson and Curnew 2002），但同时，非稳态条件也会降低主动肌激活水平，降低阻力（负荷强度）。根据练习的不同，主动肌激活水平最多会下降 70%（Behm, Anderson and Curnew 2002）。

尽管非稳态训练主要用于提高核心力量，但核心的概念并不清晰。有人认为，核心区域包括腹肌、脊柱旁侧肌以及伸髋肌群（Leetun et al. 2004; Nadler et al. 2002）。对"核心"而言，更合适的术语应是"中部"。可以肯定，不同练习手段，无论是稳态还是非稳态，身体中部会有不同程度的肌肉激活（Hildenbrand and Noble 2004）。身体中部力量虽然与运动能力相关，但也有研究发现，中部力量与下肢运动损伤有关，女性尤为突出（Leetun et al.2004; Nadler et al. 2002）。虽然身体中部力量与下肢及腰部损伤关系密切，但还有没证据证明，加强中部专门性力量训练可以减少运动损伤（Nadler et al. 2002）。因此，关于非稳态下的中部力量训练可以降低运动损伤或提高成绩并未形成定论。如果有人提出训练专项化问题，就会认为，若运动是在稳定条件（具有稳定的运动面）下完成的，那么绝大多数训练应该在稳态下进行。如果运动在非稳定条件下完成，如冲浪、轮滑、吊环等，那么多数训练很可能在不稳定状态下进行（Sands，未发表）。但应该清楚，非稳态会降低超负荷训练效果。因此，尽管是非稳态运动项目的训练，但多数情况都应在稳态下进行训练。

虽然大多数运动项目可以通过自由负重进行训练，但也有例外。游泳是在仰卧或俯卧姿势下靠上下肢划水产生动力完成的，即便在陆地上也需要专项化训练。因此，可利用由滑轮系统组成的"游泳板"对划水动作进行训练。

（二）训练形式比较研究

比较力量不同训练形式的训练适应难度较大，显而易见的干扰因素包括研究对象、研究时间、训练水平、做功相等以及训练内容安排等。

1. 研究对象的数量

多数比较研究中的对象数量相对较少。例如，沃森和舒特（1982）研究（样本数为每组 8 人）得出，自由负重训练组最大力量提高幅度更明显，但在纵跳成绩上，与"弹跳器"训练相比并无显著差异。作者认为，如果增加研究样本量，或许会得出自由负重训练对下肢爆发力影响更为显著的结果。

2. 研究时间与训练状态

无论目的如何，大多数研究的主要问题集中在时间跨度上。对训练形式的比较研究中，实验周期均很短（不超过 14 周）。研究时间是一个重要问题，因为它会影响受试者的训练水平。无论采用何种训练计划，此前未经训练的受试对象在训练后，最大力量、动作功率等指标都会有明显提高。显然，从长期训练角度，神经肌肉的适应性会影响最大力量的提高。训练初期的适应主要表现在神经系统对肌肉募集能力及技能学习的提高上，而非肌肉横截面的增加上。在动作学习的初始阶段，运动表现快速提高，随后提高幅度会逐渐衰减（Crssman 1964; Schmidt 1991）。也就是说，训练初期运动表现的提高主要表现在神经系统的提高上，与肌肉适应关系不大。研究表明，心理训练也能促进力量增长（如，在不训练情况下，通过动作表象训练来提高力量）。因此，神经系统在动作学习上发挥的作用可以用来解释力量在训练初期增长的原因（Simth et al.1998; Yue and Cole 1992）。

所以，尽管在相对较短时间内会表现出训练专项化适应（Abernethy and Jurimae 1996），但在短短几周时间内来比较不同训练方式，或许发现的只是学习技能的提高。训练初期的适应反映在肌肉内协调的提高上。监控指标在整个训练周期前、后阶段具有较强的可比性。最大力量在训练初期明显增加的主要原因是神经系统的适应性提高。如果增加研究时间，也许会发现更明显的训练效果。因此，经过长期观察（半年以上），不仅能够发现肌肉间和肌肉内协调的适应变化，还会观察到肌肉体积和肌肉生理学的适应性变化。训练之初，受试者神经系统的适应变化能够有效动员肌肉，这就解释了肌肉体积增大会滞后于神经性适应的原因。实际上，是否存在肌肉体积增大的"阈值"还是有争论的，"阈值"机制或许也能在一定程度上解释肌肉体积适应性增加滞后于神经性适应的现象，但对初学者而言，没有足够的训练强度和时间是无法达到这个阈值的。

此前，有三项针对具有力量训练经验的受试对象进行的研究（Stone, Johnson and Cater 1979; Wathen 1980; Wathen and Shutes 1982）。研究普遍认为，相比器械训练，自由负重训练能产生更明显的效果。由此可以假设，对于有经验的训练者，技能学习在训练性适应中所占的比重很小。然而技能因素对于研究结果很可能会有潜移默化的作用。神经适应特征与动作学习规律表明，在进行一组练习时（如下蹲、举重动作），那些学习新动作的受试者，相比维持原有训练形式的受试者会提高得更快。从技能控制的角度来看，练习的复杂性（如下蹲与坐姿蹬腿）对短期研究结果也会产生影响。因为简单动作的学习速度要比复杂动作快。另外，受试者的技能储备会对测试产生干扰。原因在于，先前有运动经验或具有一定训练水平的受试者，实验中的表现会更好。因此，为了保证各种训练形式在训练效果比较上的合理性，应设计可重复性的测量方案或将练习手段与测试手段区分开来，这样会降低"学习效应"产生的干扰（Stone et al.2002）。目前，以女性作为受试对象的相关研究并不多见。显然，为获得更科学实用的结论，还需要进行时间更长、数量更多的综合研究。

3. 做功相等

研究不同训练形式的训练效果时，应尽量消除做功不同而造成的差异。然而，若要保证做功相等却并不简单，这可能会要求组数和次数也要相等。实际困难主要来自不同训练器械所产生的阻力（如半等动、可变凸轮装置、摩擦力、弹力带、弹簧等）。因此，很难准确计算做功量（Augustsson et al. 1998; Cabell and Zebas 1999）。

实际中，为了达到所谓做功相等的目的，其训练安排并不合理。如果要保证做功相等，不同训练的负荷安排就会有很大的差异。因此，一组及重复一次的负荷安排并非最佳的安排。如运动员下蹲最大力量是 180 公斤，那么用 100 公斤做 3 组下蹲，每组 10 次的负荷强度是最大力量的 56%，这种安排适合于提高力量耐力。从做功的角度来看，与用 100 公斤做 10 组下蹲，每组 3 次所做的功一样，虽然这种安排似乎可以提高力量，但强度却远远不够。

追求做功相等在实践上是将问题复杂化了，这仅仅是实验室里的观察，实际训练中很少采用这种做法。训练安排的目的是获得最佳训练效果。器械厂商推荐的训练计划往往与竞技训练计划不同，多数相关研究都集中在一种设备及训练安排与另一种设备及训练安排的比较上。例如，在比较厂商推荐的训练设备上，斯通及其同事（1979）对鹦鹉螺牌训练器械单组至力竭与多组自由负重训练进行了比较。从实际训练角度来看，器械虽然有一定实用性，但如果不纳入训练计划，对训练方法的实效性就难下定论。

4. 组合性训练

许多研究对不同训练器械组合进行了比较研究。例如，米多尔斯及其同事（1983）对自由负重和器械组合训练与单纯器械训练的效果进行了比较。虽然该研究计划从实际出发，研究方法也实用、合理，却难以区分训练中的个体效应。此外，有必要对所研究的器械特征进行详细描述和分析。例如，在布瓦耶（1990）的研究中，将下肢训练的"滑板"装置说成是"自由负重"。其实，该器械并非是真正意义上的自由负重器械，因为这种"滑板"被固定在一个平面内来规定运动轨迹，而且在使用时，该装置会产生很大的摩擦力，这在自由负重练习中是不会出现的。

（三）训练效果的延迟

对运动员而言，最大程度地提高训练效果是训练计划的重要目标，否则会浪费大量无谓的精力和时间。然而，保证训练效果向实际运动的迁移转化并非易事。最大力量、动作功率或专项能力指标在一段时间内，并不会因训练而改变，而且，即便是动作功率或专项成绩指标停滞不前，最大力量水平却可能继续提高（反之亦然）。这种训练能力指标不同步的现象与训练效果的延迟效应有关（Abernethy and Jurimae 1996; Delecluse 1997; Verkhoshansky 1985）。训练效果延迟是指专项能力的适应改变需要时间积累，或者说运动员通过训练提高力量或动作功率需要一定的时间。这种训练效果也许会延迟几个月才出现，可称作是"训练后效"。训练方式或使用的器械不同，延迟时间或训练后效的性质也有差异。科学安排的计划会缩短延迟时间，从而实现力量训练向专项技术的快速转化。另一方面，当教练员和运动员清楚训练手段与运动项目间的相似性（如力学结构特征）时，训练计划会产生最佳的迁移效果。

七、不同训练形式的利与弊

在分析、讨论和观察的基础上，人们分别总结了不同训练形式的优势和劣势（Nosse and Hunter 1985; Stone and Borden 1997; Stone et al. 1991, 2000b, 2002）。

需要指出，多数运动在制定训练计划时，训练效果是首要考虑的问题。训练效果很大程度上有赖于力学的相似性。因此，自由负重训练的最大优势在于力学的专项化和训练的多变性。自由负重训练时的本体感觉和肌肉动觉反馈与大多数竞技运动和体育活动十分相似。因此，自由负重的运动形式与实际运动越相似，就越有利于训练效果的产生。最佳训练效果源于自由负重练习手段可以在任意运动面内活动，不受器械轨迹的局限。相反，器械练习会限制运动或练习手段（Stone, Plisk and Collins 2002）。一般情况下，一种器械通常只能完成1~2种练习，那么一节训练课则需要多种器械，但自由负重练习可利用最少的设备（如杠铃或哑铃）完成多种练习。器械练习的变化非常有限（如改变手或脚的位置），但自由负重练习则会演绎出各种变化。大部分器械练习只能在一个运动面内活动，然而自由负重练习可以在多个运动面内活动，与运动实际或日常活动一样。有些器械（可变阻力和半等动装置）不仅会限制动作的速度和加速度，也会改变本体感觉或肌肉感觉反馈。有些可变阻力装置试图模仿人体力量曲线，但由于人体力学差异（如运动臂、肢体长度以及肌肉起止点的不同）和设计局限，器械生产商是很难通过阻力变化来模仿人体用力曲线的。

建议用推、拉、举、跳，以及各种变化形式作为练习手段的主要原因在于，实际运动中的肌肉活动表现在功能运动的组合上，而不是孤立的动作。在大多数竞技运动和日常活动中，提高动作功率（爆发力）是最重要的。力量训练时，用力意识越强（如力量大、功率高、力增速率快），对神经肌肉系统的动员以及对动作力量、速度和功率的影响就越明显。通过自下而上的运动链传递力量或快速完成动作可以提高神经肌肉系统的协调性、稳定性以及肌肉动感与本体感觉，并能进一步向实际运动转化。

与孤立的或小肌群练习相比，多关节、大肌群练习的神经参与更为复杂，这种复杂性反过来自然会提高神经的支配能力。与器械练习相比，自由负重练习很容易满足动作复合性和复杂性的要求（因为自由负重有更大的活动空间和自由度）。这些复合性练习尽管不能完全模仿实际运动，但会更容易产生迁移效果（Thorstensson 1977）。由于自由负重练习时的动作更接近运动实际，因此可以推断，自由负重练习的迁移效果会更好，对运动成绩的促进也更明显。

在对比训练形式时，代谢因素也很重要。自由负重练习会动员到更大、更多的肌肉，因此动作会更容易完成。大肌群练习的能量代谢包括能量消耗及内脏器官的反应，所产生的练习效果比小肌群练习更明显（Scala et al. 1987; Stone et al. 1983）。由于能量消耗对身体质量和体成分有重要影响，因此大肌群练习对体成分及代谢适应更具影响力（Stone et al. 1991）。

大肌群、多关节练习可以提高训练课的效率。大肌肉群练习，如下蹲或抓举，可同时动员4~8个小肌群。从肌电（Stuart et al. 1996）和代谢（Scala et al. 1987）角度看，大肌群比小肌群及单关节练习更具优势。例如，快速抓举或下蹲会动员上下肢肌肉，但要想全部锻炼到这些肌肉，却需要很多单关节练习组合在一起才能完成。因此，大肌群练习的"大"动作会动员多数或所有肌肉。很明显，与抓举相比，坐姿伸腿所动员的肌肉是非常有限的。因此，只需几个大肌群练习就可以达到多个小肌群或单关节练习的目的，并可节约时间，提高效率。

对于训练，时间是一个重要因素。虽然在组间很短的间歇时间内（如小于30秒）可以从容地调整负重，不会耽误时间，但不能被器械训练可以节约时间所迷惑。实际训练中，尤其是采用优先训练时，组间间歇时间与训练强度呈函数关系，组间平均会间歇2~5分钟。较长时间的间歇并不是器械训练能节约时间那么简单。尽管器械训练时调节负重要比换杠铃片简单省时，但却难以保证充分的训练，因为大多数的器械负重层级在7.5~12.5公斤之间。尽管一些生产商也提供一些小配重，但多数是没有的，即便是小配重设计有时也难保质量。此外，用弹簧和弹力带作为阻力的训练器械一般无法提供小增幅阻力（如5~10公斤）。对自由负重来说，负重可以从0.5公斤到50公斤不等。这种负重幅度可以满足更为精确的负重要求，特别是确定最大负重百分比进行训练时，可以提高训练效率。

掌握多关节的自由负重练习需要花费一定的时间和精力，但我们相信，从动作学习投入与产出来看，这是值得的。训练初始阶段，有必要强调动作质量和标准。首先，正确的技术动作会让运动员训练起来更加顺利。其次，质量不高的或错误动作会增加运动损伤的可能，同时也会降低训练效果。

如果运动员在某一组练习中无法完成最后一次，教练或队友应及时保护帮助，并积极鼓励和给予指点。有些自由负重练习手段，如完成大负重卧推、下蹲以及一些大负重器械练习时，应有人保护。

对于健身、健美、康复和防伤训练，独立或单关节练习十分重要。对于小肌群的独立练习或单关节练习，器械训练很容易满足。这种情况下，与自由负重练习相比，器械可以更有效、更容易地针对独立肌群或特定部位进行训练。

对多数健身房而言，摆放器械或设备的空间通常不是什么限制因素。美国一些知名大学和国家级体育学院，如澳大利亚体育学院，都有足够的场所容纳大量的训练器械和设备。然而有些时候，空间就是个大问题。例如，对私宅而言，摆放器械和锻炼的空间十分有限。在部队中，尤其是舰船里的训练空间非常难得。因此，空间决定了训练器械或设备的摆放种类与数量。在这类情况下，采用弹簧拉力器或弹力带，就会既简便又不占空间。

价格是选择器械类型的决定性因素。半等动训练器要比自由负重器材贵得多。从实际出发，与购买组合训练器和单一功能训练器相比，自由负重器材往往是花更少的钱却能满足更多人的需要。此外，如果预算和场地一样的情况下，配备自由负重训练器械会让更多的人在同一时间训练。

有人认为，有些力量训练手段，如跳跃和举重动作容易受伤（Brzycki 1994）。然而，支持这一观点的客观证据十分有限（Byrd et al. 2003; Hamill 1994; Surakka et al. 2003）。关于力量和举重训练损伤的研究综述指出，力量及举重训练的损伤概率并不超标，普遍少于美式橄榄球、篮球、体操、足球和英式橄榄球这些运动（Hamill 1994; Stone et al. 1994; Zaricznyj et al.1980）。另外也没有证据证明，力量和举重训练致伤的严重性及肢体损伤的概率超标，即便在没有训练经验的中年人群中也是如此（Surakka et al. 2003）。

计划不合理会增加运动损伤的可能。有大人陪伴，青少年儿童经正确的指导，力量训练的受伤危险性会很低（Faigenbaum et al. 1996）。事实上，严格监护下的举重训练受伤几率要低于其他形式的力量训练（Byrd et al. 2003; Hamill 1994），原因是富有经验的教练员可以设计出监护严密、安全可行的训练计划（Byrd et al. 2003; Faigenbaum et al. 1996）。

尽管力量训练相对安全，受伤几率低，严重受伤的次数少（Hamill 1994; Stone et al.1994），然而，有人认为，器械训练比自由负重训练更安全，但这种观点却没有多少支持证据（Requa, DeAvilla and Garrick 1993），特别是在严格监控下的训练更是如此（Hamill 1994）。结合数十年力量训练的经验，笔者发现，自由负重训练引起的损伤并不比器械训练多。

尽管力量训练相对安全、有效，但监督必不可少。监控人员必须熟知和掌握力量房的安全操作程序、各种训练技术动作以及丰富的训练原则和理论知识。

八、普通人的自由负重训练

本书主要关注运动员训练引起的肌肉力量与动作功率水平的变化，但教练员也会被请去给健身人群提供训练和监控指导。因此，也可关注不同训练形式对普通人群锻炼效果产生的差异（Stone et al. 2002）。

可以肯定，力量训练有助于提高运动能力和日常活动能力。本章所探讨的自由负重练习同样也适用于普通人群的力量锻炼。普遍假设认为，对非运动人群，尤其是老年人或患有某些衰退性疾病，如患关节炎这类人群，可以采用器械锻炼作为日常力量锻炼的主要工具。实际上，持这种观点的人认为，这类人群不能使用自由负重练习的主要原因来自身体或心理限制。这种观点或假设和这类人群实际或感觉上的运动局限有关。例如：不能完成负重练习原因是诸如疼痛、虚弱和平衡等问题，从心理上担心自由负重练习时出现意外，这也就需要更多的专业技术训练、监控与指导等（Stone et al. 2002）。

然而这种假设并未经过大量验证。事实证明，对于健身人群，包括那些患有衰退性疾病或老年人群，自由负重练习是提高活动能力既安全又有效的运动方式。例如，对 30~60 岁缺乏锻炼的男性来说，自由负重练习收益颇丰，包括最大力量和动作功率的提高、体质成分的改善以及降血脂等效果（Blessing et al.1987；Johnson et al. 1982，1983）。对老年人群，布里尔及其同事（1998）的研究发现，通过自由负重锻炼，可以提高 73~91 岁老年人的日常活动能力指标（如平衡测试及上台阶实验），而且上述研究提到并未发现负面影响。

对运动员而言，自由负重是主要练习手段的载体。有理由相信，这种具有明显影响效果的自由负重训练对诸如举、提、拽等日常活动都会有促进。需要指出，自由负重练习不仅包括通常见到的杠铃或哑铃练习，还有负重沙衣、肢体末端负重等更适用于身体虚弱和老年群体。通过自由负重练习，日常活动能力可以得到加强。例如，坐在椅子上起立、爬楼梯等动作可以用穿负重背心进行强化。对某些人群，这种负重形式就会比杠铃或哑铃更容易接受（Stone et al. 2002）。

尽管有些器械练习也不错，但无论是运动员还是健身人士，自由负重练习应占主导地位。此外，如潜水艇船员可以用弹力带练习解决自由负重及组合器械占用空间的问题。其实，能否完成特定练习取决于个体是否有伤病、身体状态或心理素质。经验丰富的力量练习者，很容易根据上述情况制定出符合自身需要的锻炼计划。本书作者有着训练高水平运动员的经验和从事与指导健身人士、残疾运动员以及中老年进行力量训练有关的经历。除去有些个体因身体特殊原因无法进行自由负重练习外，我们认为，大部分人群都可以进行安全有效的自由负重练习。

本章小结

显然，进一步明确不同训练形式对运动能力的影响还需更多的研究。依据理论分析和实践经验，在多数运动的力量训练中，复合性、多关节的自由负重训练效果要比器械训练好。自由负重作为主要力量训练形式的重要原因在于其力学专项性。在训练手段专项化的训练上，自由负重训练会取得更好的迁移效果。为了后续更好的研究，应避免以往在比较研究中存在的方法学问题，特别是涉及训练水平和研究跨度的比较。

根据本章的讨论，建议应将自由负重训练作为力量训练中的主要组成部分。采用多关节练习手段时，应注意力学专项化问题。器械训练可用作辅助部分，在不同的训练时期（如准备期、竞赛前期和竞赛期）进行适度且有针对性的训练。

第十三章 分期训练

制定训练计划的根本目的在于提高运动成绩。从生理学角度看，合理的训练能够促进蛋白合成、组织重建、功能增强以及运动技术和运动成绩的提高（图13.1）。其实，教练员和运动员应该意识到，训练计划是为了更好地促进蛋白质合成以及与训练刺激的专门性要求保持一致。然而，如何通过优化训练计划促进蛋白合成、提高运动成绩却并不十分清楚。

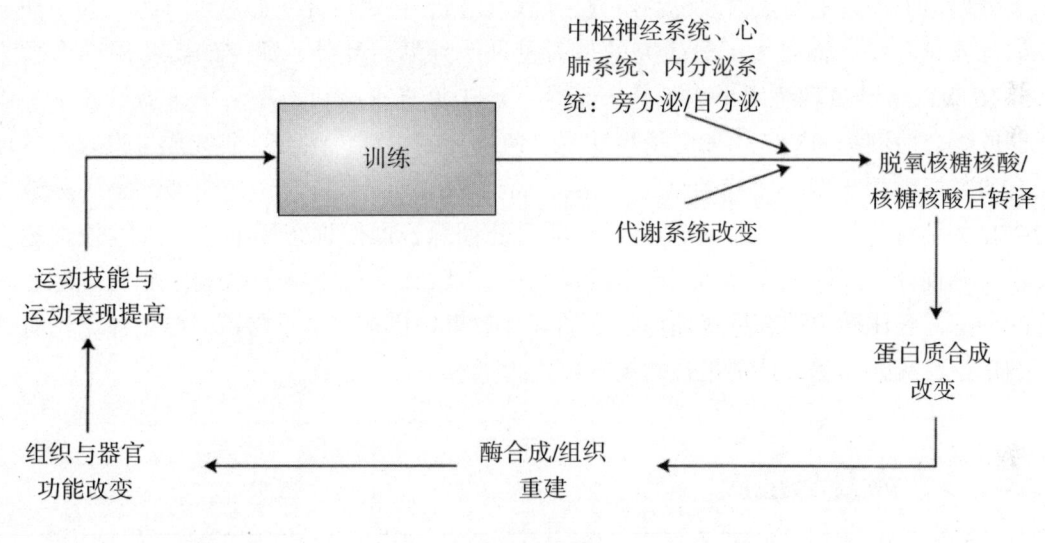

图 13.1 训练的目的

注：合理的训练计划在于促进蛋白质合成，从而引起组织重建、功能改善、运动技能和运动表现的提高。

目前，运动训练计划往往还建立在实践经验和细致观察的基础之上。尽管有些对训练计划的研究带有控制条件，但支撑训练计划的科学依据还不充分。本章试图在理论与实践相结合的前提下，以符合逻辑的方式来分析运动训练计划。讨论包括"分期策略"（Plisk, Stone 2003）及由两部分组成的文章《分期：负荷量与强度组合的效用》（Stone 1999a, 1999b）中涉及的概念和思路。

训练中，大多数教练员和运动员都会贯彻第一章（导论：定义、目标、任务与原则）中提到的大部分训练原则。他们都试图通过变换练习手段、训练负荷量与强度来提高运动成绩，但原则的应用常常建立在直觉之上。过去20多年里，在优化训练负荷以及选择练习手段时，多数或绝大多数教练员都会采用分期训练。

然而，即便分期训练理论广为流行，有些教练和运动员还会对分期概念产生质疑。事实上，分期概念会经常与其他理论知识和经验不相干。如今，各种对分期训练概念的解释常常出现在各类出版物和会议中。分期概念最早源自东欧，许多西方人认为这是个"舶来品"（Graham 2002; Pedemonte 1986a, 1986b; Stiff 2000）。因此，为了弄清分期概念，还要掌握大量科学理论和术语。这样一来就使得原本简单的问题似乎复杂了，用科学的方式谈论分期问题，便拉开了与教练员和运动员之间的距离（Stone, Sands and Stone 2004）。本章讨论的问题集中在：第一，解释分期训练概念形成的内在机制；第二，通过"多样性训练原则"举例说明分期训练模型；第三，举些实践中的例子加以说明。

普利斯克和斯通认为（2004），大家对分期训练的认识还有明显的分歧，原因在于分期训练理论主要依据假设性研究、经验证据、相关研究（如过度训练）和中周期训练安排总结，而且大部分研究的是力量训练计划。此外，研究的实验周期多数为5~16周，运动员训练水平也不高。至今，还未见真正应用于高水平运动员多个中周期或组合性训练周期的（如力量与功率、速度与耐力训练组合）研究成果发表过。现有研究资料得出两个明确的结论（Stone et al. 1999a）：其一，分期训练是一种效果明显的训练方法，可用于爆发类运动项目的训练，即便训练周期短，训练效果也不错，并且分期训练更适合训练有素的运动员；其二，按一定顺序安排、组合训练要素的训练，要比固定训练量或训练强度的训练效果好得多。本章将探讨与上述结论有关的理论及实践问题，特别是在力量和爆发力训练上。

一、恢复与适应

恢复是失而复得的过程。对竞技运动而言，恢复是运动员在下一次训练前的完全复原。然而，教练员和运动员并不简单地满足于这一结果（他们追求的是超量恢复）。适应是机体长时间对某个特定刺激或多个刺激进行调整的过程。积极的适应意味运动能力的提高，而消极的适应会适得其反。图13.2表示了代谢的总体特点。代谢主要包括两类反应：放能反应（释放能量）和吸能反应（获取能量）。放能反应通过蛋白质、碳水化合物和脂肪的分解进行供能。吸能反应包括蛋白质合成以及肌肉收缩等合成反应。在放能反应中，释放的一部分能量直接用来完成吸能反应。所以，可以把代谢过程看作是一个"跷跷板"。运动时放能占主导，运动后恢复时，加速吸能，合成主导，并产生适应。可见，恢复会促进适应。因此，教练员和运动员要重视恢复与适应的规律。

促进恢复与适应的途径有两条：一是通过训练计划来促进恢复与适应；二是采用训练计划外的方法加速恢复与适应（参见第七章）。

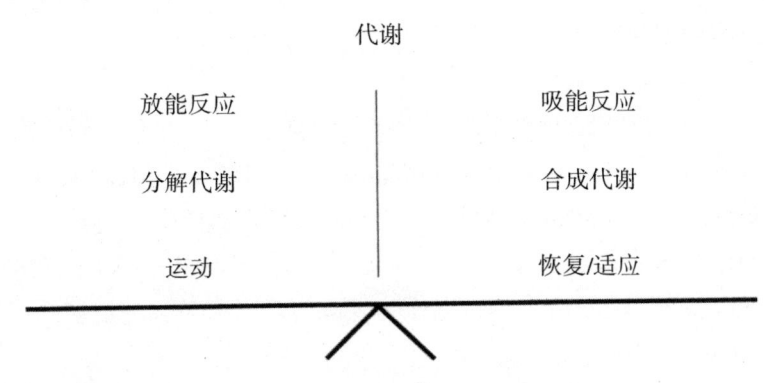

图 13.2　代谢：恢复与适应的基础

观察训练过程（Edington and Edgerton 1976; Harre 1982）以及相关研究资料（Fry et al. 2000b）表明（图 13.3）：训练计划中的平均强度与达到最佳竞技状态时间呈负相关；训练计划的平均强度与最佳竞技状态的程度呈负相关。

观察发现，最佳竞技状态维持的时间其实很短（2~3 周）。也就是说，训练计划中，运动员达到最佳竞技状态的时机非常有限。因此，制定合理的训练计划至关重要，特别是为了在奥运会等重大赛事中获得最佳竞技状态。

图 13.3 描述了三种可能性解释：一是赛里的普遍适应症（GAS）；二是刺激–疲劳–恢复–适应理论（SFRA）；三是适应与疲劳理论（Fit-Fat）。

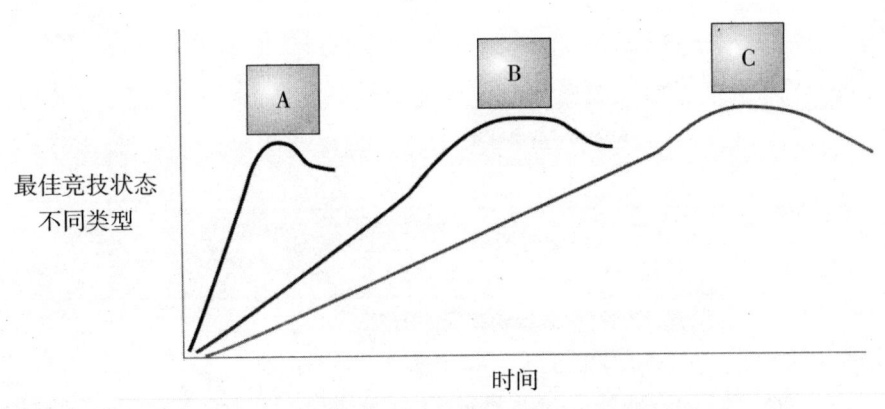

图 13.3　理论上竞技运动表现提高的速度

注：训练计划（A、B、C）之间的主要差别在于平均强度。训练平均强度由 C 到 B，再到 A 逐渐增加。需要注意的是：（1）最佳竞技状态的高度与平均强度呈负相关；（2）训练强度越高，最佳竞技状态出现得越早。

基于：D. 哈雷. 运动训练原理 [M]. 柏林：施普林格出版社，1982，73-94.

D.E. 埃丁顿，V.R. 埃杰顿. 身体运动生物学 [M]. 波士顿：霍顿米夫林出版社，1976.

（一）普遍适应症

1928 年，汉斯·赛里提出"普遍适应症"的概念（GAS）。人们认为，分期训练理论最初的思想源于"普遍适应症"（Zatsiorsky 1995）。这一概念描述了生命体对压力适应性的变化特征。汉斯·赛里将压力定义为任何能够产生压迫反应的机体或情感因素，并假设所有压力均会产生相应生理反应（Selye 1956）。如今，这一概念虽然无法解释所有压力产生的反应，但可以作为训练生理反应及训练适应的一种理论模型（Garhammer 1979）。

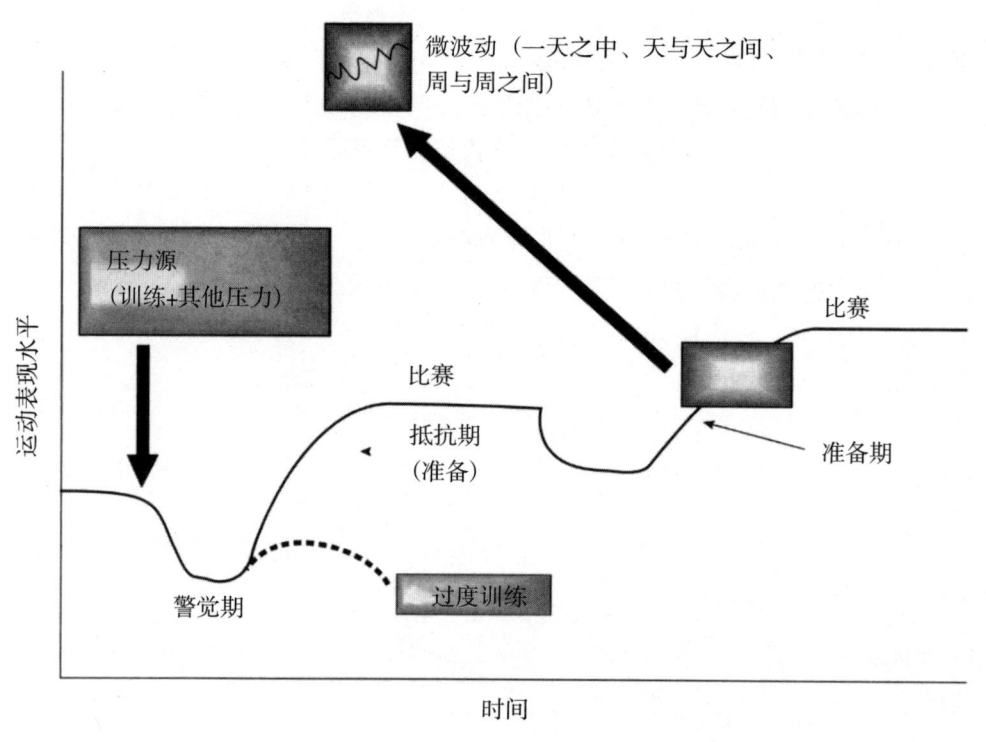

图 13.4 影响运动表现的因素

注：根据训练可能产生的适应，对普遍适应症进行了相应的修改。
版权所有：M.H. 斯通，H.S. 奥尔布莱恩特，J.加海默尔，J. 麦克米伦，R. 罗斯纳克. 美国体能协会会刊［J］. 联盟通讯集团，艾伦出版社分公司，1982.

GAS 概念提示，一名运动员在训练中会经历三个截然不同的阶段（图 13.4）。结合 SRFA 和 Fit-Fat 理论，GAS 可应用于对单次训练刺激或几周、数月复合性训练刺激。"警惕期"表示训练刺激施加的初始反应阶段。在警惕期，肌肉酸痛、僵硬和疲劳等负面反应会导致运动能力的下降。警惕期开启了运动适应机制，随即进入"抵抗期"。在抵抗期，出现积极适应，机体恢复到原有状态，而且常常会超过原有水平（超量恢复）。GAS 特征中重要但常被忽视的一点是，运动成绩是多因素结果，运动成绩的变化取决于压力的累积效应（即压力是累加的）。不同因素或压力源会影响恢复与适应，如图 13.5 所示，如果累计压力过大，那么就会进入耗竭阶段（过度训练）。GAS 概念对训练多样性的提示包括多个警惕与抵抗阶段的累加可以进一步提高运动成绩，以及阶段性减量和减强度可降低步入力竭阶段（过度训练）的风险。

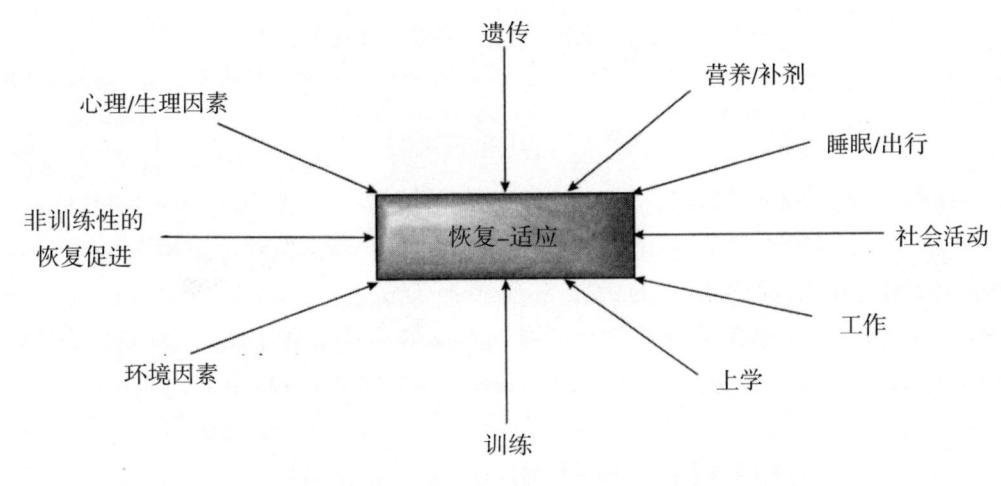

图 13.5　影响恢复与适应及运动表现变化的因素

（二）刺激—疲劳—恢复—适应（SFRA）

图 13.6 概括了 SFRA 理论的基本内容（Kipke 1985; Rowbottom 2000; Verkhoshansky 1979, 1981, 1988）。运动刺激不仅可以促进蛋白质合成，也会造成疲劳（Rowbottom 2000）。疲劳的积累与刺激强度及持续时间成正比。运动后休息可消除疲劳，促进恢复与适应。这种适应可看作是超量恢复的结果。需要注意的是，这种理论并不局限于单次运动后的反应，也用于长期训练形成的适应。例如，维尔霍山斯基（1981, 1988）指出，数周集中进行以大负荷量为主的力量或力量耐力训练会造成田径运动员的动作功率或速度能力下降。当运动员恢复正常训练后，动作功率或速度能力常常会反弹，有时还会超过原有水平。类似的现象也发生在举重（Fry et al. 2000a; Stone and Fry 1998）和投掷运动员（Stone et al. 2003）冲击阶段大运动量训练后的适应上。

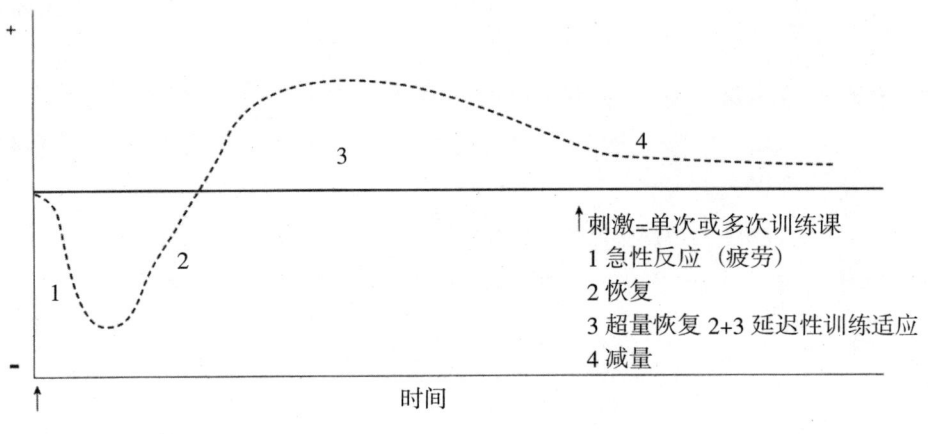

图 13.6　刺激－疲劳－恢复－适应模型

改编自：克列夫. 运动与竞技科学［M］. 宾夕法尼亚州费城：利平科特，威廉姆斯与威尔金斯出版社，1965.

证据表明，这些现象的出现与合成及分解激素水平变化（Fry et al.2000a; Hakkinen et al. 1989; Stone and Fry 1998）、运动单位亚型改变（Ross and Leveritt 2001）、训练效果延迟导致的力量素质提高有关（Abernethy and Jurimae 1996; Delecluse 1997）。因此，集中式大运动量的力量耐力训练期对随后小负荷量为主的动作功率训练具有促进作用。SFRA 理论的观察结果同样可以在 GAS 中找到理论支撑。

（三）适应与疲劳模式（Fit-Fat）

适应与疲劳模式是目前较为流行的训练适应理论（图 13.7）（Bannister 1982; Zatsiorsky 1995）。依据该理论，运动员的准备状态是训练后续效应的综合反应，即疲劳与适应。与基于各种因果关系的超量恢复理论不同，适应与疲劳模式假设适应与疲劳具有"相克"作用。这种关系看似简单，但应用到实际训练中却非常复杂。为了达到最佳竞技状态，需要通过各种方法放大训练刺激产生的适应性，同时将疲劳产生的影响程度降到最低。

需要注意的是，一般性适应与疲劳产生的后效因素可能包含一些子因素。通过观察发现，运动能力的取得不仅仅是靠一种适应要素。因此，各种特定适应或疲劳在持续时间上的差异性决定了训练效果的获得方式。这些特定因素产生的作用说明了个体在训练适应上存在生理和运动能力上的差异（Chui and Barnes 2003; Plisk and Stone 2003）。例如，大运动量的力量耐力训练会降低动作功率，但可以增加大强度运动时的肌肉耐力。因此，性质不同的训练，如大强度耐力训练与最大力量或爆发力训练之间存在不同特征的适应与疲劳后续效应。所以，突出某种特性的训练会使其他训练能力出现下降。

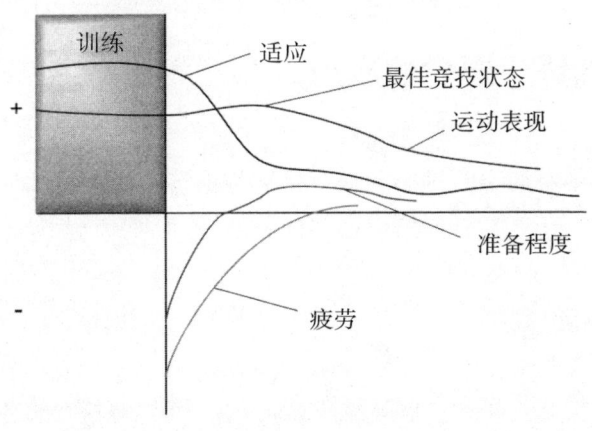

图 13.7　适应与疲劳的关系

注：适应与疲劳理论中，竞技状态的形成取决于训练刺激积极（适应）与消极（疲劳）反应的总和。需要注意的是，当训练负荷减少时，运动员的适应性就会下降；但疲劳消除得更快，运动员会有更好的准备。总体上，运动员的竞技状态就是其训练准备的直接反映。与刺激–疲劳–恢复–适应理论不同，建立在因果关系基础上的适应–疲劳理论认为，短期的训练效果取决于反作用的大小。

训练中，"后效"并不完全独立，构成后效的因素间相互作用的程度不同。例如，大负重力量训练会提高初学者的爆发力（Stone, Johnson and Carter 1979）。另外，虽然有些后效因素在一定程度上相互独立，但有可能存在各种因素相互作用后形成"积累"或"综合"效应（图13.8）。这种综合效应类似于GAS，因为适应也是不同压力作用的结果。因此，从综合的角度进行训练准备或达到最佳竞技状态是训练调整的基本原则（Mujika and Padilla 2003）。

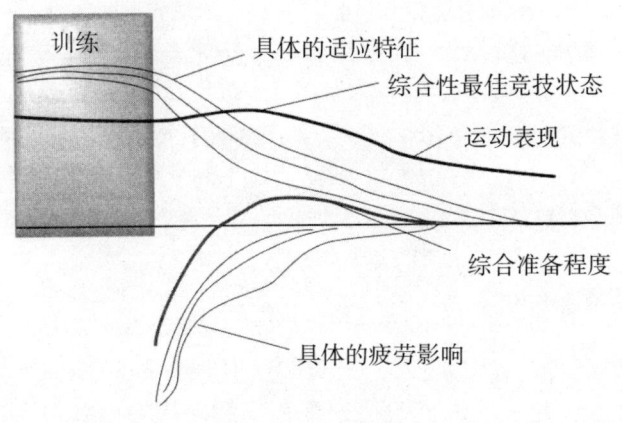

图 13.8　疲劳 – 适应的关系与各种具体训练效果形成的累积效应

注：虽然在一定程度上，各种训练效果彼此独立，但存在综合性的累积效应，于是为最佳竞技状态的形成创造了"机会空间"。

二、分期训练：概念的应用

训练计划制定中有两个关键问题：一是清楚训练多样化的本质及变化的层次；二是明确创新的必要，还要知晓何时以及如何创新。

（一）教练策略

教练的工作就像医生用药，临床医学是一门以科学为基础的艺术。同样，教练员对训练科学懂得越多，实践中的选择就会越多。为运动员制定计划是教练实践中最重要的一件事。

一份精心设计的训练计划，关键在于巧妙地将各种训练形式、方法组合在一起，从而达到比固定或长期采用某种单一训练形式或方法更好的训练效果。教练可以采用"混合"设计方式引发特定的生理反应，实现特定的训练目标。制定训练计划的第一步是为教练员训练策略建立一个逻辑系统。表 13.1 和表 13.2 归纳了力量、功率（爆发力）、耐力菜单式训练法的科学分类。这些方法总体上与文献资料中提及的和训练范例中应用的相一致。

表 13.1　专门性训练方法体系

各种训练目标采用的不同训练方法

1. 最大力量和增肌训练：
- **短时最大用力**［最大力量、肌肉内及肌肉间协调、爆发力，特别对初练者］*
  - 超等长练习相对强度：75%~100%最大力量
  - 离心练习相对强度：105%~120%最大力量
  - 动作速度：慢，由于相对负重大
  - 爆发力（力增速率）最大至近最大
  - 次数负荷量：15~25 次/课，95%~100%最大力量；20~40 次/课，90%~95%最大力量；35~85 次/课，80%~90%最大力量；70~110 次/课，75%~80%最大力量（≤6 次/组低难度动作；≤3 次/组高难度动作）
  - 组数负荷量（不包括热身）：3~5 组/练习
  - 训练课密度：组间充分休息（最多可达 8 分钟）
- **多次（重复）次最大用力**
  - 相对强度：80%~90%最大力量
  - 动作速度：慢，由于相对负重大
  - 次数负荷量：5~12 次/组
  - 组数负荷量（不包括热身）：5~10 组/练习
  - 训练课密度：组间休息 1~4 分钟；训练课间隔 24~48 小时
  - 训练方法组合：大负荷次间间隔，对比组训练，离心训练

各种训练目标采用的不同训练方法

2. 速度力量（功率或爆发力）
- 次最大加速用力［功率或爆发力］
  - 相对强度：30%~85%最大力量
  - 动作速度：最大及爆发式
  - 次数负荷量：1~3 次/组，70%~85%最大力量；3~5 次/组，50%~70%最大力量
  - 组数负荷量（不包括热身）：5~10 组/练习
  - 训练课密度：组间休息 3~8 分钟，一日多练
- 反应力［快速伸缩复合练习，紧张度调节］
- 对比方法［短时后效；后续强化］

3. 力量耐力
- 粗放式间歇训练［低中等强度耐力；恢复能力］
  - 相对强度：30%~65%最大力量；小负重强化动作功率，较大负重发展力量
  - 动作速度：快速且连续
  - 次数负荷量：8~20 次/组
  - 组数负荷量（不包括热身）：3~5 组/练习
  - 训练课密度：组间恢复时间<5 分钟
- 集中式间歇训练［高强度耐力；恢复能力］
  - 相对强度：40%~60%最大力量
  - 动作速度：爆发式
  - 负荷量：3~6 组/练习；20~45 秒/组（与次数无关）
  - 训练课密度：组间恢复 1~3 分钟

注："*"代表训练目标在中括号内。

改编自：S.普利斯克，M.H.斯通. 分期训练策略［J］. 美国体能协会会刊，2003，25（3）：19–37.

表 13.2　发展速度、灵敏及速度耐力训练方法体系

不同训练方法的主要特征

1. 比赛式训练—持续用力［专项耐力］*
* 超极限训练
  - 强度：超过比赛强度
  - 持续时间/距离：短（少）于比赛
* 极限训练
  - 强度：等于或小于比赛强度
  - 持续时间/距离：与比赛相同
* 次极限训练
  - 强度：小于比赛
  - 持续时间/距离：多（大）于比赛

(续表)

不同训练方法的主要特征

2. 长距离—时间训练 [次最大耐力]

* 持续训练：70%~95%比赛速度或动作功率

* 法特来克训练：训练强度、持续时间、负荷量及训练密度非结构性变化(注：依据地形或实际训练环境)

* 可变训练：训练强度、持续时间、负荷量及训练密度的结构性变化

3. 间歇训练 [速度耐力]

● 粗放性训练

– 相对强度：低、中（60%~80%比赛速度/功率）

– 持续时间/距离：短、中（例如：高水平运动员在 14~180 秒跑 100~1000 米；初级运动员或初练者在 17~100 秒跑 100~400 米）

– 负荷量：大负荷（例如：高水平运动员重复 8~40 次；初级运动员重复 5~12 次）

– 训练课密度：大；短时间歇不完全恢复，高水平运动员心率达 125~130 次/分或初级运动员心率达 110~120 次/分（例如：小于完全恢复时间的 1/3，高水平运动员需 45~90 秒，初级运动员需 60~120 秒）

● 集中性训练

– 相对强度：大（80%~90%比赛速度/动作功率）

– 持续时间/距离：短、中（例如：高水平运动员在 13~180 秒跑 100~1000 米；初级运动员（初练者）在 14~95 秒跑 100~400 米）

– 负荷量：小（例如：高水平运动员重复 4~12 次；初级运动员重复 4~8 次）

– 训练课密度：中等；延长组间间歇但依旧非完全恢复，使运动员心率达 110~120 次/分（例如：高水平运动员为 90~180 秒，初级运动员为 120~240 秒）高水平运动员可采用"间断性训练"（例如：一组安排 10 秒最大用力接 15 秒的 50%次最大用力）

4. 重复训练

– 相对强度：很大（90%~100%比赛速度/动作功率）

– 持续时间/距离：非常短或中等（例如：2~3 秒到几分钟）

– 负荷量：非常低（例如：3~6 次）

– 训练密度：低；长且接近完全恢复，使恢复心率低于 100 次/分（例如：3~4 次/5 分钟）

注："*"代表训练目标在中括号内。

改编自：S.普利斯克，M.H.斯通. 分期训练策略 [J]. 美国体能协会会刊，2003，25（3）：19-37.

（二）分期：决策与评估

分期训练是一种通过调控各种训练变量达到特定训练目标且符合逻辑的阶段训练法。分期训练本质上是非线性训练。分期训练的目标包括：第一，降低过度训练的发生；第二，在特定时间达到最佳竞技状态或在特定赛季保持最佳状态。

实现训练目标需要从不同层次对训练量、训练强度以及训练手段选择组合进行调控。好的训练计划是多层次训练多样化的设计安排。教练员可以通过改变训练不同阶段（如大周期、中周期、小周期以及日和课的训练）的负荷及手段，利用各种训练变化促进运动员适应性朝特定目标发展。事实上，有很多训练策略可供选择，但重要的问题是如何避免随意性和变化过频。

应该清楚的是，在设计训练计划时需要做出权衡，理清付出与收获的关系。下面会重点讨论几组对训练计划制定产生影响且彼此相对立的概念，即适应与疲劳、负荷强度与负荷量、专项化与多样化、力量与耐力以及分期与计划制定。

（三）适应与疲劳

疲劳是训练刺激后的主要反应（特别是在大负荷量之后）。恢复阶段表现为适应。如何管理疲劳是科学训练重要的组成部分。疲劳可以从以下几个方面进行管理（Chui and Barnes 2003; Dick 1997; Fry, Morton and Keast 1992a, 1992b; Harre 1982; Rowbottom 2000; Stiff 2000; Viru 1995; Viru and Viru 2001）：一是四年周期，即奥运会或大学四年比赛后的休息或增加积极休息；二是大周期，即在竞赛期后的积极休息或（及）转化期；三是中周期，即冲击、板块或高强度竞赛小周期后的恢复小周期；四是小周期，即维持或恢复训练负荷或恢复日；五是日训练中穿插休息；六是组间的额外休息（例如：不采用连续最大次数（RM）训练，而在次间间歇训练中穿插间歇，这种间歇训练法可应用在表13.1中所提到的短时最大用力、次最大加速以及反应冲击力训练中［Haff et al. 2003; Stiff 2000; Zatsiorsky 1995］）。

需要注意的是，训练计划仅仅是恢复与适应计划的一个重要组成部分，此外还需重视运动营养、睡眠及恢复性理疗（参见第七章）。

（四）负荷强度与负荷量

负荷强度与负荷量之间的制约关系看似简单，但却非常重要，它们在相互作用时会影响到训练的具体安排。分期训练侧重通过设计两个训练变量间起伏式变化来实现预期训练目标。因此，仅考虑其中一个变量毫无意义。实践中，可以将特定条件下的做功量多少作为一项综合指标。力量训练时，负荷量（次数×负重）是衡量做功及训练压力较为理想的指标（Stone and O'Bryant 1987; Stone et al. 1998, 1999a, 1999b）。

安排负荷量时，要考虑刺激效果的范围。最低是能够引起训练效果的基本刺激阈，最高则是出现训练效应下降的刺激阈，超过该阈值后并无好处，甚至会带来不良后果。负荷量应根据运动员长期训练提高适应性的要求进行调整。

对高水平运动员而言，训练质量（即对强度的衡量）格外重要，可以通过特定指标,如利用训练的付出程度或动作功率来表示。实践中,这些变量是衡量训练强度和训练效果的有效指标。制定训练计划的核心问题是如何提高训练强度,多样且非线性地不断增加负荷刺激会带来更好的训练效果(Dick 1997; Foster 1998; Fry, Morton and Keast 1992a, 1992b; Harre 1982; Hartman and Tünnemann 1989; Matveyev 1972, 1981; Rowbottom 2000; Stiff 2000; Stone and O'Bryant 1987; Stone et al.1998, 1999a, 1999b; Viru 1995; Zatsiorsky 1995)。这种非线性的计划设计可以通过不同的训练策略完成。

大负荷量一般发展耐力(表13.1和表13.2),然而如果同时与负荷强度进行组合,还会产生其他训练效果。在一般准备期,大负荷量训练可以打好基础,并会影响其他训练效果持续的时间和稳定性,大负荷量训练也是进行专门及专项训练的前提条件。

与大负荷量训练有关的策略有:一是多次数小负重训练;二是增加组数、练习手段或一起增加。当然,也可以考虑其他一些方法,例如:通过阶段性调整训练密度(如:调整训练课的数量和频率)来达到大负荷量训练的目的。更为详细的讨论将在随后的"高级策略"中展开。

(五)专项化与多样化

扎齐奥尔斯基(1995)建议,合理的分期训练计划需要在训练多样性与稳定性的矛盾之间作出权衡。为了争取最理想的训练效果,就要对训练内容、训练负荷或二者兼顾地进行系统性调整。如果训练负荷或训练要求(如完整专项动作)单一,就容易出现适应"平台"问题(即运动成绩停滞不前,图13.9)。出现"平台"的原因很可能是神经系统对单一训练不再产生适应(Stone et al. 1991)。因此,有必要经常进行替换或调整训练安排。图13.10描述了这种训练设计在实施后运动成绩的变化情况。需要注意的是,在训练适应产生前,可将某种训练方式停用一段时间,随后再次使用。从理论上讲,这种做法相比连续使用该种训练方式而言,会产生更明显的训练适应。实践中,难点主要在于如何将某些手段或方式的"停用"与"再用"在阶段训练中合理安排,从而避免单一训练造成的"平台"问题。

训练中,随着运动员准备程度的提高,专项化适应程度与训练要求会联系得更为紧密。专项化体现不同方面,包括代谢、生物力学和动作控制等方面。其中,每一方面都可作为选择与设计训练任务和训练内容的参照标准。设计计划时,重点要考虑与运动员发育状况,特别是与敏感期有关的训练形式和训练方法(Dick 1997; Harre 1982; Viru 1995; Viru et al. 1996, 1998, 1999)。青春前期(9~12岁)是提高动作控制(基础性运动技能)的最佳时期(Andren-Sandlerg 1998)。尽管这些运动技能在青春期及青春期后通过训练还会提高,但运动员在趋于生理成熟之际,训练重点将转向力量与爆发力训练。对这一问题的认识将会影响到训练计划设计的各个方面,然而西

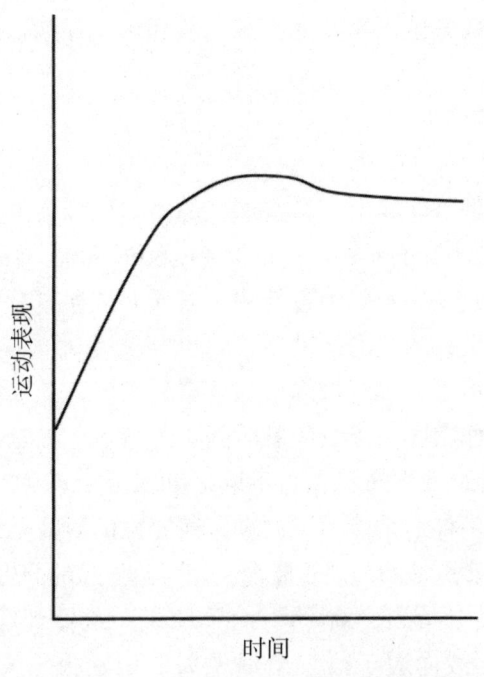

图 13.9　单一训练造成的停滞现象

注：这种情况并非运动员的疲劳所致，而是神经系统由于训练计划缺乏变化而不再产生适应（斯通，等，1991；扎齐奥尔斯基，1995）。

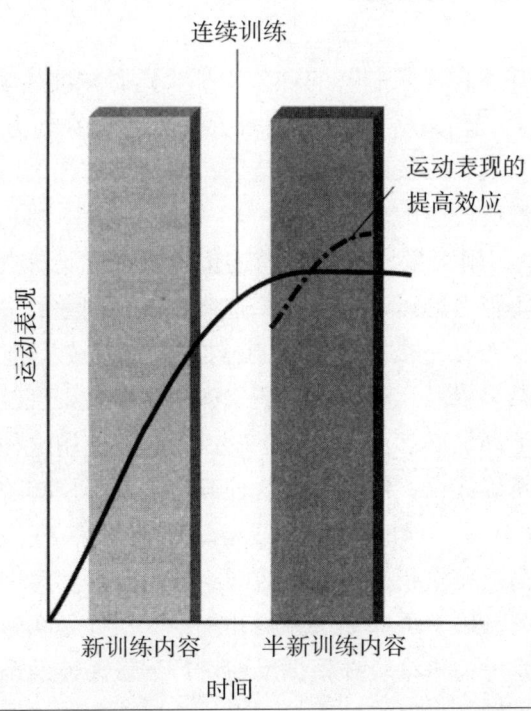

图 13.10　理论上训练手段的停用与再用对运动表现的影响

注：全新或半新训练内容的应用与再应用。具体做法是，在运动员对某项训练内容适应之前就停用，停用一段时间后再用，理论上讲，这种方式对运动表现的影响更大。

方国家的重视程度远不及其他国家,尤其是北欧和东欧等国。

(六)力量与耐力

文献表明,在"同训"问题上,某些形式的耐力训练会削弱力量、功率,特别是速度的提高(Kraemer 2000; Leveritt et al.1999; Stiff 2000; Viru 1995)。"同训"会产生两个主要问题。一是高水平的力量与耐力素质必须通过专门性组合才能有效提高专项成绩。即便是以爆发力为主的运动项目,也要求运动员具备高强度的耐力素质来完成规定的训练负荷。不过,大多数综合运动素质类的运动项目具有非极限用力、动作不断重复、高功率动作密度高以及间歇时间短等特点。二是尽管高水平运动员能忍受更大的训练压力,但如果要同步提高不同运动素质,积累性疲劳就成为问题。不过,对于高水平运动员多种运动能力"同训"兼容性的研究还不多见。

另外,实践中的难点在于如何整合力量与耐力的训练效果(表 13.1 和表 13.2),使其相互促进而不是相互制约。简单地说,这种训练效果可以通过合理安排训练与恢复来实现。然而对于需要全面发展的运动员,安排精细、富于变化的训练可以降低积累性疲劳及同训兼容性问题。

(七)分期与训练计划制定

如果在教练中存在"自我限制"的现象,那么这种限制主要反映在训练计划上,即表现为"重模式"而"轻策略"。这很可能是分期训练在西方流行之前受"计算训练法"(即计算次数与组数)长期影响的结果,但计算训练法始终面临的问题是无法完全确定某个训练刺激所产生的训练反应。

赛弗认为(2000),用大量计算作为描述负荷的孤立指标往往忽视了一个事实,即看似客观的测量却不曾考虑运动员对训练整体负荷与刺激的主观感受。因此,他推荐使用主客观相结合的方法,被称为"控制分期",即事先安排负荷强度,教练根据对运动员技能的评价结果以及运动员的反馈(如主观投入程度及疲劳)而随时对训练计划进行调整。虽然运动员必然会有主观上的投入,但使用这种方法的前提假设是运动员的主观反馈总是精确无误,但实际上这种假设是站不住脚的。

赛弗的建议(2000)并非劝阻教练员或运动员对训练计划进行准确计算或量化。言外之意,负荷强度与负荷量指标以及次数与组数组合对实现训练目标而言并不是最关键的,而且也不能死搬硬套那些训练原则和理论。在计划实施中,应将主导因素或更为重要的监控等因素考虑进来,并根据反馈对计划做谨慎的调整。事实上,在没有恰当的理由时,调整训练计划要格外小心。当然,调整训练计划的做法是为了强调对训练过程进行密切而科学监控的重要性(参见第八章)。

如果将训练计划的各个部分都混在一起,就会难以琢磨,那么就无法进行必要的训练决策。因此，分期训练的艺术与科学就在于解决设计训练计划时与生俱来的难题。

三、训练计划周期结构的基础知识与设计原理

早期分期训练模式中的周期结构是以竞赛日程为参照，而不是以恢复与适应过程划分的，因为关于后者的研究资料非常有限。当认识程度加深后，人们有机会通过探索某些生物现象来认识和提高训练效果，例如，通过对训练顺序与时间的安排来调节某种训练刺激形成的后续效应（简称"后效"）。现代分期训练的根本目标在于实现不同训练形式与方法训练效果的积累，抑或对各种训练中的相互作用进行汇集整合，即先前重点训练的某项内容为接下来的训练创造了前提条件。当训练时间有限或运动员的潜力开发殆尽时，这种方法非常有效。

在进行阶段性结构设计时，不同训练效果在生理学上的衰减速率成为关键性问题（Viru 1995; Viru and Viru 2001; Zatsiorsky 1995）。理论上，这是合成反应半衰期或适应性组织重塑中相关酶的功能性问题。我们知道，不同效应衰减的时间各不相同。例如，衰减时间主要受糖酵解酶半衰期的影响，该酶的半衰期较短（大约从 1.5 小时到几天不等），有氧代谢酶的周转率却慢得多，而肌原纤维蛋白的生命周期相对较长。从实践角度看，衰减程度或时间与准备期长度有关。一般来说，训练持续时间越长，训练效果就越稳定（Zatsiorsky 1995）。结果是，某一阶段获得的训练效果，在下一阶段就不必花费过多的时间去保持。因此可以将精力放在重点训练内容上，这样引起积累性疲劳的风险也会大大降低。这就是高水平运动员按一定顺序安排训练的主要原因，具体内容在"应用策略"部分。

研究者（Plisk and Stone 2003）普遍认为，分期训练中的阶段通常为 4 周（±2 周）。查阅资料发现，从生物角度看，4 周为一个阶段有利于形成训练的最佳"反应窗"（即在该时段内，机体会对训练产生良好的反应）。

马特维耶夫（1983）认为，自然界以月为单位的生物周期是设计短期高质量训练周期的基础。因此，训练通常持续 1 个月左右，大致为 3~6 周，由此形成训练积累效果。

维鲁（1995）指出，根据训练效果半衰期，可以确定 24~28 天的训练阶段，其中包括 4~6 个小周期，每个小周期为 4~7 天，目的在于累加训练效果。

扎齐奥尔斯基（1995）提出，4 周（±2 周）的基本结构设计是为了能使延迟性训练效应在特定阶段内完全集中在每个特定目标上。

另外，即便采用高级训练计划设计，如"共轭顺序系统"，4~6 周的训练周期结构也是最基本的。阶段划分方法至少有两种：一是在中周期基础上进一步划分为多个小周期，并确定各自的训练目标；二是划分为一系列的"板块"，每个板块都有具体

的训练目标（针对高级训练）。

许多教练员和运动专家依然对马特维耶夫的基本训练模式情有独钟（1972，1977），即在不同训练阶段，负荷量和强度关系呈此消彼长的特征，并将其作为周期划分的"金标准"（图13.11，Harre 1982，Kukushkin 1983，Ozolin 1970，1972）。从竞赛期小周期和中周期的论述中可以看出，很显然，马特维耶夫不想将该模式在实践中教条化或放之四海而皆准（Matveyev 1972，1977，1981，1992，1994）。接下来将举例说明各种分期训练计划的实际应用。

图13.11表示应用于初级运动员的常用分期模式。这种分期设计可应用于各种项目，该模式具有下列优势和劣势。优势有：第一，拥有长期训练经验积累，这个概念并不新奇，很多教练都积累了丰富的经验，也取得了不错的效果；第二，一般准备期与专门准备期的安排可以确保专项能力的提高；第三，阶段强化效果明显（见"高级策略"部分）。劣势有：第一，漫长的竞赛期会削弱专项能力；第二，最佳竞技状态很难维持3周以上，因此在集体项目或几个重要比赛存有间隔时，这种训练安排难以奏效。

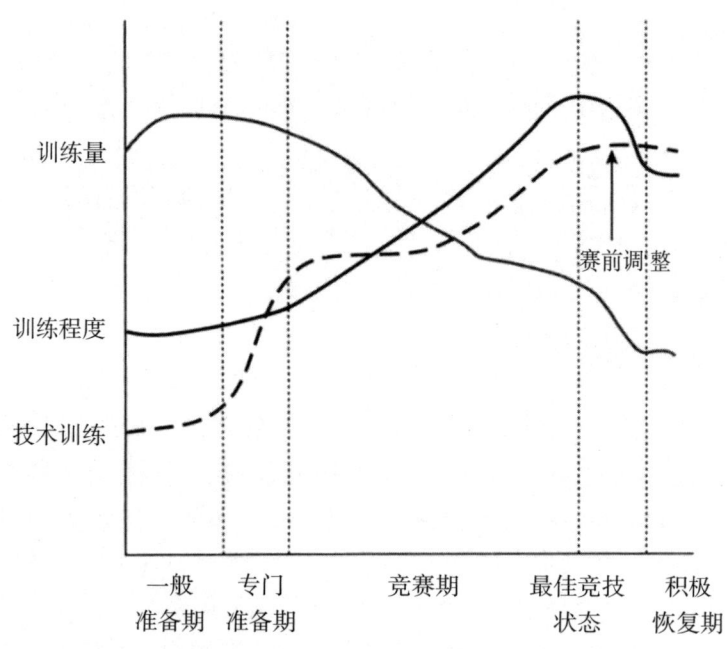

图13.11　力量—爆发力分期训练的常用模式（一般性应用）

注：此模式的主要特征表现为，在一个中周期或大周期内，训练由大训练量、低训练强度向小训练量、高训练强度过渡，呈波浪式变化特点。专门准备期（第一转化期）开始从一般性训练向专门与技术训练转化，积极恢复期以非结构性或娱乐性活动为主，训练量和强度都不高，主要目的是促进恢复。

版权所有：S.S.普利斯克，M.H.斯通.美国体能协会会刊［J］.联盟通讯集团，艾伦出版社分公司，1982.

图 13.12 显示的分期模式为负荷强度相对较高（但有一定变化），对负荷量进行调整。这种训练设计已应用于诸如体操等项目中。这种分期模式的优势有：尽管没有形成必要的最佳状态，但由于负荷强度较高，理论上讲，会保持较高的运动水平，适合安排密集的比赛，但前提是机体得以恢复。劣势包括：第一，专项能力可能会下降；第二，不确定能否达到最佳竞技状态；第三，产生阶段强化效果的可能性不大；第四，因负荷强度造成过度训练的可能性较大。

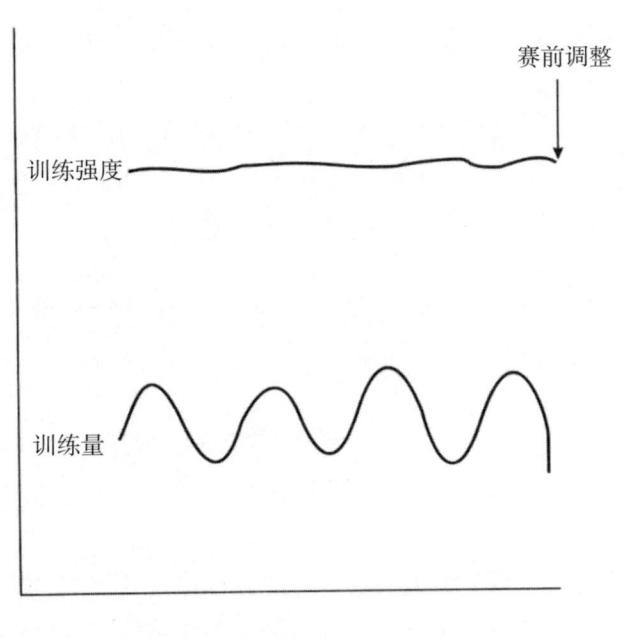

图 13.12　训练强度主导型训练计划

注：大周期训练中，始终是大强度训练，训练量波动明显。

图 13.13 的分期模式是负荷量相对较高（但有一定变化），应对负荷强度进行调整。这种训练设计已应用于诸如长跑等项目。这种分期模式的优势是专项能力可以保持较长时间。劣势包括：第一，因负荷量导致过度训练的可能性较大；第二，不确定能否达到最佳竞技状态；第三，产生阶段强化效果的可能性不大。

当然，也有其他的分期方法，如以周或月为单位的台阶式的负荷安排（Ermakov and Atanosov 1975; Ermakov, Abramyam and Kim 1980; Vorobyev 1978），以及在竞赛期和准备期内平均分配技术及力量训练（Bondarchuk 1994），或在准备期侧重技术训练，而在竞赛期重视力量训练（Komarova 1984; Topchiyan, Kadachkova and Komarova 1984）。如果这种安排得当，也是一种不错的训练设计。一般来说，由于力量训练造成的累积性疲劳会干扰技术训练，因此均衡技术与力量训练的设计可能不如其他设计的效果好。

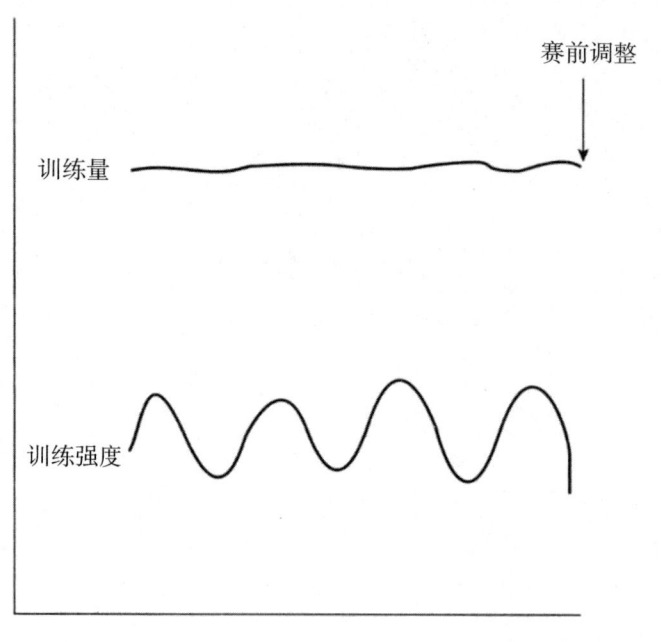

图 13.13　训练量主导型训练计划

注：大周期训练中，始终是大运动量训练，训练强度波动明显。

一种对高水平运动员很有吸引力的训练设计称作"共轭顺序"系统，在"应用性策略"中会详细介绍。在这种训练设计中，某个训练重点会通过一系列板块得到集中训练（Verkhoshansky 1986, 1988; Werchoshanski 1978; Hartmann and Tünnemann 1989; Satori and Tschiene 1988; Stiff 2000; Tschiene 1990, 1992, 1995, 1997a, 1997b; Viru 1995; Zatsiosky 1995）。这种方法可以强化延迟性训练效应，且可以避免同一时间训练内容过多。

虽然这种训练设计只是各种训练安排中的一个方面，但应用在不同个体身上的效果或许不同。比较东欧等国家教练员训练思想时，不仅有趣，且深受启发。以举重为例，俄罗斯教练梅德韦杰夫和保加利亚教练阿巴吉耶夫在训练调整上可谓灵活多样（Furnadzhiev and Abadzhiev 1982; Jones 1991; Medvedev et al.1981; Medvedev 1986; Zatsiorsky 1992, 1995）。虽然原因不明，但保加利亚举重队在总体上的变化不及俄罗斯，即使两个国家都取得过相近的赛绩。然而，相比之下，保加利亚的运动员人数少，因此训练效率要高于俄罗斯。

阿贾恩和巴罗加（1988）综合了匈牙利和罗马尼亚举重训练理念，其结果与阿巴吉耶夫的理念可谓异曲同工。然而，从本质上讲，训练计划是依靠一定的推测得出的，也就是说，在西方很少见到只依照训练原理设计出的训练计划。此外，比赛成绩多大程度上与使用功能增进或违禁药物有关却不得而知。另外，最佳训练效果的取得很大程度上依赖于综合训练（见表 13.1 和表 13.2），其中包括各种专项与非专项训练的结合，这样可以从不同角度提高训练适应和运动成绩。

四、应用策略

对初、中、高级分期设计的探讨在于了解如何将不同的训练策略应用到实际训练中去，但这种探讨更多的是提纲挈领。此外，训练内容的变化（如各种延伸技术和辅助动作）主要是以技术训练计划为基础，而且更多是集中在技术训练负荷量与恢复问题上。同时，也会涉及其他一些注意事项（Plisk and Stone 2003）。

以下讨论的许多概念均来自东欧等国，而其中的大多数也只是基于细致的观察和经验，而非严密的实验推理。虽然这些概念可能对西方的教练大有益处，但是需要注意双方在社会、文化、使用增补剂和训练实践中存在的巨大差异。

按初级、中级、高级序列进行的讨论，并非有意割裂，也无意建立等级。因为所有运动员都是从基础训练开始的，然后再逐渐向更高一个阶段发展。如果忽略或缩减基础或发展阶段，就会削弱运动员获取优异运动成绩的潜力。倘若运动员认为基础和中级分期训练方法低级、不重要或没有必要，而在长期训练中过早地尝试高级方法，那就真是大错特错了。

训练压力的施加要基于机体对训练刺激的综合反应，而非单一反应。虽然对于训练之间的相互作用以及训练后效的认识还很浅薄，但这为提高专项运动能力和调控训练疲劳提供了依据。因此，合理利用专项训练的各个组成要素，可以帮助运动员达到最佳准备状态。

一份分期训练计划要随运动员训练水平的提高而逐渐关注训练变化和细节，但并不意味教练员对所有方面都要事无巨细，而是说更加复杂的训练变化应具体表现和落实在不同方面，即不同训练方法、手段和阶段内、阶段间训练安排的变化。

（一）初级训练策略

一般来说，基本分期（见图 13.11）中的训练方法与手段变化相对有限。如前所述，由于其广泛的应用性，这种分期策略最为实用。显然，与开发末期的高水平运动员相比，处在早期训练的初级运动员人数更多（高级分期训练方式并不适合他们）。和对其他压力源的反应一样，最初的训练适应相对普遍，即便相对简单的训练和恢复都会产生明显的训练效果。然而从长远角度看，适应会越来越专门化，也不易产生，这时低水平或单调的训练刺激难以继续发挥作用。

传统分期训练模式可以简化为渐进式和波浪式（见图 13.11）（Matveyev 1972, 1977）。需要注意的是，曲线只是便于阐释一个基本概念，但有时会被简化且曲解为线性分期模式（Baker, Wilson and Carlyon 1994; Baechle and Earle 2000）。线性分期概念用来描述以渐进、递增负荷强度或训练负荷为特征的阶段训练划分。最初，贝克尔及其同事（1994）根据查理斯·波里库恩（Poliquin 1988）关于线性式强化训练问题的讨论归纳出这一概念。随后，围绕线性分期概念引发的误解集中在用重复次数来计算训练中的负荷量或度量某一训练阶段的总负荷量。重复次数虽然与负荷量有关，但并不能完全估算训练做功或训练强度（Stone et al. 1999a, 1999b）。对该问题的进一步讨论，读者可参考斯通和奥尔布莱恩特（1995）及斯通和沃森（2001）在相关杂志中的社论。

此外，线性分期这个术语本身就有矛盾。从定义看，分期训练暗示着训练中各种训练要素或内容的非线性变化。例如，图13.11代表了一个大周期若干中周期表现出的波浪式负荷特征。同样，负荷强度与负荷量在小周期内呈震荡式变化（Stone et al. 1999a, 1999b）。因此，在界定分期模式时，用传统与非传统来表示更为恰当，因为线性和非线性着实容易产生误导。

在基本模式中，台阶式安排是指在为期数周的训练阶段里负荷保持相对不变（例如，3~4周力量耐力训练阶段，3~4周速度力量训练阶段），这之中存在一定问题。这种方式的目的是为了每个阶段都可以提高训练强度。然而为期数周负荷变化十分有限的训练，仅仅会在头一周产生有效刺激，随后三周如果负荷保持不变，就很可能造成训练"平台"（即运动能力停滞不前）。这种模式适用于正在学习新技术或进行变换内容的大运动量或强度的初级运动员。对高水平运动员来说，可以对负荷结构进行适度调整（例如，将大负重与小负重训练穿插安排）来克服这种分期模式的缺点。

（二）中级训练策略

中级分期训练设计特点是提高各种训练阶段内或阶段间的变化程度。如果说初级运动员的训练计划以大周期训练为主线，到了中级训练，则要更多关注如何安排中、小周期的训练变化（例如，负荷变化不仅表现在月、周和训练课上，还反映在训练课之间以及各类训练周期的组合方式上）。这一阶段应提高强化训练的比重（例如，短时最大用力，反应力量和爆发力训练，详见表13.1）。当运动员技术动作和运动能力提高了，就要适当增加训练方法。尽管这种训练安排在实践中还有一定局限性，如教练员与运动员数量比不足、需要增加解释与指导时间等，但根据项目需要，适度增加一些辅助训练手段和训练变化能够促进训练效果。由此可见，当运动员结束启蒙基础训练后，对创新训练以及促进恢复的要求就会随之增加。

在讨论训练效应的累积问题时，"累积小周期"是中级训练中非常重要的概念（图13.14a，图13.14b）。累积小周期由一系列板块（每个板块长度为4周）组成，训练则由粗放或分散式逐渐向强化或集中式过渡，期间穿插简短的恢复期。通过定期互补性训练可以避免训练适应削减的问题。

第十三章 分期训练

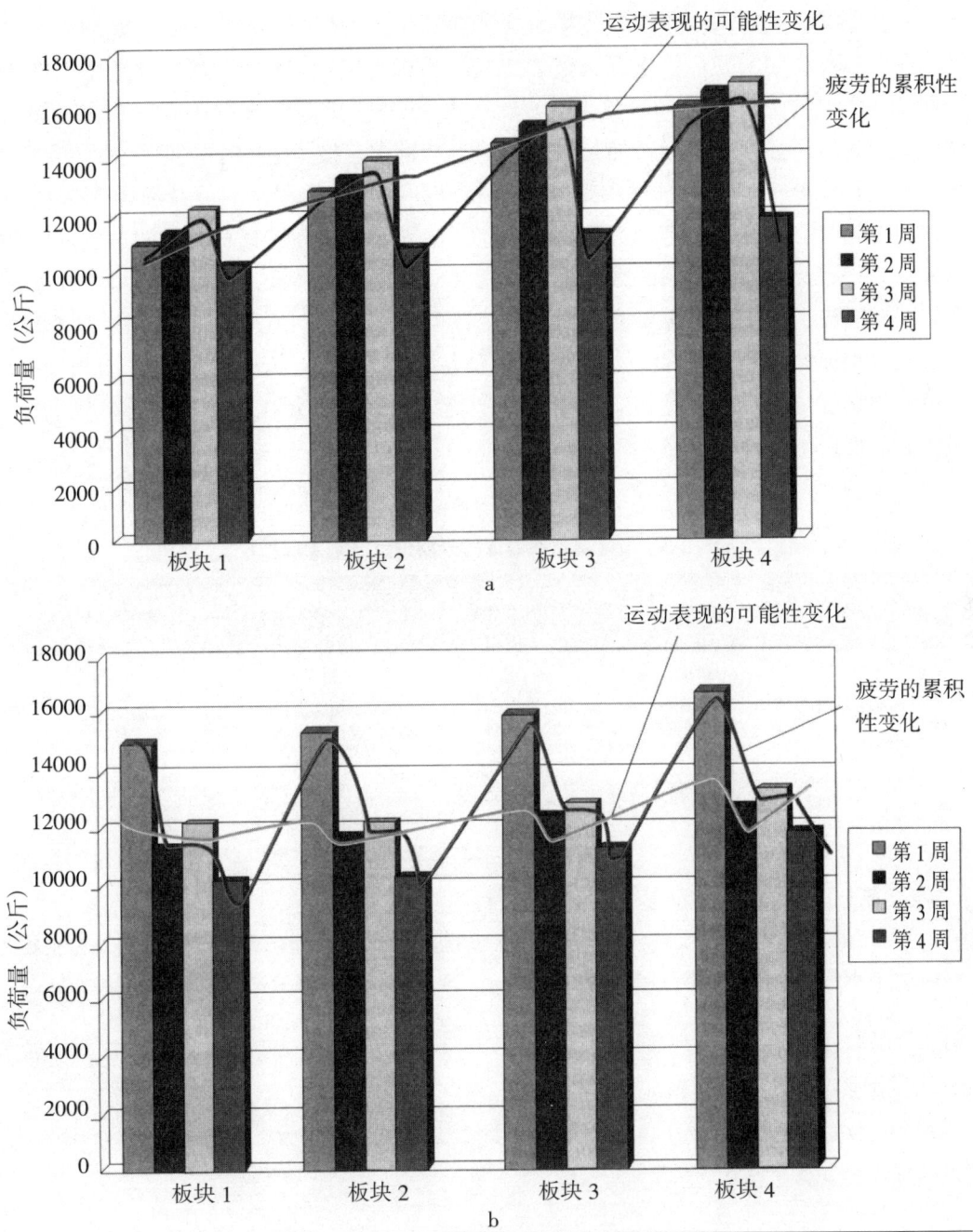

图13.14 训练中周期中的累积小周期

注：a一个训练中周期包括3~4个由累积小周期组成的板块，训练负荷逐渐增加。板块彼此关联，每个板块包括3周递增负荷以及1周减量恢复训练（适用于中级水平）。第3周的训练量最大，由于疲劳持续积累，某些训练适应会受到影响（如爆发力和动作功率），因此，第4周安排减量来避免过度训练和促进训练适应。该变化模式重复出现，通过不断增加训练负荷来提高对力量水平的影响。b一个训练中周期包括3~4个由累积小周期组成的板块，训练负荷逐渐增加。每个板块的第1周为大负荷量训练，随后2周正常训练，最后1周为减量训练（适用于中级和高水平训练）。同样，该模式在不同板块中不断重复。训练量（通常指力量训练）第1周非常大（加量安排），第2~4周训练量逐渐下降，动作功率的训练适应性增加。在周期重复中，通过不断增加训练负荷来提高对动作功率水平的影响。

基于：普利斯克和斯通，2003。

中级分期模式与基础分期模式最大的区别就在于负荷结构及变化上。实践中，中级分期有各种应用方式可供选择，例如，通过累积小周期（4周）而非整个中周期来分别发展力量耐力、最大力量和速度力量（表13.3）。负荷变化特征表现在前3周增加负荷量或负荷强度或同时增加，最后一周为减量周。接下来的小周期可以在更高的强度下进行重复，这种安排可用来发展最大力量。教练员和运动员在运用3∶1的负荷结构变化时应注意，要将最大负荷安排在第3周，由于疲劳累积会影响速度力量和训练适应，因此需要第4周的减量来消除疲劳，这样可以降低过度训练的可能性以及促进训练适应。如果进行爆发力或功率训练，可采用不同的负荷模式（见图13.14b），即最大负荷量出现在第1周，第1周的负荷量可看作是"冲击周"。第1周的训练，因疲劳累积会降低动作功率，第2周开始恢复正常训练，并在第4周安排减量训练，动作功率会得到反弹性提高。

表 13.3　力量及功率训练的分期设计（基础应用）

阶段 训练指标	一般准备期 力量耐力	专门准备期 基础力量	竞赛期 力量和功率	最佳竞技/积极恢复 最佳状态/保持
负荷强度	小–中等	高	高	非常高–小
负荷量	高	中等–高	小	非常小
次数	8~20	4~6	2~3	1~3
组数*	3~5	3~5	3~5	1~3
课/天	1~3	1~3	1~2	1
天/周	3~4	3~5	3~6	1~5
强度周期#	2~3/1	2~4/1	2~3/1	—

注："力量耐力"是准备期的主要训练目标，较"增肌"更准确，因为提高无氧做功能力是主要目标。尽管改变体成分很重要，但并非最重要的。"基础力量""力量及功率""最佳竞技状态获得与保持"反映连续训练阶段目标序列（最佳竞技状态在实践中指获得最佳运动成绩，保持是指竞赛期的延续）。*组数：不包括热身组数。#强度周期：指大负重与小负重训练周比例。大负重日与小负重日训练也应纳入训练计划中。

版权所有：S.S. 普利斯克，M.H. 斯通．美国体能协会会刊［J］．联盟通讯集团，艾伦出版社分公司，1982.

集中小周期安排有两个好处（Fry, Morton and Keast 1992a; Matveyev 1977; Rowbottom 2000）。一是作为中周期训练安排的高级形式，可以促进训练效果迁移，避免训练压力过大、适应停止、机能退化等问题。二是这种安排也增加了不同中周期间的区别，可以产生长期训练适应。此外，冲击周安排对高水平运动员可能会更有效，目的在于提高力量、功率和速度。

累计小周期可以与小周期的其他训练变化相辅相成。例如，小周期训练中，可以安排简单且有效的"大负重与小负重训练日"，这种设计主要是在最大力量和速度力量训练之间进行交替（见表 13.1）。动物（Bruin et al. 1994）与人体（Foster 1998）实验表明，在小周期训练过程中时常穿插次最大负荷运动，可产生更明显的适应变化，而且不容易出现问题。同理，在田径训练中，也可以采用比赛法、间歇法及重复法在速度与速度耐力训练间进行穿插（见表 13.2），但对这方面的探索还需要做大量的研究。

训练课中间的变化安排也很有效，可用在中、高级运动员的训练中。调整训练课结构及内容主要基于"短时后效"现象。例如，"后效动员"（即利用前一组训练刺激形成的动员效果来提高随后练习动作效率的做法，Sale 2002）、组合练习或安排集合式相近练习（如高翻和前蹲，抓举和上举下蹲）、复合训练（如在最大力量和速度力量训练间切换，见表 13.1）以及波浪式负荷安排（如在最大或接近最大用力和次最大用力间切换，见表 13.1），上述安排的主要目的是用一种训练刺激来提高短时动作功率、爆发力或二者兼有。

以下例子主要适用于高水平运动员训练。虽然是力量训练，但基本原理也适合其他训练。

（三）练习手段的停用与再用

从专项化和多样化的讨论中我们认识到，虽然疲劳或过度训练不是问题，但如果一种练习长期按一种模式训练就会出现"训练平台"或成绩停滞不前的问题（Stone et al. 1991）。虽然训练动机不足以说明一定问题，但真正的原因可能与神经系统对单一训练形式适应有关。这种现象在高水平运动员训练中十分普遍。一种解决办法是可以把某种练习手段从训练计划中撤出数周，几周之后再恢复该练习手段的训练，这种方法可以在中周期或若干个小周期（板块）中使用（图 13.15）。

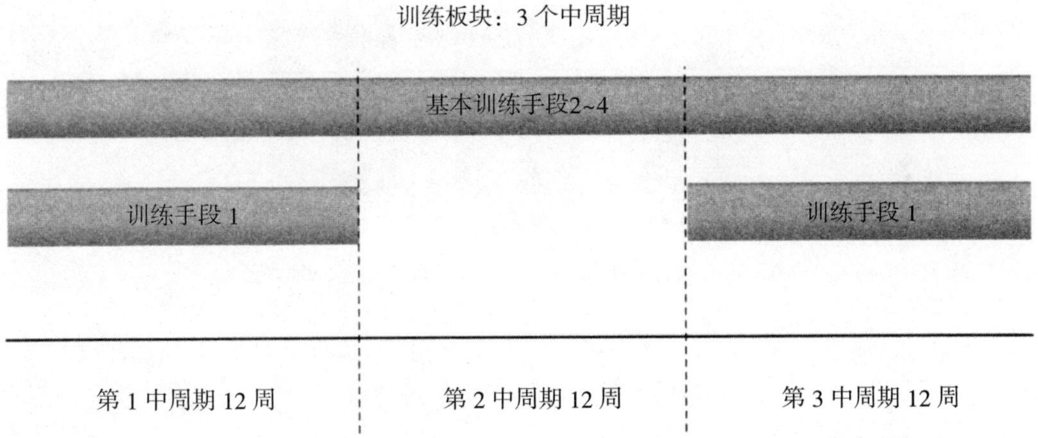

训练板块：3 个中周期

基本训练手段 2~4

训练手段 1　　　　　　　　　　　　　　　　　　　训练手段 1

第 1 中周期 12 周　　　第 2 中周期 12 周　　　第 3 中周期 12 周

图 13.15　训练手段的停用与再用

注：训练手段 4 在第 2 个中周期时停用 12 周，然后在第 3 个中周期时再次出现。

高水平运动员进行训练手段的停用与再用过程中，可以安排新的训练手段或对训练方法进行调整。当采用相对较新的训练手段时，会很快产生训练适应。如果该训练手段在出现训练平台前停用，并在几周后作为半新的训练手段再次使用，所产生的训练适应效果会优于一直采用该种手段的训练效果（见图13.10）。

训练负荷的降低或撤销可以用来强化某个训练手段。在这一过程中，可以降低一种训练手段的负荷量，而增加另一种相近训练手段的负荷量。这种负荷调整方式对高水平运动员利用动作结构相近的几个训练手段进行大运动量训练时十分有效，例如，提拉与高翻会刺激到类似的肌肉（群），但二者在训练中会消耗较多的能量。因此，同时增加两个手段的负荷量会加深过度疲劳，从而影响到训练效果。为了避免这种不良影响，可以降低一种手段的负荷量，而增加另一种手段的负荷量。例如图13.16指出，强化腿部和臀部肌肉力量可采用全蹲。然而，为降低全蹲训练的不良影响，在板块训练中，当加大全蹲负荷量时，就应降低提拉练习的负荷量。

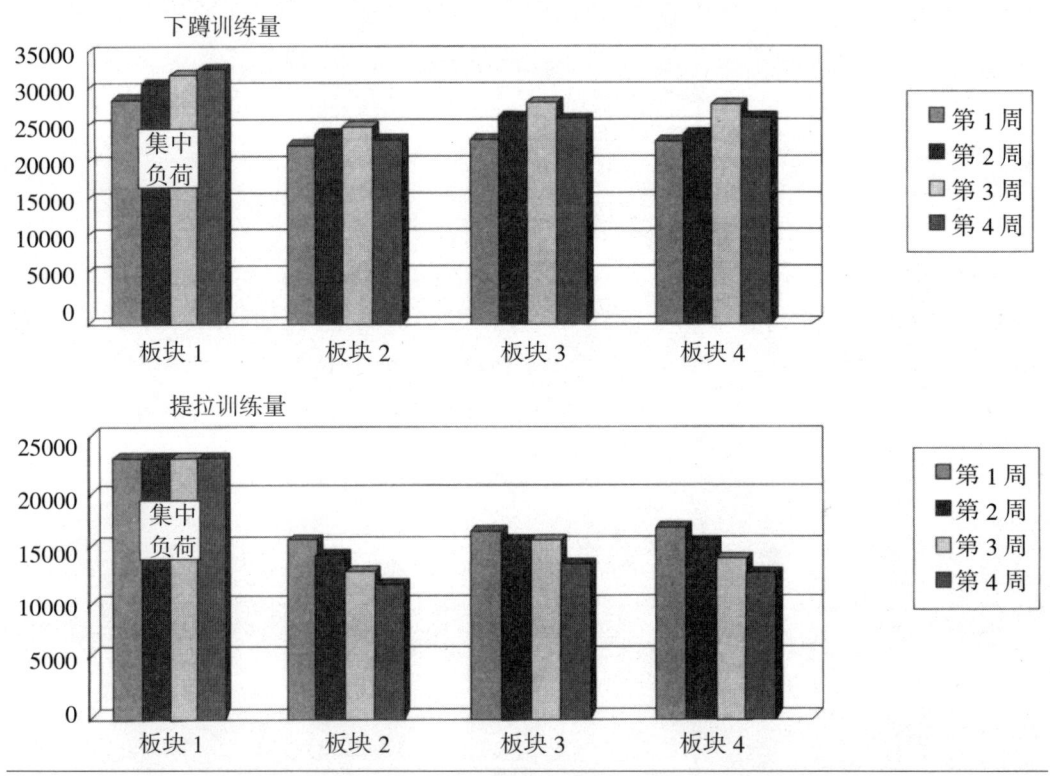

图13.16　通过训练量的此消彼长来集中发展下蹲力量

注：在每个板块中，当下蹲训练量增加时，提拉训练量就会下降。训练始终采用板块模式。

改编自：S. 普利斯克，M.H. 斯通. 分期训练的策略[J]. 美国体能协会会刊，2003，25:19-37.

（四）次间间隔训练法

一般情况下，力量训练是在向心离心周期动作下连续完成的，次间没有间歇，这种训练方式可以提高力量和动作功率。次间无间歇的连续训练的优势表现在，训练时累计的疲劳会募集更多的运动单位，因此可以加强训练适应（Rooney et al. 1994）。然而，当组数增加后，累积性疲劳同样会降低肌肉力量，特别是功率输出和动作速度。运动员不仅深有感受，教练也很容易看出来。次间间歇训练法是完成一组练习时，在每次动作重复之间休息一定时间（15~45秒）。这种训练方法的优势在于（Haff et al. 2003；Roll and Omer 1987）：第一，负重相等情况下，可以保证一组内完成的动作功率和速度更高；第二，短时次间间歇可承受更大的负重；第三，动作功率对爆发性加速的动作尤为重要，也是主要的限制因素（Haff et al. 2003）；第四，在短时间歇过程中，可以通过专门性调整负重来提高动作功率和速度（Haff et al. 2003），例如，一组重复5次，负重可以呈波浪式变化（如100公斤、105公斤、110公斤、105公斤和100公斤），因此，当疲劳增加时，可以通过减少负重来提高动作功率输出；第五，观察发现，对中高水平运动员训练来说，这种方法尤为有效（Roll and Omer 1987）。图13.17表明了传统训练与次间间歇训练对速度影响的差异性（Haff et al. 2003）。

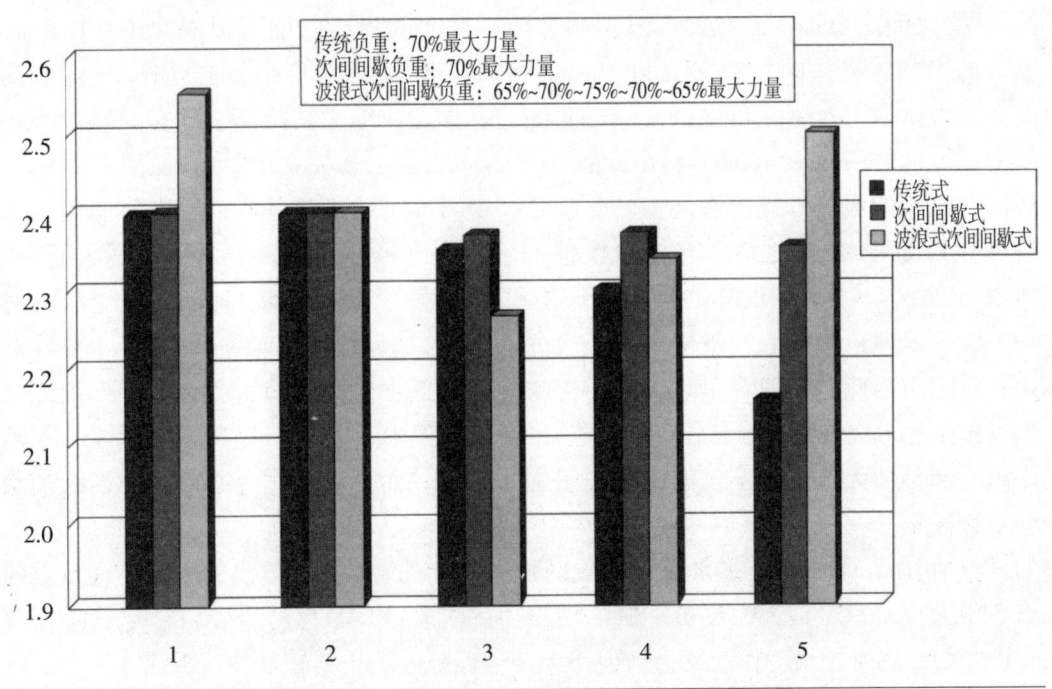

图 13.17　三种不同次间间歇训练组中，高翻提拉动作的最大速度

注：利用次间间歇训练法与传统训练法对比。由地面开始的高翻（70%最大力量）练习，采用传统方式连续完成（次间不休息）。需要注意的是，这种方式下，第5次高翻的动作速度大幅下降，降幅约10.4%。然而如果采用次间间歇15秒的训练方式，第5次高翻的动作速度下降约2.1%，训练的动作速度得以保证。次间间歇训练法中的负重也可采用波浪式设计，当强度增加时，动作速度下降，但降低强度时，动作速度就会提高，使训练富于变化。

改编自：G.G.哈夫，等. 不同训练组内负荷设计对高翻提拉动作速度与位移的影响 [J]. 体能训练研究，2003，17:75-103.

（五）强化效应

研究表明，力量、功率和速度可以通过此前大强度肌肉收缩得到强化（Gullich and Schmidtbleicher 1996; Young et al. 1998）。虽然短时强化机制还不十分清楚，但很可能与肌球蛋白重链的磷化作用和神经系统去抑制有关。实践中，应用这种方法包括完成几次（1~3次）大负重（大于90%最大力量）全蹲练习后接高功率或快速动作练习，如纵跳。训练中的强化效应会提高运动单位动员水平、增加完成随后快速动作的力增梯度。关键是，大负重练习并未造成过多疲劳，否则强化效应就不会发生。综合强化中的一个特殊类型是离心递加负重（EAL），即离心与向心组合运动时，在大负重离心负重后紧接完成大功率的向心动作。应用该方法时，离心负重常常接近或超过运动员最大向心负重。在向心用力前，快速撤除一部分负重（如从两端分别撤除一只杠铃片），随后进行爆发式向心用力。这种方法与传统方法相比可以刺激并产生更明显的训练适应，其原因主要有两方面（Brandenberg and Docherty 2002; Doan et al. 2002）。一方面，此前的离心收缩可以提高随后向心收缩力已得到普遍认同（Komi and Bosco 1978）。因此，对伸缩复合动作（SSC）的离心用力阶段进行强化可以提高向心收缩力。向心收缩力的提高表现在纵跳成绩提高上（Asmussen and Bonde-Petersen 1974; Komi and Bosco 1978）。虽然离心用力对向心收缩的强化效应机制还不非常清楚，但可能与肌肉最佳收缩长度、肌肉动员最佳化以及横桥能量补充有关（Bobbert et al. 1996; Enoka 1979; Newton et al. 1997）。此外，大负荷的离心运动能产生更大收缩力也是神经去抑制化的缘故。另一方面，肌肉最大离心力量要大于最大向心力量。然而通常训练时的负荷主要针对向心收缩。因此，一般力量训练中，离心负荷均低于向心负荷，也会影响到训练效果（Brandenberg and Docherty 2002）。在训练过程中，如处于提高力量阶段，在动作离心部分加大负重，不仅有助于产生强化效应，而且对动作离心部分的训练刺激会更为深刻。

图13.18演示了离心递加负重形成的强化效应对动作功率输出的影响。大负重的离心用力会使50%最大力量负重时的动作功率明显提高（提高达6%）。尽管强化效应可以用在短时提高动作功率上，但作为一种训练方法，其有效性还需深入研究。不过，强化效应确实提供了一种特别的训练变化方式，这种方式可应用在高水平运动员的训练中。研究表明，强化训练对短期动作功率提高效果更明显（Harris et al. 2000）。基于笔者和其他教练（Roll and Omer 1987）的训练经验，强化训练对于高水平运动员来说是高质量、高回报的训练变化方式之一。

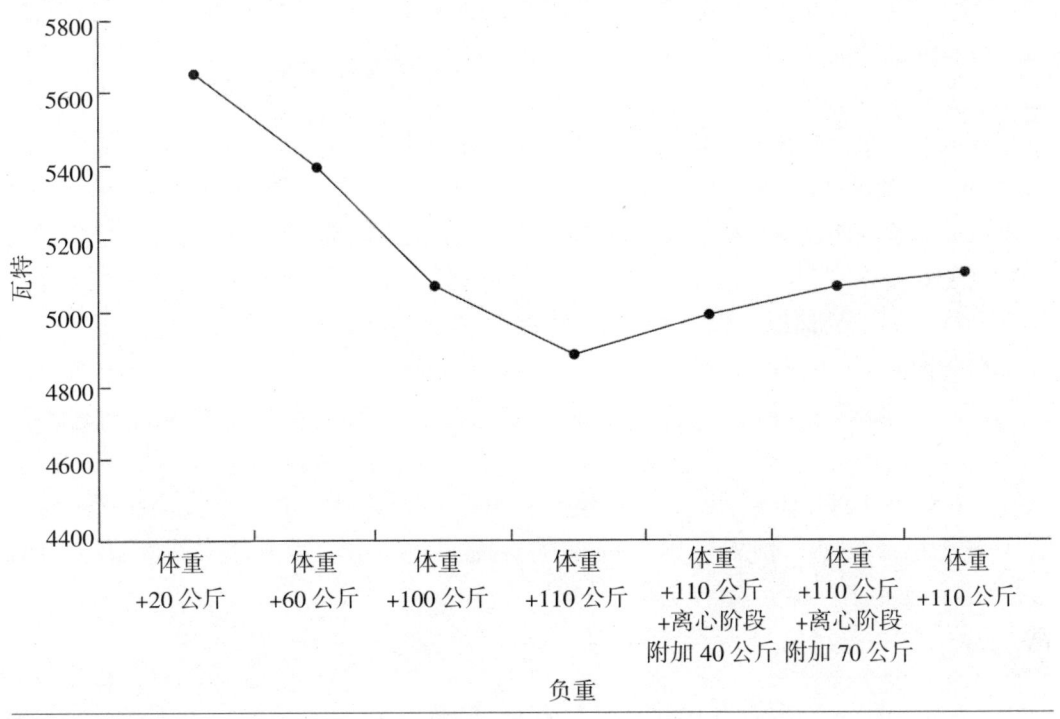

图 13.18　离心加负式蹲跳

注：离心阶段增加负重的强化效应：高水平爆发类项目运动员分别完成 20 公斤、60 公斤、100 公斤和 110 公斤负重蹲跳，随后分别在离心阶段负重 150 公斤和 180 公斤（共 2 次），向心阶段负重变为 110 公斤。附加在离心阶段的负重在下蹲至最低点时去除，起跳时克服的负重减为 110 公斤。负重蹲跳之间休息约 2 分钟。需要注意的是，由于离心阶段克服的阻力增加，蹲跳的动作功率稳步提高（最终增加 6%）。采用这种变阻测试前，运动员进行充分热身，分别完成 2~3 分钟徒手操，2 组 60 公斤、3 组 100 公斤和 2 组 140 公斤平行蹲以及几次徒手蹲跳。由此可见，最大动作功率的提高很可能是强化效应的结果。

综上所述，教练员和运动员应在训练策略背景下认识上述概念。实践中，在运动员发展过程中应尽早确定一些相应的训练方法和恢复策略，即便运动员进入高水平训练阶段，也不应放弃那些中级训练策略中提到的方法。归根结底，关键是如何系统地利用各种训练方法和手段来提高训练效果。然而"累积训练"的概念很大程度上还建立在经验和直觉基础之上，对"累积训练"和其他训练策略的可行性与有效性还需进一步验证。

（六）高级训练策略

在小周期训练中，与一般运动员相比，高水平运动员需要有更多的训练变化与创新。若要进一步开发他们的潜力，就必须施加更大的训练强度和负荷量来产生新的训练适应和创造佳绩。因此，优秀运动员通常采用的大负荷训练更容易接近过度训练的边缘。关键问题是要避免单一训练或过于频繁的大负荷训练，因为这种训练常常会提升训练压力，负面影响也会随之增加（Foster 1998; Fry, Morton Keast 1992a, 1992b; Rowbottom 2000; Stone et al. 1991）。

高级训练分期设计的特点是训练计划中不同层次上的训练内容与负荷呈现相对集中和系统的变化（例如，表现在小周期、中周期和大周期之间和之内）。尽管优秀运动员训练计划中的训练方式与方法（如初、中级训练策略中所述）会进一步调整变化，但这种情况下的训练与恢复安排会变得异常复杂。

对高水平运动员而言，"共轭排序训练系统"是一种复杂难懂的训练方法（图 13.19a，图 13.19b）（Hartmann and Tünnemann 1989; Satori and Tschiene 1990, 1992, 1995, 1996; Tschiene 1997b; Werchoshanski 1978; Zatsiorsky 1995）。这个概念原本是指"成对连贯"的训练系统，最先由维尔霍山斯基提出（Plisk and Stone 2003）。

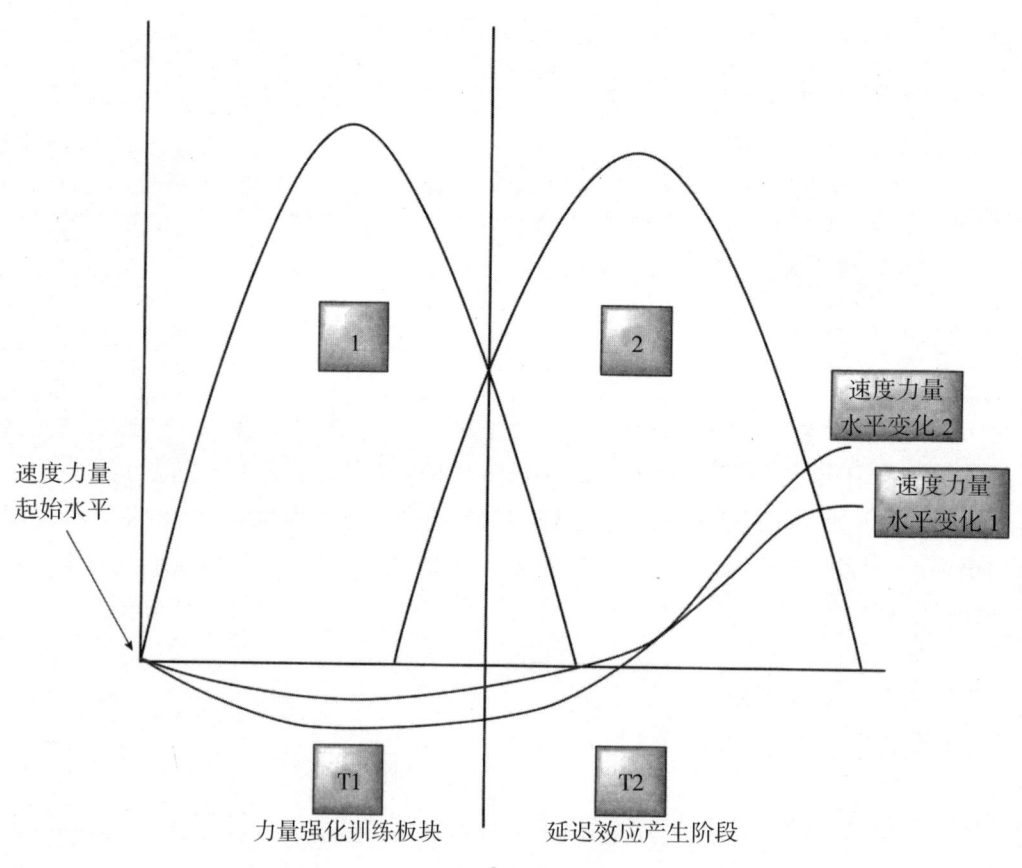

a

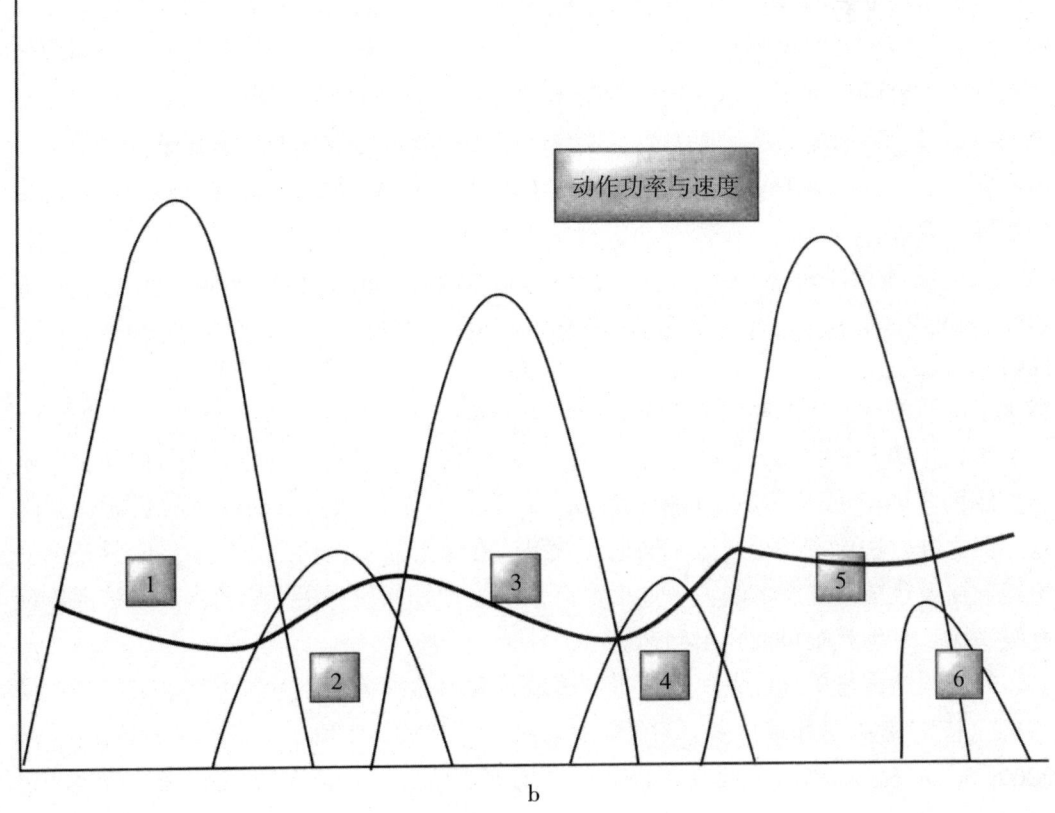

图 13.19　共轭排序训练系统

注：a 根据共轭排序系统原理，力量强化训练时形成训练长期延迟效应（LTDE）的总体设计（高级应用）。延迟效应持续时间（T2）与力量强化训练板块时间大体相等，依据训练量与个体恢复能力，一般持续 4~8 周。如果设计得当，累积板块中速度力量水平下降得越明显（TAE1，TAE2），在恢复板块中，速度力量水平恢复的效果就越好。

b 根据共轭排序系统原理，通过强化及中等训练量的系统化叠加安排，用来提高运动员的速度力量水平（高级应用）。积累板块 1，3，5 为大训练量、相对低强度的力量训练，速度力量会出现短暂下降。恢复板块 2，4，6 为中等训练量、大强度的速度力量及技术训练，会出现超量恢复现象（延迟效应引起的运动成绩反弹）。

改编自：M.C. 斯弗，维尔霍山斯基. 超级训练［M］. 第 5 版. 丹佛：超级训练研究所出版，2000，362.

一般来说，"共轭排序训练系统"是中周期训练中的安排设计，包括训练累加阶段以及接下来的复原、恢复阶段（该阶段会出现更明显的训练适应）。这种训练适应可通过安排一系列长度最多为 4 周的强化训练板块来实现。例如，在第 1 个板块中，爆发类项目运动员为了最大程度地提高动作功率和速度可以集中进行大负荷量训练（例如，力量或力量耐力训练，其他运动素质或能力的训练负荷仅维持在最低水平）。其训练目的是让某项训练内容或压力在数周内处主导位置，占用了绝大部分的训练时间，相应的运动能力或素质会由于持续性的专门训练引起疲劳积累而出现短暂下降现象。在随后的复原期板块，训练重点发生变化，即明显降低力量训练负荷量，而增加其他训练内容的训练负荷（如速度或技术训练）。如果这种训练模式安排得当，且符合训练逻辑，运动员的运动能力或成绩会因为延迟性训练效应而出现超越性反弹，这为速度和技术训练效果的进一步提高创造了条件。随后，运动员进入下一个专项训练板块进行训练。

这一训练策略的支持者（Hartmann and Tünnemann 1989; Satori and Tschiene 1988; Stiff 2000, Stone et al. 1998, 2000; Tschiene 1990, 1992, 1995, 1996; Tschiene 1997b; Werchoshanski 1978; Zatsiorsky 1995）认为，板块训练的优势在于：第一，对高水平运动员来说，这种训练所形成的刺激强度会进一步动员运动员的运动机能，传统训练方法却无法达到；第二，针对不同板块所安排的不同专门性训练可以减少因不同训练内容同时训练所造成的积累性疲劳问题；第三，虽然长期训练的负荷量会降低，但这种方法更有益于产生短期训练效果。在每个累积板块中，运动员应具备承受连续数周大负荷量训练的能力。如果没有系统处理好如何利用复原及再生方法促进恢复与适应，训练就很可能会出问题。

研究认为，与单纯性大负重力量训练或速度力量训练相比，这种训练在提高运动指标（特别是功率和速度相关指标）效果上更明显（Hakkinen 1994; Harris et al. 2000; Stone et al.1998）。此外，还有相关研究表明，该训练所影响的监测指标的范围更广，影响程度更大（Hakkinen 1994; Harris et al.2000; Medvedev et al.1981）。然而为了证实或推广这类训练，还需进行更多的研究。

有些研究还涉及人体内分泌对冲击周训练安排的反应（2~5周阶段性加量训练后，当恢复正常训练时，会促进训练适应和提高运动能力），例如，安静血清睾酮含量、血清睾酮与皮质醇比（T：C）、瘦体重、力量以及爆发力水平的变化。还有的研究涉及疲劳积累与冲击训练（安静T及T：C比是监控冲击训练理想的指标，但它们并不一定能反映出过度训练）（Keizer 1998; Urhausen and Kindermann 2000; Vorobeyev 1978）。安静或运动后T值和T：C比值在持续数周（3周或更长）大负荷量训练后会出现显著下降（Hakkinen et al. 1988, 1989; McMillan et al. 1993; Pendlay and Kilgore 2001），实际上，短期的大负荷训练也会出现类似现象（Stone et al. 1989）。当恢复正常训练并进行合理调整后，安静T值及T：C比值会高于基础值，运动成绩也会得到提高（Hakkinen et al. 1988; Hakkinen 1989; Pendlay and Kilgore 2001）。

有研究显示，训练有素的运动员在短期（1周）持续递增训练负荷量训练后会出现T：C比值升高的现象（Fry et al. 1994; Stone and Fry 1998）。如不考虑开始阶段T与T：C比值特点，如果短期持续增加负荷量的训练，会增加T：C比值，同时还会提高对随后大负荷量训练的耐受力，并能提高运动成绩（Fry et al. 1994; Fry, Morton and Keast 2000a; Stone and Fry 1998）。综上所述，以上研究在一定程度上证明了"板块式训练"的效果,并支持其在高水平运动员分期训练中的应用。不过,还需要有后续研究来加深对"板块式训练"以及其他高级分期策略的认识。

与很多初级和中级"同训"(即多种运动能力同时训练)模式相比,板块训练具有明显的分割特征,即在连续几个中周期内安排不同运动能力训练。也就是说,前一阶段的训练会强化后一阶段训练(即为后一阶段训练创造条件),并能减小残余疲劳(即前一阶段训练所造成的疲劳)和训练兼容问题(不同运动能力同时训练时的相互影响)。然而,大多数倡导者对这一训练策略的诠释还仅停留在理论层面,如何在实践中进行安全有效的训练还缺乏实际指导。

无论如何,可以肯定的是,这种板块式的训练方法主要适用于高水平运动员(而非一般运动员)。该方法可应用于比赛安排明确、准备期能安排下一系列板块训练的运动项目,显然长赛季的项目并不适用。安排合理的训练程序可以产生阶段训练的强化作用(即前一阶段对后一阶段的强化),但如果顺序不合理就会造成负面影响。因此,运动员和教练员不仅要清楚与运动项目力学特征有关的基本原理(Stiff 2000; Stone, Plisk and Collins 2002; Verkhoshansky 1986, 1988),还要懂得延迟性训练效应特点(Stiff 2000; Verkhoshansky 1986, 1988; Viru 1995; Zatsiorsky 1995),从而通过促进强化作用,来保证板块训练的效果。在累加周期训练中,应慎用密集的训练方法和手段,因为这一时期要安排大负荷量训练。同时,运动员在训练中应限制这些板块的长度,以免导致过度训练,另外还要密切关注过去的一周是否出现过度训练表现或症状(Foster 1998; Keizer 1998; Kraemer 2000; Stiff 2000; Stone et al.1991; Urhausen and Kindermann 2000; Viru 1995; Viru and Viru 2001)。

板块训练是在训练时间没有特殊限制的背景下提出的。实际上,运动员的训练受到诸多因素的干扰或限制,下面是如何将这一概念应用于实践训练的几点建议。例如,14周的季前训练可以划分为以下几个板块(Plisk and Stone 2003)。

累计周Ⅰ(4周):16节力量、爆发力训练课,每周4次;8节速度与灵敏训练课,每周2次。复原恢复周Ⅰ(3周):9节力量、爆发力训练课,每周3次;9节速度与灵敏训练课,每周3次。累计周Ⅱ(4周):16节力量、爆发力训练课,每周4次;8节速度与灵敏训练课,每周2次。复原恢复周Ⅱ(3周):9节力量、爆发力训练课,每周3次;6节速度与灵敏训练课,每周2次。

这种安排可以不改变基本的训练强度,但能通过改变各阶段特定运动能力的训练密度和训练时间来达到调整训练负荷量的目的。在复原阶段可以通过进一步减少训练密度和训练负荷量来提高训练效果(例如,将力量、爆发力训练课由每周4次,减少到每周2次)。

另一种增加训练变化的方法是调整训练手段每组的重复次数、每节训练课训练手段数量以及每天训练课次数(或以上指标的组合性变化)。在训练的不同阶段,可以通过简便、有效的方式调整不同运动能力的训练负荷量。在评价不同训练方式利弊时,应考虑各种现实因素,如学校、工作、家庭等方面遇到的压力。

(七) 训练策略小结

相对简单的训练安排适用于初级运动员，而对中、高级运动员来说，就需要更为复杂的训练设计和恢复方法。不过，现实问题是如何通过安排适合于运动员专项需要及训练水平的训练刺激，从而产生特定的训练适应。

长期训练计划的优势在于，训练目标可以合理地安排在运动员整个训练过程中，这个过程也许会长达 10~20 年。训练策略有助于安排训练任务或目标，而且还可以规划运动员青春期之后的整个发展过程。就是说，必须发现运动员训练发展过程中的每个敏感期，并通过合理训练产生相应的结构性、代谢性以及功能性变化。训练策略的应用可以将各种训练任务或目标安排到不同的大周期、中周期和小周期训练中去。训练变化是训练艺术和训练方法学的组成部分（Viru 1995）。

本章小结

作者认为，目前运动训练计划的制定很大程度上依赖于实践经验、观察和直觉。尽管直觉性的训练策略有时会产生不错的效果，但问题是，人们的行动应由理性思考来支配，而不是简单的感觉和热情。不过，若能懂得训练原则以及如何在科学理论背景下进行应用，就会很好地处理恢复与适应问题，最终实现取得优异成绩的目的。

虽然有一些研究成果有良好的过程控制，但关于运动训练计划的科学支持材料还十分缺乏。然而研究证实，将科学知识和实践探索与复杂训练过程有机地结合在一起，可以取得更好的效果。为了进一步处理好负荷量、强度和手段选择，不少教练员和运动员已接受分期训练理论。

分期训练的优势在于阶段性合理安排训练方法，可以通过调控各种训练变量来达到提高专项运动成绩的目的。由于训练过程需要不断对训练变量进行调整，因此分期训练属于非线性训练。分期训练可以降低过度训练发生的可能性，并且能够在预定时间或特定时期内达到或保持最佳竞技状态。这些目标可以通过对负荷量、负荷强度及训练手段进行合理的调整来实现。因此，优秀的教练员能够更好地掌握（专项）训练方法、训练手段、训练周期的变化与调整，使得训练适应始终朝着专项目标发展，并最终帮助运动员创造优异的运动成绩。

第十四章　力量训练计划的制定

　　帮助教练员和运动员制定力量训练计划是本书的主要目的之一。需要指出的是，一份科学的训练计划不是各种训练内容简单的堆积、彼此毫无联系，而是建立一种相互贯通的训练模式。这种贯通或融合的方法就是将各种训练要素有机地结合起来提高某项运动能力（如爆发力），并最终实现提高运动成绩的目的。这一章节并不是为某个项目提供专项化训练计划，而是通过具体实例说明如何制定训练计划。

　　制定训练计划前，首先要了解该运动项目的生理及专项特征。表 14.1、表 14.2 和表 14.3 分别列举了三个运动项目特征和如何进行特征分析的基本方法。运动项目特征分析非常重要，因为特征分析可以为训练计划设定训练目标。表中的例子提示，三个运动项目并非按一种模式进行训练，长跑运动员与其他两种爆发类运动员的训练显然大有不同。

　　在这一章，我们主要以铅球运动员训练计划为例，另外还会简要涉及如何制定集体项目的训练计划。

表 14.1　高水平铅球运动员基本特征

指标	级别
绝对力量	1~2
相对力量（每公斤体重）	2~3
爆发力	1
大强度耐力	2~3
小强度耐力	5
体重	1~2
身高	2~3
体型	2.5~3
进取（攻）性	1~2

注：1 为最高，5 为最低。体型中，1 为内胚型，3 为中胚型，4 为外胚型。

表 14.2　美国大学橄榄球运动员基本特征

基本指标	LM	LB	DB/RB	WR/QB
绝对力量	1~2	1~2	2~3	3~4
相对力量（每公斤体重）	2~3	2	1~2	1~3
爆发力	1~2	1~2	1	1~2
大强度耐力	1~2	1~2	1~2	1~2
小强度耐力	4	3~4	3	3
体重	1~2	2~3	3	3~4
身高	1~2	2~3	2~3	2~3
体型	2~3	3	3~3.5	3~4
进取（攻）性	1	1~2	1~2	1~2

注：1 为最高，5 为最低。体型中，1 为内胚型，3 为中胚型，4 为外胚型。LM 为边线队员；LB 为底线队员；DB 为后防队员；RB 为跑卫；WR 为跑锋；QR 为四分卫。

表 14.3　长跑运动员基本特征（1500 米以上）

指标	级别
绝对力量	4
相对力量（每公斤体重）	3~4
爆发力	4
大强度耐力	3~4
小强度耐力	1
体重	4~5
身高	4~5
体型	4
进取（攻）性	3~4

注：1 为最高，5 为最低。体型中，4 为外胚型。

一、训练计划的制定

高水平铅球运动员是在所有项目中最强壮、最具爆发力的运动员。这里我们将介绍一名高水平铅球运动员（接近健将水平）备战全国冠军赛 2 个中周期的训练计划。

在训练过程中，同时对运动员进行训练监控。训练前，该运动员身高为 186.5 厘米，体重为 112 公斤。训练开始时，运动员专项运动能力指标如下：

铅球专项成绩：17.32 米（7.26 公斤）、18.20 米（6 公斤）和 16.10 米（8 公斤）；下蹲为 215 公斤；抓举为 105 公斤；高翻为 137.5 公斤；斜板卧推（上斜 10°）为 150 公斤；反弹式纵跳（手扶髋）高度为 60 厘米；静止纵跳（手扶髋）高度为 50 厘米。

此外，血液指标包括全血成分及安静血清睾酮和皮质醇浓度。通过测试，记录了运动员血液指标及睾酮基础值。测试发现，该运动员爆发力和基础力量指标与健将运动员还有一段距离（Gundlach et al. 1991）。7.26公斤与8公斤铅球专项成绩较低，反弹与静止纵跳高度差反映出基础力量上存在的差距。此外，在负重60公斤连续纵跳测试中发现，该运动员跳起高度及10次纵跳功率明显下降。

根据上述情况，教练认为该运动员的基础力量（特别是下肢力量）和体重均达不到健将运动员的标准。因此，起始阶段的重点是发展基础力量和增加体重。于是，教练同营养师为其制定了饮食及营养补给计划，来帮助该运动员增加体重，控制体脂（参见第六章）。

教练依据下一届奥运会，制定了为期4年的训练计划。前两年训练主要集中于发展基础力量，后两年训练重点是动作功率和爆发力。

以下具体讨论该训练计划中2个中周期的训练安排（图14.1~图14.5）。第一个中周期（20周）重点训练力量耐力和力量（图14.1）。图14.2显示了整个中周期安排的训练组数、次数和相对强度。训练日之间的变化通过大负重与小负重训练的转换来实现（图14.3）。图14.4和图14.5中列举了基本训练手段。需要注意的是，虽然第1个中周期训练重点在于发展力量，但同时也采用了一些中、高级训练方法，包含了不少功率训练手段。另外，第1个训练板块安排性质单一的集中训练（即力量耐力训练），会为下一阶段训练做好准备。第1个中周期结束后，该运动员基础力量预计可以提高5%~10%。因此，该运动员最大深蹲成绩预计会增加25~30公斤，体重预计增加5~10公斤，但脂肪增加不多。

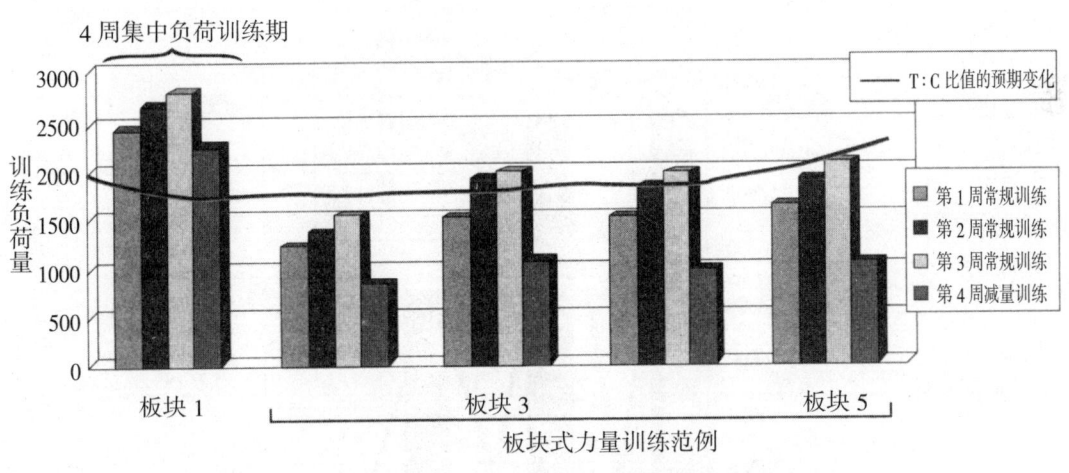

图14.1　一名铅球运动员为期20周的中周期训练计划

注：此训练计划以力量耐力和力量训练为主。前4周（板块1）集中进行力量耐力训练。每个板块采用累积小周期设计，即前3周训练负荷逐渐增加，第4周为减量周（参见第十三章）。整个中周期训练均采用板块设计。睾酮与皮质醇比值（T∶C）的预期变化与训练量的调整相对应。NT=常规训练周；UL=减量周。

基于：S. 普利斯克，M.H. 斯通. 分期训练的策略［J］. 美国体能协会会刊，2003，25:19–37.

高水平铅球运动员准备期中周期训练负荷示例
（训练以提高力量为主）
重复次数代表训练量

	板块 2	板块 3	板块 4	板块 5
第 1 周	3×5（1×5）	3×5（1×5）	3×5（1×5）	3×5（1×5）
第 2 周	3×5（1×5）	3×5（1×5）	3×5（1×5）	3×5（1×5）
第 3 周	3×5（1×5）	3×5（1×5）	3×5（1×5）	3×3（1×5）
第 4 周	3×3（1×5）	3×3（1×5）	3×3（1×5）	3×3（1×5）

大负荷训练日主要训练手段的相对训练强度应根据起始阶段各自最大力量的百分比确定强度。

参考指南	板块 2	板块 3	板块 4	板块 5
第 1 周	75	77.5	80	82.5
第 2 周	77.5	80	82.5	85
第 3 周	80	82.5	85	87.5
第 4 周	77.5	85	87.5	80

大负荷训练安排在星期一
小负荷训练安排在星期四

图 14.2　高水平铅球运动员准备期中周期训练负荷示例

注：此训练以提高力量为主。第 1 个中周期训练组数与次数安排：集中发展力量耐力与力量。需要注意的是，圆括号内的数字代表减量组，负重大约为 50% 最大力量。板块 1 此处未显示，每组训练均重复 10 次。

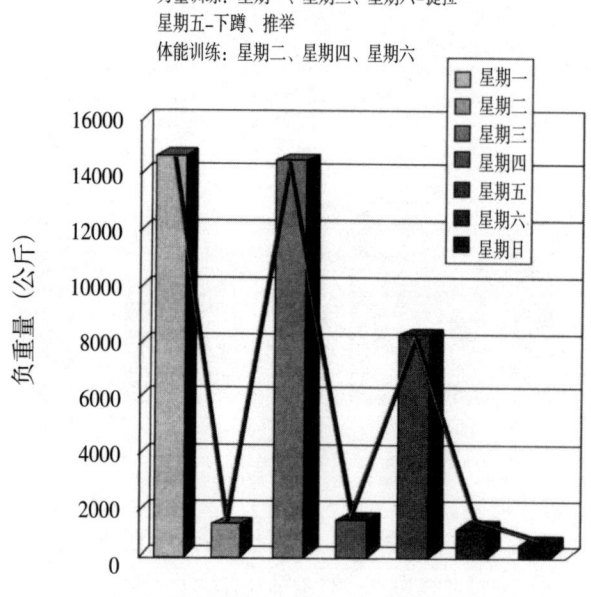

图 14.3　训练日之间负荷量的变化

注：此训练负荷量变化幅度明显，即在大负荷训练后的第二天大幅降低训练负荷量，目的在于促进适应性恢复。体能训练为力量训练除外的训练。

第 1 中周期的板块 1 中使用的训练手段：
发展力量耐力和力量（集中负荷）
示例：板块 1：4 周：3 组×10 次/组

星期一、星期五
- 下蹲
- 蹲举推
- 休息 30 分钟
- 推举（先完成 1 次前蹲）
- 恢复性练习

星期二、星期四、星期六
抓举、推球、核心练习、大号杠铃杆练习

星期三（目的—提高专项体能）
- 杠铃耸肩
- 杠铃提拉（从大腿处）
- 休息 30 分钟
- 杠铃提拉（从膝关节处）
- 背起
- 俯身划船

图 14.4　第 1 中周期的板块 1 中使用的训练手段：发展耐力和力量

第 1 中周期：发展力量

板块 2	板块 3	板块 4	板块 5
星期一、星期五			
1.下蹲	1.下蹲	1.离心加重或下蹲	1.1/3 程下蹲（力量架中）
2.挺举推	2.挺举推	2.跳跳箱	2.快速下蹲
3.卧推	3.上斜卧推	3.卧推（10°）	3.哑铃卧推
星期三			
1.杠铃耸肩	1.杠铃耸肩	1.杠铃耸肩（1 组）	1.宽握杠铃耸肩
2.杠铃提拉（从地面处）	2.杠铃提拉	2.高翻	2.抓举
3.直腿硬拉	3.高翻（1 组）	3.直腿硬拉	
	4.直腿硬拉		

星期六
抓举
如有可能，进行分离式训练
减量负荷
与 1/3 程下蹲组合训练
与杠铃耸肩组合训练

图 14.5　板块 2 至板块 5 使用的训练手段，第 1 中周期：发展力量耐力和力量

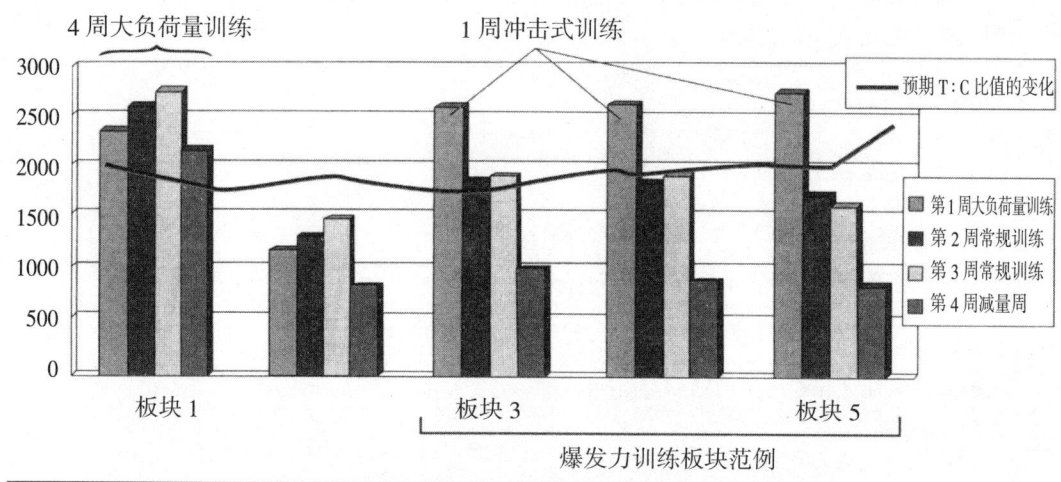

图14.6 第2中周期：发展爆发力

注：在这个中周期里，前4周进行大负荷量训练，随后安排1个力量训练板块，接下来的3个板块为爆发力冲击训练。中周期训练中板块连续安排。预期T:C比值的变化与负荷量的调整相对应。减量周的训练量低，可以安排爆发性和快速力量类练习。

基于：S. 普利斯克，M.H. 斯通. 分期训练的策略 [J]. 美国体能协会会刊，2003，25:19–37.

第2中周期训练组数与次数安排
重复次数代表训练量

	板块2	板块3	板块4	板块5
第1周	3×5（1×5）	5×5	5×5	5×5
第2周	3×5（1×5）	3×5（1×5）	3×3（1×5）	3×3（1×5）
第3周	3×5（1×5）	3×5（1×5）	3×3（1×5）	3×3（1×5）
第4周	3×3（1×5）	3×3（1×5）	3×2（1×5）	3×2（1×5）

大负荷训练日主要训练手段的相对训练强度根据起始阶段各自最大力量的百分比确定强度。

	板块2	板块3	板块4	板块5
第1周	75	82.5	87.5	90
第2周	77.5	80	82.5	80
第3周	80	82.5	80	77.5
第4周	77.5	75	70	70

大负荷训练为星期一
小负荷训练为星期四

图14.7 第2中周期训练组数与次数安排：发展力量—耐力和力量

注：圆括号内的数字代表减量组，负重大约为50%最大力量。板块1此处未显示，每组训练均重复10次。

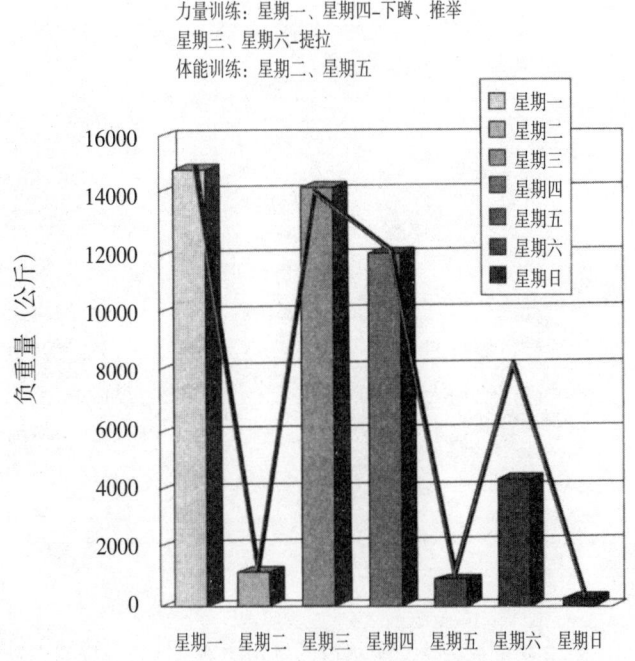

图 14.8　训练日之间负荷量的变化

注：负荷量变化幅度明显，即在大负荷训练后的第二天大幅降低训练负荷量，目的在于促进适应性恢复。运动员星期二的下蹲训练调整到星期四，有助于星期五机体的恢复以及星期六大负荷的铅球专项训练。

第 2 中周期：发展力量—耐力（集中负荷）
示例：板块 1：4 周：3 组×10 次/组
星期一、星期五
- 下蹲
- 蹲举
- 休息—30 分钟
- 推举（先完成 1 次前蹲）
- 恢复性练习

星期二、星期四、星期六
抓举、推球、核心练习、大号杠铃杆练习
星期三（目的—提高专项体能）
- 杠铃耸肩
- 杠铃提拉（从大腿处）
- 休息—30 分钟
- 杠铃提拉（从膝关节处）
- 背起
- 俯身划船

图 14.9　第 2 中周期的板块 1 中使用的训练手段

注：第 2 中周期与第 1 中周期一样是发展力量耐力训练，这样安排有助于专项体能的提高以及保证下一阶段的训练。

第 2 中周期：提高爆发力

板块 2	板块 3	板块 4	板块 5
星期一、星期五			
1.下蹲	1.下蹲	1.离心加重下蹲	1.1/4 程下蹲（力量架）
2.1/4 程下蹲	2.快速下蹲	2.快速下蹲	2.跳跃/投球练习 *
3.卧推	3.卧推（上斜 10°）	3.哑铃卧推（上斜 10°）	3.哑铃卧推（上斜 10°）
星期三			
1.杠铃耸肩	1.杠铃耸肩	1.杠铃耸肩	1.宽握杠铃耸肩
2.杠铃提拉（从大腿中部）	2.杠铃提拉 **	2.高翻（1 组）	2.抓举 **
3.直腿硬拉	3.高翻（1 组）	3.直腿硬拉	
	4.直腿硬拉		

如有可能，进行分离式训练

*=与 1/3 程下蹲组合训练
**=与杠铃耸肩组合训练

图 14.10　第 2 中周期板块 2 至板块 5 使用的训练手段：提高爆发力

在两个中周期之间，可以安排（或不安排）积极恢复周。如果在第 1 个中周期训练结束时有一场或多场重要比赛，需要安排一个积极恢复周（参见第十三章）。在第 1 个中周期临近结束时，训练量逐渐减小，专项适应能力会相应降低，在积极恢复期后会更为明显。

图 14.6 为第 2 个中周期（20 周）的基本训练计划，重点是动作功率训练。训练组数与次数根据发展动作功率进行安排。第 1 板块是以力量耐力为主的大负荷量训练，主要目的是提高专项适应能力，并为下一阶段训练打下基础（发挥强化作用）。第 2 板块是力量训练阶段，第 3 板块则重点发展爆发力和动作功率。第 2 个中周期训练中的组数和次数安排反映了整体安排特点（图 14.7）。从第 3 板块起，开始安排累积性、冲击式功率训练周。需要注意的是，每个冲击周（即板块训练的第 1 周）的负荷量与练习次数显著增加（达 535 次）。冲击周同时安排大负荷量和大强度训练主要侧重发展力量。冲击周的设计是为了促进接下来的快速力量训练（板块 3、板块 5 的第 2~4 周）。与其他高水平运动员科学训练计划类似，小负荷训练日的安排是为了在大负荷刺激后促进恢复和适应（图 14.8）。板块 1 的训练手段及负荷与第 1 中周期中的板块近似，训练目的也相似（图 14.9）。随后，从板块 2 到板块 5 逐渐向爆发力和功率训练发展，并大量采用共轭式强化训练方法。

显然，投掷练习是铅球运动员必要的训练内容，但在第 1 中周期内，投掷练习安排得却相对较少，主要精力用来发展力量素质。投掷练习的比重在第 2 中周期内明显

第 2 中周期：投掷训练（旋转推铅球）

板块 2：星期二、星期五、星期六 *	板块 4：星期二、星期五、星期六
第 1 周　原地投球 5×5——投重球 5×5	第 1 周　原地投球 5×5——投重球 5×5
第 2 周　原地投球 3×5——投重球 3×5	第 2 周　原地投重球 3×5——完整投 3×5
第 3 周　原地投重球 3×5——完整投 3×5	第 3 周　原地投球 3×5——完整投 3×5
第 4 周　原地投球 3×5——完整投 3×5	第 4 周　原地投球 3×5——完整投 3×5
板块 3：星期二、星期五、星期六	板块 5：星期二、星期五、星期六
第 1 周　原地投球 5×5——投重球 5×5	第 1 周　原地投球 5×5——投重球 5×5
第 2 周　原地投球 3×5——投重球 3×5	第 2 周　原地投球 3×5——投重投 3×5
第 3 周　原地投球 3×5——完整投 3×5	第 3 周　原地投球 3×3——完整投 3×5
第 4 周　原地投球 3×5——完整投 3×5	第 4 周　原地投球 3×3——完整投 3×5

* 仅安排推举和投掷

图 14.11　第 2 中周期专项投掷训练安排

注：将投掷作为力量训练（组数×次数），板块 2 至板块 5 的训练过程中，逐步提高投掷训练的专项程度。

增加，特别是板块 2 到板块 5。此外，中周期的减量安排主要通过降低运动量和减少训练手段来实现。减量促进运动成绩提高的主要原因是疲劳程度的下降（Mujika and Padilla 2003）。然而这一阶段的训练手段更加专项化，例如，平板卧推变为上斜（10°）哑铃卧推，这样手臂就可以向外旋，可用来强化铅球出手动作。上斜卧推也可以模仿铅球出手时的动作方向，即铅球在出手时大致与肩关节和髋关节连线成 10° 左右的夹角。这样一来，无论是负重练习（图 14.10），还是投掷动作（图 14.11）都更加专项化。这一阶段训练逐渐从投实心球、重器械环节投掷练习过渡到标准球的完整练习。通过训练，预计运动员的基础力量会提高 2%~5%，爆发力会提高 2%~5%（如抓举和高翻），专项成绩也会有较大幅度的提高（2%~5%）（Stone et al.2003）。

此外，对该运动员血液指标的监控也很有规律（每 2 周测试一次），血清睾酮和皮质醇水平含量用来反映训练压力变化（负荷量刺激）。同时，血清睾酮与皮质醇比值（T：C）可用来监控过度训练。血清睾酮及 T：C 比值是衡量运动员训练准备状态的重要指标，其测试结果反映了最大力量，特别是爆发力的潜力。因此这类指标应作为训练过程监控的重要指标。

二、集体项目训练计划的制定

许多教练认为制定集体训练计划要比个体计划难，实际上这并不完全正确。因为对于任何项目来说，训练原则都是不变的。因此，不管是集体还是个体项目，若注重某一运动能力，如力量耐力的训练，其训练效果是近似的。换句话说，训练计划都可划分为若干阶段，虽然阶段的名称有所不同（例如：季前、赛季和季后），但训练特点、重点和差别与传统周期训练大同小异。例如，季前训练阶段好比传统分期训练的准备期，赛季训练近似传统分期的竞赛期，季后训练就像传统分期的转化期（积极恢复期）。监控记录运动员的训练过程，并形成一套有效的监控系统很有必要。然而，集体项目中的每个运动员对相同的训练安排计划反应可能不一样。因此，在训练中还需要区别对待。

需要注意的是，与个体项目运动员相比，集体项目运动员的训练准备过程存在不少差异，主要差异与团队凝聚力、团队文化以及运动员的心智特征有关。因此，从心理学角度来说，教练员采用的训练方法与个体运动员的大有不同（Jones, Armour, and Potrac 2004）。第十三章曾提到，教练员很难带出一支队伍的最佳竞技状态。这主要因为最佳竞技状态往往昙花一现，要想保持高水平竞技状态却异常困难，运动队（员）的竞技水平会很快下滑。在最佳竞技状态时连赢几场，但因竞技水平的下滑而连输几场的现象也十分普遍。

本章小结

教练学好比行医，医生在学习科学知识后，就要在实践中更好地用药；教练员在掌握科学知识后，就要在实践中更好地训练。本书为教练员和运动员提供了科学基础及应用性知识，以此来搭建科学与运动间的桥梁。掌握科学训练的原则和方法可以用来更好地设计训练计划，从而获得优异的运动成绩。

缩略语

1RM——最大力量（即最多完成一次的重量）

AA——氨基酸

ACh——乙酰胆碱

AChE——乙酰胆碱酯酶

AChR——乙酰胆碱受体

ACL——前十字韧带

ACTH——粗肾上腺皮质激素

ADP——二磷酸腺苷

AI——充足补充

AMDR——可受常量营养物范围

AMP——腺苷（一磷）酸

AMS——绝对最大力量

ANCOVA——协方差分析

ANOVA——方差分析

AP——动作电位

AS——合成类固醇

AT——适应性生热（动物体在生理活动过程产生的热）

ATP——三磷酸腺苷

ATPase——三磷酸腺苷酶

ATP-CP——三磷酸腺苷-磷酸肌酸

$a\text{-}\bar{v}O_2$ diff——动脉-静脉氧差

BCAA——支链氨基酸

BMR——基础代谢率

BP——血压

BV——生物价

Ca^{++}——钙离子

cAMP——腺苷（一磷酸）循环

cGMP——鸟苷（一磷酸）循环

C——皮质醇

CK——肌酸激酶

CKCE——闭合运动链练习（手段）

CMJ——反弹式纵跳

CNS——中枢神经系统

CoA——辅酶 A

CoQ——辅酶 Q

COMT——儿茶酚 O-甲基转移酶

CPK——肌酸磷酸激酶

Cr——肌酸

CSA——横断面积

CV——方差系数

CVD——心血管病

CYT——细胞色素

DHEA——脱氢雄酮

DHP——二氢嘧啶脱氢酶

DHT——双氢睾酮

DNA——脱氧核糖核酸

DRI——饮食参考摄入量

DSHEA——饮食补给健康与教育法案

E_2——雌二醇

EAA——必需氨基酸

EAL——离心减量负荷

EAR——预计均量需求

EER——预计能量需求

EF——影响（效应）大小

EFA——必需脂肪酸

EKG——心电图

EMG——肌电图

EPI——肾上腺素

EPO——促红细胞生成素

EPOC——运动后过量氧耗

EPP——终板电位

E-TKAC——红细胞转酮醇酶活化（激活）系数

ETS——电子转运系统

FA——脂肪酸

FAD——黄素腺嘌呤二核苷酸

FADH——还原黄素腺嘌呤二核苷酸

FDA——食品与药品管理局

FF——快收缩（肌）疲劳敏感（运动单位类型）

FFA——自由脂肪酸

FG——快收缩（肌）糖酵解（运动单位类型）

FOG——快收缩（肌）有氧糖酵解（运动单位类型）

FR——快收缩抗疲劳（运动单位类型）

FSH——卵泡刺激激素

F-TC——力量速度曲线

G×T——试验组

GAS——普遍适应症

GDP——鸟苷二磷酸

GH——生长激素

GH-RF——生长激素-释放因子

GIP——胃抑肽

GLUT——葡萄糖转运蛋白

GRF——促性腺素释放因子

GTO——高尔基腱器官

GTP——鸟苷三磷酸

HDL——高密度脂肪酶

hGH——人体生长素

HMM——重酶解肌球蛋白

HSL——激素敏感脂肪酶

IAAF——国际田径联合会

ICC——组内相关系数

IDL——中密度脂蛋白

I∶G——胰岛素∶胰高血糖素

IGF——胰岛素样生长因子

IMP——肌苷一磷酸

IOC——国际奥委会

IP_3——肌醇三磷酸

IZOF——个体最佳功能区

LBM——瘦体重

LCAT——卵磷脂-胆固醇乙酰转移酶

LDH——乳酸脱氢酶

LDL——低密度脂蛋白

LDL-C——低密度脂蛋白-胆固醇

LH——黄体化激素
LLTE——长期训练效应滞后（长期训练后效）
LMM——轻酶解肌球蛋白
LT——乳酸阈
MANOVA——多变量方差分析
MAO——单氨氧化酶
MCT——羟基转运蛋白
MGF——机械生长因子
MHC——肌球蛋白重链
MI——原运动皮质
MLC——肌球蛋白轻链
MP——最大功率
MRI——磁共振成像
MU——运动单位
MVS——最大随意（收缩）力量
NAD——烟酰胺腺嘌呤二核苷酸
NADH——还原性 NAD
NEPI——去甲肾上腺素
NGB——国家管理机构
NIH——国家健康协会
NMJ——神经肌肉连接（处）
OBLA——血乳酸开始生成
OKCE——开放式运动链练习（手段）
PCA——磷脂酸核
PCr——磷酸肌酸
PCSA——生理横断面
PF——峰值（最大）力
PFK——磷酸果糖醛缩酶
PFV——生理燃烧值
pH——pH 值（氢离子指数）
Pi——无机磷酸盐
PMC——运动前区皮质
PNS——外周神经系统
PP——峰值（最大）功率
PRFD——最大力增速率（幅度）
PSE——伪麻黄碱

PVC——室性早搏

r^2——测定系数

RDA——推荐的合理膳食营养

RER——肺通气率

RFD——力增速率

RLAA——放射性标记氨基酸

RMP——静息膜电位

RMR——安静代谢率

RNI——推荐营养摄入（加拿大）

ROC——恢复氧耗

ROS——反应性氧气种

RQ——呼吸商

RYR——兰诺定（生物制药）

S——慢收缩（运动单位类型）

SA——窦房的或专项动作

SAID——刺激的专门性适应

SC——脊髓

SD——标准差

SEM——平均数标准差

SFRA——刺激-疲劳-恢复-适应理论

SHBG——性甾体结合球蛋白

SJ——静止纵跳

SMA——补充运动区

SO——慢收缩氧化肌纤维（运动单位类型）

SR——肌浆网

SRIF——促生长素释放抑制因子

SSC——快速伸缩复合

T——睾酮

T∶C——睾酮∶皮质醇

TEA——运动热效应

TEF——食物热效应

TEM——（一餐）饮食热效应

TSH——甲状腺刺激激素

UL——可耐受进食上限

USADA——美国反兴奋剂事务部

VJ——纵跳

VL——负荷量

VLDL——极低密度脂蛋白

Vmax——最大速度

$\dot{V}O_2max$——最大摄氧量

WADA——国际反兴奋剂联合会

参考文献

Chapter 1

Banister, E.W. 1982. Exercise physiology. In: J.J. Jackson and H.A. Wenger (Eds.), *The sport sciences* (pp. 29-42). Victoria, British Columbia, Canada: University of Victoria.

Banister, E.W. 1991. Modeling elite athletic performance. In: J.D. MacDougall, H.A. Wenger, and H.J. Green (Eds.), *Physiological testing of the high-performance athlete* (2nd ed., pp. 403-424). Champaign, IL: Human Kinetics.

Banister, E.W., and T.W. Calvert. 1980. Planning for future performance: Implications for long term training. *Canadian Journal of Applied Sport Sciences* 5(3): 170-176.

Banister, E.W., P. Good, G. Holman, and C.L. Hamilton. 1986. Modeling the training response in athletes. In: D.M. Landers (Ed.), *Sport and elite performers* (*The 1984 Olympic Scientific Congress proceedings*, Vol. 3, pp. 7-23). Champaign, IL: Human Kinetics.

Bloom, B.S. 1985. Generalizations about talent development. In: B.S. Bloom (Ed.), *Developing talent in young people* (pp. 507-549). New York: Ballantine Books.

Bompa, T.O. 1985, February. Talent identification. *Science Periodical on Research and Technology in Sport*, 1-11.

Bompa, T.O. 1990a. Periodization of strength: The most effective methodology of strength training. *National Strength and Conditioning Association Journal* 12(5): 49-52.

Bompa, T.O. 1990b. *Theory and methodology of training* (2nd ed.). Dubuque, IA: Kendall/Hunt.

Bompa, T.O. 1993. *Periodization of strength*. Toronto, Ontario, Canada: Veritas.

Bondarchuk, A. 1988, Winter. Constructing a training system. *Track Technique* 102: 3254-3259, 3268.

Calvert, T.W., E.W. Banister, M.V. Savage, and T. Bach. 1976. A systems model of the effects of training on physical performance. *IEEE Transactions on Systems, Man, and Cybernetics* 6(2): 94-102.

Campney, H.K., and R.W. Wehr. 1965. An interpretation of the strength differences associated with varying angles of pull. *Research Quarterly* 36(4): 403-412.

Cratty, B.J. 1971. Perception. In: L.A. Larson (Ed.), *Encyclopedia of sport sciences and medicine* (pp. 998-999). New York: Macmillan.

Drabik, J. 1996. *Children and sports training*. Island Pond, VT: Stadion.

Editors. 1985, September 30. A plan for cleaning up college sports. *Sports Illustrated* 63(15): 36-37.

Estes, W.K. 1957. Of models and men. *American Psychologist* 12: 609-617.

Fleck, S.J. 1994. Detraining: Its effects on endurance and strength. *Strength and Conditioning* 16(1): 22-28.

Francis, C., and P. Patterson. 1992. *The Charlie Francis training system*. Ottawa, Ontario, Canada: TBLI.

Garhammer, J., and B. Takano. 1992. Training for weightlifting. In: P.V. Komi (Ed.), *Strength and power in sport* (pp. 357-369). Oxford, England: Blackwell Scientific.

Gilbert, D. 1980. *The miracle machine*. New York: Coward, McCann and Geoghegan.

Graves, J.E., M.L. Pollock, A.E. Jones, A.B. Colvin, and S.H. Leggett. 1989. Specificity of limited range of motion variable resistance training. *Medicine and Science in Sports and Exercise* 21(1): 84-89.

Graves, J.E., M.L. Pollock, S.H. Leggett, R.W. Braith, D.M. Carpenter, and L.E. Bishop. 1988. Effect of reduced training frequency on muscular strength. *International Journal of Sports Medicine* 9: 316-319.

Greenspan, E. 1983. *Little winners*. Boston: Little, Brown.

Harre, D. 1982. *Principles of sports training*. Berlin, German Democratic Republic: Sportverlag.

Harre, D. 1986, August. Recovery: Part two—overtraining. *Science Periodical on Research and Technology in Sport*, 1-7.

Harre, D. 1990. The dynamics of the training load. In: J. Jarver (Ed.), *A collection of European sports science translations part II* (pp. 39-41). Kidman Park, Australia: South Australian Sports Institute.

Hill, C.R. 1996. *Olympic politics* (2nd ed.). Manchester, U.K.: Manchester University Press.

Hoberman, J. 1992. *Mortal engines*. New York: Free Press.

Hodge, K.P., and D.A. Tod. 1993. Ethics of childhood sport. *Sports Medicine* 15(5): 291-298.

Hugh Morton, R. 1991. The quantitative periodization of athletic training: A model study. *Sports Medicine, Training and Rehabilitation* 3: 19-28.

Johnson, W.O., and A. Verschoth. 1991. *Thrown free*. New York: Simon & Schuster.

Jones, L.A. 1988. Motor illusions: What do they reveal about proprioception? *Psychological Bulletin* 103(1): 72-86.

Kurz, T. 1991. *Science of sports training*. Island Pond, VT: Stadion.

Lutz, D.J. 1990. An overview of training models in sport psychology. *Sport Psychologist* 4: 63-71.

Masood, E. 1996. Bannister urges spreading the net. *Nature* 382(6586): 13.

Matsudo, V.K.R. 1996. Prediction of future athletic excellence. In: O. Bar-Or (Ed.), *The child and adolescent athlete* (pp. 92-109). Oxford, England: Blackwell Science.

Matveyev, L. 1977. *Fundamentals of sports training*. Moscow: Progress.

Miracle, A.W., and Rees, C.R. 1994. *Lessons of the locker room*. Amherst, NY: Prometheus Books.

Moffroid, M., and R.H. Whipple. 1970. Specificity of speed of exercise. *Physical Therapy* 50: 1693-1699.

Morrissey, M.C., E.A. Harman, and M.J. Johnson. 1995. Resistance training modes: Specificity and effectiveness. *Medicine and Science in Sports and Exercise* 27(5): 648-660.

Morton, R.H., J.R. Fitz-Clarke, and E.W. Banister. 1990. Modeling human performance in running. *Journal of Applied Physiology* 69(3): 1171-1177.

Murphy, A. 1991, July 1. Unsportsmanlike conduct. *Sports Illustrated* 75(1): 22-24.

Nilsson, S. 1987. Overtraining. In: S. Maehlum, S. Nilsson, and P. Renstrom (Eds.), *An update on sports medicine* (Proceedings from the Second Scandinavian Conference in Sports Medicine, Soria Moria, Oslo, March 9-15, 1986, pp. 97-104). Oslo: Danish and Norwegian Sports Medicine Associations and the Swedish Society of Sports Medicine.

O'Brien, R. 1993. Preliminary talent identification test development: Physical performance measures of junior Olympic divers. In: R. Malina and J.L. Gabriel (Eds.), *U.S. Diving Sport Science Seminar 1993 proceedings* (pp. 17-25). Indianapolis: U.S. Diving.

Oda, S., and T. Moritani. 1994. Maximal isometric force and neural activity during bilateral and unilateral elbow flexion in humans. *European Journal of Applied Physiology and Occupational Physiology* 69: 240-243.

Olbrecht, J. 2000. *The science of winning*. Lutton, England: Swimshop.

Ozolin, N.G. 1970. Do not simplify the training program. *Yessis Review of Soviet Physical Education and Sports* 5(4): 84-93.

Poliquin, C. 1988, August. Variety in strength training. *Science Periodical on Research and Technology in Sport* 8: 1-7.

Poliquin, C. 1991. Training for improving relative strength. *Science Periodical on Research and Technology in Sport* 11: 1-9.

Pope, H.G., D.L. Katz, and R. Champoux. 1988. Anabolic-androgenic steroid use among 1,010 college men. *Physician and Sportsmedicine* 16(7): 75-81.

Preising, W. 1989. Children in sport: A European perspective. *Sports Coach* 12(3): 27-31.

Press, A. 1992, August 10. Old too soon, wise too late? *Newsweek*, 22-24.

Rasch, P.J., and L.E. Morehouse. 1957. Effect of static and dynamic exercise on muscular strength and hypertrophy. *Journal of Applied Physiology* 11(1): 29-34.

Reeve, T.G., and R. Mainor. 1983. Effects of movement context on the encoding of kinesthetic spatial information. *Research Quarterly for Exercise and Sport* 54: 352-363.

Sale, D., and D. MacDougall. 1981. Specificity in strength training: A review for the coach and athlete. *Canadian Journal of Applied Sport Sciences* 6(2): 87-92.

Sands, W.A. 1991a. Monitoring the elite female gymnast. *National Strength and Conditioning Association Journal* 13(4): 66-71.

Sands, W.A. 1991b. Science puts the spin on somersaulting. *RIP* 2(2): 18-20.

Sands, W.A. 1993. *Talent opportunity program*. Indianapolis: United States Gymnastics Federation.

Shultz, B.B., and W.A. Sands. 1995. Understanding measurement concepts and statistical procedures. In: P.J. Maud and C. Foster (Eds.), *Physiological assessment of human fitness* (pp. 257-287). Champaign, IL: Human Kinetics.

Siff, M.C. 1996a. *Puzzle & Paradox*, 73.

Siff, M.C. 1996b. *Puzzle & Paradox*, 73.

Siff, M.C., and Y.V. Verkhoshansky. 1993. *Supertraining*. Johannesburg, South Africa: University of the Witwatersrand, School of Mechanical Engineering.

Simon, R.L. 1991. *Fair play*. Boulder, CO: Westview Press.

Tabachnik, B., and V. Mekhrikadze. 1986. The aim of training—the competitive model (sprint). *Soviet Sports Review* 21: 105-108.

Taranov, V., I. Mironenko, and V. Sergejev. 1995. A cyclic blocks system for jumping events. *Modern Athlete and Coach* 33(4): 28-30.

Telander, R., and R. Sullivan. 1989, February 27. You reap what you sow. *Sports Illustrated* 70(9): 20-26.

Todd, T., and D. Hoover. 1979. *Fitness for athletes*. Chicago: Contemporary Books.

Verhoshansky, U.V. 1985a. The long-lasting training effect of strength exercises. *Soviet Sports Review* 20: 1-3.

Verhoshansky, U.V. 1985b. The long-lasting training effect of strength exercises. *Soviet Sports Review* 20: 91-93.

Verkhoshansky, U. 1981. How to set up a training program in speed-strength events. *Soviet Sports Review* 16: 53-57.

Verkhoshansky, Y.V. 1977. *Fundamentals of special strength-training in sport*. Moscow: Fizkultura i Sport; Livonia, MI: Sportivny Press, 1986 [translated by A. Charniga].

Verkhoshansky, Y.V. 1981. Special strength training. *Soviet Sports Review* 16: 6-10.

Verkhoshansky, Y.V. 1985. *Programming and organization of training*. Moscow: Fizkultura i Sport; Livonia, MI: Sportivny Press, 1988 [translated by A. Charniga].

Viru, A. 1988. Planning of macrocycles. *Modern Athlete and Coach* 26: 7-10 [translated from *Kehakultuur* 47(19), 1986, Tallinin, Estonian U.S.S.R.].

Viru, A. 1990. Some facts about the construction of microcycles in training. In: J. Jarver (Ed.), *A collection of European sports science translations* (pp. 11-13). Kidman Park, Australia: South Australian Sports Institute.

Viru, A. 1995. *Adaptation in sports training*. Boca Raton, FL: CRC Press.

Yesalis, C.E. 1993. Introduction. In: C.E. Yesalis (Ed.), *Anabolic steroids in sport and exercise* (pp. xxiv-xxxiv). Champaign, IL: Human Kinetics.

Yesalis, C.E., S.P. Courson, and J. Wright. 1993. History of anabolic steroid use in sport and exercise. In: C.E. Yesalis (Ed.), *Anabolic steroids in sport and exercise* (pp. 35-47). Champaign, IL: Human Kinetics.

Zatsiorsky, V.M. 1995. *Science and practice of strength training*. Champaign, IL: Human Kinetics.

Chapter 2

Alexander, R.M., and A. Vernon. 1975. The dimensions of knee and ankle muscles and the forces they exert. *Journal of Human Movement Studies* 1: 115-123.

Anderson, D.C., S.C. King, and S.M. Parsons. 1982. Proton gradient linkage to active uptake of [^{3}H] acetylcholine by Torpedo electric organ synaptic vesicles. *Biochemistry* 21: 3037-3043.

Baldwin, K.M. 1984. Muscle development: Neonatal to adult. In: R.L. Terjung (Ed.), *Exercise and sport science reviews* (Vol. 12, pp. 1-19). Lexington, MA: Collamore Press.

Barany, M. 1967. ATPase activity of myosin correlated with speed of muscle shortening. *Journal of General Physiology* 50: 197-218.

Barchi, R.L. 1988. Probing the molecular structure of the voltage-dependent sodium channel. *Annual Review of Neuroscience* 11: 455-495.

Barnard, R.J., V.R. Edgerton, and J.B. Peter. 1970. Effect of exercise on skeletal muscle: I. Biochemical and histochemical properties. *Journal of Applied Physiology* 28: 762-766.

Bennett, M.K., N. Callakos, and R.H. Scheller. 1992. Syntaxin: A synaptic protein implicated in docking of synaptic vesicles at presynaptic active zones. *Science* 257: 255-259.

Bergstrom, J. 1962. Muscle electrolytes in man. *Scandinavian Journal of Clinical Investigation* (Suppl.) 14: 1-110.

Billeter, R., C.W. Heizmann, H. Howald, and E. Jenny. 1981. Analysis of myosin light and heavy chain types in single human muscle fibers. *European Journal of Biochemistry* 116: 389-395.

Billeter, R., and H. Hoppler. 1992. Muscular basis of strength. In: P.V. Komi (Ed.), *Strength and power in sport* (pp. 39-63). Champaign, IL: Human Kinetics.

Binkhorst, R.A., and M.A. van't Hof. 1973. Force velocity relationship and contraction time of the rat fast plantaris muscle due to compensatory hypertrophy. *Pfluegers Archiv* 342: 145-158.

Brooke, M.H., and K.K. Kaiser. 1970. Three "myosin adenosine triphosphatase" systems: The nature of their pH lability and sulfhydryl dependence. *Journal of Histochemistry and Cytochemistry* 18: 670-672.

Brooks, G.A., T.D. Fahey, and T.P. White. 1996. *Exercise physiology* (2nd ed.). Mountain View, CA: Mayfield.

Burke, R.E. 1981. Motor units: Anatomy, physiology and functional organization. In: V.B. Brooks (Ed.), *Handbook of physiology*, Section I, *The nervous system II* (pp. 345-422). Washington, DC: American Physiological Society.

Burke, R.E., D.N. Levine, and F.E. Zajac. 1971. Mammalian motor units: Physiological histochemical correlation in three types in cat gastrocnemius. *Science* 174: 709-712.

Caldwell, P.C. 1968. Factors governing movement and distribution of inorganic ions in nerve and muscle. *Physiological Reviews* 48: 1-38.

Catterall, W.A. 1988. Structure and function of voltage sensitive channels. *Science* 242: 50-61.

Chalmers, G. 2002. Do Golgi tendon organs really inhibit muscle activity at high force levels to save muscles from injury and adapt with training? *Sports Biomechanics* 1(2): 239-249.

Dean, R.B. 1941. Theories of electrolyte equilibrium in muscle. *Biological Symposium* 3: 331-339.

Dulhunty, A.F., and C. Franzini-Armstrong. 1975. The relative contribution of the folds and caveolae to the surface membrane of the frog skeletal fibers at different sarcomere lengths. *Journal of Physiology* 250: 513-539.

Duysens, J., F. Clarac, and H. Cruse. 2000. Load-regulating mechanisms underlying the clasp-knife reflex in the cat. *Journal of Neurophysiology* 64: 1303-1318.

Ebashi, S., and M. Endo. 1968. Calcium ion and muscle contraction. *Progress in Biophysics and Molecular Biology* 18: 125-183.

Eccles, J., R. Eccles, and A. Lundberg. 1957. Synaptic actions on motoneurones caused by impulses in Golgi tendon organ afferents. *Journal of Physiology* 138: 227-252.

Edman, K.A.P., and C. Reggiani. 1987. The sarcomere length-tension relation determined in short segments of intact muscle fibres of the frog. *Journal of Physiology* 385: 709-732.

Edman, K.A.P., C. Reggiani, S. Schiaffino, and G. te Kronnie. 1988. Maximum velocity of shortening related to myosin isoform composition in frog skeletal muscle. *Journal of Physiology* 395: 679-694.

Eisenberg, B.R. 1983. Quantitative ultrastructure of mammalian skeletal muscle. In: L.D. Peachy, R.H. Adrian, and S.R. Geiger (Eds.), *Handbook of physiology. Skeletal muscle* (pp. 73-112). Baltimore: Williams & Wilkins.

Engel, A.G., T.J. Walls, A. Nagel, and O. Uchitel. 1990. Newly recognized congenital myasthenic syndromes: I. Quantal release. II. High conductance fast-channel syndrome. III. Abnormal acetylcholine receptor (AChR) interaction with acetylcholine. IV. AChR deficiency and short channel-open time. *Progress in Brain Research* 84: 125-137.

English, A.W. 1984. An electromyographic analysis of compartments in cat lateral gastrocnemius during unrestrained locomotion. *Journal of Neurophysiology* 52: 114-125.

English, A.W., and W.D. Ledbetter. 1982. Anatomy and innervation patterns of cat lateral gastrocnemius and plantaris muscles. *American Journal of Anatomy* 164: 67-77.

Ennion, S., J.S. Pereira, A.J. Sargent, A. Young, and G. Goldspink. 1995. Characterization of human skeletal muscle fibers according to the myosin heavy chains they express. *Journal of Muscle Research and Cell Motility* 16: 35-43.

Fambrough, D.M. 1979. Control of acetylcholine receptors in skeletal muscle. *Physiological Reviews* 59: 165-227.

Feinstein, B., B. Lindegard, E. Nyman, and G. Wohlfart. 1955. Morphologic studies of motor units in normal human muscles. *Acta Anatomica* 23: 127-142.

Fenn, W.O. 1923. The relation between the work performed and the energy liberated in muscle. *Journal of Physiology (London)* 180: 343-345.

Finer, J.T., R.M. Simmons, and J.A. Spudich. 1994. Single myosin molecules mechanics: Piconewton forces and nanometer steps. *Nature* 368: 113-119.

Fukunaga, T., Y. Ichinose, M. Ito, Y. Kawakami, and S. Fukashiro. 1997. Determination of fascicle length and pennation in contracting human muscle in vivo. *Journal of Applied Physiology* 82(1): 354-358.

Gage, P.W., and R.S. Eisenberg. 1969. Action potential, after potentials and excitation coupling in frog sartorius fibers without transverse tubules. *Journal of General Physiology* 53: 298-310.

Gans, C., and A.S. Gaunt. 1991. Muscle architecture in relation to function. *Journal of Biomechanics* 24(Suppl. 1): 53-65.

Gardiner, P.F. 2001. *Neuromuscular aspects of physical activity.* Champaign, IL: Human Kinetics.

Geren, B.B. 1954. The formation from the Schwann cell surface of myelin in the peripheral nerves of chick embryos. *Experimental Research* 7: 558-562.

Gordon, A.M., A.F. Huxley, and F.J. Julian. 1966. The variation in isometric twitch tension with sarcomere length in vertebrate muscle fibers. *Journal of Physiology* 184: 170-192.

Gordon, D.C., C.G.M. Hammond, J.T. Fisher, and F.J.R. Richmond. 1989. Muscle-fiber architecture, innervation, and histochemistry in the diaphragm of a cat. *Journal of Morphology* 201: 131-143.

Gowitzke, B.A., and M. Milner. 1988. *Scientific basis of human movement.* Baltimore: Williams & Wilkins.

Granit, R., J-O. Kellerth, and A. Szumski. 1966. Intracellular autogenic effects of muscular contraction on extensor motoneurones. The silent period. *Journal of Physiology* 182: 484-503.

Green, D., and J-O. Kellerth. 1967. Intracellular autogenic and synergistic effects of muscular contraction on flexor motoneurones. *Journal of Physiology* 193: 73-94.

Grill, S.E., and M. Hallet. 1995. Velocity sensitivity of human muscle spindle afferents and slowly adapting type II cutaneous mechanoreceptors. *Journal of Physiology (London)* 489(Part 2): 593-602.

Guyton, A.C. 1976. Organ physiology: *Structure and function of the nervous system.* Philadelphia: Saunders.

Hannerz, J. 1974. Discharge properties of motor units in relation to recruitment order in voluntary contraction. *Acta Physiologica Scandinavica* 91: 374-384.

Henneman, E.H., P. Clamann, J.D. Giles, and R.D. Skinner. 1974. Rank order of motoneurons within a pool, law of combination. *Journal of Neurophysiology* 37: 1338-1349.

Heuser, J.E., and T.S. Reese. 1973. Evidence for a recycling of synaptic vesicle membrane during transmitter release at frog neuromuscular junction. *Journal of Cell Biology* 57: 315-344.

Hubbard, J.I. 1973. Microphysiology of vertebrate neuromuscular transmission. *Physiological Reviews* 53: 674-692.

Huijing, P.A. 1992. Mechanical muscle models. In: P.V. Komi (Ed.), *Strength and power in sport* (pp. 130-150). Champaign, IL: Human Kinetics.

Hutton, R.S. 1992. The neuromuscular basis of stretching exercise. In: P.V. Komi (Ed.), *Strength and power in sport* (pp. 29-38) Champaign, IL: Human Kinetics.

Huxley, A.F., and R. Niedergerke. 1954. Structural changes in muscle during contraction. Interference microscopy of living muscle fibers. *Nature* 173: 971-973.

Huxley, H.E. 1958. The contraction of muscle. *Scientific American* 199: 67-82.

Huxley, H.E. 1969. The mechanism of muscular contraction. *Science* 164: 1356-1366.

Huxley, H.E., and J. Hanson. 1954. Changes in the cross striations of muscle during contraction and stretch and their structural interpretation. *Nature* 173: 973-976.

Kamb, A., L.E. Iverson, and M.A. Tanouye. 1987. Molecular characterization of *Shaker,* a Drosophila gene that encodes a potassium channel. *Cell* 50: 405-413.

Kimura, M. 1990. Behaviorally contingent property of movement related activity of the primate putamen. *Journal of Neurophysiology* 63: 1277-1296.

Knuttgen, H.G., and W.J. Kraemer. 1987. Terminology and measurement in exercise performance. *Journal of Applied Sport Science Research* 1(1): 1-10.

Kuffler, S.W., and D. Yoshikami. 1975. The number of transmitter molecules in a quantum: An estimate from iontophoretic applications of acetylcholine at the neuromuscular synapse. *Journal of Physiology* 251: 465-482.

Kyrolainen, H., R. Kivela, S. Koskinen, J. McBride, J.L. Andersen, T. Takala, S. Sipila, and P.V. Komi. 2003. Interrelationships between muscle structure, muscle strength and running economy. *Medicine and Science in Sports and Exercise* 35: 45-49.

Lowey, S., G.S. Waller, and K.M. Trybus. 1993. Skeletal muscle myosin light chains are essential for physiological speeds of shortening. *Nature* 365: 454-456.

McBride, J.M., T.N. Triplett-McBride, A.J. Davies, P.J. Abernethy, and R.U. Newton. 2003. Characteristics of titin in strength and power athletes. *European Journal of Applied Physiology* 88: 553-557.

McComas, A.J. 1996. *Skeletal muscle*. Champaign, IL: Human Kinetics.

Nosek, T.M., N. Guo, J.M. Ginsberg, and R.C. Kobeck. 1990. Inositol (1,4,5) triphosphate (IP_3) within diaphragm muscles increases upon depolarization. *Biophysical Journal* 57: 401a.

Noth, J. 1992a. Cortical and peripheral control. In: P.V. Komi (Ed.), *Strength and power in sport* (pp. 9-20). Champaign, IL: Human Kinetics.

Noth, J. 1992b. Motor units. In: P.V. Komi (Ed.), *Strength and power in sport* (pp. 21-28). Champaign, IL: Human Kinetics.

Otten, E. 1988. Concepts and models of functional architecture in skeletal muscle. *Exercise and Sports Sciences Reviews* 26: 89-137.

Payne, M.R., and S.E. Rudnick. 1989. Regulation of vertebrate striated muscle contraction. *Trends in Biochemical Sciences* 14: 357-360.

Peter, J.B., R.J. Barnard, V.R. Edgerton, C.A. Gillespie, and K.E. Stempel. 1972. Metabolic profiles of three fiber types of skeletal muscle in guinea pigs and rabbits. *Biochemistry* 11: 2627-2633.

Pette, D., and R.S. Staron. 1990. Cellular and molecular diversities of mammalian skeletal muscle fibers. *Reviews in Physiology, Biochemistry and Pharmacology* 116: 1-76.

Pette, D., and R.S. Staron. 2000. Myosin isoforms, muscle fiber types and transitions. *Microscope Research Technology* 50(6): 500-509.

Rayment, I., H.M. Holden, M. Whitiker, C.B. Yohnn, M. Lorenz, K.C. Holmes, and R.A. Milligan. 1993. Structure of the actin-myosin complex and its implications for muscle contraction. *Science* 261: 58-65.

Reiser, P.J., R.L. Moss, G.G. Giulian, and M.L. Geaser. 1985. Shortening velocity of single fibers from adult rabbit soleus muscles is correlated with myosin chain composition. *Journal of Biochemistry* 260: 9077-9080.

Richmond, F.J.R., and J.B. Armstrong. 1988. Fiber architecture and histochemistry in the cat neck muscle, biventer cervicis. *Journal of Neurophysiology* 60: 46-59.

Romanes, G.J. 1941. The development and significance of the cell columns in the ventral horn of the cervical and upper thoracic spinal cord of the rabbit. *Journal of Anatomy* 76: 112-130.

Romanes, G.J. 1951. The motor-cell columns of the lumbo-sacral cord of the cat. *Journal of Comparative Neurology* 94: 313-364.

Roy, R.R., and V.R. Edgerton. 1992. Skeletal muscle architecture and performance. In: P.V. Komi (Ed.), *Strength and power in sport* (pp. 115-129). Champaign, IL: Human Kinetics.

Sacks, R.D., and R.R. Roy. 1982. Architecture of the hind limb muscles of cats: Functional significance. *Journal of Morphology* 173: 185-195.

Sant'Ana Pereira, J.A., A.J. Sargeant, A.C. Rademaker, A. de Haan, and M. van Mechelen. 1996. Myosin heavy chain isoform expression and high energy phosphate content in muscle fibres at rest and post-exercise. *Journal of Physiology (London)* 496(Part 2): 583-588.

Sato, K.C., and J. Tanji. 1989. Digit-muscle response evoked from multiple intracortical foci in monkey precentral motor cortex. *Journal of Neurophysiology* 62: 959-970.

Seidel, J.C. 1967. Studies on myosin from red and white skeletal muscles of the rabbit. II. Inactivation of myosin from red muscles under mild alkaline conditions. *Journal of Biological Chemistry* 242: 5623-5629.

Sherrington, C.S. 1906. *The integrative action of the nervous system*. New Haven, CT: Yale University Press.

Sherrington, C.S. 1929. Some functional problems attaching to convergence. *Proceedings of the Royal Society of London (Series B)* 105: 332-362.

Slater, C.R., P.R. Lyons, T.J. Walls, P.R.W. Fawcett, and C. Young. 1992. Structure and function of the neuromuscular junction in the vastus lateralis in man. *Brain* 115: 451-478.

Soechting, J., and M. Flanders. 1991. Arm movements in three-dimensional space: Computation, theory and observation. *Exercise and Sport Sciences Reviews* 19: 389-418.

Spector, S.A., P.F. Gardiner, R.F. Zernicke, R.R. Roy, and V.R. Edgerton. 1980. Muscle architecture and force-velocity characteristics of cat soleus and medial gastrocnemius: Implications for motor control. *Journal of Neurophysiology* 44: 951-960.

Staron, R.S. 1997. The classification of human skeletal muscle fiber types. *Journal of Strength and Conditioning Research* 11(2): 67.

Staron, R.S., and R.S. Hikida. 1992. Histochemical, biochemical and ultrastructural analyses of single human muscle fibers with special reference to the C-fiber population. *Journal of Histochemistry and Cytochemistry* 40(4): 563-568.

Stone, M.H., and H. Lipner. 1978. Response to intensive training and methandrostenolone administration: I. Contractile and performance variables. *Pfluegers Archiv* 375: 141-146.

Tidball, J.G. 1983. The geometry of actin filament-membrane interactions can modify adhesive strength of the myotendinous junction. *Cell Motility* 3: 439-447.

Tihanyi, J., P. Apor, and G.Y. Fekete. 1982. Force-velocity-power characteristics and fiber composition in human knee extensor muscles. *European Journal of Applied Physiology* 48: 331-343.

Trinick, J. 1991. Elastic filaments and giant proteins in muscle. *Current Opinion in Cell Biology* 3: 112-119.

Usdin, T.B., and G.D. Fischbach. 1986. Purification and characterization of a polypeptide from chick brain that promotes accumulation of acetylcholine receptors in chick myotubes. *Journal of Cell Biology* 103: 493-507.

Wagenknecht, T., R. Grassucci, J. Frank, A. Saito, M. Inui, and S. Fleischer. 1989. Three-dimensional architecture of calcium channel/foot structure of sarcoplasmic reticulum. *Nature* 338: 167-170.

Wickiewicz, T.L., R.R. Roy, P.L. Powell, and V.R. Edgerton. 1983. Muscle architecture of the human lower limb. *Clinical Orthopaedics and Related Research* 179: 275-283.

Wickiewicz, T.L., R.R. Roy, P.L. Powell, J.J. Perrine, and V.R. Edgerton. 1984. Muscle architecture and force-velocity relationships in humans. *Journal of Applied Physiology* 57: 435-443.

Wise, S.P., and P.L. Strick. 1984. Anatomical and physiological organization of the non-primary motor cortex. *Trends in Neuroscience* 7: 442-446.

Chapter 3

Aagaard, P. 2003. Training-induced changes in neural function. *Exercise and Sport Sciences Reviews* 31: 61-67.

Adams, G.R., B.M. Hather, K.M. Baldwin et al. 1993. Skeletal muscle myosin heavy chain composition and resistance training. *Journal of Applied Physiology* 74: 911-915.

Alway, S.E., W.H. Grumbt, W.J. Gonyea et al. 1989. Contrast in muscle and myofibers of elite male and female bodybuilders. *Journal of Applied Physiology* 67: 24-31.

Asmussen, E., O. Hansen, and O. Lammert. 1965. The relation between isometric and dynamic muscle strength in man. *Communications from the Testing and Observation Institute of the Danish National Association for Infantile Paralysis*, No. 20.

Åstrand, P-O., and K. Rodahl. 1970. *Textbook of work physiology*. New York: McGraw-Hill.

Barham, J. 1978. *Mechanical kinesiology*. St. Louis: Mosby.

Bawa, P. 2002. Neural control of motor output: Can training change it? *Exercise and Sport Sciences Reviews* 30: 59-63.

Bernardi, M., M. Solomonov, G. Nguyen et al. 1996. Motor unit recruitment strategy changes with skill acquisition. *European Journal of Applied Physiology* 74: 52-59.

Bobbert, M.F. 2001. Dependence of human squat jump performance on the series elastic compliance of the triceps surae: A simulation study. *Journal of Experimental Biology* 204(Part 3): 533-542.

Bodine, S., R.R. Roy, E. Eldred et al. 1987. Maximal force as a function of anatomical features of motor units in the cat tibialis anterior. *Journal of Neurophysiology* 57: 1730-1745.

Bodine, S., R.R. Roy, D.A. Meadows et al. 1982. Architectural, histochemical and contractile characteristics of a unique biarticular muscle: The cat semitendinosus. *Journal of Neurophysiology* 48: 192-201.

Brooks, G.A., T.D. Fahey, and T.P. White. 1996. *Exercise physiology: Human bioenergetics and its applications*. Mountain View, CA: Mayfield.

Burke, E., F. Cerny, D. Costill et al. 1977. Characteristics of skeletal muscle in competitive cyclists. *Medicine and Science in Sports* 9: 109-112.

Chow, J.W., W.G. Darling, and J.G. Hay. 1997. Mechanical characteristics of knee extension exercises performed on an isokinetic dynamometer. *Medicine and Science in Sports and Exercise* 29: 794-803.

Clamann, H.P., and T.B. Schelhorn. 1988. Nonlinear force addition of the newly recruited motor units in the cat hindlimb. *Muscle and Nerve* 11: 1079-1089.

Conley, M., M.H. Stone, M.J. Nimmons, and G.A. Dudley. 1997. Resistance training specificity and neck muscle hypertrophy. *European Journal of Applied Physiology* 75: 443-448.

Cronin, J.B., P.J. McNaira, and R.N. Marshall. 2000. The role of maximum strength and load on initial power production. *Medicine and Science in Sports and Exercise* 32:1763-1769.

Cutts, A., and B.B. Seedhom. 1993. Validity of cadaveric data for muscle physiological cross-sectional area ratios: A comparative study of cadaveric and in-vivo data in human thigh muscles. *Clinical Biomechanics* 8: 156-162.

Desmedt, J.E., and E. Godaux. 1979. Voluntary motor commands in human ballistic movement. *Journal of Physiology* 264: 673-693.

Desmedt, J.E., and E. Godaux. 1981. Spinal motoneuron recruitment in man: Rank deordering with direction but not with speed of voluntary movement. *Science* 214: 933-936.

Duchateau, J., S. LeBozec, and K. Hainaut. 1986. Contribution of slow and fast muscles of triceps surae to a cyclic movement. *European Journal of Applied Physiology* 55: 476-481.

Edgerton, V.R., R.R. Roy, R.J. Gregor et al. 1986. Morphological basis of skeletal muscle power output. In:

N.L. Jones, N. McCartney, and A.J. McComas (Eds.), *Human muscle power* (pp. 43-64). Champaign, IL: Human Kinetics.

Edstrom, L., and B. Ekblom. 1972. Differences in sizes of red and white muscle fibers in vastus lateralis of musculus quadriceps femoris of normal individuals and athletes. Relation to physical performance. *Scandinavian Journal of Clinical Laboratory Investigation* 30: 175-181.

Faulkner, J.A., D.R. Claflin, and K.K. McCully. 1986. Power output of fast and slow fibers from human skeletal muscle. In: N.L. Jones, N. McCartney, and A.J. McComas (Eds.), *Human muscle power* (pp. 81-94). Champaign, IL: Human Kinetics.

Finni, T., S. Ikegewa, and P.V. Komi. 2001. Concentric force enhancement during human movement. *Acta Physiologica Scandinavica* 173: 369-377.

Fitts, R.H., and J.J. Widrick. 1997. Muscle mechanics: Adaptations with exercise-training. In: J.O. Holloszy (Ed.), *Exercise and sport sciences reviews* (pp. 427-473). Baltimore: Williams & Wilkins.

Fleckstein, J.L., D. Watumull, L.A. Betocci et al. 1992. Finger specific flexor recruitment in humans: Depiction by exercise-enhanced MRI. *Journal of Applied Physiology* 72: 1974-1977.

Friden, J., M. Sjostrom, and B. Ekblom. 1981. A morphological study of delayed muscle soreness. *Experientia* 37: 506-507.

Fukunaga, T., R.R. Roy, F.G. Shellock et al. 1996. Specific tension of human plantar flexors and dorsiflexors. *Journal of Applied Physiology* 80: 158-165.

Garhammer, J. 1989. Weightlifting and training. In: C. Vaughn (Ed.), *Biomechanics of sport*. Boca Raton, FL: CRC.

Gowitzke, B.A., and M. Milner. 1988. *Scientific bases of human movement* (3rd ed.). Baltimore: Williams & Wilkins.

Grimby, L., and J. Hannerz. 1977. Firing rates and recruitment order of toe extensor motor units in different modes of voluntary contraction. *Journal of Applied Physiology* 264: 865-879.

Hakkinen, K., K. Alen, and P.V. Komi. 1984. Neuromuscular, anaerobic and aerobic performance characteristics of elite power athletes. *European Journal of Applied Physiology* 53: 97-105.

Harman, E. 1994a. Biomechanical factors in human strength. *Strength and Conditioning* 16(1): 46-53.

Harman, E. 1994b. Resistance training modes: A biomechanical perspective. *Strength and Conditioning* 16(2): 59-65.

Hay, J.G. 1992. Mechanical basis for strength expression. In: P.V. Komi (Ed.), *Strength and power in sport*. Champaign, IL: Human Kinetics.

Henneman, E., G. Somjen, and D.O. Carpenter. 1965a. Functional significance of cell size in spinal motoneurons. *Journal of Neurophysiology* 28: 560-580.

Henneman, E., G. Somjen, and D.O. Carpenter. 1965b. Excitability and inhibitability of motoneurons of different sizes. *Journal of Neurophysiology* 28: 599-620.

Herzog, W. 1996. Force-sharing among synergistic muscles: Theoretical considerations and experimental approaches. In: J.O. Holloszy (Ed.), *Exercise and sport sciences reviews* (pp. 173-202). Baltimore: Williams & Wilkins.

Hester, D., G. Hunter, K. Shuleva et al. 1990. Review and evaluation of relative strength-handicapping models. *National Strength and Conditioning Association Journal* 12(1): 54-57.

Holloszy, J.O., and E.F. Coyle. 1984. Adaptations of skeletal muscle to endurance exercise and their metabolic consequences. *Journal of Applied Physiology* 56: 831-838.

Huijing, P.A. 1992. Mechanical muscle models. In: P.V. Komi (Ed.), *Strength and power in sport* (pp. 130-150). London: Blackwell Scientific.

Hunter, G., D. Hester, S. Snyder et al. 1990. Rationale and methods for evaluating relative strength-handicapping models. *National Strength and Conditioning Association Journal* 12: 47-57.

Huxley, A.F. 1957. Muscle structure and theories of contraction. *Progress in Biophysics and Biophysical Chemistry* 7: 255-318.

Jones, D.A., and J.M. Round. 1990. *Skeletal muscle in health and disease*. New York: Manchester University Press.

Kauhanen, H., J. Garhammer, and K. Hakkinen. 2000. Relationship between power output, body size and snatch performance in elite weightlifters. In: *Proceedings of the Fifth Annual Congress of the European College of Sports Science*, Jyvaskala, Finland (p. 383). Finland: University of Jyvaskala.

Kauhanen, H., P.V. Komi, and K. Hakkinen. 2002. Standardization and validation of the body weight adjustment regression equations in Olympic weightlifting. *Journal of Strength and Conditioning Research* 16: 58-74.

Komi, P.V., H. Rusko, J. Vos et al. 1977a. Anaerobic performance capacity in athletes. *Acta Physiologica Scandinavica* 100: 107-114.

Komi, P.V., J.T. Viitasalo, M. Havu et al. 1976. Physiological and performance capacity: Effect of heredity. *International series on biomechanics, biomechanics V-A* (Vol. 1A, pp. 118-123). Baltimore: University Park Press.

Komi, P.V., J.T. Viitasalo, M. Havu et al. 1977b. Skeletal muscle fibers and muscle enzyme activities in monozygous and dizygous twins of both sexes. *Acta Physiologica Scandinavica* 100: 385-392.

Lieber, R.L., T. McKee-Woodburn, and J. Friden. 1991. Muscle damage induced by eccentric contractions of 25% strain. *Journal of Applied Physiology* 70: 2498-2507.

Loeb, G. 1985. Motoneurone task groups: Coping with kinematic heterogeneity. *Journal of Experimental Biology* 115: 137-146.

Miller, A.E.J., J.D. MacDougall, M.A. Tarnopolsky et al. 1993. Gender differences in strength and muscle fiber characteristics. *European Journal of Applied Physiology* 66: 254-262.

Moritani, T., L. Oddsson, and A. Thorstensson. 1990. Differences in modulation of the gastrocnemius and soleus H-reflexes during hopping in man. *Acta Physiologica Scandinavica* 138: 575-576.

Morrow, M.A., and L.E. Miller. 2003. Prediction of muscle activity by populations of sequentially recorded primary motor cortex neurons. *Journal of Neurophysiology* 89: 2279-2288.

Nakazawa, K., Y. Kawakami, T. Fukunaga et al. 1993. Differences in activation patterns in elbow flexors during isometric, concentric and eccentric contractions. *European Journal of Applied Physiology* 66: 214-220.

Nardone, A., C. Romano, and M. Schieppati. 1989. Selective recruitment of high-threshold human motor units during voluntary isotonic lengthening of active muscles. *Journal of Physiology* 409: 451-471.

Nardone, A., and M. Schiepatti. 1988. Shift of activity from slow to fast muscle during voluntary lengthening contractions of the triceps surae muscle in humans. *Journal of Physiology* 395: 363-381.

Osternig, L.R. 1986. Isokinetic dynamometry: Implications for muscle testing and rehabilitation. In: K.B. Pandolf (Ed.), *Exercise and sport science reviews*. New York: Macmillan.

Ounjian, M., R.R. Roy, E. Eldred et al. 1991. Physiological and developmental implications of motor unit anatomy. *Journal of Neurobiology* 22: 547-559.

Patel, T.J., and R.L. Lieber. 1997. Force transmission in skeletal muscle: From actomyosin to external tendons. In: J.O. Holloszy (Ed.), *Exercise and sport sciences reviews* (pp. 321-363). Baltimore: Williams & Wilkins.

Powell, P.L., R.R. Roy, O. Kanim, M.A. Bello, and V.R. Edgerton. 1984. Predicability of skeletal muscle tension from architectural determinations in guinea pig hindlimbs. *Journal of Applied Physiology* 57: 1715-1721.

Roy, R.R., and V.R. Edgerton. 1992. Skeletal muscle architecture and performance. In: P.V. Komi (Ed.), *Strength and power in sport* (pp. 115-129). London: Blackwell Scientific.

Sale, D.G. 1992. Neural adaptations to resistance training. In: P.V. Komi (Ed.), *Strength and power in sport* (pp. 249-265). London: Blackwell Scientific.

Saltin, B., J. Henriksson, E. Nygaard et al. 1977. Fiber types and metabolic potentials of skeletal muscles in sedentary man and endurance runners. *Annals of the New York Academy of Science* 301: 3-29.

Schantz, P.G., and G.K. Dhoot. 1987. Coexistence of slow and fast isoforms of contractile and regulatory proteins in human skeletal muscle fibers induced by endurance training. *Acta Physiologica Scandinavica* 131: 147-154.

Schmidtbleicher, D., and A. Gollhofer. 1982. Neuromuskulare untersuchungen zur bestimmung individuellar belastungsgrossen fur ein teifsprung-training. *Leistungsport* 12: 298-307.

Siff, M.C. 1988. Biomathematical relationship between strength and body mass. *South African Journal of Research in Sport, Physical Education and Recreation* 11(1): 81-92.

Siff, M. 2001. Biomechanical foundations of strength and power training. In: V. Zatsiorsky (Ed.), *Biomechanics in sport* (pp. 103-139). London: Blackwell Scientific.

Simoneau, J-A., and C. Bouchard. 1989. Human variation in skeletal muscle fiber-type proportion and enzyme activities. *American Journal of Physiology* 257: E567-E572.

Sinclair, R.G. 1985. Normalizing the performance of athletes in Olympic weightlifting. *Canadian Journal of Applied Physiology* 10: 94-98.

Spector, S.A., P.F. Gardiner, R.F. Zernicke et al. 1980. Muscle architecture and force-velocity characteristics of the cat soleus and medial gastrocnemius: Implications for motor control. *Journal of Neurophysiology* 44: 951-960.

Staron, R., E.S. Malicky, M.J. Leonardi et al. 1989. Muscle hypertrophy and fast fiber type conversions in heavy resistance trained women. *European Journal of Applied Physiology* 60: 71-79.

Stone, M.H. 1993. Explosive exercise. *National Strength and Conditioning Association Journal* 15: 7-15.

Stone, M.H., W.A. Sands, K.C. Pierce et al. 2005. Relationship of maximum strength to weightlifting performance. *Medicine and Science in Sports and Exercise* 37: 1037-1043.

Street, S.F. 1983. Lateral transmission of tension in frog myofibers: A myofibrillar network and transverse cytoskeletal connections are possible transmitters. *Journal of Cell Physiology* 114: 346-364.

Tax, A.A.M., J.J. Denier van der Gon, C.C.A.M. Gielen et al. 1989. Differences in the activation of m. biceps brachii in the control of slow isotonic movements and isometric contractions. *Experimental Brain Research* 76: 55-63.

Tax, A.A.M., J.J. Denier van der Gon, C.C.A.M. Gielen et al. 1990. Differences in central control of m. biceps brachii in movement tasks and force tasks. *Experimental Brain Research* 79: 138-142.

Tesch, P.A., and L. Larsson. 1982. Muscle hypertrophy in body builders. *European Journal of Applied Physiology* 49: 301-306.

Tesch, P.A., A. Thorsson, and B. Essen-Gustavsson. 1989. Enzyme activities of FT and ST muscle fibers in heavy resistance trained athletes. *Journal of Applied Physiology* 67: 83-87.

Thorstensson, A., L. Larsson, P. Tesch et al. 1977. Muscle strength and fiber composition in athletes and sedentary men. *Medicine and Science in Sports* 9: 26-30.

Wathen, D. 1992. Muscle balance. In: T. Baechle (Ed.), *Essentials of strength training and conditioning* (pp. 424-430). Champaign, IL: Human Kinetics.

Wickiewicz, T.L., R.R. Roy, P.L. Powell et al. 1983. Muscle architecture of the human lower limb. *Clinical Orthopaedics and Related Research* 179: 275-283.

Wickiewicz, T.L., R.R. Roy, P.L. Powell et al. 1984. Muscle architecture and force-velocity relationships in humans. *Journal of Applied Physiology* 57: 435-443.

Wilson, G.J., and A.J. Murphy. 1996. The use of isometric tests of muscular function in athletic assessment. *Sports Medicine* 22(1): 19-37.

Yamashita, N. 1988. EMG activities in mono-and bi-articular thigh muscles in combined hip and knee extension. *European Journal of Applied Physiology* 58: 274-277.

Zahalak, F.E. 1986. A comparison of the mechanical behavior of the cat soleus muscle with a distribution moment model. *Journal of Biomechanical Engineering* 108: 131-140.

Zajac, F.E. 2002. Understanding muscle coordination of the human leg with dynamical situations. *Journal of Biomechanics* 35: 1011-1018.

Zajac, F.E., and M.E. Gordon. 1989. Determining muscle's force and action in multi-articular movement. *Exercise and Sport Sciences Reviews* 17: 187-230.

Chapter 4

Abernethy, P.J., R. Thayer, and A.W. Taylor. 1990. Acute and chronic responses of skeletal muscle to endurance and sprint exercise. *Sports Medicine* 10(6): 365-389.

Ahlborg, G., and P. Felig. 1967. Influence of glucose ingestion on the fuel-hormone response during prolonged exercise. *Journal of Applied Physiology* 41: 83-88.

Ahlborg, G., and P. Felig. 1982. Lactate and glucose exchange across the forearm, legs and splanchnic bed during and after prolonged leg exercise. *Journal of Clinical Investigation* 69: 45-54.

Asmussen, E., K. Klausen, L.E. Nielsen, O.A. Techow, and P.J. Ponder. 1974. Lactate production and anaerobic work capacity after prolonged exercise. *Acta Physiologica Scandinavica* 50: 731-742.

Åstrand, P.O., and K. Rodahl. 1970. *Textbook of work physiology* (2nd ed.). New York: McGraw-Hill.

Bahr, R., J. Ingnes, O. Vaage, O.M. Sejersted, and E.A. Newsholme. 1987. Effect of duration of exercise on excess postexercise oxygen consumption. *Journal of Applied Physiology* 62: 485-490.

Bahr, R., and O.M. Sejersted. 1991. Effect of intensity of exercise on excess postexercise oxygen consumption. *Metabolism* 40: 836-841.

Baily, M.L., N. Khodigiuian, and P.A. Farrar. 1996. Effects of resistance exercise on selected physiological parameters during subsequent aerobic exercise. *Journal of Strength and Conditioning Research* 10(2): 101-104.

Bangsbo, J., T. Graham, L. Johansen et al. 1992. Elevated muscle acidity and energy production during exhaustive exercise in humans. *American Journal of Physiology* 32: R891-R899.

Barnard, R.J., V.R. Edgerton, T. Furakawa et al. 1971. Histochemical, biochemical and contractile properties of red, white, and intermediate fibers. *American Journal of Physiology* 220: 410-441.

Bastiaans, J.J., A.B. van Diemen, T. Veneberg, and A.E. Jeukendrup. 2001. The effects of replacing a portion of endurance training by explosive strength training on performance in trained cyclists. *European Journal of Applied Physiology* 86: 79-84.

Behm, D.G., G. Reardon, J. Fitzgerald, and F. Drinkwater. 2002. The effect of 5, 10 and 20 repetition maximums on recovery of voluntary and evoked contractile properties. *Journal of Strength and Conditioning Research* 16: 209-218.

Bell, G.J., S. Peterson, J. Wessel et al. 1991. Physiological adaptations to concurrent endurance and low velocity resistance training. *International Journal of Sports Medicine* 4: 384-390.

Bell, G.J., G.D. Snydmiller, D.S. Davies, and H.A. Quinney. 1997. Relationship between aerobic fitness and metabolic recovery from intermittent exercise in endurance athletes. *Canadian Journal of Applied Physiology* 22: 78-85.

Bell, G., and H.A. Wenger. 1986. The effect of sprint training on intramuscular pH buffering capacity and lactates [Abstract]. *Canadian Journal of Applied Sport Sciences* 11(3).

Berg, W.E. 1947. Individual differences in respiratory gas exchange during recovery from moderate exercise. *American Journal of Physiology* 149: 507-530.

Billat, V., P. Sirvant, G. Py, J.P. Koralsztein, and J. Mercier. 2003. The concept of maximal lactate steady state: A bridge between biochemistry, physiology and sports science. *Sports Medicine* 33: 407-426.

Boger, A., B. Warren, M. Stone, and R. Johnson. 1992. Whole blood lactate and serum free fatty acid responses to supramaximal and submaximal cycling bouts. *Conference abstracts*, SEACSM.

Bond, V., R.G. Adams, R.J. Tearney et al. 1991. Effects of active and passive recovery on lactate removal and subsequent isokinetic muscle function. *Journal of Sports Medicine and Physical Fitness* 31(3): 357-361.

Boobis, I., C. Williams, and S.N. Wooten. 1983. Influence of sprint training on muscle metabolism during brief maximal exercise in man. *Journal of Physiology* 342: 36-37P.

Brehm, G.A., and B. Gutin. 1986. Recovery energy expenditure for steady state exercise in runners and nonexercisers. *Medicine and Science in Sports and Exercise* 18: 205-210.

Bridges, C.R., B.J. Clark III, R.L. Hammond et al. 1991. Skeletal muscle bioenergetics during frequency-dependent fatigue. *American Journal of Physiology* 29: C643-C651.

Brooks, G.A. 1986. The lactate shuttle during exercise and recovery. *Medicine and Science in Sports and Exercise* 18: 360-368.

Brooks, G.A., K.E. Brauner, and R.G. Cassens. 1973. Glycogen synthesis and metabolism of lactic acid after exercise. *American Journal of Physiology* 224: 1162-1186.

Brooks, G.A., T.D. Fahey, and T.P. White. 1996. *Exercise physiology* (2nd ed.). Mountain View, CA: Mayfield.

Brooks, G.A., K.J. Hittelman, J.A. Faulkner, and R.E. Beyer. 1971. Temperature, skeletal muscle mitochondrial functions and oxygen debt. *American Journal of Physiology* 220: 1053-1068.

Brouha, L., and E. Radford. 1960. The cardiovascular system in muscular activity. In: W. Johnson (Ed.), *Science and medicine of exercise and sports*. New York: McGraw-Hill.

Burke, R.E., and V.R. Edgerton. 1975. Motor unit properties and selective involvement in movement. In: J. Wilmore and J. Keough (Eds.), *Exercise and sport science reviews* (pp. 31-81). New York: Academic Press.

Burleson, M.A., H.S. O'Bryant, M.H. Stone, M. Collins, and T. Triplett-McBride. 1998. Effect of weight training exercise and treadmill exercise on post-exercise oxygen consumption. *Medicine and Science in Sports and Exercise* 30: 518-522.

Buskirk, E., and H. Taylor. 1957. Maximal oxygen intake and its relation to body composition, with special reference to chronic physical activity and obesity. *Journal of Applied Physiology* 11: 72-78.

Butler, T.C., W.J. Waddel, and D.T. Poole. 1967. Intracellular pH based on distribution of weak electrolytes. *Federation Proceedings* 26: 1327-1332.

Byrd, R., K. Pierce, R. Gentry, and M. Swisher. 1996. Prediction of caloric cost of the parallel back squat in women. *Journal of Strength and Conditioning Research* 10: 184-185.

Cain, D.F., and R.E. Davis. 1962. Breakdown of adenosine triphosphate during a single contraction of working muscle. *Biochemistry and Biophysics Research Communication* 8: 361-366.

Campos, G.E., T.J. Luecke, H.K. Wendein, K. Toma, F.C. Hagerman, T.F. Murray, K.E. Ragg, N.A. Ratamess, W.J. Kraemer, and R.S. Staron. 2002. Muscular adaptations in response to three different resistance-training regimens: Specificity of repletion maximum training zones. *European Journal of Applied Physiology* 88: 50-60.

Cerretelli, P., G. Ambrosoli, M. Fumagalli et al. 1975. Anaerobic recovery in man. *European Journal of Applied Physiology* 34: 141-148.

Cerretelli, P., D. Rennie, and D. Pendergast. 1980. Kinetics of metabolic transients during exercise. *International Journal of Sports Medicine* 55: 178-180.

Chappell, J.B. 1968. Systems used for the transport of substances into mitochondria. *British Medical Bulletin* 24: 150-157.

Coggan, A.R., and E.F. Coyle. 1987. Reversal of fatigue during prolonged exercise by carbohydrate infusion or ingestion. *Journal of Applied Physiology* 63: 2388-2395.

Conley, M.S., M.H. Stone, H.S. O'Bryant, R.L. Johnson, D.R. Honeycutt, and T.P. Hoke. 1993. Peak power versus power at maximal oxygen uptake. Presentation at the NSCA National Meeting, Las Vegas.

Constable, S.H., R.J. Favier, J.A. McLane et al. 1987. Energy metabolism in contracting rat skeletal muscle: Adaptation to exercise training. *American Journal of Physiology* 253: 316-322.

Cooke, S.R., S.R. Petersen, and H.A. Quinney. 1997. The influence of maximal aerobic power on recovery of skeletal muscle following anaerobic exercise. *European Journal of Applied Physiology* 75: 512-519.

Costill, D.L., D.D. Pascoe, W.J. Fink, R.A. Robergs, S.I. Barr, and D.R. Pearson. 1990. Impaired muscle glycogen resynthesis after eccentric exercise. *Journal of Applied Physiology* 69: 46-50.

Coyle, E.F., A.R. Coggan, M.K. Hemmart et al. 1984. Glycogen usage performance relative to lactate threshold [abstract]. *Medicine and Science in Sports and Exercise* 16: 120.

Coyle, E.F., J.M. Hagberg, B.F. Hurley et al. 1983. Carbohydrate feeding during prolonged strenuous exercise can delay fatigue. *Journal of Applied Physiology* 55: 230-235.

Craig, B.W., J. Lucas, R. Pohlmanet et al. 1991. The effects of running, weightlifting and a combination of both on growth hormone release. *Journal of Applied Sport Science Research* 5(4): 198-203.

Crawford, W.W., S.F. Loy, A.G. Nelson, R.K. Conlee, A.G. Fisher, and P.E. Allsen. 1991. Effects of prior strength exercise on the heart rate oxygen uptake relationship during submaximal exercise. *Journal of Sports Medicine and Physical Fitness* 31: 501-505.

Davis, J.A., M.H. Frank, B.J. Whipp et al. 1979. Anaerobic threshold alterations caused by endurance training in middle-aged men. *Journal of Applied Physiology* 46: 1039-1046.

Dawson, B., M. Fitzsimmons, S. Green, C. Goodman, M. Carey, and K. Cole. 1998. Changes in performance, muscle metabolites, enzymes and fibre types after short sprint training. *European Journal of Applied Physiology* 78: 163-169.

diPrampero, P.E., L. Peeters, and R. Margaria. 1973. Alactic O_2 debt and lactic acid production after exhausting exercise in man. *Journal of Applied Physiology* 34: 628-632.

Doyle, J.A., W.M. Sherman, R.I. Strauss et al. 1993. Effects of eccentric and concentric exercise on muscle glycogen replenishment. *Journal of Applied Physiology* 74: 1848-1855.

参考文献

Dudley, G.A., and R. Djamil. 1985. Incompatibility of endurance- and strength-training modes of exercise. *Journal of Applied Physiology* 59(5): 1446-1451.

Dudley, G., and T.F. Murray. 1982. Energy for sport. *National Strength and Conditioning Journal* 3(3): 14-15.

Dufaux, B., G. Assmann, and W. Hollman. 1982. Plasma lipoproteins and physical activity: A review. *International Journal of Sports Medicine* 3: 123-136.

Edington, D.E., and V.R. Edgerton. 1976. *The biology of physical activity*. Boston: Houghton Mifflin.

Elliot, D.L., L. Goldberg, and K.S. Kuel. 1992. Effect of resistance training on excess post-exercise oxygen consumption. *Journal of Applied Sport Science Research* 6(2): 77-81.

Ericksson, B.O., P.D. Gollnick, and B. Saltin. 1973. Muscle metabolism and enzyme activities after training in boys 11-13 years old. *Acta Physiologica Scandinavica* 87: 485-497.

Essen, B. 1978. Glycogen depletion of different fibre types in man during intermittent and continuous exercise. *Acta Physiological Scandinavica* 103: 446-455.

Fabiato, A., and F. Fabiato. 1978. Effects of pH on the myofilaments and sarcoplasmic reticulum of skinned cells from cardiac and skeletal muscle. *Journal of Physiology* 276: 233-255.

Farrel, P.A., J.H. Wilmore, E.F. Coyle et al. 1979. Plasma lactate accumulation and distance running performance. *Medicine and Science in Sports* 11(4): 338-344.

Freund, H., and P. Gendry. 1978. Lactate kinetics after short strenuous exercise in man. *European Journal of Applied Physiology* 39: 123-135.

Friedman, J.E., P.D. Neufer, and L.G. Dohm. 1991. Regulation of glycogen synthesis following exercise. *Sports Medicine* 11(4): 232-243.

Fuchs, F., Y. Reddy, and F.N. Briggs. 1970. The interaction of cations with calcium binding site of troponin. *Biochemistry Biophysics Acta* 221: 407-409.

Gladden, L.B., and H.G. Welch. 1978. Efficiency of anaerobic work. *Journal of Applied Physiology* 44: 564-570.

Gollnick, P.D., R.B. Armstrong, B. Saltin et al. 1973. Effect of training on enzyme activity and fibre composition of human muscle. *Journal of Applied Physiology* 34: 107-111.

Gollnick, P.D., R.B. Armstrong, W. Saubert et al. 1972. Enzyme activity and fibre composition in skeletal muscle of untrained and trained men. *Journal of Applied Physiology* 33: 312-319.

Gollnick, P.D., and W.M. Bayly. 1986. Biochemical training adaptations and maximal power. In: N.L. Jones, N. McCartney, and A.J. McComas (Eds.), *Human muscle power* (pp. 255-267). Champaign, IL: Human Kinetics.

Gollnick, P.D., W.M. Bayly, and D.R. Hodgson. 1986. Exercise intensity, training diet and lactate concentration in muscle and blood. *Medicine and Science in Sports and Exercise* 18: 334-340.

Gollnick, P.D., and L. Hermansen. 1975. Biochemical adaptations to exercise: Anaerobic metabolism. *Exercise and Sport Sciences Reviews* 1: 1-13.

Gollnick, P.D., and B. Saltin. 1982. Significance of skeletal muscle oxidative enzyme enhancement with endurance training. *Clinical Physiology* 2: 1-12.

Green, H.J., M.E. Houston, J.A. Thomson et al. 1979. Metabolic consequences of supra maximal arm work performed during prolonged submaximal leg work. *Journal of Applied Physiology* 46: 249-255.

Hadmann, R. 1957. The available glycogen in man and the connection between rate of oxygen intake and carbohydrate usage. *Acta Physiologica Scandinavica* 40: 305-330.

Hakkinen, K., M. Alen, W.J. Kraemer, E. Gorostiaga, M. Izquierdo, H. Rusko, J. Mikkola, H. Valkeinen, E. Kaarakainen, S. Romu, V. Erola, J. Ahtiainen, and L. Paavolainen. 2003. Neuromuscular adaptations during concurrent strength and endurance training versus strength training. *European Journal of Applied Physiology* 89: 42-52.

Harmer, A.R., M.J. McKenna, J.R. Sutton, R.J. Snow, P.A. Ruell, J. Booth, M.W. Thompson, N.A. Mackey, G.C. Stathis, R.M. Crameri, M.F. Carey, and D.M. Eager. 2000. Skeletal muscle metabolic and ionic adaptation during intense exercise following sprint training in humans. *Journal of Applied Physiology* 89: 1793-1803.

Harris, R.C., R.H.T. Edwards, E. Hultman et al. 1976. The time course of phosphocreatinine resynthesis during recovery of quadriceps muscle in man. *Pfluegers Archiv* 97: 392-397.

Hennessy, L., and W.S Watson. 1994. The interference effects of training for strength and endurance simultaneously. *Journal of Strength and Conditioning Research* 8: 12-19.

Henry, F.M. 1957. Aerobic oxygen consumption and alactic debt in muscular work. *Journal of Applied Physiology* 3: 427-450.

Hermansen, L. 1981. Effect of metabolic changes on force generation in skeletal muscle during maximal exercise. In: *Human muscle fatigue*. London: Pittman Medical.

Hermansen, L., and I. Stenvold. 1972. Production and removal of lactate in man. *Acta Physiologica Scandinavica* 86: 191-201.

Hermansen, L., and O. Vaage. 1977. Lactate disappearance and glycogen synthesis in human muscle after maximal exercise. *American Journal of Physiology* 233: E422-E429.

Hickson, R.C. 1980. Interference of strength development by simultaneously training for strength and endurance. *European Journal of Applied Physiology* 215: 255-263.

Hickson, R.C., B.A. Dvorak, E.M. Gorostiaga et al. 1988. Potential for strength and endurance training to amplify endurance performance. *Journal of Applied Physiology* 65(5): 2285-2290.

Hickson, R.C., M.A. Rosenkoetter, and M.M. Brown. 1980. Strength training effects on aerobic power and short-term endurance. *Medicine and Science in Sports and Exercise* 12: 336-339.

Hill, A.V. 1924. Muscular exercise, lactic acid and the supply and utilization of oxygen. *Proceedings of the Royal Society of London (Biology)* 96: 438.

Hirvonen, J., S. Ruhunen, H. Rusko et al. 1987. Breakdown of high-energy phosphate compounds and lactate accumulation during short submaximal exercise. *European Journal of Applied Physiology* 56: 253-259.

Hoffman, J.R. 1997. The relationship between aerobic fitness and recovery from high-intensity exercise in infantry soldiers. *Military Medicine* 162: 484-488.

Hogan, M.C., L.B. Gladden, S.S. Kurdak, and D.C. Poole. 1995. Increased [lactate] in working dog muscle reduces muscle tension development independent of pH. *Medicine and Science in Sports and Exercise* 27: 371-377.

Houston, M.E., and J.A. Thomson. 1977. The response of endurance-adapted adults to intense anaerobic training. *European Journal of Applied Physiology* 36: 207-213.

Hultman, E., and H. Sjoholm. 1986. Biochemical causes of fatigue. In: N.L. Jones, N. McCartney, and A.J. McComas (Eds.), *Human muscle power* (pp. 215-235). Champaign, IL: Human Kinetics.

Hultsmann, W.C. 1979. On the regulation of the supply of substrates for muscular activity. *Bibliotheca Nutrition Dictatica* 27: 11-15.

Hunter, G.R., C.J. Wetzstein, D.A. Fields, A. Brown, and M.M. Bamman. 2000. Resistance training increases total energy expenditure and free-living physical activity in older adults. *Journal of Applied Physiology* 89: 977-984.

Issekutz, B., H.I. Miller, P. Paul et al. 1965. Effect of lactic acid on fatty acids and glucose oxidation in dogs. *American Journal of Physiology* 209: 1137-1144.

Jacobs, I. 1981. Lactate, muscle glycogen and exercise performance in man. *Acta Physiologica Scandinavica* (Suppl.) 495: 1-35.

Jacobs, I. 1986. Blood lactate: Implications for training and sports performance. *Sports Medicine* 3: 10-25.

Jacobs, I., P. Kaiser, and P. Tesch. 1981. Muscle strength and fatigue after selective glycogen depletion in human skeletal muscle fibers. *European Journal of Applied Physiology* 36: 47-53.

Jacobs, I., P.A. Tesch, O. Bar-Or et al. 1983. Lactate in human skeletal muscle after 10 and 30 s of supramaximal exercise. *Journal of Applied Physiology* 55: 365-367.

Jones, N., and R. Ehrsam. 1982. The anaerobic threshold. *Exercise and Sport Sciences Reviews* 10: 49-83.

Jones, N.L., J.F. Heigenhauser, A. Kuksis et al. 1980. Fat metabolism in heavy exercise. *Clinical Science* 59: 469-478.

Juel, C. 1988. Intracellular pH recovery and lactate efflux in mouse soleus muscles stimulated in vitro: The involvement of sodium/proton exchange and a lactate carrier. *Acta Physiologica Scandinavica* 132: 363-371.

Karlsson, J. 1971. Lactate and phosphagen concentrations in working muscle of man. *Acta Physiologica Scandinavica* (Suppl.), 358-365.

Karlsson, J.L., O. Nordesco, L. Jorfeldt et al. 1972. Muscle lactate, ATP and CP levels during exercise and after physical training in man. *Journal of Applied Physiology* 33(2): 194-203.

Kindermann, W., G. Simon, and J. Jeul. 1979. The significance of the aerobic-anaerobic transition for the determination of work load intensities during endurance training. *European Journal of Applied Physiology* 42: 25-34.

Kleiber, M. 1950. Calorimetric measurements. In: F. Uber (Ed.), *Biophysical research methods*. New York: Interscience.

Klingerberg, M. 1970. Metabolite transport in mitochondria: An example for intracellular membrane function. *Essays in Biochemistry* 6: 119-159.

Komi, P.V., A. Ito, B. Sjodin et al. 1981. Lactate breaking point and biomechanics of running. [abstract]. *Medicine and Science in Sports and Exercise* 13: 114.

Koziris, L.P., W.J. Kraemer, J.F. Patton, N.T. Triplett, A.C. Fry, S.E. Gordon, and H.G. Knuttgen. 1996. Relationship of aerobic power to anaerobic performance indices. *Journal of Strength and Conditioning Research* 10(1): 35-39.

Kraemer, W.J., B.J. Nobel, M.J. Clark et al. 1987. Physiologic responses to heavy-resistance exercise with very short rest periods. *International Journal of Sports Medicine* 8: 247-252.

Kraemer, W.J., J. Patton, S.E. Gordon et al. 1995. Compatibility of high-intensity strength and endurance training on hormonal and skeletal muscle adaptations. *Journal of Applied Physiology* 78: 976-989.

Krebs, H.A. 1972. The Pasteur effect and the relation between respiration and fermentation. *Essays in Biochemistry* 8: 2-34.

Lambert, C.P., and M.G. Flynn. 2002. Fatigue during high-intensity exercise: Application to bodybuilding. *Sports Medicine* 32: 511-522.

Lambert, C.P., M.G. Flynn, J.B. Boone et al. 1991. Effects of carbohydrate feeding on multiple-bout resistance exercise. *Journal of Applied Sport Science Research* 5(4): 192-197.

Laritcheva, K.A., N.I. Valovarya, N.I. Shybin, and S.A. Smirnov. 1978. Study of energy expenditure and protein needs of top weightlifters. In: J. Parizkova and V. Rogozkin (Eds.), *Nutrition, physical fitness, and health. International series on sport sciences* (Vol. 7, pp. 53-68). Baltimore: University Park Press.

Lehninger, A.L. 2000. *Principles of biochemistry* (3rd ed). New York: Freeman.

Linossier, M.T., D. Dormois, C. Perier, J. Frey, A. Geyssant, and C. Dnis. 1997. Enzyme adaptations of human skeletal muscle during bicycle short-sprint training and detraining. *Acta Physiologica Scandinavica* 161: 439-445.

MacDougall, J.D. 1986. Morphological changes in human skeletal muscle following strength training and immobilization. In: N.L. Jones, N. McCartney, and A.J. McComas (Eds.), *Human muscle power* (pp. 269-288). Champaign, IL: Human Kinetics.

MacDougall, J.D., A.L. Hicks, J.R. MacDonald, R.S. McKelvie, H.J. Green, and K.M. Smith. 1998. Muscle performance and enzymatic adaptation to sprint interval training. *Journal of Applied Physiology* 84: 3138-3142.

MacDougall, J.D., S. Ray, N. McCartney et al. 1988. Substrate utilization during weight lifting [abstract]. *Medicine and Science in Sports and Exercise* 20: S66.

MacDougall, J.D., G.R. Ward, D.G. Sale et al. 1977. Biochemical adaptations of human skeletal muscle to heavy resistance training and immobilization. *Journal of Applied Physiology* 43: 700-703.

Marcinik, E.J., G. Potts, G. Schlabach et al. 1991. Effects of strength training on lactate threshold and endurance performance. *Medicine and Science in Sports and Exercise* 23: 739-743.

Margaria, R., H.T. Edwards, and D.B. Dill. 1933. The possible mechanism of contracting and paying the oxygen debt and the role of lactic acid in muscular contraction. *American Journal of Physiology* 106: 687-714.

Mazzeo, R.S., G.A. Brooks, D.A. Schoeller et al. 1986. Disposal of blood (1-^{13}C) lactate in humans during rest and exercise. *Journal of Applied Physiology* 60: 232-241.

McCann, D.J., P.A. Mole, and J.R. Caton. 1995. Phosphocreatine kinetics in humans during exercise and recovery. *Medicine and Science in Sports and Exercise* 27: 378-387.

McCarthy, J.P., J.C. Agre, B.K. Graf et al. 1995. Compatibility of adaptive responses with combining strength and endurance training. *Medicine and Science in Sports and Exercise* 27: 429-436.

McCartney, N., L.L. Spriet, G.J.F. Heigenhauser et al. 1986. Muscle power and metabolism in maximal intermittent exercise. *Journal of Applied Physiology* 60: 1164-1169.

McGilvery, R.W. 1975. *Biochemical concepts*. Philadelphia: Saunders.

McMillan, J.L., M.H. Stone, J. Sartain et al. 1993. 20-hour physiological responses to a single weight training session. *Journal of Strength and Conditioning Research* 7(1): 9-21.

Medbo, J.I., and S. Burgers. 1990. Effect of training on the anaerobic capacity. *Medicine and Science in Sports and Exercise* 22: 501-507.

Medbo, J.I., A-C. Mohn, I. Tabata et al. 1988. Anaerobic capacity determined by maximal accumulated O_2 deficit. *Journal of Applied Physiology* 64: 50-60.

Melby, C., C. Scholl, G. Edwards et al. 1993. Effect of acute resistance exercise on post-exercise energy expenditure and resting metabolic rate. *Journal of Applied Physiology* 75(4): 1847-1853.

Melby, C.L., T. Ticknell, and W.D. Schmidt. 1992. Energy expenditure following a bout of non-steady state resistance exercise. *Journal of Sports Medicine and Physical Fitness* 32: 128-135.

Meyer, R.A., and R.L. Terjung. 1979. Differences in ammonia and adenylate metabolism in contracting fast and slow muscle. *American Journal of Physiology* 237: C111-C118.

Miller, H.I., B. Issekutz, P. Paul et al. 1964. Effect of lactic acid on plasma free fatty acids in pancreatechtomized dogs. *American Journal of Physiology* 207: 1226-1230.

Murphy, E., and R. Schwarzkopf. 1992. Effects of standard set and circuit weight training on excess post-exercise oxygen consumption. *Journal of Strength and Conditioning Research* 6: 88-91.

Nakamura, Y., and A. Schwartz. 1972. The influence of hydrogen ion concentration on calcium binding and release by skeletal muscle sarcoplasmic reticulum. *Journal of General Physiology* 59: 22-32.

Newsholme, E.A. 1986. Application of principles of metabolic control to the problem of metabolic limitations in sprinting, middle distance and marathon running. In: N.L. Jones, N. McCartney, and A.J. McComas (Eds.), *Human muscle power* (pp. 169-174). Champaign, IL: Human Kinetics.

Nielsen, J.J., M. Moher, C. Klarskov et al. 2004. Effects of high-intensity intermittent training on potassium kinetics and performance in humans. *Journal of Physiology* 554: 857-870.

Nummela, A., A. Mero, and H. Rusko. 1996. Effects of sprint training on anaerobic performance characteristics determined by the MART. *International Journal of Sports Medicine* 17(Suppl. 2): S114-119.

Olsen, H.L., E. Raabo, J. Bangsbo, and N.H. Secher. 1994. Maximal oxygen deficit of sprint and middle distance runners. *European Journal of Applied Physiology* 69: 140-146.

Opie, L.J., and E.A. Newsholme. 1967. The activities of fructose 1, 6-diphosphate, phosphofructokinase, and phosphoenolpyruvate carboxykinase in white and red muscle. *Biochemical Journal* 103: 391-399.

Parkhouse, W.S., D.C. McKenzie, P.W. Hochochka et al. 1983. The relationship between carnosine levels, buffering capacity, fiber type and anaerobic capacity in elite athletes. In: H.G. Knuttgen, J.A. Vogel, and J. Poortmans (Eds.), *Biochemistry of exercise* (pp. 590-594). Champaign, IL: Human Kinetics.

Pierce, K., R. Rozenek, M. Stone et al. 1987. The effects of weight training on plasma cortisol, lactate, heart rate, anxiety and perceived exertion [abstract]. *Journal of Applied Sport Science Research* 1(3): 58.

Pierce, K., R. Rozenek, M. Stone et al. 1993. Effect of weight training on lactate, heart rate, and perceived exertion. *Journal of Strength and Conditioning Research* 7(4): 211-215.

Pike, R.L., and M. Brown. 1975. *Nutrition: An integrated approach* (2nd ed.). New York: Wiley.

Plisk, S.S. 1991. Anaerobic metabolic conditioning: A brief review of theory, strategy and practical application. *Journal of Applied Sport Science Research* 5(1): 22-34.

Plisk, S.S., and V. Gambetta. 1997. Tactical metabolic training. *Strength and Conditioning* 19: 44-52.

Powers, S.K., and E.T. Howley. 1997. *Exercise physiology* (3rd ed.). Dubuque, IA: Brown and Benchmark.

Richter, E.A., H. Galbo, and N.J. Christensen. 1981. Control of exercise-induced muscular glycogenolysis by adrenal medullary hormones in rats. *Journal of Applied Physiology* 50: 21-26.

Robergs, R.A., D.R. Pearson, D.L. Costill et al. 1991. Muscle glycogenolysis during differing intensities of weight-resistance exercise. *Journal of Applied Physiology* 70(4): 1700-1706.

Roberts, A.D., R. Billeter, and H. Howald. 1982. Anaerobic muscle enzyme changes after interval training. *International Journal of Sports Medicine* 3: 18-21.

Rodas, G.J., L. Ventura, J.A. Cusso, and J. Parra. 2000. A short training programme for the rapid improvement of both aerobic and anaerobic metabolism. *European Journal of Applied Physiology* 82: 480-486.

Romijn, J.A., E.F. Coyle, J. Hibbert, and R.R. Wolfe. 1992. Comparisons of indirect calorimetry and a new breath 13C/12C ratio method during strenuous exercise. *American Journal of Physiology* 263: E64-E71.

Sahlin, K. 1978. Intracellular pH and energy metabolism in skeletal muscle of man, with special reference to exercise. *Acta Physiologica Scandinavica* (Suppl.) 455: 1-56.

Sahlin, K., R.C. Harris, B. Nylind et al. 1976. Lactate content and pH in muscle samples obtained after dynamic exercise. *Pfluegers Archiv* 367: 143-149.

Saltin, B., and P.D. Gollnick. 1983. Skeletal muscle adaptability: Significance for metabolism and performance. In: L.D. Peachey, R.H. Adrian, and S.R. Geiger (Eds.), *Handbook of physiology* (pp. 540-555). Baltimore: Williams & Wilkins.

Saltin, B., and J. Karlsson. 1971. Muscle glycogen utilization during work of different intensities. In: B. Pernow and B. Saltin (Eds.), *Muscle metabolism during exercise* (pp. 289-300). New York: Plenum Press.

Scala, D., J. McMillan, D. Blessing et al. 1987. Metabolic cost of a preparatory phase of training in weightlifting: A practical observation. *Journal of Applied Sport Science Research* 1(3): 48-52.

Scholl, C.G., R.C. Bullough, and C.L. Melby. 1993. Effect of different modes on postexercise energy expenditure and substrate utilization. *Medicine and Science in Sports and Exercise* 25(5): 532.

Schuenke, M.D., R.P. Mikat, and J.M. McBride. 2002. Effect of an acute period of resistance exercise on excess post-exercise oxygen consumption: Implications for body mass management. *European Journal of Applied Physiology* 86: 411-417.

Sedlock, D.A., J.A. Fissinger, and C.L. Melby. 1989. Effect of exercise intensity and duration on postexercise energy expenditure. *Medicine and Science in Sports and Exercise* 21: 626-666.

Sherman, W.M., and G.S. Wimer. 1991. Insufficient carbohydrate during training: Does it impair performance? *Sport Nutrition* 1: 28-44.

Short, K.R., and D.A. Sedlock. 1997. Excess postexercise oxygen consumption and recovery rate in trained and untrained subjects. *Journal of Applied Physiology* 83: 153-159.

Sjodin, B., and I. Jacobs. 1981. Onset of blood lactate accumulation and marathon running performance. *International Journal of Applied Sports Medicine* 2: 23-26.

Sjodin, B., A. Thorstensson, K. Firth et al. 1976. Effect of physical training on LDH activity and LDH isozyme pattern in human skeletal muscle. *Acta Physiologica Scandinavica* 97: 150-157.

Sjogaard, G. 1984. Changes in skeletal muscle capillarity and enzyme activity with training and detraining. In: P. Marconnet, J. Poortmans, and L. Hermansen (Eds.), *Medicine and sport science* (Vol. 17, *Physiological chemistry of training and detraining*, pp. 202-214). Basel: Karger.

Spriet, L.L., M.L. Lindinger, and R.S. McKelvie. 1989. Muscle glycogenolysis and H$^+$ concentration during maximal intermittent cycling. *Journal of Applied Physiology* 66: 8-13.

Stainsby, W.M., and J.K. Barclay. 1970. Exercise metabolism: O_2 deficit, steady level O_2 uptake and O_2 uptake in recovery. *Medicine and Science in Sports* 2: 177-195.

Stone, M.H., and M.S. Conley. 1992. Bioenergetics. In: T. Baechle (Ed.), *Essentials of strength training and conditioning*. Champaign, IL: Human Kinetics.

Stone, M.H., S.J. Fleck, W.J. Kraemer et al. 1991a. Health and performance related adaptations to resistive training. *Sports Medicine* 11(4): 210-231.

Stone, M.H., and A.C. Fry. 1997. Increased training volume in strength/power athletes. In: R. Kreider, A. Fry, and M. O'Toole (Eds.), *Overtraining in sport* (chapter 5, pp. 87-106). Champaign, IL: Human Kinetics.

Stone, M.H., R.E. Keith, J.T. Kearney et al. 1991b. Overtraining: A review of the signs, symptoms and possible causes. *Journal of Applied Sport Science Research* 5(1): 55-60.

Stone, M.H., and H.S. O'Bryant. 1987. *Strength training: A scientific approach*. Minneapolis: Burgess.

Stone, M.H., K. Pierce, R. Godsen et al. 1987. Heart rate and lactate levels during weight-training in trained and untrained men. *Physician and Sportsmedicine* 15(5): 97-105.

Stone, M.H., B. Warren, J. Potteiger, and B. Bonner. 1988. Strength and vertical jump performance following varied recovery periods after high volume squatting. *Conference abstracts*, SEACSM. Presented at the SEACSM annual meeting, January.

Stone, M.H., G.D. Wilson, D. Blessing et al. 1983. Cardiovascular responses to short-term Olympic style weight training in young men. *Canadian Journal of Applied Sport Sciences* 8: 134-139.

Sugden, P.H., and E.A. Newsholme. 1975. The effects of ammonium, inorganic phosphate and potassium ions on the activity of phosphofructokinase from muscle and nervous tissues of vertebrates and invertebrates. *Biochemical Journal* 150: 113-122.

Tabata, I., K. Irisawa, M. Kouzaki, K. Nishimura, F. Ogita, and M. Miyachi. 1997. Metabolic profile of high intensity intermittent exercise. *Medicine and Science in Sports and Exercise* 29(3): 390-395.

Tabata, I., K. Nishimura, M. Kouzaki, Y. Hirai, F. Ogita, M. Miyachi, and K. Yamamoto. 1996. Effects of moderate-intensity endurance and high-intensity intermittent training on anaerobic capacity and VO_2 max. *Medicine and Science in Sports and Exercise* 28: 1327-1330.

Tanaka, K., Y. Matsuura, S. Kumagai et al. 1983. Relationships of anaerobic threshold and onset of blood lactate accumulation with endurance performance. *European Journal of Applied Physiology* 52: 51-56.

Terjung, R. 1979. Endocrine response to exercise. In: R.S. Hutton and D.F. Miller (Eds.), *Exercise and sport sciences reviews* (Vol. 7, pp. 153-180). Philadelphia: Franklin Institute Press.

Tesch, P. 1980. Muscle fatigue in man, with special reference to lactate accumulation during short intense exercise. *Acta Physiologica Scandinavica* 480: 1-40.

Tesch, P.A., B. Colliander, and P. Kaiser. 1986. Muscle metabolism during intense, heavy resistance exercise. *European Journal of Applied Physiology* 55: 362-366.

Thorstensson, P. 1976. Muscle strength, fibre types and enzymes in man. *Acta Physiologica Scandinavica* (Suppl.), 443.

Thorstensson, P., B. Sjodin, and J. Karlsson. 1975. Actinomyosin ATPase, myokinase, CPK and LDH in human fast and slow twitch muscle fibres. *Acta Physiological Scandinavica* 99: 225-229.

Tomlin, D.L., and H.A. Wenger. 2001. The relationship between aerobic fitness and recovery from high intensity intermittent exercise. *Sports Medicine* 31: 1-11.

Triplett, N.T., M.H. Stone, C. Adams et al. 1990. Effects of aspartic acid salts on fatigue parameters during weight training exercise and recovery. *Journal of Applied Sport Science Research* 4(4): 141-147.

Vandewalle, H., G. Peres, and H. Monod. 1987. Standard anaerobic exercise tests. *Sports Medicine* 4: 268-289.

Vihko, V., A. Salmons, and J. Rontumaki. 1978. Oxidative and lysomal capacity in skeletal muscle. *Acta Physiologica Scandinavica* 104: 74-81.

Warren, B.J., M.H. Stone, J.T. Kearney et al. 1992. The effects of short-term overwork on performance measures and blood metabolites in elite junior weightlifters. *International Journal of Sports Medicine* 13: 372-376.

Welch, H.G., J.A. Faulkner, J.K. Barclay et al. 1970. Ventilatory responses during recovery from muscular work and its relation with O2 debt. *Medicine and Science in Sports* 2(1): 15-19.

Welch, H.G., and W.N. Stainsby. 1967. Oxygen debt in contracting dog skeletal muscle in situ. *Respiratory Physiology* 3: 229-242.

Wells, J., B. Balke, and D. Van Fossan. 1957. Lactic acid accumulation during work. A suggested standardization of work classification. *Journal of Applied Physiology* 10: 51-55.

Weltman, A., and U.L. Katch. 1977. Min-by-min respiratory exchange and oxygen uptake kinetics during steady-state exercise in subjects of high and low max VO2. *Research Quarterly* 47: 490-501.

Westerblad, H., D.G. Allen, and J. Lannegren. 2002. Muscle fatigue: Lactic acid or inorganic phosphate the major cause? *News in Physiological Science* 17: 17-21.

Whipp, B.J., C. Scard, and K. Wasserman. 1970. O_2 deficit-O_2 debt relationship and efficiency of aerobic work. *Journal of Applied Physiology* 28: 452-458.

Widrick, J.J., D.L. Costill, G.K. McConnell et al. 1992. Time course of glycogen accumulation after eccentric exercise. *Journal of Applied Physiology* 72: 1999-2004.

Withers, R.T., W.M. Sherman, D.G. Clark et al. 1991. Muscle metabolism during 30, 60 and 90 s of maximal cycling on an airbraked ergometer. *European Journal of Applied Physiology* 63: 354-362.

York, J., L.B. Oscai, and D.G. Penny. 1974. Alterations in skeletal muscle lactate dehydrogenase isozymes following exercise training. *Biochemistry and Biophysics Research Communication* 61: 1387-1393.

Yoshida, I. 1984. Effect of dietary modifications on lactate threshold and onset of blood lactate accumulation during incremental exercise. *European Journal of Applied Physiology* 53: 200-205.

Young, V.R., and B. Torun. 1981. Physical activity: Impact on protein and amino acid metabolism and implications for nutritional requirements. *Progress in Clinical and Biological Research* 77: 57-83.

Chapter 5

Adolphsson, S. 1973. Effects of insulin and testosterone on glycogen synthase activity in rat levator ani muscle. *Acta Physiologica Scandinavica* 88: 243-247.

Ahtiainen, J.P., A. Pakarinen, M. Alen, W.J. Kraemer, and K. Hakkinen. 2003. Muscle hypertrophy, hormonal adaptations and strength development during strength training in strength trained and untrained men. *European Journal of Applied Physiology* 89: 555-563.

Aizawa, K., T. Akimoto, H. Inoue, F. Kimura, M. Juo, F. Murai, and N. Mesaki. 2003. Resting serum dehydroepiandrosterone sulfate level increases after 8-week resistance training among young females. *European Journal of Applied Physiology* 90: 575-580.

Aldercruetz, H., M. Harkonen, K. Kuoppasalmi et al. 1986. Effect of training on plasma anabolic and catabolic steroid hormones and their response during physical exercise. *International Journal of Sports Medicine* (Suppl.) 7: 27-28.

Alen, M., and K. Hakkinen. 1987. Androgenic steroid effects on several hormones and on maximal force development in strength athletes. *Journal of Sports Medicine and Physical Fitness* 27: 38-46.

Alen, M., A. Pakarinen, K. Hakkinen et al. 1988. Responses of serum androgenic-anabolic and catabolic hormones to prolonged strength training. *International Journal of Sports Medicine* 9(3): 229-233.

Allenberg, K., N. Holmquist, S.G. Johnsen et al. 1983. Effects of exercise and testosterone on the active form of glycogen synthases in human skeletal muscle. In: H. Knuttgen, J. Vogel, and J. Poortmans (Eds.), *Biochemistry of exercise* (Vol. 13). Champaign, IL: Human Kinetics.

Arnold, A.P., and R.A. Gorski. 1984. Gonadla steroid induction of structural sex differences in the central nervous system. *Annual Review of Neuroscience* 7: 413-442.

Becker, A.B., and R.A. Roth. 1990. Insulin receptor structure and function in normal and pathological conditions. *Annual Review of Medicine* 41: 99-110.

Benfy, B.G., and D.R. Varma. 1967. Interactions of sympathomimetic drugs, propranalol and phentolamine, on a trial refractory period and contractility. *British Journal of Pharmacology and Chemotherapy* 30: 603-611.

Bjorntorp, P. 1981. The effects of exercise on plasma insulin. *International Journal of Sports Medicine* 2: 125-129.

Blessing, D., D. Wilson, R. Rozenek et al. 1986. Performance, body composition, heart rate, blood lipids and hormonal effects of short term jogging and weight training in middle age sedentary men. *Journal of Applied Sport Science Research* 1: 25-29.

Bloom, S.R., R.H. Johnson, D.M. Park et al. 1976. Differences in the metabolic and hormonal response to exercise between racing cyclists and untrained individuals. *Journal of Physiology* 258: 1-18.

Bonen, A. 1985. Glycogen loss is not an index of muscle activity. *Canadian Journal of Applied Sport Sciences* 10: 237.

Borst, S.E., D.V. DeHoyos, L. Garzarella, K. Vincent, B.H. Pollock, D.T. Lowenthal, and M.L. Pollock. 2001. Effects of resistance training on insulin-like growth factor-1 and IGF binding proteins. *Medicine and Science in Sports and Exercise* 4: 648-653.

Bosco, C., R. Colli, R. Bonomi, S.P. von Duvillard, and A. Viru. 2000. Monitoring strength training: Neuromuscular and hormonal profile. *Medicine and Science in Sports and Exercise* 32: 202-208.

Bosco, C., J. Tihanyi, and A. Viru. 1996. Relationship between field fitness test and basal serum testosterone and cortisol levels in soccer players. *Clinical Physiology* 16: 317-322.

Bourne, H.R., and J.M. Roberts. 1992. Drug receptors and pharmacodynamics. In: B.G. Katzung (Ed.), *Basic and clinical pharmacology* (5th ed., pp. 10-34). Englewood Cliffs, NJ: Appleton & Lange.

Brisson, G.R., M.A. Volle, M. Tanaka et al. 1977. A possible submaximal exercise induced hypothalamo-hypophyseal stress. *Hormone and Metabolism Research* 9: 520-524.

Brooks, R.V. 1984. Androgens: Physiology and pathology. In: H.L.J. Makin (Ed.), *Biochemistry of steroid hormones* (2nd ed., pp. 235-246). Oxford: Blackwell Scientific.

Bryan, R.M. 1990. Cerebral blood flow and energy metabolism during stress. *American Journal of Physiology* 259: H269-H280.

Bunt, J.C. 1986. Hormonal alterations due to exercise. *Sports Medicine* 3: 331-345.

Bunt, J.C. 1990. Metabolic actions of estradiol: Significance for acute and chronic exercise responses. *Medicine and Science in Sports and Exercise* 22: 286-290.

Busso, T., K. Hakkinen, A. Pakarinen et al. 1992. Hormonal adaptations and modeled responses in elite weightlifters during 6 weeks of training. *European Journal of Applied Physiology* 64: 381-386.

Clark, M.G., G.S. Patten, O.H. Filsell et al. 1983. Coordinated regulation of muscle glycolysis and hepatic glucose output in exercise by catecholamines acting via α receptors. *Federation of European Biochemical Societies Letters* 158: 1-5.

Craig, B., and H-Y. Yang. 1994. Growth hormone release following single versus multiple sets of back squats: Total work versus power. *Journal of Strength and Conditioning Research* 8: 270-275.

Cumming, D.C., G.D. Wheeler, E.M. McColl et al. 1989. The effect of exercise on reproductive function in men. *Sports Medicine* 7: 1-17.

Dessypris, K., K. Kuoppasalmi, and H. Aldercreutz. 1976. Plasma cortisol, testosterone, androstenedione and luteinizing hormone (LH) in a non-competitive marathon run. *Journal of Steroid Biochemistry* 7: 33-37.

Dodson, M.V., R.E. Allen, and K.L. Hossner. 1985. Ovine somatomedin, multiplication-stimulating activity and insulin promote skeletal muscle satellite cell proliferation in vitro. *Endocrinology* 117: 2357-2363.

Doerr, P., and K.M. Pirke. 1976. Cortisol-induced suppression of plasma testosterone in normal adult males. *Journal of Clinical Endocrinology and Metabolism* 43: 622-629.

Dohm, L., and T.M. Louis. 1978. Changes in androstenedione, testosterone and protein metabolism as a result of exercise. *Proceedings of the Society for Experimental Biology and Medicine* 158: 622-625.

Dresel, P.B, K.L. MacCannel, and M. Nickerson. 1960. Cardiac arrythmias induced by minimal doses of epinephrine in cyclopropane-anethetized dogs. *Circulation Research* 9: 948-955.

Dufaux, M.L., and K.J. Katt. 1978. Gonadotropin in receptors and regulation of steroidogenesis in testis and ovary. In: P.L. Manson (Ed.), *Vitamins and hormones* (pp. 462-492). New York: Academic Press.

Eik-Nes, K.M. 1969. An effect of isoproterenol on rates of synthesis and secretion of testosterone. *American Journal of Physiology* 217: 1764-1770.

Ellis, G.S., S. Lanza-Jacoby, A. Gow et al. 1994. Effects of estradiol on lipoprotein lipase activity and lipid availability in exercised male rats. *Journal of Applied Physiology* 77: 209-215.

Fellmann, N., J. Coudert, J.F. Jarrige, M. Bedu, C. Denis, D. Boucher, and J.R. Lacour. 1985. Effects of endurance training on the androgenic response to exercise in man. *International Journal of Sports Medicine* 6: 215-219.

Fleck, S.J., and W.J. Kraemer. 1987. *Designing resistance training programs*. Champaign, IL: Human Kinetics.

Florini, J.R. 1985. Hormonal control of muscle cell growth. *Journal of Animal Science* 61: 21-37.

Florini, J.R. 1987. Hormonal control of muscle growth. *Muscle and Nerve* 10: 577-598.

Freissmuth, M., P.J. Casey, and A.G. Gilman. 1989. G proteins control diverse pathways of transmembrane signaling. *FASEB Journal* 3: 2125-2128.

Frey, R., B.M. Doerr, L.S. Srivastava et al. 1983. Exercise training, sex hormones and lipoproteins in man. *Journal of Applied Physiology* 34: 757-762.

Friedman, J.E., P.D. Neufer, and L.G. Dohm. 1991. Regulation of glycogen synthesis following exercise. *Sports Medicine* 11: 232-243.

Fry, A.C., and W.J. Kraemer. 1997. Resistance exercise overtraining and overreaching: Neuroendocrine responses. *Sports Medicine* 23: 106-129.

Fry, A.C., W.J. Kraemer, M.H. Stone et al. 1990. Acute exercise responses in elite junior weightlifters. *Medicine and Science in Sports and Exercise* 22: S4.

Fry, A.C., W.J. Kraemer, M.H. Stone et al. 1994. Endocrine and performance responses to overreaching before and after 1 year of weightlifting. *Canadian Journal of Applied Physiology* 19(4): 400-410.

Fry, A.C., W.J. Kraemer, M.H. Stone, L.P. Koziris, J.T. Thrush, and S.J. Fleck. 2000. Relationships between serum testosterone, cortisol and weightlifting performance. *Journal of Strength and Conditioning Research* 14(3): 338-343.

Fry, A.C., B.K. Schilling, R.S. Staron, F.C. Hagerman, R.S. Hikida, and J.T. Thrush. 2003. Muscle fiber characteristics and performance correlates of male Olympic-style weightlifters. *Journal of Strength and Conditioning Research* 17(4): 746-754.

Galbo, H., and P.D. Gollnick. 1984. Hormonal changes during and after exercise. In: P. Marconnet, J. Poortmans, and L. Hermansen (Eds.), *Medicine and sport science* (Vol. 17, *Physiological chemistry of training and detraining*, pp. 97-110). Basel: Karger.

Galbo, H., L. Hamner, I.B. Petersen, N.J. Christensen, and W. Bie. 1977. Responses to graded and prolonged exercise in man. *European Journal of Applied Physiology* 36: 101-106.

Gotshalk, L.A., C.C. Loebel, B.C. Nindl, M. Putukian, W.J. Sebstianelli, R.U. Newton, K. Hakkinen, and W.J. Kraemer. 1997. Hormonal responses of multi-set versus single set heavy resistance exercise protocols. *Canadian Journal of Applied Physiology* 22: 244-255.

Gray, A.B., R.D. Telford, and M.J. Weidermann. 1993. Endocrine responses to intense interval exercise. *European Journal of Applied Physiology* 66: 366-371.

Guezennec, C.Y., P. Ferre, B. Serrurier et al. 1982. Effects of prolonged physical exercise and fasting upon plasma testosterone levels in rats. *European Journal of Applied Physiology* 49: 159-162.

Gyntelberg, F.M., M.J. Rennie, R.C. Hickson et al. 1977. Effect of training on the response of glucagon to exercise. *Journal of Applied Physiology* 43: 302-305.

Hakkinen, K., K.L. Keskinen, M. Alen et al. 1989. Serum hormone concentrations during prolonged training in elite endurance trained and strength trained athletes. *European Journal of Applied Physiology* 59: 233-238.

Hakkinen, K., and A. Pakarinen. 1991. Serum hormones in male strength athletes during intensive short-term strength training. *European Journal of Applied Physiology* 63: 194-199.

Hakkinen, K., and A. Pakarinen. 1993. Muscle strength and serum testosterone, cortisol and SHBG concentrations in middle-aged and elderly men and women. *Acta Physiologica Scandinavica* 148: 199-207.

Hakkinen, K., A. Pakarinen, M. Alen et al. 1985. Serum hormones during prolonged training of neuromuscular performance. *European Journal of Applied Physiology* 53: 287-293.

Hakkinen, K., A. Pakarinen, M. Alen et al. 1987. Relationship between training volume, physical performance capacity and serum hormone concentrations during prolonged training in elite weightlifters. *International Journal of Sports Medicine* (Suppl. 8): 61-65.

Hakkinen, K., A. Pakarinen, M. Alen et al. 1988a. Daily hormonal and neuromuscular responses to strength training in 1 week. *International Journal of Sports Medicine* 9: 422-428.

Hakkinen, K., A. Pakarinen, M. Alen et al. 1988b. Neuromuscular and hormonal adaptations in athletes to strength training in two years. *Journal of Applied Physiology* 65: 2406-2412.

Hakkinen, K., A. Pakarinen, and M. Kallinen. 1992. Neuromuscular adaptations and serum hormones in women during short-term strength training. *European Journal of Applied Physiology* 64: 106-111.

Hakkinen, K., A. Pakarinen, H. Kyrolainen et al. 1990. Neuromuscular adaptations and serum hormones in females during prolonged power training. *International Journal of Sports Medicine* 11: 91-98.

Hartley, L.H., J.W. Mason, R.P. Hogan et al. 1972. Multiple hormonal responses to graded exercise in relation to physical training. *Journal of Applied Physiology* 33: 602-606.

Haynes, R.C., and F. Murad. 1980. Adrenocorticotropic hormone, adrenocortical steroids and their synthetic analogs, inhibitors of adrenocortical steroid biosynthesis. In: A. Gilman, L. Goodman, and A. Gilman (Eds.), *The pharmacological basis of therapeutics* (pp. 1466-1496). New York: Macmillan.

Heikkinen, J., E. Kyllonen, E. Kurttila-Matero et al. 1997. HRT and exercise effects on bone density, muscle strength and lipid metabolism. *Maturitus* 26: 139-149.

Hepp, K.D. 1977. Studies on the mechanism of insulin action: Basic concepts and clinical implications. *Diabetologia* 13: 177-186.

Hickson, R.C., K. Hikida, C. Foster, M.T. Falduto, and R.T. Chatterton. 1994. Successive time courses of strength development and steroid hormone responses to heavy-resistance training. *Journal of Applied Physiology* 76: 663-670.

Highet, R. 1989. Athletic amenorrhea: An update on aetiology, complications and management. *Sports Medicine* 7: 82-108.

Himms-Hagen, J. 1967. Sympathetic regulation of metabolism. *Pharmacological Reviews* 19: 367-461.

Hodges, J.R., M.T. Jones, and M.A. Stockman. 1962. Effect of emotion and blood circulating corticotropin and cortisol concentration in man. *Nature* 193: 1187-1188.

Hoffman, B.B. 1992. Adrenoceptor-activating drugs. In: B.G. Katzung (Ed.), *Basic and clinical pharmacology* (5th ed., pp. 109-123). Englewood Cliffs, NJ: Appleton & Lange.

Jarholt, J., and J. Holst. 1979. The role of the adrenergic innervation to the pancreatic islets in the control of insulin release during exercise in man. *Pfluegers Archiv* 383: 41-45.

Jensen, J.H., H. Oftebro, B. Breigan et al. 1991. Comparison of changes in testosterone concentrations after strength and endurance exercise in well trained men. *European Journal of Applied Physiology* 63: 467-471.

Jezova, D., and M. Vigas. 1981. Testosterone response to exercise during blockade and stimulation of adrenergic receptors in man. *Hormone Research* 15: 141-147.

Jezova, D., M. Vigas, P. Tatar et al. 1985. Plasma testosterone and catecholamine response to physical exercise in man. *European Journal of Applied Physiology* 54: 62-66.

Johnson, C.C., M.H. Stone, R.J. Byrd et al. 1983. The response of serum lipids and plasma androgens to weight training exercise in sedentary males. *Journal of Sports Medicine and Physical Fitness* 23: 39-41.

Jones, M.T., and B. Gillham. 1988. Factors involved in the regulation of adrenocorticotropic hormone/β-lipotropic hormone. *Physiological Reviews* 68: 743-818.

Jovy, D., H. Bruner, K.E. Klein et al. 1965. Adaptive responses of adrenal cortex to some environmental stressors, exercise, and acceleration. In: *Hormonal steroids: Biochemistry, pharmacology, and therapeutics* (Vol. 2). New York: Academic Press.

Jurkowski, J.E., N.L. Jones, W.C. Walker et al. 1978. Ovarian hormonal responses to exercise. *Journal of Applied Physiology* 44: 109-114.

Keizer, H.A., and A.D. Rogol. 1990. Physical exercise and menstrual cycle alterations: What are the mechanisms? *Sports Medicine* 10(4): 218-235.

Kendrick, Z.V., C.A. Steffen, W.L. Rumsey et al. 1987. Effect of estradiol on tissue glycogen metabolism in exercised oophorectomized female rats. *Journal of Applied Physiology* 63: 492-496.

Kindermann, W., A. Schnabel, W.M. Schmitt et al. 1982. Catecholamines, growth hormone, cortisol, insulin and sex hormones in aerobic and anaerobic exercise. *European Journal of Applied Physiology* 49: 389-399.

Kjer, M. 1992. Regulation of hormonal and metabolic responses during exercise in humans. In: J.O. Holloszy (Ed.), *Exercise and sport science reviews* (Vol. 20, pp. 161-184). Baltimore: Williams & Wilkins.

Koziris, L.P., A.C. Fry, W.J. Kraemer et al. 1992. Hormonal and competitive performance responses to an overtraining stimulus in elite junior weightlifters. *Journal of Applied Sport Science Research* 6(3): 186.

Kraemer, W.J. 1992a. Endocrine responses and adaptations to strength training. In: P.V. Komi (Ed.), *Strength and power in sport* (pp. 291-304). Oxford: Blackwell Scientific.

Kraemer, W.J. 1992b. Hormonal mechanisms related to the expression of muscular strength and power. In: P.V. Komi (Ed.), *Strength and power in sport* (pp. 64-76). Oxford: Blackwell Scientific.

Kraemer, W.J. 1992c. Neuroendocrine responses to resistance exercise. In: T. Baechle (Ed.), *Essentials of strength training and conditioning* (pp. 86-107). Champaign, IL: Human Kinetics.

Kraemer, W.J., A.C. Fry, B.J. Warren et al. 1992. Acute hormonal responses in elite junior weightlifters. *International Journal of Sports Medicine* 13: 103-109.

Kraemer, W.J., L. Marchetelli, S.E. Gordon et al. 1990. Hormonal and growth factor responses to heavy resistance exercise protocols. *Journal of Applied Physiology* 69: 1442-1450.

Kraemer, W.J., B.J. Nobel, M. Clark et al. 1987. Physiological responses to heavy resistance training with very short rest periods. *International Journal of Sports Medicine* 8: 247-252.

Krnjevic, K. 1974. Chemical nature of synaptic transmission in vertebrates. *Physiological Reviews* 54: 418-540.

Kuoppasalmi, H., H. Nervi, K. Kousunen et al. 1981. Plasma steroid levels in muscular exercise. In: J. Poortmans and G. Niset (Eds.), *Biochemistry of exercise IV-B*. Baltimore: University Park Press.

Lamb, D. 1984. *Physiology of exercise*. New York: Macmillan.

Lamon-Fava, S.E., E.C. Fisher, M.E. Nelson et al. 1989. Effect of exercise and menstrual cycle status on plasma lipids, low density lipoprotein particle size and apolipoproteins. *Journal of Clinical Endocrinology and Metabolism* 68: 17-21.

Larner, J. 1980. Insulin and oral hypoglycemic drugs. In: A.G. Gilman, L. Goodman, and A. Gilman (Eds.), *The pharmacological basis for therapeutics* (pp. 1497-1523). New York: Macmillan.

Laron, Z. 1983. Deficiencies of growth hormone and somatostatin in man. *Special Topics in Endocrinology and Metabolism* 5: 149-199.

Lefkowitz, R.J., and M.G. Caron. 1988. Adrenergic receptors: Models for the study of receptors coupled to guanine nucleotide regulatory proteins. *Journal of Biological Chemistry* 263: 4993-4999.

Link, K., R.M. Blizzard, W.S. Evans et al. 1986. The effect of androgens on the pulsatile release and twenty-four hour mean concentration of growth hormone in peripubertal males. *Journal of Clinical Endocrinology and Metabolism* 62: 159-164.

Luger, A., B. Watschinger, P. Deuster, T. Svoboda, M. Clodi, and G.P. Chrousos. 1992. Plasma growth hormone and prolactin responses to graded levels of acute exercise and to a lactate infusion. *Neuroendocrinology* 56: 112-117.

Luyckx, A.S., F. Pirnay, D. Krzentowski et al. 1981. Insulin and glucagon during prolonged muscular exercise in normal man. In: J. Poortmans and G. Niset (Eds.), *Biochemistry of exercise IV-A* (pp. 131-148). Baltimore: University Park Press.

MacDougall, J.D. 1986. Adaptability of muscle to strength training: A cellular approach. In: B. Saltin (Ed.), *International series on sport sciences 16: Biochemistry of exercise VI* (pp. 501-503). Champaign, IL: Human Kinetics.

Mainwaring, W.I.P. 1979. The androgens. In: C.R. Austin (Ed.), *Mechanisms of hormonal action* (Vol. 7). London: Cambridge University Press.

Manchester, K.L. 1972. The effects of insulin on protein synthesis. *Diabetes* 21(Suppl. 2): 447-452.

Marx, J.O., N.A. Ratamess, B.C. Nindl, L.A. Gotshalk, J.S. Volek, K. Dohi, J.A. Bus, A.L. Gomez, S.A. Mazzetti, S.J. Fleck, K. Hakkinen, R.U. Newton, and W.J. Kraemer. 2001. Low-volume circuit versus high-volume periodized resistance training in women. *Medicine and Science in Sports and Exercise* 33: 635-643.

Mason, J.W., L.H. Hartley, T.A. Kotchen et al. 1973. Plasma cortisol and norepinephrine responses in anticipation of muscular exercise. *Psychosomatic Medicine* 35: 406-414.

Mayer, S.E. 1980. Drugs acting at synaptic and neuroeffector junctional sites. In: A. Gilman, L. Goodman, and A. Gilman (Eds.), *The pharmacological basis of therapeutics* (pp. 56-90). New York: Macmillan.

McCall, G.E., W.C. Byrnes, S.J. Fleck, A. Dickinson, and W.J. Kraemer. 1999. Acute and chronic hormonal responses to resistance training designed to promote muscle hypertrophy. *Canadian Journal of Applied Physiology* 24: 96-107.

McMillan, J., M.H. Stone, J. Sartain et al. 1993. The 20 h response to a single session of weight training. *Journal of Strength and Conditioning Research* 7(1): 9-21.

McMurray, R.G., T.K. Eubank, and A.C. Hackney. 1995. Nocturnal hormonal responses to resistance exercise. *European Journal of Applied Physiology* 72: 121-126.

Melby, C., C. Scholl, G. Edwards et al. 1993. Effect of acute resistance exercise on postexercise energy expenditure and resting metabolic rate. *Journal of Applied Physiology* 75: 847-853.

Meyer, M., and F. Rosen. 1975. Interaction of anabolic steroids with glucocorticoid steroid receptor sites in rat muscle control. *American Journal of Physiology* 229: 1381-1386.

Miller, W.J., W.M. Sherman, and J.L. Ivy. 1984. Effect of strength training on glucose tolerance and post-glucose insulin response. *Medicine and Science in Sports and Exercise* 16: 539-543.

Mulligan, S.E., S.J. Fleck, S.E. Gordon et al. 1997. Influence of resistance exercise volume on serum growth hormone and cortisol concentrations in women. *Journal of Strength and Conditioning Research* 10: 256-262.

Munck, A., P.M. Guyne, and N.J. Holbrook. 1984. Physiological functions of glucocorticoids in stress and their relation to pharmacological actions. *Endocrine Reviews* 5: 24-44.

Murad, F., and R.C. Haynes. 1980. Estrogens and progestins. In: A. Gilman, L. Goodman, and A. Gilman (Eds.), *The pharmacological basis of therapeutics* (pp. 1421-1447). New York: Macmillan.

Niklas, B.J., A.J. Ryan, M.M. Treuth, S.M. Harman, M.R. Blackman, B.F. Hurley, and M.A. Rogers. 1995. Testosterone, growth hormone and IGF-1 responses to acute and chronic resistive exercise in men aged 55-70 years. *International Journal of Sports Medicine* 16: 445-450.

Nimmons, M. 1995. High volume weight training with different rest periods and its effect on muscle hypertrophy. Master's thesis, Appalachian State University, Boone, NC.

O'Dowd, B.F., R.J. Lefkowitz, M.G. Caron et al. 1989. Structure of the adrenergic and related receptors. *Annual Review of Neurosciences* 12: 67-92.

Ostrowski, K.J., G.J. Wilson, R. Weatherby et al. 1997. The effect of weight training volume on hormonal output and muscular size and function. *Journal of Strength and Conditioning Research* 11: 148-154.

Phillips, G.B. 1977. Relationship between serum sex hormones and glucose, insulin and lipid abnormalities in men with myocardial infarction. *Proceedings of the National Academy of Science* 74: 1729-1733.

Pierce, K., R. Rozenek, M. Stone et al. 1987. The effects of weight training on plasma cortisol, lactate, heart rate, anxiety and perceived exertion [abstract]. *Journal of Applied Sport Science Research* 1(3): 58.

Porte, D., and R.P. Robertson. 1973. Control of insulin secretion by catecholamines, stress and the sympathetic nervous system. *Federation Proceedings* 32: 1729-1733.

Powers, S.K., and E.T. Howley. 1997. *Exercise physiology* (3rd ed.). Madison, WI: Brown and Benchmark.

Renold, A.E., D.H. Mintz, W.A. Muller et al. 1978. Diabetes mellitus. In: J.B. Stanbury, J.B. Wyngaarden, and D.S. Fredrickson (Eds.), *Metabolic basis of inherited disease* (4th ed.). New York: McGraw-Hill.

Rhea, M.R., B.A. Alvar, L.N. Burkett, and S.D. Ball. 2003. A meta-analysis to determine the dose response for strength development. *Medicine and Science in Sports and Exercise* 35: 456-464.

Robaire, B., and S.F. Bayly. 1989. Testicular signaling. Incoming and outgoing messages. *Annals of the New York Academy of Science* 264: 250-260.

Rowell, L.B. 1974. Human cardiovascular adjustments to exercise and thermal stress. *Physiological Reviews* 54: 74-159.

Sar, M., and W.E. Stumpf. 1977. Androgen concentration in motor neurons of cranial nerves and spinal cord. *Science* 19: 77-79.

Scheurink, A.J.W., A.B. Stephens, and R.P.A. Gaykema. 1990. Hypothalamic adrenoceptors mediate sympathoadrenal activity in exercising rats. *American Journal of Physiology* 259: H470-H477.

Schwab, R., G.O. Johnson, T.J. Housh et al. 1993. Acute effects of different intensities of weightlifting on serum testosterone. *Medicine and Science in Sports and Exercise* 25: 1381-1385.

Scow, R.O., and S.N. Hagen. 1965. Effect of testosterone proprionate and growth hormone on growth and chemical composition of muscle and other tissues in hypophysectomized male rats. *Endocrinology* 77: 852-858.

Shepard, R. 1982. Hormonal control systems. In: *Physiology and biochemistry of exercise*. New York: Praeger.

Shutz, G., L. Killewich, G. Chen et al. 1979. Control of the mRNA for the hepatic tryptophan oxygenase during hormonal and substrate induction. *Proceedings of the National Academy of Science* 72: 1017-1020.

Smilios, I., T. Pilianidis, M. Karamouzis, and S.P. Tokmakidis. 2003. Hormone responses after various resistance exercise protocols. *Medicine and Science in Sports and Exercise* 35: 644-654.

Spiegel, A., and J. Giese-Davis. 2003. Depression and cancer: Mechanisms and disease progression. *Biological Psychiatry* 54: 269-282.

Staron, R.S., D.L. Karapondo, W.J. Kraemer et al. 1994. Skeletal muscle adaptations during early phase of heavy resistance training in men and women. *Journal of Applied Physiology* 76: 1247-1255.

Stoessel, L., M.H. Stone, R.E. Keith et al. 1991. Selected physiological, psychological and performance characteristics of national caliber United States women weightlifters. *Journal of Applied Sport Science Research* 5(2): 87-95.

Stone, M.H. 1992. Connective tissue and bone responses to strength training. In: P.V. Komi (Ed.), *Strength and power in sport* (pp. 279-290). Champaign, IL: Human Kinetics.

Stone, M.H. 1993. Anabolic steroids and athletics. *National Strength and Conditioning Association Journal* 15(2): 9-29.

Stone, M.H. 1995. Human growth hormone: Physiological functions and ergogenic efficacy. *Strength and Conditioning* 17(4): 72-74.

Stone, M.H., P. Borkowski, and S.L. Smith. 2003. The USOC symposium: The weightlifting project. Presented at the American College of Sports Medicine meeting, San Francisco, May 2003.

Stone, M.H., R. Byrd, and C. Johnson. 1984. Observations on serum androgen response to short-term resistive training in middle-aged sedentary males. *National Strength and Conditioning Association Journal* 5(6): 40-65.

Stone, M.H., T.J. Chandler, M.S. Conley et al. 1996. Training to muscular failure: Is it necessary? *Strength and Conditioning* 18(3): 44-48.

Stone, M.H., and A.C. Fry. 1997. Increased training volume in strength/power athletes. In: R. Kreider, A.C. Fry, and M. Fry (Eds.), *Overtraining in sport*. Champaign, IL: Human Kinetics.

Stone, M.H., R.E. Keith, J.T. Kearney et al. 1991. Overtraining: A review of the signs, symptoms and possible causes. *Journal of Applied Sport Science Research* 5(1): 35-50.

Stone, M.H., and H.S. O'Bryant. 1987. *Strength training: A scientific approach*. Minneapolis: Burgess.

Stone, M.H., S. Plisk, M.E. Stone, B. Schilling, H.S. O'Bryant, and K.C. Pierce. 1998. Athletic performance development: Volume load—1 set vs multiple sets, training velocity and training variation. *Strength and Conditioning* 20(6): 22-33.

Storer, T.W., L. Magliano, L. Woodhouse, M.L. Lee, C. Dzekov, J. Dzekov, R. Casaburi, and S. Bhasin. 2003. Testosterone dose-dependently increases maximal voluntary strength and leg power, but does not affect fatigueability. *Journal of Clinical Endocrinology and Metabolism* 88: 1478-1485.

Stromme, S.B., H.D. Meen, and A. Aakvaag. 1974. Effects of an androgenic-anabolic steroid on strength development and plasma testosterone levels in normal males. *Medicine and Science in Sports* 6: 203-208.

Sutton, J.R., and J.H. Casey. 1975. The adrenocortical response to competitive athletics in retired athletes.

Journal of Clinical Endocrinology and Metabolism 400: 135-138.

Sutton, J.R., P.A. Farrel, and V.J. Haber. 1990. Hormonal adaptation to physical activity. In: C. Bouchard, R.J. Shephard, T. Stephens, J.R. Sutton, and B. McPherson (Eds.), *Exercise, fitness, and health* (pp. 217-257). Champaign, IL: Human Kinetics.

Tabata, I., Y. Atomi, and M. Miyashita. 1984. Blood glucose concentration-dependent ACTH and blood glucose concentration and cortisol responses to prolonged exercise. *Clinical Physiology* 4: 299-307.

Tarnopolsky, L.J., J.D. MacDougall, S.A. Atkinson et al. 1990. Gender differences in substrate for endurance exercise. *Journal of Applied Physiology* 68: 302-308.

Terjung, R. 1979. Endocrine response to exercise. In: R.S. Hutton and D.I. Miller, *Exercise and sport sciences reviews* (Vol. 7, pp. 153-179). New York: Macmillan.

Tesch, P.A. 1992. Training for bodybuilding. In: P.V. Komi (Ed.), *Strength and power in sport* (pp. 370-380). Champaign, IL: Human Kinetics.

Tharp, G.D. 1975. The role of glucocorticoids in exercise. *Medicine and Science in Sports* 7: 6-11.

Tsolakis, C., D. Messinis, A. Stergioulas, and A. Dessypris. 2000. Hormonal responses after strength training and detraining in prepubertal and pubertal boys. *Journal of Strength and Conditioning Research* 14: 399-404.

Unger, R.H., and L. Orci. 1976. Physiology and pathophysiology of glucagon. *Physiological Reviews* 56: 778-826.

Vanhelder, W.P., M.W. Radomski, and R.C. Goode. 1984. Growth hormone during intermittent weight lifting exercise in men. *European Journal of Applied Physiology* 53: 31-34.

Vanhelder, W.P., M.W. Radomski, and R.C. Goode. 1985. Hormonal and metabolic responses to three types of exercise of equal duration and external work output. *European Journal of Applied Physiology* 54: 337-342.

Vernikos-Daniellis, J., and J. Heybach. 1980. Psychophysiologic mechanisms regulating the hypothalamic-pituitary-adrenal response to stress. In: H. Selye (Ed.), *Selye's guide to stress research* (Vol. 1). New York: Van Nostrand Reinhold.

Viru, A. 1992. Plasma hormones and physical exercise. *International Journal of Sports Medicine* 13: 201-209.

Von Euler, U.S. 1974. Sympatho-adrenal activity in physical exercise. *Medicine and Science in Sports* 6: 165-173.

Weicker, H., A. Rettenmeier, F. Ritthaler et al. 1981. Influence of anabolic and catabolic hormones on substrate concentrations during various running distances. In: J. Poortmans and G. Niset (Eds.), *Biochemistry of exercise IV-A* (pp. 208-218). Baltimore: University Park Press.

Weiner, N. 1980. Norepinephrine, epinephrine and the sympathomimetic amines. In: A. Gilman, L. Goodman, and A. Gilman (Eds.), *The pharmacological basis of therapeutics* (pp. 138-175). New York: Macmillan.

Weiss, L.W., K.J. Cureton, and F.N. Thompson. 1983. Comparison of serum testosterone and androstenedione responses to weight lifting in men and women. *European Journal of Applied Physiology* 50: 413-419.

White, T.P., and K.A. Esser. 1989. Satellite cell and growth factor involvement in skeletal muscle growth. *Medicine and Science in Sports and Exercise* 21(Suppl.): S158-S163.

Wilkerson, J.E., S. Horvath, and B. Gutin. 1980. Plasma testosterone during treadmill exercise. *Journal of Applied Physiology* 49: 249-253.

Wilkerson, J.G., L. Swain, and J.C. Howard. 1988. Endurance training, steroid interactions and skeletal interactions. *Medicine and Science in Sports and Exercise* 20: S59.

Williams, A.G., A.N. Ismail, A. Sharma, and D.A. Jones. 2002. Effects of resistance exercise volume and nutritional supplementation on anabolic and catabolic hormones. *European Journal of Applied Physiology* 86: 315-321.

Williams, R.H. 1981. *Textbook of endocrinology*. Philadelphia: Saunders.

Winder, W.W., J.M. Hagberg, R.C. Hickson et al. 1978. Time course of sympathoadrenal adaptation to endurance exercise in man. *Journal of Applied Physiology* 45: 370-374.

Wirth, A., C. Diehm, H. Mayer et al. 1981a. Plasma C-peptide and insulin in trained and untrained subjects. *Journal of Applied Physiology* 50: 71-77.

Wirth, A., U. Smith, B. Nilsson et al. 1981b. 125_I-insulin metabolism in exercised-trained rats. In: J. Poortmans and G. Niset (Eds.), *Biochemistry of exercise IV-B*. Baltimore: University Park Press.

Wolfe, R.R., E.R. Nadel, J. Shaw et al. 1986. Role of changes in insulin and glucagon in glucose homeostasis in exercise. *Journal of Clinical Investigation* 77: 900-907.

Yamada, S., N. Buffinger, J. Dimero et al. 1989. Fibroblast growth factor is stored in fiber extracellular matrix and plays a role in regulating muscle hypertrophy. *Medicine and Science in Sports and Exercise* 21(Suppl.): S173-S180.

Yki-Jarvinen, H., and V.A. Koivisto. 1983. Effects of body composition on insulin sensitivity. *Diabetes* 32: 965-969.

Yki-Jarvinen, H., V.A. Koivisto, M.R. Taskinen et al. 1984. Glucose tolerance, plasma lipoproteins and tissue lipoprotein lipase activities in body builders. *European Journal of Applied Physiology* 53: 253-259.

Young, R.J., and A.H. Ismail. 1978. Ability of biochemical and personality variables in discriminating between high and low fitness levels. *Journal of Psychomotor Research* 22: 193-199.

Zawadski, K.M., B.B. Yaspelkis, and J.L. Ivy. 1992. Carbohydrate complex increases the rate of muscle glycogen storage after exercise. *Journal of Applied Physiology* 72: 1854-1859.

Chapter 6

Acworth, I., J. Nicholass, B. Morgan et al. 1986. Effect of sustained exercise on concentrations of plasma aromatic and branched chain amino acids and brain amine. *Biochemistry and Biophysics Research Communication* 137(1): 149-153.

Afting, E.G., W. Bernhardt, R.W.C. Janzen et al. 1981. Quantitative importance of non-skeletal muscle N-methylhistidine and creatinine in human urine. *Biochemistry Journal* 220: 449-452.

Alborn, E.N., J.M. Davis, and S.P. Baily. 1992. Effects of ammonia on endurance performance in the rat. *Medicine and Science in Sports and Exercise* 24(5) (Suppl.): S50.

Alfin-Slater, R. 1973. *Nutrition for today.* Dubuque, IA: Brown.

American Alliance for Health, Physical Education, Recreation and Dance. 1971. *Nutrition for the athlete.* Washington, DC: AAPHERD.

American College of Sports Medicine, American Dietary Association, and Dieticians of Canada. 2000. Joint position statement: Nutrition and athletic performance. *Medicine and Science in Sports and Exercise* 32: 2130-2145.

Asha Devi, S., S. Prathima, and M.V. Subramanyam. 2003. Dietary vitamin E and physical exercise: I. Altered endurance capacity and plasma lipid profile in aging rats. *Experimental Gerontology* 38: 285-290.

Åstrand, P.O., and K. Rodahl. 1970. *Textbook of work physiology* (2nd ed.). New York: McGraw-Hill.

Avery, N.G., J.L. Kaiser, M.J. Sharman, T.P. Scheett, D.M. Barnes, A.L. Gomez, W.J. Kraemer, and J.S. Volek. 2003. Effects of vitamin E supplementation on recovery from repeated bouts of resistance exercise. *Journal of Strength and Conditioning Research* 17: 801-809.

Ayers, J.W.T., Y. Komesu, R.A. Romani et al. 1985. Anthropometric, hormonal and psychological correlates of semen quality in endurance-trained male athletes. *Fertility and Sterility* 43: 917-921.

Babij, P., S.M. Matthews, and M.J. Rennie. 1983. Changes in blood ammonia, lactate and amino acids in relation to workload during bicycle ergometer exercise in man. *European Journal of Applied Physiology* 50: 405-411.

Bahr, R., I. Ingnes, O. Vaage et al. 1987. Effect of duration of exercise on excess postexercise O_2 consumption. *Journal of Applied Physiology* 62: 485-490.

Bahr, R., P.K. Opstad, J.I. Medbo et al. 1991. Strenuous prolonged exercise elevates resting metabolic rate and causes reduced mechanical efficiency. *Acta Physiologica Scandinavica* 141: 555-563.

Ballor, D.L., V.L. Katch, M.D. Beque, and C.R. Marks. 1988. Resistance weight training during caloric restriction enhances lean body weight maintenance. *American Journal of Clinical Nutrition* 47: 19-25.

Banks, E.A., J.T. Brozinik, B.B. Yaspelkis et al. 1992. Muscle glucose transport, GLUT-4 content and degree of exercise training in obese Zucker rats. *American Journal of Physiology* 263(5, Part 1): E1010-E1015.

Barnard, R.J., and J.F. Youngren. 1992. Regulation of glucose transport in skeletal muscle. *FASEB Journal* 6(14): 3238-3244.

Bergstrom, J., and E. Hultman. 1966. Muscle glycogen synthesis after exercise: An enhancing factor to the muscle cells in man. *Nature* 210: 309.

Bier, D.M. 1989. Intrinsically difficult problems: The kinetics of body proteins and amino acids in man. *Diabetes and Metabolic Reviews* 5: 111-132.

Birrer, R.B. 1984. *Sports medicine for the primary care physician.* Norfolk, CT: Appleton-Century-Crofts.

Blair, S.N. 1993. Exercise and chronic disease: Emerging evidence for a protective effect. Keynote address, Southeast ACSM meeting, Norfolk, VA.

Blair, S.N., H.W. Kohl, R.S. Paffenbarger et al. 1989. Physical fitness and all cause mortality. *Journal of the American Medical Association* 262: 2395-2401.

Bleich, H.L., E.S. Boro, M.H. Sleisenger et al. 1971. Protein digestion and absorption. *New England Journal of Medicine* 300: 659-663.

Bloomstrand, E., S. Andersson, P. Hassemen et al. 1995. Effect of branched-chain amino acid and carbohydrate supplementation on the exercise induced change in plasma and muscle concentration of amino acids in human subjects. *Acta Physiologica Scandinavica* 153: 87-96.

Bloomstrand, E., F. Celsing, and E.A. Newsholme. 1988. Changes in concentrations of aromatic and branched chain amino acids during sustained exercise in man and their possible role in fatigue. *Acta Physiologica Scandinavica* 133: 115-123.

Bloomstrand, E., P. Hassemen, B. Ekblom et al. 1991. Administration of branched-chain amino acids during sustained exercise—effects on performance and on plasma concentrations of some amino acids. *European Journal of Applied Physiology* 63: 83-88.

Bobb, A., D. Pringle, and A.J. Ryan. 1969. A brief study of the diet of athletes. *Journal of Sports Medicine* 9: 255-262.

Boissonneault, G.A., C.E. Elson, and M.W. Pariza. 1986. Net energy effects of dietary fat on chemically induced mammary carcinogenesis. *Journal of the National Cancer Institute* 76: 335-338.

Booth, F.W., W.F. Nicholson, and P.A. Watson. 1982. Influence of muscle use on protein synthesis and degradation. *Exercise and Sport Sciences Reviews* 10: 27-48.

Borgouts, L.B., G. Schaart, M.K. Hesselink, and H.A. Keizer. 2000. GLUT-4 expression is not consistently higher in type-1 than in type-2 fibres of rat and human vastus lateralis muscles; an immunohistochemical study. *Pfluegers Archiv* 441: 351-358.

Borsheim, E., K.D. Tipton, S.E. Wolfe, and R.R. Wolfe. 2002. Essential amino acids and muscle protein recovery from resistance exercise. *American Journal of Physiology, Endocrinology and Metabolism* 283: E648-657.

Bowers, R.W., and E.L. Fox. 1992. *Sports physiology* (3rd ed.). New York: Saunders.

Bray, G.A. 2003. Low-carbohydrate diets and realities of weight loss. *Journal of the American Medical Association* 289: 1853-1855.

Brehm, B.A., and B. Gutin. 1986. Recovery energy expenditure for steady state exercise in runners and nonrunners. *Medicine and Science in Sports and Exercise* 18: 205-210.

Brooks, G.A. 1987. Amino acid incorporation and protein metabolism during exercise and recovery. *Medicine and Science in Sports and Exercise* 19(Suppl.): S150-S156.

Brooks, G.A., T.D. Fahey, and T.P. White. 1996. *Exercise physiology* (2nd ed.). Mountain View, CA: Mayfield.

Brown, M.S., P.T. Kovanen, and J.J. Goldstein. 1981. Regulation of plasma cholesterol by lipoprotein receptors. *Science* 212: 628-635.

Brubacher, G.B. 1989. Scientific basis for the estimation of the daily requirements for vitamins. In: P. Walter, H. Stahelin, and G. Brubacher (Eds.), *Elevated dosages of vitamins* (pp. 3-11). Stuttgart: Hans Huber.

Burelson, M.A., H.S. O'Bryant, M.H. Stone et al. 1997. Effect of weight training exercise and treadmill exercise on post-exercise oxygen consumption. *Medicine and Science in Sports and Exercise* 30(4): 518-522.

Burhus, K.A., J.L. Lettunich, M.L. Casey et al. 1992. The effects of two different types of resistance training exercise on post-exercise oxygen consumption. *Medicine and Science in Sports and Exercise* 24: S76.

Burke, L.M., and J.A. Hawley. 2003. Effects of short-term fat adaptation on metabolism and performance of prolonged exercise. *Medicine and Science in Sports and Exercise* 34: 1492-1498.

Burke, L.M., J.A. Hawley, D.J. Angus, G.R. Cox, S.A. Clark, N.K. Cummings, B. Desbrow, and M. Hargreaves. 2002. Adaptations to short-term high-fat diet persist during exercise despite high carbohydrate availability. *Medicine and Science in Sports and Exercise* 34: 83-91.

Burke, L.M., and R.S. Read. 1993. Dietary supplements in sport. *Sports Medicine* 15: 43-65.

Butterfield, G.E. 1987. Whole-body protein utilization in humans. *Medicine and Science in Sports and Exercise* 19(Suppl.): S157-S165.

Bylund-Fellenius, A.C., K.M. Ojamaa, K.E. Flaim et al. 1984. Protein synthesis versus energy state in contracting muscles of perfused rat hindlimb. *American Journal of Physiology* 246: E297-E305.

Calders, P., J-L. Pannier, D.M. Matthys et al. 1997. Pre-exercise branched-chain amino acid administration increases endurance performance in rats. *Medicine and Science in Sports and Exercise* 29: 1182-1186.

Campbell, W.W., M.C. Crim, V.R. Young et al. 1994. Increased energy requirements and changes in body composition with resistance training in older adults. *American Journal of Clinical Nutrition* 60: 167-175.

Capurso, A. 1992. Lipid metabolism and cardiovascular risk: Should hypercholesterolemia be treated in the elderly? *Journal of Hypertension* (Suppl.) 110: S65-S68.

Casiglia, F., A. Mazza, V. Tikhonoff, R. Scarpa, L. Schiavon, and A.C. Paessina. 2003. Total cholesterol and mortality in the elderly. *Journal of Internal Medicine* 254: 353-362.

Celajowa, I., and M. Homa. 1970. Food intake, nitrogen, and energy balance in Polish weightlifters during training camp. *Nutrition and Metabolism* 12: 259-274.

Chandler, R.M., H.K. Byrne, J.G. Patterson et al. 1994. Dietary supplements affect the anabolic hormones after weight-training exercise. *Journal of Applied Physiology* 76: 839-845.

Christensen, E., and O. Hansen. 1939. Arbeits fahigheit und ernahrung. *Scandinavian Archives of Physiology* 81: 169.

Clement, D.B., and R.C. Admundsun. 1982. Nutritional intake and hematological parameters in endurance runners. *Physician and Sportsmedicine* 10: 37-43.

Conley, M.S., and M.H. Stone. 1996. Carbohydrate ingestion/supplementation for resistance exercise and training. *Sports Medicine* 21: 7-17.

Conley, M.S., M.H. Stone, J.L. Marsit et al. 1995. Effects of carbohydrate ingestion on resistance exercise. *Journal of Strength and Conditioning Research* 9: 201.

Conroy, B.P., W.J. Kraemer, C.M. Maresh, G.P. Dalskey, S.J. Fleck, M.H. Stone, A.C. Fry, and P. Cooper. 1993. Bone mineral density in weightlifters. *Medicine and Science in Sports and Exercise* 25: 1103-1109.

Dalqvist, A. 1962. The intestinal disaccharidases and disaccharide intolerance. *Gastroenterology* 43: 694-696.

Daugaard, J.R., and E.A. Richter. 2001. Relationship between muscle fibre composition, glucose transporter protein 4 and exercise training: Possible consequences in non-insulin-dependent diabetes mellitus. *Acta Physiologica Scandinavica* 171: 267-276.

Davies, K.J.A., C.M. Donavan, C.J. Refino, G.A. Brooks, L. Parker, and P.R. Dallman. 1984. Distinguishing effects of anemic and muscle iron deficiency on exercise bioenergetics in the rat. *American Journal of Physiology* 246: E535-E543.

Davies, K.J.A., J.J. Maguire, and G.A. Brooks. 1982. Muscle mitochondrial bioenergetics, oxygen supply and work capacity during iron deficiency and repletion. *American Journal of Physiology* 242: E418-E427.

Davis, J.M. 1995. Carbohydrates, branched-chain amino acids and endurance: The central fatigue hypothesis. *International Journal of Sports Medicine* 5(Suppl.): S25-S38.

Davis, J.M., and S.P. Baily. 1997. Possible mechanisms of central nervous system fatigue during exercise. *Medicine and Science in Sports and Exercise* 29: 45-57.

Deakin, V. 2000. Iron depletion in athletes. In: L. Burke and V. Deakin (Eds.), *Clinical sports nutrition* (pp. 270-310). Rossville, NSW: McGraw-Hill Australia.

De Feo, P. 1996. Hormonal regulation of human protein metabolism. *European Journal of Applied Physiology* 153: 7-18.

De Feo, P., and M.W. Haymond. 1994. Principles and calculations of the labeled leucine methodology to estimate protein kinetics in humans. *Diabetes, Metabolism and Nutrition* 7: 165-184.

Dibbern, V. 1981. *Nutrition research*—USSR(U) Dst-18105-144 [U.S Army document].

Dich, J., N. Grunnet, O. Lammert, P. Faber, K.S. Bjornsbo, L.O. Larsen, R.A. Neese, M.C. Hellerstein, and B. Quistorff. 2000. Effects of excessive isocaloric intake of either carbohydrate or fat on body composition, fat mass, de novo lipogenesis and energy expenditure in normal young men. *Ugeker Laeger* 162: 4794-4799.

Dietary Reference Intakes. 1997. DRI for calcium, phosphorus, magnesium, vitamin D and fluoride. www.nap.edu.

Dioguardi, F.S. 1997. Influence of the ingestion of branched chain amino acids on plasma concentrations of ammonia and free fatty acids. *Journal of Strength and Conditioning Research* 11(4): 242-245.

Dohm, G.L., A.L. Hecker, W.E. Brown et al. 1977. Adaptation of protein metabolism to endurance training. Increased amino acid oxidation in response to training. *Biochemistry Journal* 164: 705-708.

Dohm, G.L., G.J. Kasperek, E.B. Tapscott et al. 1985. Protein metabolism during endurance exercise. *Federation Proceedings* 44: 348-352.

Dohm, G.L., F.R. Puente, C.P. Smith et al. 1978. Changes in tissue protein levels as a result of endurance exercise. *Life Sciences* 28: 845-849.

Dohm, G.L., E.B. Tapscott, G.J. Kasperek et al. 1987. Protein degradation during endurance exercise and recovery. *Medicine and Science in Sports and Exercise* 19: S166-S171.

Dohm, G.L., R.T. Williams, G.J. Kasparek et al. 1982. Increased excretion of urea and N-methylhistidine by rats and humans after a bout of exercise. *Journal of Applied Physiology* 52: 27-33.

Donato, K., and D.M. Hegsted. 1985. Efficiency of utilization of various sources of energy for growth. *Proceedings of the National Academy of Science* 82: 4866-4870.

Dragon, G.I., A. Vasilu, and E. Georgescu. 1985. Effects of increased protein supply on elite weightlifters. In: T.E. Galesloot and B.J. Timbergen (Eds.), *Milk proteins* (pp. 99-103). Wageninen, The Netherlands: Poduc.

Drinkwater, B.L., K. Nilson, C.H. Chestnut, W.J. Bremer, S. Shainholtz, and M.B. Southworth. 1984. Bone mineral content of amenorrheic and eumenorrheic athletes. *New England Journal of Medicine* 311: 277-282.

Dufaux, B., G. Assmann, and W. Hollman. 1982. Plasma lipoproteins and physical activity: A review. *International Journal of Sports Medicine* 3: 123-136.

Durstine, J.L., P.W. Grandjean, C.A. Cox, and P. Thompson. 2002. Lipids, lipoproteins and exercise. *Journal of Cardiopulmonary Rehabilitation* 22: 385-398.

Ehn, L., B. Carlwark, and S. Hoglund. 1980. Iron status in athletes involved in intense physical activity. *Medicine and Science in Sports and Exercise* 11: 61-64.

Elliot, D.L., L. Goldberg, and K.S. Kuehl. 1992. Effect of resistance training on excess post-exercise oxygen consumption. *Journal of Applied Sport Science Research* 6(2): 77-81.

Engell, D.B., O. Maller, M.N. Sawka, R.P. Franseseconi, L. Drolet, and A.J. Young. 1987. Thirst and fluid intake following graded hypohydration in humans. *Physiological Behavior* 40: 226-236.

Evans, W.J., E.C. Fisher, R.A. Hoerr et al. 1983. Protein metabolism and endurance exercise. *Physician and Sportsmedicine* 11: 63-72.

Evans, W.J., C.N. Meredith, J.G. Cannon et al. 1986. Metabolic changes following eccentric exercise in trained and untrained men. *Journal of Applied Physiology* 61: 1864-1868.

Fahey, T.D., K. Hoffman, W. Colvin et al. 1993. The effects of intermittent liquid meal feeding on selected hormones and substrates during intense weight training. *International Journal of Sport Nutrition* 3: 67-75.

Felig, P., and J. Wahren. 1971. Amino acid metabolism in exercising man. *Journal of Clinical Investigation* 50: 2703-2714.

Fern, E.B., R.N. Belinski, and Y. Schutz. 1991. Effect of exaggerated amino acid and protein supply in man. *Experientia* 47: 168-172.

Fielding, R.A., and J. Parkington. 2002. What are the dietary protein requirements of physically active individuals? New evidence on the effects of exercise on protein utilization during post-exercise recovery. *Nutrition and Clinical Care* 5: 191-196.

Flatt, J.P. 1992. The biochemistry of energy expenditure. In: P. Bjorntop and B.N. Brodoff (Eds.), *Obesity* (pp. 100-116). New York: Lippincott.

Florini, J.R. 1987. Hormonal control of muscle growth. *Muscle and Nerve* 10: 577-598.

Fogelholm, G.M., R. Koskinen, J. Laakso, T. Rankinen, and I. Ruokonen. 1993. Gradual and rapid weight loss: Effects on nutrition and performance in male athletes. *Medicine and Science in Sports and Exercise* 25: 371-377.

Fogelholm, M. 2000. Vitamin, mineral and antioxidant needs of athletes. In: L. Burke and V. Deakin (Eds.), *Clinical sports nutrition* (pp. 312-340). Rossville, NSW: McGraw-Hill Australia.

Forbes, G.B. 1983. Some influences on lean body mass: Exercise, androgens, pregnancy and food. In: P.L. White and T. Mondieka (Eds.), *Diet and exercise: Synergism in health maintenance*. Chicago: American Medical Association.

Forbes, G.B. 1985. Body composition as affected by physical activity and nutrition. *Federation Proceedings* 4: 343-347.

Forsberg, A.P., P. Tesch, and J. Karlsson. 1978. Effects of prolonged exercise on muscle strength performance. In: E. Asmussen, and K. Jorgensen (Eds.), *Biomechanics VI-A*. Baltimore: University Park Press.

Foster, C., D.L. Costill, and W.J. Fink. 1979. Effect of preexercise feedings on endurance performance. *Journal of Applied Physiology* 11: 1-15.

Freidman, J.E., and P.W.R. Lemon. 1985. Effect of protein intake and endurance exercise on daily protein requirements. *Medicine and Science in Sports and Exercise* 17(Suppl.): S231.

Friedman, J.E., P.D. Neufer, and G.L. Dohm. 1991. Regulation of glycogen synthesis following exercise. *Sports Medicine* 11(4): 232-243.

Fry, A.C., W.J. Kraemer, and M.H. Stone. 1991. The effect of amino acid supplementation on testosterone, cortisol and growth hormone responses to one week of intensive training. Presented at the MAACSM annual meeting, New Brunswick, NJ.

Fry, A.C., W.J. Kraemer, M.H. Stone et al. 1993. Endocrine and performance responses to high volume training and amino acid supplementation in elite junior weightlifters. *International Journal of Sport Nutrition* 3: 303-322.

Galim, E.B., K. Hruska, and D.M. Bier. 1980. Branched chain amino acid nitrogen transfer to alanine in vivo in dogs: Direct isotopic demonstration with [^{15}N] leucine. *Journal of Clinical Investigation* 66: 1295-1304.

Gaster, M., W. Vach, H. Beck-Nielsen, and H.D. Schroder. 2002. GLUT 4 expression at the plasma membrane is related to fibre volume in human skeletal muscle fibres. *Acta Pathologica, Microbiologica et Immunologica Scandinavica* 110: 611-619.

Gastmann, U.A., and M.J. Lehmann. 1998. Overtraining and the BCAA hypothesis. *Medicine and Science in Sports and Exercise* 30: 1173-1178.

Geleijnse, J.M., F.J. Kok, and D.E. Grobbee. 2003. Blood pressure response to changes in sodium and potassium intake: A metaregression analysis of randomized trials. *Journal of Human Hypertension* 17: 471-480.

Gippini, A., A. Mato, R. Pazos, B. Suarez, B. Vila, P. Gayoso, M. Lage, and F.F. Casanueva. 2002. Effect of long-term strength training on glucose metabolism. Implications for individual impact of high lean mass and high fat mass on relationship between BMI and insulin sensitivity. *Journal of Endocrinological Investigation* 25: 520-525.

Gleeson, M., R.J. Maughn, and P.L. Greenhaff. 1986. Comparison of the effects of glucose, glycerol and placebo on endurance and fuel homeostasis in man. *European Journal of Applied Physiology* 55: 645-653.

Goldberg, R.L. 1980. Hormonal regulation of protein degradation and synthesis in skeletal muscle. *Federation Proceedings* 39: 31-36.

Goldstein, J., T. Kita, and M. Brown. 1983. Defective lipoprotein receptors and atherosclerosis. *New England Journal of Medicine* 309: 288-292.

Gontzea, I., P. Sutzscu, and S. Dumitrache. 1974. The influence of muscular activity on nitrogen balance and on the need for protein. *Nutrition Reports International* 10: 35-43.

Gontzea, I., P. Sutzscu, and S. Dumitrache. 1975. The influence of adaptation to physical effort on nitrogen balance in man. *Nutrition Reports International* 11: 231-236.

Graham, T.E., J.W.E. Rush, and D.A. MacLean. 1995. Skeletal muscle amino acid metabolism and ammonia production during exercise. In: M. Hargreaves (Ed.), *Exercise metabolism* (pp. 131-175). Champaign, IL: Human Kinetics.

Groussard, C., G. Machefer, F. Rannou, H. Faure, H. Zouhal, O. Sergent, M. Chevanne, J. Cillard, and A. Gratas-Delamarche. 2003. Physical fitness and plasma non-enzymatic antioxidant status at rest and after a Wingate test. *Canadian Journal of Applied Physiology* 28: 79-92.

Grunwald, K.K., and R.S. Baily. 1993. Commercially marketed supplements for bodybuilding athletes. *Sports Medicine* 15(2): 90-103.

Guillard, J.C., T. Penaranda, C. Gallet, W. Boggio, F. Fuchs, and J. Keppling. 1989. Vitamin status of young athletes including the effects of supplementation. *Medicine and Science in Sports and Exercise* 21: 441-449.

Hackney, A.C., R.L. Sharp, W.S. Runyan et al. 1989. Resting hormonal changes during intensive training: Effects of a dietary protein supplement. *Conference abstracts*, SEACSM.

Haff, G.G., M.J. Lehmkuhl, L.B. McCoy, and M.H. Stone. 2003. Carbohydrate supplementation and resistance training. *Journal of Strength and Conditioning Research* 17: 187-196.

Haff, G.G., C.A. Schroeder, A.J. Koch, K.E. Kuphal, M.J. Comeau, and J.A. Pottieger. 2001. The effects of supplemental carbohydrate ingestion on intermittent isokinetic leg exercise. *Journal of Sports Medicine and Physical Fitness* 41: 216-222.

Haff, G.G., M.H. Stone, B.J. Warren, R. Keith, R.L. Johnson, D.C. Nieman, F. Williams, and K.B. Kirksey. 1998. The effect of carbohydrate supplementation on multiple sessions and bouts of resistance exercise. *Journal of Strength and Conditioning Research* 13: 111-117.

Hakkinen, K., A. Pakarinen, M. Alen et al. 1985. Relationship between training volume, physical performance capacity and serum hormone concentrations during prolonged training in elite weightlifters. *International Journal of Sports Medicine* 8: 61-65.

Hamilton, E.M.H., E.N. Whitley, and F.S. Sizer. 1985. *Nutrition: Concepts and controversies.* St. Paul, MN: West.

Hamosh, M., and R.O. Scow. 1975. Lingual lipase and its role in the digestion of dietary lipid. *Journal of Clinical Investigation* 52: 88-95.

Hargreaves, B.J., D.L. Costill, W.J. Fink, D.S. King, and R.A. Fielding. 1987. Effects of preexercise carbohydrate feedings on endurance cycling performance. *Medicine and Science in Sports and Exercise* 19: 33-36.

Hargreaves, B.J., D.S. Kronfeld, J.N. Waldron, M.A. Lopes, L.S. Gay, K.E. Saker, W.L. Cooper, D.J. Sklan, and P.A. Harris. 2002. Antioxidant status and muscle cell leakage during endurance exercise. *Equine Veterinary Journal* (Suppl.) 34: 116-121.

Hauer, K., W. Hildebrandt, Y. Sehl, L. Elder, P. Oster, and W. Droge. 2003. Improvement in muscular performance and decrease in tumor necrosis factor level in old age after antioxidant treatment. *Journal of Molecular Medicine* 81: 118-125.

Hawley, J. 2000. Nutritional strategies to enhance fat oxidation during aerobic exercise. In: L. Burke and V. Deakin (Eds.), *Clinical sports nutrition* (pp. 428-454). Rossville, NSW: McGraw-Hill Australia.

Heaney, R.P. 1987. The role of calcium in prevention and treatment of osteoporosis. *Physician and Sportsmedicine* 15: 83-88.

Herbert, W.G. 1983. Water and electrolytes. In: M.H. Williams (Ed.), *Ergogenic aids in sport* (pp. 56-98). Champaign, IL: Human Kinetics.

Hetland, M.L., J. Haarbo, and C. Christiansen. 1993. Low bone mass and high bone turnover in male long distance runners. *Journal of Clinical Endocrinology and Metabolism* 77: 770-775.

Hickson, R.C., M.A. Roesenkoetter, and M.M. Brown. 1980. Strength training effects on aerobic power and short-term endurance. *Medicine and Science in Sports and Exercise* 12: 336-339.

Hollet, C.R., and J.V. Auditore. 1967. Localization and characterization of a lipase in rat adipose tissue. *Archives of Biochemistry and Biophysics* 9: 423-430.

Hood, D.A., and R.L. Terjung. 1990. Amino acid metabolism during exercise and following endurance training. *Sports Medicine* 9: 23-35.

Horton, E.S. 1982. Effects of low-energy diets on work performance. *American Journal of Clinical Nutrition* 35: 1228-1233.

Horton, T., H. Drougas, A. Brachey et al. 1995. Fat and carbohydrate overfeeding in humans: Different effects on energy stores. *American Journal of Clinical Nutrition* 62: 19-29.

Houmard, J.A., P.C. Eagen, P.D. Neufer et al. 1991. Elevated skeletal muscle glucose transport levels in exercise-trained middle-aged men. *American Journal of Physiology* 261(4, Part 1): E437-E443.

Hunter, G., L. Blackman, L. Dinnam et al. 1988. Bench press metabolic rate as a function of exercise intensity. *Journal of Applied Sport Science Research* 2(1): 1-6.

Hunter, G., D.R. Bryan, C.J. Wetstein, P.A. Zuckermann, and M.M. Baumann. 2002. Resistance training and intra-abdominal adipose tissue in older men and women. *Medicine and Science in Sports and Exercise* 34: 1023-1028.

Ivy, J.L. 2001. Dietary strategies to promote glycogen synthesis after exercise. *Canadian Journal of Applied Physiology* 26(Suppl.): S236-245.

Ivy, J., and R. Portman. 2004. *Nutrient timing.* North Bergen, NJ: Basic Health.

Jacobs, I., P. Kaiser, and P. Tesch. 1982. The effects of glycogen exhaustion on maximal short-term performance. In: P. Komi (Ed.), *Exercise and sport biology, International series on sport sciences* (pp. 103-108). Champaign, IL: Human Kinetics.

Jaquier, E. 1987. Energy, obesity and body weight standards. *American Journal of Clinical Nutrition* 45: 1035-1047.

Jenkins, D.G., J. Palmer, and D. Spillman. 1993. The influence of dietary carbohydrate on performance of supramaximal intermittent exercise. *European Journal of Applied Physiology* 67: 309-314.

Johnston, C.C., and C. Slemeda. 1987. Osteoporosis: An overview. *Physician and Sportsmedicine* 15: 65-68.

Kaplan, N.M. 1986. Dietary aspects of the treatment of hypertension. *Annual Reviews of Public Health* 7: 503-519.

Karlsson, J., and B. Saltin. 1971. Diet, muscle glycogen and endurance performance. *Journal of Applied Physiology* 31: 203-206.

Kennedy, E., S.A. Bowman, and J.T. Spence. 2001. Popular diets: Correlation to health, nutrition, and obesity. *Journal of the American Dietetic Association* 101: 411-420.

Kenny, A.M., C. Joseph, P. Taxel, and K.M. Prestwood. 2003. Osteoporosis in older men and women. *Connecticut Medicine* 67: 481-486.

Kiens, B., and J. Helge. 2000. Adaptations to a high-fat diet. In: R. Maughn (Ed.), *Nutrition in sport* (pp. 192-202). Oxford: Blackwell Science.

Kiens, B., A.B. Raben, A.K. Valeus, and E.A. Richter. 1990. Benefit of dietary simple carbohydrates on the early postexercise glycogen repletion in male athletes. *Medicine and Science in Sports and Exercise* 22(Suppl.): S88.

Kindermann, W., A. Schnabel, W.M. Schmitt et al. 1982. Catecholamines, growth hormone, cortisol, insulin and sex hormones in anaerobic and aerobic exercise. *European Journal of Applied Physiology* 49: 389-399.

Lamb, D.R., and G.R. Brodowicz. 1986. Optimal use of fluids of varying formulations to minimize exercise-induced disturbances in homeostasis. *Sports Medicine* 3: 247-274.

Lamb, D.G., K.F. Rinehardt, R.L. Bartels et al. 1990. Dietary carbohydrate and intensity of interval swimming. *American Journal of Clinical Nutrition* 52: 1058-1063.

Lambert, C.P., M.G. Flynn, J.B. Boone et al. 1991. Effects of carbohydrate feeding on multiple-bout resistance exercise. *Journal of Applied Sport Science* 5: 192-197.

Lane, N., W. Bevier, M. Bouxsein, R. Wiswell, R. Carter, and D.R. Marcus. 1988. The effect of intensity on bone mineral. *Medicine and Science in Sports and Exercise* 20(Suppl.): S51.

Laritcheva, K.A., N.I. Valovarya, V.I. Shybin et al. 1978. Study of energy expenditure and protein needs of top weightlifters. In: J. Parizkova and V.A. Rogozkin (Eds.), *Nutrition, physical fitness and health, International series on sport sciences* (Vol. 7, pp. 53-61). Baltimore: University Park Press.

Lehmann, M., H. Mann, U. Gastmann, J. Keul, D. Vetter, J.M. Steinacher, and D. Haussinger. 1996. Unaccustomed high-mileage vs intensity training-related changes in performance and serum amino acid levels. *International Journal of Sports Medicine* 17: 187-192.

Lemon, P.W.R. 1987. Protein and exercise. Update. *Medicine and Science in Sports and Exercise* 19(Suppl.): S179-S190.

Lemon, P.W.R. 1991. Effect of exercise on protein requirements. *Journal of Sports Sciences* 9: 53-70.

Lemon, P.W.R. 1995. Do athletes need more protein and amino acids? *International Journal of Sport Nutrition* 5(Suppl.): S39-S61.

Lemon, P.W.R. 1996. Is increased dietary protein necessary or beneficial for individuals with a physically active lifestyle? *Nutrition Reviews* 54: S169-S175.

Lemon, P.W., J.M. Berardi, and E.E. Noreen. 2002. The role of protein and amino acid supplements in the athlete's diet: Does type or timing of ingestion matter? *Current Sports Medicine Reports* 1: 214-221.

Lemon, P.W.R., and J.P. Mullin. 1980. Effect of initial muscle glycogen levels on protein catabolism during exercise. *Journal of Applied Physiology* 46: 624-629.

Lemon, P.W.R., and F.J. Nagle. 1981. Effects of exercise on protein and amino acid metabolism. *Medicine and Science in Sports and Exercise* 13: 141-149.

Lemon, P.W.R., M.A. Tarnopolsky, J.D. MacDougall et al. 1992. Protein requirements and muscle mass/strength changes during intensive training in novice bodybuilders. *Journal of Applied Physiology* 73: 767-775.

Leon, A.S. 1985. Physical activity levels and coronary heart disease. *Medical Clinics of North America* 69: 3-20.

Liberman, H.R., S. Corkin, and B.J. Spring. 1983. Mood, performance and pain sensitivity. *Journal of Psychiatric Research* 17: 135-146.

Lindsay, R. 1987. Estrogen and osteoporosis. *Physician and Sportsmedicine* 15: 105-108.

Lupton, J. 2005. The 2005 dietary guidelines advisory committee report: From molecules to dietary patterns. *Nutrition Today* 40: 215.

MaCance, R.A. 1936. Experimental sodium chloride deficiency in man. *Proceedings of the Royal Society of London* 119: 245-268.

MacLean, D.A., T.E. Graham, and B. Saltin. 1996. Stimulation of muscle ammonia production during exercise following branched-chain amino acid supplementation in humans. *Journal of Physiology* 493: 909-922.

Manore, M., and J. Thompson. 2000. Energy requirements of the athlete. In: L. Burke and V. Deakin (Eds.), *Clinical sports nutrition* (pp. 124-146). Rossville, NSW: McGraw-Hill Australia.

Maughn, R.J. 2000. Fluid and carbohydrate intake during exercise. In: L. Burke and V. Deakin (Eds.), *Clinical sports nutrition* (pp. 369-395). Rossville, NSW: McGraw-Hill Australia.

Maughn, R.J. 2003. Impact of mild dehydration on wellness and on exercise performance. *European Journal of Clinical Nutrition* 57(Suppl. 2): S19-S23.

Maughn, R.J., and D.C. Poole. 1981. The effects of a glycogen-loading regimen on the capacity to perform anaerobic exercise. *European Journal of Applied Physiology* 46: 211-219.

McMillan, J., R.E. Keith, and M.H. Stone. 1988. The effects of vitamin B6 and exercise on the contractile properties of rat muscle. *Nutrition Research* 8: 73-80.

McMillan, J., M.H. Stone, J. Sartain et al. 1993. The 20 h response to a single session of weight training. *Journal of Strength and Conditioning Research* 7(1): 9-21.

Melby, C., C. Scholl, G. Edwards et al. 1993. Effect of acute resistance exercise on postexercise energy expenditure and resting metabolic rate. *Journal of Applied Physiology* 75: 1847-1853.

Mero, A., H. Pitkanen, S.S. Oja et al. 1997. Leucine supplementation and serum amino acids, testosterone, cortisol and growth hormone in male power athletes during training. *Journal of Sports Medicine and Physical Fitness* 37: 137-145.

Mitchell, J.B., D.L. Costill, J.A. Houmard et al. 1990. Influence of carbohydrate ingestion on counter regulatory hormones during prolonged exercise. *International Journal of Sports Medicine* 11: 33-36.

Mitchell, R., R. Kreider, R. Miller et al. 1991. Effects of amino acid supplements on metabolic responses to ultraendurance triathlon performance. *Medicine and Science in Sports and Exercise* 23(4)(Suppl.): S15.

Montoye, H.J., H.C.G. Kemper, W.H.M. Saris, and R.A. Washburn. 1996. *Measuring physical activity and energy expenditure*. Champaign, IL: Human Kinetics.

Morris, J.N. 1987. Exercise and the incidence of coronary heart disease. In: *Exercise-heart-health*. London: Coronary Prevention Group.

Mosoni, L., and P.P. Mirand. 2003. Type and timing of protein feeding to optimize anabolism. *Current Opinion in Clinical Nutrition and Metabolic Care* 6: 301-306.

Moyad, M.A. 2003. The potential benefits of dietary and/or supplemental calcium and vitamin D. *Urology and Oncology* 21: 384-391.

National Academy of Sciences. 1989. *Recommended dietary allowances* (10th ed.). Washington, DC: National Academy of Sciences.

National Cholesterol Education Program, Expert Panel on Detection, Evaluation and Treatment of High Blood Cholesterol in Adults (Adult Treatment Panel III). 2001, May. *Journal of the American Medical Association* 16(285): 2486-2497.

Neaton, J.D., H. Blackburn, D. Jacobs, I. Kuller, D.J. Lee, R. Sherwin, J. Shih, J. Stamler, and D. Wentworth. 1992. Serum cholesterol level and mortality for men screened in the Multiple Risk Factor Intervention Trial. *Archives of Internal Medicine* 152: 1490-1500.

Newman, D.J., K.R. Mills, B.M. Quigley et al. 1983. Pain and fatigue after concentric and eccentric muscle contractions. *Clinical Science* 64: 55-62.

Newsholme, E. 1990. The metabolic causes of fatigue/overtraining. Keynote address, Southeast ACSM meeting, Charleston, SC.

Newsholme, E., I.N. Acworth, and E. Bloomstrand. 1985. Amino acids, brain neurotransmitters and a functional link between muscle and brain that is important in sustained exercise. *Advances in Biochemistry* 1: 127-133.

NHANES III (National Health and Nutrition Examination Survey). 1988-2004. Hyattsville, MD: U.S. Department of Health and Human Services, Centers for Disease Control.

Nicolette, R. 1993. Effect of two different resistance exercise bouts of equal work on post-exercise oxygen consumption. Master's thesis, Purdue University.

Nimmons, M.J., J.L. Marsit, M.H. Stone et al. 1995. Physiological and performance effects of two commercially marketed supplement systems. *Strength and Conditioning* 17(4): 52-58.

Nindl, B.C., K.E. Friedl, L.J. Marchitelli, R.L. Shippee, C.D. Thomas, and J.F. Patton. 1996. Regional fat placement in physically fit males and changes with weight loss. *Medicine and Science in Sports and Exercise* 28: 786-793.

O'Keefe, K., R.E. Keith, D.L. Blessing et al. 1987. Dietary carbohydrate and endurance performance. *Medicine and Science in Sports and Exercise* 19: S538.

Oppliger, R.A., and C. Bartok. 2002. Hydration in athletes. *Sports Medicine* 32: 959-971.

Petitt, D.S., S.A. Arngrimsson, and K.J. Cureton. 2003. Effect of resistance exercise on postprandial lipemia. *Journal of Applied Physiology* 94: 694-700.

Petruzzello, S.J., D.M. Landers, J. Pie et al. 1992. Effect of branched-chain amino acid supplements on exercise-related mood and performance. *Medicine and Science in Sports and Exercise* 24(5)(Suppl.): S2.

Philen, R.M., D.I. Ortiz, S.B. Auerbach et al. 1992. Survey of advertising for nutritional supplements in health and bodybuilding magazines. *Journal of the American Medical Association* 268(8): 1008-1011.

Piers, L.S., K.Z. Walker, R.M. Stoney, M.J. Soares, and K. O'Dea. 2002. The influence of the type of dietary fat on postprandial fat oxidation rates: Monounsaturated (olive oil) vs saturated fat (cream). *International Obesity Related Metabolic Disorders* 26: 814-821.

Pike, R.L., and M. Brown. 1984. *Nutrition: An integrated approach* (3rd ed.). New York: Macmillan.

Pitkanen, H.T., T. Nykanen, J. Knuutinen et al. 2003. Free amino acid and muscle protein balance after resistance exercise. *Medicine and Science in Sports and Exercise* 35: 784-792.

Pivarnik, J.M., J.F. Hickson, and I. Wolinsky. 1989. Urinary 3-methylhistidine excretion increases with repeated weight training exercise. *Medicine and Science in Sports and Exercise* 21: 283-287.

Powers, S.K., and K. Hamilton. 1999. Antioxidants and exercise. *Clinical Sports Medicine* 18: 525-536.

Rassmussen, B.B., and R.R. Wolfe. 1999. Regulation of fatty acid oxidation in skeletal muscle. *Annual Review of Nutrition* 19: 463-484.

Reeds, P.J., M.R. Fuller, and B.A. Nicholson. 1985. Metabolic basis of energy expenditure with a particular reference to protein. In: J.S. Garrow and D. Halliday (Eds.), *Substrate and energy metabolism* (pp. 102-107). London: Libbey.

Rennie, M.J., R.H.T. Edwards, S. Krywawych et al. 1981. Effect of exercise on protein turnover in man. *Clinical Sciences* 61: 627-639.

Risser, W.L., E. Lee, H.B.W. Poindexter, M.S. West, J.M. Pivarnik, J.M.H. Risser, and J.F. Hickson. 1988. Iron deficiency in female athletes: Its prevalence and impact on performance. *Medicine and Science in Sports and Exercise* 20: 116-121.

Rokitski, L., E. Logemann, G. Hunter, E. Keck, and J. Keul. 1994. Alpha-tocopherol supplementation in racing cyclists during extreme endurance training. *International Journal of Sport Nutrition* 4: 253-264.

Ronsen, O., J. Sundgot-Borgen, and S. Maehlum. 1999. Supplement use and nutritional habits of Norwegian elite athletes. *Scandinavian Journal of Medicine and Science in Sports* 9: 28-35.

Rontoyannis, G.P., T. Skoulis, and K.N. Pavlou. 1989. Energy balance in ultramarathon running. *American Journal of Clinical Nutrition* 49: 976-979.

Roy, S.R., and W. Irwin. 1983. *Sports medicine*. Englewood Cliffs, NJ: Prentice-Hall.

Rozenek, R., and M.H. Stone. 1984. Protein metabolism related to athletes. *National Strength and Conditioning Association Journal* 6(2): 42-62.

Ryan, G.B. 1977. Acute inflammation. *American Journal of Pathology* 86: 185-264.

Sacks, F.M., and M. Katan. 2002. Randomized clinical trials on the effects of dietary fat and carbohydrate on plasma lipoproteins and cardiovascular disease. *American Journal of Medicine* 113(Suppl. 9B): 13S-24S.

Saltin, B., and J. Stenberg. 1964. Circulatory response to prolonged severe exercise. *Journal of Applied Physiology* 19: 833-838.

Scala, D., J. McMillan, D. Blessing et al. 1987. Metabolic cost of a preparatory phase of training in weightlifting: A practical observation. *Journal of Applied Sport Science Research* 1(3): 48-52.

Schoffstall, J.E., J.D. Branch, B.C. Leutholtz, and D.E. Swain. 2001. Effects of dehydration and rehydration on the one-repetition maximum bench press of weight-trained males. *Journal of Strength and Conditioning Research* 15: 102-108.

Scholl, C.G., R.C. Bullough, and C.L. Melby. 1993. Effect of different modes on postexercise energy expenditure and substrate utilization. *Medicine and Science in Sports and Exercise* 25: 532.

Scott, K.C., R.C. Hill, D.D. Lewis, A.J. Boning, and D.A. Sunderstrom. 2001. Effect of alpha-tocopheryl acetate supplementation on vitamin E concentration in greyhounds before and after a race. *American Journal of Veterinary Research* 62: 1118-1120.

Sedlock, D.A., J.A. Fisinger, and C.L. Melby. 1989. Effect of exercise intensity and duration on postexercise energy expenditure. *Medicine and Science in Sports and Exercise* 21: 626-646.

Seguin, R., and M.E. Nelson. 2003. The benefits of strength training for older adults. *American Journal of Preventive Medicine* 25(3 Suppl. 2): 141-149.

Shahar, E., L.E. Chambless, W.D. Rosamond, L.L. Boland, C.M. Ballantyne, P.G. McGovern, and A.R. Sharrett. 2003. Plasma lipid profile and incident ischemic stroke: The Atherosclerosis Risk in Community (ARIC) study. *Stroke* 34: 623-631.

Sherman, W.M., and G.S. Wimer. 1991. Insufficient carbohydrate during training: Does it impair performance? *Sports Nutrition* 1: 28-44.

Shibata, Y., I. Ohsawa, T. Watanabe, T. Miura, and Y. Sato. 2003. Effects of physical training on bone mineral density and bone metabolism. *Journal of Anthropology and Applied Human Science* 22: 203-208.

Short, S.H., and W.R. Short. 1983. Four-year study of university athletes' dietary intake. *Journal of the American Dietary Association* 82: 632-645.

Simonses, J.C., W.M. Sherman, D.R. Lamb et al. 1991. Dietary carbohydrate, muscle glycogen and power output during rowing training. *Journal of Applied Physiology* 70: 1500-1505.

Slentz, C.A., E.A. Gulve, K.J. Rodnick et al. 1992. Glucose transporters and maximal transport are increased in endurance trained rat soleus. *Journal of Applied Physiology* 73(2): 486-492.

Smith, L.L. 1992. Causes of delayed onset muscle soreness and the impact on athletic performance. *Journal of Applied Sport Science Research* 6: 135-141.

Smith, N.J. 1976. Gaining and losing weight in athletics. *Journal of the American Medical Association* 236: 149-151.

Snyder, A.C., L.L. Dvorak, and J.B. Roepke. 1989. Influence of dietary iron source on measures of iron status among female runners. *Medicine and Science in Sports and Exercise* 21: 7-10.

Snyder, A.C., D.R. Lamb, T. Baur et al. 1983. Maltodextrin feeding immediately before prolonged cycling at 62% of VO_2 max increases time to exhaustion. *Medicine and Science in Sports and Exercise* 15: S126.

Sohar, E., and A. Adar. 1962. Sodium requirements in Israel under conditions of work in hot climate. In: *UNESCO/India Symposium on Environmental Physiology and Psychology*. Lucknow, India: UNESCO.

Sparge, E. 1979. Metabolic functions of man, mammals, birds and fishes: A review. *Journal of the Royal Society of Medicine* 72: 921-925.

Stone, M.H. 1990. Muscle conditioning and muscle injury. *Medicine and Science in Sports and Exercise* 22: 457-462.

Stone, M.H., S.J. Fleck, W.J. Kraemer, and N.T. Triplett. 1991a. Health- and performance-related potential of resistance training. *Sports Medicine* 11: 210-231.

Stone, M.H., and C. Karatzeferi. 2002. Connective tissue (and bone) response to strength training. In: P.V. Komi (Ed.), *Encyclopaedia of sports medicine: Strength and power in sport* (2nd ed.). London: Blackwell.

Stone, M.H., R.E. Keith, J.T. Kearney, G.D. Wilson, and S.J. Fleck. 1991b. Overtraining: A review of the signs, symptoms and possible causes. *Journal of Applied Sport Science Research* 5(1): 35-50.

Stone, M.H., R.E. Keith, D. Marple, S.J. Fleck, and J.T. Kearney. 1989. Physiological adaptations during a one-week junior elite weightlifting camp. *Conference abstracts*, SEACSM annual meeting, January.

Stone, M.H., G.D. Wilson, D. Blessing, and R. Rozenek. 1983. Cardiovascular responses to short-term Olympic style weight training in young men. *Canadian Journal of Applied Sport Sciences* 8: 134-139.

Strauss, R.H., R.R. Lanese, and W.B. Malarky. 1985. Weight loss in amateur wrestlers and its effect on serum testosterone levels. *Journal of the American Medical Association* 255: 3337-3338.

Strauzenberg, S.E., F. Schneider, R. Donath, H. Zerbes, and E. Kohler. 1979. The problem of dieting in training and athletic performance. *Bibliotheca Nutritio et Dieta* 27: 109-122.

Suominen, H. 1993. Bone mineral density and long-term exercise. An overview of cross-sectional athlete studies. *Sports Medicine* 16: 316-330.

Sutton, J.R., P.A. Farrell, and V.J. Harber. 1990. Hormonal adaptation to physical activity. In: C. Bouchard, R.J. Shepard, T. Stephens, J.R. Sutton, and B. McPherson (Eds.), *Exercise, fitness, and health* (pp. 217-257). Champaign, IL: Human Kinetics.

Takanami, Y., K. Iwane, Y. Kawai, and T. Shimomitsu. 2000. Vitamin E supplementation and endurance exercise: Are there benefits? *Sports Medicine* 29: 73-83.

Tanaka, H., K.A. West, G.E. Duncan, and D.R. Basset. 1997. Changes in plasma tryptophan/branched chain amino acid ratio in response to training volume variation. *International Journal of Sports Medicine* 18: 270-275.

Tarnoplosky, M. 2000. Protein and amino acid needs for training and bulking up. In: L. Burke and V. Deakin (Eds.), *Clinical sports nutrition* (pp. 90-123). Rossville, NSW: McGraw-Hill Australia.

Tarnopolsky, M.A., S.A. Atkinson, J.D. MacDougall et al. 1991. Whole body leucine metabolism during and after resistance exercise in fed humans. *Medicine and Science in Sports and Exercise* 23: 326-333.

Tarnopolsky, M.A., S.A. Atkinson, J.D. MacDougall et al. 1992. Evaluation of protein requirements for trained strength athletes. *Journal of Applied Physiology* 75: 1986-1995.

Tarnopolsky, M.A., J.D. MacDougall, and S.A. Atkinson. 1988. Influence of protein intake and training status on nitrogen balance and lean body mass. *Journal of Applied Physiology* 64: 187-193.

Thompson, J., M.M. Manore, and J.S. Skinner. 1993. Resting metabolic rate and thermic effect of a meal in low- and adequate intake male endurance athletes. *International Journal of Sport Nutrition* 3: 194-206.

Tipton, K.D., E. Borsheim, S.E. Wolfe, A.P. Sanford, and R.R. Wolfe. 2002. Acute response of net muscle protein balance reflects 24-h balance after exercise and amino acid ingestion. *American Journal of Physiology, Endocrinology and Metabolism* 28: E76-89.

Tischler, M.E. 1981. Hormonal regulation of protein degradation in skeletal and cardiac muscle. *Life Sciences* 28: 2569-2576.

Tsai, A.C., and T-W. Gong. 1987. Modulation of the exercise and retirement effects by dietary fat intake in hamsters. *Journal of Nutrition* 117: 1149-1153.

Van der Beck, E.J. 1991. Vitamin supplementation and physical exercise performance. *Journal of Sports Sciences* 9: 77-89.

Vandewalle, L., A.J.M. Wagenmakers, K. Smets et al. 1991. Effect of branched-chain amino acid supplementation on exercise performance in glycogen depleted subjects. *Medicine and Science in Sports and Exercise* 23(4)(Suppl.): S116.

van Hall, G., J.S.H. Raaymakerts, W.H.M. Saris et al. 1995. Ingestion of branched-chain amino acids and tryptophan during sustained exercise in man. *Journal of Physiology* 486: 789-794.

Verger, P., P. Aymard, L. Cynobert et al. 1994. Effect of administration of branched chain amino acids versus glucose during acute exercise in the rat. *Physiological Behavior* 55: 523-526.

Vincent, K.R., P.M. Clarkson, P.S. Freedson et al. 1993. Effect of a pre-exercise liquid, high carbohydrate feeding on resistance exercise performance. *Medicine and Science in Sports and Exercise* 25: S194.

Volek, J. 2003. Strength nutrition. *Current Sports Medicine Reports* 2: 189-193.

Vorobyev, A. 1978. *Weightlifting*. Budapest: International Weightlifting Federation, Medical Committee [translated by A.J. Brice].

Wagenmakers, A.J.M., K. Smets, L. Vandewalle et al. 1991. Deamination of branched-chain amino acids: A potential source of ammonia production during exercise. *Medicine and Science in Sports and Exercise* 23(4)(Suppl.): S116.

Walberg, J.L., M.K. Leidy, D.J. Sturgill et al. 1988. Macronutrient content of a hypocaloric diet affects nitrogen retention and muscle function. *International Journal of Sports Sciences* 4: 261-266.

Walberg-Rankin, J. 2000. Making weight in sports. In: L. Burke and V. Deakin (Eds.), *Clinical sports nutrition* (pp. 185-209). Rossville, NSW: McGraw-Hill Australia.

Walsh, R.M., T.D. Nokes, J.A. Hawley, and S.C. Dennis. 1994. Impaired high-intensity cycling performance time at low levels of dehydration. *International Journal of Sports Medicine* 15: 392-398.

Wang, S.C., B. Bednarski, S. Patel, A. Yan, C. Kohoyda-Inglis, T. Kennedy, E. Link, S. Rowe, M. Sochor, and S. Arbabi. 2003. Increased depth of subcutaneous fat is protective against injuries in motor vehicle collisions. *Annual Proceedings of the Advancement of Automotive Medicine* 47: 545-559.

Wee, S.L., C. Williams, and P. Garcia-Roves. 1999. Carbohydrate availability determines endurance running capacity in fasted subjects [abstract]. *Medicine and Science in Sports and Exercise* 31: S91.

Weideman, C.A., M.G. Flynn, F.X. Pizza et al. 1990. Effects of increased protein intake on muscle hypertrophy and strength following 13 weeks of resistance training [abstract]. *Medicine and Science in Sports and Exercise* 22:S37.

White, T.P., and K.A. Esser. 1989. Satellite cell and growth factor involvement in skeletal muscle growth. *Medicine and Science in Sports and Exercise* 21(Suppl.): S158-S163.

Whitley, H.A., S.M. Humphreys, I.T. Campbell et al. 1998. Metabolic and performance responses during endurance exercise after high-fat and high-carbohydrate meals. *Journal of Applied Physiology* 85: 418-424.

Williams, M.H. 1976. *Nutritional aspects of human physical and athletic performance*. Springfield, IL: Charles C Thomas.

Wilmore, J.H., and D.L. Costill. 1994. *Physiology of sport exercise*. Champaign, IL: Human Kinetics.

Wilmore, J.H., and B.J. Freund. 1984. Nutritional enhancement of athletic performance. *Nutritional Abstracts and Reviews* A54: 1-6.

Wilson, M.M., and J.E. Morley. 2003. Impaired cognitive function and mental performance in mild dehydration. *European Journal of Clinical Nutrition* 57(Suppl 2): S24-S29.

Wolfe, R.R. 1987. Does exercise stimulate protein breakdown in humans? Isotopic approaches to the problem. *Medicine and Science in Sports and Exercise* 19(Suppl.): S172-S178.

Wood, P.D., and M.L. Stefanic. 1990. Exercise, fitness and atherosclerosis. In: C. Bouchard, R.J. Shephard, T. Stephens, R. Sutton, and B.D. McPherson (Eds.), *Exercise, fitness, and health*. Champaign, IL: Human Kinetics.

Yamada, S., N. Buffinger, J. Dimero et al. 1989. Fibroblast growth factor is stored in fiber extracellular matrix and plays a role in regulating muscle hypertrophy. *Medicine and Science in Sports and Exercise* 21(Suppl.): S173-S180.

Yang, E.J., H.K. Chung, W.Y. Kim, J.M. Kerver, and W.O. Song. 2003. Carbohydrate intake is associated with diet quality and risk factors for cardiovascular disease in U.S. adults. NHANES III. *Journal of the American Medical Association* 22: 71-79.

Yates, A., K. Leechy, and C.M. Shisslak. 1983. Running: An analogue of anorexia? *New England Journal of Medicine* 308: 251-253.

Yokogoshi, H., T. Iwata, K. Ishida et al. 1987. Effect of amino acid supplementation to low-protein diet on brain and plasma levels of tryptophan and brain 5-hydroxyindoles in rats. *Journal of Nutrition* 117: 42-47.

Young, V.R., and H.N. Munroe. 1978 N+ - methylhistidine (3-methylhistidine) and muscle protein turnover: An overview. *Federation Proceedings* 37: 2291-2300.

Zelessky, M. 1977. Coaching: Medico-biological and psychological means of recovery. *Legkaya Atletica* 7: 20-22.

Chapter 7

Alen, M., K. Hakkinen, and P.V. Komi. 1984. Changes in neuromuscular performance and muscle fiber characteristics of elite power athletes self-administering androgenic and anabolic steroids. *Acta Physiologica Scandinavica* 122: 535-544.

Antonio, J., and J.R. Stout. 2001. *Sports supplements*. Baltimore: Lippincott, Williams & Wilkins.

Athlete Guilty. 1999, August 20. Gillon, D. *The Electronic Herald*, Glasgow, Scotland.

Ayoama, R., E. Hiruma, and H. Sasaki. 2003. Effects of creatine loading on muscular strength and endurance of female softball players. *Journal of Sports Medicine and Physical Fitness* 43: 481-487.

Balsom, P., K. Soderlund, and B. Ekblom. 1994. Creatine in humans with special reference to creatine supplementation. *Sports Medicine* 18: 268-280.

Beiner, J.M., P. Jokl, J. Cholewicki, and M.M. Panjabi. 1999. The effect of anabolic steroids and corticosteroids on healing of muscle contusion injury. *American Journal of Sports Medicine* 27: 2-9.

Besset, A., A. Bonardet, G. Rendouin, B. Decamps, and P. Passdouant. 1982. Increase in sleep related GH and Prl secretion after chronic arginine aspartate administration in man. *Acta Endocrinologica* 99: 18-23.

Bhasin, S. 2003a. Effects of testosterone administration on fat distribution, insulin sensitivity and atherosclerosis progression. *Clinical Infectious Disease* 37(Suppl. 2): S142-S149.

Bhasin, S. 2003b. Regulation of body composition by androgens. *Journal of Endocrinology Research* 26: 814-822.

Bhasin, S., T.W. Storer, N. Berman, C. Callegari, B. Clevenger, J. Phillips, T.J. Bunnell, R. Tricker, A. Shirazi, and R. Casaburi. 1996. The effects of supraphysiologic doses of testosterone on muscle size and strength in normal men. *New England Journal of Medicine* 335: 1-7.

Bhasin, S., L. Woodhouse, R. Casaburi, A.B. Singh, D. Bhasin, N. Berman, X. Chen, K.E. Yarasheski, L. Magliano, C. Dzekov, J. Dzekov, R. Boss, J. Phillips, I. Sinha-Hikim, R. Shen, and T.W. Storer. 2001. Testosterone dose-dependent relationship in healthy young men. *American Journal of Physiology, Endocrinology and Metabolism* 28: E1172-E1181.

Bigland, B., and B. Jehring. 1952. Muscle performance in rats: Normal and treated with growth hormone. *Journal of Physiology* 1167: 129-136.

Biolo, G., S.P. Maggi, B.D. Williams, K.D. Tipton, and R.R. Wolfe. 1995. Increased rates of muscle protein turnover and amino acid transport after resistance exercise in humans. *American Journal of Physiology* 268(3 Part 1): E514-520.

Biolo, G., K.D. Tipton, S. Klein, and R.R. Wolfe. 1997. An abundant supply of amino acids enhances the metabolic effects of exercise on muscle protein. *American Journal of Physiology* 273(1 Part 1): E122-129.

Bohn, A.M., M. Khodace, and T.L. Schwenk. 2003. Ephedrine and other stimulants as ergogenic aids. *Current Sports Medicine Reviews* 2: 220-225.

Boirie, Y., M. Dangin, P. Gachon, M.P. Vasson, J.L. Maubois, and B. Beaufrere. 1997. Slow and fast dietary proteins differently modulate postprandial protein accretion. *Proceedings of the National Academy of Science* 94: 1430-1435.

Bosco, C., M. Cardinale, and O. Tsarpela. 1999. Influence of vibration on mechanical power and electromyogram activity in human arm flexor muscles. *European Journal of Applied Physiology* 79: 306-311.

Bosco, C., M. Iacovelli, O. Tsarpela, M. Cardinale, M. Bonifazi, J. Tihanyi, M. Viru, A. De Lorenzo, and A. Viru.

2000. Hormonal responses to whole-body vibration in man. *European Journal of Applied Physiology* 81: 449-454.

Brilla, L.R., M.S. Giroux, A. Taylor, and K.M. Knutzen. 2003. Magnesium-creatine supplementation effects on body water. *Metabolism* 52: 1136-1140.

Brown, G.A., M.D. Vukovich, R.I. Sharp, T.A. Reifenrath, K.A. Parsons, and D.S. King. 1999. Effect of oral DHEA on serum testosterone and adaptations to resistance training in young men. *Journal of Applied Physiology* 87: 2274-2283.

Brown misses out. 1998, August 19. Sports, *BBC Online News*.

Burks, T.F. 1981. Drug use in athletics. *Federation Proceedings* 40: 2680-2681.

Call for fail safe drug tests. 1999, August 4. Sports, *BBC Online News*.

Cardinale, M., and J. Lim. 2003. Electromyography of vastus lateralis muscle during whole-body vibrations of different frequencies. *Journal of Strength and Conditioning Research* 17: 621-624.

Cardinale, M., and M.H. Pope. 2003. The effects of whole body vibration on humans: Dangerous or advantageous. *Acta Physiologica Hungarica* 90: 195-206.

Catlin, D.H., D.A. Cowan, R. de la Torre, M. Donike, D. Fraisse, H. Oftebro, C.K. Hatten, B. Starcevic, M. Becchi, X. de la Torre, H. Norli, H. Geyer, and C.J. Walker. 1996. Urinary testosterone (T) to epitestosterone (E) ratios by GC/MS. I. Initial comparison of uncorrected T/E in six international laboratories. *Journal of Mass Spectroscopy* 31: 397-402.

Catlin, D.H., and T.H. Murray. 1996. Performance enhancing drugs. Fair competition and Olympic sport. *Journal of the American Medical Association* 276: 231.

Chester, N., D.R. Mottram, T. Reilly, and M. Powell. 2004. Elimination of ephedrines in urine following multiple dosing: The consequences for athletes, in relation to doping control. *British Journal of Clinical Pharmacology* 57: 62-67.

Conley, M.S., and M.H. Stone. 1996. Carbohydrate ingestion/supplementation for resistance exercise and training. *Sports Medicine* 21: 7-17.

Conway, K.J., R. Orr, and S.R. Stannard. 2003. Effect of a divided dose on endurance cycling performance, postexercise urinary concentration and plasma paraxanthine. *Journal of Applied Physiology* 94: 1557-1562.

Corrigan, B. 2002. DHEA and sport. *Clinical Journal of Sports Medicine* 12: 236-241.

Crist, D.M., G.T. Peake, P.A. Eagen, and D.L. Waters. 1988. Body composition responses to exogenous GH during training in highly conditioned adults. *Journal of Applied Physiology* 65: 579-584.

Cuneo, R.C., F. Salomon, C.M. Wiles, R. Heep, and P.H. Sonksen. 1991. Growth hormone treatment in growth hormone-deficient adults. 1. Effects on muscle mass and strength. *Journal of Applied Physiology* 70: 688-694.

Dangin, M., Y. Boirie, C. Garcia-Rodenas, P. Gachon, J. Fauquant, P. Callier, O. Ballavre, and B. Beaufrere. 2001. The digestion rate of protein is an independent regulating factor of postprandial protein retention. *American Journal of Physiology* 280: E340-E348.

Dehennin, L., Y. Bonnaire, and P. Plou. 1999. Urinary excretion of 19-norandrosterone of endogenous origin in man: Quantitative analysis by gas chromatography-mass spectrometry. *Journal of Chromatography and Biomedical Application* 72: 301-307.

Dehennin, L., and G. Peres. 1996. Plasma and urinary markers of oral testosterone misuse by healthy men in presence of masking epitestosterone administration. *International Journal of Sports Medicine* 17: 315-319.

Dehennin, L., and R. Scholler. 1990. Detection of self-administration of testosterone as an anabolic by determination of the ratio of urinary testosterone to urinary epitestosterone in adolescents. *Pathological Biology* 38: 920-922.

Delecluse, C., M. Roelants, and S. Verschueren. 2003. Strength increase after whole-body vibration compared with resistance training. *Medicine and Science in Sports and Exercise* 335: 1033-1041.

Demands grow for drug test review. 1999, August 5. Sports, *BBC Online News*.

Demant, T.W., and E.C. Rhodes. 1999. Effects of creatine supplementation on exercise performance. *Sports Medicine* 28: 49-60.

DeMeersman, R., D. Getty, and D.C. Schaefer. 1987. Sympathomimetics and exercise enhancement: All in the mind? *Pharmacology, Biochemistry and Behaviour* 28: 361-365.

Derave, W., B.O. Eijnde, P. Verbessen, M. Ramaekers, M. Leemputte, E.A. Richter, and P. Hespel. 2003. Combined creatine and protein supplementation in conjunction with resistance training promotes muscle GLUT-4 content and glucose tolerance in humans. *Journal of Applied Physiology* 94: 1910-1916.

De Ruiter, C.J., S.M. Van Raak, J.V. Schilperoort, A.P. Hollander, and A. Haan. 2003. The effects of 11 weeks of whole body vibration training on jump height, contractile properties and activation of human knee extensors. *European Journal of Applied Physiology* 90: 595-600.

Dietary Supplement Health and Education Act (DSHEA). 1994. Food and Drug Administration. 1999. http://vm.cfsan.fda.gov/~dms/dietsupp.html.

Earnest, C.P., M.A. Olsen, C.E. Broeder, K.F. Breul, and S.L. Beckham. 2000. Oral 4-androstene-3,17-dione and 4-androstene-3,17-diol supplementation in young males. *European Journal of Applied Physiology* 81: 229-231.

Ebben, W.P., and R.L. Jensen. 2002. Electromyographic and kinetic analysis of traditional, chain and elastic band squats. *Journal of Strength and Conditioning Research* 16: 547-550.

Eckerson, J.M., J.R. Stout, G.A. Moore, N.J. Stone, K. Nishimura, and K. Tamura. 2004. Effect of two and five days of creatine loading on anaerobic capacity in women. *Journal of Strength and Conditioning Research* 18: 168-173.

Eichner, E.R. 1997. Ergogenic aids: What athletes are using—and why. *Physician and Sportsmedicine* 25: 70-77.

El Yacoubi, M., J. Costenin, and J.M. Vaugeois. 2003. Adenosine A2A receptors and depression. *Neurology* 61(11 Suppl. 6): S82-S87.

Evans, N.A. 2004. Current concepts in anabolic-androgenic steroids. *American Journal of Sports Medicine* 32: 534-542.

Fafournoux, P., A. Bruhat, and C. Jousse. 2000. Amino acid regulation of gene expression. *Biochemistry Journal* 351(Part 1): 1-12.

Farquhar, W.B., and E.J. Zambraski. 2002. Effects of creatine use on the athlete's kidney. *Current Sports Medicine Reports* 1: 103-106.

Finn, J.P., T.R. Ebert, R.T. Withers et al. 2001. Effect of creatine supplementation on metabolism and performance in humans during intermittent sprint cycling. *European Journal of Applied Physiology* 84: 238-243.

Fern, E.B., R.N. Bielinski, and Y. Schutz. 1991. Effects of exaggerated amino acid and protein supply in man. *Experientia* 47: 168-172.

Fogelholm, G.M., H.K. Naveri, K.T. Kiilavuori, and M.H. Harkonen. 1993. Low-dose amino acid supplementation: No effects on serum growth hormone and insulin in male weightlifters. *International Journal of Sports Medicine* 3: 290-297.

Forslund, A.H., A.E. El-Khoury, R.M. Olsson, A.M. Sjodin, L. Hambraeus, and Y.R. Young. 1999. Effect of protein intake and physical activity on 24-h pattern and rate of macronutrient utilization. *American Journal of Physiology* 276(Part 1): E974-E976.

Forslund, A.H., L. Hambraeus, R.M. Olsson, A.E. El-Khoury, Y.M. Yu, and V.R. Youn. 1998. The 24-h whole body leucine and urea kinetics at normal and high protein intakes with exercise in healthy adults. *American Journal of Physiology* 275(Part 2): E310-E320.

Frisch, H. 1999. Growth hormone and body composition in athletes. *Journal of Endocrinological Investigation* 22(5 Suppl.): 106-109.

Fruhbeck, G. 1998. Protein metabolism: Slow and fast dietary proteins. *Nature* 39: 843-845.

Fry, A.C., W.J. Kraemer, M.H. Stone, B.J. Warren, J.T. Kearney, C.M. Maresh, C.A. Weseman, and S.J. Fleck. 1993. Endocrine and performance responses to high volume training and amino acid supplementation in elite junior weightlifters. *International Journal of Sport Nutrition* 3: 306-322.

Fryberg, D.A., R.A. Gelfeld, and E.J. Barrett. 1991. Growth hormone acutely stimulates forearm muscle protein synthesis in normal adults. *American Journal of Physiology, Endocrinology and Metabolism* 23: E499-E504.

Garle, M., R. Ocka, E. Palonek, and I. Bjorkhem. 1996. Increased urinary testosterone:epitestosterone ratios found in Swedish athletes in connection with a national control program. Evaluation of 28 cases. *Journal of Chromatography and Biomedical Application* 687: 55-59.

Gater, D.R., D.A. Gater, J.M. Uribe, and J.C. Bunt. 1992. Impact of nutritional supplements and resistance training on body composition, strength and insulin-like growth factor-1. *Journal of Applied Sport Science Research* 6: 66-76.

Gleeson, M., G.I. Lancaster, and N.C. Bishop. 2001. Nutritional strategies to minimize exercise-induced immunosuppression in athletes. *Canadian Journal of Applied Physiology* 26(Suppl.): S23-S35.

Gosselink, K.L., R.R. Roy, H. Zhong, R.E. Grindeland, A.J. Bigbee, and V.R. Edgerton. 2004. Vibration-induced activation of muscle afferents modulates bioassayable growth hormone release. *Journal of Applied Physiology* 96: 2097-2102.

Greenwood, M., R.B. Kreider, L. Greenwood, and A. Byars. 2003. Cramping and injury incidence in collegiate football players are reduced by creatine supplementation. *Journal of Athletic Training* 38: 216-219.

Grivetti, L.E., and E.A. Applegate. 1997. From Olympia to Atlanta: A cultural-historical perspective on diet and athletic training. *Journal of Nutrition* 127: 8605-8685.

Haff, G.G., B. Kirksey, M.H. Stone, B.J. Warren, R.L. Johnson, M. Stone, H.S. O'Bryant, and C. Proulx. 2000. The effect of six weeks of creatine monohydrate supplementation on dynamic rate of force development. *Journal of Strength and Conditioning Research* 14: 426-433.

Haff, G., A. Whitley, L.B. McCoy, and M.H. Stone. 2003. Carbohydrate supplementation and resistance training. *Journal of Strength and Conditioning Research* 17: 187-196.

Hakkinen, K., A. Pakarinen, M. Alen, H. Kauhanen, and P.V. Komi. 1987. Relationships between training volume, physical performance capacity, and serum hormone concentrations during prolonged training in elite weightlifters. *International Journal of Sports Medicine* 1: 61-65.

Hanin, Y.L. 1989. Interpersonal and intragroup anxiety in sports. In: D. Hackford and C.D. Spielberger (Eds.), *Anxiety in sports: An international perspective*. New York: Hemisphere.

Hartgens, F., and H. Kuipers. 2004. Effects of androgenic-anabolic steroids in athletes. *Sports Medicine* 34: 513-554.

Haussinger, D., and F. Lang. 1991. Cell volume in the regulation of hepatic function: A mechanism for metabolic control. *Biophysica Acta* 1071: 331-350.

Haussinger, D., E. Roth, F. Lang, and W. Gerok. 1993. Cellular hydration state. An important determinant of catabolism in health and disease. *Lancet* 341: 1330-1332.

Hickson, R.C., S.M. Czerwinski, M.T. Falduto, and A.P. Young. 1990. Glucocorticoid antagonism by exercise and androgenic anabolic steroids. *Medicine and Science in Sports and Exercise* 22: 331-340.

Hile, A.M., J.M. Anderson, K.A. Fiala, J.H. Stevenson, D.J. Casa, and C.M. Maresh. 2006. Creatine supplementation and anterior compartment pressure during exercise in the heat in dehydrated men. *Journal of Athletic Training* 41: 30-35.

Hubbard, J.S., S. Rohrmann, P.K. Lnadia, E.J. Metter, D.C. Muller, B. Andres, H.B. Carter, and E.A. Platz. 2004. Association of prostate cancer risk with insulin, glucose and anthropometry in the Baltimore longitudinal study of aging. *Urology* 63: 253-258.

Isidori, A., A. Lo Monaco, and M. Cappa. 1981. A study of growth hormone release in man after oral ingestion of amino acids. *Current Medical Research Opinion* 7: 475-481.

Ivy, J.L. 2001. Dietary strategies to promote glycogen synthesis after exercise. *Canadian Journal of Applied Physiology* 26 (Suppl.): S236-245.

Ivy, J.L., A.L. Katz, C.L. Cutler, W.M. Sherman, and E.F. Coyle. 1988. Muscle glycogen synthesis after exercise: Effect of time of carbohydrate ingestion. *Journal of Applied Physiology* 64: 1480-1485.

Ivy, J., and R. Portman. 2004. *Nutrient timing.* North Bergen, NJ: Basic Health.

Jeffreys, M., P. McCarron, D. Gunnell, J. McEwen, and G.D. Smith. 2003. Body mass index in early and mid-adulthood, and subsequent mortality: A historical cohort study. *International Journal of Obesity Related Metabolism Disorders* 27: 1391-1397.

Juhn, M.S. 2000. Does creatine supplementation increase the risk of rhabdomylosis? *Journal of the American Board of Family Practice* 13: 150-151.

Kadi, F., A. Eriksson, S. Holmner, and L.E. Thornell. 1999. Effects of anabolic steroids on the muscle cells of strength-trained athletes. *Medicine and Science in Sports and Exercise* 31: 1528-1534.

Karila, T., V. Kosumen, A. Leinomen, R. Tahtela, and T. Seppala. 1996. High doses of alcohol increase urinary testosterone-to-epitestosterone ratio in females. *Journal of Chromatography Biological and Biomedical Application* 687(1): 109-116.

Kicman, A.T., and D.B. Gower. 2003. Anabolic steroids in sport: Clinical and analytical perspectives. *Annals of Clinical Biochemistry* 40(Part 4): 321-356.

Kilduff, L.P., Y.P. Pitsiladis, L. Tasker, J. Attwood, P. Hyslop, A. Dailly, I. Dickson, and S. Grant. 2003. Effects of creatine on body composition and strength gains after 4 weeks of resistance training in previously nonresistance-trained humans. *International Journal of Sport Nutrition and Exercise Metabolism* 13: 504-520.

King, D.S., R.L. Sharp, M.D. Vukovich, G.A. Brown, T.A. Reifenrath, N.L. Uhl, and K.A. Parsons. 1999. Effect of oral androstenedione on serum testosterone and adaptations to resistance training in young men. *Journal of the American Medical Association* 28(21): 2020-2028.

Kintz, P., V. Crimele, and B. Ludes. 1999. Nandrolone and noretiocholanolone: Metabolite markers. *Acta Clinica Belgica* (Suppl.) 1: 68-73.

Kirksey, B., M.H. Stone, B.J. Warren, R.L. Johnson, M.E. Stone, G.G. Haff, E.E. Williams, and C. Proulx. 1999. The effects of six weeks of creatine monohydrate supplementation on performance measures and body composition in collegiate track and field athletes. *Journal of Strength and Conditioning Research* 13: 1148-1156.

Kneiss, A., E. Ziegler, J. Kratzsch, D. Thieme, and B.K. Muller. 2003. Potential parameters for the detection of hGH doping. *Analytical and Bioanalytical Chemistry* 376: 696-700.

Koak, K.S. 2003. Effects of high dose oral creatine supplementation on anaerobic capacity of elite wrestlers. *Journal of Sports Medicine and Physical Fitness* 43: 488-492.

Kohler, R.M.N., and M.I. Lambert. 2002. Urine nandrolone metabolites: False positive doping test? *British Journal of Sports Medicine* 36: 325-329.

Kopera, H. 1993. Side effects of anabolic steroids and contraindications. *Wein Medicine Wochensch* 14: 399-400.

Krieder, R.B. 1999. Dietary supplements and the promotion of muscle growth with resistance exercise. *Sports Medicine* 27: 97-110.

Krieder, R.B., C. Melton, C.J. Rasmussen, M. Greenwood, S. Lancaster, E.C. Cantler, P. Milnor, and A.L. Almada. 2003. Long-term creatine supplementation does not affect clinical markers of health in athletes. *Molecular and Cellular Biochemistry* 244: 95-104.

Kuhn, C.M. 2002. Anabolic steroids. *Recent Progress in Hormone Research* 57: 411-434.

Kutz, M.R., and M.J. Gunter. 2003. Creatine monohydrate supplementation on body weight and percent body fat. *Journal of Strength and Conditioning* 17: 817-821.

Lambert, M.I., J.A. Hefer, R.P. Millar, and P.W. MacFarlane. 1993. Failure of commercial oral amino acid supplements to increase serum growth hormone in male body-builders. *International Journal of Sport Nutrition* 3: 298-305.

Lancaster, G.I., R.L. Jentjens, L. Mosely, A.E. Jeukendrup, and M. Gleeson. 2003. Effect of pre-exercise carbohydrate ingestion on plasma cytokine stress hormone and neutrophil degranulation responses to continuous high-intensity exercise. *International Journal of Sports Medicine* 13: 436-453.

Lange, K.H., J.L. Andersen, N. Beyer, F. Isaksson, B. Larsson, M.H. Rasmussen, A. Juul, J. Bulow, and M.

Kjaer. 2002. GH administration changes myosin heavy chain isoforms in skeletal muscle but does not augment muscle strength or hypertrophy, either alone or combined with resistance exercise training in healthy adults. *Journal of Clinical Endocrinology and Metabolism* 87: 513-523.

Lemon, P.W. 2000. Beyond the zone: Protein needs of active individuals. *Journal of the American College of Nutrition* 19(5 Suppl.): 513S-521S.

Lemon, P.W., J.M. Berardi, and E.E. Noreen. 2002. The role of protein and amino acid supplements in the athlete's diet: Does type or timing of ingestion matter? *Current Sports Medicine Reports* 1: 214-221.

Levenhagen, D.K, C. Carr, M.G. Carlson, D.J. Maron, M.J. Borel, and P.J. Falkol. 2002. Postexercise protein intake enhances whole-body and leg protein accretion in humans. *Medicine and Science in Sports and Exercise* 34: 828-837.

Levine, B.D., and J. Stray-Gundersen. 1997. Living high-training low: Effect of moderate altitude acclimatization with low-altitude training on performance. *Journal of Applied Physiology* 83: 102-112.

Loike, J.D., M. Somes, and S.C. Silverstein. 1986. Creatine uptake: Metabolism and efflux in human monocytes and macrophages. *American Journal of Physiology* 251(Part 1): C128-135.

Lombardo, J.A., R.C. Hickson, and D.R. Lamb. 1991. Anabolic/androgenic steroids and growth hormone. In: D.R. Lamb and M.H. Williams (Eds.), *Perspectives in exercise science and sports medicine* (pp. 249-284). Indianapolis: Brown and Benchmark.

Martens, R. 1975. *Social psychology and physical activity.* New York: Harper & Row.

McClelland, D.C., J.W. Atkinson, R.W. Clark, and E.L. Lowell. 1953. *The achievement motive.* New York: Appleton-Century-Crofts.

Mendes, R.R., and J. Tirapegui. 2002. Creatine: The nutritional supplement for exercise—current concepts. *Archives of Latin American Nutrition* 52: 117-127.

Nagulesparen, M., R. Trickey, M.J. Davies, and J.S. Jenkins. 1976. Muscle changes in acromegaly. *British Medical Journal* 2: 914-915.

Paluska, S.A. 2003. Caffeine and exercise. *Current Sports Medicine Reports* 2: 213-219.

Pepin, G., F. Vayssette, and Y. Gaillard. 2001. Urinary nandrolone metabolites in antidoping control. *Annales Pharmaceutiques Francaises* 59: 345-349.

Perry, P.J., J.H. MacIndoe, W.R. Yates, S.D. Scott, and T.L. Holman. 1997. Detection of anabolic steroid administration: Ratio of urinary testosterone:epitestosterone vs the ratio of urinary testosterone to luteinizing hormone. *Clinical Chemistry* 43: 731-735.

Poortmans, J.R., and M. Francaux. 2000. Adverse effects of creatine supplementation: Fact or fiction. *Sports Medicine* 30: 155-170.

Powers, M.E., B.L. Arnold, A.L. Weltman, D.H. Perrin, D. Mistry, D.M. Kahler, W. Kraemer, and J. Volek. 2003. Creatine supplementation increases total body water without altering fluid distribution. *Journal of Athletic Training* 38: 44-50.

Rae, C., A.L. Digney, S.R. McEwan, and T.C. Bates. 2003. Oral creatine monohydrate supplementation improves brain performance: A double blind, placebo-controlled, cross-over trial. *Proceedings of the Royal Society of London (Series B): Biological Sciences* 22: 2147-2150.

Rasmussen, B.B., K.D. Tipton, S.L. Miller, S.E. Wolf, and R.R. Wolfe. 2000. An oral essential amino acid-carbohydrate supplement enhances muscle protein anabolism after resistance exercise. *Journal of Applied Physiology* 88: 386-392.

Rawson, E.S., and J.S. Volek. 2003. Effects of creatine supplementation and resistance training on muscle strength and weightlifting performance. *Journal of Strength and Conditioning Research* 17: 822-831.

Reis, E., U. Frick, and D. Schmidtbleicher. 1995. Frequency variation of strength training sessions triggered by the phases of the menstrual cycle. *International Journal of Sports Medicine* 16: 545-550.

Rittweger, J., G. Beller, and F. Felsenberg. 2000. Acute physiological effects of exhaustive whole-body vibration in man. *Clinical Physiology* 20: 134-142.

Robinson, T.M., D.A. Sewell, A. Casey, G. Steenge, and P.L. Greenhaff. 2000. Dietary creatine supplementation does not affect some haematological indices or indices of muscle damage and hepatic and renal function. *British Journal of Sports Medicine* 34: 284-288.

Roelants, M., C. Delecluse, M. Goris, and S. Verschueren. 2004. Effects of 24 weeks of whole body vibration training on body composition and muscle strength in untrained females. *International Journal of Sports Medicine* 25: 1-5.

Rokitzki, L., E. Logemann, A.N. Sagredos, M. Murphy, W. Wetael-Roth, and J. Keul. 1994. Lipid peroxidation and antioxidative vitamins under extreme endurance stress. *Acta Physiologica Scandinavica* 151: 149-158.

Rozenek, R., C.H. Rahe, H.H. Kohl, D.N. Marple, G.D. Wilson, and M.H. Stone. 1990. Physiological responses to resistance-exercise in athletes self-administering anabolic steroids. *Journal of Sports Medicine and Physical Fitness* 30: 354-360.

Rudman, D., A.G. Feller, J.S. Nagraj, G.A. Goldberg, P.A. Schlenker, L. Cohn, I.W. Rudman, and D.E. Matson. 1990. Effects of human growth hormone in men over 60 years old. *New England Journal of Medicine* 323: 1-6.

Ryu, S., S.K. Choi, S.S. Joung, H. Suh, Y.S. Cha, S. Lee, and K. Lim. 2001. Caffeine as a lipolytic food component increases endurance performance in rats and athletes. *Journal of Nutrition Science and Vitaminology* 47: 139-146.

Saab, G., G.D. Marsh, M.A. Casselman, and R.T. Thompson. 2002. Changes in human muscle transverse relaxation following short-term creatine supplementation. *Experimental Physiology* 87: 383-389.

Salvadora, A., F. Suay, S. Martinnez-Sanchis, V.M. Simon, and P.F. Brain. 1999. Correlating testosterone and fighting in male participants in judo contests. *Physiological Behaviour* 68: 205-209.

Saunders, P.U., R.D. Telford, D.B. Pyne, R.B. Cunningham, C.J. Gore, A.G. Hahn, and J.A. Hawley. 2003. Improved running economy in elite runners after 20 days of moderate simulated altitude exposure. *Journal of Applied Physiology* 96: 931-937.

Schedel, J.M., P. Terrier, and Y. Schutz. 2000. The biomechanic origin of sprint performance enhancement after one-week creatine supplementation. *Japanese Journal of Physiology* 50: 273-276.

Schilling, B.K., M.H. Stone, A. Utter, J.T. Kearney, M. Johnson, R. Coglianese, L. Smith, H.S. O'Bryant, A.C. Fry, M. Starks, R. Keith, and M.E. Stone. 2001. Creatine supplementation and health: A retrospective study. *Medicine and Science in Sports and Exercise* 33: 183-188.

Schroeder, C., J. Potteiger, J. Randell, D. Jacobsen, L. Magee, S. Benedict, and M. Hulver. 2001. The effects of creatine dietary supplementation on anterior compartment pressure in the lower leg during rest and following exercise. *Clinical Journal of Sport Medicine* 11: 87-95.

Shakleton, C.H., A. Phillips, T. Chang, and Y. Li. 1997. Confirming testosterone administration by isotope ratio mass spectrometric analysis of urinary androstenediols. *Steroids* 62: 379-387.

Silver, M.D. 2001. Use of ergogenic aids by athletes. *Journal of the American Academy of Orthopedic Surgeons* 9: 61-70.

Sinclair, G.D., and D.A. Sinclair. 1994. Developing reflective performers by integrating mental management intervention. *Behavior Modification* 6: 443-463.

Sonksen, F.H. 2001. Insulin, growth hormone and sport. *Journal of Endocrinology* 170: 13-25.

Spriet, L.L., and M.J. Gibala. 2004. Nutritional strategies to influence adaptations to training. *Journal of Sports Sciences* 22: 127-141.

Starka, L., M. Hill, O. Lapcik, and R. Hampl. 1996. Epitestosterone as an endogenous antiandrogen in men. *Vnitrni Lekarstvi* 43(9): 620-623.

Stone, M.H. 1993. Position/policy statement and literature review for the National Strength and Conditioning Association on "explosive exercise." *National Strength and Conditioning Association Journal* 15: 7-15.

Stone, M.H. 1995. Human growth hormone: Physiological functions and ergogenic efficacy. Literature review for NSCA position stance. *Strength and Conditioning* 17: 72-74.

Stone, M.H., R. Keith, J.T. Kearney, G.D. Wilson, and S.J. Fleck. 1991. Overtraining: A review of the signs and symptoms of overtraining. *Journal of Applied Sport Science Research* 5(1): 35-50.

Stone, M.H., K. Sanborn, L. Smith, H.S. O'Bryant, T. Hoke, A. Utter, R.L. Johnson, R. Boros, K. Pierce, and M.E. Stone. 1999. Five week supplementation with creatine monohydrate, pyruvate and a combination in American football players. *International Journal of Sport Nutrition* 9: 146-165.

Storer, T.W., L. Magliano, L. Woodhouse, M.L. Lee, C. Dzekov, J. Dzekov, R. Casaburi, and S. Bhasin. 2003. Testosterone dose-dependently increases maximal voluntary strength and leg power, but does not affect fatigability or specific tension. *Journal of Clinical Endocrinology* 88: 1478-1485.

Street, C., J. Antonio, and D. Cudlipp. 1996. Androgen use by athletes: A reevaluation of the health risks. *Canadian Journal of Applied Physiology* 21: 421-440.

Svensson, J., K. Stibrant Suunerhagen, and G. Johannsson. 2003. Five years of growth hormone replacement therapy in adults: Age-and gender-related changes in isometric and isokinetic muscle strength. *Journal of Clinical Endocrinology and Metabolism* 88: 206-209.

Swain, R.A., D.M. Harsha, J. Baenzinger, and R.M. Saywell. 1997. Do pseudoephedrine or phenylpropanolamine improve maximum oxygen uptake and time to exhaustion? *Clinical Journal of Sports Medicine* 7: 168-173.

Sweeney, H.L. 2004. Gene doping. *Scientific American* 291: 62-69.

Taes, Y.E., J.R. Delanghe, A.S. De Vriese, R. Rombaut, J. Van Camp, and N.H. Lameire. 2003a. Creatine supplementation decreases homocysteine in an animal model of uremia. *Kidney International* 64: 1331-1337.

Taes, Y.E., J.R. Delanghe, B. Wuyts, J. van de Voorde, and N.H. Lameire. 2003b. Creatine supplementation does not affect kidney function in an animal model with preexisting renal failure. *Nephrology, Dialysis, Transplantation* 18: 258-264.

Tarnopolsky, M.A. 1999. Protein and physical performance. *Current Opinion in Clinical Nutrition and Metabolic Care* 2: 533-537.

Thien, L.A., J.M. Thein, and G.L. Landry. 1995. Ergogenic aids. *Physical Therapy* 75: 426-439.

Torvinen, S., P. Kannu, H. Sievanen, T.A. Jarvinen, M. Pasanen, S. Kontulainen, T.L. Jarvinen, M. Jarvinen, P. Oja, and I. Vuori. 2002. Effect of a vibration exposure on muscular performance and body balance. Randomized cross-over study. *Clinical Physiology and Functional Imaging* 22: 145-152.

U.K. Sports Council. 2003. Nandrolone progress report to the UK Sports Council from the expert committee on nandrolone. *International Journal of Sports Medicine* 24: 620-626.

Urbanski, R.L., W.J. Vincent, and B.B. Yaspelkis. 1999. Creatine supplementation differentially affects maximal isometric strength and time to fatigue in large and small muscle groups. *International Journal of Sport Nutrition* 9: 136-145.

Ustunel, I., G. Akkoyunlu, and R. Demir. 2003. The effect of testosterone on gastrocnemius muscle fibres in growing and adult male and female rats: A histological, morphological and ultrastructural study. *Anatomy, Histology and Embryology* 32: 70-79.

Van Loon, L.J., M. Kruijshoop, H. Verhagen, W.H. Saris, and A.J. Wagenmakers. 2000a. Ingestion of protein hydrolysate and amino acid-carbohydrate mixtures increases postexercise plasma insulin responses in men. *Journal of Nutrition* 130: 2508-2513.

Van Loon, L.J., R. Murphy, A.M. Oosterlaar, D. Cameron-Smith, M. Hargreaves, A.J. Wagenmakers, and R. Snow. 2004. Creatine supplementation increases glycogen storage but not GLUT-4 expression in human skeletal muscle. *Clinical Science* 106: 99-106.

Van Loon, L.J., W.H. Saris, M. Kruijshoop, and A.J. Wagenmakers. 2000b. Maximizing postexercise muscle glycogen synthesis: Carbohydrate and the application of amino acid or protein hydrolysate mixtures. *American Journal of Clinical Nutrition* 72: 106-111.

Volek, J.S. 2004. Influence of nutrition on responses to resistance training. *Medicine and Science in Sports and Exercise* 36: 689-696.

Wagenmakers, A.J. 1999. Amino acid supplements to improve athletic performance. *Current Opinion in Clinical Nutritional and Metabolic Care* 2: 539-544.

Walberg-Rankin, J., C.E. Hawkins, D.S. Fild, and D.R. Sebolt. 1994. The effect of oral arginine during energy restriction in male weight trainers. *Journal of Strength and Conditioning Research* 8: 170-177.

Walker, J.B. 1979. Creatine: Biosynthesis, regulation and function. *Advances in Enzymology* 50: 177-242.

Warman, G., B. Humphries, and J. Purton. 2002. The effects of timing and application of vibration on muscular contractions. *Aviation, Space and Environmental Medicine* 73: 119-127.

Wilber, R.L., P.L. Holm, D.M. Morris, G.M. Dallam, and S.D. Callan. 2003. Effect of F(I)O on physiological responses and cycling performance at moderate altitude. *Medicine and Science in Sports and Exercise* 35: 1153-1159.

Wilder, N., R. Gilders, F. Hagerman, and R.G. Deivert. 2002. The effects of a 10-week, periodized, off-season resistance-training program and creatine supplementation among collegiate football players. *Journal of Strength and Conditioning Research* 16: 343-352.

Wilkes, R.L., and J.J. Summers. 1984. Cognition, mediating variables and strength performance. *Journal of Sport Psychology* 6: 351-359.

Williams, J.M. 1993. Psychological characteristics of peak performance. In: J.M. Williams (Ed.), *Applied sports psychology: Personal growth to peak performance*. Mountain View, CA: Mayfield.

Williams, M.H. 1984. Vitamin and mineral supplements to athletes: Do they help? *Clinical Sports Medicine* 3: 623-637.

Williams, M.H. 1996. Ergogenic aids: A means to Citius, Altius, Fortius and Olympic gold? *Research Quarterly for Exercise and Sport* 67(3 Suppl.): S58-64.

Williams, M.H. 2000. [Comment on Williams, M.H. 1994. The use of nutritional ergogenic aids in sports: Is it an ethical issue? *International Journal of Sport Nutrition* 4: 120-131.] *International Journal of Sport Nutrition and Exercise Metabolism* 10(2): vi-vii.

Whitmore, J. 1992. *Coaching for performance*. London: Nicholas Brealy.

Wu, F.C. 1997. Endocrine aspects of anabolic steroids. *Clinical Chemistry* 43: 1289-1292.

Wyss, M., and A. Schulze. 2002. Health implications of creatine: Can oral creatine supplementation protect against neurological and atherosclerotic diseases? *Neuroscience* 112: 243-260.

Yamaguchi, R., L.D. Johnston, and P.M. O'Malley. 2003. Relationship between student illicit drug use and school drug testing policies. *Journal of School Health* 73: 159-164.

Yarasheski, K.E., J.A. Campbell, K. Smith, M.J. Rennie, J.O. Holloszy, and D.M. Bier. 1992. Effects of growth hormone and resistance exercise on muscle growth in young men. *Endocrinology and Metabolism* 25: E261-E267.

Zawadzki, K.M., B.B. Yaspelkis, and J.L. Ivy. 1992. Carbohydrate-protein complex increases the rate of muscle glycogen storage after exercise. *Journal of Applied Physiology* 72: 1854-1859.

Chapter 8

Aagaard, P., E.B. Simonsen, J.L. Andersen, P. Magnusson, and P. Dyre-Poulsen. 2002. Increased rate of force development and neural drive of human skeletal muscle following resistance training. *Journal of Applied Physiology* 93: 1318-1326.

Aagaard, P., E.B. Simonsen, M. Trolle, J. Bangsbo, and K. Klausen. 1994. Effects of different strength training regimes on moment and power generation during dynamic knee extensions. *European Journal of Applied Physiology* 69: 382-386.

Andersen, L.L., and P. Aagaard. 2005. Influence of maximal muscle strength and intrinsic muscle contractile properties on contractile rate of force development. *European Journal of Applied Physiology* 96: 46-52.

Asmussen, E., and F. Bonde-Petersen. 1974. Storage of elastic energy in skeletal muscles in man. *Acta Physiologica Scandinavica* 91: 385-392.

Atha, J. 1981. Strengthening muscle. *Exercise and Sport Sciences Reviews* 9: 2-73.

Bastiaans, J.J., A.B. van Diemen, T. Veneberg, and A.E. Jeukendrup. 2001. The effects of replacing a portion of endurance training by explosive strength training on performance in trained cyclists. *European Journal of Applied Physiology* 86: 79-84.

Behm, D.G. 1995. Neuromuscular implications and applications of resistance training. *Journal of Strength and Conditioning Research* 9: 264-274.

Berger, R.A., and J.M. Henderson. 1966. Relationship of power to static and dynamic strength. *Research Quarterly* 37: 9-13.

Bobbert, M.F., K.G.M. Gerritsen, M.C.A. Litjens, and A.J. van Soest. 1996. Why is countermovement jump height greater than squat jump height? *Medicine and Science in Sports and Exercise* 28: 1402-1412.

Bosco, C. 1982. Physiological considerations of strength and explosive power and jumping drills (plyometric exercise). In: *Proceedings of Conference 82: Planning for elite performance* (pp. 27-37). Toronto: Canadian Track and Field Association.

Carlock, J., S.L. Smith, M. Hartman, R. Morris, D. Ciroslan, K.C. Pierce, R.U. Newton, E. Harman, W.A. Sands, and M.H. Stone. 2004. Relationship between vertical jump power estimates and weightlifting ability: A field-test approach. *Journal of Strength and Conditioning Research* 18: 534-539.

Cohen, J. 1988. *Statistical power analysis for the behavioral sciences* (2nd ed.). Hillsdale, NJ: Erlbaum.

Cronin, J.B., P.J. McNaira, and R.N. Marshall. 2000. The role of maximum strength and load on initial power production. *Medicine and Science in Sports and Exercise* 32: 1763-1769.

Garhammer, J.J. 1993. A review of the power output studies of Olympic and powerlifting: Methodology, performance prediction and evaluation tests. *Journal of Strength and Conditioning Research* 7: 76-89.

Gohner, U. 1994. Experimental results on force eccentric strength gains. *International Journal of Sports Medicine* 15(Suppl.): S43-49.

Haff, G.G., M.H. Stone, H.S. O'Bryant, E. Harman, C. Dinan, R. Johnson, and K.H. Han. 1997. Force-time dependent characteristics of dynamic and isometric muscle actions. *Journal of Strength and Conditioning Research* 11: 269-272.

Hertogh, C., and O. Hue. 2002. Jump evaluation of elite volleyball players using two methods: Jump power equations and force platform. *Journal of Sports Medicine and Physical Fitness* 42: 300-303.

Hopkins, W.G. 2000. A new view of statistics. Internet Society for Sport Science. www.sportsci.org/resource/stats/.

Kauhanen, H., J. Garhammer, and K. Hakkinen. 2000. Relationships between power output, body size and snatch performance in elite weightlifters. In: J. Avela, P.V. Komi, and J. Komulainen (Eds.), *Proceedings of the Fifth Annual Congress of the European College of Sports Science* (p. 383). Finland: University of Jyvaskala.

Komi, P.V., and C. Bosco. 1978. Utilization of stored elastic energy in leg extensor muscles by men and women. *Medicine and Science in Sports* 10: 261-265.

Komi, P.V., and J.H. Viitasalo. 1976. Signal characteristics of EMG at different levels of muscle tension. *Acta Physiologica Scandinavica* 96: 267-276.

Mann, R. 1994. *The mechanics of sprinting and hurdling.* Orlando, FL: Compusport.

Margaria, R., I. Aghemo, and E. Rovelli. 1966. Measurement of muscular power (anaerobic) in man. *Journal of Applied Physiology* 21: 1662-1664.

McBride, J.M., T.T. Triplett-McBride, A. Davie, and R.U. Newton. 1999. A comparison of strength and power characteristics between power lifters, Olympic lifters and sprinters. *Journal of Strength and Conditioning Research* 13: 58-66.

McCloy, C.H. 1934. The measurement of general capacity and general motor ability. *Research Quarterly* 5(1): 46-61.

Moss, B.M., P.E. Refsnes, A. Abildgaard, K. Nicolaysen, and J. Jensen. 1997. Effects of maximal effort strength training with different loads on dynamic strength, cross-sectional area, load-power, and load velocity relationships. *European Journal of Applied Physiology* 75: 193-199.

Muller, E.A. 1970. Influence of training and of inactivity on muscle strength. *Archives of Physical Medicine and Rehabilitation* 51(8): 449-462.

Muller, K. 1987. *Statische und Dynnamiche Muskelkraft.* Frankfort/M. Deutsch, Thun. Cited in Schmidtbleicher, D. 1992. Training for power events. In: P.V. Komi (Ed.), *Strength and power in sport* (pp. 381-395). London: Blackwell Scientific.

Murphy, A.J., G.J. Wilson, J.F. Pryor et al. 1995. Isometric assessment of muscular functions: The effect of joint angle. *Journal of Applied Biomechanics* 11: 205-215.

Nelson, R.C., and R.A. Fahrney. 1965. Relationship between strength, speed of elbow flexion. *Research Quarterly* 336(4): 455-463.

Nelson, R.C., and B.I. Jordan. 1969. Relationship between arm strength and speed in horizontal adductive arm movement. *American Corrective Therapy Journal* 23: 82-85.

Newton, R.U., W.J. Kraemer, K. Hakkinen, B.J. Humphries, and A.J. Murphy. 1996. Kinematics, kinetics and muscle activation during explosive upper body movements. *Journal of Applied Biomechanics* 12: 31-43.

Newton, R.U., A.J. Murphy, B.J. Humphries, G.J. Wilson, W.J. Kraemer, and K. Hakkinen. 1997. Influence of load and stretch shortening cycle on the kinematics, kinetics and muscle activation that occurs during explosive upper-body movements. *European Journal of Applied Physiology* 75: 333-342.

Paavolainen, L., K. Hakkinen, I. Hamalainen, A. Nummela, and H. Rusko. 1999. Explosive strength-training improves 5-km running time by improving running economy and muscle power. *Journal of Applied Physiology* 86(5): 1527-1533.

Plisk, S., and M.H. Stone. 2003. Periodization strategies. *Strength and Conditioning* 25:19-37.

Rhea, M.R. 2004. Determining the magnitude of treatment effects in strength training research through use of the effect size. *Journal of Strength and Conditioning Research* 18: 18-20.

Robinson, J.M., C.M. Penland, M.H. Stone, R.L. Johnson, B.J. Warren, and D.L. Lewis. 1995. Effects of different weight training exercise-rest intervals on strength, power and high intensity endurance. *Journal of Strength and Conditioning Research* 9(4): 216-221.

Sale, D.G. 1992. Neural adaptations to strength training. In: P.V. Komi (Ed.), *Strength and power in sport* (pp. 249-265). London: Blackwell Scientific.

Sands, W.A. 1991. Monitoring the elite female gymnast. *National Strength and Conditioning Association Journal* 13: 66-71.

Sayers, S.P., D.V. Harackiewicz, E.A. Harman, P.N. Frykman, and M.T. Rosenstein. 1999. Cross-validation of three jump power equations. *Medicine and Science in Sports and Exercise* 31: 572-577.

Schmidt, R.A. 1991. *Motor learning and performance*. Champaign, IL: Human Kinetics.

Schmidtbleicher, D. 1985. Strength training: Part 2: Structural analysis of motor strength qualities and its application to training. *Science Periodical on Research and Technology in Sport* 5: 1-10.

Schmidtbleicher, D. 1992. Training for power events. In: P.V. Komi (Ed.), *Strength and power in sport* (pp. 381-395). London: Blackwell Scientific.

Shewart, W.A. 1986. *Statistical method from the viewpoint of quality control*. New York: Dover.

Siff, M. 2001. Biomechanical foundations of strength and power training. In: V. Zatsiorsky (Ed.), *Biomechanics in sport* (pp. 103-139). London: Blackwell Scientific.

Steindler, A. 1935. *Mechanics of normal and pathological locomotion in man*. Baltimore: Thomas.

Stone, M.H. 1993. Explosive exercise. *National Strength and Conditioning Association Journal* 15(4): 7-15.

Stone, M.H., G. Moir, M. Glaister, and R. Sanders. 2002. How much strength is necessary? *Physical Therapy in Sport* 3: 88-96.

Stone, M.H., and H. O'Bryant. 1987. *Weight training: A scientific approach* (2nd ed.). Minneapolis: Burgess.

Stone, M.H., H.S. O'Bryant, L. McCoy, R. Coglianese, M. Lehmkuhl, and B. Schilling. 2003a. Power and maximum strength relationships during performance of dynamic and static weighted jumps. *Journal of Strength and Conditioning Research* 17: 140-147.

Stone, M.H., S. Plisk, and D. Collins. 2002. Training principle: Evaluation of modes and methods of resistance training—a coaching perspective. *Sport Biomechanics* 1(1): 79-104.

Stone, M.H., K. Sanborn, H.S. O'Bryant, M. Hartman, M.E. Stone, C. Proulx, B. Ward, and J. Hruby. 2003b. Maximum strength-power-performance relationships in collegiate throwers. *Journal of Strength and Conditioning Research* 17: 739-745.

Stone, M.H., W.A. Sands, and M.E. Stone. 2004. The downfall of sports science in the United States. *Strength and Conditioning* 26: 72-75.

Thomas, M., A. Fiataron, and R.A. Fielding. 1994. Leg power in young women: Relationship to body composition, strength and function. *Medicine and Science in Sports and Exercise* 28: 1321-1326.

Westing, S.H., J. Seger, and A. Thorstensson. 1990. Effects of electrical stimulation on eccentric and concentric torque-velocity relationships during knee extension. *Acta Physiologica Scandinavica* 140: 17-22.

Weyand, P.G., D.B. Sternlight, M.J. Bellizi, and S. Wright. 2000. Faster top running speeds are achieved with greater ground forces not more rapid leg movements. *Journal of Applied Physiology* 89: 1991-1999.

Wilmore, J.H., and D.L. Costill. 1994. *Physiology of sport and exercise*. Champaign, IL: Human Kinetics.

Wilson, G.J., and A.J. Murphy. 1996. The use of isometric tests of muscular function in athletic assessment. *Sports Medicine* 22(1): 19-37.

Zajac, F.E., and M.E. Gordon. 1989. Determining muscle's force and action in multi-articular movement. In: K. Pandolph (Ed.), *Exercise and sport science reviews* (Vol. 17, 187-230). Baltimore: Williams & Wilkins.

Zatsiorsky, V.M. 1995. *Science and practice of strength training*. Champaign, IL: Human Kinetics.

Chapter 9

Abernethy, P., and G. Wilson. 2000. Introduction to the assessment of strength and power. In: C.J. Gore (Ed.), *Physiological tests for elite athletes* (pp. 147-154). Champaign, IL: Human Kinetics.

Bahill, A.T., P.N. Harris, and E. Senn. 1988. Lessons learned building expert systems. *AI Expert* 3(9): 36-45.

Bailey, D., D. Thompson, and J. Feinstein. 1989. The practical side of neural networks. *PC AI* 3(2): 56-58.

Barlow, D.H., and M. Hersen. 1984. *Single case experimental designs: Strategies for studying behavior change*. New York: Pergamon Press.

Bates, B.T. 1996. Single-subject methodology: An alternative approach. *Medicine and Science in Sports and Exercise* 28(5): 631-638.

Beckmann, J. 2002. Interaction of volition and recovery. In: M. Kellmann (Ed.), *Enhancing recovery: Preventing underperformance in athletes* (pp. 269-282). Champaign, IL: Human Kinetics.

Bithell, C. 1994. Single subject experimental design: A case for concern? *Physiotherapy* 80(2): 85-87.

Bompa, T. 1984a. Peaking for the major competition(s) part one. *Science Periodical on Research and Technology in Sport*, 1-6.

Bompa, T. 1984b. Peaking for the major competition(s) part two. *Science Periodical on Research and Technology in Sport*, 1-6.

Bompa, T.O. 1990a. Periodization of strength: The most effective methodology of strength training. *National Strength and Conditioning Association Journal* 12(5): 49-52.

Bompa, T.O. 1990b. *Theory and methodology of training.* Dubuque, IA: Kendall/Hunt.

Bompa, T.O. 1993. *Periodization of strength.* Toronto, Ontario, Canada: Veritas.

Bondarchuk, A. 1988. Periodization of sports training. *Soviet Sports Review* 23(4): 164-166.

Bryan, A.J. 1987. Single-subject designs for evaluation of sport psychology interventions. *Sport Psychologist* 1: 283-292.

Cannon, W.B. 1928. The mechanism of emotional disturbance of bodily functions. *New England Journal of Medicine* 198(17): 877-884.

Charniga, A., V. Gambetta, W. Kraemer, H. Newton, H.S. O'Bryant, G. Palmieri, J. Pedemonte, D. Pfaff, and M.H. Stone. 1986a. Periodization part 1. *National Strength and Conditioning Association Journal* 8(5): 12-21.

Charniga, A., V. Gambetta, W. Kraemer, H. Newton, H.S. O'Bryant, G. Palmieri, J. Pedemonte, D. Pfaff, and M.H. Stone. 1986b. Periodization part 2. *National Strength and Conditioning Association Journal* 8(6): 17-24.

Charniga, A., V. Gambetta, W. Kraemer, H. Newton, H.S. O'Bryant, G. Palmieri, J. Pedemonte, D. Pfaff, and M.H. Stone. 1987. Periodization part 3. *National Strength and Conditioning Association Journal* 9(1): 16-26.

Cicciarella, C.F. 2000. Runs analysis—a tutorial with application to sport. *International Sports Journal* 4(1): 107-118.

Cohen, S., and G.M. Williamson. 1991. Stress and infectious disease in humans. *Psychological Bulletin* 109(1): 5-24.

Cooper, J.O. 1981. *Measuring behavior.* Columbus, OH: Charles E. Merrill.

Davis IV, H., C. Botterill, and K. MacNeill. 2002. Mood and self-regulation changes in underrecovery: An intervention model. In: M. Kellmann (Ed.), *Enhancing recovery: Preventing underperformance in athletes* (pp. 161-179). Champaign, IL: Human Kinetics.

Dishman, R.K. 1983. Stress management procedures. In: M.H. Williams (Ed.), *Ergogenic aids in sport* (pp. 275-320). Champaign, IL: Human Kinetics.

Dunn, J.G.H. 1994. Toward the combined use of nomothetic and idiographic methodologies in sport psychology: An empirical example. *Sport Psychologist* 8: 376-392.

Duquin, M.E. 1984. Perception of fairness in sport: Conflicts in psychological orientations. American Alliance for Health, Physical Education, Recreation and Dance. National Convention and Exhibition with Southwest District and CAHPERD. University of Waterloo, Waterloo, Ontario, Canada: Author.

Fry, R.W., A.R. Morton, and D. Keast. 1992. Periodisation of training stress—a review. *Canadian Journal of Sport Sciences* 17(3): 234-240.

Graham, I., and P.L. Jones. 1988. *Expert systems knowledge, uncertainty, and decision.* London, England: Chapman and Hall.

Hanin, Y.L. 2002. Individually optimal recovery in sports: An application of the IZOF model. In: M. Kellmann (Ed.), *Enhancing recovery: Preventing underperformance in athletes* (pp. 199-217). Champaign, IL: Human Kinetics.

Harman, E.A. 1995. The measurement of human mechanical power. In: P.J. Maud and C. Foster (Eds.), *Physiological assessment of human fitness* (pp. 87-113). Champaign, IL: Human Kinetics.

Harre, D. 1982. *Principles of sports training.* Berlin, German Democratic Republic: Sportverlag.

Hatfield, B.D., and D.M. Landers. 1983. Psychophysiology—a new direction for sport psychology. *Journal of Sport Psychology* 5: 243-259.

Hopkins, W.G. 1991. Quantification of training in competitive sports. *Sports Medicine* 12(3): 161-183.

Hopkins, W.G. 1998a. Measurement of training in competitive sports. *Sportscience* 2(4). www.sportsci.org/jour/9804/wgh.html.

Hopkins, W.G. 1998b. Training: Quantification in competitive sports. *Sportscience* 2(4). www.sportsci.org/jour/9804/wgh.html.

Hopkins, W.G. 2002. Probabilities of clinical or practical significance [Web Page]. Available at: sportsci.org/jour/0201/wghprob.htm.

Hopkins, W.G., J.A. Hawley, and L.M. Burke. 1999. Design and analysis of research on sport performance enhancement. *Medicine and Science in Sports and Exercise* 31(3): 472-485.

Hrycaiko, D., and G.L. Martin. 1996. Applied research studies with single-subject designs: Why so few? *Journal of Applied Sport Psychology* 8: 183-199.

Jackson, A.S. 1989. Application of regression analysis to exercise science. In: M.J. Safrit and T.M. Wood (Eds.), *Measurement concepts in physical education and exercise science* (pp. 181-206). Champaign, IL: Human Kinetics.

Jacobson, E. 1967. *Biology of emotions.* Springfield, IL: Charles C Thomas.

Kallus, K.W. 2002. Impact of recovery in different areas of application. In: M. Kellmann (Ed.), *Enhancing recovery: Preventing underperformance in athletes* (pp. 283-300). Champaign, IL: Human Kinetics.

Kellmann, M. 2002a. Enhancing recovery: Preventing underperformance in athletes. In: D. Gould and K. Dieffenbach (Eds.), *Overtraining, underrecovery, and burnout in sport* (pp. 25-35). Champaign, IL: Human Kinetics.

Kellmann, M. 2002b. Planning, periodization, and sequencing of training and competition: The rationale for a competently planned, optimally executed training and competition program, supported by a multidisciplinary team. In: S.R. Norris and D.J. Smith (Eds.), *Enhancing recovery: Preventing underperformance in athletes* (pp. 121-141). Champaign, IL: Human Kinetics.

Kellmann, M. 2002c. Psychological assessment of underrecovery. In: M. Kellmann (Ed.), *Enhancing recovery: Preventing underperformance in athletes* (pp. 37-55). Champaign, IL: Human Kinetics.

Kenttä, G., and P. Hassmén. 2002. Underrecovery and overtraining: A conceptual model. In: M. Kellmann (Ed.), *Enhancing recovery: Preventing underperformance in athletes* (pp. 57-79). Champaign, IL: Human Kinetics.

Kinugasa, T., Y. Miyanaga, H. Shimojo, and T. Nishijima. 2002. Statistical evaluation of conditioning for an elite collegiate tennis player using a single-case design. *Journal of Strength and Conditioning Research* 16(3): 466-471.

Lacey, J.I., D.E. Bateman, and R. VanLehn. 1953. Autonomic response specificity: An experimental study. *Psychosomatic Medicine* 15(1): 8-21.

Lacey, J.I., and B.C. Lacey. 1958. Verification and extension of the principle of autonomic response-stereotypy. *American Journal of Psychology* 71: 50-73.

Lane, A. 1989. What is an expert system. *PC AI* 3(6): 20-23.

Logan, P., D. Fornasiero, P. Abernethy, and K. Lynch. 2000. Protocols for the assessment of isoinertial strength. In: C.J. Gore (Ed.), *Physiological tests for elite athletes* (pp. 200-221). Champaign, IL: Human Kinetics.

Maas, S., and J. Mester. 1996. Diagnosis of individual physiological responses in elite sport by means of time-series-analysis. In: P. Marconnet, J. Gaulard, I. Margaritio, and F. Tessier (Eds.), *Book of abstracts* (pp. 98-99). Nice, France: European College of Sport Science.

Mackinnon, L., and S. Hooper. 1994. Training logs: An effective method of monitoring overtraining and tapering. *Sports Coach* 17(3): 10-12.

Major, J.A., W.A. Sands, J.R. McNeal, D.D. Paine, and R. Kipp. 1998. Design, construction, and validation of a portable one-dimensional force platform. *Journal of Strength and Conditioning Research* 12(1): 37-41.

Matveyev, L. 1977. *Fundamentals of sports training*. Moscow: Progress.

Menzies, T. 1989. Domain-specific knowledge representation. *AI Expert* 4(6): 36-45.

Mueser, K.T., P.R. Yarnold, and D.W. Foy. 1991. Statistical analysis of single-case designs. *Behavior Modification* 15(2): 134-155.

Newsham-West, R. 2002. Why the need for the case report. *New Zealand Journal of Sports Medicine* 30(2): 44-46.

Nourbakhsh, M.R., and K.J. Ottenbacher. 1994. The statistical analysis of single-subject data: A comparative examination. *Physical Therapy* 74(8): 768-776.

Nye, S. 1987. Monitoring workouts with heart rate. *Swimming Technique* 24(2): 25-29.

Obrist, P.A. 1968. Heart rate and somatic-motor coupling during classical aversive conditioning in humans. *Journal of Experimental Psychology* 77(2): 180-193.

O'Leary, A. 1990. Stress, emotion, and human immune function. *Psychological Bulletin* 108(3): 363-382.

Ottenbacher, K.J., and S.R. Hinderer. 2001. Evidence-based practice methods to evaluate individual patient improvement. *American Journal of Physical Medicine and Rehabilitation* 80(10): 786-796.

Parsaye, K., and M. Chignell. 1988. *Expert systems for experts*. New York: Wiley.

Pitt, H. 1994. *SPC for the rest of us*. King of Prussia, PA: Tunnel Publishing Group.

Riddoch, J., and S. Lennon. 1994. Single subject experimental design: One way forward? *Physiotherapy* 80(4): 215-218.

Rusko, H.K., P. Rahkila, V. Vihko, and H. Holappa. 1989. Longitudinal changes in heart rate and blood pressure during overtraining period. *Proceedings 1st IOC World Congress on Sport Sciences* (October 28-November 3), 1, 45-46.

Sands, W.A. 1990a. Fragen zum training der nationalmannschaft der US-Junioren (Frauen) im kunstturnen. U. Gohner *Leistungsturnen im kindesalter* (pp. 81-96). Stuttgart, Germany: Internationaler Turnerbund (FIG) und das Organisationskomitee Weltmeisterschaften im Kunstturnen Stuttgart 1989.

Sands, W.A. 1990b. National women's tracking program, part 2: Response. *Technique* 10(1): 23-27.

Sands, W.A. 1991a. Monitoring elite gymnastics athletes via rule based computer systems. In: *Masters of innovation III* (p. 92). Northbrook, IL: Zenith Data Systems.

Sands, W.A. 1991b. Monitoring the elite female gymnast. *National Strength and Conditioning Association Journal* 13(4): 66-71.

Sands, W.A. 1992. AI and athletics. *PC AI* 6(1): 52-54.

Sands, W.A. 2000. Monitoring power. In: B.G. Bardy, T. Pozzo, P. Nouillot, N. Tordi, P. Delemarche, C. Ferrand, Y. Léziart, D. Hauw, J. Aubert, M. Loquet, A. Durny, and J.F. Robin (Eds.), *Actes des 2èmes Journées Internationales d'Etude de l'A.F.R.A.G.A.* (p. 102). Univeristé de Rennes, Rennes, France: L'Association Française de Recherche en Activités Gymniques et Acrobatiques (AFRAGA).

Sands, W.A. 2002. Monitoring gymnastics training. *3èmes Journées Internationales d'Etude de l'AFRAGA*. Lille, France: AFRAGA.

Sands, W.A., K.P. Henschen, and B.B. Shultz. 1989. National women's tracking program. *Technique* 9(4): 14-19.

Sands, W.A., B.B. Shultz, and A.P. Newman. 1993. Women's gymnastics injuries. *American Journal of Sports Medicine* 21(2): 271-276.

Sands, W.A., B.B. Shultz, and D.D. Paine. 1993. Gymnastics performance characterization by piezoelectric sensors and neural networks. *Technique* 13(2): 33-38.

Sands, W.A., B.B. Shultz, and D.D. Paine. 1994. Neural nets and gymnastics: Recognizing errors in athletic performance. *PC AI* 8(1): 42-43.

Selye, H. 1956. *The stress of life*. New York: McGraw-Hill.

Shephard, R.J. 1998. Assumptions inherent in biological research. *Adapted Physical Activity Quarterly* 15: 222-235.

Sherald, M. 1989. Neural nets versus expert systems. *PC AI* 3(4): 10-15.

Shewhart, W.A. 1986. *Statistical method from the viewpoint of quality control*. New York: Dover.

Steinacker, J.M., and M. Lehmann. 2002. Clinical findings and mechanisms of stress and recovery in athletes. In: M. Kellmann (Ed.), *Enhancing recovery: Preventing underperformance in athletes* (pp. 103-118). Champaign, IL: Human Kinetics.

Stone, M.H., H. O'Bryant, and J. Garhammer. 1981. A hypothetical model for strength training. *Journal of Sports Medicine* 21: 342-351.

Stone, M.H., W.A. Sands, and M.E. Stone. 2004. The downfall of sports science in the United States. *Strength and Conditioning Journal* 26(2): 72-75.

Tucker, L.A. 1990. Physical fitness and psychological distress. *International Journal of Sport Psychology* 21: 185-201.

Tufte, E.R. 1983. *The visual display of quantitative information*. Cheshire, CT: Graphics Press.

Tufte, E.R. 1990. *Envisioning information*. Cheshire, CT: Graphics Press.

Uusitalo, A.L.T. 2001. Overtraining. *Physician and Sportsmedicine* 29(5): 35-40, 43-44, 49-50.

Verchoshanskij, J.V. 1999. The end of "periodisation" of training in top-class sport. *New Studies in Athletics* 14(1): 47-55.

Verhohshansky, Y. 2002. Some principles of the construction of the yearly training cycles in speed strength events. *Modern Athlete and Coach* 40(2): 3-9.

Verhoshansky, Y.V., I.N. Mironenko, T.M. Antonova, and O.V. Hachatarian. 1991. Some principles of constructing the yearly training cycle in speed-strength sports. *Soviet Sports Review* 26(4): 189-193.

Verkhoshansky, Y.V. 1985. *Programming and organization of training*. Moscow: Fizkultura i Sport.

Verkhoshansky, Y. 1998. Organization of the training process. *New Studies in Athletics* 13(3): 21-31.

Vincent, W.J. 1995. *Statistics in kinesiology*. Champaign, IL: Human Kinetics.

Viru, A. 1994. Molecular cellular mechanisms of training effects. *Journal of Sports Medicine and Physical Fitness* 34: 309-322.

Viru, A. 1995. *Adaptation in sports training*. Boca Raton, FL: CRC Press.

Viru, A., and M. Viru. 2001. *Biochemical monitoring of sport training*. Champaign, IL: Human Kinetics.

Viru, M., and A. Viru. 2002, Fall. Monitoring of training. *Track Coach* 161: 5154-5155.

Yushkov, O.P., S.M. Repnevsky, and V.P. Serdyuk. 1986. Use of heart rate for control over training loads. *Soviet Sports Review* 21(3): 151-152.

Chapter 10

Aagaard, P., E.B. Simonsen, J.L. Andersen, S.P. Magnusson, J. Halkjaer-Kristensen, and P. Dyhre-Poulsen. 2000. Neural inhibition during maximal eccentric and concentric quadriceps contraction: Effects of resistance training. *Journal of Applied Physiology* 89: 2249-2257.

Abe, T., K. Kojima, C.F. Kearns, H. Yohena, and J. Fukuda. 2003. Whole body muscle hypertrophy from resistance training: Distribution and total mass. *British Journal of Sports Medicine* 37: 543-545.

Abernethy, P.J., J. Jurimae, P.A. Logan, A.W. Taylor, and R.E. Thayer. 1994. Acute and chronic response of skeletal muscle to resistance exercise. *Sports Medicine* 17: 22-38.

Adams, G.R., B.M. Hather, K.M. Baldwin, and G.A. Dudley. 1993. Skeletal muscle myosin heavy chain composition and resistance training. *Journal of Applied Physiology* 74: 911-915.

Ahtiainen, J.P., A. Pakarinen, M. Alen, W.J. Kraemer, and K. Hakkinen. 2003. Muscle hypertrophy, hormonal adaptations and strength development during strength training in strength-trained and untrained men. *European Journal of Applied Physiology* 89: 555-563.

Allen, D.G., A.A. Kabbara, and H. Westerblad. 2002. Muscle fatigue: The role of intracellular calcium stores. *Canadian Journal of Applied Physiology* 27: 83-96.

Alway, S.E., J.D. MacDougall, and D.G. Sale. 1989. Contractile adaptations in the human triceps surae after isometric exercise. *Journal of Applied Physiology* 66: 2725-2732.

Alway, S.E., J.D. MacDougall, D.G. Sale, J.R. Sutton, and A.J. McComas. 1988. Functional and structural adaptations in skeletal muscle of trained athletes. *Journal of Applied Physiology* 64: 1114-1120.

Amara, C.E., C.L. Rice, J.J. Koval, D.H. Paterson, E.M. Winter, and D.A. Cunningham. 2003. Allometric scaling of strength in an independently living population age 55-86 years. *American Journal of Biology* 15: 48-60.

Andersen, L.L., and P. Aagaard. 2005. Influence of maximal muscle strength and intrinsic muscle contractile properties on contractile rate of force development. *European Journal of Applied Physiology* 96: 46-52.

Andren-Sandberg, A. 1998. Athletic training of children and adolescents. *Lakartidningen* 95(41): 4480-4484.

Antonio, J. 2000. Nonuniform response of skeletal muscle to heavy resistance training: Can bodybuilders induce regional muscle hypertrophy? *Journal of Strength and Conditioning Research* 14: 102-113.

Apple, F.S., and P.A. Tesch. 1989. CK and LD isozymes in human single muscle fibers in trained athletes. *Journal of Applied Physiology* 66: 2717-2720.

Armstrong, L.E., and J.L. VanHoost. 2002. The unknown mechanism of the overtraining syndrome. *Sports Medicine* 32: 185-209.

Armstrong, R.B., G.L. Warren, and J.A. Warren. 1991. Mechanisms of exercise induced muscle fiber injury. *Sports Medicine* 12: 184-207.

Asfour, S.S., M.M. Ayoub, and A. Mital. 1984. Effects of an endurance and strength training programme on lifting capability of males. *Ergonomics* 27(4): 435-442.

Åstrand, P.O., and K. Rodahl. 1970. *Textbook of work physiology*. New York: McGraw-Hill.

Baker, A.B., Y.Q. Tang, and M.J. Turner. 2003. Percentage decline in masters superathlete track and field performance with ageing. *Experimental Aging Research* 29: 47-65.

Batterham, A.M., and K.M. Birch. 1996. Allometry of anaerobic performance: A gender comparison. *Canadian Journal of Applied Physiology* 21: 48-62.

Behm, D.G. 1995. Neuromuscular implications and applications of resistance training. *Journal of Strength and Conditioning Research* 9: 264-274.

Behm, D., G. Reardon, J. Fitzgerald, and E. Drinkwater. 2002. The effect of 5, 10, and 20 repetition maximums on the recovery of voluntary and evoked contractile properties. *Journal of Strength and Conditioning Research* 16: 209-218.

Bell, D.G., and I. Jacobs. 1986. Electro-mechanical response times and rate of force development in males and females. *Medicine and Science in Sports and Exercise* 18: 31-36.

Bemben, M.G. 1998. Age-related alterations in muscular endurance. *Sports Medicine* 25: 259-269.

Bickel, C.S., J.M. Slade, F. Haddad, G.R. Adams, and G.A. Dudley. 2003. Acute molecular responses of skeletal muscle to resistance exercise in able-bodied and spinal cord-injured subjects. *Journal of Applied Physiology* 94: 2255-2262.

Bigard, A.X., H. Sanchez, G. Claveyrolas, S. Martin, B. Thimonier, and M.J. Arnaud. 2001. Effects of dehydration and rehydration on EMG changes during fatiguing contractions. *Medicine and Science in Sports and Exercise* 33: 1694-1700.

Binzen, C.A., P.D. Swan, and M.M. Manore. 2001. Postexercise oxygen consumption and substrate use after resistance exercise in women. *Medicine and Science in Sports and Exercise* 33: 932-938.

Blimkie, C.J. 1993. Resistance training during preadolescence: Issues and controversies. *Sports Medicine* 15: 389-407.

Blinder, M.D., P. Bawa, P. Ruenzel, and E. Henneman. 1983. Does orderly recruitment of motoneurons depend upon the existence of different types of motor units? *Neuroscience Letters* 36: 55-58.

Bobbert, M.F., K.G. Gerritsen, M.C.A. Litjens and A.J. Van Soest. 1996. Why is countermovement jump height greater than squat jump height? *Medicine and Science in Sports and Exercise* 28: 1402-1412.

Bobbert, M.F., and A.J. Knoek van Soest. 2001. Why do people jump the way they do? *Exercise and Sports Sciences Reviews* 29: 95-102.

Borges, O., and B. Essen-Gustavsson. 1989. Enzyme activities in type I and type II muscles of human skeletal muscle in relation to age and torque development. *Acta Physiologica Scandinavica* 136: 29-36.

Bouchard, C., F.T. Dionne, J.A. Simoneau, and M.R. Boulay. 1992. Genetics of aerobic and anaerobic performance. *Exercise and Sport Sciences Reviews* 20: 27-58.

Busso, T., K. Hakkinen, A. Pakarinen, H. Kauhanen, P.V. Komi, and J.R. Lacour. 1992. Hormonal adaptations and modeled responses in elite weightlifters during 6 weeks of training. *European Journal of Applied Physiology* 64: 381-386.

Byrd, R., K. Pierce, L. Reilly, and L. Brady. 2003. Young weightlifters' performance across time. *Sports Biomechanics* 2: 133-140.

Carins, S.P., W.A. Wang, S.R. Slack, R.G. Mills, and S.S. Loiselle. 1998. Role of extracellular [Ca2+] in fatigue of isolated mammalian skeletal muscle. *Journal of Applied Physiology* 84: 1395-1406.

Cauza, E., U. Hanusch-Enserer, B. Strasser et al. 2005. The relative benefits of endurance and strength training in the metabolic factors and muscle function of people with type 2 diabetes mellitus. *Archives of Physical Medicine and Rehabilitation* 86: 1527-1533.

Clarkson, P.M., and S.P. Sayers. 1999. Etiology of exercise-induced muscle damage. *Canadian Journal of Applied Physiology* 24: 234-248.

Conley, M.S., and M.H. Stone. 1996. Carbohydrate ingestion/supplementation for resistance exercise and training. *Sports Medicine* 21: 7-17.

Conley, M.S., M.H. Stone, M.J. Nimmons, and G.A. Dudley. 1997. Specificity of resistance training response in neck muscle size and strength. *European Journal of Applied Physiology* 75: 443-448.

Conroy, B.P., W.J. Kraemer, C.M. Maresh, G.P. Dalsky, S.J. Fleck, M.H. Stone, A.C. Fry, and P. Cooper. 1993. Bone mineral density in weightlifters. *Medicine and Science in Sports and Exercise* 25(10): 1103-1109.

Costill, D.L., E.F. Coyle, W.F. Fink, G.R. Lesmes, and F.A. Witzmann. 1979. Adaptations in skeletal muscle following strength training. *Journal of Applied Physiology* 46: 96-99.

Cronin, J.B., P.J. McNair, and R.N. Marshall. 2000. Magnitude and decay of stretch-induced enhancement of power output. *European Journal of Applied Physiology* 84: 575-581.

Daneels, L.A., A.M. Cools, G.G. Vanderstraeten, D.C. Cambier, E.E. Witrouw, J. Bourgois, and H.J. de Cuyper. 2001. The effects of three different training modalities on the cross-sectional area of the paravertebral muscles. *Scandinavian Journal of Medicine and Science in Sports* 11: 335-341.

Drozdov, V.F., and N.Y. Petrov. 1983. Physical development and health of weightlifting students. *1983 Soviet weightlifting yearbook* (pp. 51-54). Moscow: Fizkultura Sport [translated by A. Charniga].

Dvorkin, L.S., and A.S. Medvedev. 1983. Age changes in muscular strength and speed-strength qualities. *Soviet weightlifting yearbook* (pp. 43-51). Moscow: Fizkultura Sport [translated by A. Charniga].

Evans, W.J. 1995. What is sarcopenia? *Journal of Gerontology (Series A): Biological Sciences and Medical Sciences* 50 (Spec. No.): 5-8.

Exner, G.U., H.W. Staudte, and D. Pette. 1973. Isometric training of rats: Effects upon fast and slow muscle and modification by an anabolic hormone in female rats. *Pfluegers Archiv* 345: 1-4.

Faigenbaum, A.D. 2000. Strength training for children and adolescents. *Clinical Sports Medicine* 19: 593-619.

Faigenbaum, A.D., L.A. Milliken, R.L. Loud, B.T. Burak, C.L. Doherty, and W.L. Wescott. 2002. Comparison of 1 and 2 days per week of strength training in children. *Research Quarterly for Exercise and Sport* 73: 416-424.

Faigenbaum, A.D., L.A. Milliken, and W.L. Wescott. 2003. Maximal strength testing in healthy children. *Journal of Strength and Conditioning Research* 17: 162-166.

Falk, B., and G. Tenenbaum. 1996. The effectiveness of resistance training in children. A meta-analysis. *Sports Medicine* 22: 176-186.

Fleck, S.J., and W.J. Kraemer. 1997. *Designing resistance training programs* (2nd ed.). Champaign, IL: Human Kinetics.

Friden, J., and R.L. Leiber. 1998. Segmental muscle fiber lesions after repetitive eccentric contractions. *Cell and Tissue Research* 293: 165-171.

Friden, J., and R.L. Leiber. 2001. Eccentric exercise-induced injuries to contractile and cytoskeletal muscle fibre components. *Acta Physiologica Scandinavica* 171: 321-326.

Fry, A.C., W.J. Kraemer, M. Lynch, T. Triplett, and L.P. Koziris. 1994. Does short-term near-maximal intensity machine resistance training induce overtraining? *Journal of Strength and Conditioning Research* 8: 188-191.

Fry, A.C., B.K. Schilling, R.S. Staron, F.C. Hagerman, R.S. Hikida, and J.T. Thrush. 2003. Muscle fiber characteristics and performance correlates of male Olympic-style weightlifters. *Journal of Strength and Conditioning Research* 17: 746-754.

Fry, A.C., J.M. Webber, L.W. Weiss, M.D. Fry, and Y. Li. 2000. Impaired performances with excessive high-intensity free-weight training. *Journal of Strength and Conditioning Research* 14: 34-61.

Fung, L., and H. Ha. 1994. Changes in track and field performance with chronological aging. *International Journal of Aging and Human Development* 38: 171-180.

Galloway, M.T., R. Kadoko, and P. Jokl. 2002. Effect of aging on male and female master athletes' performance in strength versus endurance athletes. *American Journal of Orthopedics* 31: 93-98.

Gardiner, P.F. 2001. *Neuromuscular aspects of physical activity*. Champaign, IL: Human Kinetics.

Garhammer, J.J. 1991. A comparison of maximal power outputs between elite male and female weightlifters in competition. *International Journal of Sport Biomechanics* 7: 3-11.

Genaidy, A., N. Davis, E. Delgado, S. Garcia, and E. Al-Herzalla. 1994. Effects of a job-simulated exercise programme on employees performing manual handling operations. *Ergonomics* 37(1): 95-106.

Gibala, M.J., S.A. Interisano, M.A. Tarnopolsky, B.D. Roy, J.R. Macdonald, K.E. Yaresheski, and J.D. MacDougall. 2000. Myofibrillar disruption following concentric and eccentric resistance exercise in strength trained men. *Canadian Journal of Physiology and Pharmacology* 78: 656-661.

Goldspink, G. 1999. Changes in muscle mass and phenotype and the expression of autocrine and systemic growth factors by muscle in response to stretch and overload. *Journal of Anatomy* 194(Part 3): 323-334.

Goldspink, G. 2002. Gene expression in skeletal muscle. *Biochemical Society Transactions* 30: 285-290.

Golub, S. 1992. *Periods: From menarche to menopause*. Newbury Park, CA: Sage.

Gotshalk, L., W.J. Kraemer, B.C. Nindl, S. Toeshi, J. Volek, J.A. Bush, W.J. Sebastianelli, and M. Putukian. 1998. Contribution of upper body training on total body strength and power in young women. *Medicine and Science in Sports and Exercise* 30(5): S162.

Grimby, G., P. Bjorntorp, M. Fahlen, T.A. Hoskins, O. Hook, H. Oxhof, and B. Saltin. 1973. Metabolic effects of isometric training. *Scandinavian Journal of Clinical Laboratory Investigation* 31: 301-305.

Haff, G., A. Whitley, L.B. McCoy, and M.H. Stone. 2003. Carbohydrate supplementation and resistance training. *Journal of Strength and Conditioning Research* 17: 187-196.

Hakkinen, K. 1994. Neuromuscular adaptation during strength training, aging, detraining and immobilization. *Critical Reviews in Physical and Rehabilitation Medicine* 6: 161-198.

Hakkinen, K., M. Alen, W.J. Kraemer, E. Gorostiaga, M. Izquierdo, J. Rusko, J. Mikkola, A. Hakkinen, H. Valkeinen, E. Kaarakainen, S. Romu, V. Erola, J. Ahtianen, and L. Paavolainen. 2003. Neuromuscular adaptations during concurrent strength and endurance training versus strength training. *European Journal of Applied Physiology* 89: 42-52.

Hakkinen, K., and P.V. Komi. 1985a. Changes in electrical and mechanical behaviour of leg extensor muscle during heavy resistance strength training. *Acta Physiologica Scandinavica* 125: 573-585.

Hakkinen, K., and P.V. Komi. 1985b. Effect of explosive type strength training on electromyographic and force production characteristics of leg extensor muscles during concentric and various stretch shortening cycle exercises. *Acta Physiologica Scandinavica* 125: 587-600.

Hakkinen, K., P.V. Komi, M. Alen, and H. Kauhanen. 1987. EMG, muscle fibre and force production characteristics during a 1 year training period in elite weightlifters. *European Journal of Applied Physiology* 56: 419-427.

Hakkinen, K., R.U. Newton, S.E. Gordon, M. McCormick, J.S. Volek, B.C. Nindl, L.A. Gotshalk, W.W. Campbell, W.J. Evans, A. Hakkinen, B.J. Humphries, and W.J. Kraemer. 1998. Changes in muscle morphology, electromyographic activity and force production characteristics during progressive strength training in young and older men. *Journal of Gerontology (Series A)* 53: B415-B423.

Hakkinen, K., A. Pakarinen, M. Alen, H. Kauhanen, and P.V. Komi. 1988. Neuromuscular and hormonal adaptations in athletes to strength training in two years. *Journal of Applied Physiology* 65: 2406-2412.

Hakkinen, K., A. Pakarinen, H. Kyrolainen, S. Cheng, D.H. Kim, and P.V. Komi. 1990. Neuromuscular adaptations and serum hormones in females during prolonged training. *International Journal of Sports Medicine* 11: 91-98.

Hamill, B.P. 1994. Relative safety of weightlifting and weight training. *Journal of Strength and Conditioning Research* 8: 53-57.

Harries, U.J., and B.M. Bassey. 1990. Torque-velocity relationships for the knee extensors in women in their 3rd and 7th decades. *European Journal of Applied Physiology* 60: 186-190.

Harris, G.R., M.H. Stone, H. O'Bryant, C.M. Proulx, and R. Johnson. 2000. Short term performance effects of high speed, high force and combined weight training. *Journal of Strength and Conditioning Research* 14(1): 14-20.

Harris, J.A., P.A. Vernon, and D.I. Boomsma. 1998. The heritability of testosterone: A study of Dutch adolescent twins and their parents. *Behavior Genetics* 28: 165-171.

Henneman, E. 1982. Recruitment of motor units: The size principle. In: J. R. Desmedt (Ed.), *Motor unit types, recruitment and plasticity in health and disease*. New York: Karger.

Henneman, E., G. Somjen, and D.O. Carpenter. 1965. Excitability and inhibitability of motoneurons of different sizes. *Journal of Neurophysiology* 28: 599-620.

Hernandez, D., A. de la Rosa, A. Barragan, A. Barrios, E. Salido, A. Torres, B. Martin, I. Laynez, A. Duque, A. De Vera, V. Lorenzo, and A. Gonzalez. 2003. The ACE/DD genotype is associated with the extent of exercise-induced left ventricular growth in endurance athletes. *Journal of the American College of Cardiology* 6(42): 527-532.

Higbie, E.J., K.J. Cureton, G.L. Warren III, and B.M. Prior. 1996. Effects of concentric and eccentric training on muscle strength, cross-sectional area and neural activation. *Journal of Applied Physiology* 81: 2173-2181.

Holten, M.K., M. Zacho, M. Gaster et al. 2004. Strength training increases insulin-mediated glucose uptake, GLUT4 content and insulin signaling in skeletal muscle in patients with type 2 diabetes. *Diabetes* 53: 294-305.

Hornberger, T.A., and R.P. Farrar. 2004. Physiological hypertrophy of the FHL muscle following 8 weeks of progressive resistance exercise in the rat. *Canadian Journal of Applied Physiology* 29: 16-31.

Hortabagyi, T., J. Barrier, D. Beard, J. Brapennincx, P. Koens, P. de Vita, L. Dempsey, and J. Lambert. 1996. Greater initial adaptation to submaximal muscle lengthening than maximal shortening. *Journal of Applied Physiology* 81: 1677-1682.

Hortabagyi, T., L. Dempsey, D. Fraser, D. Zheng, G. Hamilton, J. Lambert, and L. Dohm. 2000. Changes in muscle strength, muscle fibre size and myofibrillar gene expression after immobilization and retraining in humans. *Journal of Physiology* 524: 293-304.

Housh, D.J., T.J. Housh, G.O. Johnson, and W.K. Chu. 1992. Hypertrophy response to unilateral concentric isokinetic resistance training. *Journal of Applied Physiology* 73: 65-70.

Hunter, G.R., D. Seelhorst, and S. Snyder. 2003. Comparison of metabolic and heart rate responses to super slow vs. traditional resistance training. *Journal of Strength and Conditioning Research* 17: 76-81.

Hunter, S.K., J. Duchateau, and R.M. Enoka. 2004. Muscle fatigue and the mechanisms of task failure. *Exercise and Sport Sciences Reviews* 32: 44-49.

Huston, L.J., and E.M. Wojtys. 1996. Neuromuscular performance characteristics in the elite female athlete. *American Journal of Sports Medicine* 24: 427-435.

Huygens, W., M.A. Thomis, M.W. Peeters, R.F. Vlietinck, and G.P. Beunen. 2004. Determinants and upper-limit heritability of skeletal muscle mass and strength. *Canadian Journal of Applied Physiology* 29: 186-200.

Ishii, N. 1994. Resistance training and muscle hypertrophy. In: Training Science Association (Eds.), *Resistance training* (pp. 19-31). Tokyo: Asakura.

Izquierdo, M., J. Ibanez, K. Hakkinen, W.J. Kraemer, M. Ruesta, and E.M. Gorostiago. 2004. Maximal strength and power, muscle mass, endurance and serum hormones in weightlifters and road cyclists. *Journal of Sports Medicine* 22: 465-478.

Janssen, I., S.B. Heymsfield, Z.M. Wang, and R. Ross. 2000. Skeletal muscle mass and distribution in 468 men and women age 18-88 yr. *Journal of Applied Physiology* 89: 81-88.

Janus, M., and D.R. Offord. 2000. Readiness to learn at school. *Isuma: Canadian Journal of Policy Research* 1: 71-75.

Johnson, C.C., M.H. Stone, R.J. Byrd, and A. Lopez-S. 1983. The response of serum lipids and plasma androgens to weight training exercise in sedentary males. *Journal of Sports Medicine and Physical Fitness* 23: 39-41.

Johnson, C.C., M.H. Stone, A. Lopez-S, J.A. Herbert, L.T. Kilgore, and R. Byrd. 1982. Diet and exercise in middle-aged men. *Journal of the American Dietary Association* 81: 695-701.

Jones, A. 2002. Human performance: A role for the ACE genotype? *Exercise and Sport Sciences Reviews* 30(4): 184-190.

Jones, D.A., and O.M. Rutherford. 1987. Human muscle strength training: The effects of three different regimes on the nature of the resultant changes. *Journal of Physiology* 391: 1-11.

Jones, K., P. Bishop, G. Hunter, and G. Fleisig. 2001. The effects of varying resistance-training loads on intermediate- and high-velocity-specific adaptations. *Journal of Strength and Conditioning Research* 15: 349-356.

Jones, K., G. Hunter, G. Fleisig, R. Escamilla, and L. Lemak. 1999. The effects of compensatory acceleration on the development of strength and power. *Journal of Strength and Conditioning Research* 13: 99-105.

Jurca, R., M.J. Lamonte, T.S. Church et al. 2004. Associations of muscle strength and fitness with metabolic syndrome in men. *Medicine and Science in Sports and Exercise* 36: 1301-1307.

Jurca, R., M.J. Lamonte, C.E. Kampert et al. 2005. Association of muscular strength with incidence of metabolic syndrome in men. *Medicine and Science in Sports and Exercise* 37: 1849-1855.

Kadi, F., and L. Thornell. 1999. Training affects myosin heavy chain phenotype in the trapezius muscle of women. *Histochemistry and Cell Biology* 112: 73-78.

Kamel, H.K., D. Maas, and E.H. Duthie. 2002. Role of hormones in the pathogenesis and management of sarcopenia. *Drugs and Aging* 19: 865-877.

Karlsson, J., B. Sjodin, A. Thorstensson, B. Hulten, and K. Firth. 1975. LDH isozymes in skeletal muscles of endurance and strength trained athletes. *Acta Physiologica Scandinavica* 93: 150-156.

Katch, V. 1983. Physical conditioning of children. *Journal of Adolescent Health Care* 3: 241-246.

Keeler, L.K., L.H. Finkelstein, W. Miller, and B. Fernhall. 2001. Early-phase adaptations of traditional-speed vs. superslow resistance training on strength and aerobic capacity in sedentary individuals. *Journal of Strength and Conditioning Research* 15: 309-314.

Kelly, G. 1996. Mechanical overload and skeletal muscle fiber hyperplasia: A meta-analysis. *Journal of Applied Physiology* 81: 1584-1588.

Keul, J., G. Haralambie, M. Bruder, and H.J. Gottstein. 1978. The effect of weight lifting exercise on heart rate and metabolism in experienced lifters. *Medicine and Science in Sports and Exercise* 10: 13-15.

Klissouras, V. 1971. Adaptability of genetic variation. *Journal of Applied Physiology* 31: 338-344.

Klissouras, V., B. Casini, V. De Salvo, M. Faina, C. Marini, F. Pigozzi, M. Pittaluga, A. Spataro, F. Taddei, and P. Parisi. 2001. Genes and Olympic performance: A co-twin study. *International Journal of Sports Medicine* 22: 250-255.

Komi, P.V., and J. Karlsson. 1978. Skeletal muscle fiber types, enzyme activities and physical performance in young males and females. *Acta Physiologica Scandinavica* 103: 210-218.

Komi, P.V., and J.H. Viitasalo. 1976. Signal characteristics of EMG at different levels of muscle tension. *Acta Physiologica Scandinavica* 96: 267-276.

Kraemer, W.J. 1992. Endocrine responses and adaptations to strength training. In: P.V. Komi (Ed.), *Strength and power in sport* (pp. 291-304). London: Blackwell Scientific.

Kraemer, W.J., A.C. Fry, F.N. Frykman, B. Conroy, and J. Hoffman. 1989. Resistance training and youth. *Pediatric Exercise Science* 1: 336-350.

Kraemer, W.J., and L.P. Koziris. 1994. Olympic weightlifting and powerlifting. In: D.R. Lamb, H.G. Knuttgen, and R. Murray (Eds.), *Physiology and nutrition for competitive sports* (pp. 1-54). Carmel, IN: Cooper.

Krivickas, L.S., D. Suh, J. Wilkins, V.A. Houghes, R. Roubenoff, and W.R. Frontera. 2001. Age- and gender-related differences in maximum shortening velocity of skeletal muscle fibers. *American Journal of Physical Medicine and Rehabilitation* 80: 447-455.

Larsson, L., and J. Karlsson. 1978. Isometric and dynamic endurance as a function of age and skeletal muscle characteristics. *Acta Physiologica Scandinavica* 104: 129-136.

Larsson, L., and P. A. Tesch. 1986. Motor unit fibre density in extremely hypertrophied skeletal muscles in man. Electrophysiological signs of muscle fibre hyperplasia. *European Journal of Applied Physiology* 55: 130-136.

Legwold, G. 1982. Does lifting weights harm a prepubescent adolescent athlete? *Physician and Sportsmedicine* 10: 141-144.

Lemmer, J.T., D.E. Hurlbut, G.F. Martel, B.L. Tracy, F.M. Ey, E.J. Metter, J.L. Fozard, J.L. Fleg, and B.F. Hurley. 2000. Age and gender responses to strength training and detraining. *Medicine and Science in Sports and Exercise* 32: 1505-1512.

Lewis, D.A., E. Kamon, and J.L. Hodgson. 1986. Physiological differences between genders. Implications for sports conditioning. *Sports Medicine* 3: 357-369.

Li, J.L., X.N. Wang, S.F. Fraser, M.F. Crey, T.V. Wrigley, and M.J. McKenna. 2002. Effects of fatigue and training on sarcoplasmic reticulum Ca (2+) regulation in human skeletal muscle. *Journal of Applied Physiology* 94: 912-922.

Lillegard, W.A., E.W. Brown, D.J. Wilson, R. Henderson, and E. Lewis. 1997. Efficacy of strength training in prepubescent to early postpubescent males and females: Effects of gender and maturation. *Pediatric Rehabilitation* 1: 147-157.

Lindle, R., E. Metter, N. Lynch et al. 1997. Age and gender comparisons of muscle strength in 654 women and men aged 20-93. *Journal of Applied Physiology* 83: 1581-1587.

Linnammo, V., R.U. Newton, K. Hakkinen, P.V. Komi, A. Davie, M. McGuigan, and T. Triplett-McBride. 2000. Neuromuscular responses to explosive and heavy resistance loading. *Journal of Electromyography and Kinesiology* 10: 417-424.

Loeb, G.E. 1987. Hard lessons in motor control from the mammalian spinal cord. *Trends in Neuroscience* 10: 108-113.

MacDougall, J.D., A.L. Hicks, J.R. MacDonald, R.S. Mckelvie, H.J. Green, and K.M. Smith. 1998. Muscle performance and enzyme adaptations to sprint interval training. *Journal of Applied Physiology* 84: 2138-2142.

MacDougall, J.D., D.G. Sale, S.E. Alway, and J.R. Sutton. 1984. Muscle fiber number in biceps brachii in bodybuilders and control subjects. *Journal of Applied Physiology* 57: 1399-1403.

MacDougall, J.D., D.G. Sale, G.C.B. Elder, and J.R. Sutton. 1982. Muscle ultrastructural characteristics of elite power lifters and body builders. *European Journal of Applied Physiology* 48: 117-126.

MacDougall, J.D., G.R. Ward, D.G. Sale, and J.R. Sutton. 1977. Biochemical adaptation of human skeletal muscle to heavy resistance training and immobilization. *Journal of Applied Physiology* 43: 700-703.

Maffulli, N. 1990. Intensive training in young athletes. The orthopaedic surgeon's viewpoint. *Sports Medicine* 9: 229-243.

Mayhew, T.P., J.M. Rothstein, S.D. Finucane, and R.L. Lamb. 1995. Muscular adaptation to concentric and eccentric exercise at equivalent power levels. *Medicine and Science in Sports and Exercise* 27: 868-873.

McBride, J.M., T. Triplett-McBride, A. Davie, and R.U. Newton. 2002. The effect of heavy versus light load jump squats on the development of strength, power and speed. *Journal of Strength and Conditioning Research* 16: 75-82.

McCall, G.E., W.Q.C. Byrnes, A. Dickinson, P.M. Pattany, and S.J. Fleck. 1996. Muscle fiber hypertrophy, hyperplasia, and capillary density in college men after resistance training. *Journal of Applied Physiology* 81: 2004-2012.

McKinnon, L.T. 2000. Special feature for the Olympics: Effects of exercise on the immune system: Overtraining effects on immunity and performance in athletes. *Immunology and Cell Biology* 78: 502-509.

McMillan, J., M.H. Stone, J. Sartain, D. Marple, R. Keith, D. Lewis, and W. Brown. 1993. The 20-h hormonal response to a single session of weight training. *Journal of Strength and Conditioning Research* 7: 51-54.

Medvedev, A.S., V.F. Rodionov, V. Rogozkin, and A.E. Gulyants. 1981. Training content of weightlifters in preparation period. *Teoriya i Praktika Fizicheskoi Kultury* 12: 5-7 [translation by M. Yessis].

Meltzer, D.E. 1994. Age dependence of Olympic weightlifting ability. *Medicine and Science in Sports and Exercise* 26: 1053-1067.

Miller, A.E., J.D. MacDougall, M.A. Tarnopolsky, and D.G. Sale. 1993. Gender differences in strength and muscle fiber characteristics. *European Journal of Applied Physiology* 66(3): 254-262.

Millet, G.Y., and R. Lepers. 2004. Alterations in neuromuscular function after prolonged running, cycling and skiing exercises. *Sports Medicine* 34: 105-116.

Missitzi, J., and V. Klissouras. 2004. Heritability of neuromuscular coordination: Implications for control strategies. *Medicine and Science in Sports and Exercise* 36: 233-240.

Monnier, J.F., A.A. Benhaddad, J.P. Micallef, J. Mercier, and J.F. Bruin. 2000. Relationships between blood viscosity and insulin-like growth factor I status in athletes. *Clinical Hemorheology and Microcirculation* 22: 277-286.

Morrissey, M.C., E.A. Harman, P.N. Frykman, and K.H. Han. 1998. Early phase differential effects of slow and fast barbell squat training. *American Journal of Sports Medicine* 26: 221-230.

Newton, R.U., W.J. Kraemer, and K. Hakkinen. 1999. Effects of ballistic training on preseason preparation of the elite volleyball players. *Medicine and Science in Sports and Exercise* 31: 323-330.

Newton, R.U., W.J. Kraemer, K. Hakkinen, B.J. Humphries, and A.J. Murphy. 1996. Kinematics, kinetics and muscle activation during explosive upper body movements. *Journal of Applied Biomechanics* 12: 31-43.

Nosaka, K., A. Lavender, M. Newton, and P. Sacco. 2003. Muscle damage in resistance training. Is muscle damage necessary for muscle hypertrophy? *International Journal of Sport and Health Science* 1: 1-8.

Nosaka, K.A., and M. Newton. 2002. Differences in the magnitude of muscle damage between maximal and submaximal eccentric loading. *Journal of Strength and Conditioning Research* 16: 202-208.

Nosaka, K., and K. Sakamoto. 2001. Effect of elbow joint angle on the magnitude of muscle damage to the elbow flexors. *Medicine and Science in Sports and Exercise* 33: 22-29.

O'Bryant, H.S., R. Byrd, and M.H. Stone. 1988. Cycle ergometer and maximum leg and hip strength adaptations to two different methods of weight training. *Journal of Applied Sport Science Research* 2: 27-30.

Olsen, P.D., and W.G. Hopkins. 2003. The effect of attempted ballistic training on the force and speed of movement. *Journal of Strength and Conditioning Research* 17: 291-298.

Payne, V.G., J.R. Morrow, L. Johnson, and S.N. Dalton. 1997. Resistance training in children and youth: A meta-analysis. *Research Quarterly for Exercise and Sport* 68: 80-88.

Peterson, M.D., M.R. Rhea, and B.A. Alvar. 2004. Maximizing strength development in athletes: A meta-analysis to determine the dose-response relationship. *Journal of Strength and Conditioning Research* 18: 377-382.

Petitt, D.S., S.A. Arngrimsson, and K.J. Cureton. 2003. Effect of resistance exercise on postprandial lipemia. *Journal of Applied Physiology* 94: 694-700.

Phillips, S.M., K.D. Tipton, A. Aarsland, and S.E. Wolfe. 1999. Resistance training induces the acute exercise-induced increase in muscle protein turnover. *American Journal of Physiology, Endocrinology and Metabolism* 273: E99-E107.

Phillips, W.T., A.M. Batterham, J.E. Valenzuela, and L.N. Burkett. 2004. Reliability of maximal strength testing in older adults. *Archives of Physical Medicine and Rehabilitation* 85: 329-334.

Ploutz, L.L., P.A. Tesch, R.L. Biro, and G.A. Dudley. 1994. Effect of resistance training on muscle use during exercise. *Journal of Applied Physiology* 76: 1675-1681.

Poehlman, E.T., A.W. Gardner, P.A. Ades, and S.M. Katzman-Rooks. 1992. Resting energy metabolism and cardiovascular disease risk in resistance-trained and aerobically trained males. *Metabolism: Clinical and Experimental* 41(12): 1351-1360.

Powell, K.E., G.W. Heath, M.J. Kresnow, J.J. Sacks, and C.M. Branche. 1998. Injury rates from walking, gardening, weightlifting, outdoor bicycling and aerobics. *Medicine and Science in Sports and Exercise* 30: 1246-1449.

Powell, P.L., R.R. Roy, P. Kanim, M.A. Bello, and V.R. Edgerton. 1984. Predictability of skeletal muscle tension from architectural determinations in guinea pig hindlimbs. *Journal of Applied Physiology* 57: 1715-1721.

Prince, P.P., R.S. Hikida, and F.C. Hagerman. 1976. Human muscle fiber type in powerlifters, distance runners and untrained subjects. *Pfluegers Archiv* 363: 19-26.

Proctor, D.N., P. Balagopal, and K.S. Nair. 1998. Age-related sarcopenia in humans is associated with reduced synthetic rates of specific proteins. *Journal of Nutrition* 128(2 Suppl.): 351S-355S.

Proske, U., and D.L. Morgan. 2001. Muscle damage from eccentric exercise: Mechanical signs and adaptations and clinical applications. *Journal of Physiology* 537: 333-345.

Pyne, D.B. 1994. Exercise-induced muscle damage and inflammation: A review. *Australian Journal of Science and Medicine in Sport* 26: 49-58.

Rasch, P.J., and L.E. Morehouse. 1957. Effect of static and dynamic exercises on muscular strength and hypertrophy. *Journal of Applied Physiology* 11: 29-34.

Ratel, S., C.A. Williams, J. Oliver, and N. Armstrong. 2004. Effects of age and mode of exercise on power output profiles during repeated sprints. *European Journal of Applied Physiology* 92: 204-210.

Reis, E., U. Frick, and D. Schmidtbleicher. 1995. Frequency variations of strength training sessions triggered by the phases of the menstrual cycle. *International Journal of Sports Medicine* 16: 545-550.

Requa, R.K., L.N. DeAvilla, and J.G. Garrick. 1993. Injuries in recreational adult fitness activities. *American Journal of Sports Medicine* 21: 461-467.

Rhea, M.R., B.A. Alvar, L.N. Burkett, and S.D. Ball. 2003. A meta-analysis to determine the dose response for strength development. *Medicine and Science in Sports and Exercise* 35: 456-464.

Robinson, J.M., C.M. Penland, M.H. Stone, R.L. Johnson, B.J. Warren, and D.L. Lewis. 1995. Effects of different weight training exercise-rest intervals on strength, power and high intensity endurance. *Journal of Strength and Conditioning Research* 9: 216-221.

Ross, A., and M. Leveritt. 2001. Long-term metabolic and skeletal muscle adaptations to short-term sprint training: Implications for sprint training and tapering. *Sports Medicine* 31: 1063-1082.

Rotter, J.I., F.I. Wong, E.T. Lifrak, and L.N. Parker. 1985. A genetic component to the variation of dehydroepiandrosterone. *Metabolism* 34: 731-736.

Rozenek, R., and J.J. Garhammer. 1998. Male-female strength comparisons and rate of strength decline with age in weightlifting and powerlifting. *Conference: International Symposium on weightlifting and weight training* (pp. 287-288). Lahti, Finland.

Ryushi, T., K. Hakkinen, H. Kauhanen, and P.V. Komi. 1988. Muscle fiber characteristics, muscle cross-sectional area and force production in strength athletes and physically active males and females. *Scandinavian Journal Sport Science* 10: 7-15.

Sale, D.G. 1988. Neural adaptation to resistance training. *Medicine and Science in Sports and Exercise* 20(5) (Suppl.): S135-S145.

Sale, D.G. 1992. Neural adaptation to strength training. In: P.V. Komi (Ed.), *Strength and power in sport*. Oxford: Blackwell Scientific (pp. 249-265).

Sanborn, C.F., and C.M. Jankowski. 1994. Physiologic considerations for women in sport. *Clinical Sports Medicine* 13: 315-327.

Schmidt, R.A. 1991. *Motor learning and performance*. Champaign, IL: Human Kinetics.

Semmler, J.G., and R.M. Enoka. 2000. Neural contributions to changes in muscle strength. In V. Zatsiorsky (Ed.) *Biomechanics in sport*. Oxford, Blackwell Science, (pp. 3-20).

Semmler, J.G., and M.A. Nordstrom. 1998. Motor unit discharge and force tremor in skill- and strength-trained individuals. *Experimental Brain Research* 119: 27-38.

Siff, M.C., and Y. Verkhoshanski. 1998. *Supertraining: Strength training for sporting excellence* (3rd ed.). Johannesburg: University of the Witwatersrand.

Simoneau, J.A., and C. Bouchard. 1995. Genetic determinism of fiber type proportion in human skeletal muscle. *Federation of American Societies for Experimental Biology Journal* 9: 1091-1095.

Skurvydas, A., V. Dudoniene, A. Kalvenas, and A. Zuoza. 2002. Skeletal muscle fatigue in long-distance runners, sprinters and untrained men after repeated drop jumps performed at maximum intensity. *Scandinavian Journal of Applied Physiology* 12: 34-39.

Smith, L. 2000. Cytokine hypothesis of overtraining: A physiological adaptation to excessive stress? *Medicine and Science in Sports and Exercise* 32: 317-331.

Sothern, M.S., J.M. Loftin, J.N. Udall, R.M. Suskind, T.L. Ewing, and S.C. Blecker. 2000. Safety, feasibility and efficacy of a resistance training program in preadolescent obese children. *American Journal of Medical Science* 19: 370-375.

Stackhouse, S.K., D.S. Reisman, and S.A. Binder-Macleod. 2001. Challenging the role of pH in skeletal muscle fatigue. *Physical Therapy* 81: 1897-1903.

Staron, R.S., E.S. Malicky, M.J. Leonard, J.E. Falkel, F.C. Hagerman, and G.A. Dudley. 1989. Muscle hypertrophy and fast fiber type conversion in heavy-resistance trained women. *European Journal of Applied Physiology* 60: 871-879.

Stauber, W.T., and C.A. Smith. 1998. Cellular responses in exertion-induced muscular injury. *Molecular and Cellular Biochemistry* 179: 189-196.

Stone, M.H. 1988. Implications for connective tissue and bone alterations resulting from resistive exercise training. *Medicine and Science in Sports and Exercise* 20(5 Suppl.): S162-S168.

Stone, M.H. 1993. Revision and update: Position/policy statement and literature review for the National Strength and Conditioning Association on "anabolic steroids and athletics." *National Strength and Conditioning Association Journal* 15: 9-29.

Stone, M.H., S.J. Fleck, W.J. Kraemer, and N.T. Triplett. 1991a. Health and performance related adaptations to resistive training. *Sports Medicine* 11: 210-231.

Stone, M.H., and A.C. Fry. 1997. Increased training volume in strength/power athletes. In: *Overtraining in sport* (chapter 5, pp. 87-106). Champaign, IL: Human Kinetics.

Stone, M.H., R. Johnson, and D. Carter. 1979. A short term comparison of two different methods of resistive training on leg strength and power. *Athletic Training* 14: 158-160.

Stone, M.H., and C. Karatzeferi. 2002. Connective tissue (and bone) response to strength training. In: P.V. Komi (Ed.), *Encyclopaedia of sports medicine: Strength and power in sport* (2nd ed.). London: Blackwell Scientific.

Stone, M.H., R. Keith, J.T. Kearney, S.J. Fleck, G.D. Wilson, and N.T. Triplett. 1991b. Overtraining: A review of the signs and symptoms and possible causes of overtraining. *Journal of Applied Sport Science Research* 5: 35-50.

Stone, M.H., G. Moir, M. Glaister, and R. Sanders. 2002. How much strength is necessary? *Physical Therapy in Sport* 3: 88-96.

Stone, M.H., H.S. O'Bryant, L. McCoy, R. Coglianese, M. Lehmkuhl, and B. Schilling. 2003a. Power and maximum strength relationships during performance of dynamic and static weighted jumps. *Journal of Strength and Conditioning Research* 17: 140-147.

Stone, M.H., S. Plisk, and D. Collins. 2002. Training principles: Evaluation of modes and methods of resistance training—a coaching perspective. *Sport Biomechanics* 1: 79-104.

Stone, M.H., S. Plisk, M.E. Stone, B. Schilling, H.S. O'Bryant, and K.C. Pierce. 1998. Athletic performance development: Volume load—1 set vs multiple sets, training velocity and training variation. *Strength and Conditioning* 20(6): 22-33.

Stone, M.H., J. Potteiger, K. Pierce, C.M. Proulx, H.S. O'Bryant, R.L. Johnson, and M.E. Stone. 2000. Comparison of the effects of three different weight training programs on the 1 RM squat. *Journal of Strength Conditioning Research* 14: 332-337.

Stone, M.H., K. Sanborn, H.S. O'Bryant, M.E. Hartman, M.E. Stone, C. Proulx, B. Ward, and J. Hruby. 2003b. Maximum strength-power-performance relationships in collegiate throwers. *Journal of Strength and Conditioning Research* 17: 739-745.

Stone, M.H., N.T. Triplett-McBride, and M.E. Stone. 2001. Strength training for women: Intensity, volume and exercise factors: Impact on performance and health. In: W.E. Garret and D.T. Kirkendall (Eds.) *Women in sports and exercise* (pp. 309-328). Rosemont, IL: American Academy of Orthopaedic Surgeons.

Tan, B. 1999. Manipulating resistance training program variables to optimize strength in men: A review. *Journal of Strength and Conditioning Research* 13: 3289-3304.

Tesch, P.A. 1992a. Short- and long-term histochemical and biochemical adaptations in muscle. In: P.V. Komi (Ed.), *Strength and power in sport* (pp. 239-248). Oxford: Blackwell Scientific.

Tesch, P.A. 1992b. Training for bodybuilding. In: P.V. Komi (Ed.), *Strength and power in sport* (pp. 370-380). Oxford: Blackwell Scientific.

Tesch, P.A., and J. Karlsson. 1985. Muscle fiber types and size in trained and untrained muscles of elite athletes. *Journal of Applied Physiology* 59: 1716-1720.

Tesch, P.A., A. Thorsson, and E.B. Colliander. 1990. Effects of eccentric and concentric resistance training on skeletal muscle substrates, enzyme activities and capillary supply. *Acta Physiologica Scandinavica* 140: 575-580.

The, D.J., and L. Ploutz-Snyder. 2003. Age, body mass and gender as predictors of masters Olympic weightlifting performance. *Medicine and Science in Sports and Exercise* 35: 1216-1224.

Thorstensson, A. 1977. Muscle strength, fibre types and enzyme activities in man. *Acta Physiologica Scandinavica* (Suppl.): 443.

Thorstensson, A., B. Sjodin, and J. Karlsson. 1975. Enzyme activities and muscle strength after sprint training in man. *Acta Physiologica Scandinavica* 94: 313-318.

Tsolakis, C., D. Messinis, and S. Apostolos. 2000. Hormonal responses after strength training and detraining in prepubertal and postpubertal boys. *Journal of Strength and Conditioning Research* 14: 399-404.

Van Den Tillaar, R., and G. Ettema. 2004. Effect of body size and gender in overarm throwing performance. *European Journal of Applied Physiology* 91: 413-418.

Vanderburgh, P.M., M. Kusano, M. Sharp, and B. Nindl. 1997. Gender differences in muscular strength: An allometric model approach. *Biomedical Sciences Instrumentation* 33: 100-105.

Van Etten, L.M., F.T. Verstappen, and K.R. Westerterp. 1994. Effect of body build on weight-training-induced adaptations in body composition and muscular strength. *Medicine and Science in Sports and Exercise* 26: 515-521.

Viitasalo, J.T., and P.V. Komi. 1981. Interrelationships between electromyographic, mechanical, muscle structure and reflex time measurements in man. *Acta Physiologica Scandinavica* 111: 97-103.

Ward, N.S., and R.S. Frackowiak. 2003. Age-related changes in the neural correlates of motor performance. *Brain* 126: 873-888.

Welle, S., S. Totterman, and C. Thorton. 1996. Effect of age on muscle hypertrophy induced by resistance training. *Journal of Gerontology (Series A): Biological Sciences and Medical Sciences* 51: M270-275.

Westerland, H., D.G. Allen, and J. Lannergren. 2002. Muscle fatigue: Lactic acid or inorganic phosphate the major cause? *News in Physiological Sciences* 17: 17-21.

Wickham, J.B., and J.M.M. Brown. 1998. Muscles within muscles: The neuromotor control of intra-muscular segments. *European Journal of Applied Physiology* 78: 219-225.

Wilson, G.J., R.U. Newton, A.J. Murphy, and B.J. Humphries. 1993. The optimal training load for the development of dynamic athletic performance. *Medicine and Science in Sports and Exercise* 25: 1279-1286.

Yang, N., D.G. MacArthur, J.P. Gulbin, A.G. Hahn, A.H. Beggs, S. Easteal, and K. North. 2003. ACTN3 genotype is associated with elite athletic performance. *American Journal of Human Genetics* 73: 627-631.

Yao, W.X., A.J. Fuglevand, and R.M. Enoka. 2000. Motor unit synchronization increases EMG amplitude and decreases force steadiness of simulated contractions. *Journal of Neurophysiology* 83: 441-452.

Yaspelkis, B.B, M.K. Singh, B. Trevino, A.D. Krisan and D.E. Collins. 2002. Resistance training increases glucose uptake and transport in rat skeletal muscle. *Acta Physiologica Scandinavica* 175: 315-323.

Zajac, F.E., and M.E. Gordon. 1989. Determining muscle's force and action in multi-articular movement. *Exercise and Sport Sciences Reviews* 17: 187-230.

Zelisko, J.A., H.B. Noble, and M. Porter. 1982. A comparison of men's and women's professional basketball injuries. *American Journal of Sports Medicine* 10: 297-299.

Zeller, B.L., J.L. McCrory, W.B. Kibler, and T.L. Uhl. 2003. Differences in kinematics and electromyographic activity between men and women during the single-legged squat. *American Journal of Sports Medicine* 31: 449-456.

Zhang, B., H. Tanaka, N. Shono, S. Miura, A. Kiyonaga, A. Shindo, and K. Saku. 2003. The I allele of the angiotensin-converting enzyme gene is associated with an increased percentage of slow-twitch type I fibers in human skeletal muscle. *Clinical Genetics* 63: 139-144.

Zillmer, D.A., J.W. Powell, and J.P. Albright. 1991. Gender-specific injury patterns in high-school varsity basketball. *Journal of Women's Health* 1: 69-76.

Chapter 11

Antonini Philippe, R., R. Seiler, and W. Mengisen. 2004. Relationships of coping styles with type of sport. *Perceptual and Motor Skills* 98: 479-486.

Arent, S.M., and D.M. Landers. 2003. Arousal, anxiety, and performance: A reexamination of the inverted-U hypothesis. *Research Quarterly for Exercise and Sport* 74(4): 436-444.

Bakker, F.C., S.J. Boschker, and T. Chung. 1996. Changes in muscular activity while imagining weight lifting using stimulus or response propositions. *Journal of Sport and Exercise Psychology* 18: 313-324.

Bietz Hilton, W.L. 1997. The impact of lectures and weight training on body image dissatisfaction in a women's university conditioning course. Unpublished doctoral dissertation, University of South Dakota.

Black, G.M., E.S. Gibbons, and C. Blassingame. 1998. The relationship between weight training experience in high school athletics and physical self-efficacy in males. *1998 research abstracts*. Texas Association for Health, Physical Education, Recreation and Dance.

Bracewell, D.D., A. Dalton, M. Donnelly, T. Rhodes, J. Elliot, A.D. Martin, and R. Rhodes. 1999. Muscular strength changes in women ages 75-80 after 6 weeks of resistance training. *New Zealand Journal of Sports Medicine* 27(4): 51-54.

Collins, D. 1993-1994. Mental muscle: Psychological aspects of weight training and weight lifting. *Coaching Focus* 24: 6-7.

参考文献

Cornwall, M.W., M.P. Bruscato, and S. Barry. 1991. Effect of mental practice on isometric muscular strength. *Journal of Orthopaedic and Sports Physical Therapy* 13(5): 231-234.

Dishman, R.K. 1983. Stress management procedures. In: M.H. Williams (Ed.), *Ergogenic aids in sport* (pp. 275-320). Champaign, IL: Human Kinetics.

Doyne, E.J., D.J. Ossip-Klein, E.D. Bowman, K.M. Osborn, I.B. McDougall-Wilson, and R.A. Neimeyer. 1987. Running versus weight lifting in the treatment of depression. *Journal of Consulting and Clinical Psychology* 55(5): 748-754.

Drozdowski, T., F. Feigin, I. Javorek, I. Pyka, G. Shankman, and D. Wathen. 1990. Restoration, part I. *National Strength and Conditioning Association Journal* 12(5): 20-29.

Ewart, C.K. 1989. Psychological effects of resistive weight training: Implications for cardiac patients. *Medicine and Science in Sports and Exercise* 21(6): 683-688.

Gordin, R.D., and J.P. Reardon. 1995. Achieving the zone: The study of flow in sport. In: K.P. Henschen and W.F. Straub (Eds.), *Sport psychology: An analysis of athlete behavior* (3rd ed., pp. 223-230). Longmeadow, MA: Mouvement.

Gould, D., and E. Vory. 1995. Goal setting and performance: A practitioner's guide. In: K.P. Henschen and W.F. Straub (Eds.), *Sport psychology: An analysis of athlete behavior* (pp. 213-222). Longmeadow, MA: Mouvement.

Hale, B.D. 1982. The effects of internal and external imagery on muscular and ocular concomitants. *Journal of Sport Psychology* 4: 379-387.

Hale, B.S., and J.S. Raglin. 2002. State anxiety responses to acute resistance training and step aerobic exercise across 8-weeks of training. *Journal of Sports Medicine and Physical Fitness* 42: 108-112.

Hall, C., E. Buckolz, and G.J. Fishburne. 1992. Imagery and the acquisition of motor skills. *Canadian Journal of Sports Sciences* 17(1): 19-27.

Hall, E.G., G.E. Church, and M. Stone. 1980. Relationship of birth order to selected personality characteristics of nationally ranked Olympic weightlifters. *Perceptual and Motor Skills* 51(3 Part 1): 971-976.

Hanin, Y.L. 1995. Individual zones of optimal functioning (IZOF model: an idiographic approach to performance anxiety). In: K.P. Henschen and W.F. Straub (Eds.), *Sport psychology: An analysis of athlete behavior* (3rd ed., pp. 103-119). Longmeadow, MA: Mouvement.

Hardy, L., and G. Jones. 1994. Current issues and future directions for performance-related research in sport psychology. *Journal of Sports Sciences* 12: 61-92.

Hatfield, B.D., and E.B. Brody. 1994. The psychology of athletic preparation and performance: The mental management of physical resources. In: T.R. Baechle (Ed.), *Essentials of strength training and conditioning* (pp. 163-187). Champaign, IL: Human Kinetics.

Heil, J. 1995. Imagery. In: K.P. Henschen and W.F. Straub (Eds.), *Sport psychology: An analysis of athlete behavior* (pp. 183-192). Longmeadow, MA: Mouvement.

Henderson, L.E. 1995. Effects of a weight training program on selected strength variables competitive trait anxiety and competitive state anxiety. Unpublished doctoral dissertation, Mississippi State University.

Henschen, K. 1990. Psychological readiness. In G.S. George (Ed.), *USGF gymnastics safety manual* (pp. 69-70). Indianapolis: U.S. Gymnastics Federation.

Henschen, K.P. 1995a. Attention and concentration skills for performance. In: K.P. Henschen and W.F. Straub (Eds.), *Sport psychology: An analysis of athlete behavior* (pp. 177-182). Longmeadow, MA: Mouvement.

Henschen, K.P. 1995b. Relaxation and performance. In: K.P. Henschen and W.F. Straub (Eds.), *Sport psychology: An analysis of athlete behavior* (3rd ed., pp. 163-167). Longmeadow, MA: Mouvement.

Howe, B.L. 1991. Imagery and sport performance. *Sports Medicine* 11(1): 1-5.

Ives, J.C., and G.A. Shelley. 2003. Psychophysics in functional strength and power training: Review and implementation framework. *Journal of Strength and Conditioning Research* 17(1): 177-186.

Koltyn, K.F., J.S. Raglin, P.J. O'Connor, and W.P. Morgan. 1995. Influence of weight training on state anxiety, body awareness and blood pressure. *International Journal of Sports Medicine* 16(4): 266-269.

Lidell, L. 1984. *The book of massage*. New York: Simon & Schuster.

Lovell, G., and D. Collins. 1997. The relationship between mental imagery ability and skill acquisition rate. *Journal of Sports Sciences* 15: 94.

Lyon, L.A. 1995. A comparative analysis of aerobic conditioning, resistance training and a structured stress management program in the attenuation of the adult psychophysiological response to cognitive stress. Unpublished doctoral dissertation, University of Maryland.

Marsh, H.W., and S. Kleitman. 2003. School athletic participation: Mostly gain with little pain. *Journal of Sport and Exercise Psychology* 25: 205-228.

Melnick, M.J., and S. Mookerjee. 1991. Effects of advanced weight training on body-cathexis and self-esteem. *Perceptual and Motor Skills* 72: 1335-1345.

Moore, J.B., and J.B. Bartholomew. 2003. The effect of a 10-week resistance training program on self-esteem and physical self-worth. *Journal of the Legal Aspects of Sport* 13(3): S97.

Nideffer, R.M. 1985. *Athlete's guide to mental training*. Champaign, IL: Human Kinetics.

Nideffer, R.M. 1990. Use of the Test of Attentional and Interpersonal Style (TAIS) in sport. *Sport Psychologist* 4: 285-300.

Norvell, N., and D. Belles. 1993. Psychological and physical benefits of circuit weight training in law enforcement personnel. *Journal of Consulting and Clinical Psychology* 61(3): 520-527.

Nougier, V., H. Ripoll, and J. Stein. 1989. Orienting of attention with highly skilled athletes. *International Journal of Sport Psychology* 20(3): 205-223.

Ogilvie, B.C., and K.P. Henschen. 1995. The art of application of psychological enhancing principles. In: K.P. Henschen and W.F. Straub (Eds.), *Sport psychology: An analysis of athlete behavior* (3rd ed., pp. 45-54). Longmeadow, MA: Mouvement.

O'Nan, D.A., R. Foxworth, R.B. Boling, and L.E. Henderson. 2000. Effects of weight training on selected strength and anxiety of prepubescent female gymnasts. *International Sports Journal* 4(1): 131-144.

Orlick, T. 1980. *In pursuit of excellence*. Champaign, IL: Human Kinetics.

Ossip-Klein, D.J., E.J. Doyne, E.D. Bowman, K.M. Osborn, I.B. McDougall-Wilson, and R.A. Neimeyer. 1989. Effects of running or weight lifting on self-concept in clinically depressed women. *Journal of Consulting and Clinical Psychology* 57(1): 158-161.

Phillips, E. 1988. The physiological and psychological effects of a weight training program on female adolescent anorexia nervosa sufferers. *Sport Health* 6(2): 6-12.

Selye, H. 1956. *The stress of life*. New York: McGraw-Hill.

Stoessel, L., M.H. Stone, R. Keith, D. Marple, and R. Johnson. 1991. Selected physiological, psychological and performance characteristics of national-caliber United States women weightlifters. *Journal of Applied Sport Science Research* 5(2): 87-95.

Stratton, G., M. Jones, K.R. Fox, K. Tolfrey, J. Harris, N. Mafulli, M. Lee, and S.P. Frostick. 2004. BASES position statement on guidelines for resistance exercise in young people. *Journal of Sports Sciences* 22: 383-390.

Szabo, C.P., and K. Green. 2002. Hospitalized anorexics and resistance training: Impact on body composition and psychological well-being. A preliminary study. *Eating Weight Disorders* 7: 293-297.

Taunton, J.E., M. Donnelly, E.C. Rhodes, J. Elliott, A.D. Martin, and J. Hetyei. 2002. Weight training in elderly women. *New Zealand Journal of Sports Medicine* 30(4): 106-113.

Tharion, W.J., E.A. Harman, W.J. Kraemer, and T.M. Rauch. 1991. Effects of different weight training routines on mood states. *Journal of Applied Sport Science Research* 5(2): 60-65.

Trujillo, C.M. 1983. The effect of weight training and running exercise intervention programs on the self-esteem of college women. *International Journal of Sport Psychology* 14: 162-173.

Tucker, L.A. 1982a. Effect of weight-training program on the self-concepts of college males. *Perceptual and Motor Skills* 54: 1055-1061.

Tucker, L.A. 1982b. Weight training experience and psychological well-being. *Perceptual and Motor Skills* 55: 553-554.

Tucker, L.A. 1983a. Effect of weight training on self-concept: A profile of those influenced most. *Research Quarterly for Exercise and Sport* 54(4): 389-397.

Tucker, L.A. 1983b. Weight training: A tool for the improvement of self and body concepts of males. *Journal of Human Movement Studies* 9: 31-37.

Tucker, L.A. 1987. Effect of weight training on body attitudes: Who benefits most? *Journal of Sports Medicine* 27: 70-78.

Tucker, L.A., and K. Maxwell. 1992. Effects of weight training on the emotional well-being and body image of females: Predictors of greatest benefits. *American Journal of Health Promotion* 6(5): 338-344.

Tucker, L.A., and R. Mortell. 1993. Comparison of the effects of walking and weight training programs on body image in middle-aged women: An experimental study. *American Journal of Health Promotion* 8(1): 34-42.

Van Vorst, J.G., J. Buckworth, and C. Mattern. 2002. Physical self-concept and strength changes in college weight training classes. *Research Quarterly for Exercise and Sport* 73(1): 113-117.

Vescovi, J., and B. Fernhall. 2000. Cardiac rehabilitation and resistance training: Are they compatible? *Journal of Strength and Conditioning Research* 14(3): 250-258.

Weiss, M.R. 1991. Psychological skill development in children and adolescents. *Sport Psychologist* 5(4): 335-354.

Yerkes, R.M., and J.D. Dodson. 1908. The relationship of strength of stimulus to rapidity of habit formation. *Journal of Comparative Neurology and Psychology* 18: 459-482.

Chapter 12

Abernethy, P.J., and J. Jurimae. 1996. Cross-sectional and longitudinal uses of isoinertial, isometric and isokinetic dynamometry. *Medicine and Science in Sports and Exercise* 28: 1180-1187.

Anderson, R.E., D.L. Montgomery, and R.A. Turcotte. 1990. An on-site battery to evaluate giant slalom skiing performance. *Journal of Sports Medicine and Physical Fitness* 30(3): 276-282.

Atha, J. 1983. Strengthening muscle. In: A.I. Miller (Ed.), *Exercise and sport sciences reviews* (Vol. 9, pp. 1-73). Philadelphia: Franklin Institute Press.

Augustsson, J., A. Esko, R. Thomes, and U. Svantesson. 1998. Weight training the thigh muscles using closed vs. open kinetic chain exercises: A comparison of performance enhancement. *Journal of Orthopaedic Sports Medicine and Physical Therapy* 27(1): 3-8.

Barker, M., T. Wyatt, R.L. Johnson, M.H. Stone, H.S. O'Bryant, C. Poe, and M. Kent. 1993. Performance factors, psychological factors, physical characteristics and football playing ability. *Journal of Strength and Conditioning Research* 7(4): 224-233.

参考文献

Bauer, T., R.E. Thayer, and G. Baras. 1990. Comparison of training modalities for power development in the lower extremity. *Journal of Applied Sport Science Research* 4(4): 115-121.

Baumann, W., V. Gross, K. Quade, P. Galbierz, and A. Schwirtz. 1988. The snatch technique of world class weightlifters at the 1985 world championships. *International Journal of Sport Biomechanics* 4: 68-89.

Behm, D.G. 1995. Neuromuscular implications and applications of resistance training. *Journal of Strength and Conditioning Research* 9(4): 264-274.

Behm, D.G., K. Anderson, and R. Curnew. 2002. Muscle force and activation under stable and unstable conditions. *Journal of Strength and Conditioning Research* 16: 416-422.

Beynnon, D., and R.J. Johnson. 1996. Anterior cruciate ligament injury rehabilitation in athletics. *Sports Medicine* 22: 54-64.

Blackard, D.O., R.L. Jensen, and W.P. Ebben. 1999. Use of EMG in analysis in challenging kinetic terminology. *Medicine and Science in Sports and Exercise* 31(3): 443-448.

Blackburn, J.R., and M.C. Morrissey. 1998. The relationship between open and closed kinetic chain strength of the lower limb and jumping performance. *Journal of Orthopedic Sports and Physical Therapy* 27: 430-435.

Blessing, D., M.H. Stone, R. Byrd, D. Wilson, R. Rozenek, D. Pushparani, and H. Lipner. 1987. Blood lipid and hormonal changes from jogging and weight training of middle-aged men. *Journal of Applied Sport Science Research* 1(2): 25-29.

Bobbert, M.F., and G.J. van Ingen Schenau. 1990. Mechanical output about the ankle joint in isokinetic flexion and jumping. *Medicine and Science in Sports and Exercise* 22(5): 660-668.

Bosco, C., M. Cardinale, R. Colli, J. Thanyi, S.P. von Duvillard, and A. Viru. 1998. The influence of whole body vibration on jumping performance. *Biology of Sport* 15: 157-164.

Bosco, C., M. Cardinale, and O. Tsarpela. 1999. Influence of vibration on mechanical power and electromyogram activity in human arm flexor muscles. *European Journal of Applied Physiology* 79: 306-311.

Bosco, C., R. Colli, E. Introini, M. Cardinale, O. Tsarpela, O. Madella, J. Tihanyi, and A. Viru. 1999. Adaptive responses of human skeletal muscle to vibration exposure. *Clinical Physiology* 19: 183-187.

Bosco, C., M. Iacovelli, O. Tsarpela, M. Cardinale, M. Boifazi, J. Tihanyi, M. Viru, A. De Lorenzo, and A. Viru. 2000. Hormonal responses to whole-body vibration in men. *European Journal of Applied Physiology* 81: 449-454.

Bove, M., A. Nardone, and M. Schieppati. 2003. Effects of leg muscle tendon vibration on group 1a group 11 reflex responses to stance perturbation in humans. *Journal of Physiology* 550: 617-630.

Boyer, B.T. 1990. A comparison of three strength training programs on women. *Journal of Applied Sport Science Research* 4(5): 88-94.

Brill, P.A., J.C. Probst, D.L. Greenhouse, B. Schell, and C.A. Macera. 1998. Clinical feasibility of a free-weight strength-training program for older adults. *Journal of the American Board of Family Practice* 11(6): 445-451.

Brindell, G. 1999. Efficacy of three different resistance training modes on performance and physical characteristics in young women. Master's thesis, Appalachian State University.

Brzycki, M. 1994, Spring. Speed of movement an explosive issue. *Nautilus*, 8-11.

Byrd, R., K. Pierce, L. Reilly, and L. Brady. 2003. Young weightlifters' performance across time. *Sports Biomechanics* 2: 133-140.

Cabell, L., and C.J. Zebas. 1999. Resistive torque validation of the Nautilus multi-biceps machine. *Journal of Strength and Conditioning Research* 13: 20-23.

Canavan, P.K., G.E. Garret, and L.E. Armstrong. 1996. Kinematic and kinetic relationships between an Olympic-style lift and the vertical jump. *Journal of Strength and Conditioning Research* 10(2): 127-130.

Cardinale, M., and C. Bosco. 2003. The use of vibration as an exercise intervention. *Exercise and Sport Sciences Reviews* 31: 3-7.

Carlock, J., S.L. Smith, M. Hartman, R. Morris, D. Ciroslan, K.C. Pierce, R.U. Newton, E. Harman, W.A. Sands, and M.H. Stone. 2004. Relationship between vertical jump power estimates and weightlifting ability: A field-test approach. *Journal of Strength and Conditioning Research* 18: 534-539.

Chow, J.W., W.G. Darling, and J.G. Hay. 1997. Mechanical characteristics of knee extension exercises performed on an isokinetic dynamometer. *Medicine and Science in Sports and Exercise* 29(6): 794-803.

Colman, S.G.S., A.S. Benham, and S.R. Northcutt. 1993. A three-dimensional cinematographical analysis of the volleyball spike. *Journal of Sports Sciences* 11: 295-302.

Crossman, E.R.F.W. 1964. Information processes in human skill. *British Medical Bulletin* 20: 32-37.

Delecluse, C. 1997. Influence of strength training on sprint running performance. *Sports Medicine* 24: 147-156.

Delecluse, C., M. Roelants, and S. Verschueren. 2003. Strength increase after whole-body vibration compared with resistance training. *Medicine and Science in Sports and Exercise* 35: 1033-1041.

De Ruiter, C.J., R.M. Van der Linden, M.J.A. Van der Zijden, A.P. Hollander, and A. De Hann. 2003. Short term effects of whole body vibration on maximal voluntary isometric knee extensor force and rate of force rise. *European Journal of Applied Physiology* 88: 472-475.

Dillman, C.J., T.A. Murray, and R.A. Hintermeister. 1994. Biomechanical differences of open and closed chain exercises of the shoulder. *Journal of Sport Rehabilitation* 3: 228-238.

Ebben, W.P., and R.L. Jensen. 2002. Electromyographic and kinetic analysis of traditional, chain and elastic band squats. *Journal of Strength and Conditioning Research* 16: 547-550.

Faigenbaum, A., W. Kraemer, B. Cahill, J. Chandler, J. Dziados, L. Elfrink, E. Forman, M. Gaudiose, L. Micheli, M. Nitka, and S. Roberts. 1996. Youth resistance training: Position statement paper and literature review. *Strength and Conditioning* 18: 62-75.

Fitzgerald, G.K. 1997. Open versus closed kinetic chain exercise: Issues in rehabilitation after anterior cruciate ligament reconstructive surgery. *Physical Therapy* 77: 1747-1754.

Fleck, S.J., and W.J. Kraemer. 1997. *Designing resistance training programs* (2nd ed.). Champaign, IL: Human Kinetics.

Fry, A.C., D.R. Powell, and W.J. Kraemer. 1992. Validity of isometric testing modalities for assessing short-term resistance exercise strength gains. *Journal of Sport Rehabilitation* 1: 275-283.

Garhammer, J. 1981a. Equipment for the development of athletic strength and power. *National Strength and Conditioning Association Journal* 3(6): 24-26.

Garhammer, J. 1981b. *Sports Illustrated strength training*. New York: Time.

Garhammer, J.J. 1993. A review of the power output studies of Olympic and powerlifting: Methodology, performance prediction and evaluation tests. *Journal of Strength and Conditioning Research* 7: 76-89.

Gullich, A., and D. Schmidtbleicher. 1996. MVC-induced short-term potentiation of explosive force. *New Studies in Athletics* 11: 67-81.

Haff, G.G., M.H. Stone, H.S. O'Bryant, E. Harman, C. Dinan, R. Johnson, and K.H. Han. 1997. Force-time dependent characteristics of dynamic and isometric muscle actions. *Journal of Strength and Conditioning Research* 11: 269-272.

Hakkinen, K. 1994. Neuromuscular adaptation during strength training, aging, detraining and immobilization. *Critical Reviews in Physical and Rehabilitation Medicine* 6: 161-198.

Hamill, B.P. 1994. Relative safety of weightlifting and weight training. *Journal of Strength and Conditioning Research* 8: 53-57.

Harman, E. 1983. Resistive torque of 5 Nautilus exercise machines. *Medicine and Science in Sports and Exercise* 15(Suppl.): 113.

Harman, E. 1994. Resistance training modes: A biomechanical perspective. *Strength and Conditioning* 16(2): 59-65.

Harris, G.R., M.H. Stone, H. O'Bryant, C.M. Proulx, and R. Johnson. 2000. Short term performance effects of high speed, high force and combined weight training. *Journal of Strength and Conditioning Research* 14(1): 14-20.

Hildenbrand, K., and L. Noble. 2004. Abdominal muscle activity while performing trunk-flexion exercises using Ab Roller, ABslide, FitBall, and conventionally performed trunk curls. *Journal of Athletic Training* 39: 37-43.

Hollings, S.C., and G.J. Robson. 1991. Body build and performance characteristics of male adolescent track and field athletes. *Journal of Sports Medicine and Physical Fitness* 31(2): 178-182.

Issifidou, A.N., and V. Baltzopoulos. 1998. Inertial effects on the assessment of performance in isokinetic dynamometry. *International Journal of Sports Medicine* 19:567-573.

Issurin, V.B., and G. Tenenbaum. 1999. Acute and residual effects of vibratory stimulation on explosive strength in elite and amateur athletes. *Journal of Sports Sciences* 17: 177-182.

Jesse, C., D. McGee, J. Gibson, M. Stone, and J. Williams. 1988. A comparison of Nautilus and free weight training. *Journal of Applied Sport Science Research* 3(2): 59.

Johnson, C.C., M.H. Stone, R.J. Byrd, and A. Lopez-S, 1983. The response of serum lipids and plasma androgens to weight training exercise in sedentary males. *Journal of Sports Medicine and Physical Fitness*, 23: 39-41.

Johnson, C.C., M.K. Stone, A. Lopez-S, J.A. Herbert, L.T. Kilgore, and R. Byrd. 1982. Diet and exercise in middle-aged men. *Journal of the American Dietary Association*, 81: 695-701.

Kauhanen, H., J. Garhammer, and K. Hakkinen. 2000. Relationships between power output, body size and snatch performance in elite weightlifters. In: J. Avela, P.V. Komi, and J. Komulainen (Eds.), *Proceedings of the Fifth Annual Congress of the European College of Sports Science* (p. 383). Finland: University of Jyvaskala.

Kovaleski, J.E., R.H. Heitman, T.L. Trundle, and W.F. Gilley. 1995. Isotonic preload versus isokinetic knee extension resistance training. *Medicine and Science in Sports and Exercise* 27(6): 895-899.

Kraemer, W.J. 1997. A series of studies: The physiological basis for strength training in American football: Fact over philosophy. *Journal of Strength and Conditioning Research* 11(3): 131-142.

Kramer, J.B., M.H. Stone, H.S. O'Bryant, M.S. Conley, R.L. Johnson, D.C. Nieman, D.R. Honeycutt, and T.P. Hoke. 1997. Effects of single versus multiple sets of weight training: Impact of volume, intensity and variation. *Journal of Strength and Conditioning Research* 11(3): 143-147.

Leetun, D.T., M.L. Ireland, J.D. Wilson, B.T. Ballantyne, and I.M. Davis. 2004. Core stability measures as risk factors for lower extremity injury in athletes. *Medicine and Science in Sports and Exercise* 36: 926-934.

Logan, G.A. 1960. Differential applications of resistance and resulting strength measured at varying degrees of knee flexion. Doctoral dissertation, University of Southern California.

Marks, R. 1994. The effects of 16 months of angle specific isometric strengthening exercises in midrange on torque of the knee extensor muscles in osteoarthritis of the knee: A case history. *Journal of Orthopaedics and Sport Physical Therapy* 20: 103-109.

McBride, J., T. Triplett-McBride, A. Davie, and R.U. Newton. 1999. A comparison of strength and power characteristics between power lifters, Olympic lifters and sprinters. *Journal of Strength and Conditioning Research* 13: 58-66.

McBride, J.M., T. Triplett-McBride, A. Davie, and R.U. Newton. 2002. The effect of heavy versus light load jump squats on the development of strength, power and speed. *Journal of Strength and Conditioning Research* 16: 75-82.

McGee, D., T.C. Jesse, M.H. Stone, and D. Blessing. 1992. Leg and hip endurance adaptations to three different weight training programs. *Journal of Applied Sport Science Research* 6(2): 92-95.

Meadors, W.J., T.R. Crews, and K. Adeyonju. 1983, Fall. A comparison of three conditioning protocols and muscular strength and endurance of sedentary college women. *Athletic Training*, 240-242.

Medvedev, A.S., V.F. Rodionov, V. Rogozkin, and A.E. Gulyants. 1981. Training content of weightlifters in the preparation period. *Teoriya i Praktika Fizicheskoi Kultury* 12: 5-7 [translated by M. Yessis].

Messier, S.P., and M.E. Dill. 1985. Alterations in strength and maximal oxygen uptake consequent to Nautilus circuit weight training. *Research Quarterly* 56(4): 345-351.

Mester, J., P. Spitzenfeil, J. Schwarzer, and F. Seifriz. 1999. Biological reaction to vibration—implications for sport. *Journal of Science and Medicine in Sport* 2: 211-226.

Morrissey, M.C., E.A. Harman, and M.J. Johnson. 1995. Resistance training modes: Specificity and effectiveness. *Medicine and Science in Sports and Exercise* 27(5): 648-660.

Murray, D.A., and E. Harrison. 1986. Constant velocity dynamometer: An appraisal using mechanical loading. *Medicine and Science in Sports and Exercise* 18: 612-624.

Nadler, S.F., G.A. Malanga, L.A. Bartoli, J.H. Feinberg, M. Prybicien, and M. Deprin. 2002. Hip muscle imbalances and low back pain in athletes: Influence of core strengthening. *Medicine and Science in Sports and Exercise* 34: 9-16.

Nosse, L.J., and G.R. Hunter. 1985, Fall. Free weights: A review supporting their use in rehabilitation. *Athletic Training*, 206-209.

Paavolainen, L., K. Hakkinen, I. Hamalainen, A. Nummela, and H. Rusko. 1999. Explosive strength-training improves 5-km running time by improving running economy and muscle power. *Journal of Applied Physiology* 86(5): 1527-1533.

Palmitier, R.A., A. Kai-Nan, S.G. Scott, and E.Y.S. Chao. 1991. Kinetic chain exercise in knee rehabilitation. *Sports Medicine* 11(6): 402-413.

Petsching, R., R. Baron, and M. Albrecht. 1998. The relationship between isokinetic quadriceps strength test and hop test for distance and one-legged vertical jump test following anterior cruciate ligament reconstruction. *Journal of Orthopedic Sports Physical Therapy* 28(1): 23-31.

Rasch, P.J., and L.E. Morehouse. 1957. Effect of static and dynamic exercises on muscular strength and hypertrophy. *Journal of Applied Physiology* 11: 29-34.

Requa, R.K., L.N. DeAvilla, and J.G. Garrick. 1993. Injuries in recreational adult fitness activities. *American Journal of Sports Medicine* 21: 461-467.

Rittweger, J., A. Mutschelknauss, and D. Felsenberg. 2003. Acute changes in neuromuscular excitability after exhaustive whole body vibration exercise as compared to exhaustion by squatting exercise. *Clinical Physiology and Functional Immunology* 23: 81-86.

Robinson, J.M., M.H. Stone, R.L. Johnson, C.N. Penland, B.J. Warren, and R.D. Lewis. 1995. Effects of different weight training intervals on strength, power and high intensity exercise endurance. *Journal of Strength and Conditioning Research* 9: 216-221.

Roelants, M., C. Delecluse, M. Goris, and S. Verschueren. 2004. Effects of 24 weeks of whole body vibration training on body composition and muscle strength in untrained females. *International Journal of Sports Medicine* 25: 1-5.

Rutherford, O.M., and D.A. Jones. 1986. The role of learning and coordination in strength training. *European Journal of Applied Physiology* 55: 100-105.

Sale, D.G. 1988. Neural adaptations to resistance training. *Medicine and Science in Sports and Exercise* 20: S135-S245.

Sale, D.G. 1992. Neural adaptation to strength training. In: P.V. Komi (Ed.), *Strength and power in sport* (pp. 249-265). London: Blackwell Scientific.

Saunders, M.T. 1980, Spring. A comparison of two methods of training on the development of muscular strength and endurance. *Journal of Orthopaedic and Sports Physical Therapy*, 210-213.

Scala, D., J. McMillan, D. Blessing, R. Rozenek, and M.H. Stone. 1987. Metabolic cost of a preparatory phase of training in weightlifting: A practical observation. *Journal of Applied Sport Science Research* 1: 48-52.

Schmidt, R.A. 1991. *Motor learning and performance*. Champaign, IL: Human Kinetics.

Schmidtbleicher, D. 1992. Training for power events. In: P.V. Komi (Ed.), *Strength and power in sport* (pp. 381-395). London: Blackwell Scientific.

Siff, M.C. 2000. *Supertraining* (5th ed.). Denver: Supertraining Institute.

Siff, M.C., and Y.V. Verkhoshanski. 1998. Supertraining. In: *Strength training for sporting excellence* (3rd ed.). Johannesburg: University of the Witwatersrand.

Silvester, L.J., C. Stiggins, C. McGowen, and G.R. Bryce. 1982. The effect of variable resistance and free weight training programs on strength and vertical jump. *National Strength and Conditioning Association Journal* 3(6): 30-33.

Smith, D., P. Holmes, D. Collins, and K. Layland. 1998. The effect of mental practice on muscle strength and EMG activity. *Proceedings of the 1998 Annual Conference of the British Psychological Society* 22 BPS, Leicester, U.K.

Steindler, A. 1973. *Kinesiology of the human under normal and pathological conditions*. Springfield, IL: Charles C Thomas.

Stensdotter, A.K., P.W. Hodges, R. Mellor, G. Sundelin, and C. Hager-Ross. 2003. Quadriceps activation in closed and in open kinetic chain exercise. *Medicine and Science in Sports and Exercise* 35: 2043-2047.

Stone, M. 1982. Considerations in gaining a strength-power training effect. *National Strength and Conditioning Association Journal* 4(1): 22-24.

Stone, M.H. 1991. Physiological aspects of safety and conditioning. In: J. Chandler and M.H. Stone (Eds.), *United States Weightlifting Federation safety and conditioning manual*. Colorado Springs, CO: USWF.

Stone, M.H. 1993. NSCA position stance literature review: "Explosive exercise." *National Strength and Conditioning Association Journal* 15(4): 7-15.

Stone, M.H., and R.A. Borden. 1997. Modes and methods of resistance training. *Strength and Conditioning* 19: 18-24.

Stone, M.H., R. Byrd, J. Tew, and M. Wood. 1980. Relationship of anaerobic power and Olympic weightlifting performance. *Journal of Sports Medicine and Physical Fitness* 20: 99-102.

Stone, M.H., D. Collins, S. Plisk, G. Haff, and M.E. Stone. 2000a. Training principles: Evaluation of modes and methods of resistance training. *Strength and Conditioning* 22: 65-76.

Stone, M.H., S.J. Fleck, W.J. Kraemer, and N.T. Triplett. 1991. Health and performance related adaptations to resistive training. *Sports Medicine* 11: 210-231.

Stone, M.H., A.C. Fry, M. Ritchie, L. Stoessel-Ross, and J.L. Marsit. 1994. Injury potential and safety aspects of weightlifting movements. *Strength and Conditioning* 16: 15-24.

Stone, M.H., and J. Garhammer, J. 1981. Some thoughts on strength and power: The Nautilus controversy. *National Strength and Conditioning Association Journal* 3: 24-40.

Stone, M.H., R.L. Johnson, and D.R. Carter. 1979. A short term comparison of two different methods of resistance training on leg strength and power. *Athletic Training* 14: 158-160.

Stone, M.H., and K.B. Kirksey. 2000. Weightlifting. In: W.E. Garret and D.T. Kirkendall (Eds.), *Exercise and sport science* (pp. 955-964). Media, PA: Lippincott Williams & Wilkins.

Stone, M.H., and H.S. O'Bryant. 1987. *Weight training: A scientific approach*. Minneapolis: Burgess International.

Stone, M.H., H.S. O'Bryant, L. McCoy, R. Coglianese, M. Lehmkuhl, and B. Schilling. 2003. Power and maximum strength relationships during performance of dynamic and static weighted jumps. *Journal of Strength and Conditioning Research* 17: 140-147.

Stone, M.H., H.S. O'Bryant, K.C. Pierce, G.G. Haff, A.J. Koch, B.K. Schilling, and R.L. Johnson. 1999a. Periodization: Effects of manipulating volume and intensity. Part 1. *Strength and Conditioning* 21(2): 56-62.

Stone, M.H., H.S. O'Bryant, K.C. Pierce, G.G. Haff, A.J. Koch, B.K. Schilling, and R.L. Johnson. 1999b. Periodization: Effects of manipulating volume and intensity. Part 2. *Strength and Conditioning* 21(3): 54-60.

Stone, M.H., S. Plisk, and D. Collins. 2002. Training principles: Evaluation of modes and methods of resistance training—a coaching perspective. *Sport Biomechanics* 1: 79-104.

Stone, M.H., S. Plisk, M.E. Stone, B. Schilling, H.S. O'Bryant, and K.C. Pierce. 1998. Athletic performance development: Volume load—1 set vs multiple sets, training velocity and training variation. *Strength and Conditioning* 20: 22-31.

Stone, M.H., J. Potteiger, C.M. Proulx, H.S. O'Bryant, R.L. Johnson, and M.E. Stone. 2000b. Comparison of the effects of three different weight training programs on the 1 RM squat. *Journal of Strength and Conditioning Research* 14: 332-337.

Stone, M.H., M.E. Stone, M. Gattone, B. Schilling, K.C. Pierce, and R. Byrd. 2002. The use of weightlifting pulling movements in sport: International Society of Biomechanics, Coaches Information Service. www.coachesinfo.com/category/strength_and_conditioning/.

Stone, M.H., G.D. Wilson, D. Blessing, and R. Rozenek. 1983. Cardiovascular responses to short-term Olympic style weight-training in young men. *Canadian Journal of Applied Sport Science Research* 8: 134-139.

Stuart, M.J., D.A. Meglan, G.E. Lutz, G.S. Growney, and K. An. 1996. Comparison of intersegmental tibiofemoral joint forces and muscle activity during various closed kinetic chain exercises. *American Journal of Sports Medicine* 24: 792-799.

Surakka, J., S. Aunola, T. Nordblad, S. Karppi, and E. Alanen. 2003. Feasibility of power-type strength training for middle aged men and women: Self perception, musculoskeletal symptoms and injury rates. *British Journal of Sports Medicine* 37: 131-136.

Thissen-Milder, M., and J.L. Mayhew. 1991. Selection and classification of high school volleyball players from performance tests. *Journal of Sports Medicine and Physical Fitness* 31(3): 380-384.

Thomas, M., A. Fiataron, and R.A. Fielding. 1996. Leg power in young women: Relationship to body composition, strength and function. *Medicine and Science in Sports and Exercise* 28: 1321-1326.

Thorstensson, A. 1977. Observations on strength training and detraining. *Acta Physiologica Scandinavica* 100: 491-493.

Torvinen, S., P. Kannus, H. Sievanen, T.A. Jarvinen, M. Pasanen, S. Kontulainen, A. Nenonen, T.L. Jarvinen, T. Paakkala, M. Jarvinen, and I. Vuori. 2002. Effect of four-month vertical whole body vibration on performance and balance. *Medicine and Science in Sports and Exercise* 34: 1523-1528.

Torvinen, S., P. Kannus, H. Sievanen, T.A. Jarvinen, M. Pasanen, S. Kontulainen, A. Nenonen, T.L. Jarvinen, T. Paakkala, M. Jarvinen, and I. Vuori. 2003. Effect of 8-month vertical whole body vibration on bone, muscle performance and body balance: A randomized controlled study. *Journal of Bone Mineral Research* 18: 876-884.

Tunstall, H., D.R. Mullineaux, and T. Vernon. 2005. Criterion validity of an isokinetic dynamometer to assess shoulder function in tennis players. *Sports Biomechanics* 4: 101-111.

Verkhoshansky, Y.V. 1985. *Programming and organization of training*. Moscow: Fizkultura i Spovt; English: Livonia, MI: Sportivny Press, 1988 [translated by A. Charniga].

Wathen, D. 1980. A comparison of the effects of selected isotonic and isokinetic exercises, modalities and programs on the vertical jump in college football players. *National Strength and Conditioning Association Journal* 2: 47-48.

Wathen, D., and M. Shutes. 1982. A comparison of the effects of selected isotonic and isokinetic exercises, modalities and programs on the acquisition of strength and power in collegiate football players. *National Strength and Conditioning Association Journal* 41: 40-42.

Watkins, M., and B. Harris. 1983. Evaluation of isokinetic muscle performance. *Clinical Sports Medicine* 2: 37-53.

Weyand, P.G., D. Sternlight, M.J. Bellizzi et al. 2000. Faster top running speeds are achieved with greater ground forces not more rapid leg movements. *Journal of Applied Physiology* 89: 1991-1999.

Wilk, K.E., R.F. Escamilla, G.A. Fleisig, S.W. Barrentine, J.R. Andrews, and M.L. Boyd. 1996. A comparison of tibiofemoral joint forces and electromyographic activity during open and closed kinetic chain exercises. *American Journal of Sports Medicine* 24: 518-527.

Wilmore, J.H., and D.L. Costill. 1994. *Physiology of sport and exercise*. Champaign, IL: Human Kinetics.

Wilson, G.J., and A.J. Murphy. 1996. The use of isometric test of muscular function in athletic assessment. *Sports Medicine* 22: 19-37.

Wilson, G.J., R.U. Newton, A.J. Murphy, and B.J. Humphries. 1993. The optimal training load for the development of dynamic athletic performance. *Medicine and Science in Sports and Exercise* 25: 1279-1286.

Yue, G., and K.J. Cole. 1992. Strength increases from the motor program: Comparison of training with maximal voluntary and imagined muscle contractions. *Journal of Neurophysiology* 67: 1114-1123.

Zajac, F.E., and M.E. Gordon. 1989. Determining muscle's force and action in multi-articular movement. In: K. Pandolph (Ed.), *Exercise and sport science reviews* (Vol. 17, pp. 187-230). Baltimore: Williams & Wilkins.

Zaricznyj, B., L. Shattuck, T. Mast, R. Robertson, and G. D'Elia. 1980. Sports-related injuries in school-aged children. *American Journal of Sports Medicine* 8: 318-324.

Chapter 13

Abernethy, P.J., and J. Jurimae. 1996. Cross-sectional and longitudinal uses of isoinertial, isometric and isokinetic dynamometry. *Medicine and Science in Sports and Exercise* 28: 1180-1187.

Aján, T., and L. Baroga. 1988. *Weightlifting* (pp. 183-395). Budapest: International Weightlifting Federation/Medicina Publishing House.

Andren-Sandberg, A. 1998. Athletic training of children and adolescents. *Lakartidningen* 95: 4480-4484.

Asmussen, E., and F. Bonde-Petersen. 1974. Storage of elastic energy in skeletal muscles in man. *Acta Physiologica Scandinavica* 91: 385-392.

Baker, D., G. Wilson, and R. Carlyon. 1994. Periodization: The effect on strength of manipulating volume and intensity. *Journal of Strength and Conditioning Research* 8: 235-242.

Bannister, E.W. 1982. Modelling elite athletic performance. In: J.D. MacDougall, H.A. Wenger, and H.J. Green (Eds.), *Physiological testing of the high performance athlete* (pp. 403-424). Champaign, IL: Human Kinetics.

Bobbert, M.F., K.G.M. Gerritsen, M.C.A. Litjens, and A.J. van Soest. 1996. Why is countermovement jump height greater than squat jump height? *Medicine and Science in Sports and Exercise* 28: 1402-1412.

Bondarchuk, A. 1994. *Long term training for throwers* (pp. 12-20). Brisbane/Sydney: Australian Track and Field Coaches Association/Rothmans Foundation.

Bradley-Popovich, G.E., and G.G. Haff. 2001. Nonlinear versus linear periodization models [point/counterpoint]. *Strength and Conditioning Journal* 23: 42-43.

Brandenberg, J.P., and D. Docherty. 2002. The effects of accentuated eccentric loading on strength, muscle hypertrophy and neural adaptations in trained individuals. *Journal of Strength and Conditioning Research* 16: 25-32.

Bruin, G., H. Kuipers, H.A. Keizer, and G.J. VanderVusse. 1994. Adaptation and overtraining in horses subjected to increasing training loads. *Journal of Applied Physiology* 76: 1908-1913.

Chui, L.Z.F., and J.L. Barnes. 2003. The fitness-fatigue model revisited: Implications for planning short- and long-term training. *Journal of Strength and Conditioning* 25: 42-51.

Delecluse, C. 1997. Influence of strength training on sprint running performance. *Sports Medicine* 24: 147-156.

Dick, F.W. 1997. *Sports training principles* (3rd ed, pp. 253-304). London: A&C Black.

Doan, B.K., R.U. Newton, J.L. Marsit, N.T. Triplett-McBride, L.P. Koziris, D.C. Fry, and W.J. Kraemer. 2002. Effects of increased eccentric loading on the bench press. *Journal of Strength and Conditioning Research* 16: 9-13.

Edington, D.W., and V.R. Edgerton. 1976. *The biology of physical activity.* Boston: Houghton Mifflin.

Enoka, R.M. 1979. The pull in Olympic weightlifting. *Medicine and Science in Sports* 11: 131-137.

Ermakov, A.D., M.S. Abramyan, and V.F. Kim. 1980. Training load of weightlifters in pulls and squats. *Soviet Sports Review* 18(1): 33-35, 1983 [translated from *Tyazhelaya Atletika* 9: 20-22, 1980].

Ermakov, A.D., and N.S. Atanasov. 1975. The amount of resistance used in the training of high level weightlifters. *Soviet Sports Review* 18(3): 115-117, 1983 [translated from *Teoriya i Praktika Fizicheskoi Kultury* 2: 23-25, 1975].

Foster, C. 1998. Monitoring training in athletes with reference to overtraining syndrome. *Medicine and Science in Sports and Exercise* 30: 1164-1168.

Furnadzhiev, V., and I. Abadzhiev. 1982. The preparation of Bulgarian weightlifters for the 1980 Olympics. In: S.I. Lelikov et al. (Eds.), *1982 weightlifting yearbook* (pp. 83-89). Moscow: Fizkultura i Sport; English: Livonia, MI: Sportivny Press, 1984 [translated by A. Charniga, Jr.].

Fry, A.C., W.J. Kraemer, M.H. Stone, L.P. Koziris, J.T. Thrush, and S.J. Fleck. 2000a. Relationships between serum testosterone, cortisol, and weightlifting performance. *Journal of Strength and Conditioning Research* 14: 338-343.

Fry, A.C., W.J. Kraemer, M.H. Stone, B.J. Warren, S.J. Fleck, J.T. Kearney, and S.E. Gordon. 1994. Endocrine responses to overreaching before and after 1 year of weightlifting. *Canadian Journal of Applied Physiology* 19: 400-410.

Fry, A.C., J.M. Webber, L.W. Weiss, M.D. Fry, and Y. Li. 2000b. Impaired performances with excessive high-intensity free-weight training. *Journal of Strength and Conditioning Research* 14: 34-61.

Fry, R.W., A.R. Morton, and D. Keast. 1992a. Periodisation of training stress: A review. *Canadian Journal of Sport Sciences* 17: 234-240.

Fry, R.W., A.R. Morton, and D. Keast. 1992b. Periodisation and the prevention of overtraining. *Canadian Journal of Sport Sciences* 17: 241-248.

Garhammer, J.J. 1979. Periodization of strength training for athletes. *Track Technique* 73: 2398-2399.

Graham, J. 2002. Periodization research and an example application. *Strength and Conditioning Journal* 24(6): 62-70.

Gullich, A., and D. Schmidtbleicher. 1996. MVC-induced short-term potentiation of explosive force. *New Studies in Athletics* 11: 67-81.

Haff, G.G., A. Whitley, L.B. McCoy, H.S. O'Bryant, J.L. Kilgore, E.E. Haff, K. Pierce, and M.H. Stone. 2003. Effects of different set configurations on barbell velocity and displacement during a clean pull. *Journal of Strength and Conditioning Research* 17: 95-103.

Hakkinen, K. 1989. Neuromuscular and hormonal adaptations during strength and power training: A review. *Journal of Sports Medicine and Physical Fitness* 29: 9-26.

Hakkinen, K. 1994. Neuromuscular adaptation during strength training, aging, detraining and immobilization. *Critical Reviews in Physical and Rehabilitation Medicine* 6: 161-198.

Hakkinen, K., K.L. Keskinen, M. Alen, P.V. Komi, and H. Kauhanen. 1989. Serum hormone concentrations during prolonged training in elite endurance-trained and strength-trained athletes. *European Journal of Applied Physiology* 59: 233-238.

Hakkinen, K., A. Pakarinen, M. Alen, H. Kauhanen, and P.V. Komi. 1988. Neuromuscular and hormonal adaptations in athletes to strength training in two years. *Journal of Applied Physiology* 65: 2406-2412.

Harre, D., Ed. 1982. *Principles of sports training* (pp. 73-94). Berlin: Sportverlag.

Harris, G., M.H. Stone, H.S. O'Bryant, C.M. Proulx, and R.L. Johnson. 2000. Short-term performance effects of high power, high force, or combined weight-training methods. *Journal of Strength and Conditioning Research* 14: 14-20.

Hartmann, J., and H. Tünnemann. 1989. *Fitness and strength training.* Berlin: Sportverlag.

Jones, L. 1991. Do Bulgarian methods lead the way for USA? *Weightlifting USA* 9(1): 10-11.

Keizer, H.A. 1998. Neuroendocrine aspects of overtraining. In: R.B. Kreider, A.C. Fry, and M.L. O'Toole (Eds.), *Overtraining in sport* (pp. 145-167). Champaign IL: Human Kinetics.

Kipke, L. 1985. The importance of recovery after training and competitive efforts. *NZL Sports Medicine* 13: 120-128.

Komarova, A. 1984. The training loads of young throwers. *Soviet Sports Review* 20(2): 79-83 [translated from *Legkaya Atletika* 12: 3-4, 1984].

Komi, P.V., and C. Bosco. 1978. Utilization of stored elastic energy in leg extensor muscles by men and women. *Medicine and Science in Sports* 10: 261-265.

Kraemer, W.J. 2000. Physiological adaptations to anaerobic and aerobic endurance training programs. In: T.R. Baechle and R.W. Earle (Eds.)/National Strength and Conditioning Association, *Essentials of strength training* and conditioning (2nd ed., pp. 137-168). Champaign IL: Human Kinetics.

Kukushkin, G.I. 1983. *The system of physical education in the USSR* (pp. 128-174). Moscow: Raduga [translated by A. Zdornykh].

Leveritt, M., P.J. Abernethy, B.K. Barry, and P.A. Logan. 1999. Concurrent strength and endurance training: A review. *Sports Medicine* 28: 413-427.

Matveyev, L.P. 1972. *Periodisierung Des Sportlichen Trainings*. Moscow: Fizkultura i Sport; Berlin: Verlag Bartels and Wernitz [translated into German by P. Tschiene].

Matveyev, L. 1981. *Fundamentals of sports training*. Moscow: Fizkultura i Sport, 1977; Moscow: Progress [translated by A.P. Zdornykh].

Matveyev, L.P. 1992. Modern procedures for the construction of macrocycles. *Modern Athlete and Coach* 30(1): 32-34.

Matveyev, L.P. 1994. About the construction of training. *Modern Athlete and Coach* 32(3): 12-16.

McMillan, J.L., M.H. Stone, J. Sartin, R. Keith, D. Marple, C. Brown, and R.D. Lewis. 1993. 20-hour physiological responses to a single weight-training session. *Journal of Strength and Conditioning Research* 7(1): 9-21.

Medvedyev, A.S. 1986. *A system of multi-year training in weightlifting*. Moscow: Fizkultura i Sport; Livonia, MI: Sportivny Press, 1989 [translated by A. Charniga, Jr.].

Medvedev, A.S., V.I. Rodionov, V.N. Rogazyzn, and A.E. Gulyants. 1981. Training content of weightlifters in the preparatory period. *Soviet Sports Review* 17(2): 90-93, 1982 [translated from *Teoriya i Praktika Fizicheskoi Kultury* 12: 5-7, 1981].

Mujika, I., and S. Padilla. 2003. Scientific basis for precompetition tapering strategies. *Medicine and Science in Sports and Exercise* 35: 1182-1187.

Newton, R.U., A.J. Murphy, B.J. Humphries, G.J. Wilson, W.J. Kraemer, and K. Hakkinen. 1997. Influence of load and stretch shortening cycle on the kinematics, kinetics and muscle activation that occurs during explosive upper-body movements. *European Journal of Applied Physiology* 75: 333-342.

Ozolin, N.G. 1970. *Souvremennaya Sistema Sportivnoy Trenirovki*. Moscow: Fizkultura i Sport [cited in N.N. Schneidman, *The soviet road to Olympus* (pp. 110-124). Toronto, Ontario, Canada: Ontario Institute for Studies in Education, 1978].

Ozolin, N.G., and D.P. Markov. 1972. *Legkaya Atletika*. Moscow: Fizkultura i Sport [cited in N.N. Schneidman, *The soviet road to Olympus* (pp. 110-124). Toronto, Ontario, Canada: Ontario Institute for Studies in Education, 1978].

Pedemonte, J. 1986a. Foundations of training periodization. Part 1: Historical outline. *National Strength and Conditioning Association Journal* 8(3): 62-65.

Pedemonte, J. 1986b. Foundations of training periodization. Part 2: The objective of periodization. *National Strength and Conditioning Association Journal* 8(4): 26-28.

Pendlay, G., and L. Kilgore. 2001. Hormonal fluctuation: A new method for the programming of training. *Weightlifting USA* 19(2): 15.

Plisk, S.S. 2000a. Muscular strength and stamina. In: B. Foran (Ed.), *High-performance sports conditioning* (pp. 63-82). Champaign IL: Human Kinetics.

Plisk, S.S. 2000b. Speed, agility, and speed-endurance development. In: T.R. Baechle and R.W. Earle (Eds.)/National Strength and Conditioning Association, *Essentials of strength training and conditioning* (2nd ed., pp. 471-491). Champaign IL: Human Kinetics.

Plisk, S., and M.H. Stone. 2003. Periodization strategies. *Strength and Conditioning* 25: 19-37.

Poliquin, C. 1988. Football: Five steps to improving the effectiveness of your strength training program. *National Strength and Conditioning Association Journal* 10(3): 34-39.

Roll, F., and J. Omer. 1987. Tulane football winter program. *National Strength and Conditioning Association Journal* 9: 34-38.

Rooney, K.J., R.D. Herbert, and R.J. Balnave. 1994. Fatigue contributes to the strength training stimulus. *Medicine and Science in Sports and Exercise* 26:1160-1164.

Ross, A., and M. Leveritt. 2001. Long-term metabolic and skeletal muscle adaptations to short-sprint training: Implications for sprint training and tapering. *Sports Medicine* 31: 1063-1082.

Rowbottom, D. 2000. Periodization of training. In: W.E. Garrett and D.T. Kirkendall (Eds.), *Exercise and sport science* (pp. 499-512). Philadelphia: Lippincott Williams & Wilkins.

Sale, D.G. 2002. Postactivation potentiation: Role in human performance. *Exercise and Sport Sciences Reviews* 30(3): 138-143.

Satori, J., and P. Tschiene. 1988. The further development of training theory: New elements and tendencies. *Science Periodical on Research and Technology in Sport* 8(4): (Physical Training W1).

Schmidtbleicher, D. 1985a, August. Strength training, part 1: Classification of methods. *Science Periodical on Research and Technology in Sport* (Physical Training/Strength) W4: 1-12.

Schmidtbleicher, D. 1985b, September. Strength training, part 2: Structural analysis of motor strength qualities and its application to training. *Science Periodical on Research and Technology in Sport* (Physical Training/Strength) W4: 1-10.

Schmolinsky, G. (Ed.). 1993. *Track and field*. Toronto: Sport Books.

Selye, H. 1956. *The stress of life*. New York: McGraw-Hill.

Siff, M.C. 2000. *Supertraining* (5th ed.). Denver: Supertraining Institute.

Stone, M.H., and A.C. Fry. 1998. Increased training volume in strength/power athletes. In: R.B. Kreider, A.C. Fry, and M.L. O'Toole (Eds.), *Overtraining in sport* (pp. 87-105). Champaign IL: Human Kinetics.

Stone, M.H., R. Johnson, and D. Carter. 1979. A short term comparison of two different methods of resistive training on leg strength and power. *Athletic Training* 14: 158-160.

Stone, M.H., R.E. Keith, J.T. Kearney, S.J. Fleck, G.D. Wilson, and N.T. Triplett. 1991. Overtraining: A review of the signs, symptoms and possible causes. *Journal of Applied Sport Science Research* 5: 35-50.

Stone, M.H., R. Keith, D. Marple, S. Fleck, and J.T. Kearney. 1989. Physiological adaptations during a one week junior elite weightlifting training camp. Presented at SEACSM meeting, Atlanta, January.

Stone, M.H., and H.S. O'Bryant. 1987. *Weight training*. Minneapolis: Bellwether Press/Burgess International Group.

Stone, M.H., and H.S. O'Bryant. 1995. Letter to the editor. *Journal of Strength and Conditioning Research* 9(2): 125-127.

Stone, M.H., H. O'Bryant, and J. Garhammer. 1981. A hypothetical model for strength training. *Journal of Sports Medicine and Physical Fitness*, 21: 342-351.

Stone, M.H., H. O'Bryant, J. Garhammer, J. McMillan, and R. Rozenek. 1982. A theoretical model of strength training. *National Strength and Conditioning Association Journal*, 4(4): 36-39.

Stone, M.H., H.S. O'Bryant, B.K. Schilling, R.L. Johnson, K.C. Pierce, G.G. Haff, A.J. Koch, and M.E. Stone. 1999a. Periodization: Effects of manipulating volume and intensity. Part 1. *Strength and Conditioning Journal* 21(2): 56-62.

Stone, M.H., H.S. O'Bryant, B.K. Schilling, R.L. Johnson, K.C. Pierce, G.G. Haff, A.J. Koch, and M.E. Stone. 1999b. Periodization: Effects of manipulating volume and intensity. Part 2. *Strength and Conditioning Journal* 21(3): 54-60.

Stone, M.H., S. Plisk, and D. Collins. 2002. Training principles: Evaluation of modes and methods of resistance training—a coaching perspective. *Sport Biomechanics* 1: 79-104.

Stone, M.H., S.S. Plisk, M.E. Stone, B.K. Schilling, H.S. O'Bryant, and K.C. Pierce. 1998. Athletic performance development: Volume load—1 set vs. multiple sets, training velocity and training variation. *Strength and Conditioning* 20: 22-31.

Stone, M.H., J.A. Potteiger, K.P. Pierce, C.M. Proulx, H.S. O'Bryant, R.L. Johnson, and M.E. Stone. 2000. Comparison of the effects of three different weight-training programs on the one repetition maximum squat. *Journal of Strength and Conditioning Research* 14: 332-337.

Stone, M.H., K. Sanborn, H.S. O'Bryant, M.E. Hartman, M.E. Stone, C. Proulx, B. Ward, and J. Hruby. 2003. Maximum strength-power-performance relationships in collegiate throwers. *Journal of Strength and Conditioning Research* 17: 739-745.

Stone, M.H., W.A. Sands, and M.E. Stone. 2004. The downfall of sports science in the United States [opinion paper]. *Strength and Conditioning Journal* 26(2): 72-75.

Stone, M.H., and D. Wathen. 2001. Letter to the editor. *Strength and Conditioning Journal* 23(5): 7-9.

Topchiyan, V.S., P.I. Kadachkova, and A.D. Komarova. 1984. Training young athletes in the yearly cycle in speed-strength and cyclical type sports. *Soviet Sports Review* 19: 157-160 [translated from *Teoriya i Praktika Fizicheskoi Kultury* 11: 47-50, 1983].

Tschiene, P. 1990. The current state of the theory of training. Adelaide: South Australian Sports Institute [translated from *Leistungssport* 20(3): 5-9, 1990].

Tschiene, P. 1992. The priority of the biological aspect in the "theory of training." Adelaide: South Australian Sports Institute [translated from *Leistungssport* 21(6): 5-11, 1992].

Tschiene, P. 1995. A necessary direction in training: The integration of biological adaptation in the training program. *Coaching and Sport Science Journal* 1: 2-14.

Tschiene, P. 1997a. Conditioning training: Formation of theory based only on adaptation models. Adelaide: South Australian Sports Institute, 1997 [translated from *Leistungssport* 26: 13-17, 1997].

Tschiene, P. 1997b. Theory of conditioning training: Classification of loads and modelling of methods from adaptation aspects. Adelaide: South Australian Sports Institute, 1998 [translated from *Leistungssport* 27(4): 21-25, 1997].

Urhausen, A., and W. Kindermann. 2000. The endocrine system in overtraining. In: M.P. Warren and N.W. Constantini (Eds.), *Sports endocrinology* (pp. 347-370). Totowa, NJ: Humana Press.

Verkhoshansky, Y.V. 1979. Principles of planning speed/strength training program in track athletes. *Legaya Athleticka* 8: 8-10.

Verkhoshansky, Y. 1981. How to set up a training program in speed-strength events. *Soviet Sports Review* 16: 123-126 [translated by M. Yessis].

Verkhoshansky, Y.V. 1986. *Fundamentals of special strength-training in sport*. Moscow: Fizkultura i Sport, 1977; Livonia, MI: Sportivny Press [translated by A. Charniga, Jr.].

Verkhoshansky, Y.V. 1988. *Programming and organization of training*. Moscow: Fizkultura i Sport, 1985; Livonia, MI: Sportivny Press [translated by A. Charniga, Jr.].

Viru, A. 1995. *Adaptation in sports training*. Boca Raton FL: CRC Press.

Viru, A., J. Loko, A. Volver, L. Laaneots, K. Karelson, and M. Viru. 1998. Age periods of accelerated improvement of muscle strength, power, speed and endurance in the age interval 6-18 years. *Biology of Sport* 15: 211-227.

Viru, A., J. Loko, A. Volver, L. Laaneots, K. Karelson, and M. Viru. 1999. Critical periods in the development of performance capacity during childhood and adolescence. *European Journal of Physical Education* 4: 75-119.

Viru, A., J. Loko, A. Volver, L. Laaneots, M. Sallo, T. Smirnova, and K. Karelson. 1996. Alterations in foundations for motor development in children and adolescents. *Coaching and Sport Science Journal* 1: 11-19.

Viru, A., and M. Viru. 2001. *Biochemical monitoring of sport training*. Champaign IL: Human Kinetics.

Vorobyev, A.N. 1978. *A textbook on weightlifting* (pp. 172-242). Budapest: International Weightlifting Federation [translated by W.J. Brice].

Wathen, D., T.R. Baechle, and R.W. Earle. 2000. Training variation: Periodization. In: T.R. Baechle and R.W. Earle (Eds.)/National Strength and Conditioning Association, *Essentials of strength training and conditioning* (2nd ed., pp. 513-527). Champaign IL: Human Kinetics.

Werchoshanski, J. 1978. Specific training principles for power. *Modern Athlete and Coach* 17(3): 11-13, 1979 [translated from *Legkaya Atletika* 1: 6-7, 1978].

Young, W.B., A. Jenner, and K. Griffiths. 1998. Acute enhancement of power performance from heavy load squats. *Journal of Strength and Conditioning Research* 12: 82-84.

Zatsiorsky, V.M. 1992. Intensity of strength training facts and theory: Russian and Eastern European approach. *National Strength and Conditioning Association Journal* 14: 46-57.

Zatsiorsky, V.M. 1995. *Science and practice of strength training*. Champaign IL: Human Kinetics.

Chapter 14

Gundlach, H., L. Hinz, K. Bartoneitz, M. Losch, J. Doit, F. Hamann, S. Hoffmann, and K-H. Schotte. 1991. Specific tests for selected distances thrown. *Leichtahletik—Wurf and Stoss*. Berlin: Sportverlag [translation in *The Thrower* (U.K.), April, pp. 24-25, 1994].

Jones, R., K. Armour, and P. Potrac. 2004. *Sports coaching cultures*. London: Routledge.

Mujika, I., and S. Padilla. 2003. Scientific basis for precompetition tapering strategies. *Medicine and Science in Sports and Exercise* 35: 1182-1187.

Stone, M.H., K. Sanborn, H.S. O'Bryant, M.E. Hartman, M.E. Stone, C. Proulx, B. Ward, and J. Hruby. 2003. Maximum strength-power-performance relationships in collegiate throwers. *Journal of Strength and Conditioning Research* 17: 739-745.

后 记

笔者有幸在2010~2011年访问美国东田纳西州立大学,在运动、休闲与体育科学系师从迈克·H·斯通教授(Michael H. Stone)学习"体能训练"等课程,其间接触和使用这本专著作为教材,那时立志将这本书翻译成中文。转眼5个年头过去了,希望"慢工出细活"的努力能给访学之旅最终画上一个句号,对于自己的诺言和斯通教授的期待都是一个"交待"。

李 山
2016年10月3日

版权声明

书名：Principles And Practice Of Resistance Training

Copyright © 2007 by Michael H. Stone, Meg Stone, and William A. Sands

All rights reserved. Except for use in a review, the reproduction or utilization of this work in any form or by any electronic, mechanical, or other means, now known or hereafter invented, including xerography, photocopying, and recording, and in any information storage and retrieval system, is forbidden without the written permission of the publisher.

版权合同登记号：图字 01-2014-6623